الجزء الثاني

PART TWO

الطبعة الثالثة
3rd Edition

Teacher's Edition

برنامج الكتاب للغة العربية
Al-Kitaab Arabic Language Program

الكتاب في تعلُّم العربية
Al-Kitaab fii Ta^callum al-^cArabiyya

كتاب للمستوى المتوسط
A Textbook for Intermediate Arabic

Kristen Brustad كرستن بروستاد
Mahmoud Al-Batal محمود البطل
Abbas Al-Tonsi عباس التونسي

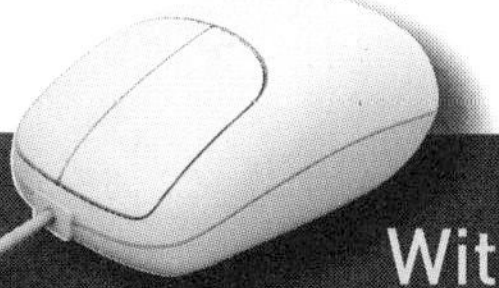

With companion website!

Georgetown University Press
Washington, DC

Library of Congress Cataloging-in-Publication Data

Brustad, Kristen.
Al-Kitaab fii taᶜallum al-ᶜArabiyya = A textbook for intermediate Arabic, part one / Kristen Brustad, Mahmoud Al-Batal, and Abbas Al-Tonsi. -- 3rd ed.
p. cm.
ISBN 978-1-58901-736-8 (pbk. : alk. paper)

1. Arabic language--Textbooks for foreign speakers--English. I. Al-Batal, Mahmoud. II. Tunisi, ᶜAbbas. III. Title. IV. Title: Textbook for intermediate Arabic, part two.
PJ6307.B78 2011
492.7'82421--dc22

                                        2010040896

Part Two ISBN: 978-1-58901-966-9

® This book is printed on acid-free paper meeting the requirements of the American National Standard for Permanence in Paper for Printed Library Materials.

15 14 13   9 8 7 6 5 4 3 2 | First printing

Printed in the United States of America

درس ٢ | عرب في أميركا

درس ٣ | من البيت إلى السوق

درس ٤ | ترتيبات واستعدادات

درس ٥ | تواصل وتفاهم

درس ٦ | الهجرة: أسباب وتجارب

درس ٧ | رحلات وأسفار

درس ٨ | أعياد واحتفالات

المحتويات

المحتويات

❋ ❋ ❋

Development and production of this new edition of *Part Two* of *Al-Kitaab fii Taᶜallum al-ᶜArabiyya* would not have been possible without the generous support of many individuals and institutions to whom we owe a great debt. We are especially grateful to the Arabic Flagship Program at The University of Texas, Austin, which provided financial support towards the production of some of the videos included in this edition, and to all our video directors who produced the video materials included in this book. Ms. Maya Patsalides of Direct Line in Damascus, Syria, skillfully managed the planning and recording of all the Syrian video materials in this edition. In Egypt, Mr. Sherif Fouad of Media House supervised the production of the new Egyptian dialogues that now supplement the original video scenes of the Maha and Khaled story produced by Ms. Nashwa Mohsin Zayid. In Austin, Mr. Scott Zuniga skillfully and patiently produced and directed the video interviews included in the lessons and edited all the listening segments that accompany each lesson. We are also grateful to all the actresses and actors in Damascus and in Cairo who made our characters come to life on screen in language that is accessible to students of Arabic. We hope that their hard work will make the experience of learning Arabic an enjoyable one.

We are indebted to all the colleagues and students who agreed to be interviewed on camera and provided rich cultural and linguistic enhancements to the materials. We especially thank our colleagues Dr. Tarek Al-Ariss, Dr. Zeina Halabi, Ms. Lama Nassif, Mr. Nabil Zuhdi, and Mr. Ahmad Thabet, and our students Mohammad Abdalla, Erene Attia, Angie Hamouie, Suzanne Hourani, Razan Al-Nahaas, and Hiba Tazi. The insights, experiences, and views they shared with us will be enjoyed by learners of Arabic for many years to come.

We would like to express our deep appreciation to the authors and producers of all the authentic reading and listening materials that we chose for inclusion in this edition. We are grateful to the Arabic television stations and websites that have granted us permission to use their video programming materials in this edition for the purpose of teaching Arabic language and culture: Al-Jazeera TV of Qatar, LBC of Lebanon, and the Union of Television and Radio in Egypt. We would also like to express our deep appreciation to all the authors of the reading texts we chose for this edition, as well as the web administrators who gave us permission to include these materials. All of these reading and listening materials have significantly enriched this edition and will make the students' experience of learning Arabic a far more authentic and insightful one than it would otherwise be.

Acknowledgments

Sincere thanks go to Michael Heidenreich and Jacob Weiss of The University of Texas Liberal Arts Technology Services (LAITS) for their expert recording and editing of new audio material. We are grateful to Dr. Azza Ahmad, Ms. Lama Nassif, Mr. Emad Rawy, Ms. Heba Salem, and Ms. Dina Samir, who helped with the recording of the audio materials for this edition, and to the colleagues whose earlier recordings add to the variety of voices heard on the interactive materials. We would also like to thank our artist Lucinda Levine for her drawings, which add both beauty and function to the materials, Object DC for the design and composition of the book, and IXL Learning for developing the companion website.

We are extremely fortunate to be a part of a highly skilled and dedicated team of instructors at The University of Texas, Austin. They have been our partners in evolving the pedagogy of these materials in the classroom over the past three years, and without whom this extensively revised new edition would not have been possible. We are indebted in particular to our colleagues Laila Familiar and Hope Fitzgerald and to all our talented and devoted assistant instructors and teaching assistants for their confidence in our ideas and their willingness to dive into new materials and approaches. Sincere thanks go to Jordan Bellquist and Lauren Williams for drafting the answer key, to Ethan Cooper for compiling the glossary, and to Bud Kauffman and Anthony Edwards for their careful proofreading of the manuscript. The revamped presentation of the Arabic verb system in this volume has been informed by the insightful work of Dr. Peter Glanville.

Our colleagues and partners at Georgetown University Press (GUP) contributed a great deal to this edition, and we continue to be grateful to the entire GUP staff for their continued dedication and support for *Al-Kitaab* Arabic series. We are fortunate to be working with Hope Smith LeGro, director of Georgetown Languages, who continues to bring exceptional skill and care to this edition, and we are very grateful to her graduate assistant Ms. Clara Shea Totten, whose painstaking editing has greatly improved the text. Sincere thanks go to Richard Brown, GUP director, for his continued support of the *Al-Kitaab* project, and to Deborah Weiner, editorial and production manager, for her design and production expertise.

Last but certainly not least, we would like to thank all the students who continue, through their remarkable enthusiasm and dedication, to inspire us and our colleagues in the field of Arabic.

❃ ❃ ❃

مـع خـالص شكـرنـا
وعـمـيـق امتـنـانـنـا لكـم جـمـيعـاً!

Al-Kitaab: Part Two, **Third Edition, and its corresponding multimedia consist of:**

> The ten chapters in this textbook;

> The companion website available at alkitaabtextbook.com with interactive exercises, streaming audio and video, and course management tools for teachers, which can be accessed by following the instructions on the inside front cover of the textbook;

> One DVD bound into the textbook, which includes all of the **audio in MP3 format** and all of the **video in MP4 format** that is playable in iTunes or on any iTunes-compatible device;

> For independent learners not using the website, an Answer Key is available for purchase. The Answer Key is also bound into the teacher's edition of the book.

The companion website should be used alongside the book and will enhance students' learning by providing immediate feedback to many of the mechanical drills. It relieves teachers of the extra time to grade the mechanical drills, freeing up time to focus on other classroom activities. Learners, your teacher may guide you to enroll in the class through the website or you may use it independently. The autocorrected online exercises play an important role in developing both language skills and language-learning strategies, so it is very important that learners not take shortcuts on them and that they seek help or advice from their instructor if frustrated. Everything you need is on the website; the audio and video on the DVD are included for your convenience only and do not include any exercises.

The audio and video materials accompanying this textbook are central to its use. They include composed and authentic monologues, dialogues, and excerpts from media programs in formal Arabic, and in Egyptian and Levantine spoken Arabic. The early chapters continue from *Al-Kitaab: Part One* the story line of مها وخالد أبو العلا and their extended family in formal Arabic and spoken Egyptian, as well as the story line of the Syrian characters نسرين وطارق النوري and their extended family. In addition, the new الحوار section continues here in both Egyptian and Levantine versions. Many of the early حوارات revolve around a young engaged couple, Egyptians ابراهيم ومنى and Syrians غسان ومنى. Some حوارات include unscripted interviews with Egyptians, Syrians, Lebanese, and Jordanians on aspects of contemporary culture. All of these videos, along with other videos used in the book and all of the necessary audio files used to complete the activities, are included on the disk that is bound into the book. Teachers and learners can watch them through iTunes or download them onto iTunes-compatible devices.

We have included two icons in this book to indicate two separate things. One icon 🎧 indicates that an exercise is available on the companion website. The other icon 📀 indicates that the audio or video for an exercise is available on the DVD. Please use these to guide you to the audio and video as you work through the book.

Welcome to the third edition of the textbook *Al-Kitaab fii Taʿallum al-ʿArabiyya: Part Two* and its accompanying DVD and companion website with interactive, autocorrected exercises. Like *Alif Baa* and *Al-Kitaab: Part One,* this book combines both formal (written) and spoken registers of Arabic, and gives you and your instructor a choice between the dialects of Cairo and Damascus. You should focus only on one of these dialects. If you have not used the previous volumes in this series, we recommend that you read the "Introduction to the Student's Edition" of *Alif Baa* and *Al-Kitaab: Part One* (available at: press.georgetown.edu/languages). If you find yourself in a class using a different dialect than you learned last year, do not be concerned. At The University of Texas, the size and diversity of the program mean that all students are exposed, sooner or later, to both varieties, and they learn to navigate them as native speakers do. The number of words and expressions that differ is very small, and the biggest differences lie in what we call "accent."

The materials in this book aim to help you develop your Arabic proficiency from the low- to mid-intermediate to the high-intermediate range and to prepare you for work at the advanced level in speaking, reading, listening, and writing. They also move gradually from the culture of everyday life to some of the larger social issues, history, and culture that lie at the core of advanced proficiency. This goal requires your hard work on several fronts, including greatly expanding your active vocabulary, developing your ability to think beyond the sentence level, and understanding and expressing yourself in greater detail and preciseness.

You will notice that these materials also contain longer texts than those in *Part One* and a gradual shift to a more formal register of language in the listening materials. The lessons themselves gradually change shape over the course of the book as we move beyond daily life to more abstract topics. The first half of the book continues the story of مها / نسرين and their families, with a growing emphasis on reading skills and formal Arabic structures. In the second half of the book, مها and نسرين take a back seat to authentic listening texts in الفصحى. The additional مصري and شامي dialogues continue from *Part One* and also grow in length and complexity. In different lessons, we follow an Egyptian or Syrian engaged couple who are preparing for marriage and we listen to interviews with Egyptians, Syrians, Lebanese and Jordanians.

You know by now that you will reach proficiency in Arabic largely through your own efforts, and that the time you spend studying, listening, reading, and writing Arabic outside class is at least as important as the time spent in class, if not more so. Like *Alif Baa* and *Al-Kitaab: Part One*, in *Part Two* you are expected to listen to the vocabulary and write out the contextualizing sentences, read grammar and other explanations carefully at home, prepare for active participation in class activities, and complete assigned homework exercises with as much effort and concentration as you can. We assume that you will devote approximately two hours outside of class for every hour of classroom instruction.

In this book in particular, you will spend more of your homework time reading and listening to texts as they grow longer. Unlike our procedure in *Al-Kitaab: Part One*, your first exposure to the reading and listening texts in *Part Two* will normally be at home, for three reasons: First, you already have developed the basic strategies you need to approach reading and listening texts. Second, the lengths of the texts are such that it would be prohibitive to read them in class. And third, you can work at your own pace outside class. You will notice that many of the exercises in this book are labeled في البيت ثم في الصف, indicating that they involve preparation at home and participation in class. The more effort you put into preparing these exercises for class, the more you will get out of them. However, it is important to use the strategies you have developed and not to use the dictionary or rely on someone else's help. Focus on the words you know and understanding as much as you can on your own. Remember that you will continue to work on the text in class.

LEARNING GOALS

In our experience teaching with this approach and these materials, students reach solid intermediate-high proficiency in all skills by the end of the second year (approximately four college semesters). This means that by the time you finish working through this book, إن شاء اللّه, you should have acquired the following skills:

> The ability to initiate and sustain conversations and interactions in Arabic on a wide range of daily-life topics. The ability to initiate and sustain conversations on some topics of general interest, with native speakers, and to paraphrase as necessary to make yourself understood.

> The ability to read authentic Arabic texts on general topics and to understand the main ideas without using the dictionary. You will rely on guessing skills and grammatical competence to construct meaning from context and background knowledge.

> The ability to use your guessing skills, grammatical knowledge, and dictionary to read complex parts of authentic texts with good accuracy.

> An emerging ability to synthesize various reading skills and make choices about how to read based on specific goals.

> The ability to narrate events in the past, present, and future, to compare things, and to discuss some topics of general interest in writing as well as in speech.

- A growing familiarity with social norms as well as issues affecting Arabic speakers.
- An emerging ability to choose formal or informal varieties of Arabic according to the context.
- The ability to use morphology, and especially الوزن والجذر, to learn vocabulary from familiar roots.
- The ability to monitor yourself when speaking and writing and to self-correct.

Each lesson contains familiar sections and types of exercises. In the first lesson, we have included detailed instructions and suggestions for making the most of the activities in each section. We discuss each of these main sections below and provide learning strategies, as well as tips for using these materials.

VOCABULARY

As in *Al-Kitaab: Part One,* vocabulary is presented in three varieties, الفصحى, الشامي, المصري and words shared among two or more varieties are given in black. As you know, it is important to study the vocabulary with the audio and repeat the words aloud many times until you can say them easily and hear them in your mind. The number of new vocabulary words in each lesson is larger here than in *Part One.* To help you master the larger number of words and activate them, or learn to produce and use them without a prompt, we have divided the new vocabulary into two lists: The first list is titled من القاموس and contains words whose جذر is new. The second list is titled من جذور نعرفها and presents words derived from the same جذر as words you have learned previously. The completely new words are presented first so that you get extra practice with them. Study them thoroughly and activate them in class before moving on to the second list.You also will notice that for many verbs in these vocabulary lists, الماضي is shared across all three varieties of Arabic while المضارع differs slightly. If you do not see الماضي listed in the entry for your dialect, it is because it is the same بالفصحى. Not all عامية equivalents are given for all فصحى words. This usually indicates that the فصحى term is used in the spoken register as well. The pronunciation may undergo some adaptation according to patterns you know; for example, you know that a فصحى verb used in spoken Arabic takes a kasra vowel in the مضارع prefix and can take بـ or عم.

Part Two presents a large quantity of vocabulary for you to learn in each lesson. The focus on activating vocabulary remains at the core of your progress. In the المفردات section, we will work on increasing your knowledge of the morphology, or word formation patterns in Arabic, which are of great help in acquiring lots of vocabulary. As you will see, the difference between formal and spoken Arabic vocabulary diminishes as we move from the concrete topics of daily life to the more abstract words and concepts of general interest. Even so, memorizing vocabulary and keeping it active will be the greatest challenge you face as you move through these materials. You know that it is crucial to prepare vocabulary before class by listening to the audio and doing the drills designated as homework drills, including listening to and writing out the vocabulary sentences. In this book, vocabulary sentences include more than one vocabulary word so that the amount of time needed to transcribe them is manageable.

The challenge of activating more vocabulary items necessitates good memorization skills. If you are having trouble memorizing, perhaps you need to try different strategies. Ask successful classmates for tips and talk to your teacher for ideas. Experiment with different techniques and remember that a combination of approaches that use different senses usually works best. Some strategies include, listening to the words and sentences, repeating them out loud or writing them down several times over (once is not usually enough), and making up your own meaningful sentences with the words so that you "own" them. Flashcards can be helpful if you use them actively: Rather than just looking at the words, use them in a sentence of your own (a new one each time) with different forms of the word (المفرد والجمع، الماضي والمضارع). It is extremely important to memorize prepositions with their verbs too, and to memorize phrases in addition to single words. Learning language in chunks helps you remember both grammar and vocabulary.

The most important strategy of all for you to develop in the course of working through these materials is to learn to use the system of الوزن والجذر to learn vocabulary. Throughout the course of this book, you will learn a great deal about how Arabic verbs and derived words are related to each other in form and meaning, and this will allow you to recognize new words and be able to pronounce them correctly by applying what you know about الأوزان. This system will help you acquire a large number of words that you can recall, pronounce correctly, and write easily because you do not need to remember the spelling for each individual word. Practice and apply الأوزان as much as you can; it is an investment that will pay off handsomely in a rich vocabulary.

GRAMMAR

Much of our advice for activating vocabulary also applies to learning grammar. It is important for the initial studying to be done outside of class so that you can work at your own pace and so that class time can be reserved for exercises in which you interact with your classmates and actively use the new structures. Prepare for class by reading the lesson's grammar explanation and by doing the specified mechanical grammar drills that appear following the section. These drills aim to help you internalize the structure. We are confident that the grammar explanations are clear enough for you to understand, and we provide a mechanical exercise with online autocorrection for each concept for you to test and confirm your understanding. It is natural to lack confidence in your complete grasp of grammar, but this does not mean that you need more explanation. It means, rather, that you need practice in using the new structures—and this is what the class activities are designed to give you the chance to do. You will notice that some extra notes on grammar are provided in footnotes. This information is provided for those who have a background in linguistics, and is not meant to be activated. You are welcome to read the footnotes to see if the information there is helpful, but you are responsible only for the information in the body of the text.

Grammar in *Part Two* is presented throughout the lesson, even more than in *Al-Kitaab: Part One*. You will see that information on morphology, or word patterns in Arabic, is presented in the vocabulary section so that you can take advantage of it as you learn and activate new vocabulary. Word patterns, including أوزان الفعل, are crucial to attaining advanced proficiency and above. Practice these patterns orally as much as you can so that you can recognize and produce them.

In *Al-Kitaab: Part One*, we focused on basic sentence structure in formal and spoken Arabic. *Part Two* expands that base in two ways: First, by activating more complex sentence patterns, and, second, by presenting grammatical structures used primarily in formal Arabic. As in *Part One*, formal and spoken Arabic are treated as sharing their basic structures, and only the differences are presented. Your best strategy in working through these materials is to distinguish between things that you will learn for active control and those that you are only expected to recognize passively. We guide you in this throughout the book, but you need also to follow the lead of your instructor.

READING AND LISTENING

The reading and listening exercises and activities in this book aim to help you develop the ability to read and listen to Arabic as written and spoken by and for educated adult native speakers. All reading activities here consist of authentic texts and, throughout the course of the book, the listening passages shift from being composed to simulated authentic (unscripted but produced for learners) to authentic. The exercises that accompany these reading and listening texts take place in two phases. At home, you will read or listen for general meaning, answer questions in writing, and prepare to discuss what you understood with a partner in class. In class, you will first talk with your partner about what you understood at home, then work together to answer a new set of questions. If you watch a video in spoken Arabic, you may perform a role play activity based on a situation similar to the one you watched on video.

Throughout *Part One*, you developed reading strategies to help construct meaning from texts slightly above your current skill level. We continue developing these global comprehension skills following this same approach in this book, as well. In *Part Two*, however, we add exercises and strategies to develop close reading skills and strategies that expand your use of grammatical knowledge and the dictionary. Reading comprehension exercises focus on skimming, scanning, and exploring, with the goal of helping you develop the strategies and skills necessary for fluent reading. Close reading, on the other hand, focuses on accurately reading and understanding exactly what a text says. In this book, close reading is a new phase of reading each text that you will undertake mainly at home after discussing the main ideas of the text in class.

In *Part One*, you practiced using the dictionary to look up nouns and adjectives. In *Part Two*, you will work on expanding your dictionary skills in several ways, including looking up verbs and deciding when and how to use the dictionary to your advantage. Smart use of the dictionary does not mean looking up every unfamiliar word. In fact, the opposite is the case. If you look up every unknown word it will distract you from following the overall meaning of a text and you will see the trees but not the forest. In addition, looking up words without having a sense of what you are looking for can be frustrating, as some words have long entries with many meanings. To choose the correct meaning you need to know الجذر والوزن of the word you are looking up and whether the word is a noun, verb, or adjective. You will need to look at both the form of the word itself and the grammatical context to determine these things. You also need to have the semantic context in mind before you look up the word.

Reading and listening passages constitute rich material for language learning that you can take advantage of by repeated reading or listening. At this level there is much to be gained by reading and listening to the texts at least once *after* you have understood all you can in them. The way to approach this additional listening is to concentrate not on what is being said but on *how* it is being said. What vocabulary and expressions are used? How are the ideas linked to each other? What structures are used to express them? And, most important, what expressions can you take away from this text to use in your own speaking and writing?

Your own effort is key here. You will notice that the comprehension questions that accompany reading and listening passages are open ended. The purpose of this format is to allow you to answer them to the best of your ability, putting in as much effort as you can. It is possible to rush through these questions and give short answers to them but if you do, you are not taking full advantage of the exercise. It will make a big difference in your progress if you push yourself to answer using long sentences and including as much information as possible. When you spend the extra time on this exercise, you will see your skills and fluency improve steadily.

SPEAKING AND WRITING IN ARABIC

Part Two continues the third edition's presentation of a choice between two varieties of spoken Arabic in addition to a formal register. Your teacher will choose one of the spoken varieties to learn alongside the formal register. You will notice that the overwhelming majority of words are shared among all three varieties of Arabic and that most of the differences involve what we might call in English "local accent." We want you to continue to develop your awareness of the differences between formal and spoken Arabic without feeling pressured to keep them separate. It is natural to mix the forms, and you will hear native speakers doing this in many of the listening passages in this book. Focus on the accuracy of your sentences in verb conjugations and tenses, gender and number agreement when you speak and do not worry too much about register at this stage.

In addition to being an essential skill in its own right, writing is also an important means of activating vocablary and grammar and developing your speaking fluency. Take every opportunity to write. Put as much time and effort as you can into the writing activities in this book. More than anything else, creative language production with attention to accuracy will help you advance toward fluency. In *Alif Baa* and *Part One*, we encouraged you to think about what you could say more than what you *wanted* to say. As you work through *Part Two*, this dichotomy will begin to fade, and you will be able to express more and more complex thoughts and arguments. Your writing skills will develop more quickly if you rewrite your assignments after they are returned to you. Rewriting does not mean just correcting errors—you should also aim to develop your ideas more fully the second time around. Each reading passage in this book contains one or more expressions commonly used in writing and we recommend that you incorporate them in your writing by imitating the way they are used in the examples and in the reading passages.

TIPS FOR ACTIVE LEARNING

As you work toward advanced fluency, it is increasingly important to pay attention to detail. Be an active learner by paying attention to what is being said and *how* it is being said, and by repeating and correcting things to yourself. Listening does not have to be a passive activity. While others are talking, concentrate on the vocabulary or structures they are using, then mentally either imitate or try to improve upon their efforts. Remember that listening actively includes listening to yourself: You should be monitoring your own speech and self-correcting. There is no better speaking exercise practice than to constantly repeat to yourself correctly formed sentences, whether yours or others. People who seem like gifted language learners have learned to approach language learning actively rather than passively. They think about how to say things in Arabic for fun, they talk to themselves out loud, and they own the vocabulary and grammar they encounter by using it to say and write things that are relevant to their own lives.

Another way to be an active learner is to ask questions about what you are learning. Having questions means that you are thinking about the way that Arabic functions, and this is the first step in learning to produce it. In other words, critical thinking skills play a key role in language learning. Critical thinkers have questions and try to reason out an educated guess or hypothesis before asking someone else.

Active learning also means learning to work without a safety net. When you are reading —whether in class or at home, whether it is a text or drill—do not write out the meaning of words in English on or near the Arabic words. It is very important that you trust your ability to recall meaning with the help of a familiar context. This is how you learned vocabulary in your native language. Keep in mind that you will probably forget and relearn a word several times before you retain it, so go ahead and forget. Forgetting is part of the learning process! You can look it up again later if you need to.

The activities that you do in class are designed to provide you with ideas and models for activities you can do with others for further practice. Study in pairs or groups, if that works well for you, and agree to speak Arabic together as much as you can. This is also a good way to prepare for class and to review. You can do activities together, such as ask each other questions, brainstorm about assignments, and practice conjugating verbs.

Remember that these materials are designed to challenge you but not to frustrate you. If you find yourself becoming frustrated—especially if you are having trouble with particular kinds of exercises or with memorizing vocabulary—see your instructor for help.

We hope that this new edition of the book will serve as a useful learning and teaching tool for Arabic. We wish you a successful, enjoyable, and rewarding experience learning Arabic!

We are excited to present this third edition of the textbook *Al-Kitaab fii Taᶜallum al-ᶜArabiyya: A Textbook for Intermediate Arabic: Part Two* and its companion website and accompanying DVD. We feel that this edition represents a new phase in the evolution of this series both technologically and pedagogically. Like previous editions, these materials focus on vocabulary activation and developing speaking, listening, and reading comprehension, as well as writing and cultural skills. This edition is enhanced by many new features but the two most important are: A companion website with interactive, autocorrected exercises; and a greater emphasis on the comprehension and production of spoken Arabic, with a choice between Egyptian and Levantine dialect components. In addition, longer and more challenging reading and listening texts aim to push students beyond their current skill level.

The pedagogy and teaching philosophy of this book will be familiar to you from previous editions and from the third edition of *Al-Kitaab: Part One*. If you are not familiar with *Part One*, we ask that you read its Introduction to the Teacher's Edition (available at press.georgetown. edu/languages) to familiarize yourself with this approach. As in the third editions of *Alif Baa* and *Al-Kitaab: Part One,* the increased presence of spoken Arabic in this edition represents a central feature of our philosophy. You will choose one spoken variety to activate in your class. The increased integration of spoken and formal Arabic that learners encounter here occurs mostly in the included authentic and simulated-authentic listening materials— materials that embody the linguistic behavior of educated native speakers. In addition to the Egyptian and Levantine dialects used in القصة and الحوار, learners will hear short samples of other dialects in some of the authentic programs from Arabic satellite networks.

One of the basic tenets of our philosophy is that variation in Arabic is a richness to be embraced, not a problem to be feared. These materials are designed to be used in the second year of college-level instruction. It is to be expected, then, that students may enter the class having been exposed to a different dialect than the one you have chosen for this class, especially if you teach outside the Arab world in a mixed-dialect environment. We face this issue constantly at The University of Texas, where the size and diversity of the program mean that all students are exposed, sooner or later, to both varieties. In our experience, our attitude as instructors plays a key role in our students' experience. If we have a positive attitude about language diversity, our students will also. Our students in Austin learn to navigate dialect variation as part of learning Arabic—just as native speakers do when they encounter speakers of other dialects. Our policy is that everyone may choose her or his own dialect identity but must learn to understand others when they speak. If students with different dialect backgrounds use some of their own expressions when speaking, this does not need to present a problem. You will see that the students quickly learn to communicate with their peers and enjoy learning from each other.

Part Two, Third Edition, consists of ten lessons, which we believe represent the amount of material that can reasonably be *activated* in a year of college-level Arabic with an average of five contact hours per week. While it is possible to introduce vocabulary and structures at a faster pace, this "maximum coverage" approach may not allow students to activate the vocabulary and structures so that they can produce them fluently, in context and without prompting. The *Al-Kitaab: Part Two* materials are designed to give ample time for students to activate material in class in pair and small group activities. We expect that this material can be activated in approximately 150–160 classroom hours, plus 350–400 hours of preparation outside class.

The mechanical work necessary for activating vocabulary and grammar inevitably means long hours of homework for learners and equally long hours of correcting for instructors and assistants. With this edition's new companion website, neither you nor your students should have to wait to give or receive feedback on mechanical exercises. These exercises, which have a closed set of answers, are all provided at **alkitaabtextbook.com** as autocorrected drills, a feature that provides students with instant feedback and that provides you with graded activities. At this proficiency level, it is important for learners to take an active part in the exercise. Hence, many of the autocorrected exercises are fill-in-the-blanks and not, for example, multiple choice. We realize this has the potential of causing frustration for the students over minor typing errors, but we hope that you will make allowances for this, encourage them, and help them appreciate that the active production of the vocabulary items will get much better results in the end.

LEARNING GOALS

Our aim through the methodology and philosophy of the series is to help students reach solid intermediate-high proficiency using the ACTFL Guidelines in all skills by the end of the second year (after approximately four college semesters). This means that by the time learners finish working through this book, إن شاء الله, they should have acquired the following skills:

> The ability to initiate and sustain conversations and interactions on a wide range of daily-life topics, and on some topics of general interest, with educated native speakers and to paraphrase, as necessary, to make themselves understood.

> The ability to read authentic texts on topics of general interest that contain familiar vocabulary and understand the main ideas without using the dictionary, relying on guessing skills and grammatical competence to construct meaning from context and background knowledge.

> The ability to use the dictionary and grammatical knowledge to read complex parts of authentic texts with good accuracy.

> An emerging ability to synthesize various reading skills and make choices about how to read based on specific goals.

> The ability to narrate events past, present, and future, as well as to compare and to discuss some topics of general interest in writing and speech.

> A growing familiarity with social norms as well as issues affecting Arabic speakers.

> An emerging ability to choose formal or informal varieties of Arabic according to the context, even though the knowledge of these registers remains imprecise.

> The ability to use morphology, الوزن والجذر, to acquire vocabulary from familiar roots.

> The ability to monitor themselves when speaking and writing and to self-correct.

THE STRUCTURE OF THE LESSONS

The lessons in this book represent the most recent evolution of our methodology and philosophy of teaching. Our aim in ordering the components of each lesson is to continuously push the learner beyond his/her present level, to challenge him/her to comprehend and produce more. Each lesson is structured as closely as possible to the syllabus we use when we teach, with exercises to be done before class and activities to be done in class. You will see that the lessons consist of cycles of exercises comprising one or two exercises labeled في البيت followed by one or two labeled في الصف. Each cycle in a lesson represents what we believe to be approximately one contact hour of class time and two hours of homework time, though some of the grammar exercises, in particular, are short and can be combined with a reading or a listening activity. You should be able to tell from your students' oral and written language production in class how well they are activating vocabulary and structure. We also recommend that you ask your students from time to time how many hours they are spending on their homework so that you can gauge whether the workload is reasonable.

The order of the materials in each lesson varies according to their relative difficulty. Each lesson begins with a vocabulary presentation and activities designed to activate the new vocabulary. Once students have activated the vocabulary they are ready to move on to the various reading and listening texts in the Story, Dialogue, Reading, and Listening sections. We also include important related information in the Culture section and point out one or two idiomatic expressions that occur in the reading text in each lesson. Grammar work is interspersed with the reading and listening texts so that reading and listening continue throughout rather than being interrupted by several days of grammar work. Website users will also find one or two extra drills at the end of each lesson, most of which are autocorrected online exercises, and are meant for the students to do at their leisure, perhaps in review for a quiz.

TEACHING VOCABULARY

As in *Part One* and previous editions, each lesson begins with a long vocabulary section and extensive work on vocabulary activation because we believe that this is the core activity of building proficiency in Arabic. You will notice a few changes in this edition. Greater attention is given to the root and pattern system as an increasingly important aide to learning vocabulary at this level and beyond. Morphological grammar points are presented in the vocabulary section rather than later in the lesson so that they can be activated along with the new vocabulary. (Syntax remains linked to the reading and listening texts because of the necessity of examining it in context.) Expect to spend between three and at least four class hours, plus corresponding homework time, activating the vocabulary and morphology in class.

As in *Al-Kitaab: Part One,* vocabulary is presented in three varieties: الفصحى, الشامي, المصري, and words shared among two or more varieties are given in black. Verbs shared by all three varieties in الماضي are black, with a blue فتحة vowel indicating the formal variant. In these cases, only المضارع forms of the Egyptian and Levantine verbs are given. It is important to remember that the vocabulary list is not a glossary and that the words given for each variety do not constitute an exhaustive list of equivalents. The vocabulary words presented here have not been chosen randomly but are included because they occur in the نسرين / مها stories or the reading and listening texts of the lesson. As the story winds down and the content shifts to more general topics, vocabulary becomes more abstract and the differences between العامية and الفصحى decrease. At this level, the biggest differences between formal and spoken Arabic consist of regular pronunciation shifts that are recognizable and predictable, and the gap between formal and spoken Arabic narrows considerably. This is a function of the shift from intermediate toward advanced level proficiency, and it should be accompanied by longer and more structurally complex production by the learners as they progress through the book.

All active words are presented at the beginning of each lesson, including words that do not occur in the story but occur in reading texts or the dialogue. The number of words per lesson is comparable to that in *Al-Kitaab: Part Two,* Second Edition, and, as such, has increased noticeably from *Part One.* To help students master and activate the larger number of words, we have divided the new vocabulary into two sections, separated by a set of at-home and in-class exercises to let students activate them on consecutive days. The first section is titled من القاموس and contains words whose جذر is new. The second section is titled من جذور نعرفها and presents words derived from the same جذر as words they have learned previously. The completely new words are presented first so that learners get extra practice with them.

As in previous editions, all new vocabulary items are contextualized in sentences recorded in formal Arabic. Have your students write out these sentences as dictations to continue to develop their close listening skills. New in this edition is that most sentences contain more than one vocabulary item so that the dictation will not be overly burdensome in terms of homework time. If you have reason to believe that they are doing this exercise without attending to the meaning of the sentences, you may want to try having them write out some of the sentences in Arabic and writing a translation of other sentences in English to help diagnose where the problems are.

Vocabulary remains learners' biggest challenge in reaching fluency in Arabic, and you should encourage students to devote as much effort as they can to actively acquire the vocabulary in each lesson—that is, to produce the word accurately in the appropriate context without seeing it in a list or word bank. Put another way, activated vocabulary is vocabulary that the learner owns, that he or she uses in the context of his or her life. It is crucial that students prepare to use the vocabulary of the lesson before class by listening to the audio and completing the drills designated as homework drills. In doing the vocabulary exercises, you may choose to have your students focus on either formal Arabic or the dialect you have chosen for the class. We recommend designating a few exercises for each register as sociolinguistically appropriate and allowing students to choose their own register in others so that they can develop their own voice.

A word about managing the vocabulary activation exercises such as the اسألوا زملاءكم, picture descriptions, and other group work. Time limits are not specified for most exercises, but we recommend for several reasons that you not let pair or group work continue longer than fifteen to twenty minutes without changing groups. First, we want students to get used to working with everyone. Second, by changing partners regularly, each student benefits from working with good partners (and the strategy minimizes the problems of working with ill-prepared classmates). It is especially important to change pairs and groups often at the beginning of a semester when students do not know all their classmates because this helps build a cooperative atmosphere in class. Some groups work faster than others, so be prepared with extra questions or a second, related activity—perhaps a writing one—for groups that work quickly. It is also a good idea to end the activity or change groups when over half of the groups have finished working. Many of the group work activities are oral. We strongly recommend that you not turn oral exercises into written ones by letting students write out sentences and read them off the page. This does not help develop speaking skills. Writing activities are best done at home, where students can work at their own pace.

READING AND LISTENING

After vocabulary has been activated, learners are prepared to engage with the listening and reading texts. The first text in the first five lessons in this book is an audiovisual one, the مها / نسرين video story. As in *Part One*, القصة بالعامية precedes the story or listening text in الفصحى. Since the students will engage the content of the story in spoken Arabic, they do not need to work on the content of the story in الفصحى. The exercise on القصة بالفصحى here focuses on form rather than content. (If you are not dealing with القصة بالعامية, you will want to spend some time in class going over the content of القصة بالفصحى. You can "translate" the activities from القصة بالعامية for this, or develop your own interactive exercise.)

As in the new edition of *Part One*, the الحوار section in each lesson of *Part Two* contains a linguistically challenging and culturally rich video dialogue, interview, or monologue in spoken Arabic. Each حوار includes many of the vocabulary items from the lesson and presents complex or complicated scenes from everyday life. This dialogue allows learners to work on listening comprehension of spoken Arabic and, at the same time, presents aspects of Arab culture that students can discuss and practice. الحوار usually follows القصة بالعامية so that momentum can be gained in comprehension and production of spoken Arabic.

All the reading texts and many of the listening texts in this book are authentic—meaning they were produced by and for educated adult native speakers of Arabic. Make sure your students know that you do not expect them to understand everything in these texts and that they should try to focus on what they *do* understand rather than on what they do not. The texts here will be challenging and our students need to know that we do not expect them to understand everything. As in *Part One*, students should be discouraged from reading the comprehension texts aloud, even to themselves. Encourage them instead to look at phrases rather than individual words. This edition contains new reading and listening comprehension texts with the exception of the ابن بطوطة text and the تاريخ الصحافة في مصر text. We are happy to have succeeded in updating many of the texts to include, for example, a Tunisian blogger, the housing crisis, and emigration.

The reading and listening texts and exercises in this book build upon the skills and strategies students developed in *Al-Kitaab: Part One*. In this book, too, reading means reading for comprehension and not reading aloud, which is a very different activity requiring different skills. We use the term "reading comprehension" to refer to activities that develop reading comprehension skills that all fluent readers of Arabic use subconsciously. Reading activities in this book aim to develop both bottom-up and top-down skills, such as guessing the meaning from context, using background knowledge to help set expectations about what will be in a text, and using grammatical knowledge to construct meaning. In this book, we also work on developing the skill of reading texts aloud, which is unrelated to general comprehension, but allows for practice of pronunciation and performance in formal settings, such as the preparation of a text by putting the case endings on words.

You will notice that the reading and listening exercises are each labeled في البيت ثم في الصف, indicating a two-phase engagement. The students' first encounter with each reading or listening text takes place at home and begins with open-ended questions focusing on global comprehension. The key here is to let the students report the information that they are able to extract from the text. Following the first encounter and preparation at home, students will work with each other in class to tackle a second set of questions that aim at having them extract more detail, draw some inferences, and synthesize the information in the text.

In reading activities, pairs should be encouraged to go back to the text as they work to find the language used there or to choose particular passages that support their argument. In listening activities, it will be helpful to replay the listening passage from a strategic point. We recommend having the students do an initial warm-up by exchanging information with their classmates (as outlined in the exercises), followed by a first engagement with the new questions. When the groups seem to be running out of things to say about the text, have them strategize about what they want to listen for when they hear the text again. Then play the video and let them go back to work. Due to the length of the video, you may not have time to play it more than once in its entirety, so it is important that the groups have specific questions in mind when they listen to the text in class.

Following the two-phase engagement with global comprehension, a separate exercise focuses on close reading or listening, in which attention to structural analysis and detail becomes a crucial part of developing advanced fluency in reading. The questions in this exercise ask students to guess the meaning of new words from carefully chosen contexts using contextual and grammatical clues and the Arabic root and pattern system; to recognize and process grammatical structures in new and authentic contexts, and to develop discourse management skills—keeping track of large amounts of text by doing things such as recognizing sentence and paragraph structure, identifying parallel constructions, paying attention to connectors, and parsing long sentences in which the subject and predicate or verb may be located far away from each other. Some of the questions in the exercise involve translation and dictionary work focused on certain sections of the text. Translation is used to check close comprehension, and, in order to translate, students need to develop dictionary skills. It is important that dictionary use be efficient and selective: We want students to go to the dictionary after they have determined the grammar of the word and after they have constructed a hypothesis about the meaning they will find.

Because the purpose of these reading exercises is to build these different skills and strategies, we strongly discourage the use of these reading exercises as vocabulary exercises. Each text here has been carefully chosen so that students can comprehend a great deal and develop processing skills through reading without any additional vocabulary. Providing lists of all unknown vocabulary in the text will lead students back to linear processing and will not help them develop reading proficiency.

TEACHING AND LEARNING GRAMMAR

Following our philosophy, and as in previous volumes and editions, grammar points are derived from the texts and not vice versa. Our aim is to help you create a classroom in which grammar is present all the time, not as a topic of discussion but as practice in writing and speaking. As in the previous two editions, the sequencing of grammar presented in these materials is not based on a predetermined design but, rather, on the story and on the authentic texts themselves, which were chosen independent of any grammatical considerations. We believe that privileging context in this way yields a more natural sequencing of structures that the learner can use. Years of experience has taught us that students can understand great deal of Arabic without having been formally introduced to all the grammar. Most reading and listening texts contain some grammar that has not yet been formally learned. We have introduced grammar after students have seen or heard it in context and if it is level appropriate. Some points, such as جمع المؤنّث السالم, are presented with the sole goal of having learners recognize them. While we have included some mechanical drills on the forms, we do not recommend that students be tested on the production of "recognition only" structures. In our judgment, the grammar points that we present for recognition only belong to the advanced or even superior level of proficiency and therefore do not need to be activated here.

Our presentation of grammar points has undergone some revision in this edition. Most notably we have increased emphasis on noun and verb morphology. The sequencing of structures has changed slightly, and the introduction of إعراب endings has been spread out across several lessons, reflecting the time learners need to understand and activate these patterns.

Following well-established models of spiraling in language acquisition, most grammar points are presented gradually, with information increasing in level of detail each time according to the language functions appropriate to students' abilities. As in previous editions, it remains important that students prepare for class by reading the lesson's explanation and doing the accompanying mechanical drill that helps them begin to use the structure. Outside class, each student can work at his or her pace and be ready to begin using the new structure in class. They may use this new structure tentatively at first, but practice, not explanations or lectures, will bring clarity and help learners build confidence in themselves. Comprehension accrues through usage, not through explanation; by devoting class time to activation exercises and tasks you will give your students the practice they need to internalize structures in context —the way they are used to doing in real life. You will notice that a few grammatical sections contain a footnote with extra information. This information is not necessary for students to learn in order for them to internalize and activate the structure very well, but is rather meant for sophisticated students who know a lot about grammar.

Start grammar sessions by working through the activities themselves and let students know that you will help them find answers to specific, contextual questions but not to abstract hypothetical ones. The former will help them comprehend the structure, whereas the latter will lessen their confidence and independence and will take time away from the activation work that will help clarify things. This approach relies on the theory that students acquire language by constructing their own internal grammar rather than by memorizing a formal presentation of grammar. Instructors, you can help this process along by encouraging your students to try to answer their own questions rather than providing them with answers right away. Encourage a critical-thinking approach to grammar and reward students verbally for asking questions. In the end, grammatical knowledge for its own sake contributes less to fluency and proficiency than grammatical production.

Language Production in Speaking and Writing: Mixing and Accommodating

As in *Alif Baa* and *Al-Kitaab: Part One*, this book introduces Egyptian and Levantine Arabic in addition to a formal register. As we noted before, the goal is not for all three varieties to be learned but, rather, for you to choose one variety of spoken Arabic for the class to learn along with the formal Arabic. We have seen repeatedly at The University of Texas that students who have been exposed to either dialect in a previous class can adapt easily to the other variety because the two are so close. The overwhelming majority of words are shared among all three varieties of Arabic that we present, and this similarity increases dramatically as the vocabulary becomes more abstract. The line between formal and spoken Arabic becomes increasingly fuzzy as learners progress through the book, and mixing formal and spoken varieties becomes the speech norm in most casual and semiformal contexts. Moreover, it is quite natural for native speakers to "accommodate," to seek out shared forms and adjust their speech patterns to be less "local" and more broadly understood, when speaking with others in a multinational group. Our students need to function in this environment, too, and will be well served by an inclusive view of what spoken Arabic is.

Instructors, it is up to you to decide which varieties the class will use and how they will be mixed. Remember, however, that you do not have to be a native speaker of a dialect to allow it to present in the classroom. If you speak a different variety of Arabic and want to teach it, we encourage you to do so. No matter which dialect you choose to use in class, the vast majority of the words, sounds, and structures it contains are shared with other varieties of Arabic. Focus on the similarities rather than the differences, and you will help your students learn the skills they need to navigate the globalized and technologically connected Arabic-speaking world.

Proficiency guidelines for intermediate language production specify the ability to use language in informal situations and contexts. This is where students should be as they begin working on these materials. We will begin to work toward formal expression as we progress through this book. It takes time, however, for students to sound formal when they speak and write. The ability to produce formal language in speech and writing is a skill that takes even native speakers (who have a big head start) years to develop. At this stage, fluency is as important as formality, and accuracy should still be evaluated in terms of comprehensibility. Mixing registers will still occur much of the time and will not always be natural. Have faith that your students' skills will continue to evolve, just as they have evolved to this point.

We suggest formal writing tasks that will help students activate the vocabulary and structures they are learning, express complex thoughts, and organize those thoughts with the help of connectors, just as in *Al-Kitaab: Part One*. Their writing skills will develop more quickly if you use a key to indicate mechanical errors and have them rewrite their work to correct and further develop their thoughts. We have found it useful to have students write a new essay every other week, and to use the intervening week to rewrite the previous essay. At this level it is very useful for learners to rewrite to expand and clarify their ideas and to keep incorporating new vocabulary and expressions that they have learned since the first writing.

In العامية listening sections, students are asked to write the answers to comprehension questions at home, and we feel this is an appropriate context in which they may write in العامية. The lack of standards for writing in this primarily spoken register permits us as teachers to focus on the content of what they write rather than the mechanics, the decisive line being comprehensibility. We do think it is appropriate to hold students responsible for الجذر and for proper grammatical agreement, especially since these are the areas in which learners need the most practice.

Finally, we would like to stress that our experience has shown us that the acquisition of two varieties of Arabic is not a zero-sum game in which more of one entails less of the other. On the contrary, the close relationship of all varieties of Arabic create synergies of learning that *enhance* each other.

We hope that this new edition of the book will serve as a useful learning and teaching tool for Arabic, and that those of you who have used previous editions will find the changes we have made helpful in achieving your goals.

✳ ✳ ✳

مع أطيب تمنياتنا
بتجربة تعليمية مثمرة ومشوّقة!

درس ١

سكن واستقرار

المفردات

سنتعلم مفردات جديدة تساعدنا في الكلام عن أماكن السكن ووَصْفها *description* وأيضاً عن موضوعات لها علاقة بالسكن والاستقرار وتأسيس البيت.

القواعد

سنبدأ دراستنا للقواعد في هذا الدرس بمراجعة ما نعرفه عن أوزان الفعل. وبعد ذلك سنتعرف على اسم المكان "مَفعَل ج. مَفاعِل"، ثم سنتمرّن على استعمال الجملة الاسمية بخبر مقدم لوصف الأماكن. وبالإضافة الى ذلك سنتعرف على الإضافة النكرة ونتمرّن على استعمالها في الكلام والكتابة.

الثقافة

سنشاهد فيديو عن البحث عن شقة في القاهرة أو دمشق، وكذلك سنتعرف على شكل شقة خالد في القاهرة وبيت طارق في دمشق. وسنقرأ عن فكرة "تأسيس البيت" وبعض الآراء في العيش في بيت العائلة بعد الزواج كحل لمشكلة السكن عند الشباب.

المهارات

سنعمل على كل المهارات وأيضاً على تعلم عدد أكبر من المفردات الجديدة وتفعيلها بمساعدة الجذر والوزن. كما أننا سنبدأ بالعمل على استعمال القاموس في القراءة الدقيقة *close* وعلى الاستماع الدقيق. وستشاهدون أن نص القراءة في هذا الدرس أصبح أطول لأن عندكم مفردات أكثر وتستطيعون أن تقرأوا بسرعة أكبر.

المفردات الجديدة ١: من القاموس

As in *Al-Kitaab: Part One*, vocabulary is presented in three varieties: الفصحى, الشامي, المصري, and words shared among two or more varieties are given in black. As you know, it is important to study the vocabulary with the audio and repeat the words aloud many times until you can say them easily and "hear" them in your mind. The number of new vocabulary words in each lesson is larger here than in Part One. To help you master and activate the larger number of words, we have divided the new vocabulary into two sections: The first is titled من القاموس and contains words whose جذر is new, and the second is titled من جذور نعرفها and presents words derived from the same جذر as words you have learned previously. The completely new words are presented first so that you get extra practice with them. Study them thoroughly and activate them in class before moving on to the second list. Also, you will notice that for many verbs in these vocabulary lists, الماضي is shared across all three varieties of Arabic while المضارع differs slightly. If you do not see الماضي listed in the entry for your dialect, it is because it is the same بالفصحى.

المعنى	المصري	الشامي	الفُصحى
to rent	أجّر ، يأجّر	يستأجر	اِستأجَرَ، يَستأجِر، الاِستِئْجار
rent			الإيجار
or[1]			أم
either ... or			إمّا ... أو
simple	ج. بُسَطا	ج. بُسَطا	بَسيط/ة ج. بُسَطاء
beneath, below			تَحْت
to leave (someone or something)	ساب ، يِسيب	يِترُك	تَرَكَ ، يَترُك ، التَّرك
side	جَنب (جَمب)	جَنب (جَمب)	جانِب ج. جَوانِب
next to, beside	جَنب (جَمب)	جَنب (جَمب)	بِجانِب
generation			جيل ج. أجيال
garden, yard, park	جِنينة ج. جَنايِن	جنيْنة ج. جَنايِن	حَديقة ج. حَدائِق
public park			حَديقة عامّة
solution			حَلّ ج. حُلول
bathroom, bath, bathhouse			حَمّام ج. -ات

الفصحى	الشامي	المصري	المعنى
حَماة ج. حَمَوات			mother-in-law
خِلاف ج. -ات			disagreement, dispute
الرَّبّ ، رَبُّنا			God, (our) Lord
السُّفرة			dining (room)
شَقّة ج. شُقَق ، شِقَق	شَقّة ج. شِقق	شَقّة ج. شُقَق	apartment
طَبَخَ ، يَطبُخ ، الطَّبْخ	يِطبُخ	يُطبُخ	to cook
مَطبَخ ج. مَطابِخ			kitchen
طابِق ج. طَوابِق		دور ج. أدوار	floor, story
الطَّلاق			divorce
أعَدَّ ، يُعِدّ ، الإعداد	جَهَّز ، يجَهِّز	جَهِّز ، يِجَهِّز	to prepare, get (something) ready
عَدَم + مصدر			non - (negates a مصدر) [2]
—	فاضي/ة ج. -ين	فاضي/ة ج. -ين	unoccupied, not busy [3]
فَوْق	فوق	فوق	above; upstairs
كَنيسة ج. كَنائِس	كنيسة ج. كَنايِس	كِنيسة ج. كَنايِس	church
مَمنوع			forbidden
يَتَمَنّى (أنْ)	يِتْمَنّى (إنّو)	يِتْمَنّى (إنّ)	to hope, wish (for someone to) [4]
اِنتَقَلَ إلى، يَنتَقِل ، الاِنتِقال	يِنتِقِل لَـ	اِنتَقَل لِـ ، يِتنِقِل لِـ	to move to
وَراء	ورا	ورا	behind, in back of

Notes on Vocabulary Usage

1. أَم overlaps with أو in meaning but is only used in cases in which there are only two possible choices and one must be made to the exclusion of the other.

هل ستستَأجِر بيتاً **أم** شقة ؟ | ما زالت لا تعرف إذا كان الطِّفل ولداً **أم** بنتاً.

2. عدم has a specific grammatical function: It negates a **مصدر**. It is usually used in the formal register.

المشكلة هي **عدم وجود** شقة مناسبة قريبة من مكان عملي.

When عدم + المصدر is used in a verbal sense, it is equivalent in meaning to **ألّا + المنصوب**.

قرروا **عدم الانتقال** إلى منطقة أخرى. = قرروا **ألّا ينتقلوا** إلى منطقة أخرى.

3. Though it belongs to both formal and spoken registers, the adjective **فاضي** is rarely used in formal Arabic. A seat, house, or similar space is **فاضي**/ة if it is unoccupied or free, while a person is **فاضي**/ة if she or he is not busy or not currently occupied with doing something.

* **انتي فاضية يا مريم؟ - ايه فاضية، بدّك شي؟** | * الكرسي دا فاضي؟ - أيوه، اتفضّل.

4. The verb **يتمنّى** is used to wish that something will or will not happen and to express wishes for others and is used mainly in **المضارع**.

تتمنّى صديقتي أن تحصل على مرتّب أعلى .

بتمنّى للكل عطلة حلوة!

باتمنّى للكل اجازة حلوة!

Use **كان** + **المضارع** to express the past tense:

كنت أتمنّى أن أنتقل الى شقة أكبر ولكن لم أجد شقة مناسبة.

كانت إمي بتِتمنّى تسافر معنا بس ما قدرت.

كنّا بنِتمنّى نكون معاكو في العشا!

تعلموا هذا الفعل

The مصدر and ماضي forms of this verb are not as common as المضارع, so we will focus on the latter now.

	الفُصحى	الشامي	المصري
أنا	أَتَـمَنّى	بِـتْمَنّى	باتْـمَنّى
أنتَ أنتِ	تَتَمَنّى تَتَمَنَّيْنَ	بـتِتْمَنّى بـتِتْمَنّي	بِتِتْمَنّى بِتِتْمَنّي
هو هي	يَتَمَنّى تَتَمَنّى	بيـتْمَنّى بتِـتْمَنّى	بِيِتْمَنّى بِتِتْمَنّى
نحن	نَتَمَنّى	بنِـتْمَنّى	بِنِتْمَنّى
أنتم	تَتَمَنَّوْنَ	بتِـتْمَنّوا	بِتِتْمَنّوا
هم	يَتَمَنَّوْنَ	بيِتْمَنّوا	بِيِتْمَنّوا

تمرين ١: تصريف فعل يتمنّى (في البيت)

Complete the sentences with the correct form of يتمنّى and add the appropriate form of كان where needed.

١. لا .... معظم الناس أن يقضوا عطلتهم في الشغل، ولكن زوج أمي فعل ذلك عندما سافر مع الصَليب الأحمر *Red Cross* الى هايتي لمساعدة الناس هناك.

٢. عندما كنت صغيرة، .... أن أصبح دكتورة، وأخي صالح .... أن يعمل في المسرح، أما أختي فدوى فـ............ .... أن تصير ضابطة في الشُّرطة (البوليس)، ولكن كلّنا .... أن نسكن في نفس البناية مع والدي ووالدتي.

٣. أظن أن معظم الموظفين في الشركة .... أن تفصل الشركة مديرهم لأنهم لا يحبونه.

٤. يا شباب، ماذا .... أن تعملوا في المستقبل؟

٥. ما زالت خطيبتي ، منذ طفولتها، .... أن تزور جبال الألب في أوروبا.

٦. أعرف أنكِ تحبينني و .... لي السعادة والنجاح في حياتي.

تمرين ٢: المفردات الجديدة (في البيت)

اكتبوا كلمة مناسبة من المفردات الجديدة في كل جملة.

١. كل صباح .... الفطور لأولادي قبل ذهابهم الى المدرسة.

٢. بعد أن تحصل على الماجستير في العلاقات الدولية .... أختي أن تجد وظيفة:
.... في وزارة الخارجية .... في الأمم المتحدة.

٣. أكبر مشكلة في هذه المنطقة هي .... وجود أي مدارس أو مستشفيات فيها. ويتمنّى سكان المنطقة أن تجد الحكومة ....اً لهذه المشكلة في المستقبل القريب.

٤. هذه هي البناية التي أسكن فيها في مدينة دبي. أسكن في .... الخامس في ....
صغيرة فيها غرفة جلوس و .... فيها طاولة صغيرة للأكل والعمل و .... صغير أطبخ فيه و .... كبيرة، وفيها أيضاً بلكون صغير.
البناية جميلة ومريحة ولكن مشكلتها الوحيدة هي أن .... فيها غالٍ (غالي) جداً (٢٠٠٠ دولار في الشهر!!).

٥. هذه واحدة من .... القديمة الموجودة في مدينة دمشق.

٦. كانت تفكّر في الزواج منه ولكنها أخيراً قررت أن .... ـه وتقطع علاقتها به بسبب المشاكل و .... الكثيرة بينها وبينه.

٧. في هذه الصورة نشاهد البنت والولد .... الشجرة ،
والطائِر *bird* .... ـها، والكلب .... ـها،
والرجل .... ـها.

٨. عندما علمت بأن زوجها كان على علاقة بامرأة اخرى قالت له بأنها تريد .... منه.

٩. كلمة .... لها نفس معنى كلمة "الله".

١٠. لا أفهم كيف يفكّر شباب .... الجديد!! هم يريدون كل شيء ويريدونه بسرعة!! في أيام شبابي كانت الحياة .... جداً وما كان عندنا كل الأشياء التي عندهم ولكننا كنا سعداء.

١١. التدخين .... في كل الأماكن التي نشاهد فيها .

تمرين ٣: اسألوا زملاءكم (في البيت ثم في الصف)

في البيت:

As in *Al-Kitaab: Part One*, this activity is intended to help you activate new vocabulary. Prepare for this before class by formulating questions that you will ask your classmates on the topics below using new vocabulary. You will see prompts to use these vocabulary words in italics. Prepare your questions orally, not in writing, and practice addressing them to your classmates aloud so that you will be prepared to ask them, not read them from your paper. Prepare also to answer the questions your classmates will ask you. This activity may be done either بالعامية or بالفصحى, according to your teacher's instructions.

في الصف:

Your teacher will assign you questions from either section A or B. With a partner from the other group, ask each other as many questions as you can in the time provided, being sure to use the new vocabulary words for the words that are italicized. Change partners and ask more questions. After you finish interviewing two classmates, report your findings to the class using قال/قالت إنّ.

A.

1. What is the hardest thing about *moving*? Have they *moved* a lot in the past few years?

2. Which is better in their opinion: *Renting* an *apartment* or living in the dorms? Why?

3. Do they like to do *yard* work? Why or why not?

4. Do they *fix* breakfast at home? What do they usually *fix*?

5. How many *floors* does their dream house have? What will be *upstairs* and what will be *downstairs*?

6. Have they ever been to a *church* or mosque not their own? What was it like?

7. What is the biggest *dispute* they had with someone?

8. What is their *solution* for *lack* of sleep?

9. In their opinion, is there more *divorce* when (the) religion *allows* it? Why?

10. Was life *simpler* for their parents' *generation*? How?

B.

1. Do they *wish* to *leave* this city and *move* to another city after graduation and why?

2. What was *forbidden* for them to do when they were young?

3. Do they like to visit *parks*? What do they do there?

4. Do they eat more often in the *kitchen* or in the *dining room*? Why?

5. What world problem would they like to find a *solution* for?

6. Do they think that there is more *conflict* between *generations* now than in the past? Why or why not?

7. Why does the *mother-in-law* have a bad image صورة in their opinion?

8. Do they know someone who feels *lack* of stability? Why?

9. What do they like and not like about the location of their house or *apartment*?

10. Do they know the people who live *next door* to them?

المفردات الجديدة ٢: من جذور نعرفها

This second set of vocabulary links new words to old ones through shared roots. Here, words you learned in *Al-Kitaab: Part One* are presented in gray, followed by new words that share the same جذر. While listening to the new words, focus on their وزن وجذر and use the familiar words to help you remember their meanings. Note that you will only hear the word in gray on the audio if it is the only word in the box. Otherwise, you will only hear the new words in the audio.

الفصحى	الشامي	المصري	المعنى
أهلاً: الأهل			folks, family
بَدَأَ ، يَبدَأ ، البَدء: بِداية ج. -ات			beginning
جَديد: ج. جُدُد	ج. جْداد	ج. جُداد	
حادِث ج. حَوادِث: حَدَث ، يَحدُث ، الحُدوث	صار ، يصير	حَصَل ، يِحصَل	to happen
خاصّ: خُصوصِيّة			privacy
خُطِبَت: خَطيب/ة			fiancé/fiancée
خُطِبَت: مَخطوبة ج. -ون/ين			engaged (of a woman or couple)
يَتَذَكَّر: ذَكَرَ ، يَذكُر ، الذِّكر	تذكَّر ، يِتذَكَّر	فاكِر/فاكْرة ج. -ين اِفتَكَر، يِفتِكِر	to recall
يَتَذَكَّر: ذَكَرَ ، يَذكُر ، الذِّكر	ذَكَر ، يِذكُر	ذَكَر ، يِذكُر	to mention
اِستِراحة: راحة			comfort, ease
سِباحة: مَسبَح ج. مَسابِح		حَمّام سِباحة	swimming pool
السَّنة الماضية		السنة اللي فاتت	

المعنى	المصري	الشامي	الفُصحى
idea			فَكَّرَ ، يُفَكِّر ، التَّفكير: فِكرة ج. أفكار
to receive, to welcome someone	يِستَقبِل	يِستَقبِل	قابَلَ ، يُقابِل ، المُقابَلة: اِستَقبَلَ، يَستَقبِل، الاِستِقبال
previously, before	قبل كِده	قبل هيك	قَبل: مِن قَبل
independence			قَليل: الاِستِقلال
to consist of, to be made up of	اِتكَوِّن من ، يِتكَوِّن	تكَوَّن من ، يِتْكَوَّن	كان ، يكون: تَكَوَّنَ من ، يَتَكَوَّن
place			كان ، يكون: مَكان ج. أماكِن
end, ending			اِنتَهى ، يَنتَهي ، الاِنتِهاء: نِهاية ج. -ات
is found, exists			وَجَدَ ، يَجِد: يوجَد / توجَد
existence			وَجَدَ ، يَجِد: الوُجود
temporary		مْوَقَّت	وَقت ج. أوقات: مُؤَقَّت

تمرين ٤: الوزن والجذر (في البيت)

This exercise is designed to help you activate your knowledge of أوزان الفعل and the new verbs. Complete the chart with the new verbs that you learned in this lesson of أوزان II-X. Listen to the audio of the vocabulary lists again for help. You will be asked to fill in a similar chart in each lesson. Beginning in Lesson 2, only the dictionary form will be given for verbs of أوزان II-X. The audio will continue to include المضارع and المصدر, and we encourage you to use it to reinforce your aural recognition of الأوزان.

الجذر	الوزن	الماضي	المضارع	المصدر
ء ج ر				
ع د د				
ق ب ل				
ك و ن				
م ن ي		تمنّى		التَّمَنّي
ن ق ل				

تمرين ٥: كتابة جمل المفردات

استمعوا إلى جمل المفردات من ١ الى ١٢ واكتبوها.

تمرين ٦: المفردات الجديدة (في البيت)

Some blanks require words from the first vocabulary list, المفردات الجديدة ١: من القاموس.

١. ماذا .... لكم؟! لماذا تأخرتم؟!

٢. أقمنا في هذا الفندق عدّة أيام ولكننا لم نشعر فيه بأيّ راحة أو .... ، فكنّا نسمع الناس والتلفزيون في الغرفة القريبة من غرفتنا ولم يمكننا النوم؛ ولذلك قررنا أن .... إلى فندق آخر.

٣. أمام البناية التي أسكن فيها في دبي هناك .... صغير لسكّان البناية، وأنا أستمتع بالسباحة فيه كل مساء.

٤. الحمدلله! انتهيت من كل امتحاناتي، لذلك أشعر بـ .... كبيرة.

٥. كانت القصة طويلة (٣٥٠ صفحة) ولكني قرأتها كلها واستمتعت بكل كلمة فيها من الـ _____

الى الـ _____ .

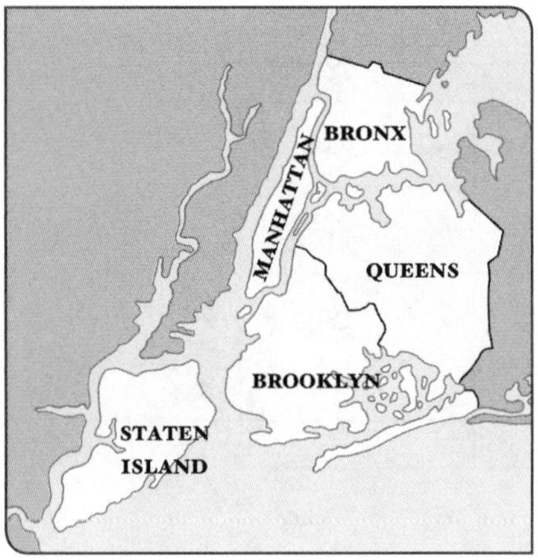

٦. _____ مدينة نيويورك من خمس مناطق منها "منهاتن"

و "بروكلين". وفي منهاتن هناك _____ عامة كبيرة وجميلة

اسمها "سنترال بارك" أذهب اليها وأجري فيها دائماً ، وهي، في رأيي،

أجمل _____ في المدينة كلها.

٧. قرأت في الجريدة أن رئيس الوزراء العراقي _____

وزير الخارجية القطري في مكتبه مساء أمس.

٨. بالنسبة لي، هذه وظيفة _____ لن أعمل فيها أكثر من سنة أو سنتين.

٩. أولادي لم يزوروا انكلترا _____ ، وهذه أول زيارة لهم اليها. أما أنا ووالدتهم فزرناها أكثر من

مرة ولكن لا _____ متى كانت آخر زيارة لنا، ممكن قبل ست أو سبع سنوات.

١٠. علاقتي بكل _____ زوجتي ممتازة وكلهم لطفاء وطيبون إلّا _____ ـي لأنها ما

زالت لا تحبني وتشعر بأنني أخذت ابنتها منها.

١١. أعرف أنها كانت _____ له لسنتين وأنها كانت تحلم بالزواج منه ولكن ليس عندي أي

_____ عن سبب قرارها بقطع العلاقة مع خطيبها.

١٢. خرج الجيش الفرنسي من سوريا وحصلت سوريا على الـ _____ سنة ١٩٤٦.

تمرين ٧: ممنوع / عدم + المصدر (في الصف)

In the realm of rules and regulations, Arabic uses two common expressions to tell people not to do something: One is polite and the other is rather forceful and hints of a warning. Both use المصدر:

Please do not...	الرَّجاء عدم + المصدر
No ...!	ممنوع + المصدر

Decide which of these two expressions to use in each of the following contexts and write a brief note or sign to be posted that incorporates the phrase in a specific setting. Choose the expression that is more appropriate for the context and audience you imagine. As you work with المصدر, pay attention to its وزن and to whether or not it occurs in an إضافة.

مثال:

No eating or drinking	ممنوع الأكل والشرب في الأوتوبيس.

1. No swimming

2. Do not skip class

3. Do not enter

4. No cooking in …

5. No gathering …

6. Do not travel to ...

7. Do not mention ...

8. Do not sit …

9. No smoking

10.

11.

تمرين ٨: الوَصْف *describing* بكل المفردات الجديدة (في الصف)

اعملوا مع زميل/ة على وَصْف هذه الصور بكل المفردات الجديدة بالعامية أو بالفصحى:

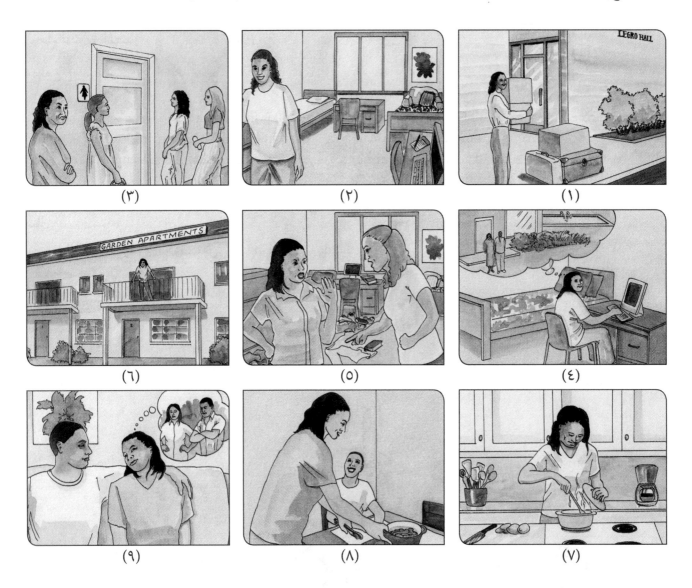

(١)

(٢)

(٣)

(٤)

(٥)

(٦)

(٧)

(٨)

(٩)

تمرين ٩: كتابة جمل المفردات (في البيت)

استمعوا الى جمل المفردات من ١٣ الى ٢٦ لتفهموها جيداً ثم اكتبوها.

القواعد ١: أوزان الفعل

We noted in the preface to this book that one of your biggest challenges at this level is to actively acquire a large amount of vocabulary. An important strategy in this task is to use الوزن والجذر to your full advantage by using the patterns to remember the sound and shape of words as well as their meaning. To get the maximum benefit from this system, you need to gain active control of أوزان الفعل and learn to produce any أوزان from any جذر in all of its forms. Using الوزن to recognize and remember meaning is a skill you will develop gradually.

Throughout this book we will be working towards developing an understanding of the meanings of أوزان الفعل. This is not an exact science, since language changes in unpredictable ways. In general, it is more useful to think of a relationship of meaning between two أوزان than it is to think of the meaning of any particular أوزان by itself in the abstract.

Three basic concepts underlie the relationships of meaning among أوزان الفعل: Transitivity, intransitivity, and reflexivity. These same concepts underlie the verbal systems of many languages. A verb is transitive if it takes a direct object; that is, if the subject of the verb performs the action on someone or something else, like "to read" and "to write." One "reads **a book**" and "writes **a paper**," so that **book** and **paper** are the direct objects of the verbs **read** and **write**. A verb is intransitive if it cannot take a direct object, like **"to sleep."** One cannot "**sleep** someone" or "**sleep** something," one just "**sleeps**." A verb is reflexive if it refers back to the subject's self, such as "to prepare oneself (for something)." A reflexive verb is intransitive if it does not act upon or involve any object outside the subject itself.

In *Al-Kitaab: Part One* you saw that the relationship between II وزن فَعَّل and V وزن تَفَعَّل is often one of transitive verb (II) to reflexive verb (V). We see this relationship in two of the new vocabulary words in this lesson:

تَفعَّل		فَعَّل		فَعَل	
to make oneself recall: *to remember*	تَذَكَّر	to make someone recall: *to remind*	ذَكَّر	to recall	ذَكَر
to form itself from: *to consist of*	تَكَوَّنَ من	to make something be: *to form*	كَوَّنَ	to be	كانَ، يكون

Understanding the distinction between transitive and intransitive verbs is central to understanding how the meaning of أوزان الفعل functions. English makes this distinction, too, but in English, we often use the same verb for both transitive and intransitive meanings and simply add a direct object to make an intransitive verb transitive. Consider the following two sentences:

1. She walks every day.
2. I walk the dog.

The verb in the sentence (1) is intransitive, as the female subject does not act on another entity but walks by herself. In contrast, the verb in sentence (2) is transitive because the subject acts upon the object, "the dog." In Arabic, these two meanings are expressed by different أوزان of the same جذر.

The vocabulary section of each lesson in this book includes exercises on aspects of أوزان الفعل including a drill that asks you to produce the forms of the new verbs of أوزان II-X using the وزن وجذر system. You could just copy these forms out of the vocabulary chart or a reference work, but this would be cheating yourself, and will not help you develop your vocabulary, reading, and speaking skills. Make yourself pronounce the forms aloud so that the sound becomes linked with the form, which will help you activate the verbs and الأوزان.

The أوزان الفعل chart below lists the أوزان both by number and by وزن. You will also find this chart on a tab on the the book's companion website for your reference while working online. Refer to this chart and use it to check your work, but do not copy from it. Only by trying first by yourself without looking will you learn to produce these patterns, which is an essential skill for moving toward advanced proficiency in Arabic.

أوزان الفعل

الوزن	الماضي	المضارع	المصدر
I	فَعَلَ/فَعُلَ/فَعِلَ	يَفْعَل/يَفْعُل/يَفْعِل	(varies)
II	فَعَّلَ	يُفَعِّل	تَفعيل
III	فاعَلَ	يُفاعِل	مُفاعَلة
IV	أَفْعَلَ	يُفْعِل	إفْعال
V	تَفَعَّلَ	يَتَفَعَّل	تَفَعُّل
VI	تَفاعَلَ	يَتَفاعَل	تَفاعُل
VII	اِنْفَعَلَ	يَنْفَعِل	اِنْفِعال
VIII	اِفْتَعَلَ	يَفْتَعِل	اِفْتِعال
IX	اِفْعَلَّ	يَفْعَلّ	اِفْعِلال
X	اِسْتَفْعَلَ	يَسْتَفْعِل	اِسْتِفْعال

Note that we have listed المصدر forms without الـ here so that you can focus on their forms. Form IX is used mainly for colors; e.g., اِخضَرَّ "to become green," or اِسوَدَّ "to become black." It is a rare وزن and does not need to be learned actively at this point. We include it here only to complete the overall picture.

Now let us look at a concrete example of how this system works. You know the verb اِنقَطَعَ, or ق-ط-ع in وزن اِنفَعَلَ (VII). The same root ق-ط-ع combines with other أوزان as well, as the next chart illustrates. Note that the meanings of all of these verbs are related in some way to the basic meaning of the root, which has to do with "cutting." Every other وزن adds a dimension to this basic meaning.

The root ق-ط-ع was chosen to demonstrate this system because it happens that most of the theoretically possible أوزان can be derived from this root. In other words, ق-ط-ع has an actual verb for each possible وزن (except for IX وزن). Most roots do not make use of all of the theoretically possible أوزان and thus have verbs corresponding to only some of them.

أوزان الفعل: جذر ق-ط-ع

المعنى	المصدر	المضارع	الماضي	الوزن
to cut	القَطْع	يَقطَع	قَطَعَ	I
to chop up	التَّقْطيع	يُـقَطِّع	قَطَّعَ	II
to cut off	المُقاطَعة	يُـقاطِع	قاطَعَ	III
to divide up (land)	الإقْطاع	يُـقْطِع	أَقْطَعَ	IV
to be chopped up	التَّـقَطُّع	يَـتَـقَطَّع	تَقَطَّعَ	V
to intersect	التَّقاطُع	يَتَـقاطَع	تَقاطَعَ	VI
to be cut off	الاِنْـقِطاع	يَنْـقَطِع	اِنْقَطَعَ	VII
to take a cut of	الاِقْتِطاع	يَقْتَطِع	اِقْتَطَعَ	VIII
--	--	--	--	IX
to deduct	الاِسْتِقْطاع	يَسْتَقْطِع	اِسْتَقْطَعَ	X

We mentioned above that each وزن adds a different dimension to the basic meaning of the root. If you look at the meanings of the verbs in the ق-ط-ع chart, you can see that some involve transitive meanings, such as *to chop up (something); to cut off (something)*, while others carry reflexive meanings like *to be cut off* or *to be chopped up*.

To explore this topic further, look up some roots in an Arabic-English dictionary and look at the meanings of الأوزان listed. Remember when you are looking words up in the dictionary that همزة, whether written ـئ, أ, ء, or ؤ, is a consonant and can be a part of any جذر. For example, the جذر of استأجر is ء-ج-ر and that of قرأ is ق-ر-ء . The dictionary lists the consonant ء as أ in the place of the long vowel ا (الف), which cannot be part of a جذر because it is always a vowel. Recognizing الجذر والوزن of verbs whose roots contain و or ي takes a bit of practice but is not difficult when you know the أوزان, including their vowels.

The best way to learn الأوزان II-VIII and X is to choose a verb you know well that serves as a model for each وزن. As you choose, think about whether your model is transitive, intransitive, or reflexive. It is best to choose a verb that does not take a preposition. By the time you finish this book, you should be able to easily produce the stems of all the أوزان. To help you accomplish this, the new vocabulary lists will contain only the dictionary form of the verb (except in cases where you have not yet learned the pattern, as, for example, when the root contains و or ي), and you will use your knowledge of الأوزان to complete the full set of stems including المضارع and المصدر forms in a drill of new verbs. When you listen to the audio of the vocabulary words, you will hear all three verb stems so you can listen to them again as you work on the drill.

تمرين ١٠: أوزان الفعل (في الصف)

Some verbs of II وزن can be derived from nouns and adjectives. With a partner, create verbs from II وزن from the following words. Using your understanding of the **transitive** nature of II وزن, "to do [root meaning] to a person, place or thing," guess what the II وزن words mean, and think of a contextualizing sentence for each one.

الجملة	المعنى	المضارع	الماضي	
				بسيط
				إيجار
				سبب
	to renew			جديد
				حمّام
				طلاق

الثقافة ١: السّمسار

In the Shami video you will watch in Drill 11, you will see a سِمسار or apartment finder. The real estate business is less regulated in many parts of the Middle East than it is in the West. Hence, the word سِمسار itself can carry a connotation similar to that of a "used car salesman" in the US. In the Egyptian video in Drill 11, you will see someone looking for an apartment by talking to the بَوّاب, a resident caretaker, because not all apartment owners will rent through a سِمسار. The process of renting an apartment is constantly evolving, but it is easy to get information on local practice by asking people you know.

تمرين ١١: نشاط استماع ومحادثة بالعامية: شقة فاضية (في البيت ثم في الصف)

Listening exercises in this book take place in two phases. At home, you will listen for general meaning, answer questions in writing, and prepare to discuss what you have seen with a partner in class. In class, you will first talk with your partner about what you understood at home, then watch the video again and answer a new set of questions. If the video is in spoken Arabic, you may perform a role play activity.

أ. في البيت: شوفوا الفيديو بالعامية اللي بتدرسوها وجاوبوا على الاسئلة.

"الحلو للحلوين"	"فيه شقة فاضية؟"
١. مين بالفيديو؟ شو عم يعملوا؟	١. مين في الفيديو؟ بيعملوا إيه؟
٢. المرة شو بدها؟	٢. الستّ عايزة إيه؟
٣. شو بيقول الرِّجّال؟	٣. الراجِل بيقول إيه؟
4. Listen for the use of the preposition في to mean "can, (is) able to" (a synonym of يقدر). What does the woman say? (You will find the full set of pronouns with في in the appendix under Prepositions.)	

ب. في الصف: "بيت طارق" "شقة خالد"

اليوم حنعمل جولة مع الفيديو بشقة خالد أو بيت طارق. أولاً شوفوا الفيديو وفكروا في بيت أو شقة ممكن تستأجروه/ها في الشام أو مصر ، وبعدين زوروا بوّاب أو سِمسار (واحد من زملائك) وتكلّموا معه/معها عن شو بدكم / عايزين إيه في البيت أو الشقة.

Take turns playing سمسار or بوّاب. Remember to use فيها (not عندها) to describe the apartment.

القصة بالعامية

تمرين ١٢: "بتمنى ما نترك هالبيت أبداً" "أتمنى مانسيبش البيت دا"

(في البيت ثم في الصف)

أ. في البيت، شوفوا واكتبوا فقرة لكل سؤال. Give as many details as you can.

١. كيف بتحس نسرين بالنسبة للشام؟ ليش؟
٢. ليش بتحكي نسرين عن بيتها؟ وليش بتحكي عن بيت نور؟
٣. كيف بيت نسرين بالنسبة لبيتك؟

١. مها بتحس بإيه بالنسبة لمصر؟ ليه؟
٢. مها بتتكلم عن بيتها ليه؟ وبتتكلم عن بيت ليلى ليه؟
٣. ازاي بيت مها بالنسبة لبيتك؟

ب. في الصف، احكوا مع بعض:

١. نسرين زعلانة ولّا مبسوطة؟ ليش؟
٢. كيف بيت نسرين بأميركا بالنسبة لبيت طارق بالشام؟

١. مها زعلانة ولّا مبسوطة؟ ليه؟
٢. ازاي بيت مها في أمريكا بالنسبة لشقة خالد في مصر؟

القواعد ٢

اسم المكان

You have learned a number of words that share وزن مَفعَل(ـة), including:

مَكتَب   مَكتَبة   مَدرَسة   مَطبَخ   مَسبَح   مَركَز   مَسرَح

What do the meanings of these words have in common? They all refer to **places**: Places where we write, read books, study, and so forth.

You can see that two of the nouns above end in ة. This addition is not common. Sometimes it permits a second meaning to be derived from a root, such as the case of the word مكتبة, which has a different meaning than مكتب. In other cases, such as مدرسة, there is no corresponding اسم مكان without ة. In very rare cases, both forms with and without ة exist with the same meaning, such as مَقالة and its synonym مَقال (from يقول, literally, *the place where someone says something*. Of the two, مَقالة is the more commonly used word in most areas). Since the use of ة is uncommon, we will focus on forming اسم المكان without it, and will specify ة in the few cases in which it occurs.

Some أسماء مكان take the pattern مَفعِل with a كسرة vowel. This happens when the stem of المضارع of the verb is also كسرة,[1] as in the following:

يجلِس: مَجلِس ج. مَجالِس   *council (place where one "sits")*

ينزِل: مَنزِل ج. مَنازِل   *house, residence (place where one stays)*

The plural of أسماء مكان is normally مَفاعِل:

مَدارِس   مَطابِخ   مَسابِح   مَنازِل   مَجالِس

Only in cases where both مَفعَل and مَفعَلة exist with separate meanings are two separate plurals needed, for example:

مكتب ج. مَكاتِب | مكتبة ج. مَكتَبات

Be on the lookout for اسم المكان in both the singular and plural when you read so that you can work out both the meaning and pronunciation of new words in this وزن. The وزن that is important to learn actively is the most common singular and plural: مَفعَل ج. مَفاعِل. The occasional variant مَفعَلة is easy to recognize. There are only a handful of words of the مَفعِل pattern, and the most important ones are listed above: مَجلِس ج. مَجالِس and مَنزِل ج. مَنازِل.

---

[1] The اسم مكان can also be formed from awzaan II-X using a different pattern that you will learn soon. One example is the word مُستَشفى that is derived from ش ف ي X.

One final note: You have seen مَفاعِل as a plural noun in مَشاكِل. This pattern appears occasionally in plurals whose meaning is transparent from their جذر, such as مَصاعِب *difficulties* and مَتاعِب *troubles*, *tiresome things*.

🎧 تمرين ١٣: اسم المكان (في البيت)

Form new words from these familiar roots using the مَفعَل ج. مَفاعِل pattern (except where مَفعَلة is indicated). Write in all vowels and pronounce the words aloud as you do so. Then, use the new words in your own sentences.

المعنى	الجمع	المفرد	الجذر
residence			س ك ن
playing field, playground			ل ع ب
kingdom			م ل ك (مَفْعَلة)
laboratory, factory			ع م ل
entrance			د خ ل
exit			خ ر ج
path (refers especially to legal or scholarly orientation or school of law in Islam)			ذ هـ ب

تمرين ١٤: اسم المكان (في الصف)

With a partner, draw a rough map of your جامعة أو منطقة. Label all the places you can name in Arabic, using as many أسماء مكان as possible.

الحوار

اللغة والثقافة: "خير ان شالله؟" "خير إن شاء الله؟"

You know the word خير from صباح الخير and مساء الخير. In spoken Arabic خير؟ can function as an implied question: "I hope it's good?" When someone wants to tell you something or meet with you, you can begin the conversation with خير؟ to signal that you hope that it is good news.

تمرين ١٥: "أحسن شقة" "أحلى شقة" (في البيت ثم في الصف)

أ. في البيت

شوفوا الحوار بالشامي أو بالمصري واكتبوا فقرة لكل سؤال:

أحسن شقة	أحلى شقة
١. مين عم يحكي هون؟ وشو علاقتهن ببعض؟	١. مين بيتكلم هنا وعلاقتهم إيه ببعض؟
٢. شو المشكلة؟ وشو الحلّ؟	٢. إيه المشكلة؟ وإيه الحلّ؟
٣. شو رأي الوالد بهالحلّ وليش؟ شو بيقول عن الزوجة وبيتها؟	٣. إيه رأي الوالد في الحلّ دا وليه؟ بيقول إيه عن الزوجة وبيتها؟
٤. كيف رح يعيشوا ببيت أم غسان؟	٤. ازاي حيعيشوا في بيت أم ابراهيم؟
٥. الخطيب بيقول كلمة بمعنى "for sure"، شو هي؟	٥. الخطيب بيقول كلمة بمعنى "for sure"، إيه هي؟

ب. في الصف

احكوا مع رفقاتكن عن هالأسئلة:	اتكلموا مع زمايلكو عن الأسئلة دي:
١. ليش بيحكي غسّان مع والد منى وبعدين والد منى بيحكي معها؟ ليش ما بيحكوا كلن مع بعض؟ كيف العلاقة بين منى ووالدها؟	١. ليه ابراهيم بيتكلم مع والد منى وبعدين والد منى بيتكلم معاها؟ ليه ما بيتكلموش كلهم مع بعض؟ ازاي العلاقة بين منى وباباها؟
٢. برأيكن شو رح يصير اذا غسان ومنى عاشوا مع أم غسان؟	٢. في رأيكو حيحصل إيه لو ابراهيم ومنى عاشوا مع مامة ابراهيم؟

القواعد ٣

الإضافة: معرفة ونكرة *Definite and Indefinite*

In the story in this lesson, you heard descriptions of houses containing many إضافات, such as:

غرفة المعيشة | غرفة الاستقبال | غرفة النوم

As you have come to expect, these إضافات are all definite. In addition to the definite إضافات, however, you also heard a couple of إضافات that are not definite: حمام سباحة (literally, "a pool of swimming"), and ٤ غرف نوم. We know that these phrases are indefinite because the last noun in each إضافة is indefinite, having neither الـ nor a possessive pronoun. (Even though both of these nouns are مصدر, this is one case in which المصدر may be indefinite.) The indefiniteness of the final noun makes the entire إضافة indefinite. We can make all the definite إضافات above indefinite just by removing الـ from the final noun:

غرفة معيشة *a family room* | غرفة استقبال *a formal living room* | غرفة نوم *a bedroom*

What contexts call for an indefinite إضافة? Think about when we use indefinite nouns in English. When would you say "a bedroom" instead of "the bedroom?" In Arabic, two of the most frequently occurring contexts in which indefinite nouns and إضافات are used include existential sentences (e.g., "there is" or "there isn't") and counting with numbers from ٣ to ١٠, including the use of عِدّة *several*:

عندي غرفة نوم كبيرة. | وراء المنزل حمام سباحة. | فيه ٤ غرف نوم. | هناك عدّة حلول ممكنة.

To express meaning accurately, it is important to think about the choice of definite and indefinite nouns and noun phrases. For example, do you mean to say *a* lunch break or *the* lunch break? Your listener will interpret these two phrases differently. Sometimes the choice between definite and indefinite إضافة carries important implications. You might call someone who does something nice for you ابن حلال or بنت حلال but not ابن الحلال or بنت الحلال. The definite ابن الحلال is *the* person you should or could marry, whereas *an* ابن حلال is one of a number of possible candidates:

ابن/بنت الحلال *the one for you* | ابن/بنت حلال *a possible mate, i.e., a great person*

Grammatically, the definiteness or indefiniteness of الإضافة depends solely on its **final** word. When that final word is definite, either with الـ or with a pronoun, الإضافة is definite. When the final word is indefinite, الإضافة is indefinite. The following table gives you some examples for comparison:

إضافة نكرة	إضافة معرفة
ثلاث غرف نوم	غرف النوم، غرف نومنا
سوق سمك	سوق السمك
استراحة غداء	استراحة الغداء
مرتب وزير	مرتب الوزير الجديد

Indefinite إضافات behave in sentences just like indefinite nouns. For example, adjectives modifying them are indefinite and agree with the noun they modify. In the following sentences, the adjectives كبيرة and جميلة are مؤنث because they modify غرفة:

أريد غرفة نوم كبيرة. | هذه غرفة استقبال جميلة.

Remember to pronounce ة on all nonfinal words of any إضافة.

Finally, notice that أفعَل التفضيل is also an indefinite إضافة in the superlative construction. Although the superlative is definite in English, it is **indefinite** in Arabic and behaves accordingly:

سنستأجر (رح نستأجر ، حنأجّر) أحسن شقة بالشام كلها.

أين توجد أقدم كنيسة كاثوليكية في العالم العربي؟

أختي أخذت (أَخَدِت، خَدِت) أكبر غرفة نوم في البيت.

تمرين ١٦: الإضافة (في البيت)

Each of these sentences needs an إضافة to complete it, but should it be definite or indefinite? Look at this example:

أحب بداية السنة ، لأني أتعرف على طلاب جدد في صفوفي. (بداية سنة - بداية السنة)

Think about whether a definite or indefinite إضافة would be more appropriate in the context of the sentence, as in "I like the beginning of *a* year" or "the beginning of *the* year." Here, the second is more appropriate, so choose the corresponding Arabic phrase بداية السنة. Do the same for each sentence you see, writing the best answer in the blank.

١. في شقتي ــــــــــــــ أخذتها من بيت أهلي قبل سنتين.

(طاولة سفرة - طاولة السّفرة)

٢. أتمنّى أن أجد ــــــــــــــ تفهمني وأفهمها.

(بنت حلال - بنت الحلال)

٣. التدخين ممنوع في ــــــــــــــ .

(أماكن عمل - أماكن العمل)

٤. ــــــــــــــ في هذا الفندق واسعة ومريحة.

(غرف نوم - غرف النوم)

٥. يوجد في مدرستنا مركز للرياضة، ولكن لا يوجد فيها ــــــــــــــ .

(حمام سباحة - حمام السباحة)

٦. هذه أكبر ــــــــــــــ في الولايات المتحدة.

(كليّة طبّ - كليّة الطبّ)

٧. استقبلت وزيرة الاقتصاد اليوم عدداً من ــــــــــــــ وشجعتهم على توظيف أموالهم في البلد.

(رجال أعمال - رجال الأعمال)

٨. في الحقيقة هذه ليست جولة سياحية ولكنها ــــــــــــــ في بعض الأسواق العربية.

(جولة عمل - جولة العمل)

٩. تستطيعون مشاهدة معظم ــــــــــــــ العالمية في التلفزيون السعودي كل يوم خميس وجمعة بعد الظهر.

(مباريات كرة قدم - مباريات كرة القدم)

١٠. خطبها ثم تزوجها بعد ــــــــــــــ بدأت منذ أيام الدراسة.

(قصة حب - قصة الحب)

تمرين ١٧: الإضافة: معرفة أو نكرة؟ (في البيت)

تجدون هذا التمرين في الوب فقط.

القصة بالفصحى

تمرين ١٨: "أتمنى ألّا نترك هذا البيت" (في البيت)

شاهدوا الفيديو وأجيبوا عن الأسئلة. اكتبوا الإجابات بالفصحى وبكلماتكم أنتم وليس بكلمات مها. ويمكن العمل على سؤال "و" في الوب.

أ. متى جاءت مها وأسرتها الى أمريكا؟ وماذا قالت لنا عن الانتقال بعد مجيئهم؟

ب. لماذا، في رأيكم، تشعر مها بالراحة في بيتها؟

جـ. ماذا تتمنى مها؟ لماذا؟

د. اكتبوا ٣ جمل تصفون describe فيها البيت الذي تسكن فيه مها وأسرتها الآن.

هـ. كيف تقول مها بالعربية "بيت ليلى doesn't have حمام سباحة؟" ....

You have seen the preposition بـ used to express location. Notice that the kasra of بِـ affects the vowel of pronouns ـه and ـهم in formal Arabic, turning them into matching kasras: بِهِ , بِهِم.

و. استمعوا إلى مها واكتبوا ما تقول (في الكتاب أو في الوب):

مصر... لا (١) .... الكثير (٢) .... (٣) ....

(٤) .... إلى أمريكا (٥) .... (٦) .... عشر

(٧) ....، (٨) .... (٩) .... كيف (١٠) ....

(١١) .... في مصر. في (١٢) .... (١٣) ....

(١٤) .... (١٥) .... صغيرة في بروكلين، هذه (١٦) ....

(١٧) .... (١٨) .... في (١٩) ....

(٢٠) .... ، (٢١) .... من (٢٢) ....

و (٢٣) .... (٢٤) .... صغيرة، (٢٥) ....

(٢٦) .... و (٢٧) .... (٢٨) .... (٢٩) ....

(٣٠) .... (٣١) .... بيت ليلى، لكنه جميل و (٣٢) ....

(٣٣) .... (٣٤) .... كبيرة. في (٣٥) ....

(٣٦) .... (٣٧) .... (٣٨) .... و (٣٩) ....

و (٤٠) .... و (٤١) .... صغير و (٤٢) ....

(٤٣) .... في (٤٤) .... الثاني غرفة (٤٥) .... وغرفة أعدّها والدي مكتباً له، وغرفتي وحمّام.

(٤٦) .... ألّا (٤٧) .... هذا البيت بعد (٤٨) .... أو ثلاث

لـ (٤٩) .... إلى (٥٠) .... آخر (٥١) ....

(٥٢) .... من (٥٣) ....

القواعد ٤

الجملة الاسمية: الخبر المقدم لوصف الأماكن *Describing Places*

In القصة بالفصحى, you heard Maha use الجملة الاسمية with reversed مبتدأ وخبر to describe the house in which she lives:

أمام البيت حديقة صغيرة.

في الطابق الأول غرفة الاستقبال وغرفة المعيشة والمطبخ وحمّام صغير.

You know that the order of المبتدأ and الخبر is reversed in this kind of الجملة الاسمية because المبتدأ is indefinite and, thus, cannot begin a sentence. This reverse order adds an existential meaning to the sentence, as we see in the first example above, or a possessive meaning, as we see in the second example. Notice also that في (not عند) is used to ascribe "possession" to a place (i.e., in English "it has").

في هذه المنطقة فنادق كثيرة. = هذه المنطقة فيها فنادق كثيرة.	*This area has . . .*
في هذا البيت ثلاثة طوابق. = هذا البيت فيه ثلاثة طوابق.	*This house has . . .*

This kind of sentence is often used in describing spatial relationships as well as possession and association. The preposition أمام in *front of, before*, refers both to spatial location and abstract choices or obligations.

أمام المستشفى حديقة عامة صغيرة. | **أمامي** فرص كثيرة للنجاح.

In formal Arabic, this kind of sentence is negated with ليس, which must directly precede الخبر :

ليس وراء بيتنا حديقة كبيرة. | **ليس** من الصعب الحصول على وظيفة مؤقّتة.

To express past and future timeframes, however, we use كان and سيكون / رح يكون / حيكون:

سيكون في مركز الطلاب الجديد مطاعم وأماكن للدراسة.

رح يكون جنب المدرسة ملعب كبير.

حيكون ورا بيتنا حمام سباحة!

كان بينها وبينهم خلافات ولكنها انتهت وأصبحت علاقتهم جيدة الآن.

كان فيه على الطاولة كتب ومجلات - وين صارت هلق؟!

كان فيه على الترابيزة كتب ومجلات - هي فين دلوقتي؟!

تمرين ١٩: الخبر المقدم في الجملة الاسمية (في البيت)

تجدون هذا التمرين في الوب فقط.

تمرين ٢٠: نشاط كتابة ومحادثة (في البيت ثم في الصف)

في البيت

Draw a picture of a بيت or شقة, real or imaginary, and prepare an oral description of it containing as much new vocabulary as possible and the جملة اسمية مع خبر مقدم sentence pattern.

في الصف

Describe to a partner the بيت or شقة you drew without showing it to him or her while he or she draws what you are describing. When you have finished, compare pictures and take turns pointing out similarities and differences using جمل اسمية مع خبر مقدم as much as possible.

الاستماع

مع العائلة والأصدقاء

تمرين ٢١: مع صديق خالد (في البيت ثم في الصف)

أ. في البيت

شاهدوا الفيديو واكتبوا في جمل طويلة:

١. ماذا نعرف عنه وعن حياته؟

٢. ماذا نعرف عن علاقته بخالد في الماضي؟ وكيف هي الآن؟

٣. ماذا ينوي ان يفعل في المستقبل؟

٤. ماذا قال عن والده؟

٥. هل تظنون انه يشعر بالسعادة في حياته؟ لماذا/ لماذا لا؟

ب. في الصف

تكلّموا مع زميل/ة عن هذه الأسئلة:

١. ذكر في كلامه "شُبرا"، ما هي "شُبرا" في رأيكم ولماذا ذكرها؟

٢. هل هو مثل خالد؟ لماذا / لماذا لا؟

تمرين: ٢٢ الاستماع الدقيق *close* (في البيت)

اكتبوا الكلمات التي قالها صديق خالد

أ. من ١:٠٤ إلى ١:٣٣ في الفيديو

وأنا (١) .... (٢) .... في (٣) .... (٤) ....

من (٥) .... (٦) .... حَتّى (٧) .... أو

(٨) .... بعد منتصف (٩) .... ، (١٠) .... لا ألتقي

meet with بخالد (١١) .... (١٢) .... في (١٣) ....

أو الأعياد عندما تلتقي الأسرتان (١٤) .... أو (١٥) .... في

(١٦) .... (١٧) .... بعد (١٨) .... ،

(١٩) .... (٢٠) .... (٢١) .... (٢٢) ....

للصيدلية.

ب. من ٢:٠١ إلى ٢:٢٣ في الفيديو

والتي (١) .... في (٢) .... على (٣) ....

(٤) .... أو (٥) .... (٦) .... سامي (٧) ....

أو (٨) .... طارق في (٩) .... (١٠) ....

في (١١) .... ، (١٢) .... لا أحب (١٣) .... السفر للعمل في

(١٤) .... (١٥) .... (١٦) .... (١٧) ....

هنا.

الثقافة ٢: تَأسيس بيت

The text you will read in the following section uses the phrase تأسيس بيت, *establishing a household*, to refer to the most important step in getting married in Arab culture: The procurement of a permanent place to live, including basic furnishings and appliances. Renting temporary apartments is generally not viewed as sufficient stability for a newlywed couple. The expectation for most people is that their first house or apartment will remain their home for the rest of their lives, so it should be "established" or secured as long term and should be completely furnished before the marriage. The cost of تأسيس بيت, however, is difficult for many young people to achieve. Discuss with your classmates the possible consequences of this problem.

القراءة

Throughout *Part One*, you developed reading strategies to help construct meaning from texts slightly above your current skill level. We continue to develop these global comprehension skills in this book as well, but will also work on developing close reading skills and strategies that expand your use of grammatical knowledge and the dictionary. The close reading in this book is a new phase of reading each text that you will undertake mainly at home after discussing the main ideas of the text in class. Our three reading phases will be the following:

القراءة للفهم العامّ

Read without stopping and without a dictionary to get as much information as you can from the text using all the skills you learned in Part One, such as activating your background knowledge, looking at headings and subheadings, and skimming to look for words and phrases you know. This reading may be done at home or in class, as your teacher directs. Later, as you develop your skills and as the texts lengthen, it is our expectation that the first reading will usually be done at home. In either case, it is very important **not** to stop to look up any words. **Focus only on what you recognize and ignore words that are unfamiliar to you.**

القراءة لتوسيع الفهم

Discuss and re-read the text with a partner in class. Start by exchanging information on what each of you understood from the text from your first reading, then work together to answer a new set of questions. You and your partner will go back to the text to look for more information. Use Arabic as much as possible and do not translate or read aloud but, rather, paraphrase what you understand.

القراءة الدقيقة *Close reading* (في البيت)

Build your close reading skills and grammatical accuracy by using the dictionary. You will need a dictionary and time to work by yourself, so this phase should take place outside of class. You will be asked to translate sections of the text and there may be a follow-up writing activity as well.

القراءة والقاموس

In *Part One* you practiced using the dictionary to look up nouns and adjectives. Starting with this lesson, you will work on expanding your dictionary skills in several ways, including looking up verbs and deciding when and how to use the dictionary to your advantage. Smart use of the dictionary does not mean looking up every unfamiliar word. In fact, the opposite is the case, because if you look up every unknown word it will distract you from following the overall meaning of a text and you will see the trees but not the forest. In addition, looking up words without having a sense of what you are looking for can be frustrating, as some words have long entries with many meanings. To choose the correct meaning you need to know الجذر والوزن of the word you are looking up and whether the word is a noun, verb, or adjective. You will need to look at both the form of the word itself and the grammatical context to determine these things. You also need to have the semantic context in mind before you look up the word. Drill ٢٣ helps you practice this.

تمرين ٢٣: القراءة والقاموس (في البيت أو في الصف)

The following pairs of sentences contain related words from familiar أوزان, but the relationship of their meanings is not always clear. Determine the meaning of each of the verbs in red. Before you go to the dictionary, identify الوزن والجذر of the new verbs and read the sentences to get an idea of what kind of meanings you will be looking for. If you guess correctly, your reading skills are developing nicely! For questions ٧-١٠, you will need to identify الجذر first, and to do that, you need to pay attention to the grammar of the sentence and whether the verbs are transitive or intransitive.

١. قررت البنت أن تقطع علاقتها بالشاب ولكن لم تذكر له السبب.

٢. لماذا دائماً تقاطعني عندما أريد أن أقول شيئاً؟!

٣. الأستاذ لا يمانع في تأخّر الطلاب عن الصف دقيقة أو دقيقتين.

٤. امتنعت عن حضور العشاء لأنها كانت تعبانة جداً.

٥. هل تحب أن تراجع الدروس معي قبل الامتحان؟

٦. من اللازم أن أرجع كل الكتب الى المكتبة قبل انتهاء الفصل الدراسي.

٧. ترك الفرنسيون أثراً كبيراً في الجزائر في اللغة والمدن والحكومة.

٨. أثار كلام مديرة المستشفى مشكلة كبيرة عندما ذكرت موضوع المرتّبات.

٩. أملي هو أن أجد سكناً مناسباً.

١٠. سأملي عليك ما أريد أن أقوله في الرسالة وأريد منك أن تكتب ما أقوله.

العبارات الجديدة _New Expressions_

Most reading passages in this book contain some well-known expressions commonly used in writing and formal speech. We introduce you to these expressions with examples showing them in context so that you will understand them when you read the text. We recommend that you incorporate them in your writing by imitating the way they are used in the examples and the reading passages.

لا بُدَّ مِن (أنْ) لا بُدّ (إنّو) لا بُدّ (إنّ)   _there must be, it must be (the case)_

مثال:

إذا أردنا تشجيع أولادنا على عدم السفر الى الخارج فلا بُدَّ من أن تكون عندهم فرص أفضل للعمل والحياة في بلدهم.

صحيح إنو المشكلة مو بسيطة بس لا بُدّ إنّو يكون إلها حل.

لا بُدّ تفكّر كويس قوي قبل ما تقرّر لإن الجواز مش لعبة.

تمرين ٢٤: الزواج في بيت العائلة (في البيت ثم في الصف)
أ. القراءة في البيت

Before starting this reading activity, make sure you have read "Reading Strategies for This Book."
Read the article الزواج في بيت العائلة twice through without stopping and without looking anything up.
Pause between readings to think about the questions that follow. If you are reading at home,
write out some notes so you will be prepared to discuss the text with a partner in class. You may want
to underline important words and phrases that you know (**do not** underline or pay attention to words
you do not know).

١. ماذا يعني "الزواج في بيت العائلة"؟

٢. ماذا فهمتم عن قصص الشباب في المقالة؟

٣. ماذا فهمتم عن رأي البنات في هذا الحلّ؟

ب. القراءة في الصف

تكلموا مع زميل أو زميلة عن هذه الأسئلة:

After discussing what you understood from القراءة في البيت with a partner, go back to the text to find passages that support your answers to these questions. Be prepared to share them with the class.

١. ما هي أسباب المشاكل العائلية التي قرأنا عنها؟

٢. هناك عائلات لا تحدث فيها مشاكل، ما هو السبب في ذلك؟

٣. هل "بيت العائلة" يعني بيت عائلة الشاب أو عائلة البنت؟ كيف نعرف ذلك؟

٤. هل الزواج في بيت العائلة شيء قديم في الثقافة العربية؟ كيف نعرف ذلك؟

٥. لماذا يذكرون المطبخ؟

٦. ما رأي محمد ضائن في الموضوع؟

الزواج في بيت العائلة.. حل أم مشكلة؟

تحقيق محمد حنفي

كثير من الشباب المقبلين على الزواج لا يمتلكون القدرة المادية لامتلاك وتأسيس بيت، والحل الذي جربه كثيرون قبلهم هو الزواج والسكن مع الأهل في بيت العائلة الكبير كحل دائم أو مؤقت. لكن هذا الحل يمنع الزوجان من الخصوصية والاستقلالية، كما يمكن أن يتحول إلى مشكلة بسبب الخلافات بين الحماة والزوجة أو بسبب تدخل الأسرة في شؤون الزوجين.

يقول أحمد العريض وهو شاب سيتزوج قريباً: "إن السكن بعد الزواج مع الأهل في بيت العائلة حل لمشكلة الإسكان التي يعاني منها الكثير من الشباب الراغبين في الزواج ولا يجدون المقدرة المادية لشراء بيت او تأسيسه". ويروي أحمد تجربة أخيه الأكبر الذي تزوج وقرر العيش مع الأسرة ولم تحدث أي مشاكل بعد الزواج، وهو يرى أنه لا توجد أسرة تريد أن تسبب الخلافات لابنها أو لزوجته.

أما عبد الله البريكي (٢٢ سنة) وهو متزوج منذ عام ويعيش مع زوجته في بيت أسرته فيقول: "لا توجد مشاكل، فأنا متزوج وأعيش مع أهلي في بيت العائلة، ولا توجد أي خلافات، وهذا يعود إلى تفهم الأسرة لوضعي وعدم تدخلها في شؤوننا . فالأسرة التي تتدخل في كل كبيرة وصغيرة في حياة الزوجين الجديدين يمكن أن تفسد حياة الزوجين".

وعارف خلف متزوج منذ ١٩ عاماً ويعيش في بيت العائلة مع زوجته وأبنائه. ولم تحدث طوال هذه السنوات أي مشكلة أو خلاف. ويقول: "إن الأجيال القديمة كانت تعيش في كنف الأسرة، وكان يوجد في البيت الواحد عشرون شخصاً يعيشون كلهم في حب وتفاهم..". ويرى أن المشاكل لا تأتي إلا عندما يتدخل الأهل أو طرف آخر بين الزوجين. كما يرى أن بيت العائلة هو الحل لكل الشباب الذين يتحججون بتأجيل الزواج لعدم وجود البيت.

شباب بين نارين

لكن بدر العبدلي (٢٦ سنة) المتزوج منذ سنة يحكي لنا تجربته في السكن مع الأهل بعد الزواج قائلاً "عندما قررت الزواج كان عليّ أن أنتظر ١٥ سنة من أجل الحصول على بيت، وكان الحل هو السكن مع أهلي. وقد اتخذت هذا القرار مضطراً، والزوجة كانت متفهمة لهذا الحل المؤقت. لكن في المستقبل أتمنى أن أنتقل إلى بيت خاص بي لأنه سيكون هناك أولاد ولا بدّ من الاستقلال".

ويحكي حسن الماجد، الذي يعيش في بيت خاص به حكاية أحد أصدقائه حيث تزوج وقرر العيش مع أهله ولكن، لأن الأسرة لم تكن موافقة على هذا الزواج، فقد انتهى الزواج بالطلاق ومازال هذا الصديق يعيش في حالة سيئة بسبب هذه التجربة.

محمد ضائن (٢٤ سنة) غير متزوج، إلا أنه يرى أن الكثيرين يمرون بهذا المأزق قائلاً: "من الصعب على شاب في بداية حياته الحصول على بيت ، وهنا إمّا أن يسكن في شقة، أو يعيش مع أسرته. وبالطبع فكل شاب يريد الاستقلال في بيت خاص به خاصة في سنوات الزواج الأولى لأنه مهما كانت درجة التفاهم بين أسرته والزوجة فلابدّ من أن تحدث بعض الخلافات حتى لو كانت صغيرة".

الزوجات يفضّلن الاستقلال

ويبدو أن للمرأة رأياً آخر حيث ترى ليلى الصالح أن السكن بعد الزواج في بيت أسرة الزوج أو الزوجة يمكن أن يسبب مشاكل، وتضيف: "نسمع عن حالات طلاق كثيرة السبب فيها خلافات الزوجة مع الأم أو أخوات الزوج، فإمّا أن يرضي الواحد زوجته ويخسر أهله، أو يرضي أهله على حساب زوجته. فالأفضل هو الزواج في بيت مستقل بعيداً عن الأهل."

أم بدر التي عاشت خمس سنوات مع زوجها في بيت أسرته، لم تحدث فيها خلافات تفضل ايضاً استقلال الزوجين في بيت خاص بهما حتى لو كان شقة وليس بيتا مستقلاً وهو ما فعلته بعد ذلك هي وزوجها.

ولعل ما يجعلنا نفرّق بين الأسرة الممتدة والأسرة النووية هو المطبخ، فهو الركن الأساسي في البيت للمرأة، وهو رمز الاستقلالية، ففي الأسرة الممتدة أو بيت العائلة هناك مطبخ واحد يستخدمه الجميع وهنا لا تشعر الزوجة الجديدة بالاستقلال.

وقد قمت بعمل دراسة على الأسرة الممتدة والأسرة النووية وسبقتني دراسات أخرى مشابهة وكلها توصلت إلى أن هناك تفضيلاً من جانب الأجيال الجديدة للاستقلال بعيداً عن بيت العائلة. وربما كان هذا يشير إلى أن الأزواج الجدد الذين يعيشون داخل بيت العائلة تحدث بينهم الخلافات. كما أن الدراسة لاحظت أن الأسرة الجديدة التي تعيش داخل بيت العائلة الكبير وتتمتع باستقلالها خاصة فيما يتعلق بوجود مطبخ مستقل عن مطبخ العائلة الكبيرة تقل فيها الخلافات لأن هذه الأسرة تشعر باستقلالها لكنها في الوقت نفسه ترتبط اجتماعياً مع العائلة الكبيرة.

تمرين ٢٥: القراءة الثالثة (في البيت)

After you have read and discussed الزواج في بيت العائلة in class, go back to it once more for a close reading of some important or interesting passages. Find the section of the text that addresses each of the following questions. In each section, identify one or two (no more) new words whose meaning seems important to understanding the passage. Before looking them up, remember to identify الوزن and الجذر and have an idea of what kind of meaning you are looking for.

1. The article mentions two kinds of family. What are they and what does the author say about them?
2. Choose one شاب of those interviewed and read his story for close comprehension. Translate it loosely into English.
3. Use your grammatical knowledge to understand more. Find all the words that have the root د-خ-ل and decide what their part of speech, وزن , and جذر are. Write the words here, and if they are in an إضافة, write the entire إضافة. Write the vowels to show الوزن, and use the dictionary to help you figure out the meaning.

Do the same with all words whose root is ف-هـ-م .

تمرين ٢٦: القراءة الجهرية (في البيت)

Read aloud the following passage taken from the reading text above to practice your pronunciation. Practice several times, then record it for your instructor on the website or as directed. Make sure to read in phrases or chunks, not word by word, and pay special attention to sun and moon letters and intonation.

كثير من الشباب الراغبين في الزواج لا يمكنهم تأسيس بيت، والحل الذي جربه كثيرون قبلهم هو الزواج والسكن مع الأهل في بيت العائلة الكبير كحل دائم أو مؤقت. لكن هذا الحل يمنع الزوجان من الخصوصية والاستقلالية، كما يمكن أن يصبح مشكلة بسبب الخلافات بين الحماة والزوجة.

يقول أحمد العريض: "إن السكن بعد الزواج مع الأهل في بيت العائلة حل لمشكلة الإسكان التي يعيشها الكثير من الشباب الراغبين في الزواج ولكن لا يمكنهم استئجار بيت أو تأسيسه".

ويحكي لنا بَدر العَبدلي المتزوج منذ سنة تجربته في السكن مع الأهل بعد الزواج قائلاً "عندما قررت الزواج لم أجد شقة مناسبة وكان الحل هو السكن مع أهلي، والزوجة كانت متفهمة لهذا الحل المؤقت لكن في المستقبل أتمنى أن أنتقل إلى بيت خاص بي لأنه سيكون هناك أولاد ولا بدّ من الاستقلال".

محمد ضائن يقول: "من الصعب على شاب في بداية حياته الحصول على بيت، وهنا إمّا أن يسكن في شقة، أو يعيش مع أسرته. وبالطبع فكل شاب يريد الاستقلال في بيت خاص به خاصةً في سنوات الزواج الأولى لأنه لابدّ من أن تحدث بعض الخلافات.

الكتابة

As in Part One, we continue to suggest writing tasks that will help you activate the vocabulary and structures you are learning, express complex thoughts, and organize them with the help of connectors. Your writing skills will develop more quickly if you rewrite your assignments after they are returned to you. Do not just to correct errors; try to develop your ideas more fully and borrow expressions you like from reading passages to use when you write.

تمرين ٢٧: نشاط كتابة (في البيت)

ما رأيكم في هذا الحلّ: أن تسكن الأسرة الجديدة في بيت العائلة في السنوات الأولى بعد الزواج؟ لماذا؟

(حوالي ١٥٠ كلمة)

You can find three extra practice drills on some of the key concepts in this lesson and previous lessons on the companion website. These drills are optional and allow you another opportunity to practice what you have learned.

٢
درس

عرب في أميركا

المفردات

سنتعلم مفردات جديدة تتعلق بالحياة اليومية وتساعدنا في الكلام عن الملابس وعلاقاتنا مع العائلة والأصدقاء، والكلام عن المستقبل القريب.

القواعد

سنتعلّم في هذا الدرس كيف نصف *describe* اسم معرفة مع "الذي" و "التي" و "الذين" بالفصحى و "اللي" بالعامية. وبالإضافة الى ذلك، سنتعرّف الى كيفية استعمال *use* "كـ" و "كما" و "مثل" في المقارنة. وسنعمل أيضاً على النفي بالفصحى في الكتابة وبالعامية في الكلام.

الثقافة

سنتكلّم عن المشاكل العائلية والشخصية وكيفية حلّها في العائلة العربية، وعن تجربة العرب في الهجرة الى أميركا، و سنتعلم عن تجارب بعض العرب في أمريكا وسنقرأ عن العرب الذين هاجروا إلى مدينة ديربورن في ولاية مشيغان. وأخيراً سنتعرّف الى أستاذة وكاتبة سعودية.

المهارات

سنوسع من معرفتنا للعلاقة بين العامية والفصحى وسنعمل على الانتقال من الكلام بالعامية الى الكتابة بالفصحى، وعلى الوصف *description* والمقارنة.

المفردات الجديدة ١: من القاموس

Remember that the vocabulary lists from now on will contain only the dictionary form of the verb for all verbs whose مضارع and مصدر you can derive with your knowledge of الأوزان. Listen to the audio to hear all three stems and practice conjugating them aloud so that you are ready to use them in class activities.

المعنى	المصري	الشامي	الفُصحى
to look for, search for	دَوَّر على ، يِدَوَّر ، التَّدوير	دَوِّر على ، يدَوِّر ، التَّدوير	بَحَثَ عن ، يَبحَث ، البَحث
to remain, stay	قَعَد ، يُقعُد	بِقي ، يِبقى	بَقِيَ ، يَبقى ، البَقاء
(a pair of) pants[1]			بَنطَلون ج. -ات
skirt	جيب ج. -ات		تَنّورة ج. تَنانير
community of immigrants, expatriate community			جالِية ج. -ات
to determine, set (e.g., a time, topic)	يِحَدِّد	يحَدِّد	حَدَّدَ
border, limit		ج. حدود	حَدّ ج. حُدود
(a pair of) shoes[2]	جَزمة ج. جِزَم	(للرجال) صُبّاط ج. صَبابيط (للنساء) كِندرة ج.كَنادِر	حِذاء ج. أحذِية
freedom			الحُرِّيّة
shop, store			مَحَلّ ج. -ات
to increase, become larger (of a number)	زاد ، يِزيد ، الزِّيادة	زاد ، يزيد ، الزِّيادة	اِزدادَ ، يَزداد ، الاِزدِياد
to permit (لـ someone) بـِ to (do)	يِسمَح لـَ (حَدّ)	يِسمَح لـَ (حَدا)	سَمَحَ لِـ (أحد) بـِـ (+ أنْ/ المصدر) ، يَسمَح ، السَّماح
person[2]			شَخص ج. أشخاص
personality, character			شَخصِيّة ج. ات
north	شِمال	شْمال	شَمال

المعنى	المصري	الشامي	الفصحى
سنة =			عام ج. أعوام
to get angry	زِعِل ، يِزعَل ، الزَّعَل غِضِب ، يِغضَب	زِعِل ، يِزعَل ، الزَّعَل	غَضِبَ من ، يَغضَب ، الغَضَب
angry	زَعلان/ة ج. -ين	زَعلان/ة ج. -ين	غاضِب/ة ج. -ون/ين
(a) dress		ج. فَساتين	فُستان ج. فَساتين
shirt			قَميص ج. قُمصان
to complete, finish (something)	خَلَّص ، يِخَلَّص كَمِّل ، يِكَمِّل	خَلَّص ، يخَلِّص كَمَّل ، يكَمِّل	أكمَلَ
to wear, put on (clothes)	لِبِس ، يِلبِس ، اللِّبس	لِبِس ، يِلبِس ، اللِّبس	لَبِسَ ، يَلبَس ، اللُّبس
clothes	هِدوم	تياب	مَلابِس ، ثِياب
continuously			بِاستِمرار
to be spread out, to spread (intransitive)[3]	يِنتِشِر	يِنتِشِر	اِنتَشَرَ
spread out, widespread		مِنتِشِر/ة ج. -ين	مُنتَشِر/ة ج. -ون/ين
to intend to	ناوي/ة ج. -ين	ناوي/ة ج. -ين	نَوى (+ أنْ / المصدر)، يَنوي، النِّيّة
to emigrate, immigrate	يِهاجِر	يهاجِر	هاجَرَ ، الهِجرة
immigrant	مُهاجْرة ج. مُهاجْرين	مهاجِر / مهاجْرة ج. مهاجْرين	مُهاجِر/ة ج. -ون/ين

Notes on Vocabulary Usage

1. “Pants” and “shoes” are plural in English, but in Arabic we refer to **a single pair** of each with المفرد.

في العالم العربي، معظم الرجال لا يلبسون البنطلون القصير في الشارع.

كندرتك حلوة كتير!

الجزمة دي واسعة عليَّ!

2. شخص is used only to refer to a specific person or persons, or to refer to a specific number of persons. To refer to people in general, use الناس.

حضر ٧ **أشخاص** فقط الى العمل اليوم بسبب الثلج.

معظم **الناس** يغضبون من حكوماتهم أحياناً.

3. انتشر is an intransitive verb, not a transitive one. We discussed these concepts in Lesson 1, where we noted that a transitive verb takes a direct object, while an intransitive verb does not. Thus, we cannot use اِنتَشَر to say, “They spread the news,” but we can use it to say, “The news spread quickly”: انتشرت الأخبار بسرعة. (We would use a different وزن of the root ن-ش-ر to say the first sentence; in this case, I وزن: نشروا الأخبار)

تعلّموا هذا الفعل

بَقِيَ | بِقي | قَعَد

الماضي

أنا	بَقيتُ	بقيت	قَعدت
أنتَ	بَقيتَ	بقيت	قَعدت
أنتِ	بَقيتِ	بقيتي	قَعَدتي
هو	بَقِيَ	بِقي	قَعَد
هي	بَقِيَت	بِقيت	قَعِدت
نحن	بَقينا	بقينا	قَعدنا
أنتم	بَقيتُم	بقيتوا	قَعدتوا
هم	بَقوا	بِقوا	قَعدوا

المضارع

أنا	أَبقى	اِبقى	اَقعُد
أنتَ	تَبقى	تِبقى	تُقعُد
أنتِ	تَبقَيْنَ	تِبقي	تُقعُدي
هو	يَبقى	يِبقى	يُقعُد
هي	تَبقى	تِبقى	تُقعُد
نحن	نَبقى	نِبقى	نُقعُد
أنتم	تَبقَوْنَ	تِبقوا	تُقعُدوا
هم	يَبقَوْن	يِبقوا	يُقعُدوا

تمرين ١: أوزان الأفعال الجديدة (في البيت)

أكملوا الجدول بأفعال من المفردات الجديدة ١، واستمعوا الى المفردات مرة أخرى للمساعدة.

ثم فكّروا في معنى كل فعل: هل هو transitive أم intransitive ؟

When filling in the verbs of root ز ي د, notice what happens to the ت of وزن افتَعَل. The same thing happens in the word الازدحام, another وزن افتعل whose root begins with ز. Why do you think this happens? (Hint: It has to do with the sound of ز.)

Transitive or intransitive	المصدر	المضارع	الماضي	الوزن	الجذر
			حَدَّدَ		
	الهِجرة				هـ ج ر
			أَكمَلَ		
				اِفتَعَلَ VIII	ز ي د
					ن ش ر

تمرين ٢: كلمات تبدأ بـ "مُـ" (في البيت)

You have probably noticed the close relationship between the following new words in form and meaning. The words on the left are easily derived from the verbs on the right:

يُهاجِر | مُهاجِر

يَنتَشِر | مُنتَشِر

You know other words of this type as well, including the ones in the next chart, shown alongside the verbs from which they are derived. What do you think the verbs mean?

يُدير | مُدير

يُمكِن | مُمكِن

يَتأَخَّر | مُتأَخِّر

يَتخَصَّص في | مُتخَصِّص في

يَتزَوَّج | مُتزَوِّج

يُترجِم[1] | مُترجِم

---

[1] This verb is one of a handful that have roots consisting of four radicals. We will return to these verbs in Lesson 7.

These words, which can be both nouns and adjectives, are all closely related in form and meaning to مضارع verbs from أوزان II-X. As you can see, they all begin with مُـ and have a kasra vowel in the final syllable.[2] (I وزن has a different pattern that you will learn soon). If you know **either** المضارع **or** the word beginning with مُـ you can predict the pattern and meaning of the other with confidence.

Does the word مَلابِس belong to this category? No, because its first syllable is مَـ, not مُـ. Likewise, اسم المكان is not related to these words. Remember also that المصدر of (مُفاعَلَة) III وزن also begins with مُـ; however, the context will clarify whether or not the word is a مصدر.

We will learn more about this type of word derivation over the next few lessons. In the meantime, watch and listen for these words when you are reading and listening. For now, practice forming these words by deriving nouns from the verbs given, remembering the مُـ and kasra patterns:

المعنى	الاسم	المضارع
		يُدَرِّس
		يُدَخِّن
		يُسافِر
		يُساعِد
		يَتَكَلَّم
		يَستَمِع

تمرين ٣: المفردات الجديدة (في البيت)

اكتبوا كلمات جديدة مناسبة في كل جملة.

١. طاولة السفرة في شقتي صغيرة ولا يمكن أن يجلس إليها أكثر من خمسة ....

٢. انقطعت علاقتنا منذ سنة ولكنيّ أتذكّرها وأفكّر فيها ....

٣. المشكلة في كثير من الدول العربية هي غياب الديمقراطية وعدم وجود .... السياسية.

٤. لا أظن أنه .... الزواج مرة ثانية بعد طلاقه، ولكن علمت بأن أهله بدأوا .... عن زوجة جديدة له.

٥. كان البيتِلز -- وخاصةً جون لينون -- من .... الموسيقية المحبوبة من شباب جيل السِّتّينات.

[2] If you are familiar with grammatical terminology, you can think of these words as active participles, with the understanding that participles have a slightly broader range of usage in Arabic than they do in English. We will look at participles in more depth in Lesson 5.

٦. في مدينة ديربورن في مشيغان توجد ــــــــــــ عربية كبيرة تتكون من ــــــــــــ لبنانيين
ويمنيين وعراقيين جاءوا الى الولايات المتحدة واستقروا فيها.

٧. في الصورة الأولى ــــــــــــ البنت ــــــــــــ "جينز" و ــــــــــــ "تي شيرت"
و ــــــــــــ رياضة وفي الصورة الثانية ــــــــــــ سهرة أسود وفي الصورة الثالثة ــــــــــــ
بيضاء.

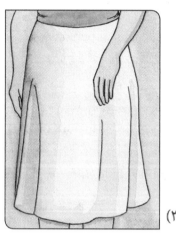  

(٣) (٢) (١)

٨. قلت لابنتي: إما أن تسافري معنا أو أن ــــــــــــ هنا في بغداد ولكن مع جدتك وفي بيتها، فرفضت
طبعاً.

٩. هذا واحد من ــــــــــــ الكثيرة الموجودة في سوق الحميدية والمتخصصة بـ ــــــــــــ
النسائية.

تمرين ٤: اسألوا زملاءكم: (في البيت ثم في الصف)

أ. في البيت: أعدّوا أسئلة لزملائكم في هذه المواضيع بالمفردات الجديدة (بالفصحى أو بالعامية حسب قرار الأستاذ/ة).

ب. في الصف: اسألوا بعضكم البعض الأسئلة التي أعددتموها.

1. Where do they buy يَشتَري their *clothes*? Which clothes do they *wear constantly*? Do they prefer to buy clothes in small *shops* or big *stores*? Why?
2. What do they *intend* to do after they *complete* their studies? In Which *year* do they expect to *finish* them? Do they *intend* to *stay* in this city or move elsewhere?
3. Should the university *permit* students to travel wherever in the world they want to study? Why or why not?
4. How do they know if a person has a good *personality*? What do they *look for* in a person?
5. What do they think of people who *get angry* a lot? Do they think this problem is *widespread*? Why? Is there a solution to that?
6. Which *immigrant communities* live in this city? Is the number of *immigrants increasing*? Why? Are the *immigrants spread out* or do they live in the same area? What kinds of *shops* or businesses do they have?
7. Should there be any *limits* on free speech (*freedom* of speech)? If so, who should *determine* them?

المفردات الجديدة ٢: من جذور نعرفها

اقرأوا المفردات القديمة واستمعوا الى المفردات الجديدة.

An English definition followed by a star (★) means that you are learning a new definition of a word that you already know.

المعنى	المصري	الشامي	الفصحى
except[1] ★			إلّا
the Mediterranean Sea			بَحر ، الشَّرق الأَوسَط: البَحر الأَبيَض المُـتَـوَسِّط
(a) group (of)			جامعة ج. -ات: مَجموعة (من) ج. -ات
south		جنوب	جانِب: جَنوب
foreign, foreigner			جانِب: أَجنَبيّ/ة ج. أَجانِب

الفُصحى	الشامي	المصري	المعنى
شركة: اِشتَرَكَ في	اِشتَرَك بـ ، يِشتِرِك	يِشترِك في	to share, have in common, participate in
مشغول بـ: مَشغول/ة عن ج. -ون/ين			too busy (to have time) for
طبعاً: طَبيعة			nature
عَلِمَ ، يَعلَم بـ : عَلَّمَ	يعَلِّم	عَلِّم ، يِعَلِّم	to teach, educate (someone)
عَلِمَ ، يَعلَم بـ : التَّعليم			education
عَلِمَ ، يَعلَم بـ : تَعَلَّمَ	تعَلَّم ، يِتعَلَّم	اِتعَلِّم ، يِتعلِّم	to learn
غَريب: غَرب			west
كَما: كَـ + اسم	مِتل	زَيّ	like, as ...
لَيسَ: لَستُ	(أنا) مو	(أنا) مش	I am not[2]
مَلِك ج. مُلوك: مَلَكَ ، يَملِك ، المِلك			to own, possess
نَفس: نَفسـ(ـه، ـها...) ج. أَنفُسـ(ـهم...)	حالـ (ـه ، ـها ...) ج. حالهُن	نَفسـ (ـه ، ـها...) ج. نفسُهُم	(him, her ..) -self
هٰـذا ، هٰـذه: ج. هٰـؤُلاء	ج. هول ، هادول ، هَيدول	ج. دول	
هو: هُوِيّة ج. -ات			identity
والد/ة: وُلِدَت وُلِدتُ	وِلْدِت وِلِدت	اِتوَلَدِت اِتوَلَدْت	she was born I was born

Notes on Vocabulary Usage

1. The particle إلّا is often used with a negative verb to convey an emphatic "only" (literally, *not ... except*):

لا يقرأون **إلّا** جريدة واحدة: الـ "نيويورك تايمز".

They only read one newspaper, The New York Times.
(Literally, *They don't read except one newspaper.)*

لن نبقى **إلّا** ثلاثة أيام.

We will only stay for three days.
(Literally, *we won't stay except for three days.)*

ليس عندي وقت **إلّا** لزيارة قصيرة.

I only have time for a short visit.
(Literally, *I don't have time except for a short visit.)*

2. The formal Arabic verb ليس negates a sentence that has no other verb, like مو and مش in spoken Arabic. When ليس occurs in a yes or no question, أ is used instead of هل, as you see in the example below.

تعلموا هذا الفعل

DVD VIDEO

ليس

we are not	لَسنا	*I am not*	لَسْتُ
you (pl.) are not	لَسْتُم	*you (m.) are not*	لَسْتَ
		you (f) are not	لَسْتِ
they are not	لَيسوا	*he/it is not*	لَيسَ
		she/it is not	لَيسَت

*هل أنت لبنانية؟ ـــ لا ، **لستُ** لبنانية، أنا سورية.

نحن مشغولون، ولكن **لسنا** مشغولين عنك!

لماذا ترفضون مساعدتهم؟ **أليسوا** ناساً مثلكم؟!

تمرين ٥: ليس (في البيت)

Complete with the correct form of ليس.

١. لماذا .... كل الموظّفين في مكاتبهم؟!

٢. مشكلتك .... عدم الفهم ولكن عدم الرغبة في الفهم.

٣. يا محمد، لماذا .... مثل أختك؟!

٤. الأجانب .... ممنوعين من الالتحاق بالجيش.

٥. أنا وصاحبي .... مخطوبين ولكننا بدأنا نفكّر ونحلم بالمستقبل معاً.

٦. يا حبيبتي، .... أول قصة حب في حياتي ولكنك ستكونين الأخيرة!

٧. أعرف أن الخلافات بينك وبينهم .... بسيطة.

٨. أحياناً أشعر بأنكم .... أولادي وأنكم من عالم آخر!!

٩. .... في كل المحلاّت بهذا السوق الكبير حذاء واحد أحبّه!

١٠. .... أول شخص يفشل في هذه التجربة ولن أكون الأخير.

تمرين ٦: أوزان الأفعال الجديدة (في البيت)

أكملوا الجدول بأفعال من المفردات الجديدة ٢، واستمعوا الى المفردات مرة أخرى للمساعدة.

الجذر	الوزن	الماضي	المضارع	المصدر	Transitive or intransitive
ع ل م	عَلَّمَ II				
		تَعَلَّم			
ش ر ك	اِفتَعَلَ VIII				

تمرين ٧: كتابة جمل المفردات (في البيت)

استمعوا الى جمل المفردات من (١) الى (١١) واكتبوها.

تمرين ٨: المفردات الجديدة (في البيت)

اكتبوا كلمة مناسبة من الكلمات الجديدة ١ أو ٢ في كل جملة.

١. .... النبي محمد (صَلّى الله عليه وسَلَّم) في مَكّة .... ٥٧٠ ومات في المدينة المُنوّرة وعمره ٦٢.

٢. إلى الآن لم .... إدارة الجامعة مواعيد الامتحانات النهائية ، لذلكَ ذَهَبَتْ .... من الطلاب لمقابلة رئيسة الجامعة للكلام معها عن هذا الموضوع.

٣. .... لبنان هي: سوريا في الشرق
و .... ، وإسرائيل في .... ،
والبحر .... في ....

٤. سؤال .... ما زال سؤالاً كبيراً في لبنان لأن هناك لبنانيين لا يفكّرون في ....هم كعرب ولكن يقولون إنهم لبنانيون ولبنانيون فقط.

٥. ــــــــــــــــ والدتها منها لأنها رفضت مساعدة أختها في إعداد الغداء وأيضاً لأنها لم

ــــــــــــــــ واجباتها ، ولذلك لن ــــــــــــــــ لها بالخروج مع صديقاتها الليلة إلا بعد أن

تنتهي من كل شيء.

٦. لم أترجم الكتاب وحدي ولكن ــــــــــــــــ معي في ترجمته بعض طلابي المعيدين.

٧. في السنوات الأخيرة ــــــــــــــــ عدد الجامعات الخاصة في العالم العربي وأصبحت هذه الجامعات

ــــــــــــــــ في كل البلاد العربية. ويدرّس معظم هذه الجامعات باللغة العربية ولكن بعضها يدرّس

بلغات ــــــــــــــــ وخاصةً الإنكليزية. وهذه الجامعات غالية، ولكن بعض الناس يرغبون فيها لأولادهم

لأن ــــــــــــــــ فيها أحسن من الجامعات الحكومية في رأيهم. أنا وإخوتي كلنا ــــــــــــــــ في

جامعات حكومية وكانت تجربتنا فيها ممتازة.

٨. أختي دائماً ــــــــــــــــ بيتها وأولادها ولا تقضي أي وقت معهم، وعندما أتكلم معها عن هذا تقول

لي إن حياة المرأة اليوم ليست ــــــــــــــــ حياة جيل أمنا.

٩. ليس عنده أهل ولا مال، ولا ــــــــــــــــ أي شيء إلا الملابس التي عليه!!

١٠. ليس عندها ــــــــــــــــ فستان سهرة واحد، وهي لبسته في الحفلة في الأسبوع الماضي.

١١. ــــــــــــــــ الأولاد يستمتعون باللعب على الثلج.

١٢. ــــــــــــــــ في هذه المنطقة جميلة جداً ببحرها وأشجارها وجبالها.

تمرين ٩: امتحان في الجغرافيا (في الصف)

With a partner, use the map, the following phrases, and other new vocabulary to think of questions and answers for your classmates. The goal is for you to give them the answer in order to elicit the question.

مثال: الجواب: هو بلد يوجد الى الغرب من أسبانيا.

السؤال: ما هو البرتغال؟

على حدود . . .   إلى جانب / جنب . . .

إلى الشمال من / شمال . . .   إلى الجنوب من / جنوب . . .

تمرين ١٠: قصص هجرة ومهاجرين (في الصف)

يقولون إن أمريكا بلد المهاجرين، ونشاهد هنا صورتين لبعض المهاجرين. استعملوا use المفردات الجديدة للكلام عن الصورتين مع زميل/ة. وليس من اللازم أن تكون القصص حقيقية، ويمكن أن تفكّروا في أسئلة مثل هذه: أين وُلِدَ هؤلاء الناس؟ متى وكيف هاجروا؟ أين استقرّوا وهل عاشوا وسط جالية من نفس البلد؟ عَمَّ (عن ماذا) كانوا يبحثون في البلد الجديد؟ هل أكملوا تعليمهم؟ مَن من عائلتهم بقي في البلد الأصلي وما علاقتهم بهم؟ كيف نجحوا في البلد الجديد؟

(١)

(٢)

تمرين ١١: الملابس (في البيت)

أ. ادرسوا هذه الكلمات:

بَدلة ج. بِدَل

كرافات ج. -ات

كوفِيّة ج -ات

عَباية ج -ات

جَلّابِيّة ج. جَلاليب

ب. اعملوا التمرين في الوب. هذا التمرين في الوب فقط.

Note that the DVD only includes the audio for review purposes and not the drill.

تمرين ١٢: اسألوا زملاءكم بالعامية (في الصف)

١. شو بتحبوا تلبسوا:
بالطقس الشوب؟ وبالطقس البارد؟
لما بتروحوا ع الشغل؟
بالويك إند (نهاية الأسبوع)؟

٢. شو ناويين تلبسوا بكرة؟

٣. وين المحلات اللي ممكن الواحد يلاقي فيها تياب منيحة ومو غالية؟

٤. ببعض الجاليات الناس بيلبسوا نفس التياب اللي كانوا بيلبسوها ببلادهن الأصلية، هيدا شي منيح برأيكن؟ ليش/ليش لأ؟

٥. شو رأيكن بالمدارس اللي بتحدد للطلاب التياب اللي لازم يلبسوها؟

١. بتحبوا تلبسوا ايه:
في الجو الحرّ؟ وفي الجو البارد؟
لما بتروحوا الشغل؟
في الويك إند (نهاية الأسبوع)؟

٢. ناويين تلبسوا ايه بكرة؟

٣. فين المحلات اللي الواحد ممكن يلاقي فيها هدوم كويسة ومش غالية؟

٤. في بعض الجاليات الناس بيلبسوا نفس الهدوم اللي كانوا بيلبسوها ببلادهم الأصلية، دي حاجة كويسة في رأيكو؟ ليه/ليه لأ؟

٥. إيه رأيكو بالمدارس اللي بتحدد للطلاب الهدوم اللي لازم يلبسوها؟

تمرين ١٣: مقابلة مع الزملاء (في البيت ثم في الصف)

في البيت: أعدّوا أسئلة لزملائكم في هذه المواضيع. لا تعدّوا سؤالاً واحدا فقط ولكن ٣-٤ أسئلة كـ follow-up.

١. التعليم والبحث عن وظيفة
٢. الحرية والانترنت
٣. الهوية والملابس
٤. ازدياد عدد سُكّان العالم

في الصف: اعملوا مقابلة مع واحد/ة من الزملاء مُستعملين *using* الأسئلة التي أعددتموها، ثم أخبروا الصف بما قال أو قالت.

تمرين ١٤: كتابة جمل المفردات (في البيت)

استمعوا الى جمل المفردات من (١٢) الى (٢٣) واكتبوها.

القصة بالعامية

تمرين ١٥: (١) "أنا مو سورية ومو أمريكية" (٢) "قديش الساعة؟" (٣) "آخر مرة" (١) "أنا مش مصرية ومش أمريكية" (٢) "كنتي فين؟!" (في البيت)

شوفوا الفيديوهات بالعامية اللي بتدرسوها واكتبوا فقرة لكل سؤال:

(١) "أنا مو سورية ومو أمريكية" (٢) "قديش الساعة؟" (٣) "آخر مرة"	(١) "أنا مش مصرية ومش أمريكية" (٢) "كنتي فين؟!"
١. ليش نسرين زعلانة هون؟	١. مها زعلانة ليه هنا؟
٢. ليش مامة نسرين زعلانة؟	٢. مامة مها زعلانة ليه؟
٣. شو بنعرف عن نور هون؟ وشو رأيك بعلاقتها بنسرين؟	٣. بنعرف إيه عن ليلى هنا؟ وايه رأيك في علاقتها بمها؟
٤. كيف بتحسّ نسرين بالنسبة لهويّتها؟	٤. مها بتحس بإيه بالنسبة لهويّتها؟
٥. أي مشكلة أكبر في رأيك: مشكلة الهوية ولّا مشكلة مامتها؟ ليش؟ شو الحلّ؟	٥. إي مشكلة أكبر في رأيك: مشكلة الهوية ولّا مشكلة مامتها؟ ليه؟ إيه الحلّ؟

تمرين ١٦: "خير؟ شو فيه؟" "خير؟ فيه إيه؟" (في الصف)

In Arab culture when interpersonal problems occur, a family member or close friend
(not a professional counselor) often assumes the role of an intermediary. In a role play in small groups,
act out a scene in which someone tries to help مها ووالدتها / نسرين وإمها resolve their conflicts.

الثقافة

تمرين ١٧: "هل الأولاد عندهم حرية أكثر من البنات؟"

(في البيت أو في الصف) 🎧 | DVD VIDEO

شاهدوا مجموعة من الشباب المصريين يتكلمون واستمعوا الى آرائهم في حرية البنت وحرية الولد. اكتبوا
أو تكلموا: following the teacher's instructions

ما رأيكم فيما يقولون؟ هل هذه الآراء مثل آرائكم؟

الحوار
اللغة والثقافة

تمرين ١٨: مقابلات مع شباب أميركيين من أصل عربي

(في البيت ثم في الصف) 🎧 | DVD VIDEO

أ. الاستماع في البيت

ستجدون ثلاث مقابلات مع شباب أميركيين من أصل عربي في العامية التي تدرسونها. استمعوا الى مقابلتين (٢) فقط
وأجيبوا عن الأسئلة.

ايريني - هبة - محمد	أنجي - رزان - سوزان
١. عرفنا إيه عن أماكن ولادتهم؟ أماكن سكنهم دلوقتي؟	١. شو عرفنا عن أماكن ولادتهن؟ أماكن سكنهن هلّق؟
٢. نقدر نعرف إيه عن عيلتهم؟ هم ساكنين مع أهلهم؟	٢. شو عرفنا عن العيلة؟ هنّ ساكنين مع أهلن؟
٣. بنعرف إيه عن دراستهم؟	٣. شو عرفنا عن دراستهن؟
٤. العيلة بتسمح لهم بإيه؟ وما بتسمحش بإيه؟	٤. بشو بتسمح لهن العيلة؟ وبشو ما بتسمح لهن؟
٥. هم عايزين يعيشوا فين؟ ليه؟	٥. وين بدهن يعيشوا؟ ليش؟

ب. الاستماع في الصف

بعد الحكي مع زميل/ة عن المقابلات اللي شفتوها في البيت ، اسمعوا كمان مرة واحكوا عن هالأسئلة:	بعد الكلام مع زميل/ة عن المقابلات اللي شفتوها في البيت، اسمعوا كمان مرة واتكلموا عن الاسئلة دي:
١. وين بيحسوا بالراحة أكتر؟	١. بيحسوا بالراحة أكتر فين ؟
٢. شو علاقتهن بسوريا؟ وشو بيعملوا لما بيسافروا هنيك؟	٢. إيه علاقتهم بمصر؟ وبيعملوا إيه لما بيسافروا هناك؟
٣. مين أقرب شخص إلهن؟ كيف؟	٣. مين أقرب شخص ليهم؟ وليه؟
٤. هن متلكن؟ وحياتهن مثل حياتكن؟ كيف؟	٤. هم زيّكو؟ وحياتهم زي حياتكو؟ ازّاي؟

القصة بالفصحى

تمرين ١٩: "لست مصرية ولست أمريكية" (في البيت)

شاهدوا مها تتكلم عن مشاكلها، واكتبوا ما تقول.

As you listen to مها بالفصحى, think about and answer the questions; then complete the dictation.

أ. كيف تتكلم مها عن الحدود على حريتها بالفصحى؟ اكتبوا ما تقول: (من ٠٠:٣٥ إلى ١:٢٠)

You know أيّ؟ as an interrogative. Here, مها uses it as a noun (أيّ / أيّة). What do you think it means?

والدتي (١) .... (٢) .... (٣) .... (٤) ....

(٥) .... (٦) .... (٧) .... (٨) ....

(٩) .... ، ولكنها لا (١٠) .... (١١) ....

(١٢) .... (١٣) .... لـزيارة ليلى أو مع (١٤) ....

(١٥) .... (١٦) .... ، و (١٧) .... (١٨) ....

(١٩) .... (٢٠) .... إلى البيت و (٢١) ....

(٢٢) .... (٢٣) .... (٢٤) .... (٢٥) ....

(٢٦) .... مثل (٢٧) .... (٢٨) ....

(٢٩) .... ليلى.

ب. كيف تتكلم مها عن ليلى بالفصحى؟ اكتبوا ما تقول: (من ٠٠:٠٩ إلى ٠٠:٢٣)

What do you notice about the use of pronouns here? Remember, pronouns always refer back to a noun. Which noun do the pronouns here refer back to?

صديقتي ليلى (١) .... (٢) .... (٣) .... الذي

(٤) .... (٥) .... (٦) .... (٧) ....

(٨) .... ، و (٩) .... التي (١٠) ....

(١١) .... (١٢) .... (١٣) ....

جـ. ماذا تقول مها عن والد ليلى ووالدتها؟ (من ١:٢٢ إلى ١:٤٤)

What do you notice about the pronoun هما, the verbs, and the adjective مشغول in this passage? What do you think the new ending you hear refers to? (Hint: Who is the subject?)

والد ليلى (١) .... و (٢) .... (٣) .... ،

وهما (٤) .... شركة (٥) .... (٦) ....

(٧) .... هما (٨) .... (٩) .... (١٠) .... ،

(١١) .... (١٢) .... (١٣) ....

القواعد ١

الاسم الموصول في الفصحى والعامية

In القصة, you heard مها / نسرين describe ليلى / نور as:

صديقتي ليلى هي الشخص الوحيد الذي أتكلم معه عن كل شيء.

رفيقتي نور هي الشخص الوحيد اللي بحكي معه عن كل شي.

صاحبتي ليلى هي الشخص الوحيد اللي باتكلم معاه عن كل حاجة.

You may have noticed that the structure of these sentences resembles very closely that of the familiar جملة الصفة, colored in red in these examples:

مها لها خالة تسكن في كاليفورنيا.

تعرّفتُ على طالبة تجلس بجانبي في الصف.

هم زملاء أعرفهم من الشغل.

However, جملة الصفة can only describe an **indefinite noun**. When you want to describe a noun that is definite, such as الشخص in the sentences from القصة, you need a way to link the description to the noun. In definite اسم + صفة phrases, the الـ serves this purpose.

(١) الشخص الوحيد (٢) الـملابس البسيطة (٣) الـمهاجرون الجدد

When you want to say more about a definite noun than you can with simple adjectives and you need a sentence-length description (such as "the new immigrants who came to Detroit"), you need to use a definite linking word, or relative pronoun (similar to English *who*, *which*, or *that*), to introduce that sentence. Relative pronouns differ slightly between formal and spoken Arabic, as you can see in the sentences from القصة. In formal Arabic, the pronoun has forms in مؤنث ومذكر وجمع which must agree with the noun (just like an adjective would)[3].

الَّذي (مذكر) | الَّتي (مؤنث) | الَّذينَ (جمع human)

These pronouns allow us to expand the اسم + صفة phrases above and say something more about them. Compare sentences (١-٣) above with the expanded versions in (١-٤) below:

(١) الشخص الوحيد الّذي أعرفه هنا هو أنت!

(٢) الـملابس البسيطة الّتي لبستها ما كانت مناسبة!

(٣) الـمهاجرون الجدد الّذينَ جاءوا الى بلدنا يبحثون عن عمل.

(٤) الـمهاجرون الجدد الّذينَ تكلّمت معهم ليسوا سعداء هنا.

In formal Arabic, the sentences introduced by التي, الذي, and الذين are usually جمل فعلية , as has been the case in all the examples you have heard so far.

Just like in جملة الصفة, these sentences must contain a pronoun that refers back to الذي/التي/ الذين. This pronoun often occurs on the verb, as subject or object, or on a preposition, as highlighted here:

(١) الشخص الوحيد الّذي أعرفه هنا هو أنت!

(٢) الملابس البسيطة الّتي لبستها ما كانت مناسبة!

(٣) المهاجرون الجدد الّذينَ جاءوا الى بلدنا يبحثون عن عمل.

(٤) المهاجرون الجدد الّذينَ تكلمت معهم ليسوا سعداء هنا.

[3] There are also forms for dual and feminine plural; you will learn these when we introduce these categories.

In contrast, most dialects of spoken Arabic have only one relative pronoun, اللي, that serves all nouns regardless of number or gender.[4] Thus, sentences (٤-١) above would sound like this in spoken Arabic:

(١) الشخص الوحيد اللي بعرفه هون هو انت!	(١) الشخص الوحيد اللي اعرفه هنا هو انت!
(٢) التياب البسيطة اللي لبستها ما كانت مناسبة!	(٢) الملابس البسيطة اللي لبستها ما كانتش مناسبة!
(٣) المهاجرين الجداد اللي إجوا ع بلدنا عم يدوّروا على شغل.	(٣) المهاجرين الجداد اللي جُم بلدنا بيدوّروا على شغل.
(٤) المهاجرين الجداد اللي حكيت معهن مو مبسوطين هون.	(٤) المهاجرين الجداد اللي اتكلمت معاهم مش مبسوطين هنا.

"ما" و "مَن"

You also heard مها use the nonspecific relative pronoun ما *what/whatever*, which functions like its English equivalents, except that if there is a preposition, as in the sentence we heard in القصة بالفصحى, it must have a pronoun, as you can see in the first example below, in which the ـه on به refers back to ما:

ليلى تفهم ما أشعر به.	*what I feel*
والدتي تسمح لي بأنْ ألبس ما أريد.	*whatever I want*

Similarly, مَن means *who* or *whoever*:

أظنّ أنكم تعرفون مَن أقصد.	*who I mean*
ليلى تخرج مع مَن تريد.	*with who(m)ever she wants*

While مَن resembles the preposition مِن without voweling, you will be able to tell them apart by looking at the word that follows it. Remember that مِن is a preposition and, as such, is followed by a noun or pronoun, whereas مَن is normally followed by a verb.

Unlike الذي/التي/الذين , ما and من do not require a pronoun that refers back to them unless a preposition is present.[5] In the examples above, the only sentence that has such a pronoun is the first sentence: تفهم ما أشعر به. Since prepositions must be followed by a noun or pronoun, the presence of one will help you remember to add the pronoun in such cases.

For now, focus on recognizing this use of ما and من when you see it and remember that they are usually followed by a جملة فعلية.

[4] There are some variant forms in Levantine dialects, the most common being يَلّي, which Nisreen sometimes uses.

[5] The optional use of an object pronoun with ما clauses seems to have to do with the degree to which the speaker has a specific thing in mind, in that the more specific the "what," the more likely there is to be an object pronoun.

تمرين ٢٠: الذي / التي / الذين (في البيت)

Link the descriptions to their nouns in الفصحى by choosing الذي, التي, الذين, or Ø as appropriate.

١. أحب الفستان .... كنت تلبسينه في السهرة.

٢. ننوي أن نتزوج في نفس الكنيسة .... تزوج فيها والدي ووالدتي وجدي وجدتي، وهي كنيسة أورثوذوكسية قديمة .... عمرها أكثر من ٢٥٠ عاماً.

٣. تعرفت على الجيران الجدد .... يسكنون في الطابق .... تحتنا.

٤. أشكركم على هذه الفرصة .... سمحت لي بقضاء وقت أطول معكم.

٥. لا بدّ من تحديد أسباب الحادث والأشخاص .... وراءه.

٦. بالنسبة لي، هذه كانت أجمل اجازة .... أخذتها في حياتي.

٧. كل الناس .... تجمّعوا أمام المحل كانوا من أفراد الجالية الهندية.

٨. الحلول .... فكرنا بها من قبل كانت حلولاً مؤقتة .... انتهت بالفشل.

٩. هذه تجربة .... كنت أحلم بها منذ وقت طويل.

١٠. معظم الفنادق .... نزلوا فيها كانت فنادق درجة أولى.

١١. تسمح الحكومة الأمريكية للأطفال الأجانب .... يولَدون في الولايات المتحدة بالحصول على الجنسية الأمريكية.

تمرين ٢١: الاسم الموصول (في الصف)

Practice using the structure of definite relative clauses in Arabic by re-forming the following English sentences to parallel Arabic sentence structure. Then, translate the sentences into Arabic in both الفصحى والعامية. Look for the definite nouns in each sentence to see where الاسم الموصول belongs. In the examples, the word "the" helps you identify the definite noun that is described by a relative clause—in these cases, "movie" and "people." The words "that" and "it" in the first example and "they" in the second example sound strange in English, but we included them to remind you of the important elements in Arabic sentence structure that are missing in English.

Examples:

I didn't like **the** movie I saw. → I didn't like **the** movie **that** I saw **it**.

She got very angry at **the** people who didn't complete their work. → She got angry at **the** people who **they** did not complete their work.

1. Many of the persons who I interviewed did not wear appropriate clothes and shoes.

2. The number of youth who want to emigrate keeps increasing.

3. The apartment I rented last year had four rooms and a kitchen.

4. I didn't find the journals I was looking for in the library.

5. She knows a lot about the subjects she teaches.

6. Some people do not possess the freedom you enjoy.

7. We felt very comfortable at the hotel we stayed in north of Cairo.

8. She's too busy for us with her friends who are visiting her.

9. News of the dispute that started between the neighbors spread quickly.

10. My favorite vacation was the vacation I spent in Canada because of its beautiful nature.

تمرين ٢٢: قصص باستعمال الاسم الموصول   (في الصف ثم في البيت)

أ . في الصف (الكلام بالعامية)

تكلموا عن الصور:

Use your imagination to create stories for these pictures. Start with a definite noun, e.g.,
("The person who …" or "The woman who …").

(٣)   (٢)   (١)

(٦)   (٥)   (٤)

ب. في البيت (الكتابة بالفصحى)

اكتبوا نفس القصص التي عملتموها في الصف بالعامية مع زملائكم، ولكن هذه المرة بالفصحى.

الاستماع

تمرين ٢٣: "مي يماني" (في البيت ثم في الصف)

أ. الاستماع في البيت

استمعوا إلى المقابلة مع الدكتورة "مَيّ يَماني" واكتبوا ما عرفتم عن حياتها:

١. بلدها ومكان ولادتها

٢. أفراد عائلتها والأشياء التي عرفناها عنهم

٣. دراستها وأماكن الدراسة

٤. عملها والأماكن التي عملت فيها

٥. الأماكن التي عاشت فيها

٦. ثلاثة أشياء أخرى عرفناها عنها من المقابلة

ب. الاستماع في الصف:

أولاً تكلموا مع زميل/ـة عَمّا (عن ما) سمعتم وفهمتم في البيت، ثم استمعوا الى المقابلة وأجيبوا معاً عن هذه الأسئلة:

١. كيف تشعر بالنسبة لوالدها؟ وما السبب وراء هذا الشعور؟

٢. من هي الملكة عِفَّت ولماذا ذكرتها في المقابلة؟

٣. ماذا قالت عن الزواج في السعودية اليوم؟

٤. ماذا قالت عن زواجها هي؟

٥. تكلموا معاً عن آرائكم أنتم في شخصيتها وآرائها؟

تمرين ٢٤: الاستماع الدقيق *close* (في البيت)

اكتبوا الكلمات التي قالتها الدكتورة اليماني:

أ. من ١:٣١ إلى ١:٣٨

لها (١) .... (٢) .... في (٣) .... (٤) ....

و (٥) .... (٦) .... (٧) .... عن (٨) ....

(٩) .... (١٠) ....

ب. من ٦:٤٠ إلى نهاية الفيديو

وعندنا في (١) .... (٢) .... (٣) .... مَكروه *reprehensible*

(٤) .... (٥) .... و (٦) .... (٧) .... هو

(٨) .... (٩) ....

أنا (١٠) .... (١١) .... (١٢) .... في هذا السِّن (=العمر)

(١٣) .... (١٤) .... (١٥) .... لَمَّن (=عندما)

(١٦) .... (١٧) و .... (١٨) .... (١٩) ....

(٢٠) .... (٢١) .... ، و (٢٢) .... انّي

(٢٣) .... (٢٤) ....

القواعد ٢

مراجعة النفي بالفصحى والعامية

This chart summarizes the rules you have learned concerning the use of النفي *negation* in both spoken and formal Arabic:

النفي بالفصحى والعامية

	الفُصحى	الشامي	المصري
الماضي	لم + المجزوم ما + الماضي	ما	ما .. ش
الفعل المضارع	لا + المرفوع	ما	ما .. ش ، مش + بـ
المستقبل	لن + المنصوب	ما رَح	مش حَـ
Ø فعل	ليس	مو	مِش

تمرين ٢٥: النفي بالفصحى والعامية (في البيت ثم بالصف)

أ. في البيت: اكتبوا الفعل بالنفي بالفصحى مع "لا" أو "لم" أو "لن" والمضارع المناسب، أو "ليس" بالشكل المناسب.

١. أمس، ظننت أن أهلي سيكونون في المطار لاستقبالي ، ولكنهم ....ـني! (استقبل)

٢. قررت أن تطلّقه لأنه ترك وظيفته وقال لها إنه .... عن وظيفة أخرى في المستقبل لأنه يرغب في أن يبقى في البيت. (بحث)

٣. أظن أنهم ، إلى الآن، .... الحلّ الذي يبحثون عنه لمشكلتهم. (وجد)

٤. في رأيي، الخلاف الذي بينهم .... قريباً لأنه قديم جداً و .... له حلّ. (انتهى) (ليس)

٥. إذا .... لي كم شخصاً سيحضر العشاء، فكيف أقرر ماذا سأطبخ؟! (حدّد)

٦. والدي .... مني عادة إلّا عندما أفشل في امتحانات المدرسة، وهو .... مني في الأسابيع القادمة لأنه .... عندنا أي امتحانات، الحمد لله! (غضب) (غضب) (ليس)

٧. ذكرت معظم الدراسات الاقتصادية التي قرأتها أن عدد الشقق المخصّصة للإيجار ....

في المستقبل القريب. (ازداد)

٨. في الحقيقة ، .... السبب في فصله من وظيفته مرتبه الكبير--كما يقول هو--ولكن شخصيته

الصعبة وعدم رغبة الآخرين في العمل معه. (ليس)

٩. زوجي رجل "شيك" جداً .... أي كرافات وبدلات وأحذية إلّا إذا كان عليها اسم مشهور

كـ "آرماني" أو "رالف لورين" أو "فيرساتشي". (لبس)

ب. في الصف:

مع زميل/ة، قرّروا كيف يمكن أن نقول هذه الجمل بالعامية.

تمرين ٢٦: النفي بالعامية والفصحى   (في الصف)

احكوا بالعامية واكتبوا بالفصحى:

أ. احكوا مع زميل أو زميلة بالعامية في هذه المواضيع *taking a few notes* لتتذكروا ما يقولون:

١. أول سنة لك في الجامعة، كيف / إزّاي و ليش / ليه كانت سنة صعبة (السكن، الزميل/ة في الغرفة، الأصحاب، الأساتذة، الحياة ..)؟

٢. الأشيا / الحاجات اللي ما رح اعملها / مش حاعملها في حياتي هي...

٣. أهلك وأقاربك: *What are they not ?*

مثلاً: بابا مو كبير بالعمر | أختي مش ساكنة مع أهلي في البيت دلوقتي.

ب. في البيت:

اكتبوا ما سمعتم من زملائكم بالفصحى (اكتبوا لا أو لم أو لن أو ليس مع المضارع المناسب).

القراءة
العبارات الجديدة

تعلّموا هذه العبارات الجديدة قبل قراءة المقالة:

أ. غيرها ، غيرهم   others (*literally*, other than those)

جاء الى الولايات المتحدة مهاجرون عرب كثيرون: يمنيون وسوريون وعراقيون وغيرهم، واستقرّوا في كثير من مدنها.

ب. غيرها من الـ (+ جمع)   *other...*

إذا ذهبتم الى أي مطعم لبناني أو سوري فستجدون فيه الفتوش والتبولة والباباغنوج وغيرها من السلطات الطيّبة.

تمرين ٢٧: "عرب في أميركا أم أميركيون عرب؟"   (في البيت ثم في الصف)

أ. القراءة في البيت

اقرأوا المقالة ولا تبحثوا عن أي كلمة في القاموس!

Take notes on the following أسئلة to prepare for discussion in class:

١. ماذا عرفنا من المقالة عن الجالية العربية في مشيغان؟ والجالية العربية في كاليفورنيا؟

٢. عملت الكاتبة مقارنة بين مشيغان وكاليفورنيا: ماذا قالت؟

٣. ما هي الشخصيات الأمريكية العربية التي ذكرتها المقالة؟

٤. ماذا تقول المقالة عن الأمريكيين العرب؟ اذكروا ٣ أشياء.

ب. القراءة في الصف

تكلموا مع زميل أو زميلة عن هذه الأسئلة، وارجعوا الى المقالة لتجدوا معلومات أكثر:

١. ماذا نستطيع أن نعرف عن الناس الذين قابلتهم كاتبة المقالة وتكلمت معهم؟

٢. ماذا تقول المقالة عن الوظائف التي عمل فيها المهاجرون العرب؟

٣. هل جيل الشباب الآن مثل جيل المهاجرين؟ كيف؟ ولماذا؟

٤. ابحثوا عن أسماء الموصول (الذي، التي ...) في النص واقرأوا الجمل مع بعض.

منتدى | سوق | صور | مواقع | البنك | تعرف على الإدارة | تحميل ملفات | اختصر وقتك

اللوبي الخليجي > اللوبي الشامل > سياسة واخبار
عرب في أميركا أم أميركيون عرب؟

اسم العضو [اسم العضو] ☑ حفظ البيانات؟
كلمة المرور [ ] تسجيل الدخول

عرب في أميركا أم أميركيون عرب؟

ديربورن: تجربة فريدة

تعتبر ولاية مشيغان الثانية في أميركا من حيث عدد الأميركيين العرب، إذ يبلغ عددهم فيها ٤٩٠ ألفاً حسب أرقام مؤسسة "زغبي إنترناشيونال"، ونجد أن ٦٥٪ منهم، أي ٣٢٠ ألفاً، يتركزون في مقاطعة "واين" التي تقع فيها مدينة ديربورن ومقاطعة أوكلاند المجاورة لها. ويمثل العرب من أصول لبنانية ويمنية وسورية ومصرية وعراقية وأردنية وكلدانية أكبر المجموعات، ويمثل الباقي خليطاً من بقية الدول العربية الأخرى.

وعن تطوّر الأميركيين العرب في ديربورن والمصاعب التي يواجهونها تقول سوزان سيريني، عضو مجلس مدينة ديربورن وهي أميركية عربية من أصول لبنانية: "الجالية العربية في المدينة يزداد عددها باستمرار، البعض ينتقل للمدن الأخرى أو للولايات المجاورة أو البعيدة للدراسة أو بحثاً عن فرص العمل، البعض ينتقل للمناطق المجاورة بحثاً عن منازل أكبر. . . كثافة المدينة تزداد، وقد وصلت قيمة بعض المنازل في المدينة إلى أكثر من مليون ونصف المليون دولار. مهما هاجر العرب إلى المدن والولايات الأخرى إلا أنهم يعودون باستمرار إلى اعتبار ديربورن منزلهم الأصلي".

وتقول سهيلة أمين (٢٦ عاماً) المدرّسة في هيئة المدارس العمومية في ديربورن: "عرب ديربورن باقون فيها، ونسبة الهجرة إلى المدن أو الولايات الأخرى بين الشباب الذين يكملون دراساتهم محدودة. فالجميع يفضل البقاء قرب العائلة والأقارب". وأمين هي من الجيل العربي الرابع في ديربورن، فجدّها ولد في أميركا مع بداية القرن الماضي حيث هاجر والداه من لبنان.

أما نضال إبراهيم، رئيس تحرير مجلة "أراب أميركان بيزنس" التي تصدر في كاليفورنيا، فيقول: "ديربورن العربية كما نعرفها اليوم لن تكون بعد ٢٠ عاماً من الآن، فالأجيال العربية الأميركية الجديدة ستنتشر عبر الولايات مثل غيرها من أجيال الأعراق الأميركية الأخرى".

جنوب كاليفورنيا: أين العرب؟

ومن برد مشيغان وثلوجها إلى كاليفورنيا الولاية الذهبية، حيث طقس البحر الأبيض المتوسط، وحيث طبيعة الحياة أقل تسارعاً من الشرق الأميركي. وإذا كنت تبحث عن الأميركيين العرب فولاية كاليفورنيا وخصوصاً جنوبها يجب أن تكون مقصدك. فهي موطن ٧١٥ ألف عربي، حسب أرقام مؤسسة "زغبي إنترناشيونال". خصوصية الغرب الأميركي ليست فقط في طبيعة الحياة، إنما أيضاً في طبيعته الجغرافية. وإذا كانت طبيعة المدن الأميركية في الشرق

الرئيسية | منتديات | كيف تستخدم المنتدى | التسجيل

منتدى ▽ | سوق ▽ | صور ▽ | مواقع ▽ | البنك | تعرف على الإدارة | تحميل ملفات | اختصر وقتك ▽

اللوبي الخليجي > اللوبي الشامل > سياسة واخبار
عرب في أميركا أم أميركيون عرب؟

اسم العضو [اسم العضو] ☑ حفظ البيانات؟
كلمة المرور [ ] (تسجيل الدخول)

والوسط الأميركي هي تقارب المدن والكثافة السكانية العالية في مدن مثل نيويورك وديترويت وشيكاغو، فإن مدن الغرب وعلى رأسها مدينة لوس أنجلوس تجمع عدداً من المدن مثل غليندل وريفرسايد واناهايم وهوليوود وسانتا مونيكا. ولهذا لن تجد في كاليفورنيا شمالها أو جنوبها مدينة مثل ديربورن. الأميركيون العرب متوزعون على هذه المدن ومنتشرون داخل أحياء هذه المدن أيضاً. وما عدا شارع في منطقة أناهايم يحمل بعض اليافطات العربية أو جادّة في غليندل تجمع بعض المحلات العربية، لن تجد الكثير من الدلالات الإثنية البارزة للأميركيين العرب.

وتعتبر ولاية كاليفورنيا الوجهة الثانية وفي بعض الأحيان الثالثة للمهاجرين العرب بعد ميشيغان ونيويورك. ويشكّل أبناء الجيل الثاني والثالث من الأميركيين العرب كثافة سكانية أكبر مقارنة مع غيرها من الولايات. وينتشر الأميركيون العرب في كل المجالات في الولاية، فهناك عضو الكونغرس الأميركي داريل عيسى، عضو لجنة التجارة والطاقة، ولد في مدينة كليفلاند بولاية أوهايو حيث استقر جده عند وصوله إلى أميركا، وأسس عيسى شركات إلكترونيات في جنوب كاليفورنيا عقب انتهاء خدمته في الجيش الأميركي.

كما يزداد عدد الأميركيين العرب في هوليوود عاصمة الأفلام والفن في العالم، فهناك المغنية بولا عبدول عضوة فريق التحكيم في البرنامج العالمي الشهير "أميركان أيدول" الذي تعرف نسخته العربية بـ "سوبر ستار". وكاليفورنيا شمالها وجنوبها موطن الكثير من رجال الأعمال والعلماء والمهندسين في مختلف المجالات من الأميركيين المتحدّرين من أصول عربية.

من المحلاّت الى التخصّصات

تتنوع خلفيات الأميركيين العرب، فمنهم من هاجر أجداده منذ أكثر من ١٠٠ عام ومنهم من هاجر حديثاً ومنهم من استقر بعد الانتهاء من دراسته الجامعية أو الدراسات العليا وفي هذا المجال نجد أن الأميركيين العرب يعتبرون في المتوسط أفضل تعليماً من غيرهم، فمعدّل العرب الذين يلتحقون بالجامعات أعلى من المعدّل القومي الأميركي العام.

من هم الشباب الأميركيون العرب؟

يحاول نضال إبراهيم الإجابة على السؤال فيقول: "هناك شباب أميركيون من أصول عربية يعرّفون أنفسهم بأنهم أميركيون فقط ولا يفضّلون التمسك بالأصل العرقي، ومن أمثال هؤلاء الإخوان معلوف الذين يملكون فريق سكرامنتو كينغز لكرة السلة، وهناك من يعرّفون أنفسهم بأنهم أميركيون عرب، وآخرون بأنهم عرب أميركيون". ويضيف قائلاً: "إنهم أفضل من آبائهم وأجدادهم في قدرتهم على التواصل مع مجتمعهم الأميركي، وأنهم يعيشون حياتهم كأميركيين وليس كوافدين".

الرئيسية | منتديات | كيف تستخدم المنتدى | التسجيل

تمرين ٢٨: القراءة الدقيقة (في البيت)

1. In the text you just read, find the paragraph that discusses the difference between the Arab communities in Michigan and California. Choose two key words that you do not know but that would help you understand more of the paragraph, and use your dictionary skills to look them up. Then, write a summary in Arabic of what you understood with the help of these new words.

2. Find the section that mentions the various kinds of occupations to which Arab Americans have gravitated. Choose two unknown words that you think are keys to the meaning of this section and look them up in your dictionary. Then, write a summary in Arabic of what you learned.

3. In the final paragraph of the عرب في أميركا text, you saw a جملة اسمية beginning with مِن:

ومن أمثال هؤلاء الإخوان معلوف الذين يملكون فريق سكرامنتو كينغز لكرة السلة.

This is an important sentence pattern in written Arabic, and one that is obvious once you know how to look for it. In sentences that begin with من followed by a plural noun, من usually means *among*, such as "among them" or "among the." Notice that من is a preposition that heads الخبر and that the sentence is a reverse جملة اسمية, giving the meaning "there is/there are." You know to look for المبتدأ after الخبر. Read the following sentence from the text again and find المبتدأ والخبر ("معلوف" is a family name). Hint: It will help to first block off the descriptive الذين sentence first, which is not part of the main جملة اسمية. Remember also to look for where الإضافة ends-if there is one-since the end of an إضافة often points to the end of الخبر, as it does here.

ومن أمثال هؤلاء الإخوان معلوف [الذين يملكون فريق سكرامنتو كينغز لكرة السلة].

Here is what you should see:

من أمثال هؤلاء	الإخوان معلوف
الخبر	المبتدأ

Now look at another sentence from the text:

[الأميركيين العرب]، فمنهم من هاجر أجداده منذ أكثر من ١٠٠ عام ومنهم من هاجر حديثاً ومنهم من استقر بعد الانتهاء من دراسته الجامعية أو الدراسات العليا.

This long sentence consists of several short sentences that share the same pattern, beginning with two words that look identical: من. Are they the same word? If they were, we would expect them to be linked by و in a list because they would have the same function within the sentence. If they are not the same word, what are the two different words they must be? and which one is which? Hint: Think about what kind of word follows a preposition. A verb cannot follow a preposition, so the second word here must be مَن. This pattern and similar ones in which a sentence begins with مِن are common in Arabic writing. Since sentences can begin with both مِن and مَن, it is important to distinguish between them by looking ahead at what **follows** them: مِن must be followed by a noun or attached pronoun and مَن cannot be. Normally, مَن is followed by a verb or is the مبتدأ of a جملة اسمية. Translate the sentence above or paraphrase in Arabic in your own words.

تمرين ٢٩: قراءة جهرية (في البيت)

Read the passage aloud to practice your pronunciation. Practice several times, then record it for your instructor on the website or as directed. Make sure to read in phrases or chunks, not word by word, and pay special attention to sun and moon letters and intonation. You may recognize this passage from the reading text you read earlier in this lesson.

ولاية مشيغان هي الثانية في أميركا، بعد كاليفورنيا، من حيث عدد الأميركيين العرب، وهم يتركّزون في منطقة "واين" التي توجد فيها مدينة ديربورن. ومعظم العرب الذين يعيشون هناك هم من أصول لبنانية ويمنية وعراقية وكِلدانية.

وعن الأميركيين العرب في ديربورن تقول سوزان سيريني: "الجالية العربية في المدينة يزداد عددها باستمرار، البعض ينتقل للمدن الأخرى أو للولايات المُجاوِرة أو البعيدة للدراسة أو بحثاً عن فرص العمل، والبعض ينتقل بحثاً عن بيوت أكبر.... عدد سكان المدينة يزداد، ولكن عندما يهاجر العرب إلى المدن والولايات الأخرى فإنهم يعودون باستمرار إلى ديربورن التي يشعرون بأنها مدينتهم الأصلية".

وتقول سهيلة أمين المُدَرِّسة في المدارس الحكومية في ديربورن: "عرب ديربورن باقون فيها، ونسبة الهجرة إلى المدن أو الولايات الأخرى بين الشباب الذين ينتهون من دراساتهم قليلة." أما نضال إبراهيم، رئيس تحرير مجلة "أراب أميركان بيزنس" فيقول: "الأجيال العربية الأميركية الجديدة ستنتشر في كل الولايات مثل غيرها من أجيال المجموعات الإثنية الأميركية الأخرى".

ومن برد مشيغان وثلوجها إلى كاليفورنيا الولاية الذهبية، حيث طقس البحر الأبيض المتوسط، وحيث طبيعة الحياة أقل تسارعاً من الشرق الأميركي. خصوصية الغرب الأميركي ليست فقط في طبيعة الحياة، ولكن أيضاً في طبيعته الجغرافية.

تمرين ٣٠: من + جملة اسمية (في الصف أو في البيت)

Practice recognizing مِن + الجملة الاسمية by identifying المبتدأ والخبر of each and rephrasing the meaning of these sentences in your own words:

١. من الجاليات التي ازداد عدد أفرادها كثيراً في السنوات الماضية الجالية العراقية والجالية السودانية.

٢. من الملابس المفضلة عند الشباب بنطلون "الجينز" والـ "تي شيرت".

٣. من أقدم الكنائس في العالم كنيسة سانتا ماريا في روما.

٤. من أكبر الحدائق العامة في أميركا حديقة سِنترال بارك في مدينة نيويورك.

٥. من الشخصيات المشهورة التي نزلت في هذا الفندق رئيسة الوزراء البريطانية مارغريت ثاتشر ووزيرة الخارجية الأمريكية هيلاري كلينتون.

القواعد ٣
مثل ، كـَ ، كما

In the text عرب في أميركا, you saw several examples of the familiar particles مِثل , كـَ , and كما. All of them express similarity or likeness, but each has a slightly different set of uses and grammatical contexts. Here we will specify the contexts in which they are used. While there is some overlap, it is important to note which one is followed by a noun, which one by a noun or pronoun, and which one is followed by a sentence.

مِثل

مِثل *like* is grammatically a noun that serves as the first term of an إضافة and can take pronoun suffixes. Shared by both formal and some dialects of spoken Arabic, مثل is the most common and least formal of these expressions.

أنوي أن أسكن في شقة مثل زملائي. | تتمنى بنتها أن تصبح مهندسة مثلها.

كـَ

كـَ *like*, is a proposition whose usage is limited to formal Arabic. It must be followed by a noun and may not have a pronoun attached to it.

- الجالية العربية، كالجاليات الأجنبية الأخرى في أمريكا، تشجع أفرادها على أن يتعرفوا أكثر الى لغتهم وثقافتهم.
- قال إنه لم يتزوّج لأنه لم يجد امرأة كأمّه!

Thus, كـ and مثل overlap a great deal in meaning and usage, except that only مثل may be used with pronoun suffixes. كـ tends to be more literary, and is used in similes.[6]

لستُ مثلك، يا صديقي! | حماتي كالأم التي لم أعرفها!

كما + جملة فعلية مِتل ما زيّ ما

كما and متل ما *as, just as, like* introduce a جملة فعلية. The Egyptian equivalent زي ما is more flexible, and can be followed by either a جملة فعلية or a جملة اسمية.

الموضوع ليس بسيطاً **كما** تقولين!	**كما** تعلمون، الامتحان سيكون غداً.
الموضوع مو بسيط متل ما بتقولي!	**متل ما بتعرفوا، الامتحان رح يكون بكرة.**
الموضوع مش بسيط زي ما بتقولي!	زي ما انتو عارفين، الامتحان حيكون بكرة.

[6] In classical usage, كـ is also used to cite examples, meaning *such as*.

When كما links two identical or similar verbs, it means *just as* in the sense of also:

اشتريت بعض الأشياء للبيت، كما اشتريت صحيفة وبعض المجلّات.

It may be helpful to notice that كما consists of the preposition كـ and the particle ما, which links prepositions to a following verb. You already know other words and expressions of this type: بعد ما / متل ما / زيّ ما and عندما ,قبل ما. All of these expressions contain a preposition, and you know that prepositions by themselves must be followed by nouns. In order for prepositions like مثل ,بعد ,قبل كـ ,عند, to be followed by a verb, we must add ما to link the preposition and verb together.

الكتابة

تمرين ٣١: "من الجاليات الأجنبية في مدينتي / ولايتي / بلدي" (في البيت)

نرغب في التعرّف أكثر على سكّان المدينة / الولاية / البلد التي تعيشون فيها. اكتبوا مقالة في حوالي ١٥٠ كلمة تتكلمون فيها عن جالية من الجاليات الأجنبية الموجودة في مدينتكم أو ولايتكم أو بلدكم. أخبرونا عن تاريخ هذه الجالية وأصلها وكيف جاءت واستقرت في منطقتكم ، وأخبرونا أيضاً عن أفراد الجالية وأعمالهم وثقافتهم ولغتهم وكيف يشعرون بالنسبة لهويتهم.

Remember to use connectors to link your sentences and paragraphs together and organize the points you make. Useful connectors include:

وبالإضافة الى ذلك | وكذلك | بعد أنْ | كما

You can find two extra practice drills on some of the key concepts in this lesson and previous lessons on the companion website. These drills are optional and allow you another opportunity to practice what you have learned.

٣

درس

من البيت إلى السوق

المفردات

سنتعلّم مفردات جديدة تساعدنا في الكلام عن موضوعات جديدة لها علاقة بالحياة اليومية كإصلاحات البيت والتسوّق والألوان.

القواعد

سنتكلّم عن العلاقات في المعنى بين الوزنين II و V وأيضاً بين الوزنين I و IV.

وكذلك سندرس قواعد الجمل التي تبدأ بـ "كان" و "ما زال" و "أصبح/صار" و "ليس". وأخيراً سنتعلم كيف نعبر عن معنى "It is … to" بالفصحى والعامية

الثقافة

سنتعرف الى بعض الأسواق القديمة والجديدة في العالم العربي والأشياء التي نجدها فيها.

المهارات

سنعمل على تطوير *developing* مهاراتنا في الكلام بالفصحى والعامية والاستماع العام والدقيق وكذلك مهارات القراءة وتخمين معاني مفردات جديدة من الوزن والجذر وسنعمل أيضاً على زيادة قدرتنا في التعبير عن أفكارنا بالكتابة.

المفردات الجديدة ١: من القاموس

المعنى	المصري	الشامي	الفُصحى
i.e.			أيْ
to sell	يِبيع	يبيع	باعَ ، يَبيع ، البَيع
I wonder (fixed expression)[1]	يا تَرى..؟! (+ سؤال)	يا تَرى..؟! (+ سؤال)	يا تُرى..؟! (+ سؤال)
silk			حَرير
account, bill (in a bank, shop, or restaurant)		حساب ج. ‐ات	حِساب ج. ‐ات
red	(مؤنث) حَمرا	(مؤنث) حَمرا ج. حِمر	أحمَر (مؤنث) حَمراء ج. حُمْر
wall	حيطة	حيط	حائِط ج. حيطان
closet	دولاب ج. دَواليب	خزانة ج. خَزاين	خِزانة ج. خَزائِن
gold	دَهَب	دَهَب	ذَهَب
golden, gold (in color)	دَهَبي	دَهَبي/ة	ذَهَبيّ/ة
to arrange	رَتِّب ، يِرَتِّب	يرتِّب	رَتَّب
arrangement			تَرتيب ج. ‐ات
cheap	رِخيص/ة	رخيص/ة	رَخيص/ة
to draw	يِرسِم	يرسُم	رَسَم ، يَرسُم ، الرَّسم
drawing	رَسمة ج. رسومات، لَوْحَة ج. ‐ات، لُوَح	رَسمة ج. ‐ات	رَسم ج. رُسوم
grey		رمادي/ة	رَماديّ/ة
blue	أزرَق (مؤنث) زَرقا ج. زُرق	أزرَق (مؤنث) زَرقا ج. زِرِق	أزرَق (مؤنث) زَرقاء ج. زُرق
price			سِعر ج. أسعار
(bed) sheet	مِلاية ج. ‐ات	شَرشَف ج. شَراشِف	شَرشَف ج. شَراشِف، مِلاية ج. ‐ات
to buy, purchase	يِشتِري ، الشِّرا	يشتَري ، الشِّراية	إشتَرى ، يَشتَري ، الشِّراء
month		ج. شُهور	شَهْر ج. شُهور ، أشهُر

الفصحى	الشامي	المصري	المعنى
مَشهور/ة ج. -ون/ين (ج.) مَشاهير			famous famous personalities
أصفَر (مؤنّث) صَفراء ج. صُفْر	(مؤنّث) صَفرا ج. صِفِر	(مؤنّث) صَفرا	yellow
أَصلَحَ	صَلَّح ، يصَلِّح	صَلَّح ، يِصَلَّح	to repair, repairing
تَصليحات			repairs
غَسَلَ ، يَغسِل ، الغَسل	يغسِل	يغسِل	to wash (something)
غامِق/ة	غامِق/ غامْقة	غامِق/ غامْقة	dark (in color)
فاتِح/ة	فاتِـح / فاتْحة	فاتِـح / فاتْحة	light (in color)
مَفروشات	فَرش	عَفش	furniture
فِضّة فِضّيّ/ة		فَضّة فَضّي	silver silver (color)
فوطة ج. فُوَط ، مَنشَفة ج. مَناشِف	مَنشَفة ج. مَناشِف	فوطة ج. فُوَط	towel
قِسْم ج. أَقسام			part, section, department
لَوْن ج. أَلوان	لون	لون	color
--	ماشي	ماشي	OK, alright
وَصَلَ إلى ، يَصِل ، الوُصول	وِصِل ، يوصَل	وِصِل ، يوصَل	to arrive
يَسار	شْمال	شِمال	left [2]
يَمين		يِمين	right [3]

Notes on Vocabulary Usage

1. يا ترى is followed by a direct question (not, as in English, by "if").

يا تُرى ماذا حدث لأصدقائي من أيام الطفولة وأين أصبحوا الآن؟!

يا تَرى شو صار مع رفقاتي من أيام المدرسة ووين صاروا هلّق؟!

يا تَرى أصحابي من أيام المدرسة حصل لهم إيه وراحوا فين دلوقتي؟!

2. يسار and يمين refer to directions and sides and, as in English, political sides as well.

الإتّحاد السوفييتي كان يشجع **اليسار** الدولي.

الصيدلية على **يـمين** الشارع.

وزير السياحة في الحكومة الجديدة من **اليمين**.

تعلموا هذين الفعلين

وَصَلَ ، يَصِل

الماضي		
وَصَلْتُ	وصِلتْ	وِصِلتْ
وَصَلْتَ	وصِلتْ	وِصِلتْ
وَصَلْتِ	وصِلْتي	وِصِلْتي
وَصَلَ	وِصِل	وِصِل
وَصَلَتْ	وِصْلِتْ	وِصْلِتْ
وَصَلْنا	وصِلْنا	وِصِلْنا
وَصَلْتُم	وصِلْتوا	وِصِلْتوا
وَصَلوا	وِصْلوا	وِصْلوا

المضارع		
أَصِل	اوصَل	أَوْصَل
تَصِل	توصَل	تِوْصَل
تَصِلينَ	توصَلي	تِوْصَلي
يَصِل	يوصَل	يِوْصَل
تَصِل	توصَل	تِوْصَل
نَصِل	نوصَل	نِوْصَل
تَصِلونَ	توصَلوا	تِوْصَلوا
يَصِلونَ	يوصَلوا	يِوْصَلوا

اِشتَرى ، يَشتَري

الماضي		
اِشْتَرَيْتُ	اشتريْت	اِشتَريت
اِشْتَرَيْتَ	اشتريْت	اِشتَريت
اِشْتَرَيْتِ	اشتريتي	اِشتَريتي
اِشْتَرى	اشتَرى	اِشتَرى
اِشْتَرَتْ	اشترَت	اِشتَرَت
اِشْتَرَيْنا	اشترينا	اِشتَرينا
اِشْتَرَيْتُم	اشتريتوا	اِشتَريتوا
اِشْتَرَوْا	اشتَروا	اِشتَروا

المضارع		
أَشْتَري	اِشتري	آشتري
تَشْتَري	تِشتري	تِشتري
تَشْتَرينَ	تِشتري	تِشتري
يَشْتَري	يِشتري	يِشتري
تَشْتَري	تِشتري	تِشتري
نَشْتَري	نِشتري	نِشتري
تَشْتَرونَ	تِشتروا	تِشتروا
يَشْتَرونَ	يِشتروا	يِشتروا

تمرين ١: تصريف (في البيت بالفصحى وفي الصف بالعامية)

Complete the sentences with the appropriate form of either وصل or اشترى according to context. Remember the agreement rules of الجملة الفعلية. In class, work with a partner to "translate" the sentences into your dialect.

١. قالت لي أمي إنها تنوي أن .... سيارة جديدة وتريدها سيارة كَهرَبائِـيّة *electric*.

٢. سـ.................. والدي ووالدتي مساء اليوم في زيارة قصيرة لنا.

٣. أريد أن أسألكم: من أي محل .... هذه الحلويات الطيبة؟

٤. أنا وإخوتي نفكر أن .... شقة في الجبل في لبنان لنقضي فيها أشهر الصيف.

٥. دائما .... إلى الصف متأخراً ولذلك تغضب مني الاستاذة كثيراً. أمس قالت لي إنها لن تسمح لي بالدخول إذا .... متأخراً مرة ثانية.

٦. .... أختي عدداً من الكتب من "آمازون" ولكنها لن .... إلا بعد يومين.

٧. ستتزوج صديقتي قريباً وسأحضر حفلة زواجها ، لذلك يجب أن .... فستاناً جديداً.

٨. كلّموني بالتليفون قبل ساعة وقالوا إنهم .... إلى الحدود التركية - السورية ، وهذا يعني أنهم لن .... إلى حلب قبل منتصف الليل.

٩. في رحلتنا الأخيرة .... بعض فواكه المانجو من مصر ، ولكن عندما .... إلى مطار شيكاغو لم يسمحوا لنا بإدخالها معنا.

١٠. تزداد أعداد الناس الذين .... الملابس والكتب من الإنترنت سنة بعد سنة.

١١. أنا وأختي بقينا في السوق أكثر من ٥ ساعات ولكنها ما .... شيئاً،

أما أنا فـ .... نصف السوق!!

تمرين ٢: المفردات الجديدة (في البيت)

اكتبوا كلمة مناسبة من الكلمات الجديدة في كل جملة.

١. هذا الرجل العجيب الغريب يحب أن يلبس ملابس بكل .... وهو هنا

يلبس بنطلوناً .... و .... وقميصاً

.... وحذاءاً .... و ....

٢. في .... يونيو الماضي تخرجتُ من الجامعة و ....

والدي ووالدتي لي سيارة جديدة، وكنت سعيدة جداً بها ولكن عملت حادثاً بسيطاً بها

أمس. اليوم سآخذ السيارة الى الكاراج لِـ .... ـها بسرعة قبل أن يعرف

بابا وماما بالحادث ويغضبا مني.

٣. البلوزة لونها .... والتنورة ....

والقماش fabric ٪٦٠ .... و ٪٤٠ قُطن.

٤. ازداد .... البترول كثيراً في السنوات الأخيرة، وما زلت أذكر الأيام

التي كان فيها البترول .... اً جداً في الولايات المتحدة

(أقلّ من ٨٠ سنتاً للغالون!).

٥. عندي .... في البنك فيه ٧٥ ألف ليرة سورية .... حوالي ١٥٠٠ دولار.

٦. هذه صورة كبيرة .... ـها أخت

زوجتي لابنتنا دينا على .... غرفة نومها.

٧. ستجيء حماتي لتقضي عدة أيام معنا لذلك يجب أن ....

غرفتها جيداً و .... كل الملايات و ....

فيها حتى تقول عني إني أحسن زوجة!

٨. في هذا الشارع يمكنك أن تذهب إمّا الى .... أو الى الأمام

لأن الذهاب الى .... ممنوع.

٩. عُيِّنَت خطيبته مديرة لِـ .... العلاقات الدولية في وزارة التعليم العالي.

١٠. نريد تغيير .... في غرفة الجلوس في شقتنا لأنها أصبحت قديمة.

تمرين ٣: كتابة جمل المفردات (في البيت)

استمعوا الى جمل المفردات من (١) الى (١٤) واكتبوها.

تمرين ٤: اسألوا زملاءكم (في الصف)

تكلموا مع زملائكم عن هذه المواضيع مستعملين أكبر عدد ممكن من الكلمات الجديدة.

1. How often do they *straighten up* their room or apartment? *Change* their sheets? *Wash* their clothes? Which of those chores do they wish they didn't have to do?

2. Describe your apartments to each other as if you were advertising to rent it. Do they have a lot of *storage* in the apartment? Are the *walls colorful, dark,* or *light*? Is the *furniture* nice?

3. Have they ever *sold* something on Craigslist or on the internet? How was the experience? Would they tell others to *sell* things there?

4. What needs *fixing* in their life or in general?

5. What do they usually *buy* that is *cheap*? Do they ever pay a higher *price* for something because they think it will be better? Would they ever buy something like *silk sheets*?

6. What do they know how to *draw*?

7. Where do they sometimes *arrive* late and why?

8. Do they have friends on both the *right* and the *left* politically? Do they talk politics with them?

9. Many people buy *gold* and *silver* in the Middle East. Would they do that? Why?

10. What are their favorite stores, and in which *parts* of the store do they spend the most time?

المفردات الجديدة ٢: من جذور نعرفها

الفُصحى	الشامي	المصري	المعنى
برد ، ثلج: برّاد ، ثَلّاجة ج. -ات	برّاد ج. -ات	تلّاجة ج. -ات	refrigerator
بعض: بَعض .. البَعض	بَعض	بَعض	each other[1]
أبيَض: (مؤنّث) بَيضاء ج. بيض	(مؤنّث) بَيضا	(مؤنّث) بيضا	
أخضَر: (مؤنّث) خَضراء ج. خُضْر	(مؤنّث) خَضرا ج. خِضِر	(مؤنّث) خَضرا	
رسالة ج. رسائل: أَرسَلَ	بَعَت ، يِبعَت	بَعَت ، يِبْعَت	to send
أسوَد: (مؤنّث) سَوداء ج. سود	(مؤنّث) سودا	(مؤنّث) سودا	
أعَدَّ: اِستَعَدَّ لـ ، يَستَعِدّ ، الاِستِعداد	يِسْتْعِدّ	يِسْتَعِدّ	to get ready for, prepare oneself for
أعَدَّ: مُستَعِدّ/ة لـ ، ج. -ون/ين	مِستِعِدّ/ة لـ ، ج. -ين		ready, prepared for
عُطلة ج. عُطَل: مُعَطَّل/ة	عَطلان/ة	عَطلان/ة ، بايِظ/بايْظة	broken
عَمِلَ ، يَعمَل ، العَمَل: استَعمَلَ	يِستعمِل	اِستَعمِل ، يِستَعمِل	to use
غيرها ، غيرهم: غـيَّـرَ	يغَيِّر	يِغَيَّر	to change (something)
غيرها، غيرهم: تَغَيَّرَ	تغيَّر ، يِتغيَّر	اِتغيَّر ، يِتغيَّر	to change (intransitive)
القبول: قَبِلَ ، يَقبَل	قِبِل ، يِقبَل	قِبِل ، يِقبَل	to accept
يُمكِن: تَمَكَّنَ من	قِدِر ، يِقدِر	قِدِر ، يِقدَر	to be able to
نِصف: مُنْتَصَف	نُصّ	نُصّ	mid-, middle of (time period)
واجب ج. -ات: يَجِب (على) + أن/المصدر			it is necessary[2]
الشرق الأوسط: وَسَط		وِسْط	middle, center (location)

Notes on Vocabulary Usage

1. بعضـ .. البعض As you know, the word بعض can mean *each other* on its own. In formal Arabic, the expression needs a pronoun to specify the parties you are talking about:

قرر الإخوة أن يعيشوا مع **بعضهم البعض** في نفس الشقة. (**ـهم** = الإخوة)

يا شباب من اللازم أن تساعدوا **بعضكم البعض!** (**ـكم** = أنتم تساعدوا)

المجموعات قابلت **بعضها البعض.** (**ـها** = المجموعات)

2. يجب أنْ is an impersonal expression like يمكن. The preposition على may also be used with يجب, or as a substitute for it. Thus the following three sentences mean the same thing:

يجب أن نفكر جيداً قبل أن نهاجر.

يجب علينا أن نفكر جيداً قبل أن نهاجر.

علينا أن نفكر جيداً قبل أن نهاجر.

تمرين ٥: أوزان الأفعال الجديدة (في البيت)

أكملوا الجدول بأفعال من المفردات الجديدة ١ و ٢ ، واستمعوا الى المفردات مرة أخرى للمساعدة.

Transitive or intransitive	كلمة تبدأ بـ "مُـ"	المصدر	المضارع	الماضي	الوزن	الجذر
		التَّرتيب				
				غَيَّرَ		
					أَفعَلَ IV	ر س ل
	مُصلِح					
		الإكمال				
					تَفَعَّلَ V	م ك ن
	مُتَغَيِّر					
		الشِّراء[1]	يَشتَري			
		الاِستِعداد				
					اِستَفعَلَ X	ع م ل

[1] An exception to the pattern.

القواعد ١: أوزان الفعل

تمرين ٦: فَعَّل وتَفَعَّل (في البيت)

This vocabulary list includes two verbs that mean *change*: غيَّرَ and تغيَّرَ. This pair of verbs illustrates the relationship between وزن II and V and the fact that English translations of verbs do not always clarify this relationship (or others in the system of أوزان). In English, we use "change" in both transitive and intransitive (or reflexive) senses. In Arabic, we need to choose between a transitive and an intransitive وزن. You learned in Part One that وزن II is transitive, whereas وزن V is usually intransitive or reflexive. Look at the examples below and identify which "change" is transitive and which is intransitive.
Remember to look for the direct object that signals transitivity.

The economy must *change* if it is to improve.
They *changed* the way they do business.

Other pairs of II and V have different English equivalents and so are easier for English speakers to distinguish. But since our ultimate goal is to understand Arabic words according to their own logic and not through an English translation, it is helpful to associate certain kinds of meanings with particular أوزان. If you think about the verb "to change" in Arabic as a combination of غ-ي-ر and the appropriate وزن for a transitive or intransitive meaning, you will find that the two verbs غيَّرَ and تغيَّرَ are easier to distinguish. The same is true for other verbs as well.

Previously, you have seen these pairs:

to make oneself recall: to remember	تَذَكَّرَ	*to make someone recall: to remind*	ذَكَّرَ
to make oneself acquire knowledge: to learn something	تَعَلَّمَ	*to make someone acquire knowledge: to teach someone something*	عَلَّمَ
to make oneself know: to become acquainted with	تَعَرَّفَ على	*to make someone know someone else: to introduce*	عَرَّفَ بـ
to take oneself to market: to shop	تَسَوَّقَ	*to take something to market: to market something*	سَوَّقَ

To these we may add:

to make oneself late	تَأَخَّرَ	*to make someone or something late*	أَخَّرَ
to make itself be formed from: to consist of	تَكَوَّنَ من	*to make something be: to form*	كَوَّنَ

Of course, not all جذور are used in both of these forms, but, in general, the two forms constitute a fairly predictable pair.

On the website or in your book, use what you know about فَعَّلَ وتَفَعَّلَ to complete the sentences in each pair with a verb formed by combining الجذر with the appropriate وزن. (Hint: Look to see whether or not there is an object that indicates وزن فَعَّلَ.) Be sure to write in **all vowels** to show الوزن and the endings on الفعل المضارع .

١. **الجذر:** غ ي ر

أ. أحب أن أخرج معكم ولكني أريد أن .... ملابسي أولاً.

ب. غسلت فستاني الأبيض مع بنطلونات الجينز فـ.................. لونه من أبيض الى أزرق !

٢. **الجذر:** ء خ ر

أ. الطقس المثلج والبارد .... الطائرات في كل المطارات الأوروبية أمس.

ب. كان هناك حادث وازدحام كبير في وسط المدينة ولذلك .... عن موعدي.

٣. **الجذر:** ك و ن

أ. يا طلاب، أريد منكم أن .... مجموعات من ثلاثة للعمل على القواعد.

ب. .... البناية من ١٥ طابقاً في كل منها شقتان واسعتان.

٤. **الجذر:** ذ ك ر

أ. لا .... اسم المجلة التي قرأت فيها المقالة!

ب. لماذا لم ....ـنا الأستاذ أن الامتحان فيه قراءة واستماع؟!

٥. **الجذر:** س و ق

أ. بدأت الشركة تعمل ملابس نسائية وتريد ....ـها في باريس ولندن.

ب. زرت مدينة لندن في العطلة ووجدت أنها مكان ممتاز لـ.................. !

٦. **الجذر:** ع ر ف

أ. أمس .... أختي على شاب يدرس معها وستخرج معه الليلة.

ب. قررت أن .... أهلي على صديقي الجديد، يا ترى، ماذا سيقولون؟

٧. **الجذر:** ع ل م

أ. ....ـنا الأستاذة كيف نبحث عن الجذور التي فيها همزة في القاموس.

ب. عاشت طويلاً و .... دروساً كثيرة من الحياة!

تمرين ٧: وزن أفْعَلَ (في البيت)

Recent new vocabulary includes several verbs of the أفعَلَ form. What do these verbs have in common?

أرسَلَ	*to send something*
أصلَحَ	*to repair something*
أكمَلَ	*to complete something*
أعَدَّ	*to prepare something*

Like وزن فَعَّلَ، وزن أفعَلَ is normally transitive. The two also share a ضَمّة vowel on the prefix of المضارع: يُفَعِّل and يُفعِل, respectively. Unlike وزن فَعَّلَ، وزن أفعَلَ is not used in spoken Arabic. Hence, some verbs of وزن أفعَلَ in formal Arabic are used in وزن فَعَّلَ in the dialects, including the following.

أصلَحَ	صَلَّح ، يصَلِّح	صَلَّح ، يِصَلَّح
أكمَلَ	كَمَّل ، يكَمِّل	كَمِّل ، يِكَمِّل

The final example below demonstrates this relationship clearly. While the transitive verb "make (someone) angry" is IV وزن in الفصحى, the corresponding verb in spoken Arabic is II وزن, even though different roots are used in formal and spoken Arabic.

غَضِبَ ، يَغضَب	زِعِل ، يِزعَل	زِعِل ، يِزعَل	*to get angry*
أغضَبَ	زَعَّل ، يزَعِّل	زَعَّل ، يِزَعَّل	*to make someone angry, upset*

We will return to the meaning of وزن أفعَلَ and its relationship with other أوزان later.
For now, practice the conjugation of this وزن by completing the sentences with the appropriate form of the verb in parentheses. Write in all vowels.

١. تستطيعين أن تخرجي بعد أن .... ترتيب الملابس والغرفة ! (أكمل)

٢. سألت أهلي أن .... لي صوراً للشقة التي اشتروها على البحر. (أرسل)

٣. بعد سنتين فاشلتين في التجارة، قرروا أن .... المحل للبيع. (أعدّ)

٤. اشتريت شراشف حرير لغرفة نومنا لأنّ أسعارها .... رخيصة. (أصبح)

٥. سيكون من اللازم أن .... سيارتنا قبل أن نسافر بها. (أصلح)

٦. أظن أن فكرة انتقالنا الى مدينة أخرى .... إخوتي لأنهم يرفضون أن يتركوا أصحابهم هنا. (أغضب)

تمرين ٨: المفردات الجديدة (في البيت)

اكتبوا كلمة مناسبة من المفردات الجديدة ١ أو ٢ في كل جملة.

١. تدرس أختي كثيراً الآن لأنها .... لأخذ امتحان الدخول الى الجامعة (SAT) في شهر سبتمبر القادم، وهي تنوي، إن شاء الله، الالتحاق بـ .... علم الإنسان بجامعة كاليفورنيا، بيركلي.

٢. التكنولوجيا الجديدة .... دائماً: كل يوم هناك شيء جديد، وهذه الأشياء الجديدة .... حياتنا وعالمنا معها.

٣. هذه زوجة الرجل العجيب الغريب وهي مثله تحب الألوان وتلبس بلوزة .... وتنورة .... و .... و .... وكندرة (جزمة) ....

٤. لم .... من إكمال الرسالة أمس كما كنت أرغب، لذلك قررت أن ....ـها إلى مكتب القبول بـ "فِد إكس" لـ .... بسرعة.

٥. هذا هو المطبخ الذي أريده: فيه .... لونها فضّي و .... في كل مكان: فوق وتحت.

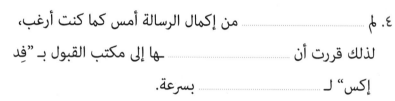

٦. عندي سيارة صغيرة ولكني لا ....ـها كثيراً لأنني آخذ .... الأوتوبيس الى عملي عادة، ولكن السيارة الآن .... ولا تعمل. أظن أنني .... أن ....ـها وأشتري سيارة أخرى لأن مشاكلها أصبحت كثيرة.

٧. الجالية صغيرة ولكن توجد فيها خلافات كبيرة وأفرادها لا يحبون ─────── البعض.

٨. يا ─────── هي تحبّني أم لا تحبّني؟!

وهل سـ ─────── أن تخرج معي أم سترفض؟

٩. في ─────── الشهر القادم سأسافر مع مجموعة من زملائي الى اسبانيا وسنبقى في مدينة مدريد التي

توجد في ─────── اسبانيا، وهي مدينة سياحية ─────── بتاريخها وجمالها وحدائقها.

رتّبت كل شيء وأنا ─────── للسفر الآن وأتمنى أن نسافر في أقرب وقت.

تمرين ٩: شقة بإيجار رخيص ولكن . . . !! (في الصف)

سافرت أنت وزميل/ ـة الى بلد عربي للدراسة لمدة سنة ووجدت شقة بإيجار رخيص ولكن يجب عمل إصلاحات كثيرة فيها كما نشاهد في الصور. تكلموا عن كل الإصلاحات التي تريدون عملها في الشقة ثم اكتبوا قائمة *list* لصاحب / ـة الشقة *landlord*.

تمرين ١٠: يجب! (في الصف)

أنت وزملاؤك ستكونون مشغولين جدًا هذا الأسبوع ! اكتبوا قائِمة *list* بالأشياء التي يجب أن تفعلوها واستعملوا فيها "يجب" + أن / المصدر مع أكبر عدد ممكن من المفردات الجديدة.

تمرين ١١: كتابة جمل المفردات (في البيت) 🎧 📀 DVD VIDEO

استمعوا الى جمل المفردات من (١٥) الى (٢٧) واكتبوها.

القصة بالعامية

تمرين ١٢: "رسالة من عمّي" "رسالة من عمّي" (في البيت ثم في الصف)

أ. في البيت، شوفوا الفيديو بالعامية واكتبوا فقرة لكل سؤال.

"رسالة من عمّي"	"رسالة من عمّي"
١. عن شو بيحكي طارق؟ (اكتبوا ٣ اشياء)	١. خالد بيتكلم عن إيه؟ (اكتبوا ٣ حاجات)
٢. شو لازم يعملوا منشان يستعدّوا لزيارة نسرين وأهلها؟	٢. هم لازم يعملوا إيه عشان يستعدّوا لزيارة نسرين وأهلها؟
٣. برأيك، طارق مبسوط إنهن جايين ولّا لأ؟ ليش؟	٣. في رأيك، خالد مبسوط إنّهم جايين ولّا لأ؟ ليه؟
٤. شو ممكن نفهم عن العلاقة بين طارق ونسرين لما كانوا صغار؟	٤. ممكن نفهم إيه عن العلاقة بين خالد ومها لما كانوا صغيّرين؟

ب. في الصف، احكوا مع بعض:

١. شو بيتذكّر طارق عن نسرين؟	١. إيه الحاجات اللي خالد فاكرها عن مها؟
٢. شو رأيكن بدور *role* طارق بالعيلة، وليش؟	٢. إيه رأيكو في دور *role* خالد في البيت، وليه؟
٣. برأيكن، شو رح يصير لما تيجي نسرين وعيلتها؟	٣. في رأيكو، حيحصل إيه لما تيجي مها وعيلتها؟

تمرين ١٣: في السوق (في البيت ثم في الصف)

أ. في البيت: شوفوا "قديش الحساب؟" "عايزة حاجة تاني؟" "اشتريتي إيه؟"

Watch the scenes of various characters shopping. Notice that shopping in the Middle East normally involves someone helping you, unlike in the US where customers often select their own merchandise. You will hear a few new words that you will understand from context. Even though you are learning only one dialect, we encourage you to watch both the Egyptian and Levantine scenes because each one contains a slightly different set of culturally important expressions. Listen in particular for the phrases in the list below. You will not hear them in both dialects, but equivalents are given here for your reference. Exact translations are not given because they would not make sense. Reponses are given for those phrases for which one is expected. Then complete the remaining exercises in parts ب and جـ.

الاستعمال	المصري	الشامي
I'd be happy to! (in response to a request)	– من عينَيَّ!	من عيوني! / على عيني!
Good bye (said by person leaving) Response: Good bye (to person leaving) (lit) May God be with you	---	بخاطْرك! -- الله معك
(to someone who has just finished prayer, a wish for her or him to pray at Great Mosque in Mecca) Response: May we do this together	حَرَماً -- جَمعاً	حَرَماً -- جَمعاً
At your service! Happy to be of service!	حاضِر! ---	حاضِر! تِكرَم عينك!
(God) give you good health! (said in appreciation of someone's work or service) Response: May God give you good health as well.	---	– يَعطيك العافْية! -- الله يعافيك
The entire store is at your service!	المحلّ محلّك!	الـمحلّ محلّك!
Congratulations! (e.g., on a purchase, success, wedding) Response: Thanks! (God bless you!)	مَبروك! -- الله يبارِك فيك	مَبروك! -- الله يبارِك فيك

ب. في البيت: اكتبوا *(list)* بعض الاشياء اللي لازم تشتروها (ملابس أو اشياء للبيت)

ج. في الصف: *Role play:*

أنت ساكن/ة في مصر/ الشام مع عائلة أو مع عدد من الزملاء. ستذهب / ين الى السوق، فاسأل / ي مَن في البيت. ماذا يريدون، ثم اذهب / ـي الى السوق لشراء الأشياء.

الحوار

اللغة والثقافة "على راسي" "من عينَيَّ"

When someone wants to indicate eagerness to do something for you, he or she may use one of these phrases and gesture toward the eyes or the head (رأس).

تمرين ١٤: "شوية تصليحات" "شوية تصليحات" (في البيت ثم في الصف)

أ. الاستماع في البيت: شوفوا الحوار واكتبوا الأجوبة.

"شوية تصليحات"	"شوية تصليحات"
١. شو التغييرات اللي بِدُّن يعملوها بالشقة؟ بالصالة والسفرة: بالمطبخ: بالحمام: بأوضة النوم:	١. إيه التغييرات اللي عاوزين يعملوها في الشقة؟ في الصالة والسفرة: في المطبخ: في الحمام: في أوضة النوم:
٢. وإيمتى رح يعملوا هالتصليحات؟ قدّيش بدها وقت؟	٢. وحيعملوا التصليحات دي إمتى؟ عايزة وقت طويل؟
٣. ليش صار فيه خلاف بين منى وغسان؟	٣. ليه حصل خلاف بين منى وإبراهيم؟
٤. وليش منى زعلانة؟	٤. ومنى زعلانة ليه؟

ب. الاستماع الدقيق في الصف

بعد ما تحكوا عن الحوار اللي شفتوه في البيت مع زميل/ة، شوفوا الفيديو مرة تانية واحكوا مع بعضكن عن هالأسئلة:	بعد ما تتكلموا عن الحوار اللي شفتوه في البيت مع زميل/ة، شوفوا الفيديو كمان مرة واتكلموا مع بعض عن الأسئلة دي:
١. كيف طلب غسان من منى إنو تحكي هي مع المعلم فريد؟ وعن شو؟	١. ازاي إبراهيم طلب من منى إنّها تتكلم مع المعلم فريد؟ وعن إيه؟
٢. إيمتى وليش قال غسان للمعلم فريد "الله يخَلّيك"؟ شو معنى "الله يخَلّيك"؟	٢. ابراهيم قال للمعلم فريد "ربنا يخَلّيك" إمتى وليه؟ طيب إيه معنى "ربنا يخَلّيك"؟
٣. إيمتى وليش قال غسان لمنى : "طيب.. ماشي.. منحكي (=بنحكي) عن هالقصة بعدين"؟ وشو قصده؟ شو رأيكن بالـ *tone* بهالجملة؟	٣. ابراهيم قال لمنى : "خلاص ..خلاص .. مش وقته" إمتى وليه؟ وقصده إيه؟ إيه رأيكو بالـ *tone* في الجملة دي؟
٤. شو رأيكن بشخصية غسان ومنى؟ وبـمستقبلُهن مع بعض؟	٤. رأيكو إيه في شخصية ابراهيم ومنى؟ وفي مستقبلهم مع بعض؟

القواعد ٢: الألوان

Arabic has two kinds of adjectives for color: Ordinary adjectives, most of which are نسبة adjectives, and adjectives of the وزن أَفعَل[2]. Common نسبة colors include:

رَمادِيّ / ة	بُنّي / ة	brown *(from بُنّ coffee beans)*
ذَهَبِيّ / ة	بَنَفْسَجِيّ / ة	purple *(from بَنَفْسَج violet)*
فِضِّيّ / ة	زَهْرِيّ / ة	pink *(from زَهرة flower)*

Basic colors have a special set of أوزان unique to them with a specific وزن for feminine and human plural. These colors and their أوزان are listed in the table. Note that المؤنث has a different وزن than المذكر, as does الجمع, and remember that الجمع is only used for **human** plurals (e.g., to use racially based terminology or to say things like *little green men*).

المذكر: أفعَل	المؤنث: فَعلاء	الجمع: فُعل
أزرَق	زَرقاء	زُرْق
أَحمَر	حَمراء	حُمْر
أَبيَض	بَيضاء	بيض
أَسوَد	سَوداء	سود
أَخضَر	خَضراء	خُضْر
أَصفَر	صَفراء	صُفْر

You have already begun to see that Arabic and English differ in the ways they use possession to describe people and things. In English, we tend to use possession when describing physical traits in people, as in, "They **have** green eyes" or "She **has** black hair." In Arabic, however, things that are part of you are not "possessed," so we use patterns like the following:

عيونهم خضراء مثل أمهم.

شعرها أسود وطويل.

في أيام شبابي، شعري كان أسود ولكنه صار أبيض الآن.

[2] There is no relationship between أفعل التفضيل and أفعل of colors, or between either of these and the "وزن أفعل" of verbs.

Finally, since we are talking about color, we will mention briefly verbs that express color. When we presented the أوزان الفعل in Lesson 1, we mentioned that IX وزن is rare. This is because the main function of this وزن is to express a change of color or physical trait from an أَفعَل adjective (you have not yet learned any physical traits of the أَفعَل pattern). Here are two examples so that you can see how IX وزن works and recognize it if you see it. Notice that الجذر of the color (here ح-م-ر and س-و-د) fit into وزن اِفعَلَّ:

اِحْمَرَّ ، يَحْمَرّ ، الاِحْمِرار	*to become red*	اِحْمَرَّت عيونهم من التعب وعدم النوم.
اِسْوَدَّ ، يَسْوَدّ ، الاِسْوِداد	*to become black*	اِسْوَدَّت يدي من هذا القلم الرخيص!

تمرين ١٥: بالألوان (في البيت)

اكتبوا الألوان المناسبة لكل جملة:

١. الرئيس الأمريكي يسكن في البيت .... في واشنطن.

٢. الحيطان في شقتي لونها .... وألوان المفروشات .... و ....

٣. معظم أفلام "تشارلي شابلين" بالـ .... والـ ....

٤. لوني المفضل هو (اللون) ....

٥. أحب العيون ....

٦. ألوان يوم ٤ يوليو ، عيد استقلال الولايات المتحدة، هي الـ .... والـ ....

والـ ....

٧. .... في أمريكا يريدون فرصاً أكثر للدراسة والعمل والنجاح، كما قال مارتن لوثر كينغ الابن.

٨. الألوان التي أحب أن ألبسها كثيراً هي .... و .... و ....

٩. ألوان جامعتنا هي .... و ....

١٠. يوجد البحر .... على حدود مصر الشرقية والبحر .... المتوسط على حدودها الشمالية. أما البحر .... فيوجد شمال تركيا وجنوب غرب روسيا وجنوب أوكرانيا.

١١. أتمنى أنْ أملك سيارة ....

١٢. إذا رسمت صورة فسأرسمها بـ .... و ....

تمرين ١٦: آخِر موضة! (في الصف) 🎧

With a partner, imagine that you are working as marketing consultants for a large fashion house. Your bosses have provided you with photos of the merchandise that they want to market in the Middle East. Look at the pictures and prepare a presentation for potential buyers from Arab countries in which you describe to them the various clothing items and the colors. Tell them why they will sell well. If possible, complete this activity in class. If not, work with a partner and complete the activity outside of class. Then make your presentation in class.

(٤)　(٣)　(٢)　(١)

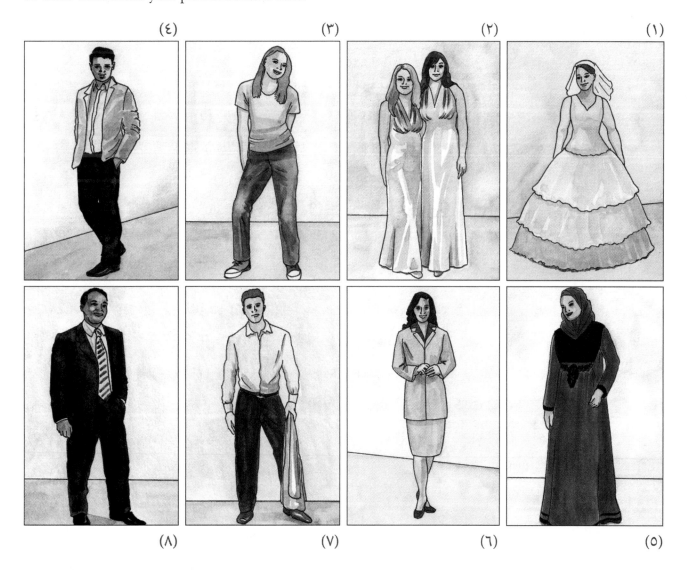

(٨)　(٧)　(٦)　(٥)

القصة بالفصحى

تمرين ١٧: "رسالة من عمّي" (في البيت)

استمعوا إلى خالد وأجيبوا عن الأسئلة.

أ. كيف يتكلم خالد عن الأشياء التي يجب أن يفعلها قبل وصول أقاربه؟

What differences do you notice between the way the story is told **بالعامية** and بالفصحى here? What does الفصحى have that **العامية** does not? (Hint: Focus on the verb phrases.)

ب. اكتبوا ما يقول (في الكتاب أو في الوب):

Make sure to listen for pronouns being used as objects of verbs. Why are there so many? To what do they refer? (Hint: Think about the verbs used and whether they are transitive or intransitive.)

(١) .... أمس (٢) .... من عمي محمد (٣) ....

(٤) .... سـ (٥) .... في (٦) ....

(٧) .... القادم، أي (٨) .... (٩) ....

(١٠) .... ثلاثة (١١) .... (١٢) .... أن

(١٣) .... من الآن في (١٤) .... لزيارتهم و (١٥) ....

(١٦) .... يجب (١٧) .... (١٨) .... الملايات

و (١٩) .... (٢٠) .... ، و (٢١) ....

(٢٢) .... الثاني. و (٢٣) .... من (٢٤) ....

أن (٢٥) .... إلى (٢٦) .... عادل لـ (٢٧) .... عمي وزوجته

(٢٨) .... (٢٩) .... (٣٠) .... (٣١) ....

مها فـ (٣٢) .... مع جدتي في (٣٣) .... كانت (٣٤) ....

(٣٥) .... صغيرة (٣٦) .... (٣٧) .... آخر مرة ...

(٣٨) .... (٣٩) .... (٤٠) .... في الثالثة عشرة من

(٤١) .... هل ما (٤٢) .... (٤٣) .... ؟

كنت (٤٤) .... لها بعض (٤٥) .... وكانت (٤٦) ....

(٤٧) .... بعض (٤٨) .... التي (٤٩) .... ، يا ترى

(٥٠) .... (٥١) .... (٥٢) .... في أمريكا؟

القواعد ٣

كان وأخواتها

The verb كان and its "sisters," or كان وأخواتها, as they are called in Arabic grammar, constitute a group of verbs that mark the time or duration of actions, states, and events. There are approximately twelve sisters of كان, of which you have learned the following:

كانَ ، يكون

لَيسَ

ما زالَ ، لا يَزال ، ما يَزال[3]

أصبَحَ ، يُصبِح / صارَ ، يصير[4] *to enter a state, to begin a new habit*

Although كان وأخواتها function like other verbs in many respects, they differ in two important ways. First, they have their own set of terminology that differs from that of الجملة الفعلية and resembles the terminology of الجملة الاسمية. Second, these verbs can be used with المضارع المرفوع to express the onset, duration, or continuation of a repeated or long-term event.[5] For example, you heard خالد use كان this way in القصة بالفصحى:

كنت أكتب لها بعض الرسائل، وكانت ترسل لي بعض الصور التي رسمتها.

The terminology of جمل كان وأخواتها resembles that of الجملة الاسمية in that both types of sentences have a خبر. However, while the subject of الجملة الاسمية is called a مبتدأ, the subject of جمل كان وأخواتها is called an اسم. Learn these terms:

اسم كان ، اسم ليس ، اسم أصبح ...

خبر كان ، خبر ليس ، خبر أصبح ...

Like الجملة الاسمية, these sentences also can have various kinds of خبر. The following examples show nouns, adjectives, and prepositional phrases as خبر. What grammatical ending appears on الخبر in the first three sentences?

ليست هذه الحلول مناسبةً في رأينا ويجب أن نبحث عن غيرها.

ما زالت الهجرة حلماً بالنسبة لكثير من الشباب.

أصبح الطلاق منتشراً الآن في كثير من البلدان العربية.

كان معظم الوزراء مع الرئيس إلى ساعة متأخرة أمس.

---

[3] These three forms are used interchangeably in modern Arabic.

[4] If you are studying Levantine Arabic, you know the verb صار، يصير as a Levantine verb but it is also used in الفصحى, especially in this sense.

[5] In English, we do not usually use a present tense in this way. We may say "She used to **smoke**," "She has started to **smoke**," "She has started **smoking**," or "She is still **smoking**" with infinitive forms (not, for example, she started she smokes). Arabic has a different way of expressing time reference for events, which you are learning gradually. It is important not to try to translate English verb tenses word for word into Arabic because they do not correspond that way. Rather, we need to think about the verb phrase as a whole and the logic it uses to express time reference.

Like the خبر of الجملة الاسمية, the خبر of جملة كان وأخواتها may also consist of a جملة فعلية beginning with المضارع المرفوع.

ما زلنا نرغب في شراء ثلاجة جديدة.

أصبحت المرأة السعودية تحصل على حقوق أكثر.

ما زالت أمي تفضّل قراءة الجرائد والمجلات على الورق وليس على الوب.

Many of these verbs operate in a similar fashion in spoken Arabic, such as the equivalents of أصبح in the following examples, in which صار and بقى are followed by a مضارع verb.

صرنا نشتري الأكل من المحل الجديد اللي جنب بيتنا.

بقينا نشتري الأكل من المحل الجديد اللي جنب بيتنا.

However, the Egyptian and Levantine equivalents of ما زال (i.e., بعد / لسّه) are not verbs but adverbs (see Lesson 13 in Part One).

تمرين ١٨: اسم وخبر كان وأخواتها (في البيت)

On the website or in the book, identify the parts of these جمل كان وأخواتها. In the book, underline الاسم once and الخبر twice. On the website, choose the correct اسم and خبر from the drop down menus provided.

١. كانت أختي تريد شيئاً من الخصوصية في حياتها ولذلك تركت بيت الطلاب.

٢. شخصيّاً، ما زلـت مع فكرة بيع الصيدلية وشراء صيدلية أخرى.

٣. ما زال كثير من الموظفين يشعرون بعدم الراحة مع المدير الجديد.

٤. كانت منطقة البحر الأبيض المتوسط مركزاً تجارياً عالمياً لوقت طويل.

٥. صارت أسعار الخضار والفواكه غالية بسبب الطقس البارد.

٦. أصبح الناس في شمال افريقيا يهاجرون الى أوروبا بأعداد كبيرة .

٧. كان الأزرق الفاتح لوني المفضل لأنه يذكّرني بلون عَينَـيْها.

٨. ما زالت ترسل له رسالة كل أسبوع متمنيةً أن يصلها شيء منه.

٩. صار أهلي يشجعوننا على الزواج بسرعة بعد أن عرفوا أنها فعلاً امرأة أحلامي.

١٠. لا أفهم لماذا ما زالوا يستعملون هذا الكتاب الممل!!

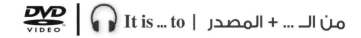

من الـ ... + المصدر | It is ... to

In listening to القصة بالفصحى, you heard Khalid use the following phrase:

سيكون من اللازم أنْ أنتقل إلى غرفة عادل...

While an idiomatic translation of this sentence might be something like "I will need to move to Adel's room," a more literal grammatical translation might be "It will be necessary [for me] to move to Adel's room." It is worth pausing for a minute to consider the difference in structure and to think comparatively about how we express phrases that use "It is ... to..." in both languages. English, and especially spoken English, makes regular use of an impersonal "it," whereas formal Arabic uses the very common construction من الـ ... أنْ or the slightly more formal من الـ ... + مصدر. Spoken Arabic omits من الـ. The following table gives several examples of this type of construction for you to compare. As you read through them, note the word order and the fact that Arabic has no word like the English impersonal "it." The first example is translated for you. Translate the rest of the examples yourself.

المعنى	المصري	الشامي	الفُصحى
It's hard (for me) to get up in the morning.	صعب أصحى الصبح.	صعب فيق الصبح.	من الصعب أن أصحو في الصباح.
	مملّ قوي تقعد في البيت كل النهار!	مملّ كثير تقعد بالبيت كل النهار!	من المملّ جداً أن تجلس في البيت طوال اليوم!
	سهل قوي تجهّز عشا بسيط بسرعة.	سهل كتير تعمل عشا بسيط بسرعة.	من السهل جداً إعداد عشاء بسيط بسرعة.
	ممنوع تغسل الهدوم هنا.	ممنوع تغسل التياب هون.	من الممنوع غَسْل الملابس هنا.
	لازم يكون عندك خصوصية.	لازم يكون إلك خصوصية.	من المناسب أن تكون لك خصوصية.
	حلو يبتدي يومك بفنجان قهوة.	حلو يبدا يومك بفنجان قهوة.	من الجميل أن يبدأ يومك بفنجان من القهوة.

Since sentences with من الـ ... are جمل اسمية, you can negate or set the time frame with كان وأخواتها, as these examples show:

ما زال من الممكن أن تشتري ملابس رخيصة!
ليس من البسيط ترك الأهل والانتقال إلى مكان جديد.
لم يكُن[6] من المناسب أن تقولي لهم ذلك!

تمرين ١٩: من الـ ... (في البيت ثم في الصف)

أ. في البيت: كتابة

How do the activities listed below relate to your priorities? Use what you have learned about كان وأخواتها and من الـ ... to comment on them, as the examples show. The activities are listed either in المضارع or المصدر but may be used interchangeably, keeping in mind that المصدر is less personal.

مثال: أجد وظيفة

من اللازم أن أجد وظيفة للصيف القادم! أو ليس من الصعب أن أجد وظيفة في مطعم.

١. أستمع إلى محاضرة أكثر من ساعة.
٢. شراء مفروشات للبيت.
٣. قضاء أوقات أكثر مع أصدقائي.
٤. أملك سيارة.
٥. ترتيب غرفتي وأغسل ملابسي.
٦. أغيّر رأيي في أي موضوع.
٧. إصلاح شيء عطلان.
٨. أرسم صوراً بألوان جميلة.
٩. تحديد وقت للعب الرياضة.
١٠. أستعمل اللغة العربية في حياتي.

ب. في الصف:

تبادلوا الأوراق واقرأ / ي الورقة التي وصلتك. وبعد القراءة اكتبوا advice لخمسة من الجمل التي كتبها زميلك / زميلتك.

مثلا: من الممكن أن ... ، من السهل أن ...

---

[6] لم يَكُن = ما كان. In verbs whose middle or final root letter is a و or ي vowel, that vowel shortens to a Damma or a kasra when the verb is مجزوم. You will learn more about this soon.

تمرين ٢٠: ترجمة (في البيت أو في الصف)

ترجموا الجمل الى العربية. يمكن الترجمة الى الفصحى أولاً ثم إلى العامية.

1. It is so hard to shop for the men in my family!
2. It is still appropriate to send thank-you letters.
3. My little sister started smoking! My father still doesn't know and no one wants to tell him.
4. Are you still planning [intending] to change the colors in your bedroom?
5. When he got a job, he started sending money to his family back home.
6. My uncle is still using the same car that he bought when he was 17. He used to wash it every week—and now he is not washing it but fixing it every week!
7. Our relatives in Frankfurt used to visit us often. They still visit, but not like before.
   (Hint: This should be one sentence in Arabic.)
8. Housing prices are still high, and we will have to rent. We're still hoping to rent a detached [independent] house and not an apartment.
9. If you start preparing the food now, you will be able to finish everything by the time they arrive.
10. She took out all the money from her bank account and sold her gold in order to help her son and his fiancée buy a refrigerator and furniture for their kitchen.
11. She still feels that they don't accept her as she had hoped.

الثقافة

السوق العربي القديم

يتكون السوق العربي القديم عادةً من مجموعة من الأسواق الصغيرة،كل واحد منها متخصص ببَضاعة goods خاصة به. وفي برنامج الفيديو عن أسواق "صنعاء" ستشاهدون بعض هذه البضائع، كما ستقرأون عن بضائع أخرى في نص القراءة "أسواق دمشق". وإذا زرتم سوقاً عربياً قديماً في الماضي فلا بدّ أنكم تعلمتم أن المحلات التي تبيع نفس البضاعة توجد في نفس المنطقة بالسوق، وأن اسم السوق يكون عادةً على اسم البضاعة التي تبيعها المحلات فيه، ولا بدّ أنكم تعلمتم أيضاً أن الأسواق تكون عادةً بجانب الجامع المركزي في المدينة. لماذا في رأيكم؟ تكلموا مع زملائكم في الصف لتتبادلوا الأفكار.

The organization of the سوق and the cooperative relationships among shopkeepers selling the same merchandise may be surprising for Americans, for whom competition is the way of business. In this kind of market, however, البيع والشراء takes place through bargaining, so you will not find price wars or advertising campaigns. Another feature shared by traditional أسواق is their physical layout, with narrow, winding streets that outsiders may find difficult to navigate. Markets are often named after the rulers or elite who established them, like the سوق الحميدية in Damascus. Some old markets still have operating حمّامات, which, in this case, refers to what we call the "Turkish bath," a multichamber building constructed for deep cleansing in several leisurely stages. In some areas, such as parts of North Africa, الحمّام remains part of everyday life for many people. In tourist destinations such as in Damascus, Aleppo, Sanᶜaa, and Cairo, you can experience the ritual as a سائح *tourist* in old parts of the city.

الاستماع

تمرين ٢١: "صنعاء" (في البيت ثم في الصف)

الاستماع في البيت

تعلموا هذه الكلمات:

caravans	القَوافِل
script, handwriting	خَطّ

1. Watch the video once, then write notes (بالعربية أو بالانكليزية) about what you saw and heard. What موضوعات does the text seem to focus on?

2. Before watching a second time, think about words that may have been used to talk about these topics. See how many you can hear on the second listen and write them in Arabic in your notes. What new information have you been able to get from the second listen? What new words can you guess from visual clues? Write them down.

3. Watch the video one more time and write down what you've understood about four of the موضوعات discussed. Provide as much information as you can:

الموضوع	ماذا عرفنا عنه من البرنامج؟
١.	
٢.	
٣.	
٤.	

الاستماع في الصف:

١. تبادلوا مع زميل/ة الكلام عن الموضوعات والكلمات التي كتبتموها في البيت، ثم تكلموا عن الأسئلة التي فكرتم فيها وأنتم تستمعون في البيت. ما الكلمات الجديدة التي تريدون أن تعرفوها من الاستماع القادم في الصف؟

٢. بعد الاستماع الى البرنامج مرة إضافية في الصف، تكلموا عن الأشياء الجديدة التي عرفتموها عن صنعاء والكلمات الجديدة التي سمعتموها.

٣. ما هي الكلمات العربية التي تعلمتوها من النص لـ:

manuscript:	*city wall:*
grains:	*colored parasols:*

٤. يذكر البرنامج الإمام علي بن أبي طالب وأشخاصاً آخرين، ما علاقتهم بموضوع البرنامج؟

٥. استمعوا واكتبوا كلمات الجملة التي قالها عن صنعاء (من ٠٠:٤٢ إلى ٠٠:٤٦). ما معنى هذه الجملة؟

و (١) .... (٢) .... (٣) .... (٤) ....

(٥) .... وإنْ طالَ (٦) ....

تمرين ٢٢: الاستماع الدقيق *close* (في البيت)

اكتبوا الكلمات التي تسمعونها في البرنامج عن صنعاء:

أ. من ٢:٢٤ إلى ٢:٣٩ في الفيديو

(١) .... ثلاثون (٢) .... (٣) ....

(٤) .... (٥) .... (٦) .... المِلح *salt*.

ب. من ٢:٢٣ إلى ٢:٣٨ في الفيديو

(١) .... (٢) .... تُستعمَل في صِناعة *making*

(٣) .... منها ما (٤) .... (٥) .... كالفول والحُلبة

(٦) .... الحُبوب *grains* (٧) .... و (٨) ....

(٩) .... في (١٠) .... المَحَلِّية *local*.

ج. من ٥:٢٧ إلى ٥:٣٤ في الفيديو

فهو (١) .... (٢) .... (٣) ....

و (٤) .... المَخطوطات و (٥) .... (٦) ....

و (٧) .... إليها. . .

القراءة

تمرين ٢٣: أسواق دمشق القديمة (في البيت ثم في الصف)

أ. القراءة الأولى (في البيت)

Reading Strategies

1. Look at the title. What does it tell you? What familiar roots help you figure out the general meaning?

2. As you read through the text without stopping the first time, look for words you know. You may want to underline or put a check near phrases you understand. When you finish, jot down on a piece of paper the words you remember, then look back over them and group them into topics. Before the second reading, think about what the text might be saying about each topic.

3. Read through the text a second time with the goal of looking for more information about the topics you identified. Add more notes about each topic.

4. For your third reading, choose two paragraphs to read with smart use of the dictionary. If you choose long paragraphs, you can just focus on a section of them—choose for interest and accessibility, not length. Identify one or two words from each section that will help you get more out of the text. Avoid looking up words whose roots you know and trust your ability to figure out their meanings if the main idea of the passage is clear. In addition, you noticed that there are several lists in this text. Remember that if you know one word in a list, you can often guess the category and from that the general meaning of the other words, so they are not going to be dictionary candidates. After you have finished, write a summary بالعربية of what you have been able to understand, using the words that you looked up.

ب. القراءة في الصف

١. تكلموا مع الزملاء عمّا (عن ما) فهمتم من النص من القراءة في البيت، ثم ارجعوا الى النص معاً للإجابة عن هذه الأسئلة:

٢. اكتبوا أسماء بعض الأسواق التي قرأتم عنها في النص ومعلومات عنها.

٣. (في الفقرة الأولى) لماذا سوق الحميدية خاص؟

٤. (في الفقرة الثانية) ما هي "البوظة"؟ لماذا تذكر المقالة البوظة هنا؟

٥. ماذا نعرف عن الناس الذين يذهبون الى هذه الأسواق؟

٦. بالإضافة الى الأسواق نفسها، ما هي الأماكن الأخرى القريبة التي يزورها الناس؟

#1

شارك شارك 0 تويتر 0 أعجبني 0 أرسل طباعة

أسواق دمشق القديمة.. متعة للسائح وابن البلد

أسواق دمشق القديمة.. متعة للسائح وابن البلد

اشتهرت دمشق منذ مئات السنين بأسواقها المغطّاة التي تحجب شمس صيف دمشق الحارة وأمطار شتائها الغزيرة أحياناً، ليتمكن المتسوّقون من السير بهذه الأسواق التي تخصصت كل منها بمنتج معين أو بضاعة معينة. وما زالت هذه الأسواق تعجّ بحركة الناس والباعة والزائرين لدمشق والسياح حتى أصبحت من أشهر معالم دمشق السياحية ... وإذا كان سوق الحميدية أشهرها فإن في دمشق عشرات الأسواق القديمة التي مازالت قائمة حتى الآن حيث يصل عدد الأسواق الدمشقية إلى ٥٥ سوقاً.

والشيء الجميل في هذه الأسواق أنها متصلة ببعضها البعض، بحيث يتمكن السائح من زيارتها جميعها في يوم واحد. وهذه الأسواق تضم العديد من الأماكن التاريخية الهامة كالحمامات العربية والمتاحف والمدارس القديمة. وعندما يقرر السائح قضاء نهار كامل في هذه الأسواق فبالتأكيد ستكون وجهته الأولى سوق الحميدية، فهو الأشهر والأكبر والأقرب إلى وسط دمشق من باقي الأسواق.

وسوق الحميدية يتموضع في قسمين ويبلغ طوله ٦٠٠ متر وعرضه ١٥ متراً، ويرتفع السوق بطابقين، وقد بُني أولاً في عهد السلطان عبد الحميد الأول عام ١٧٨٠ ثم في عهد السلطان عبد الحميد الثاني عام ١٨٨٤، وأطلق عليه اسم "الحميدية" نسبة لهذين السلطانين.

والسائح المتجول فيه سيستمتع بالتأكيد باتساع السوق وطوله، كما سيندهش حتماً من الازدحام البشري الذي سيشاهده أمام أحد المحلات الكبيرة في القسم الأخير من سوق الحميدية. وستزول دهشته عندما يعرف أن هذا المحل ومنذ ١٢٥ سنة مازال الوحيد في دمشق الذي يقدم الآيس كريم (البوظة العربية). وإذا قرر الدخول إلى المحل فسيشاهد عمالاً شباباً توارثوا مهنة صنع البوظة اليدوية عن آبائهم، كما سيشاهد صاحب المحل الذي يعتز بالمشاهير الذين زاروا محله حيث يعلق صور بعضهم وهم في محله للذكرى، ومنهم ملوك ورؤساء كان آخرهم الملك عبد الله الثاني ملك الأردن الذي زاره وتذوق البوظة فيه قبل عدة سنوات أثناء زيارته لسوق الحميدية والجامع الأموي.

وإذا قرر السائح استكمال تجواله في الأسواق الدمشقية القديمة وبعد أن ينهي زيارة سوق الحميدية، فسيجد هناك في نهايته الجنوبية ما تبقى من سوق "المسكية" الذي كان متخصصاً ببيع العطور والكتب، وسيظهر أمامه الجامع الأموي الشهير. ويمكن للسائح أيضاً أن يزور سوق "المناخلية"، وهذا السوق متخصص ببيع مستلزمات البيوت والمطابخ المنزلية ولذلك يشاهد كثرة عدد النساء المتسوقات في هذه السوق. وإذا انعطف الزائر والسائح الى يمين سوق الحميدية فستصادفه مجموعة من الأسواق الجميلة والتي لا تقل أهمية عن سوق الحميدية

#1

شارك | شارك 0 | تويتر 0 | أعجبني 0 | أرسل | طباعة

أسواق دمشق القديمة.. متعة للسائح وابن البلد

ومنها سوق مدحت باشا وهو الذي أنشأه والي دمشق مدحت باشا عام ١٨٧٨ ويسير بموازاة سوق الحميدية حيث تفصل بينهما أسواق صغيرة. وتقوم على جانبي السوق حوانيت صغيرة تبيع الأقمشة الحريرية والعباءات والكوفيات والعقل والطرابيش.

وفي سوق مدحت باشا العديد من الأماكن والمواقع والبيوت القديمة التي يمكن زيارتها، ومن هذه الأماكن "مكتب عنبر" وهو بيت دمشقي عريق وهناك بيوت "نظام" و "السباعي" وغيرها من البيوتات الدمشقية العريقة... ومن الأسواق الدمشقية الشهيرة التي تربط بين سوقي الحميدية ومدحت باشا هناك سوق "البزورية" وكان يسمى سوق "العطّارين" حيث مازال السوق متخصصاً ببيع البزورات وقمر الدين والسكاكر وعلب الأفراح والعطورات وغيرها.

والمميز في هذه الأسواق أيضاً وجود أشهر حمام دمشقي قديم وهو "حمام نور الدين" الشهير. وبين سوق الحميدية والبزورية يوجد سوق "الصاغة" الذي مازال أصحابه متخصصين ببيع المنتجات الذهبية والفضية. وهناك أيضاً سوق الحرير والمسمى "سوق النسوان" وهو متخصص ببيع اللوازم النسائية من أمتعة وخيطان وعطورات ولوازم الخياطة ولباس الأفراح النسائية.

ومن أسواق دمشق القديمة أيضاً هناك سوق "باب سريجة" وهو متخصص ببيع الخضار والفاكهة والمنتجات الغذائية واللحوم والأسماك والدجاج، ولذلك يلاحظ أن معظم رواد هذا السوق هم من أهل دمشق. كذلك هناك سوق "مردم بك" وهو سوق مغطى تبيع محلاته الشرقيات والألبسة الرياضية وألعاب الأطفال، وسوق "السكرية" وكان متخصصاً ببيع السكاكر والحلويات ثم تخصص ببيع الألبسة المستعملة (البالة)، وهناك سوق "القطن" المتخصص حالياً بتجارة الصوف وسوق "السنانية" حيث تنتشر حالياً متاجر بيع الألبسة العربية.

وبالتأكيد فإن السائح الذي سيقضي نهاراً كاملاً يتجول في أسواق دمشق القديمة التي تفتح محلاتها أبوابها الساعة الثامنة صباحاً وتستمر حتى الثامنة مساء لا بدّ وأن يتناول الطعام الدمشقي والشرقي وحتى الغربي في مطاعم وكافتيريات انتشرت بالقرب من الأسواق القديمة وأخذت من البيوتات القديمة مكاناً لها. كذلك يستطيع السائح وهو يتجول بالأسواق القديمة أن يأخذ حماماً ساخناً مع الساونا بأحد حمامات السوق العريقة والمنتشرة في أسواق دمشق القديمة.

تمرين ٢٤: القراءة الدقيقة (في البيت)

Use your grammatical knowledge to understand more from the text. The following questions will guide you.

1. Look at the second sentence in the first paragraph (وما زالت هذه الأسواق ...) and find the list. What is it a list of? Where does the list end?
2. In the fifth paragraph, find the third sentence (وإذا انعطف ...عن سوق الحميدية). Analyze this sentence grammatically as thoroughly as you can, including the meaning of الزائر والسائح, and the وزن and subjects of the two main verbs.
3. In the sixth paragraph, the word بيوتات appears to be a kind of "double plural" (جمع الجمع). The plural ات- ending has been added onto the plural noun بيوت. Since بيوت is already plural, ات- here must contribute an additional meaning or sense, perhaps indicating the size or importance of these "houses." What is the paragraph about? There are names mentioned—are they names of individuals or families? Can you work out the special meaning of بيوتات?
4. Underline in the text the words that begin with مـ whose جذر you know or whose context is clear. Identify each as either مُـ or مَـ, note why you think so, and write the internal vowels on each to show الوزن. How many of these words can you guess the approximate meaning of?

تمرين ٢٥: قراءة جهرية (في البيت)

Read aloud the following passage taken from the reading text on أسواق دمشق, to practice your pronunciation. Practice several times, then record it for your instructor on the website or as directed. Make sure to read in phrases or chunks, not word by word, and pay special attention to sun and moon letters and intonation.

وفي سوق مِدحَت باشا العديد من الأماكن والبيوت القديمة التي يمكن زيارتها. ومن الأسواق الدمشقية الشهيرة هناك سوق "البُزوريّة" وهو سوق متخصص ببيع قمر الدين والسّكاكِر والعُطورات وغيرها. وبين سوق الحَميدية والبزورية يوجد سوق "الصاغة" والذي مازال أصحابه متخصصين ببيع المُنتَجات الذهبية والفضية. وهناك أيضاً سوق الحرير والمُسمّى "سوق النِّسوان" وهو متخصص ببيع ملابس الأفراح النسائية.

ومن أسواق دمشق القديمة أيضاً هناك سوق "باب سريجة" وهو متخصص ببيع الخضار والفاكهة واللحوم والأسماك والدجاج، ومعظم الذين يجيئون للتسوق في هذا السوق هم من أهل دمشق. كذلك هناك سوق "مَردَم بيك" وهو سوق مُغطّى تبيع محلاته الشرقيات والملابس الرياضية وألعاب الأطفال، وسوق "السِّكرِيّة" وكان

متخصصاً ببيع السكاكر والحلويات ثم تخصص ببيع الملابس المُستعمَلة، وسوق "السِّنانية" حيث تنتشر متاجر بيع الملابس العربية. والسائح الذي سيقضي نهاراً كاملاً في أسواق دمشق القديمة التي تفتح محلاتها أبوابها الساعة الثامنة صباحاً حتّى الثامنة مساء لا بدّ وأن يتناول الطعام الدمشقي والشرقي وحتّى الغربي في مطاعم وكافتيريات انتشرت بالقرب من الأسواق القديمة، وأخذت من البيوتات القديمة مكاناً لها.

تمرين ٢٦: كتابة (في البيت)

في السنوات الأخيرة أصبح كثير من الناس يتسوّقون ويشترون أشياءهم وحاجاتهم من الإنترنت، فما أسباب ذلك في رأيك؟ وبالنسبة لك شخصياً، هل تفضّل/ين التسوق والشراء من الإنترنت أم من المحلات في الأسواق والمولات؟ لماذا؟ (١٧٥-٢٠٠ كلمة)

You can find two extra practice drills on some of the key concepts in this lesson and previous lessons on the companion website. These drills are optional and allow you another opportunity to practice what you have learned.

٤

درس

ترتيبات و استعدادات

المفردات

سنتعلّم مفردات وعبارات لها علاقة بالمُناسَبات *occasions* السعيدة وسنتعلم أسماء شهور السنة الميلادية والهجرية.

القواعد

سنبدأ دراسة قواعد إعراب الاسم في الفصحى (الـحَرَكات *vowels* القصيرة أو التنوين في نهاية الاسم)، وسنتمرّن على تصريف الأفعال التي تنتهي بـ "و" أو "ي".

الثقافة

سنتكلم عن القرآن الكريم والحديث النَّبَوِيّ في اللغة والثقافة العربية وسنتعلم بعض العبارات الثقافية التي يستعملها الناس في الأفراح والمناسبات. وسنتعرف أيضاً الى شخصية نسائية علمية مشهورة في المغرب ونقرأ عن تجربة شاب جامعي موريتاني عاش في الغربة بعيداً عن بلده وأسرته.

المهارات

سنعمل أكثر على القراءة الدقيقة بالفصحى ونفكر في قواعد الجملة حتى نفهم علاقات الكلمات فيها ببعضها البعض. وكذلك سنتعرف على الفصحى الكلاسيكية في لغة القرآن والحديث. وبالإضافة الى ذلك سنعمل على توسيع قدراتنا في االكتابة والكلام والاستماع بالعامية والفصحى.

المفردات الجديدة ١: من القاموس

المعنى	المصري	الشامي	الفُصحى
father			أب ج. آباء
to believe in			آمَنَ بـ ، يُؤمِن ، الإيمان
it appears, seems that			يَبدو أنَّ
until; in order to[1]			حَتّى
party			حَفْلة ج. حَفَلات
neighborhood			حَيّ ج. أحياء
to invite	عَزَم ، يِعزِم	عَزَم ، يِعزِم	دعا ، يَدعو ، الدَّعوة
invitation (card)		كَرْت دعوة ج. كروت دعوة	بِطاقة دَعوة ج. بِطاقات دَعوة
trip, flight		ج. رِحلات	رِحلة ج. رَحَلات
meal eaten before dawn during Ramadan			السُّحور
television series or serial			مُسَلْسَل ج. -ات
sky, heavens	السَّما	السَّما	السَّماء
to supervise			أشرَفَ على
= جريدة			صَحيفة ج. صُحُف
to fast	يِصوم	يصوم	صامَ ، يَصوم ، الصَّوم ، الصِّيام
wedding	فَرَح ج. أفراح	عِرس	عُرس ج. أعراس
capital		عاصْمة	عاصِمة ج. عَواصِم
I believe that[2]	باعتَقِد إنّ	بِعْتِقِد إنّو	أعتَقِد أنَّ
institute			مَعهَد ج. مَعاهِد
happiness, happy occasion (such as wedding, graduation)			فَرَح ج. أفراح
to do (something)	عَمَل ، يِعمِل	ساوى ، يْساوي	فَعَلَ ، يَفعَل

المعنى	المصري	الشامي	الفُصحى
holy			مُقَدَّس/ة
nervousness, anxiety	قَلَق	قَلَق	قَلَق
to get up	قام ، يِقوم	قام ، يْقوم	قامَ ، يَقوم ، القِيام
enough	كِفاية	كْفاية	كافٍ/كافِية ، الـ(كافي)/ة
star	نِجم/ة	نِجم/ة ج. نْجوم	نَجم/ة ج. نُجوم
to put, place (something)	حَطّ ، يِحُطّ	حَطّ ، يْحُطّ	وَضَعَ ، يَضَع ، الوَضع

Notes on Vocabulary Usage

1. حَتّى is unusual in that it functions both as a preposition and as a verbal particle. As a preposition it means *until*. As a verbal particle it can mean either *until* (followed by الماضي or المضارع) or *in order to* (a synonym of لِـ). If the verb following حَتّى is مضارع, it must be منصوب.

لن ننتهي من إصلاح خزائن المطبخ حَتّى منتصف الشهر القادم.

بقيت في المطار حَتّى طارت الطائرة بهم.

يجب أن نسمح لأولادنا بدرجة من الحرية في أخذ القرارات حَتّى يتعلموا الاستقلال في التفكير.

لازم اغسل القميص هلّق حَتّى اقدر البسه المسا.

2. Notice the difference between *believe (that)* and *believe in*, which appears at the top of the vocabulary list. In Arabic, these are two completely different concepts expressed by different roots. These examples will help you associate each verb with its appropriate context. Notice that يؤمن بـ is often used in religious contexts, whereas يعتقد أنّ is a synonym of يظنّ أنّ.

يؤمِن بـِ	يعتقِد أنّ
الأديان السماوية الثلاثة (اليهودية والمسيحية والإسلام) تؤمن بالله. المسيحيون يؤمنون بيوم القيامة *Resurrection*. ما زال بعض الناس يؤمنون بالنجوم.	معظم الناس يعتقدون أنّ الحكومة لا تعمل لحلّ مشاكلهم. هل تعتقد أنّ التعليم الجامعي أصبح غالياً جداً؟ أعتقد أنّ المستقبل سيكون أحسن من اليوم!

تعلموا هذين الفعلين

دعا ، يَدعو

الماضي	المضارع
دَعَوْتُ	أَدعو
دَعَوْتَ دَعَوْتِ	تَدعو تَدعينَ
دَعا دَعَتْ	يَدعو تَدعو
دَعَوْنا	نَدعو
دَعَوْتُم	تَدعونَ
دَعَوْا	يَدعونَ

وَضَعَ ، يَضَع

الماضي		
وَضَعْتُ	حَطّيت	حَطّيت
وَضَعْتَ وَضَعْتِ	حَطّيت حَطّيتي	حَطّيت حَطّيتي
وَضَعَ وَضَعَتْ	حَطّ حَطّت	حَطّ حَطّت
وَضَعْنا	حَطّينا	حَطّينا
وَضَعْتُم	حَطّيتوا	حَطّيتوا
وَضَعوا	حَطّوا	حَطّوا

المضارع		
أَضَع	حُطّ	اَحُطّ
تَضَع تَضَعينَ	تحُطّ تحُطّي	تُحُطّ تُحُطّي
يَضَع تَضَع	يحُطّ تحُطّ	يُحُطّ تُحُطّ
نَضَع	نحُطّ	نُحُطّ
تَضَعونَ	تحُطّوا	تُحُطّوا
يَضَعونَ	يحُطّوا	يُحُطّوا

تمرين ١: الأفعال الجديدة (في البيت)

اكتبوا فعلاً مناسباً من الأفعال الجديدة في كل جملة في الشكل الصحيح.

١. قررت الصحيفة أن .... الخبر على الصفحة الأولى مع الصور.

٢. رمضان هو شهر الصوم ولكن إذا كنت مريضاً فليس من اللازم أن ....

٣. أنا فعلاً تعبانة لأني .... اليوم في الساعة الخامسة صباحاً لأكمل واجباتي.

٤. جاءت وزارة التعليم العالي بأساتذة أجانب حتى .... على تأسيس معهد العلوم الطبيعية الجديد.

٥. قالت رئيسة الشركة إنها سـ.................. كل الموظفين إلى حفلة استقبال كبيرة في فندق "ماريوت".

٦. وصلتني بطاقة دعوة الى عرس صديقتي ولكن .... أني لن أستطيع الحضور لأني سأكون في المغرب في ذلك الأسبوع.

٧. .... المسلمون بأن ابراهيم وموسى وعيسى المسيح (عليهم السلام) والنبي محمد (عليه الصلاة والسلام) هم رُسُل أرسلهم الله الى الناس.

٨. أنا شخصياً .... بأن السبب في عدم الاستقرار في الشرق الأوسط هو الفشل في الوصول الى حل للمشكلة الفلسطينية حتى الآن.

تمرين ٢: المفردات الجديدة (في البيت) 🎧

اكتبوا الكلمة المناسبة في كل جملة.

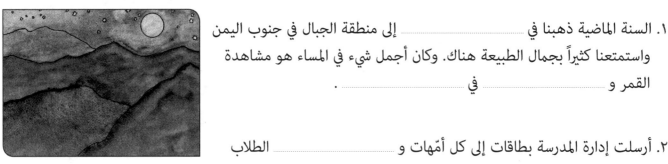

١. السنة الماضية ذهبنا في .... إلى منطقة الجبال في جنوب اليمن واستمتعنا كثيراً بجمال الطبيعة هناك. وكان أجمل شيء في المساء هو مشاهدة القمر و .... في ....

٢. أرسلت إدارة المدرسة بطاقات إلى كل أمّهات و .... الطلاب هم فيها لحضور .... موسيقية كبيرة يشترك فيها كل الطلاب في نهاية العام الدراسي.

٣. أشعر بـ .... كبير بسبب ازدياد أسعار الفائِدة *interest* على البيوت في الأشهر الأخيرة. أننا لن نتمكن من شراء البيت الذي كنا نفكّر فيه لأن الفلوس التي عندنا ليست .... لشراء هذا البيت.

٤. أنا وخطيبي نشعر بالسعادة و .... لأننا سنتزوج قريباً جداً (حفلة .... ـنا ستكون في منتصف الشهر القادم!!) ونحن الآن مستعدون للانتقال الى شقتنا الجديدة. أهل زوجي ساعدونا كثيراً في عمل كل الترتيبات، ووالده .... على كل العُمّال الذين عملوا أسابيع طويلة لإكمال هذه الإصلاحات.

٥. .... الذي يسكن فيه أهلي معروف بمحلاته المتخصصة ببيع الخضار والفواكه، وأنا وزوجتي نذهب اليه باستمرار للتسوّق.

٦. في مدينة باريس مركز ثقافي عربي مشهور اسمه " .... العالم العربي".

٧. غسلت كل الملابس وأريد منكَ أن .... ـها في الخزانة في غرفة نوم اخواتك.

٨. شهر رمضان هو شهر دينيّ .... عند المسلمين في كل مكان. وفي رمضان .... المسلمون، أي أنهم لا يأكلون أو يشربون شيئاً .... وقت غروب الشمس. وفي المساء يقضي الناس أوقاتهم في الصلاة وزيارة الأهل والأقارب ومشاهدة البرامج و .... التلفزيونية الخاصة برمضان.

تمرين ٣: المفردات الجديدة بالعامية (في الصف)

احكوا مع رفقاتكن عن هالمواضيع.	اتكلموا مع زمايلكو عن الموضوعات دي.
١. شو بتحبوا تساووا مع رفقاتكن عادةً؟	١. بتحبّوا تعملوا ايه مع اصحابكو عادةً؟
٢. ايمتى بتقوموا من النوم وشو بتساووا بالويك إند؟ وشو رح تساووا بهالويك إند؟	٢. بتقوموا إمتى من النوم وبتعملوا ايه في الويك إند؟ وحتعملوا ايه في الويك إند دا؟
٣. شو فيه أسواق بالحي اللي انتو ساكنين فيه؟ بتعتقدوا إنو هاي اسواق منيحة؟ ليش؟	٣. فيه اسواق إيه في الحي اللي انتو ساكنين فيه؟ بتعتقدوا إن الاسواق دي كويسة؟ ليه؟
٤. عندكن وقت كفاية منشان شغل الصف؟	٤. عندكو وقت كفاية عشان تعملوا الواجب؟
٥. ايمتى بتعزموا رفقاتكن ع البيت عندكن؟	٥. امتى بتعزموا اصحابكو عندكو في البيت؟
٦. شو بتعملوا لمّا بتحسّوا بقلق؟	٦. بتعملوا ايه لمّا بتحسّوا بقلق؟
٧. شو أطيب سندويش بتحبّوه؟ وشو بتحبوا تحطّوا عليه؟ من وين بتشتروه؟	٧. إيه هو أحسن سندوتش في رأيكو؟ بتحبوا تحطّوا إيه عليه؟ بتشتروه منين؟

تمرين ٤: أسئلة تبحث عن أَجوِبة *answers* (في الصف)

نجد مثل هذه الأسئلة على الإنترنت من أشخاص يبحثون عن أجوبة لها، فماذا تعرفون عن هذه المواضيع وماذا يمكن أن تقولوا حتى تساعدوا من سألها؟ تكلموا مع زملائكم في مجموعات من ٣ واستعملوا أكبر عدد ممكن من المفردات الجديدة :

١. هل الدراسة في معهد مثل الدراسة في جامعة؟ كيف؟

٢. هل علم التنجيم (قراءة النجوم أو *astrology*) علم حقيقي؟

٣. هل ستنتهي الصحف الورقية لأن الجيل الجديد لا يقرأها؟ هل الصحف الإلِكترونية أحسن؟

٤. نعرف أن المسيحيين الشرقيين يصومون، ولكن ماذا عن المسيحيين الغربيين؟

٥. هل لبس الفستان الأبيض في حفلة العرس منتشر في كل العالم؟

٦. هل كل دين له كتاب مقدّس؟ ما هي بعض الكتب المقدسة في الأديان العالمية؟

المفردات الجديدة ٢: من جذور نعرفها 🎧 | DVD VIDEO

المعنى	المصري	الشامي	الفصحى
(the) rest, remainder of			بَقِيَ ، يَبقى ، البَقاء: بَقِيّة
to meet, gather (with)	يِجتِمِع	يِجتِمِع	مَجموعة ج. –ات: اِجتَمَعَ بِـ / مع
meeting			مَجموعة ج. –ات: اِجتِماع ج. –ات
to bring	جاب ، يِجيب	جاب ، يجيب	جاءَ ، يَجيء ، المَجيء: جاءَ بِـ ، يَجيء بِـ ، المَجيء بِـ
location, place			مَحَلّ ج. –ات:
local			مَحَلّ ج. –ات: مَحَلّيّ /ة ج. –ون/ين
to have a disagreement, dispute with	يِختِلِف مع	يِختِلِف مع	خِلاف ج. –ات: اِختَلَفَ مع
to differ from	يِختِلِف عن	يِختِلِف عن	خِلاف ج. –ات: اِختَلَفَ عن

المعنى	المصري	الشامي	الفُصحى
oriental, Middle Eastern			الشَّرق: شَرقيّ
to be / become (pre)occupied with	يِنشِغِل	يِنشِغِل	مَشغول ج. -ون/ين: اِنشَغَلَ بـِ
to watch	اِتفَرَّج على ، يِتفَرَّج	تفَرَّج على/عَ ، يِتفَرَّج	شاهَدَ
cook, chef			طَبَخ ، يطبُخ ، الطَّبخ: طَبّاخ/ة ج. -ون/ين
flavor			مَطعَم ج. مَطاعِم: طَعْم
to get used to, accustomed to[1]	اِتعَوِّد على ، يِتعَوِّد	تعَوَّد عَ/ على ، يِتعَوَّد	عادةً: اِعتادَ (على) + أنْ/المصدر ، يَعتاد (على)
un-, in-[2]			غَيَّر، غيرها، غيرهم: غَيْر (+صفة)
to break one's fast, especially in Ramadan; to have breakfast			فطَرَ ، يفطُر ، الفُطور: أفطَرَ
café	قَهوة ج. قَهاوي	قَهوة ج. قَهاوي	قَهوة: مَقهَى ج. مقاهٍ ، الـ (مَقاهي)
boredom			مُمِلّ ج. -ون/ين: المَلَل
meal		ج. وَجْبات	واجِب: وَجْبة ج. وَجَبات
to undertake, assume (a task or position)	اِتوَلَّى ، يِتوَلَّى	توَلَّى ، يِتوَلَّى	وِلاية: تَوَلَّى ، يَتَوَلَّى ، التَّوَلّي

Notes on Vocabulary Usage

1. Like the verbs أراد and اِستَطاع, the verb اِعتاد على has two stems in الماضي:

(هو) اِعتادَ على | (أنا) اِعتَدتُ على

The full conjugation for اِعتاد على may be found in the appendix.

2. غير + صفة As a special kind of إضافة, the noun غير negates an adjective, like English prefixes *un-*, *in-* and *im-* or the particle "not." Notice that it often negates مُـ adjectives derived from verbs:

أشعر أني **غير مُستعِدّة** للانتقال الى مكان جديد!

أرغب في الاشتراك في هذا النادي ولكن هذا **غير ممكن**.

استعمال التليفون في الأوتوبيس أو المطعم **غير مناسب** في رأيـي.

تمرين ٥: أوزان الأفعال الجديدة (في البيت)

أكملوا الجدول *chart* واكتبوا الشدّة وكل الحركات إلا السكون، كما فعلتم من قبل (في الدروس ١-٣).

الجذر	الوزن	الماضي	المضارع	المصدر	كلمة تبدأ بـ "مُـ"	Transitive or intransitive
ء م ن		آمَنَ بـ				
ف ط ر	أَفعَلَ IV				---	
		أَشرَفَ على				
و ل ي	تَفَعَّلَ V				---	
ش غ ل	اِنفَعَلَ VII					
ج م ع						
		اِختَلَفَ عن				
ع ق د	اِفتَعَلَ VIII					
ع و د				الاِعتِياد على	مُعتاد	

تمرين ٦: المصدر كاسم (في البيت)

You are adept at using المصدر in its verbal meaning as a kind of infinitive verb. Now you are beginning to see that المصدر can function as a noun as well, with no verbal sense attached to it. In this case, المصدر usually takes a plural of ـات , as in مقابلة ج. مقابلات and ترتيب ج. ترتيبات . Knowing this allows you to expand your vocabulary by using مصادر you know as nouns (where appropriate). Practice this by creating the nouns listed below. Then, use each new noun in a sentence of your own. Remember that some verbs have more than one وزن and you will need to choose the appropriate وزن for your intended meaning.

1. changes
2. preparations
3. reforms
4. differences
5. invitations
6. meetings

تمرين ٧: تصريف الأفعال التي تنتهي بـ "و" أو "ي" (في البيت)

The goal of this exercise is to help you begin learning patterns in the conjugations of verbs whose roots end in و or ي. You have memorized the conjugation of several of these verbs, including:

اشترى، يَشتري | قَضى، يَقضي | بَقِـيَ، يَبقى | انتهى، يَنتهي

In this lesson you learn two additional verbs whose third root letter is و: يبدو and دعا، يدعو[1].
Together, all these verbs represent the various patterns of verbs whose جذر ends in و or ي. The patterns with و are less common than those with ي , and the verb قضى، يقضي represents the most common pattern, including that of most of the derived أوزان, such as انتهى and اشترى. Use it or any of the verbs resembling it (such as اشترى، يشتري) as a model for new verbs you learn.

Complete the paragraphs with a فعل مناسب from the following list in the correct form:

قضى، يقضي | نوى، ينوي | انتهى، ينتهي | اشترى، يشتري | بقي، يبقى | دعا، يدعو

١. يوم السبت الماضي وصلتني رسالة بالـ "إيميل" من صديقتي رانيا .... ـني فيها إلى أن .... اليوم معها في نادي السباحة والغولف الذي تشترك فيه. كان يوماً صيفياً جميلاً، ولم أكُنْ .... أن .... في البيت، فطبعاً أرسلت لها بسرعة أني سأجيء . وقبل أن أصل الى بيتها ذهبت الى السوق و .... بعض السَلطات والفواكه لآخذها معي. وذهبنا معاً الى النادي و .... يوماً ممتازاً هناك: .... في المسبح وقتاً طويلاً ، ثم شعرنا بالجوع فقررت أن .... رانيا الى غداء بسيط في "سناك بار" النادي. .... اليوم بسرعة وأردت أن .... وقتاً أطول ولكن ...

[1] Notice the spelling of alif in الماضي of these verbs: If الماضي is written with alif maqSuura ى, then المضارع stem normally has ى, and if الماضي is written with regular alif, then المضارع has و .

٢. إلى كل الموظفين بشركة "أرابيكا":

قبل أن .... هذه السنة وتبدأ السنة الجديدة تتشرَّف إدارة الشركة بأن .... كم جميعاً الى حفلة عشاء في مطعم "أعراس البحر" لتشكركم جميعاً على كل ما فعلتموه لها ولنا. نتمنى لكم أن .... سهرة جميلة وأن .... معنا حتى الصباح وتستمتعوا بهذه الحفلة.

٣. أختي الحبيبة، كم أنا سعيدة بخبر حصولك على منحة للسفر! أعرف أنها ستكون تجربة ممتازة وأنك سـ............ ٣ سنوات من سنوات العمر في مدينة كامبريدج لأنها مدينة جميلة. سمعت من ماما أنك .... أن .... هناك ولا ترجعي حتى .... من دراستك وتحصلي على الدكتوراه. هل هذا الكلام صحيح؟

٤. أهلي لا يعرفون ماذا يريدون أن يفعلوا: هل يـبيعون بيتهم و .... شقة صغيرة يعيشون فيها أم .... في هذا البيت الذي .... فيه أكثر من ٣٠ سنة؟؟ .... هم أنا وزوجي الى أن يعيشوا معنا ولكنهم رفضوا وقالوا إنهم لا .... ان يكونوا عِبْئاً *burden* على أولادهم. أتمنى أن يجدوا شقة مناسبة!

تمرين ٨: كتابة جمل المفردات (في البيت)

استمعوا الى جمل المفردات من (١) الى (١٢) واكتبوها

تمرين ٩: اسألوا زملاءكم (في الصف)

استعملوا كل المفردات الجديدة في هذا الدرس:

A.

1. When do they think a woman will *assume* the presidency (الرِّئاسة) of the US?
2. Have they been on a *trip* to a foreign country? Did they *get used to* the food and its *flavor* quickly? If not, do they think they would *get used to local* food and its *flavor*?
3. What *oriental* things do they like?
4. What is their favorite *meal* of the day? What do they eat for *the rest* of the *meals*? Have they ever thought of becoming a *chef*? Why?
5. What is *inappropriate* to *bring* to a *party* and why? What is *inappropriate* to do in a *café*?
6. Have they ever attended a *wedding* or other *happy event* in a *different* culture? What was it like? How did it *differ* from their own culture?
7. Which *TV series* do they *watch* regularly and why? Do they watch the *local* news? Why or why not?

B.

1. Have they ever *supervised* an employee at work? What did they learn from the experience?
2. If they could arrange a *meeting* with anyone in the world, who would they *meet with* and why?
3. How many *capitals* of Arab countries can they name?
4. Do they ever *get engrossed in* something and don't remember to eat? When was the last time that happened?
5. Which is harder: feeling *anxiety* or *boredom*? Why? Which happens more often?
6. Do they *fast*? When and why? What do they eat to *break the fast*?
7. What is something they thought was *impossible* then became possible?

تمرين ١٠: حروف الجر (في البيت)

You now know two words whose meanings differ according to the preposition used with them: "مشغول عن" و "مشغول بـ" and "اختلف عن" و "اختلف على". Arabic has many such words; therefore, it is important to memorize prepositions along with the words that need them. This exercise will show you how well you are doing with that task. Choose the correct preposition for each blank based on the corresponding verb's meaning and the context of the sentence.

بـ | لِـ | في | من | مع | إلى | عن | على

١. لا أعتقد أن الطقس في الأردن يختلف كثيراً .... الطقس في لبنان.

٢. اعتدت .... أن آكل في المطعم الذي بجانب بيتي لأن وقتي لا يسمح .... ـي .... الطبخ ولا بالبحث .... مطاعم أخرى.

٣. أظن أنه أصبح .... اللازم أن تبدأوا بالاستعداد .... السفر وتفكروا .... شراء كل الأشياء التي تريدون أخذها معكم.

٤. لا أفهم لماذا يرفضون الاشتراك .... نا .... إصلاح الشقة خاصةً أنني تكلمت .... ـهم .... هذا الموضوع .... قبل!

٥. والدي دائماً يشجعني .... أن أقول رأيي .... كل شيء .... حرية لأنه يؤمن .... حرية التفكير.

٦. من هم الأساتذة الذين يشرفون .... رسالتك .... الدكتوراه؟

٧. يتكون معهد الدراسات الشرقية .... عدة أقسام وأنا الآن أبحث .... مَعلومات *information* .... كل واحد منها.

٨. .... صراحة، لم أعلم .... خبر انتقاله .... وظيفة أخرى إلا قبل يومين فقط.

٩. سبب غضبهم .... زميلي واختلافهم .... ـه هو أنه يتغيب .... العمل .... استمرار.

١٠. قطتي تستمتع .... الجلوس .... كل مكان في الشقة وهي تعرف أنني أسمح .... ـها .... ذلك.

١١. دعوته .... حفلة عرسنا وحده ولكنه جاء .... ثلاثة أشخاص لا أعرفهم!! كان يجب .... ـه أن يقول لي ذلك.

تمرين ١١: كتابة جمل المفردات (في البيت)

استمعوا الى جمل المفردات من (١٣) الى (٢٣) واكتبوها.

تمرين ١٢: المفردات الجديدة (في البيت)

اكتبوا كلمة مناسبة من المفردات الجديدة ١ أو ٢ في كل جملة.

١. مدينة واشنطن دي سي هي .... الولايات المتحدة ومركز الحكومة الفيدرالية فيها، ويوجد في المدينة أيضاً حكومة .... تختصّ بالتعليم والنقل والسلامة العامة لسكان المدينة نفسها.

٢. في شهر رمضان يأكل المسلمون (٢) .... : الأولى هي الكبيرة واسمها .... ويأكلونها في وقت المَغرِب (غُروب الشمس)، والثانية هي الصغيرة واسمها .... ويأكلونها قبل أن يناموا، وهذا يحدث عادةً بعد منتصف الليل.

٣. كما تعرفون، فإن مشروب الـ "كوكا كولا" منتشر في كل مكان في العالم، ولكن بعض الناس .... أنّ .... الـ "كوكا كولا" في البلاد الأجنبية يختلف عنه في أمريكا لأن السُّكَّر فيه أقلّ. ما رأيكم أنتم؟

٤. مصطفى كمال أتاتورك شخصية مشهورة في التاريخ التركي لأنه غيّر تركيا ونقلها من دولة دينية الى دولة عِلمانِيّـة (أي .... دينية). وكان أتاتورك .... بفكرة الفصل بين الدين والدولة، ولذلك .... مع كثير من رجال الدين الذين كانوا يريدون أن تبقى تركيا مركز الخلافة الإسلامية.

٥. أعرف أنك .... ممتازة وأن أكلك طيب، ولكن لا أريدك أن تقضي كل يومك في المطبخ؛ كل شخص منا يمكنه أن .... بأكلة يعدّها بنفسه أو يشتريها من السوق.

٦. ذكرت الأمم المتحدة اليوم أنها حددت يوم الخميس ١٧ سبتمبر كموعد لـ .... الذي ستشترك فيه قُبرُص واسرائيل ولبنان للبحث عن حل لمشكلة الحدود البحرية بين الدول الثلاث.

٧. يوم الأحد .... من النوم في حوالي الساعة التاسعة صباحاً وأذهب الى .... قريب من بيتنا حيث أقضي ساعات في قراءة .... الـ "نيويورك تايمز" وشُرب القهوة، أما في .... أيام الأسبوع فيومي يبدأ في السادسة صباحاً. في البداية كان من الصعب عليّ أن أصحو في السادسة ولكنّي .... على ذلك بعد أشهر قليلة.

٨. بصراحة، أظن أننا بدأنا نشعر بـ .... من بعضنا البعض، وهذا شعور طبيعي بعد قضاء أكثر من ٢٥ سنة معاً.

٩. طوال الأسبوع الماضي .... أنا وزوجي بشراء مفروشات جديدة للشقة التي استأجرناها. الشقة الآن جاهزة بفضل أخت زوجي (وهي مهندسة) التي .... كل الإصلاحات والتغييرات في الشقة.

تمرين ١٣: المفردات بالعامية (في الصف)

اتكلموا مع زمايلكو عن الموضوعات دي.	احكوا مع رفقاتكن عن هالمواضيع.
١. ازاي بتختلف السنة دي عن السنة اللي فاتت؟	١. كيف بتختلف هالسنة عن السنة الماضية؟
٢. بيجيبوا ايه معاهم للجامعة عادةً؟ وجابوا ايه النهارده؟	٢. شو بيجيبوا مَعهُن ع الجامعة بالعادة؟ وشو جابوا اليوم؟
٣. إيه الحاجات اللي كان صعب يتعودوا عليها في أول سنة في الجامعة؟	٣. شو هي الاشيا اللي كان صعب يتعوّدوا عليها بأول سنة بالجامعة؟
٤. إيه المشكلة الأكبر بالنسبة لهم: مافيش وقت كفاية ولّا مافيش فلوس كفاية؟	٤. شو المشكلة الكبيرة عندهُن: مافيه وقت كفاية ولّا ما فيه مصاري كفاية؟
٥. إيه القهاوي اللي بيحبوا يقعدوا ويدرسوا فيها؟ ليه؟	٥. شو القهاوي اللي بيحبوا يقعدوا ويدرسوا فيها؟ ليش؟

تمرين ١٤: مفردات جديدة (في الصف)

تكلموا مع زميل/ة عن الصور بالمفردات الجديدة:

(١)

اللهم بارك لهما وبارك عليهما واجمع بينهما بخير

السيّد
عامر يوسف الصوالحة وحرمه

السيّد
محمود يوسف المصري وحرمه

يتشرفان بدعوتكم لحضور حفل زواج

ولدهما
خالد

ابنتهما
كريمة

وذلك بمشيئة الله تعالى في الساعة التاسعة من مساء يوم الخميس الأول من شهر كانون الأول
في صالة الأفراح في فندق ماريوت عمان

لا زالت الأفراح في دياركم عامرة

(٢)

(٥)   (٤)   (٣)

الثقافة ١

Expressions for Special Occasions بالأفراح

Expressing good wishes on holidays and special occasions is very important in all cultures. Listen to these phrases in your dialect and practice them with your classmates.

الفُصحى	الشامي	المصري	المعنى
كُلّ عام وأنتم بِخَير! -- وأنتم بِخَير	كِلّ سنة وإنتو سالمين! -- وإنتو سالمين	كُلّ سنة وانتو طَـيِّبين! -- وانتو طَـيِّبين / وانتو بالصحة والسلامة	greeting used on recurring celebrations such as holidays and birthdays Response:
مَبروك! -- بارَكَ اللّه فيكِ	مَبروك! -- اللّه يبارِك فيك	مَبروك! -- اللّه يبارِك فيكي	congratulations (on a wedding, graduation, or other milestone) Response:
العُقبى لكم! -- ولكُم إن شاء اللّه!	عَقبالكُن! / عَقبال عندكُن! -- وعندكُن إن شاء اللّه!	عُقبالكو! / عُقبال عندُكو -- شكراً! عُقبال عندكو كمان!	I wish the same for you, May you be next (may you be the next person to celebrate this happy event; usually said in response to مبروك at weddings and engagement celebrations) Response:

القصة بالعامية

تمرين ١٥: "كلّ سنة وإنتو سالمين" "كلّ سنة وانتو طيّبين"

(في البيت ثم في بالصف)

أ . في البيت: شوفوا القصة بالعامية وجاوبوا:

١. عن اي قرايب بيحكي طارق هون؟ وليش بيذكرُن؟ اكتبوا ليستة *list*:

٢. ليش بيقول طارق إنو ما رح يطلع مع رفقاته برمضان هالسنة؟

٣. شو بيعمل طارق برمضان وكيف بيختلف برنامجه برمضان عن بقية السنة؟

١. خالد بيتكلم عن اي قرايب هنا؟ بيذكرهم ليه؟ اكتبوا ليستة *list*:

٢. ليه بيقول خالد إنّه مش حيقدر يخرج مع أصحابه في رمضان السنة دي؟

٣. خالد بيعمل إيه في رمضان وازاي بيختلف برنامجه في رمضان عن بقية السنة؟

ب . في الصف، إحكوا مع زميل/ة:

١. شو هي الاشيا الخاصة اللي بيعملوها طارق وأهله برمضان؟

٢. قارنوا بين رمضان وعيد الشكر *ThanksGiving*.

٣. برأيكن طارق زعلان أنو ما رح يطلع مع رفقاته هالسنة؟ ليش؟

١. إيه هي الحاجات الخاصة اللي بيعملوها خالد وعيلته في رمضان؟

٢. قارنوا بين رمضان وعيد الشكر *ThanksGiving*.

٣. في رأيكو خالد زعلان إنّه مش حيقدر يخرج مع أصحابه السنة دي؟ ليه؟

الثقافة ٢

شهور السنة

الشهور الميلاديّة

لكل شهر ميلادي اسمان باللغة العربية: اسم يستعمله الناس في المَشرق العربي (سوريا ولبنان والأردن وفلسطين) واسم آخر يستعملونه في مصر والمغرب العربي (شمال إفريقيا) كما في الجدول. ويستعمل الناس الاسمَيْن في منطقة الخليج العربي، بالإضافة الى الشهور الهِجرية أو الإسلامية.

في مصر والمغرب العربي	في المشرق العربي
ينايِر	كانون الثّاني
فِبرايِر	شُباط
مارِس	آذار
أَبريل	نيسان
مايو	أَيّار
يونيو	حَزيران
يوليو	تَمّوز
أُغُسطُس	آب
سِبتَمبِر	أيْلول
أُكتوبَر	تِشرين الأوَّل
نوفَمبِر	تِشرين الثّاني
ديسَمبِر	كانون الأوَّل

الشهور الهِجريّة (الإسلامية)

يبدأ التاريخ الهِجري من هِجرة النبي محمد من مَكّة إلى المدينة في سنة ٦٢٢ ميلاديّة. والسنة الهجرية هي سنة قَمَريّة تتكوّن من ٣٥٤ أو ٣٥٥ يوماً، وكل شهر فيها يتكوّن من ٢٩ أو ٣٠ يوماً. ولذلك فهي أقصر من السنة الشمسية بحوالي ١١ يوماً.

شهور السنة الهجرية	
١. مُحَرَّم	يوم ١ من هذا الشهر هو رأس السنة الهجرية
٢. صَفَر	
٣. رَبيع الأوَّل	يوم ١٠ هو المَولِد النَّبَوي (يوم ولادة النبي محمد)
٤. رَبيع الثاني	
٥. جُمادى الأولى	
٦. جُمادى الآخِرة	
٧. رَجَب	
٨. شَعبان	بعض المسلمين يصومون يوم ١٥ شعبان
٩. رَمَضان	هو شهر الصوم
١٠. شَوّال	يوم ١ من شوّال هو أول يوم في العيد الصغير، عيد الفِطر
١١. ذو القَعْدة	
١٢. ذو الحِجّة	شهر الحَجّ، ويوم ١٠ من هذا الشهر هو أول أيام العيد الكبير، عيد الأَضحى

These different calendars are often used side by side, especially in newspapers and magazines, as you can see in this example:

السبت ١٠ جمادى الآخرة ١٤٣٤هـ الموافق ٢٠ أبريل ٢٠١٣

تمرين ١٦: في مثل هذا الشهر (في الصف)

تكلموا مع زميل/ة عن شهور السنة الميلادية.

For each month, identify and describe an important annual event that takes place in this month, such as:

الشهر الذي نتذكر فيه الأمهات | عيد الاستقلال | بدء وانتهاء السنة | عيد الشكر | بدء فصول السنة

ثم اكتبوا شيئاً عن كل شهر، وتبادلوا الأوراق مع زملاء آخرين ليقرأوا ما كتبتموه وتقرأوا ما كتبوه.

الحوار

تمرين ١٧: "عقبال عندكُن!" "عُقبال عندُكو!" (في البيت ثم في الصف)

أ. الاستماع في البيت

شوفوا الفيديو بالعامية وجاوبوا على الأسئلة.

"عقبال عندكن!"	"عقبال عندُكو!"
١. بشو منى مشغولة هلق؟ وبشو كانت مشغولة قبل هيك؟	١. منى مشغولة في إيه دلوقتي ؟ وكانت مشغولة في إيه قبل كدا؟
٢. شو هي الاشيا اللي لازم تعملها قبل العرس؟	٢. إيه هي الحاجات اللي لازم تعملها قبل الفرح؟
•	•
•	•
•	•
•	•

ب. الاستماع في الصف

احكوا مع رفقاتكن	اتكلموا مع زمايلكو
١. منى كيف بدها يكون ديكور العرس؟ شو رأيكن بهالديكور؟	١. منى عاوزة ديكور الفرح إزاي؟ إيه رأيكو في الديكور دا؟
٢. شو هي المشكلة برأيها؟	٢. إيه المشكلة الأكبر في رأيها؟
٣. ليش بتقول "بيني وبينكن"؟	٣. ليه بتقول "بيني وبينكو"؟

جـ. الاستماع الدقيق

اسمعوا هالعبارة وفكّروا مع بعض في معناها:	اسمعوا العبارتين دول وفكّروا مع بعض في معناهم:
١. تَبَع	١. نِفسي
	٢. بِتاع

القصة بالفصحى

تمرين ١٨: "كل عام وأنتم بخير" (في البيت)

أ. شاهدوا خالد يتكلم عن مجيء رمضان. ما هي الـ *connectors* التي يستعملها؟

Listen for the words that link sentences together and help you follow the ideas, and write them out.

ب. شاهدوا خالد مرة أخرى واكتبوا ما يقول (في الكتاب أو في الوب):

كل (١) .... وأنتم (٢) .... ! (٣) .... كان

(٤) .... (٥) .... (٦) .... رمضان الذي

(٧) .... (٨) .... له (٩) .... أكثر من أسبوع.

(١٠) .... كل العائلة على (١١) .... كما (١٢) ....

أن (١٣) .... كل سنة . (١٤) .... (١٥) .... على

(١٦) .... كل شيء. (١٧) .... (١٨) .... فاطمة وزوجة

(١٩) .... عادل (٢٠) .... (٢١) ....

(٢٢) .... ، (٢٣) .... (٢٤) .... (٢٥) ....

أحمد (٢٦) .... (٢٧) .... من أبو ظبي (٢٨) .... ثلاثة

(٢٩) .... ، فَقَد (٣٠) .... (٣١) .... قمر الدين والكنافة.

(٣٢) .... في رمضان (٣٣) .... (٣٤) ....

(٣٥) .... (٣٦) .... السنة ، إذ (٣٧) ....

(٣٨) .... من النّوم و (٣٩) .... (٤٠) ....

(٤١) .... (٤٢) .... بعد (٤٣) .... نشاهد

(٤٤) .... التليفزيوني ، (٤٥) .... (٤٦) ....

(٤٧) .... مع أصدقائي في الحسين أو على (٤٨) .... (٤٩) ....

(٥٠) .... بعد (٥١) .... (٥٢) ....

(٥٣) .... و (٥٤) .... لكن (٥٥) ....

(٥٦) .... لن (٥٧) .... هذا (٥٨) ....

(٥٩) .... و (٦٠) .... مع أصدقائي.

الثقافة ٣

القرآن والحديث

رمضان هو شهر مقدّس عند المسلمين، وكثيرون منهم يقضون قسماً كبيراً من وقتهم فيه في الصلاة وقراءة القرآن والاستماع إليه وإلى الأحاديث النبوية.

القُرآن الكريم The Holy Quran

يؤمن المسلمون بأن القرآن هو كتاب الله، أَنْزَلَه إلى النبي محمد صلّى الله عليه وسلّم حتى يعلّمه للناس. وللقرآن أيضاً أسماء أخرى منها: "الكتاب" و "التَّنزيل"، و "المُصحَف". ويتكوّن نص القرآن من ١١٤ سورة *chapter* وفي كل سورة عدد من الآيات *verses* عددها بين ٣ و٢٨٦ آية. وبالنسبة لتاريخ نزول السور نستطيع أن نقول إن معظم السور الطويلة في القرآن نزلت متأخرةً بعد هجرة النبي محمد والمسلمين إلى المدينة، وتُسَمّى هذه السور "السُوَر المَدَنية"، وهي نزلت قبل معظم السور القصيرة التي نزلت عندما كان النبي والمسلمون لا يزالون في مكّة، وتُسمّى "السور المكّية".

In addition to its religious importance, القرآن is considered to be the highest stylistic model for العربية الفصحى and served as a model for the codification of its grammar. Listen to and read the following verses with your teacher or with help from an online source (search for Surat Al-Kafirun recitation and Surat Al-Baqarah recitation verses ١٨٥ - ١٨٣). You will notice the careful marking of all short vowels in this text, including all the grammatical endings. We will discuss these endings later in this lesson.

كلمات تساعد على فهم الآيات:

يا أيـُّها = يا	أعبُدُ *I worship*	كُتِبَ عَلَيكُم *it was written (as law) for you*
اليُسر = السهل	العُسر = الصعب	

آيات من القرآن:

سورة الكافرون

بِسْمِ اللَّـهِ الرَّحْمَـٰنِ الرَّحِيمِ

قُلْ يَا أَيُّهَا الْكَافِرُونَ ﴿١﴾ لَاَ أَعْبُدُ مَا تَعْبُدُونَ ﴿٢﴾ وَلَاَ أَنتُمْ عَابِدُونَ مَا أَعْبُدُ ﴿٣﴾ وَلَا أَنَا عَابِدٌ مَّا عَبَدتُّمْ ﴿٤﴾
وَلَا أَنتُمْ عَابِدُونَ مَا أَعْبُدُ ﴿٥﴾ لَكُمْ دِينُكُمْ وَلِيَ دِينِ ﴿٦﴾

من سورة البقرة

بِسْمِ اللَّـهِ الرَّحْمَـٰنِ الرَّحِيمِ

يَا أَيُّهَا الَّذِينَ آمَنُوا كُتِبَ عَلَيْكُمُ الصِّيَامُ كَمَا كُتِبَ عَلَى الَّذِينَ مِن قَبْلِكُمْ لَعَلَّكُمْ تَتَّقُونَ ﴿١٨٣﴾
أَيَّامًا مَّعْدُودَاتٍ فَمَن كَانَ مِنكُم مَّرِيضًا أَوْ عَلَىٰ سَفَرٍ فَعِدَّةٌ مِّنْ أَيَّامٍ أُخَرَ وَعَلَى الَّذِينَ يُطِيقُونَهُ فِدْيَةٌ طَعَامُ
مِسْكِينٍ فَمَن تَطَوَّعَ خَيْرًا فَهُوَ خَيْرٌ لَّهُ وَأَن تَصُومُوا خَيْرٌ لَّكُمْ إِن كُنتُمْ تَعْلَمُونَ ﴿١٨٤﴾ شَهْرُ رَمَضَانَ الَّذِي
أُنزِلَ فِيهِ الْقُرْآنُ هُدًى لِّلنَّاسِ وَبَيِّنَاتٍ مِّنَ الْهُدَىٰ وَالْفُرْقَانِ فَمَن شَهِدَ مِنكُمُ الشَّهْرَ فَلْيَصُمْهُ وَمَن كَانَ
مَرِيضًا أَوْ عَلَىٰ سَفَرٍ فَعِدَّةٌ مِّنْ أَيَّامٍ أُخَرَ يُرِيدُ اللَّـهُ بِكُمُ الْيُسْرَ وَلَا يُرِيدُ بِكُمُ الْعُسْرَ وَلِتُكْمِلُوا الْعِدَّةَ وَلِتُكَبِّرُوا
اللَّـهَ عَلَىٰ مَا هَدَاكُمْ وَلَعَلَّكُمْ تَشْكُرُونَ ﴿١٨٥﴾

الحديث النَّبويّ

في الدين الإسلامي يتكوّن "الحديث النّبوي" (ج. أحاديث) من مجموعة كبيرة من الأقوال والأخبار التي وصلتنا من النبي محمد ومن الصَّحابة *Companions* عنه. وفي كتب الأحاديث، يبدأ كل حديث بكلمة "عن" ويجيء بعدها اسم الشخص أو الاشخاص الذين نَقَلوا هذا الحديث عن النبي، ونجد عادة أكثر من اسم واحد لأنّ أسماء كل الناس الذين نقلوا الخبر يجب أن تُذكَر حتى نعرف أن الحديث صحيح.

صَلّى الله عليه وسَلّم	*God bless him and grant him salvation (of the Prophet)*
رَضِيَ الله عنه	*May God be pleased with him (said of* الصَّحابة*)*

حديث نبوي

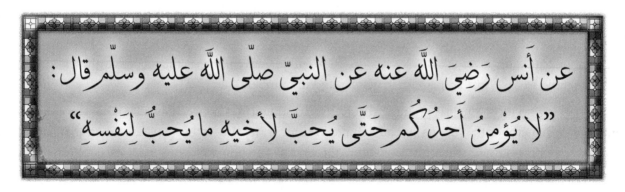

عن أنس رَضِيَ اللّه عنه عن النبيّ صلّى اللّه عليه وسلّم قال:
"لا يُؤمِنُ أَحَدُكُم حَتّى يُحِبَّ لأخِيهِ ما يُحِبُّ لِنَفْسِهِ"

القواعد ١

إعراب الاسم Case Marking on Nouns

Case marking, الإعراب, is a feature of formal, literary Arabic involving these endings:

ـُ | ـٌ | ـَ | ـًا | ـً | ـِ | ـٍ

Of these endings, you already know something about the function of تنوين فتح, which you see and use often on adverbs and occasionally on direct objects and on the خبر of كان وأخواتها. While the other case endings do not play an important role in native speakers' comprehension of contemporary prose, they are essential to reading poetry and Classical Arabic literature and are an integral part of the language of religious texts. Case markings also lie at the core of what Arabic speakers consider to be one of the most important aspects of their cultural heritage: العربية الفصحى. The Arabic name for the case marking system is الإعراب: Literally, *making it proper Arabic.*

The concept of case marking on nouns and adjectives is parallel to that of the endings that المضارع verbs take: المرفوع والمنصوب والمجزوم . Remember that المضارع takes different endings depending on the particles it follows and whether it is a main verb or a subordinate one. Similarly, nouns take different endings depending on their role in a particular sentence. You know that تنوين فتح, indicated by ـًا , marks direct objects, predicates of كان وأخواتها, and adverbs. Similarly, nouns that follow prepositions take a particular ending, as do subjects of sentences.

Case marking on nouns is similar to the system of endings on المضارع in two ways. First, nouns can take three types of case endings: المرفوع, المنصوب, and المجرور, parallel to the three endings that المضارع can take. Second, notice that two of three noun endings share the same name as the two المضارع endings: المرفوع and المنصوب. This is because they share the same vowel. In the case of المرفوع, that vowel is ضَمَّة, and in the case of المنصوب, it is فَتحة. The third ending differs in both name and vowel: the verb is مجزوم and the ending is سُكون , whereas the third case of nouns is called مَجرور and takes كسرة.

First we will present a brief overview of the case endings that nouns and adjectives take. Five features of this system are important to note:

1. Both nouns and adjectives take these endings. In noun-adjective phrases, the adjective always agrees with its noun in case, just as it agrees in gender and in number.
2. Case marking on most singular nouns and adjectives distinguishes between المعرفة definite and النكرة indefinite. Remember that nouns can be definite in three ways: When they have الـ, when they have a possessive pronoun, or when they constitute the first or any nonfinal word in an إضافة. Proper nouns are definite by definition since they refer to unique entities.

3. Some nouns are "freebies:" They do not take any case markings. These words include independent pronouns and pronoun suffixes e.g., (نحنُ، هُوَ، ـكُم، ـكِ) as well as demonstrative pronouns:

مذكر	مؤنث	الجمع
هٰذا	هٰذه	هٰؤُلاءِ
ذٰلِكَ	تِلكَ	أُولٰئِكَ

In addition, words ending in a long vowel[2], including possessive ـي *my*, do not take case markings because their case endings are "swallowed" by the long vowels. (However, the nisba ending يّ is **not** in this group, since the shadda on يّ makes it a consonant and not a vowel. Nisba adjectives take case endings).

4. Some categories of nouns, which we will call "special cases," take a reduced set of endings, with only two instead of three endings (one ending serves two cases). The most important members of this category are human plural nouns ending in ون / ين and dual endings ان / ـَيْنِ.

5. While most nouns do not show case marking in unvowelled texts (except for the alif of تنوين منصوب), there are a few that do. These include جمع المذكّر, المثنى endings and words that end in ء followed by a possessive suffix. Here are some examples of nouns and adjectives showing case markings in unvowelled texts.

انتشر المهاجرون في المدينة الجديدة. | والداها مشغولان عنها.

زملاؤكم ليسوا هنا. | يجب أن تعملوا مع أصدقائِكم.

Before reading further, make sure you know the basic grammatical terms and concepts that the case markings indicate: خبر كان، الخبر، اسم كان، المبتدأ، حرف جر and الفاعل (*subject of a* جملة فعلية). You can review these by doing تمرين ١٩ online, if you are using the companion website.

تمرين ١٩: الإعراب (في البيت)

تجدون هذا التمرين في الوب فقط.

[2] Nouns ending in ى can take tanwiin: ىً when they are indefinite, but they do not show case.

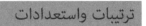

إعراب الاسم: The Endings

We will now take a look at المعرفة والنكرة endings and "special cases."

إعراب الاسم في المعرفة

المَرفوع: ـُ | المَنصوب: ـَ | المَجرور: ـِ

In voweled or vocalized الفصحى, a definite noun or adjective takes one of the above endings, depending on its role in the sentence. The chart below shows that these endings are the same on المفرد والجمع والمؤنث والمذكر (except for the special cases outlined in the last paragraph below)

المرفوع	المنصوب	المجرور
الطالبُ	الطالبَ	الطالبِ
الطالبةُ	الطالبةَ	الطالبةِ
الطلابُ	الطلابَ	الطلابِ

إعراب الاسم في النكرة

المَجرور: ـٍ | المَنصوب: ـً، ـاً | المَرفوع: ـٌ

Indefinite nouns and adjectives are marked with تنوين. Thus the words طالب, طالبة, and طلاب may appear in fully vocalized texts as one of the following:

المرفوع	المنصوب	المجرور
طالبٌ	طالباً	طالبٍ
طالبةٌ	طالبةً	طالبةٍ
طلابٌ	طلاباً	طلابٍ

Special Cases: جمع المذكر والمؤنث and المُثنّى

As you saw above, most nouns take three different case endings, one each for المرفوع, المنصوب, and المجرور. However, some types of nouns take only two case endings: One ending for المرفوع, and another that serves as both المنصوب and المجرور . These categories include المثنّى and certain kinds of feminine and broken plurals in addition to colors and comparatives in the pattern أفعل. We will return to those later. For now, we will focus on the most widely occurring member of this category: human plural endings

ـون/ـين. These endings are important because you see them frequently, as they appear even in unvoweled texts. When you learned this human plural ending we noted that only ـين is used in spoken Arabic and that formal Arabic uses both ـون and ـين. Now you will begin to learn the rules for using ـون/ـين in الفصحى. Learn the names of these endings:

المرفوع: (الـ) مصريّونَ | المنصوب والمجرور: (الـ) مصريِّينَ

Note that the final فتحة vowel on the ن in مصريِّينَ and مصريّونَ is not a case ending but is rather a fixed (unchanging) vowel that may or may not be pronounced in speech, depending largely on the rhythm of the sentence. Over the course of this and the next two lessons, you will learn the sentence roles and markings of each of the three cases.

تمرين ٢٠: معرفة الإعراب (في البيت)

تجدون هذا التمرين في الوب فقط.

الاستماع

تمرين ٢١: "الدكتورة مريم شديد" (في البيت ثم في الصف)

أ. الاستماع في البيت

تعلموا هذه الكلمة: عِلم الفَلَك *astronomy*

استمعوا الى البرنامج عن الدكتورة مريم واكتبوا الأجوبة:

١. ماذا عرفنا عن الحياة الشخصية للدكتورة مريم وعن عائلتها؟ (اكتبوا خمسة أشياء)

٢. ماذا عرفنا عن دراستها؟ (اكتبوا أربعة أشياء)

٣. لماذا هي مشهورة؟

٤. كيف ومتى بدأ حبها لعلم الفلك؟

٥. من هم الناس الذين تكلموا عنها في البرنامج، وما رأيهم فيها؟

٦. ماذا عرفتم عن بداية حياتها في فرنسا؟

ب. الاستماع في الصف

١. تكلموا مع زميل/ة عن الأشياء التي فهمتموها وعرفتموها عن الدكتورة مريم بعد استماعكم الى البرنامج في البيت.

استمعوا مرة أخرى في الصف ثم أجيبوا عن هذه الأسئلة:

٢. ما كان رأي الناس الذين كانوا يعيشون معها في المغرب في قرارها بدراسة علم الفلك؟

٣. من هم الأشخاص الذين ساعدوا مريم على النجاح في حياتها ؟ كيف؟

٤. يبدو أنها سعيدة في حياتها، لماذا، في رأيكم؟

٥. استمعوا وابحثوا عن الإعراب في هذا النص. من يتكلم بالإعراب؟ ما هي الحركات *endings* التي تسمعونها؟

تمرين ٢٢: الاستماع الدقيق (في البيت)

استمعوا واكتبوا الكلمات التي تسمعونها في البرنامج عن الدكتورة مريم:

أ. من ١:٤٧ الى ٢:٠١

إلى (١) .... (٢) .... مريم، (٣) .... (٤) ....

(٥) .... و (٦) .... (٧) .... و (٨) ....

فلكيّة. (٩) .... (١٠) .... (١١) ....

(١٢) .... (١٣) .... مَليئة *full of* (١٤) ....

(١٥) .... مُصطفى.

ب. من ٧:٠١ الى ٧:٢٢

(١) .... (٢) .... الجانب التَّطبيقِيّ *applied* (٣) ....

(٤) .... وفيه (٥) .... على (٦) ....

(٧) .... (= درجة) . (٨) .... في (٩) .... التطبيقي هي

(١٠) .... ، (١١) .... ، (١٢) .... ،

(١٣) .... ، (١٤) .... ، على (١٥) .... ،

(١٦) .... ، في (١٧) .... ، (١٨) ....

(١٩) .... (٢٠) .... على (٢١) ....

(٢٢) .... الدكتوراه و(٢٣) .... (٢٤) ....

(٢٥) .... أن (٢٦) .... (٢٧) ....

القواعد ٢

الاسم المجرور

In the previous grammar section we introduced الإعراب endings with a general overview. Here and in Lessons ٥ and ٦ you will learn and practice the three cases one at a time. We begin here with الاسم المجرور, which has the highest frequency among all three cases. It is also important to note that the rules governing المجرور take precedence over the rules of the other two cases in any situation where a conflict might arise (this will be explained further as you learn the various rules).

الطالبِ | طالبِهِ | طالبٍ | المصريّينَ

The grammatical case itself is called الجَرّ, and a noun that is so marked is called الاسم المجرور[3]. A noun that is مجرور takes one of the following endings depending on whether it is definite, indefinite, or جمع مذكر:

المجرور

المعرفة	النكرة	جمع المذكر
الرئيسةِ	اجتماعٍ	المهاجرينَ
طالبِهِ	صورةٍ	سوريّينَ
عائلتِها		

Pronouns ـه , ـهما and ـهم with ي and كسرة

Notice the word طالبِهِ in the list of examples above. Remember that the ضمة vowel of the suffixes ـهُ and ـهُم undergoes a harmonizing shift to كسرة when the noun ends in ي or كسرة. Since كسرة is the main مجرور ending, we see and hear this vowel shift regularly in الفصحى: طلابِهِ ، طلابِهِم . The same thing happens with prepositions في and بـ because of their final vowels: فيهِ، فيهِم، بِهِ، بِهِم.

Functions of المجرور

The المجرور case ending marks two functions:

1. The object of a preposition:

أمثلة:

قرأت في الصحيفةِ | يأكلون من الإفطارِ حتّى السحورِ | اجتمعوا مع الملكِ الأردني

---

[3] جرّ / مجرور is referred to as the genitive in English treatments of Arabic grammar.

2. The possessive (إضافة) relationship of one noun to another, in which المجرور occurs on all nouns in an إضافة except the first. As you can see in the following examples, the first word of an إضافة can take various إعراب endings according to its role in the sentence, but all subsequent nouns in الإضافة are مجرور.

(Remember that ـين in الموظفين is the مجرور ending.)

أمثلة:

وصلت لي بطاقةُ دعوةٍ لِعرسِ صديقتي! | صحوت في منتصفِ الليلِ | خرج كلُّ الموظّفين

To summarize: All nouns and adjectives in prepositional phrases and all nouns in an إضافة except the first one take a مجرور ending. The first noun in an إضافة takes its case according to what precedes it or what role it plays in the sentence; thus it can be مجرور if preceded by a preposition, as you saw above in في منتصفِ الليلِ. Study the following examples of nouns and adjectives marked as مجرور and give the reason for each ending:

١. سيجتمع أساتذة قسمِ دراساتِ الشرقِ الأوسطِ مع بقيةِ الطلابِ المقبولين في القسمِ في الساعةِ التاسعةِ.

٢. ازدادت أسعار الفواكهِ والخضارِ بسببِ زياداتٍ كبيرةٍ حدثت في أسعارِ البترولِ في الأسواقِ العالميةِ.

٣. قبل أسبوعٍ ذهبت مع عددٍ من أصدقائي لحضورِ محاضرةٍ بعنوانِ "مشكلة الهويةِ في الجالياتِ العربيةِ في أوروبا".

٤. وصل الرئيس العراقي مع مجموعةٍ من وزرائِهِ إلى العاصمةِ الأردنيةِ للاشتراكِ في اجتماعٍ خاصٍ للملوكِ والرؤساءِ العربِ.

تمرين ٢٣: الاسم المجرور (في البيت)

Identify all of the nouns that are مجرور and mark the correct ending where appropriate:

١. ذهبت الى قسم العلاقات العامة في الوزارة وتكلمت مع أحد الموظفين هناك عن أوراق المنحة التي أرسلتها لهم وقال لي إن أوراقي في مكتب الوزيرة الآن وبأنني سأسمع شيئاً منهم في أقرب وقت ممكن.

٢. تغيبت عن العمل طوال الأسبوع الماضي بسبب إجازتي السنوية ولكنني علمت بقرار فصله من زملائي في القسم.

٣. بعد انتقالها من العمل الحكوميّ الى أحد البنوك الخاصة تمكنت بعد وقت قصير من الحصول على وظيفة مديرة وأصبحت من الشخصيات المشهورة في عالم الاقتصاد والأسواق المالية.

٤. ذكر رئيس الوزراء الإيراني في اجتماع مع مجموعة من الصحفيين الأجانب أنه مستعدّ للقبول بأيّ حل تقرره الأمم المتحدة لإنهاء الخلاف على الحدود مع دولة الإمارات.

"أب" و "أخ" في الإضافة

The two nouns أخ and أب belong to a very small group of nouns (six total) that show case endings as long vowels whenever they are in an إضافة or have possessive pronoun suffixes. You know the forms for *my brother* and *my father*, أخي and أبي. These forms do not show any case endings because the pronoun ـي swallows them. Other pronouns do not swallow the case ending, which instead appears as a long vowel, as the examples show:

هل هذا **أخوك** الصغير؟	**أبو** خالد يعمل في مكتب الوزير.
لا أعرف **أخاها**.	قابلت **أبا** صديقتي.
هل تكلمت مع **أخيك**؟	تكلمنا مع **أبيـه**.

In the eastern parts of the Arab world, Arab Christians call their priest أبونا.

Since spoken Arabic does not have case endings, the spoken forms for these words are fixed within each dialect. Listen to the forms in الفصحى and your dialect. Learn to use the dialect forms and to recognize the forms of الفصحى.

المصري	الشامي	الفصحى
أبويَ	أبي	أبي
أبوك	أبوك	أبوكَ ، أباكَ ، أبيكَ
أبوكي	أبوكي	أبوكِ ، أباكِ ، أبيكِ
أبوه	أبوه	أبوهُ ، أباهُ ، أبيهِ
أبوها	أبوها	أبوها ، أباها ، أبيها
أبونا	أبونا	أبونا ، أبانا ، أبينا
أبوكو	أبوكُن	أبوكُم ، أباكُم ، أبيكُم
أبوهم	أبوهُن	أبوهُم ، أباهُم ، أبيهِم

الثقافة ٤

الكُنية

It is common in many parts of the Arab world for family members, friends, and neighbors to address each other by their كُنية, a name formed by adding the name of the oldest son to أبو or أمّ. For example, محمود أبو العلا may be addressed as أبو خالد and his wife might be called أُمّ خالد . Some family names, such as أبو العلا, originally came from a كنية. If there are no sons, the name of the oldest daughter may be used. What would your father's and mother's كنية be?

Sometimes forms of الكُنية are used for nicknames. These can be taken from Islamic culture, such as أبو علي , a كنية that is sometimes used for men whose name is حُسين. This كنية is based on the fact that الإمام الحسين, the son of الإمام علي, had his oldest son named علي, which gave him the كنية of أبو علي. Following this practice, many people still refer to anyone whose name is حُسين as أبو علي. Also, since it is traditional practice in many parts of the Arab world for names to recycle so that a man names his son after his own father, a man can be given a كنية with his own father's name (in anticipation of his future son being named after his father).

الكنية can also be based on physical characteristics such as أبو كِرْش, said of someone who has a belly (كِرش), أبو لِحية, said of someone with a beard, or أبو البَنات, said of someone who has daughters but no sons. In spoken Arabic, أبو and أم can also be used to identify people by what they are wearing or by their physical characteristics. How are the people in the examples below identified?

أم الفستان الأحمر	أم العيون السود	أبو الجاكيتّة الزرقا	أبو البنطلون القصير

القراءة

العبارات الجديدة

أ. رَغمَ (أنّ) ... (فـَ) (إنَّ) ... ، على الرَّغمِ من (أنّ) ... (فـَ)(إنَّ) | *(despite) the fact that ...*

- رغم أنها تحصل على مرتّب جيد وعندها حساب في البنك فإنَّ البنك رفض السماح لها بالحصول على بطاقة "فيزا".
- على الرغم من عدم قبول الرئيس بفكرة التغيير الوزاري فيبدو أن رئيس الوزراء ما زال ينوي أن يعمل هذا التغيير.

ب. لَدى = عند

لَدى is used primarily in writing or very formal speech, and you should focus on recognizing it for now. As happens with على and إلى, the ى shifts to ـَي, and the vowels of ـه and ـهم shift to kasra to match:

لَدَيَّ	لَدَيْنا
لَدَيْكَ	لَدَيْكُم
لَدَيْهِ	
لَدَيْكِ	لَدَيْهِم
لَدَيْها	

- قرر الأستاذ المشرف على رسالتي للدكتوراه عدم السماح لي بالتخرج في فصل الربيع لأنه يظن أنه ليس لَدَيَّ وقت كافٍ لإكمال كل التغييرات اللازمة قبل الموعد المحدَّد.
- إذا كان لَدَيكُم استعداد للبقاء هنا أسبوعاً آخر فأنا مستعدّ لأتولى كل الترتيبات لتغيير مواعيد سفرنا ورجوعنا.

تمرين ٢٤: "من يوميات طالب في الغربة" (في البيت ثم في الصف)

أ. القراءة في البيت

قبل إعطاء الواجب البيتي تقسّم الأستاذة الطلاب الى مجموعتين: (أ) و (ب)، وتطلب من المجموعة (أ) أن تقرأ في البيت "قصة الاستعداد للسفر إلى الخارج" و "رحلة في الطائرة" و "السكن الجامعي .. الحلم الصعب؟"، ومن المجموعة (ب) أن تقرأ "قصة الاستعداد للسفر إلى الخارج" و "ما هو طعم الغربة..؟!"

اقرأوا النص مرتين.

During the first reading, do not stop to look up any words, even in the glossary in this book. Focus on what you know and look for familiar words. Between the first and second readings, take a few notes and think about what you have understood and what you can extrapolate. What information will you look for in the second reading?

اكتبوا ما تستطيعون عن هذه الاسئلة:

١. ماذا نعرف عن هذا الطالب؟

٢. ماذا يقول عن البلد الذي سافر اليه؟

٣. ما هي الأشياء التي تسبب له القلق؟ الفرح؟

٤. ما كانت الأشياء الصعبة في تجربته؟ لماذا؟

ب. القراءة في الصف

أولاً: تكلموا مع زميل/ة عن الجزء الذي قرأه كل واحد منكم. ماذا فهمتم وعرفتم عن قصة هذا الشاب؟

ثانياً: ارجعوا إلى النص معاً لتبحثوا عن الأجوبة لهذه الأسئلة:

١. ماذا نستطيع أن نقول عن شخصيته؟ كيف كان يشعر، ولماذا؟ كيف كانت صداقاته؟

٢. ماذا يمكن أن نعرف عن الاختلافات بين بلده والبلد الذي سافر اليه؟

٣. لماذا يكتب كثيراً عن رحلته بالطائرة؟ ماذا يقول؟

٤. ما كانت المشكلة الكبيرة بالنسبة له؟ و ما هو الحلّ الذي وجده؟

٥. هناك شيء هو سعيد جداً به في تونس: ما هو؟ وماذا نفهم عن حياته في موريتانيا من ذلك؟

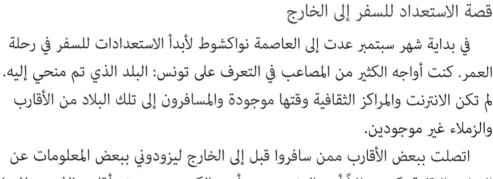

من يوميات طالب في الغربة

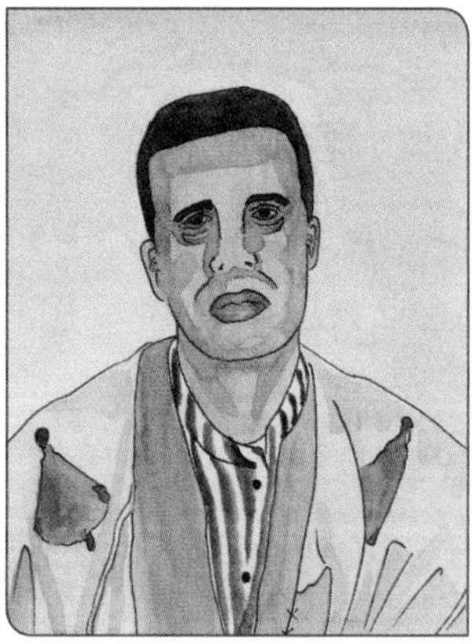

قصة الاستعداد للسفر إلى الخارج

في بداية شهر سبتمبر عدت إلى العاصمة نواكشوط لأبدأ الاستعدادات للسفر في رحلة العمر. كنت أواجه الكثير من المصاعب في التعرف على تونس: البلد الذي تم منحي إليه. لم تكن الانترنت والمراكز الثقافية وقتها موجودة والمسافرون إلى تلك البلاد من الأقارب والزملاء غير موجودين.

اتصلت ببعض الأقارب ممن سافروا قبل إلى الخارج ليزودوني ببعض المعلومات عن السفر والإقامة. كنت دائماً أجد التشجيع من أخي الكبير ومن بعض أقاربي الذين سافروا قبلاً إلى الخارج مؤكدين أن الغربة تصنع الرجال وأنني عندما أسافر وادرس بالخارج سيكون أفضل مستوى للشهادة وسأجد أيضاً الوقت الكافي للدراسة .

كان ينتابني احساسان متناقضان طيلة هذه المدة: الأول بالفرح لأنني درست وحصلت على منحة وعمري ٢٠ سنة وبالتالي فهذا يعتبر انجازاً كبيراً. أما الشعور الثاني فيتعلق بالقلق الذي استولى عليّ ويتعلق مصدر القلق بأنني شاب وسأسافر إلى بلاد بعيدة متقدمة مدنياً وطباع أهلها تختلف عنا في موريتانيا رغم أننا يجمعنا الدين واللغة والقومية، إضافة إلى أن السفر في رحلة بالطائرة يعتبر مخيفاً لمن لم يزر حتى مطار نواكشوط ولم ير طائرة الا إذا كانت في الجو، ناهيك عن اختلاف عادات الطعام واللباس في تلك الدولة، وأخيراً الاختلاف الكبير في مناهج الدراسة ولغتها وطريقة الامتحانات.

رحلة في الطائرة

في حدود الساعة ٨:٣٠ من صباح ذلك اليوم الخريفي الحار فتح باب القاعة وكانت تلك أول مرة أرى فيها الطائرة غير محلقة بالجو ... وما هي إلا دقائق حتى كنت في طريقي في أول رحلة لابن الصحراء إلى العالم الجديد.

كانت هذه الرحلة على متن الخطوط الجوية الجزائرية... في حدود الساعة الواحدة حطت بنا الرحلة في مطار "هوّاري بومِدْين" الدولي ... وبعد استكمال إجراءات السفر أخذتنا الشركة على ضيافتها إلى فندق "آدغير". ركبت الحافلة مع زملائي الطلبة وانطلقت بنا في جولة عبر الشوارع الجزائرية. الفندق يبعد عن المطار ١٥ دقيقة بالسيارة

الرئيسية | الأخبـار | أخبار دولية | مقالات وتحليلات | مقابلات | تقاريروتحقيقات | الرياضة | حوادث وغرائب | منبر الرأي | الثقافة والفن | مـواقع | شكاوي

الرئيسية الأخبار أخبار دولية مقالات وتحليلات مقابلات تقارير وتحقيقات الرياضة حوادث وغرائب منبر الرأي الثقافة والفن مواقع شكاوي

...كانت هذه الرحلة القصيرة كافية لاستطلاع جمال تلك العاصمة الجميلة حيث الجبال تعانق السماء وقممها بيضاء بالثلج ، وهي تطل على البحر الأبيض المتوسط.

وصلنا للفندق... كان الفندق كبيراً (١٤ طابقاً) وكنت مع احد الطلبة القدامى في غرفة واحدة في الدور العلوي... وبتنا ليلتنا تلك في نوم عميق... في تمام الساعة السادسة صباحاً أيقظني زميلي قائلاً "الخطوط اتصلت وطلبت منا أن نكون جاهزين عند الساعة السابعة للمغادرة إلى المطار في طريقنا إلى تونس".

السكن الجامعي ... الحلم الصعب؟

بعد التسجيل والبدء الفعلي للدراسة عشت مشاكل كثيرة-عدا عن صعوبات الدراسة-نغصت عليّ فرصة الاستمتاع باكتشاف الوطن الجديد ، وصعّبت من مهمتي الدراسية، فما هي؟

كانت من تلك المشاكل مشكلة النقل، ووجه الصعوبة فيها كان ضرورة سكني قرب خطوط الحافلات التي تنقل الطلاب إلى خطوط أخرى توصل إلى المعهد (١٠ كلم تقريباً هي المسافة بين حي بن خلدون حيث أسكن ومنفلوري حيث يوجد المعهد).

أما المشكلة الثانية فكانت تتعلق بالسكن وهو من الأمور الصعبة في هذه البلاد. وتبقى قضية سكن الطلاب من أكثر الصعوبات التي تعترضهم بسبب كثرة الطلبة سنوياً.

بقيت مع أولئك الزملاء الطيبين في منزلهم فترة تناهز شهراً وكانوا جادين في الحصول لي على مسكن في أحد الأحياء الجامعية رغم أنني أتيت متأخراً كثيراً.

في منتصف شهر نوفمبر تم افتتاح الحي الجامعي الجديد "الوردية ٤" وهو حي سكني يقع في أقصى جنوب العاصمة تونس. كان ذلك الحي صغيراً وهادئاً وسكانه قلة ولكنهم متمدنون، وفي وسطه ذلك المسكن الجامعي ذي الطوابق الخمس. ويقع هذا الحي على بعد ١٥ كلم عن المعهد ولكن كان كل شيء جاهزاً: فحافلات النقل الخاصة بالطلبة متوفرة حيث تسير رحلات على مدار ربع ساعة من الساعة ٧:٠٠ وحتى ٨:٣٠ صباحاً ثم بعد ذلك بمعدل رحلة على رأس كل ساعة.

عدنا للزملاء الطيبين في المنزل بحي بن خلدون وباركوا لنا جميعاً الحصول على السكن الجامعي... كنت قلقاً وحزيناً بسبب قرب الرحيل عنهم إلى المنزل الجديد ...أولئك الزملاء الطيبون الذين سهروا على ضيافتي وتهوين كل

الرئيسية الأخبار أخبار دولية مقالات وتحليلات مقابلات تقارير وتحقيقات الرياضة حوادث وغرائب منبر الرأي الثقافة والفن مواقع شكاوي

وكالة أنباء أطلس
موريتل

الرئيسية | الأخبـــار | أخبار دولية | مقالات وتحليلات | مقابلات | تقاريروتحقيقات | الرياضة | حوادث وغرائب | منبر الرأي | الثقافة والفن | مــواقع | شكاوي

مصاعب الغربة أمامي وساعدوني مادياً ومعنوياً . . . كما كان من أسباب قلقي أيضاً تخوفي من المجهول الذي ينتظرني في الحي الجامعي حيث لا يوجد به من الموريتانيين إلا أنا وزميلي من بين مئات الطلبة التونسيين والأجانب وهو ما يعني العودة من جديد إلى مربع الغربة الأول . . .

ما هو طعم الغربة...؟!

من المشاكل - غير المرتبطة بالدراسة - مشاكل الغذاء فمثلاً طيلة الفترة التي كنت مقيماً فيها لدى زملائي الموريتانيين في حي "ابن خلدون" كانوا يطبخون الطعام على الطريقة الموريتانية وغالباً ما يجمعني معهم وقت الغداء كما العشاء، ولكن عندما سكنت الحي الجامعي أصبح لزاماً عليَّ التعوّد على الوجبات المحلية التونسية التي تقدم في المطاعم الجامعية وهذه تسميات بعضها "الكسكسي، المقروني، السلاطة، الروزو الصوص، الطاجين، المرقة". ورغم أن هذه الوجبات موجودة لدينا فان طريقة الطبخ هي المشكلة. فمثلاً غالباً ما تكون بعض هذه الوجبات حارة أي مليئة بالبهارات المحلية ، أضف إلى ذلك أنني لم أكن متعوداً على الأكل بالملاعق وعلى الطاولات وفي وقت قصير ومحدد.

ومن المشاكل الأخرى التي عشتها في الحي الجامعي الشعور بالملل والغربة التامة.. فرغم أن الحي مليء بالطلبة غالب الوقت خاصة ليلاً وفي أيام العطلة الأسبوعية فإنني كنت أشعر بأن الحي الجامعي لا يوجد فيه من يقتسم معي عاداتي وتقاليد بلادي ويحدثني باللهجة "الحسانية" المحلية ناهيك عن أن ما يقضي فيه زملائي التونسيون والأجانب وقتهم الفارغ لا يصلح لي: الذهاب إلى السينما، لعب الكرت، مشاهدة الكرة التونسية والأوروبية والأفلام في قاعة التلفزة ولعب الكرة على الطاولة. كنت أقضي معظم وقت الفراغ في رحلات إلى زملائي في أنحاء مختلفة من العاصمة كي أعيش جلسات محلية نشرب فيها الشاي ونتحدث حول السياسة المحلية والدولية، أو عن المنح والتذاكر والدراسة وغيرها من الأمور الحياتية اليومية للطالب في تلك الغربة.

من أصعب أنواع الغربة أن تعيش بين شباب في مثل عمرك ولهم نفس اهتماماتك ومع ذلك لا تستطيع أن تجد بينهم من يمتلك الثقافة والتفكير... هذا بالضبط ما عشته خلال فترة الحي الجامعي حيث لا يمكن أن تخلق صداقات حقيقية دائمة إلا إذا كنت متصفاً ببعض الصفات منها: أن تكون لديك ثقافة واسعة في الموسيقى العصرية العربية والغربية الشبابية، وأن تكون على معرفة جيدة بأفلام السينما والممثلين وعلى علاقات جيدة بدور السينما، وأن تكون محباً للرياضة خاصة كرة القدم وحافظاً لأسماء نجومها وجداول مبارياتهم، وأن تكون على معرفة جيدة باللغات

الرئيسية | الأخبـــار | أخبار دولية | مقالات وتحليلات | مقابلات | تقاريروتحقيقات | الرياضة | حوادث وغرائب | منبر الرأي | الثقافة والفن | مــواقع | شكاوي

الأجنبية الرئيسية "الفرنسية والانجليزية"، وأن تكون محباً للأفلام الأجنبية الرومانسية، وأن لا يربكك أي مشهد تحرري من قبيل الاختلاط بين الرجال والنساء ولبس المرأة لـلـ "ميني جيب" و "ميكرو جيب" في الأماكن العامة.

من الأمور الغريبة التي لاقيت أيضاً صعوبة في التعامل معها الجو الماطر ليل نهار طيلة ٦ أشهر "اكتوبر - مارس" حيث الجميع يخرجون وكأن المطر غير موجود.

أذكر ايضاً أنني مررت بأوقات جميلة كثيرة أخرى مع زملائي ذلك العام خاصة منها أيام الأعياد الدينية كالفطر والأضحى وعيد المولد النبوي الشريف وكان هذا العام عام سعادة كبيرة حيث كانت لدي السيولة النقدية دائماً ولم تتأخر المنحة إلّا في الأشهر الثلاثة الأخيرة.

الأستاذ محمد ولد محمد الأمين

موريتانيا

تمرين ٢٥: دراسة القواعد في النص (في البيت)

١. دراسة القواعد في النص:

A. The text contains a number of new words with familiar جذور. Find at least five, identify their وزن and write in the internal vowels, and make an educated guess as to their meanings.

B. Find three sentences that begin with من and analyze them grammatically, identifying and naming each part (one sentence is in the past tense). Summarize the sentences in English.

C. In the third-to-last paragraph, the author lists some qualities. What do these qualities describe? How does the writer structure the list—what grammatical structure is repeated with each new quality? Where does the list end? Translate as many of the qualities as you can to show the structure of the sentence.

D. Look for the verbs negated with لم. Two of them have a spelling variation. What is it?

تمرين ٢٦: القراءة الجهرية (في البيت)

اقرأوا هذا النص (المأخوذ من تمرين القراءة) بصوت *voice* عالٍ عدة مرّات، ثم سجّلوه للأستاذ/ة (يمكن أن تفعلوا ذلك في الوب).

في بداية شهر سبتمبر عدت إلى العاصمة نواكشوط لأبدأ الاستعدادات للسفر في رحلة العمر. كنت أُواجِه الكثير من المَصاعِب في التعرّف على تونس. لم تَكُن الانترنت والمراكز الثقافية وقتها موجودة والمسافرون إلى تلك البلاد من الأقارب والزملاء غير موجودين. سألت بعض الأقارب مِمَّن سافروا إلى الخارج عن السفر والإقامة، وكنت دائماً أجد التشجيع من أخي الكبير ومن بعض أقاربي الذين سافروا قبلاً إلى الخارج.

من المشاكل - غير الدراسة - مشاكل الأكل، فمثلاً طوال إقامتي لدى زملائي الموريتانيين في حَيّ" ابن خلدون" كانوا يطبخون الطعام على الطَريقة الموريتانية، ولكن عندما سكنت الحي الجامعي أصبح من اللازم التعوّد على الوجبات المحلّية التونسية التي تُقَدَّم في المطاعم الجامعية. ورغمَ أنَّ هذه الوجبات موجودة لدينا فإنّ طريقة الطبخ هي المشكلة. فمثلاً غالباً ما تكون بعض هذه الوجبات حارة، وبالإضافة إلى ذلك لم أَكُن مُتعوِّدًا على الأكل على الطاولات وفي وقت قصير ومُحَدَّد.

ومن المشاكل الأخرى التي عشتها في الحَيّ الجامعي الشعور بالملل والغربة .. فرغم أنَ الحي مَليء بالطلبة وخاصةً في أيام العطلة الأسبوعية فإنني كنت أشعر بأنه لا يوجد فيه من يشترك معي في عاداتي. كنت أقضي معظم وقت الفراغ في رحلات إلى زملائي في العاصمة كي أعيش جلسات محلّية نشرب فيها الشاي ونتكلم حول السياسة المحلّية والدولية، أو عن المنح والتذاكر والدراسة وغيرها من الموضوعات الحياتية اليومية للطالب.

الكتابة

تمرين ٢٧ نشاط كتابة (في البيت)

إذا عشت تجربة الدراسة في الخارج من قبل فاكتب/ـي عنها وعن الأشياء التي تعلمتها منها. كيف تقارن/ين تجربتك بتجربة الطالب الموريتاني؟ وإذا لم تكن عندك مثل هذه التجربة فأين تريد أن تكون هذه التجربة ولماذا؟ وكيف تعتقد/ين أنها ستكون؟ (اكتبوا حوالي ٢٢٥ كلمة)

❋ ❋ ❋

درس ٥

تواصل و تفاهم

المفردات

سنتعلّم مفردات تساعدنا في وصف الناس والأشياء وسنتعلم أيضاً عبارات ثقافية لها علاقة بالألوان وأعضاء الجسم .

القواعد

سنتعلّم قواعد اسم الفاعل (كلمات تبدأ بـ "مُـ") وكذلك المثنّى في الأفعال والضمائر *pronouns*. وبالإضافة الى هذا سنتعرّف إلى إعراب الاسم المرفوع.

الثقافة

سنقرأ ونشاهد ونتكلم عن جوانب من العلاقات العائلية في بعض المجتمعات العربية، وسنتعرف الى الأديبة السورية كوليت خوري وحياتها وكتاباتها .

المهارات

سنتعلم أكثر عن نظام الفعل *verbal system* بالفصحى والعامية، وهذا سيساعدنا على معرفة كلمات جديدة واشتقاق أشكال جديدة لأفعال نعرفها. وأخيراً سنعمل على الاستماع الى الفصحى بالإعراب.

المفردات الجديدة ١: من القاموس

الفصحى	الشامي	المصري	المعنى
أبَداً		خالِص	at all[1]
مُتَأكِّد/ة ج. ـون/ين (من/أنّ)	مِتأكِّد/ متأكّدة ج. ـين (من/إنّو)	(/إنّ)	certain, sure (of/that)
بَريد			mail, post
بَطن ج. بُطون	ج. بْطون		belly, stomach
ثَقيل/ة	تقيل/ة	تِقيل/ة	heavy (in weight or substance)[2]
جُزء (من) ج. أَجزاء			part of
جِسم ج. أَجسام			body
حاوَلَ (أنْ)	يحاوِل	حاوِل ، يِحاوِل	to try to, attempt
مُخَدِّرات	مُخَدَّرات	مُخَدَّرات	drugs
خَفيف/ة			light (in weight or substance)[2]
أَخلاق (جمع)			morals
خافَ على ، يَخاف ، الخَوْف	يخاف على ، الخوف	يِخاف على ، الخوف	to be afraid for (somone)
خافَ من ، يَخاف ، الخَوْف	يخاف من ، الخوف	يِخاف من ، الخوف	to be afraid of
خائِف/ة ج. ـون/ين	خايِف/ خايْفة ج. خايْفين	خايِف/ خايْفة ج. خايْفين	afraid
دَم ج. دِماء	دَمّ	دَمّ	blood
بِدون ، دونَ ، بِلا	بَلا	مِن غير	without
ذَكِيّ/ة ج. أَذكِياء	زَكي/ زَكيّة ج. أَزكيا	زَكي/ زَكيّة ج. أَزكِيا	smart, intelligent
رُبَّما	يِمكِن	يِمكِن	perhaps, maybe
زَمَن			time, times (abstract)
شَعْر			hair
مُتَضايِق/ة (من) ج. ـون/ين	مِتضايِق / مِتضايْقة (من) ج. ـين	مِتضايِق/ مِتضايْقة (من) ج. ـين	upset, bothered (by)

المعنى	المصري	الشامي	الفُصحى
to consider (someone or something) to be[3]	يِعتِبِر	يعتِبِر	اِعتَبَرَ
to leave (a place)			غادَرَ
heart	قَلب ج. قُلوب	قَلب ج. قْلوب	قَلب ج. قُلوب
to hint (to someone) that	يِلَمَّح إنّ	يلَمِّح إنّو	لَمَّحَ (إلى) أنّ
to discuss (something)	يِناقِش	يناقِش	ناقَشَ
to discuss with (someone)	اِتناقِش مع ، يِتناقِش	تناقَش مع ، يِتناقَش	تَناقَشَ مع
important			مُهِمّ/ة ج. ـون/ين
most/more important			أَهَمّ
to trust, have confidence in	وَثَق في	وِثِق "بِـ" أو "في"، يوثَق	وَثِقَ "بـ" أو "في"، يَثِق
trust, confidence	ثِقة في	ثِقة "بِـ" أو "في"	ثِقة "بـ" أو "في"
trusting, confident in	واثِق/ة في ج. واثـْقين	واثِق/ة "بِـ" أو "في" ج. واثْقين	واثِق/ة "بـ" أو "في" ج. ـون/ين
face	وِشّ ج. وُشوش	وِشّ ج. وْشوش	وَجه ج. وُجوه
hand	إيد ج. إيدين	إيد ج. إيدين	يَد ج. أيدي (أيدٍ) ، أيادي (أيادٍ)

Notes on Vocabulary Usage

1. أبَداً (and its Egyptian synonym خالِص) combine with a negative particle (لا، لم، لن، ما، مو، مش) to mean "(not) at all."

لا ألبس الألوان الغامقة **أبداً**. | جرّبت ابنتي الأكلة ولكن **لم** تحب طعمها **أبداً**.

أنا مو فاهمة شي أبداً من كلامك! | البيت دا **ما** فيهوش خصوصية **أبداً**.

In spoken Arabic, the negative meaning can also be implied:

مو تعبانة؟ -- **أبداً**. | مش تعبانة؟ -- أبداً or خالِص.

2. The adjectives ثقيل and خفيف can refer to a range of things but are not used to describe a person's weight. For example, we don't say "he is heavy" using ثقيل (we might instead say هو كبير).

3. The verb اِعتَبَر means *"to consider (someone or something) to be (something)"*. It usually takes two objects as in these examples.:

أعتبِرها أقرب شخص لي | بعتبِر أمي أهم إنسانة بحياتي | باعتَبِر ابني راجل دلوقتي

تمرين ١: المفردات الجديدة (في البيت)

اكتبوا كلمة مناسبة من المفردات الجديدة في كل جملة.

١. أظن أن سعر البرّاد / الثّلاجة كان ٣٥ ألف ليرة سورية ولكني لست .... ةً من ذلك. سأسأل عن السعر مرة ثانية.

٢. سامي لم يدخّن في حياته .... ولا يعرف طعم السيجارة. أعرف ذلك لأننا أصدقاء منذ وقت طويل، وفي الحقيقة أنا .... هُ أخاً لي.

٣. الخزانة في غرفة نومنا كبيرة و .... وأريدكم أن تساعدونا في نقلها، أما الخزانة في غرفة الأولاد فهي .... ويمكنني أن أنقلها أنا وزوجتي بدون أي مشكلة.

٤. أختي تعتقد بأن الشيء .... في أي رجل ستتزوجه هو الفلوس والشقة والمفروشات، أما أنا فأؤمن بأن أهمّ شيء في أي شخص هو أدبه و .... ـه .

٥. سـ .... الوزيرة في هذا الاجتماع مشكلة عدم وجود أعداد كافية من الأطبّاء في المستشفيات الحكومية.

٦. طبعاً يشعر الآباء والأمهات بالقلق و .... على أولادهم بسبب انتشار .... كالماريوانا والحشيش والكوكايين وازدياد استعمالها بين الشباب في أيامنا. شخصيّاً، أعتقد أنه يجب على الأهل أن يساعدوا أولادهم على الشعور بأنهم يمكن أن يتكلموا و .... معهم في هذا الموضوع براحة وحرية و ....

٧. حدث بيننا خلاف بسيط الأسبوع الماضي ويبدو أنها ما زالت .... منّي بسبب ذلك. .... أن أتكلم معها لحل الخلاف ولكن لم أنجح في ذلك.

٨. في لقائه مع مجموعة من الصحفيين المحليين والأجانب .... رئيس الوزراء الى أنه ينوي عمل تغيير وزاري في المستقبل القريب. وذكر بعض الصحفيين أن هذا التغيير .... يحدث في الأسبوع القادم.

٩. كان الناس قبل سنوات يكتبون الرسائل لبعضهم البعض ويرسلونها بالـ .... ، ولكن هذا تغيّر الآن لأننا أصبحنا نعيش في .... الكومبيوتر والتكنولوجيا والرسائل الإلكترونية.

١٠. كان الحادث بسيطاً ولكن قررنا نقله الى المستشفى بسبب .... الذي كان على وجهه. جلسنا في المستشفى ساعات طويلة ولم .... ـهُ إلا بعد منتصف الليل.

١١. ابنتنا الصغيرة تحب القطط وتشعر معها بالراحة ولكنها .... من الكلاب.

الثقافة

الناس أشكال وألوان! 🎧 DVD VIDEO

Arab culture is rich in descriptive expressions using colors and parts of the body. These expressions are normally used in spoken Arabic:

kind or good-hearted	قلبه/قلبها أبيض
(figuratively, of doctors and lawyers) charges too much كِرش = بَطن	بَطنه / بَطنها كبير كِرشه واسِع
still interested in the opposite sex (older people) (appetite = نَفس)	نَفسه / نفسها خَضرا
envious of others, gives others the evil eye	عينه / عينها وِحشة
mouthy, talks back, insulting, or overly critical (tongue = لِسان)	لِسانه / لِسانها طويل
light-fingered, apt to steal	إيده / إيدها طويلة
unpleasant, obnoxious	دَمّه / دَمّها تقيل
good-humored, funny, fun to be with	دَمّه / دَمّها خفيف
has no feelings or concerns for others	هو بلا (= ما عنده) دَمّ هي ما عندها (= بلا) دَمّ ما عَندوش دمّ

تمرين ٢: شخصيات أشكال وألوان   (في البيت ثم في الصف)

في البيت: استعملوا كل الكلمات الممكنة من المفردات الجديدة في كتابة وَصْف *description* لثلاث شخصيات تعرفونها أو شخصيات مشهورة (ومن المهمّ أن تكون شخصيات ممتعة وغير مملة!). اكتبوا كل وصف على ورقة صغيرة بدون اسم الشخصية.

في الصف: تبادلوا الأوراق واقرأوا وصف زملائكم وحاولوا أن تعرفوا مَنْ يصفون!

تمرين ٣: أخبروا زملاءكم   (في البيت ثم في الصف)

استعدّوا للكلام عن هذه الأسئلة في الصف:

١. ما هي الاشياء التي ربما تفعلونها في العطلة؟ والاشياء التي أنتم متأكدون أنكم ستفعلونها في العطلة (إن شاء الله)؟ هل ستغادرون المدينة؟

٢. ما هي الأشياء التي كنتم تخافون منها ولا تخافون منها الآن؟

٣. من يحاول أن يساعدكم عندما تكونون متضايقين؟

٤. من هم الناس الذين تثقون بهم، والذين لا تثقون بهم؟

٥. هل تعتبرون المخدرات مشكلة نفسية أو أخلاقية؟ لماذا؟

٦. ما هو أحسن شيء في الزمن الذي نعيش فيه الآن؟ ولماذا؟

٧. في أي جزء من العالم تتمنون أن تعيشوا في المستقبل؟ ولماذا؟

المفردات الجديدة ٢: من جذور نعرفها

الفُصحى	الشامي	المصري	المعنى
أدَب: مُؤَدَّب/ة ج. -ون/ين	مْأدَّب/ة ج. -ين		polite, well-mannered
خَرَجَ ، يخرُج ، الخُروج، الخارِجيّة: خارِج	بَرّه ، (في إضافة): بَرّات	بَرّه	outside
خاصّ: خُصوصاً أنَّ ، خُصوصاً وأنَّ	خُصوصاً إنّو	خُصوصاً إنّ	especially since ...
يَختَلِف عن: مُختَلِف/ة عن ج. -ون/ين	مِخْتِلِف/مِخْتِلْفِة عن ج. -ين		different from
رَئيس ج. رُؤَساء: رَأس ج. رُؤوس	راس ج. روس	راس ج. روس	head
رَجُل ج. رِجال: رِجل ج. أَرجُل	ج. رِجلين	ج. رِجلين	leg [1]
مَرحَباً: رَحَّبَ بِـ	يرَحِّب في	يِرَحَّب بـ	to welcome
مَركَز ج. مَراكِز: رَكَّزَ على	يرَكِّز ع ، على	رَكِّز على ، يِرَكِّز	to focus, concentrate on
شابّ ج. شَباب: الشَّباب			youth (stage of life)
مَشغول ، اِنشَغَلَ: شَغَلَ ، يَشغَل			to occupy, preoccupy
شُكراً:	شَكَر في ، يِشكُر	شَكَر في ، يُشكُر	to praise (a person)
مُشكِلة ج. مَشاكِل: شَكل ج أَشكال	شَكلك ...	شَكلك ...	form, shape you look ...
صَديق ج. أصدِقاء: صَداقَة ج. -ات			friendship

المعنى	المصري	الشامي	الفُصحى
to turn out (to be)	طِلع ، يِطلَع (إنّ)	طِلِع / يِطلَع: طِلِع ، يِطلَع (إنّو)	
(he) has always ...	طول عُمر(ه)	طول عُمر(ه)	طِوال:
to get (someone) accustomed to	عَوِّد ، يِعَوِّد	يعَوِّد	اِعتادَ أن ، تعوَّد على: عَوَّدَ ... (على) أنْ
to open	يِفتَح	يِفتَح	فاتِح: فَتَحَ ، يَفتَح ، الفَتح
superior			فوق: مُتَفَوِّق/ة ج. -ون/ين

Notes on Vocabulary Usage

1. Parts of the body that come in pairs tend to be feminine, e.g., عين، يد، رجل: رجلان قصيرتان، عينان جميلتان، يدان طويلتان. Also, as you will learn in this lesson, dual nouns lose their ن when they take a possessive pronoun suffix. Learn the following dual forms in الفصحى and your dialect, and note that the dual in the dialects also serves as the plural:

"رِجل" في المثنّى

المصري	الشامي	الفصحى
رِجلَيّ	رِجليّ	رِجلايَ ، رِجلَيَّ
رِجليك	رِجليك	رِجلاكَ ، رِجلَيْكَ
رِجليكي	رِجليكي	رِجلاكِ ، رِجلَيْكِ
رِجليه	رِجليه	رِجلاهُ ، رِجلَيْهِ
رِجليها	رِجليها	رِجلاها ، رِجلَيْها
رِجلينا	رِجلينا	--
رِجليكو	رِجليكُن	--
رِجليهُم	رِجليهُن	--

"يَد" في المثنّى

المصري	الشامي	الفصحى
إيدَيَّ	إيدَيّ	يَدايَ ، يَدَيَّ
إيديك	إيديك	يَداكَ ، يَدَيْكَ
إيديكي	إيديكي	يَداكِ ، يَدَيْكِ
إيديه	إيديه	يَداهُ ، يَدَيْـهِ
إيديها	إيديّا (إيديها)	يَداها ، يَدَيْها
إيدينا	إيدينا	--
إيديكو	إيديكُن	--
إيديهُم	إيديهُن	--

تمرين ٤ : أوزان الأفعال الجديدة (في البيت)

أكملوا الجدول واكتبوا الشدّة وكل الحركات إلّا السكون، كما فعلتم من قبل.

Transitive or intransitive	إسم أو صفة يبدأ بـ "مُـ"	المصدر	المضارع	الماضي	الوزن	الجذر
	مُخَدِّرات					
				رَحَّبَ بـ		
	--			(أنّ)	فَعَّلَ II	ل م ح
		التَّعويد على				
					فاعَلَ III	ح و ل
				غادَرَ		
		المُناقَشة				
					تَفَعَّلَ V	ف و ق
	مُتَأَكِّد (أنّ)					
	مُتَضايِق (من)					
	--			تَناقَشَ مع		
			يَختَلِف			
					اِفتَعَلَ VIII	ع ب ر

تمرين ٥ : كتابة جمل المفردات (في البيت)

استمعوا الى جمل المفردات من (١) الى (١٢) واكتبوها.

تمرين ٦: المفردات الجديدة (في البيت)

في بعض هذه الجمل سيكون من اللازم استعمال كلمات من المفردات الجديدة ١: في هذا الدرس.

١. حصلت على منحة لأنها طالبة .... جداً و .... في دراستها وتخرّجت بتقدير "ممتاز". وإلى جانب ذلك، فهي لطيفة و .... و .... ـها طيّب (أبيض).

٢. أصبح عمري الآن ٥٠ سنة وما زلت أعتبر صديقتي سوزان أقرب الناس إليَّ فـ.................. ـنا ترجع الى أيام المدرسة. وهذه صورة لنا من أيام .... عندما كنا في الجامعة.

٣. رسم هذا الرجل "تاتو" على .... ـه (والرسم عليه سهل لأنه لا يوجد عليه ....) و على .... ـه (فوق وتحت العينين) وأيضاً على كل .... ـه.

٤. كلمة " ذَهَبَ" لها نفس .... مثل كلمة "ذَهَب" ولكن كل واحدة لها معنى ....

٥. تخرجت من ٦ أشهر ولم أجد وظيفة حتى الآن، والحقيقة أن موضوع الحصول على وظيفة هو أكثر شيء .... ـني في هذه الأيام . بصراحة، بدأت أشعر بالقلق .... وأنّ معظم زملائي ما زالوا يبحثون عن عمل أيضاً.

٦. عندما زرناهم، استقبلونا و .... بنا كثيراً وانشغلوا بنا طوال الأيام التي قضيناها معهم.

٧. ذكرت وزيرة التعليم أن بعض المدارس الابتدائية سـ.................. أبوابها للطلاب مرتين كل يوم: في الصباح وبعد الظهر، وذلك بسبب عدم وجود أعداد كافية من المدرّسين والمدرّسات.

٨. منذ اليوم الأول لزواجنا .... زوجي على شغل البيت كغَسْل الملابس والطبخ وترتيب الغرف وهو اعتاد على هذا ويستمتع به في معظم الأوقات.

٩. التدخين ممنوع في كل محلاتنا، وإذا أردت التدخين فيجب عليك أن تذهب .... المحل وتدخن في الشارع.

١٠. في دراستنا للغة العربية .... كثيراً على دراسة الثقافة ونقضي ساعات في الكلام عن موضوعات ثقافية لأن الثقافة .... مهم جداً من اللغة، ولأننا لا نستطيع أن نعرف اللغة جيداً .... أن نفهم ثقافة الناس الذين يتكلمونها.

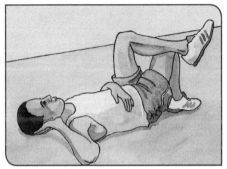

١١. في هذا التمرين الرياضي تضع .... ك اليُسرى [اليسار] على .... ك، واليُمنى [اليمين] وراء رأسك وتضع .... ك اليُسرى فوق .... ك، اليُمنى.

القواعد ١

اسم الفاعِل

For the past three lessons we have been calling nouns and adjectives derived from verbs "كلمات تبدأ بـ "مـ. You have learned to form these words from verbs in أوزان and you know that they can function as adjectives or nouns. These words form a category in Arabic grammar called اسم الفاعِل, *the doer*, a name which points directly to their role as active participles and which gives us the pattern of I وزن itself: فاعِل.

Forming اسم الفاعل of I وزن is straightforward. Simply put الجذر into the فاعِل pattern, as these examples show:

الفعل	اسم الفاعِل
كَتَبَ ، يَكتُب	كاتِب *writer*
جَلَسَ ، يَجلِس	جالِس *sitting*

الفعل	اسم الفاعِل
قَرَأَ ، يَقرَأ	قارِئ *reader*
سَكَنَ ، يَسكُن	ساكِن *living*

You know several examples of this pattern:[1]

something that *has happened* حادِث	the person who *has given birth* والِدة
a person who *is keeping order* ضابِط	that which *has passed* الماضي

The فاعِل pattern has two slight variations in form in الفصحى: (١) in verbs whose middle radical is و or ي, and (٢) in verbs whose second consonant is doubled (e.g., ح-س-س or خ-ص-ص). In the first case, a hamza appears in place of و or ي in الفصحى (but not in العامية):

نام (ن-و-م) نائِم | دام (د-و-م) دائِم (ـاً) | باع (ب-ي-ع) بائِع

In العامية, as expected, the hamza becomes ي:

نايِم | دايِم | بايِع

In the second case, verbs whose second root consonant is doubled, اسم الفاعل in spoken Arabic follows the expected pattern. For example, for the verb حَسّ, the اسم الفاعل is حاسِس. In الفصحى, however, the two س collapse, resulting in the pattern حاسّ (from which we get the word حاسّة *sense*). The words خاصّ and عامّ are of this الفصحى pattern. Use these words you already know as models to help you remember these rules:

الفصحى	العامية
نائِم	نايِم
حاسّ	حاسِس
دائِـماً	دايـماً

[1] The اسم الفاعل in Arabic refers to a state or being or action leading to a conclusion. As you can see from the examples above, this state is sometimes conveyed in English using the verb "to be" in the present and other times using "has (done)" in the perfect. The difference in English results from the nature of the Arabic verb. If the Arabic verb describes an entry into a state, the English translation uses the present tense. If the verb describes an action leading to a conclusion, the perfect tense is used because the state that اسم الفاعل refers to is one that results after the action of the verb has been complete. A good example of this is كاتب *writer*, who is someone who has written a book or other piece of work — he is not a writer until the book is finished. Someone who is لابِس is someone who has put on (a piece of clothing) and is now wearing it. In Arabic, كاتِب and لابِس provide both meanings.

معنى اسم الفاعل بالعامية

In general, اسم الفاعل tends to be used in a wider range of contexts in spoken Arabic than in الفصحى, where it is usually an adjective or an adjective functioning as a noun. In spoken Arabic, this form often carries a verbal sense as well. You have heard it used in several حوارات in phrases such as:

ساكْنة بمدينة نيويورك | والله أنا فاهِم كل هاد | فعلاً حاسّة بتعب | مو مِتعوّدة ع الشغل الكتير

ساكْنة في مدينة نيويورك | والله أنا فاهِم كل دا | فعلاً حاسّة بتعب | مش مِتعَوِّدة على الشغل الكتير

You can see that it carries a stative meaning, that is, it describes someone as being in a state of sleeping, feeling, going, wearing, sitting, (being) used to, and so forth. For this reason, اسم الفاعل with a verbal sense tends to be more common in spoken Arabic than in writing.

For now, focus on forming أسماء فاعل from verbs of all أوزان and recognizing them when you listen and read. Use your knowledge of الأوزان to identify أسماء فاعل and pronounce them correctly, and use the context to understand their meaning.

تمرين ٧: اسم الفاعل (في البيت ثم في الصف)

أ. في البيت: اكتبوا اسم الفاعل لكل فعل في "أ" و "ب" بكل الـ *vowels* واكتبوا معنى اسم الفاعل، ثم استعملوه في جملة.

أمثلة:

سافَرَ ، يُسافِر	=	مُسافِر	*traveling, traveler*	كل المُسافِرين في الطائرة الآن.
صامَ ، يَصوم	=	صائِم	*fasting*	صديقي صائِم اليوم ولذلك لن يأكل الغداء معي.
شاف ، يشوف	=	شايِف	*seeing*	شو شايِف بالصورة؟ شايِف إيه في الصورة؟

أ. الفصحى:

١. باع ٢. فَشِل ٣. اشترك ٤. سافر ٥. آمن ٦. أشرف ٧. استأجر

ب. العامية:

١. راح ٢. قعد ٣. نام ٤. لِبِس ٥. صام ٦. رِجِع ٧. فاق

ب. في الصف: تبادلوا جملكم مع زميل / ـة وتناقشوا في معاني أسماء الفاعل فيها.

تمرين ٨: "شو اللي شاغلك؟" (في الصف) 🎧 | DVD VIDEO

This exercise is only available in Shaami, but much of the language and content will be clear to Egyptian speakers as well.

شوفوا الحوار السوري واحكوا مع بعض:

١. شو يعني السؤال "شو اللي شاغلك؟" ؟

٢. شو اللي شاغل إلياس، رفيق طارق؟

٣. ليش زعل طارق؟

٤. برأيكن إلياس فعلاً بيحب؟ ليش؟

٥. اسألوا زمايلكن: شو اللي شاغلهن؟

تمرين ٩: كتابة جمل المفردات (في البيت) 🎧 | DVD VIDEO

استمعوا الى جمل المفردات من (١٣) الى (٢٤) واكتبوها.

تمرين ١٠: الجسم (في البيت) 🎧

تجدون هذا التمرين في الوب فقط.

تمرين ١١: "بوزو" (في الصف)

تكلموا معاً عن الصور مستعملين أكبر عدد ممكن من المفردات الجديدة.

(٢)

(١)

تمرين ١٢: سِمعان بيقول (في الصف)

Play "Simon Says" سمعان بيقول with your class بالعامية. You may want to use these imperative verbs:

حُطّوا ! | أُقعُدوا ! | قوموا !

القصة بالعامية

تمرين ١٣: "المهم هو رأي نسرين وطارق" "المهم هو رأي خالد ومها"

(في البيت ثم في الصف)

أ. في البيت: شوفوا القصة بالعامية واكتبوا الأجوبة.

"المهم هو رأي نسرين وطارق"	"المهم هو رأي خالد ومها"
١. شو بيقول حسن عن رفقاته بأميركا؟ ورفقاته بالشام؟ كيف بتختلف الصداقة بأميركا عن الصداقة بالشام برأيه؟	١. محمد بيقول إيه عن أصحابه في أمريكا؟ أصحابه في مصر؟ إزاي بتختلف الصداقة في أمريكا عن الصداقة في مصر في رأيه؟
٢. شو اللي شاغل حسن؟ ليش؟	٢. إيه اللي شاغل محمد وليه؟
٣. شو بيقول حسن عن رسالة أخوه ماهر؟ وشو رأي حسن بالموضوع؟	٣. محمد بيقول إيه عن جواب أخوه محمود؟ وإيه رأي محمد في الموضوع دا؟
٤. شو بيقول عن طارق؟	٤. بيقول إيه عن خالد؟
٥. شو بيقول عن مريم؟	٥. بيقول إيه عن ملك؟

ب. في الصف: اتناقشوا مع الزملاء.

١. شو رأيكن بخوف حسن على مستقبل نسرين؟	١. إيه رأيكو في خوف محمد على مستقبل مها؟
٢. ليش برأيكن حسن ما عنده صداقات حقيقية بأميركا؟ كيف لازم تكون الصداقة برأيه؟	٢. ليه محمد ما عندوش صداقات حقيقية في أمريكا في رأيكو؟ إيه رأيه في الصداقة بشكل عام؟ ازاي لازم تكون؟
٣. ليش برأيكن ماهر بده يخطب طارق لنسرين؟ وليش مريم ما رَحَّبِت بالفكرة؟	٣. ليه محمود عايز يخطب خالد لمها في رأيكو؟ وليه ملك ما رَحَّبِتش بالفكرة؟
٤. برأيكن، هل حسن بيحس إنو هالموضوع ممكن يسبّب مشكلة أو خلاف بالعيلة؟ ليش؟	٤. في رأيكو هل محمد بيحس إن الموضوع دا ممكن يسبّب مشكلة أو خلاف بالعيلة؟ ليه؟

القراءة ١

تمرين ١٤: "النصف الآخر" (في الصف)

اقرأوا النص مع زميل/ة وتكلموا عمّا [= عن ما] تجدون.

أ. أسئلة للكلام بالعربية (وليس الكتابة):

١. ما هذا النص؟ وما معنى "النصف الآخر"؟

٢. ماذا يقول هؤلاء الأشخاص عن أنفسهم؟ وماذا لا يقولون؟
تكلموا عن هذه الأشياء: الإقامة – العمل – الدين – العائلة – الشخصية – الشكل.

٣. ماذا تريد النساء في الزوج؟

٤. ماذا يريد الرجال في الزوجة؟

ب. كلمات جديدة من النص:

٥. اكتبوا الكلمات الجديدة التي فهمتم معناها من النص. اكتبوا الكلمة والجذر والمعنى.

النصف الآخــر

T٤٨١ الآنسة "ب.هـ" تونسية من العاصمة، ٢٦ سنة، على قدر وافر من الجمال والأناقة، من أسرة محافظة، ومتدينة، ربة بيت ممتازة، تحترم الحياة الزوجية، تود الزواج من شاب عربي مسلم، خلوق، لديه عمل ثابت، يكون مقيماً في دولة أوروبية.

T٤٨٢ الآنسة "ن.ر" مغربية تقيم في فرنسا، ٣٠ سنة، مقبولة الجمال، خلوقة، طموحة، تودّ الزواج من شاب عربي مسلم، خلوق، متفهّم وقادر على تحمّل أعباء الحياة الزوجية.

T٤٨٣ الآنسة "أ.أ" مغربية من بني ملال، ٢٦ سنة، جامعية، جميلة، جذابة، أنيقة، محجّبة، خلوقة، ترغب في الزواج من شاب عربي مسلم، متديّن، لا يتجاوز عمره ٥٠ سنة، تفضله سعودياً أو خليجياً.

T٤٨٥ الآنسة "ع.ف" مغربية من الدار البيضاء، ٣٧ سنة، جامعية، صاحبة مدرسة للأطفال، حسنة الشكل، أنيقة، تود الزواج من رجل عربي مسلم لا يقل عمره عن ٥٠ سنة، يحترم المرأة، ويقدر الحياة الزوجية.

T٤٨٧ الآنسة "أ.أ" لبنانية من العاصمة، ١٩ سنة، متعلمة، جميلة، من أسرة محافظة، متديّنة، ترغب في الزواج من شاب عربي مسلم، تفضله لبنانياً، متديّناً، شريفاً، ويقيم في أوروبا أو في أميركا، وألّا يتجاوز عمره ٣٠ سنة.

T٤٨٨ السيدة "م.س" تونسية تقيم في سويسرا، مطلقة، جامعية، حسنة المظهر، أنيقة، ٣٩ سنة، تودّ الزواج من رجل عربي مسلم مثقّف، لا يتجاوز عمره ٤٥ سنة، لديه رغبة صادقة في تكوين أسرة، ويقبل العيش معها في المهجر.

T٤٨٩ الآنسة "س.س" عراقية تقيم في تركيا، ٢٩ سنة، محجّبة، جميلة الخلق والأخلاق، طويلة القامة، مثقّفة، تود الزواج من شاب عربي مسلم، متديّن، خلوق، مثقّف، لديه عمل محترم، مقبول الشكل، وصادق في رغبته بالزواج.

T٤٩٠ الآنسة "م.ف"، مغربية من تطوان، ٣١ سنة، جامعية محاسبة، مقبولة الجمال، بيضاء البشرة، محجّبة، تودّ الزواج من شاب مغربي، تفضله مقيماً في هولندا، صادق وطيب القلب.

T٤٩١ "م.ل" جزائري، يقيم ويعمل في إيطاليا، ٤٨ سنة، عازب، مستوى مهني رفيع، حسن المظهر والأخلاق، يودّ الزواج – صادقاً – من آنسة أو سيدة عربية مسلمة، ولا يهمه مكان إقامتها.

T٤٩٢ "ن.ع" إماراتي، ٣٧ سنة، موظف، خلوق، يودّ الزواج من آنسة أو سيدة عربية مسلمة، بيضاء البشرة، جميلة القوام، ولا يهمه مكان إقامتها.

النصف الآخر

T٤٩٣ "ب.ع" يقيم ويعمل في فرنسا، ٣٨ سنة، يرغب في الزواج من آنسة أو سيدة عربية مسلمة، لا يمانع إن كان لديها أبناء، حسنة الشكل، ذات أخلاق حميدة، ويفضلها مقيمة في أوروبا.

T٤٩٤ "م.د" فلسطيني مسلم، يقيم في لبنان، ٢٧ سنة، لم يسبق له الزواج، يرغب في الزواج من آنسة أو سيدة عربية، يفضلها مقيمة في المهجر، حنونة، خلوقة، مقبولة الجمال، ولا يتجاوز عمرها ٢٤ سنة.

T٤٩٥ "م.د" مغربي، يقيم ويعمل في ألمانيا، ٣٣ سنة، لديه عمل محترم وثابت، خلوق، يرغب في الزواج من آنسة عربية مسلمة، جميلة الشكل، خلوقة، ولديها رغبة صادقة في الزواج والاستقرار، وترضى بالعيش في ألمانيا، ولا يزيد عمرها على ٢٨ سنة.

T٤٩٨ "ق.ق" أردني مسلم من جرش، ٣٢ سنة، موظف حكومي، ميسور الحال، حسن المظهر، يودّ الزواج من آنسة عربية مسلمة، خلوقة، حسنة الشكل، وتقدّس الحياة الزوجية.

T٤٩٩ "ب.أ" مغربي يقيم ويعمل في فرنسا، ٣٦ سنة، لديه عمل ثابت ومحترم، يودّ الزواج من آنسة مغربية، لا يتجاوز عمرها ٣٢ سنة، تحترم الزوج، وتتمتع بأخلاق رفيعة، وتعرف اللغة الفرنسية.

T٥٠٠ "م.هـ" سوري مسلم، يقيم ويعمل في إسبانيا، ٣٨ سنة، طبيب أسنان، طويل القامة، رصين، جاد، يرغب في الزواج من آنسة عربية مسلمة، طويلة القامة، جميلة الشكل، بيضاء البشرة، ولا يزيد عمرها على ٣٠ سنة، وترغب – صادقة – في بناء أسرة سعيدة.

من مجلة "الوطن العربي"
العدد ١٣٧١
٢٠٠٣/٦/١٣

الكتابة

تمرين ١٥: الزواج (في البيت)

بعد قراءة "النصف الآخر"، هل تظنون أن الأفكار عن الزواج عند الناس الذين كتبوا هذه الإعلانات مختلفة عن أفكاركم؟ كيف؟ ولماذا؟ اكتبوا مقالة قصيرة (حوالي ٢٠٠ كلمة)، تناقشون فيها رأيكم.

الحوار

اللغة والثقافة

فَتَّح عيوني (ع).... اَفَتَّح عينَيَّ (على) | *to watch out, be wary, pay attention to what is going on*

تمرين ١٦: "شكلك مِتضايِق" "شكلك مِتضايِق"

(في البيت ثم في الصف)

أ. الاستماع في البيت

شوفوا الحوار واكتبوا الأجوبة:

"شكلك مِتضايِق"	"شكلك مِتضايِق"
١. ليش شريف متضايق؟	١. شريف متضايق ليه؟
٢. كيف هو متعود يدرس؟ شو اللي اتغيّر؟	٢. ازاي هو متعود يدرس؟ إيه اللي اتغيّر؟
٣. ليش بتقول إم شريف إنّو لازم تفتّح عيونها؟	٣. ليه بتقول أم شريف إنّه لازم تفتّح عينها؟
٤. شو لازم يعمل شريف برأي رفيقه؟	٤. شريف لازم يعمل إيه في رأي صاحبه؟
٥. مين رامي وشو قصته؟	٥. مين رامي وحصل له إيه؟
٦. شو رأي أبو شريف بالموضوع؟ ليش؟	٦. إيه رأي والد شريف في الموضوع؟ وليه؟

ب. الاستماع في الصف

أولاً: اتكلموا مع زميل/ة عن الحاجات اللي فهمتوها من الحوار.	أولاً: احكوا مع زميل/ة عن الإشيا اللي فهمتوها من الحوار.
ثانياً: اسمعوا الحوار كمان مرّة واتكلموا عن الأسئلة دي:	ثانياً: اسمعوا الحوار مع بعض واحكوا عن هالأسئلة:
١. ازاي علاقة شريف مع مامته دلوقتي؟ وازاي كانت قبل كده؟	١. كيف علاقة شريف مع إمه هلّق؟ وكيف كانت قبل هيك؟
٢. حيحصل ايه في رأيكو لو اتكلم شريف معاها؟	٢. شو رح يصير برأيكن اذا حكى شريف معها؟
٣. ليه بتفتكر أم شريف إنّ ابنها زعلان منها؟ هي بتقول إنّها "عوّدتهم تتناقش معاهم" – يعني إيه؟	٣. ليش بتظن إم شريف إنو ابنها زعلان منها؟ إم شريف بتقول إنو هي "عوّدته تتناقش معه" – شو يعني؟
٤. في رأيكو هي أم كويسة؟ ليه؟	٤. برأيكن هي أم كويسة؟ ليش؟
٥. عايزين تقولوا إيه لأم شريف عشان تحاولوا تساعدوها في المشكلة دي؟	٥. شو بدكن تقولوا لإم شريف منشان تحاولوا تساعدوها بهالمشكلة؟

ج. الاستماع الدقيق

اسمعوا الحوار مع بعض كمان مرة وحاولوا تسمعوا "أسماء الفاعل" فيه. اكتبوا الفعل واسم الفاعل، وفكروا مع بعض في معنى أسماء الفاعل اللي سمعتوها.

القصة بالفصحى

تمرين ١٧: "المهم هو رأي خالد ومها" (في البيت)

استمعوا الى محمد يتكلم بالفصحى وأجيبوا عن الأسئلة:

أ. كم جملة اسمية تسمعون؟ اكتبوا جملتين اسميتين و *identify* المبتدأ والخبر فيهما:

ب. كيف يقول محمد هذه الجمل؟ اكتبوا بالعربية ما يقول:

1. I told her the same thing I told Mahmoud. ....
2. (Maha and Khalid) don't know .... What is the ending you hear on the verb?

ج. استمعوا إلى محمد واكتبوا ما يقول (في الكتاب أو في الوب):

لي كثير من (١) .... هنا، ولكن من (٢) .... أن (٣) ....
علاقتي بهم (٤) .... (٥) .... كما كانت (٦) .... في مصر، ربما
لأن (٧) .... الصداقة هنا (٨) .... ، (٩) ....
(١٠) .... هنا (١١) .... (١٢) ....
(١٣) .... التليفونية أو (١٤) .... (١٥) .... ،
أو (١٦) .... الإلكترونية، الـ "إيميل" ، (١٧) .... لأن
(١٨) .... في مصر (١٩) .... (٢٠) .... حياتي
و (٢١) .... و (٢٢) .... (٢٣) .... أحيانا
(٢٤) .... أريد (٢٥) .... (٢٦) .... كل
(٢٧) .... هنا و (٢٨) .... (٢٩) .... مصر.
(٣٠) .... ـني (٣١) .... مها بعد (٣٢) .... ،
(٣٣) .... محمود في إحدى (٣٤) .... أنّه يريد أن (٣٥) .... ـها
لخالد. خالد (٣٦) .... (٣٧) .... و (٣٨) ....
و (٣٩) .... ممتازة، ولكن ملك لا (٤٠) .... (٤١) ....
(٤٢) .... (٤٣) .... (٤٤) .... نفس

(٤٥) .... (٤٦) .... لمحمود وهو (٤٧) ....

(٤٨) .... هو (٤٩) .... خالد ومها اللذين لا (٥٠) ....

(٥١) .... شيء (٥٢) .... (٥٣) ....

القواعد ٢

المُثنّى في الفصحى

In القصة بالفصحى, you heard Mohammad use المُثَنّى. In الفصحى, the quantity "two" of anything is expressed with المُثَنّى, which is a dual suffix added to a singular noun or verb stem. You already know that the dual of a noun is formed from the singular by adding the suffix -انِ or -ـَيْنِ . Adjectives share these endings and always match the noun they modify. You have also seen and heard dual agreement in pronouns and verbs in these sentences:

هما **يملكانِ** شركة تجارية **يعملانِ** بها. | هما **مشغولانِ** عنها.

المهم هو رأي خالد ومها **اللذينِ** لا **يعرفانِ** اي شيء عن الموضوع.

Dual forms are easy to produce if you start with the singular and just add the appropriate dual suffix: -انِ or -ـَيْنِ for nouns and adjectives and -ا or -انِ for verbs. For now, however, we will focus on **recognizing** dual forms in formal Arabic (as you will see, spoken Arabic has a more limited use of the dual). Here we will present an overview of المثنى forms that you have not previously seen so that you can become familiar with them.

1. Pronouns الضمائر

المفرد	المثنى
أنتَ ، أنتِ	أَنتُما
هو ، هي	هُما

المفرد	المثنى
ـكَ ، ـكِ	ـكُما
ـهُ ، ـها	ـهُما

The demonstrative pronouns take case endings in المثنى just like nouns and adjectives do:

المثنى	المفرد
هٰذانِ ، هٰذَيْنِ	هٰذا
هاتانِ ، هاتَيْنِ	هٰذه
اللّذانِ ، اللّذَيْنِ اللّتانِ ، اللّتَيْنِ	الّذي الّتي

2. Verbs

The مثنى endings on verbs are easy to recognize by their alif.

المثنى	المفرد
(أَنتُما) فَعَلتُما	(أنتَ) فَعَلتَ (أنتِ) فَعَلتِ
(هُما) فَعَلا (هُما) فَعَلَتا	(هو) فَعَلَ (هي) فَعَلَتْ

Notice that المثنى verbs, like all other مضارع verbs ending in ن, lose that ن in المنصوب and المجزوم.

المثنى	المفرد
(أنتُما) تفعلانِ ، تفعلا	(أنتَ) تفعل (أنتِ) تفعلينَ ، تفعلي
(هُما) يفعلانِ ، يفعلا	(هو) يفعل
(هُما) تفعلانِ ، تفعلا	(هي) تفعل

The result of having a full set of dual forms for nouns, adjectives, pronouns, and verbs is that dual sentences in formal Arabic are easily recognizable because they have a kind of rhyming quality about them, as you can hear when you read this sample sentence aloud:

هذانِ هما الموضوعانِ المهمّانِ اللذانِ كانا ولا يزالانِ يشغلانِ تفكير أبناء وبنات هذا الجيل.

There is one final rule for المثنى بالفصحى that is important to know because you will see it in writing: When a مثنى noun is the first word in an إضافة or has a possessive pronoun attached to it, the ن on المثنى ending disappears. You saw examples of this when you learned the possessive forms of dual parts of the body such as عيناك إيديكي رجليك. Study these examples and notice also that the possessive pronoun ي *my* is pronounced with a fatHa:

عينان + البنت = عينا البنت | والدانِ + ي = والدايَ | بِيَدَيْنِ + ي = بِـيدَيَّ

في مدينتين + طرابلُس وبَنغازي = في مدينَتَيْ طرابلُس وبَنغازي

For now, focus on recognizing these forms of المثنى في الإضافة from context.

المُثنّى في العامية

You may have noticed that, unlike القصة بالفصحى, neither Mohammad nor Hassan used المثنى in القصة بالعامية. The formal suffix -ان is not used in spoken Arabic, and neither are dual pronouns, verbs, or adjectives. The only مثنى form that is regularly used in spoken Arabic is the ending ـين *(een)* on nouns.

رح نقعد ع البحر يومين تلاتة. | حنقعد على البحر يومين تلاتة.

Adjectives and verbs tend to agree with dual nouns by taking plural endings, as these examples show:

- فيه طالبين أجانب بيدرسوا معنا بالمعهد. | • فيه مَحَلّين كبار ومشهورين بس غاليين شويّة.
- هنّي أقرب شخصين إلي وعزمتُن ع الحفلة بس ما قدروا يِجوا. | • همَّ أقرب شخصين لِيَّ وعزمتُهم على الحفلة بس ما قدروش ييجوا.

In theory, any noun can take a مثنى ending, but in practice, speakers do not always find it necessary to specify the exact number "two." When talking about two people, the number "two" is often used with a plural noun instead of المثنى.

اتنين مُهَندسين | اتنين رجال — اتنين رِجّالة | اتنين سِتّات

Finally, Levantine and other eastern dialects have a feminine form for "two:" تِنتين (from اِثنتين). Notice the use of the human feminine plural ـات to signal "women" in this example:

مثال: تنتين مصريّات *two Egyptian women*

تمرين ١٨: المثنى (في الصف)

The following sentences demonstrate all aspects of مثنى agreement. Scan to identify the مثنى forms, then read them aloud with a partner.

١. محمد وملك قرّرا أن يبقيا في أمريكا بعيَدين عن عائلتيهما.

٢. هاتان الأختان الصغيرتان كانتا تسكنان في بيت جميل ولكنهما لم تكونا سعيدتين.

٣. يوما الجمعة والسبت هما يوما عطلة نهاية الأسبوع هنا، وهما يوماي المفضلان.

٤. مشكلتكما أنكما تخافان على ابنتيكما أكثر من اللازم ولا تسمحان لهما بأن تكونا كبقية البنات.

تمرين ١٩: المثنى في الأخبار (في البيت ثم في الصف)

نجد أشكال المثنى كثيراً في الأخبار وخاصةً في العناوين *headlines* لأنها تستعمل الجملة الاسمية والمضارع كثيراً.

أ. في البيت

(١) اقرأوا عناوين الأخبار للفهم ثم ابحثوا عن كل أمثلة المثنى.

- وليام وكيت يصلان إلى لوس انجليس في رحلتهما الخارجية الأولى
- الأميرة كيت والأمير ويليام يعدان الطعام في مدرسة الطبخ الكندية

- خلافات بين وزارتي الخارجية والنقل على "ميناء مبارك" الكويتي
- رئيس الوزراء التركي ووزير خارجيته يزوران الصومال في زيارة رسمية
- الهند وباكستان تبدآن محادثات سلام غداً لحل مشكلة كشمير
- جامعتا الملك سعود والملك فهد بين أفضل ٣٠٠ جامعة عالمية
- اجتماعان حكوميان وجلسة للبرلمان للبدء بالاستعداد للانتخابات

• مصر و تونس خرجتا من التجربتين الثوريتين موحّدتين جغرافياً

• يكون الطقس يومي الجمعة والسبت حاراً نسبياً في المناطق الجبلية وحاراً في باقي المناطق

• نانسي عجرم : ابنتاي "ميلا" و "إيلا" هما نجاحي الحقيقي

(٢) فكّروا في "ثُنائي" *couple* مشهور وابحثوا عن أخبار عنهما في الإنترنت.

Type (in Arabic) the names of a famous couple or duo into a web search engine and see what comes up. Choose a story whose main ideas you can understand and prepare to present it in class using المثنى.

ب. في الصف

تبادلوا المعلومات عن الـ *duos* أو الـ *couples* الذين قرأتم عنهم في الوب.

🎧 تمرين ٢٠: ماذا فعلا / يفعلان؟   (في البيت) 🎧

اكتبوا الفعل في الشكل الصحيح في كل جملة.

١. عمتي وزوجها _____ من نفس الكلية في نفس السنة. (تخرّج)

٢. يبدو أن مها وليلى لن _____ من الغرفة قبل انتهاء المحاضرة. (خرج)

٣. أعتقد أن ماهر وأخاه سـ _____ معنا في مباراة كرة القدم. (اشترك)

٤. _____ زميلايَ في الشقة من الحفلة بعد منتصف الليل. (عاد)

٥. _____ الرئيسان السوري واللبناني الزيارات حتى _____ تحسين العلاقات بين البلدين. (تبادل) (ناقش)

٦. أنا غاضبة منكما لأنكما لم _____ لزيارتي منذ وقت طويل! (حضر)

٧. أظنّ أنكما لا _____ أن _____ إلى رأيي في الموضوع. (أراد ، استمع)

٨. بعد أن _____ عبد المنعم ووليد من المذاكرة أحياناً _____ من البيت و _____ إلى مطعم قريب حيث _____ وجبة عشاء سريعة. (انتهى ، نزل ، ذهب ، أكل)

القراءة ٢

العبارات الجديدة

لا يَكاد (أكاد، تَكاد ..) + المضارع | *he (I, you..) barely*

حياتي كلها مشاكل، ولا أكاد أخرج من مشكلة حتى أدخل في مشكلة أخرى!

تمرين ٢١: "تساؤلات"   (في البيت ثم في الصف)

أ. القراءة في البيت

Before reading, look at the format of the article and think about what clues it gives to the article's content.

اقرأوا المقالة وأجيبوا عن الأسئلة

١. ما موضوع المقالة؟

٢. ماذا نعرف عن المتكلمَيْن؟ اكتبوا فقرة طويلة.

ب. القراءة في الصف

تكلموا مع زميل/ة عن هذه الأسئلة:

١. هل الزوجان اللذان يتكلمان هنا غاضبان؟ لماذا / لماذا لا؟

٢. ماذا نعرف عن العلاقة بين الزوجين؟ وكيف نعرف ذلك؟

٣. ماذا يريد الزوج أن يقول؟ وما رأي الزوجة في ذلك؟

ج. دراسة القواعد في النص

اكتبوا الوزن والجذر والمعنى:

المعنى في النص	الوزن	الجذر	الكلمة
			<u>تساؤلات</u>
			<u>يَزيد</u> عن
			<u>أستيقظ</u> في الصباح
			ما <u>يتبقى</u> من الوقت
			في <u>الاقتراب</u> من أحبائنا وأقاربنا
	_____		الاقتراب من <u>أحبائنا</u> وأقاربنا

تســـــــاؤلات .. ؟

✻ على مائدة الافطار حيث يلتقي الزوجان يومياً.

الزوج – أتعرفين كم من الوقت الحقيقي قضينا معاً؟

الزوجة – ما هذا السؤال؟ خمسة وعشون عاما. عمر زواجنا.

– أبداً يا عزيزتي إنه لا يزيد كثيرا عن ثلاث سنوات.

– شكراً، يبدو أنك لم تشعر بوقتك معي. هذا رائع.

– (يضحك) لم أقصد ذلك، ولكني حسبت الوقت الحقيقي.

– ماذا تقول؟

– تعالي نحسبها: استيقظ في الصباح وأستعد للعمل، أقضي معك مدة لا تتجاوز عشر دقائق على مائدة الافطار، أغادر الى العمل، أعود في الثانية، نلتقي الى الغداء ثم أنصرف لقراءة ما لم أقرأ من صحف الصباح ثم أنام قليلاً.

يقلم: د. كافية رمضان
من مجلة "أسرتي"
١٩٨٦/١١/١

استيقظ ولا أكاد أراك لأنك إما مشغولة مع الأولاد أو لسبب آخر، أغادر الى العمل، أعود مساء، نشاهد التلفزيون، لا نكاد نتحدث إلا قليلاً.. وعليه، لو حسبت كم من الوقت الحقيقي أقضي معك ستجدينه لا يتجاوز ساعة يومياً في أحسن الأحوال، بمعنى (١٢) يوماً في السنة.. أي ثلاث سنوات وتزيد قليلاً في الخمسة والعشرين سنة الماضية.

– فإذا اقتطعنا ساعات النكد يا عزيزي، كم يتبقى من لحظات السعادة؟

– لقد وصلت لما أردت أن أقول: نعم، كم من الوقت في عمرنا كله نقضيه سعداء، نقضيه كما نريد، كما يجب؟ كم من الوقت نقضيه بلا لهاث وإرهاق وعمل؟ كم من الوقت نقضيه حقاً لذواتنا؟

– ولكن العمل مطلوب، ولا أظنك تقصد حياة بلا عمل؟

– لا أقول ذلك، ولكن أقول ما يتبقى من الوقت كيف نقضيه؟ كم من الوقت نقضيه في نزهة جميلة مع أبنائنا؟ في الاقتراب من أحبائنا وأقاربنا وأصدقائنا؟ كم من الوقت نستغله لنعرف كيف نعيش السعادة؟

غادر الزوج، وبقيت الزوجة تفكر..
في كلام الزوج كثير من الحقيقة..
فلماذا لا نفكر في نمط الحياة التي نعيش؟
ألا يمكن أن يقود التفكير إلى التغيير؟

الاستماع

تمرين ٢٢: "كوليت خوري" (في البيت ثم في الصف) 🎧 | 📀

أ. الاستماع في البيت

شاهدوا الفيديو وأجيبوا عن الأسئلة:

You will hear many إعراب endings. Listen once to focus on recognizing them, then listen again to focus on the content of the text.

(١) اكتبوا ما عرفتم عن الأديبة كوليت خوري:

	لماذا هي مشهورة؟
	عائلتها
	حياتها الخاصة
	حياتها الأكاديمية

(٢) ماذا قالت كوليت خوري للمشاهدين في بداية البرنامج؟ ولماذا؟

ب. الاستماع في الصف

١. تناقشوا مع زميل/ة في ما فهمتم وكتبتم في البيت.

٢. في رأيكم، لماذا عملت كوليت خوري الأشياء التي عملتها ؟ وما هي الأحداث *events* والشخصيات التي غيّرت حياتها؟ استمعوا مرة أخرى وفكروا في هذا السؤال ثم تكلموا عن أفكاركم مع زميل/ة.

٣. أين تسمعون الإعراب؟ اكتبوا خمس كلمات تعرفونها وتسمعونها هنا بالإعراب.

٤. ماذا حدث في سنة ١٩٥٩؟ ولماذا كانت سنة مهمة بالنسبة لكوليت خوري؟

Write the new verb you hear immediately after the year is mentioned. Identify its وزن وجذر and guess its meaning from the context. What helped you guess?

٥. ماذا تلاحظون في عناوين كتب كوليت خوري؟

تمرين ٢٣ : الاستماع الدقيق (في البيت)

أ. استمعوا واكتبوا الكلمات التي تسمعونها في البرنامج من ٠٠:٣٤ إلى ٠٠:٤١

Pay attention to إعراب markers at the end of words

(١) .... غنيةٌ *rich* (٢) .... الجَوانِب: (٣) ....

و (٤) .... و (٥) ....

ب. ومن ٠٠:٤٧ إلى ٠٠:٥٣

و (١) .... حازَت (= حصلت) على (٢) .... عَميق (= كبير) من

(٣) .... (٤) .... و (٥) .... العالم العربي.

ج. ومن ٢:٥١ إلى ٢:٥٧

و (١) .... (٢) .... و (٣) .... (٤) ....

(٥) .... (٦) .... في اِنطِلاقتها *her start* (٦) .... والاجتماعية.

د. ومن ٣:٥٣ إلى ٤:٠٦

ولكوليت خوري (١) .... مع (٢) .... (٣) ....

و (٤) .... و (٥) .... و (٦) .... في سوريا

و (٧) .... (٨) .... (٩) .... إلى (١٠) ....

(١١) .... (١٢) .... (١٣) .... (١٤) ....

و (١٥) .... والمُجتَمَع *society*.

القواعد ٣

الاسم المرفوع

صحيفةُ النيويورك تايمز | أشكالٌ وألوان | المهاجرونَ الجدد | بنتانِ صغيرتانِ

The second case of الإعراب we present here is called الرَّفع, and a noun that is so marked is called اسم مرفوع.[2] A noun that is مرفوع takes one of the endings shown in the examples above depending on whether it is definite, indefinite, جمع المذكر , or المثنى:

المرفوع

Definite	Indefinite	جمع المذكر	المثنى
الرئيسُ	رئيسٌ	المهاجرونَ[3]	الوالدانِ
الصورةُ	صورةٌ	ليبيّونَ	مدينتانِ

[2] In English treatments of Arabic grammar, this case is called the nominative.

[3] Note that the فتحة on ونَ and the كسرة on انِ are helping vowels in pronunciation (they are necessary for poetic meter, for example), but are not part of الإعراب per se.

The المرفوع case marks:

1. الفاعِل *the subject in* الجملة الفعلية, as in these examples:

تركّز المقالةُ على مشكلة المخدرات.   غادر المهاجرون بلدهم قلقين على مستقبلهم.

أعطى الوالدان كل شيء لأولادهما.

2. اسم كان وأخواتها, such as the following:

كانت بطاقةُ الدعوة جميلة!   صار الناسُ يؤمنون بأنّ التغيير ممكن.

3. Both المبتدأ والخبر in الجملة الاسمية (when الخبر is a noun or adjective), as in:

هؤلاء الشبابُ مؤدّبون.   رجلاه طويلتان.

However, keep in mind that المجرور case always takes precedence over المرفوع. For example, sometimes الخبر consists of a prepositional phrase, such as في جامعتنا in this sentence:

في جامعتِنا خمسُ كليات.

In this case, the word جامعتنا must be مجرور because of في (it is not مرفوع even though the phrase it is in constitutes الخبر).

Study the following examples of الاسم المرفوع and label each as الفاعل ، المبتدأ ، الخبر ، اسم كان وأخواتها:

١. الطبّاخونَ ممتازونَ فعلاً!   ٢. والدُها مديرٌ كبيرٌ في تلك الشركة.

٣. تسمح لنا والدتُنا بالخروج.   ٤. كان الاستاذُ يتكلم عن تجربته في التدريس.

Identifying a noun in المجرور case is relatively easy because all you need to look for are prepositions and إضافات. In contrast, identifying المرفوع requires you to pay attention to the structure of the entire sentence so that you can find الفاعل or المبتدأ and الخبر. Practice doing this in تمرين ٢٤.

تمرين ٢٤: الجملة الاسمية (في البيت)

When you first learned the structure of الجملة الاسمية, the sentences were short and simple. Now, however, you are starting to read authentic texts in which المبتدأ and الخبر can be relatively far apart. The sentences in this exercise, some of which are taken from earlier reading texts, will help you learn to see the sentence as a whole and look for the core parts so that you can understand the main idea. First, identify المبتدأ and الخبر in each sentence. If they are not immediately apparent to you, bracket the adverbs, الذي/التي clauses, and prepositional phrases you see, except for prepositional phrases at the beginning of the sentence, which might be الخبر. Once you have blocked off these extra elements, you should be able to see the core parts of the sentence. Note that some sentences may consist of two short sentences for you to identify. After finding المبتدأ والخبر in each sentence, write in the correct endings on all مجرور and مرفوع words.

١. البيت الذي أقام فيه هو وزوجته وأولادهما بعد مغادرتهم بغداد صغير وبسيط.

٢. من المشاكل الأخرى التي عشتها في الحي الجامعي الشعور بالملل والغربة التامة.

٣. السكن بعد الزواج مع الأهل في بيت العائلة حل لمشكلة الإسكان التي يعيشها الكثير من الشباب الراغبين في الزواج.

٤. في سوق مدحت باشا العديد من الأماكن والمواقع والبيوت القديمة التي يمكن زيارتها.

٥. نسبة الهجرة إلى المدن أو الولايات الأخرى بين الشباب الذين يكملون دراساتهم محدودة.

٦. هناك أيضاً سوق الحرير والمسمى "سوق النسوان" وهو متخصص ببيع اللوازم النسائية.

٧. من الأمور الغريبة التي وجدت أيضاً صعوبة في التعامل معها الجو الماطر ليلاً ونهاراً.

تمرين ٢٥: الاسم المرفوع والمجرور (في الصف)

Identify بالعربية the structure and parts of these sentences, then mark all of the appropriate مجرور and مرفوع endings in them:

١. بعد أسبوع من الاجتماعات الماراثونيّـة انتهت أعمال المجموعة الوزارية الخاصة التي شكّلها مجلس الوزراء لحل مشكلة الإسكان ولكن بدون الوصول الى أي حلول حقيقية.

٢. جاء في صحف الصباح خبر يقول إن الرئيس دخل المستشفى بعد ساعات قليلة من عودته من جولته الأوروبية. وهذه هي المرة الثانية التي يدخل فيها الرئيس المستشفى، ولم تذكر الصحف أي معلومات عن سبب مرض الرئيس أو عن الوقت الذي سيقضيه في المستشفى.

٣. العربية الفصحى هي لغة الكتب الدينية المقدسة ولغة الأدب والجرائد والمجلات، وهي أيضاً لغة التعليم في كل المدارس والمعاهد والجامعات في العالم العربي. وتاريخ الفصحى قديم يرجع الى زمن طويل قبل بداية التاريخ الإسلامي. والإسلام ساعد العربية على الانتشار في البلاد والمناطق التي دخلها المسلمون.

٤. انقطعت العلاقات الديبلوماسية بين البلدين بسبب الخلاف على الحدود. وجاء القرار بقطع العلاقات بعد فشل كل محاولات الأمم المتحدة للبحث عن حل لهذه المشكلة.

٥. مدينة فاس في المغرب واحدة من أهم وأجمل المدن الإسلامية، وهي مشهورة بتاريخها وشخصيتها الخاصة بين بقية المدن الإسلامية. وتتكون المدينة من قسمين لكل واحد منهما هوية مختلفة: المدينة القديمة وهي إسلامية الأصل والشكل، والمدينة الجديدة التي بناها الفرنسيون.

تمرين ٢٦: قراءة جهرية (في البيت)

اقرأوا هذه الفقرات (المأخوذة من نص القراءة) وركّزوا على قراءة حركات الإعراب وأيضاً على القراءة في أجزاء *phrases* وليس كلمة كلمة.

. . . . أستيقظُ في الصباحِ وأستعدُّ للعمل، أقضي معكِ وقتاً لا يزيدُ على عشرِ دقائق على طاولةِ الإفطار، أغادرُ الى العمل، أعودُ في الثانية، نلتقي الى الغداءِ، ثم أنشغلُ بقراءةِ ما لم أقرأ من صحفِ الصباحِ ثم أنامُ قليلاً. استيقظُ ولا أكادُ أراكِ لأنكِ إما مشغولةٌ مع الأولادِ أو لسببٍ آخر، أغادرُ الى العمل، أعودُ مساءً، نشاهدُ التلفزيون، لا نكادُ نتحدثُ إلا قليلاً... وعليه، لو حسبتِ كم من الوقتِ الحقيقيِّ أقضي معكِ ستجديَنهُ لا يزيدُ عن ساعةٍ يومياً في أحسنِ الأحوال، بمعنى ١٢ يوماً في السنة... أي ثلاثِ سنواتٍ وتزيدُ قليلاً في الخمسةِ والعشرينَ سنةً الماضية.
نعم، كم من الوقتِ في عمرِنا كلِّهِ نقضيهِ سعداء، نقضيهِ كما نريد، كما يجب؟ كم من الوقتِ نقضيهِ بلا تعبٍ وإرهاقٍ وعمل؟ كم من الوقتِ نقضيهِ حقاً لنا ولأنفسِنا؟ كم من الوقتِ نقضيهِ في نشاطاتٍ جميلةٍ مع أبنائِنا؟ في الاقترابِ من أحبائِنا وأقاربِنا وأصدقائِنا؟ كم من الوقتِ نستغلُّهُ لنعرفَ كيف نعيشُ السعادة؟
غادرَ الزوج،
وبقِيَت الزوجةُ تفكّر . .
في كلامِ الزوجِ كثيرٌ من الحقيقة . .
فلماذا لا نفكرُ في شكلِ الحياةِ التي نعيشُها؟
ألا يمكنُ أن يساعدَنا التفكيرُ على التغيير؟

❋ ❋ ❋

You can find two extra practice drills on some of the key concepts in this lesson and previous lessons on the companion website. These drills are optional and allow you another opportunity to practice what you have learned.

درس ٦

الهجرة: أسباب و تجارب

المفردات

سنتعلّم مفردات جديدة تساعدنا في الكلام عن الاستعدادات للسفر ومناقشة وفهم نصوص قراءة واستماع تناقش موضوع الهجرة والانتقال من بلد إلى آخر. وسنتعلم كذلك كلمات تساعدنا في التعبير عن الأعداد في المئات والآلاف وسنركز بشكل خاص على التواريخ.

القواعد

سنتعلّم تصريف الفعل المُضَعَّف مثل "أحبَّ" و "مرَّ" و "أعَدَّ" بالفصحى والعامية، وسنتعرف على الاسم المنصوب واستعمالاته المختلفة في الجملة.

الثقافة

سنقرأ وسنستمع الى بعض الآراء عن الهجرة من العالم العربي إلى بلاد الغرب ونفهم الأسباب الاقتصادية والاجتماعية التي تدفع الناس وخاصة الشباب الى الهجرة.

المهارات

سنعمل على كتابة السَّرْد narration في الماضي

المفردات الجديدة ١: من القاموس

الفصحى	الشامي	المصري	المعنى
أَلف ج. آلاف			thousand
بيئة ج. -ات			environment
جَواز سَفَر ج. جَوازات سفر			passport
اِحتَرَمَ	يحترِم	يِحترِم	to respect
حَمَلَ ، يَحمِل ، الحَمل	يحمِل	شال ، يِشيل	to carry
اِحتاجَ إلى ، يَحتاج ، الاِحتِياج	يحتاج	يِحتاج	to need
حاجة ج. -ات			(a) need
بِحاجة إلى			in need of
دَفَعَ ، يَدفَع ، الدَّفع	يدفَع	يِدفَع	to push; to pay
دافِع ج. دَوافِع			impetus, motive
الدُّنيا	الدِّنيا		the world, this world
سُلوك			behavior (in general)
تَصَرَّفَ	تْصَرَّف ، يِتصَرَّف	اِتصَرَّف ، يِتصَرَّف	to act, behave
تَصَرُّف ج -ات			act (of behavior), action
ضَروريّ/ة			necessary
ظُلم			injustice
أَعطى ، يُعطي ، الإعطاء	عَطى ، يَعطي	اِدّى ، يِدّي	to give
غَنيّ ج. أَغنِياء	ج. أَغنِيا	ج. أَغنِيا	rich
فَخر			pride
فَخور/ة بـ ج. -ون/ين			proud of
فَقير ج. فُقَراء	ج. فُقَرا	ج. فُقَرا	poor
قَصَدَ ، يَقصِد ، القَصد	يُقصُد	يُقصُد	to mean, intend, aim at

الفصحى	الشامي	المصري	المعنى
كَرامة			dignity
نَشَأَ ، يَنشَأ ، النَّشأة			to grow up; to arise[1]
نَصيحة ج. نَصائِح	ج. نَصايِح	ج. نَصايِح	(piece of) advice
هَدِيّة ج. هَدايا	هدِيّة	هدِيّة	gift, present
وَطَن ج. أوطان			homeland
مُواطِن/ة ج. -ون/ين			citizen
تَوَقَّفَ	وِقِف ، يوقَف	وِقِف ، يُقَف	to stop (intransitive)

Note on Vocabulary Usage

1. The verb نَشَأَ ، يَنشَأ has slightly different meanings depending on whether it is used for human beings or abstract nouns. When used in reference to human beings, this verb means *to grow up*, and often occurs in conjunction with another, related verb, such as وُلِدَ:

وُلِدَت ونَشَأَت في مدينة البصرة.

When it is used with a nonhuman, abstract subject, نَشَأَ usually means *to arise*:

نشأ خلاف بينهما. | نشأ شكل أدبي جديد. | نشأ في نفسه شعور بالخوف من الفشل.

تعلموا هذا الفعل

أَعطى | عَطى | اِدّى

الماضي		
أعطَيتُ	عَطيت	اِدّيت
أعطَيتَ	عَطيت	اِدّيت
أعطَيتِ	عَطيتي	اِدّيتي
أَعطى	عَطى	اِدّى
أَعطَت	عَطِت	اِدّت
أَعطَينا	عَطينا	اِدّينا
أَعطَيتُم	عَطيتوا	اِدّيتوا
أَعطَوْا	عَطوا	اِدّوا

المضارع		
أُعطي	أعطي	اَدّي
تُعطي	تَعطي	تِدّي
تُعطينَ	تَعطي	تِدّي
يُعطي	يَعطي	يِدّي
تُعطي	تَعطي	تِدّي
نُعطي	نَعطي	نِدّي
تُعطونَ	تَعطوا	تِدّوا
يُعطونَ	يَعطوا	يِدّوا

تمرين ١: المفردات الجديدة (في البيت)

اكتبوا كلمة مناسبة من المفردات الجديدة في كل جملة:

١. هذا الولد .... الخبز على رأسه؛ أعتقد أنه .... الى مساعدة.

٢. كثير من الناس في البلدان العربية يشعرون أن بلدهم ليست لهم وأنهم .... من الدرجة الثانية أو ربما الدرجة الثالثة. وبالإضافة الى ذلك يشعر كثير من الناس بـ .... لأنهم لا يحصلون على نفس الفرص التي يحصل عليها الآخرون.

٣. وُلِد و .... في حي السيدة زينب في القاهرة وعاش فيه سنوات طفولته وشبابه. وكانت عائلته .... لا تملك شيئاً، ثم غادر مصر الى أُستراليا وعمل في التجارة وتمكن من جمع مال كثير وأصبح من .... وأصحاب الشركات الكبار. وهو لا يخجل من أن يقول إنه من ذلك الحي ولكنه .... جداً بنفسه وبالنجاح الذي وصل اليه.

٤. تبحث هذه المقالة عن أسباب هجرة الشباب من بلاد المغرب وعن .... المختلفة وراء قرارهم بالهجرة ومغادرة ....ـهم.

٥. يبدو أنه متضايق وغضبان مني بسبب ما قلته في الاجتماع، أنا آسف جداً وما كان ....ـي أن أغضبه لأني أحبه و ....ـه كزميل. كنت فقط أحاول أن أقول رأيـي بصراحة.

٦. ستتزوج بنت عمي بعد أقل من أسبوع وأريد أن أشتري لها .... لعرسها ولكن سأتكلم أولاً مع والدتي وأسألها إذا كان عندها أي فكرة أو .... لي عن ماذا يمكن أن أشتري.

٧. هو تاجر مخدرات وشخص بدون أخلاق أبداً و ....ـي لا تسمح لي بأن أتكلم مع شخص مثله أو أجلس معه في نفس المكان.

٨. حبيبتي هي ألطف وأجمل امرأة في كل .... تعرفت عليها منذ شهرين فقط ولكنها تشغل كل حياتي وتفكيري ولا أستطيع أن .... عن التفكير فيها.

٩. قرّرت المدرسة فصل خمسة من الطلاب بسبب ....ـهم وخاصةً في الحفلة الأخيرة التي .... فيها بشكل غير مناسب أبداً، ولكن بعض الأساتذة اختلفوا مع هذا القرار لأن المدرسة، في رأيهم، يجب أن .... هؤلاء الطلاب فرصة ثانية قبل أن تفصلهم.

١٠. هذه وظيفة ممتازة فعلاً ، خصوصاً وأن مرتّبها يصل الى حوالي ستين .... دولار سنوياً.

تمرين ٢: كتابة بالمفردات الجديدة (في البيت)

اكتبوا عن اثنين من هذه الموضوعات مستعملين أكبر عدد ممكن من المفردات الجديدة (٢٠٠ كلمة للاثنين معاً).

The topics are broad so that you have flexibility in choosing which aspect or aspects you want to write about. Since the primary emphasis is on using vocabulary, you might begin by making a list of the new vocabulary relevant to each topic and using those lists to think about what you can say. You may not be able to express everything that you want to right now, but by focusing on what you **can** say, you will continue to build writing fluency. Here is your list of options:

١. الناس والبيئة ٢. نصيحة لـمَن يزور بلدك

٣. الأغنياء والفقراء ٤. المواطن والوطن

تمرين ٣: اسألوا زملاءكم (في الصف)

Practice using the verb *to give* أعطى / عَطى / إدّى by asking questions بالعامية أو الفصحى and getting information based on the topics below. Then report this information to زميل/ة جديد/ة.

1. What do their teachers *give* them?
2. What kinds of *presents* do they *give* their parents/siblings/friends? What kinds of *presents* do others *give* them?
3. What would they *give* their family/friends if they were *rich*?
4. Do they think about how much they want to *pay* for something they *give* someone? How?
5. Do they like to *give* people things *they need?* Why?
6. What should any *citizen give* to his or her *country* (homeland)?
7. Who do they know who *gives* good *advice?* What is the best *advice* someone *gave* them?
8. What *advice* would they *give* someone who was going to travel abroad by plane for the first time?

تمرين ٤: كيف يشعرون؟ (في الصف)

تكلموا مع زميل/ة عن هذه المواضيع:

١. هل شعروا بالظلم من قبل؟ ماذا فعلوا لتغيير هذا الشعور وتحسين الوضع؟

٢. بماذا هم فخورون؟ ولماذا؟

٣. من يحترمون؟ ولماذا؟

٤. ما هي التصرفات التي يغضبون بسببها من الناس الآخرين؟

٥. هل يخافون على البيئة؟ لماذا؟

٦. كيف يشعرون بالنسبة للدنيا ومستقبلها؟

٧. ما الأشياء التي لا تسمح لهم كرامتهم بأن يفعلوها؟

٨. كيف يشعرون بالنسبة للمكان الذي ولدوا ونشأوا فيه؟ ولماذا؟

المفردات الجديدة ٢: من جذور نعرفها

الفصحى	الشامي	المصري	المعنى
أخَذَ ، يَأخُذ ، الأَخْذ: أُخِذَ			it was taken
آخر: إلخ. (إلى آخِرِه)			etc. (used in writing)
التاريخ: تاريخ ج. تَواريخ			date
ناس: إنسان ج. ناس			human being, (pl.) people
تمام: تَمَّ ، يَـتِمّ + المصدر			to be completed
الجَري: جَرى ، يَجري ، الجَري	رَكَض ، يرِكُض	جِري ، يِجري	to run
حَديث: تَحَدَّث عن	حِكـي عن ، يِحكي	اِتكَلِّم عن ، يِتكَلِّم	= تكلّم عن
أَحَسَّ بـ ، يُحِسُّ ، الإحساس	يحِسّ: حَسّ بـ ، يحِسّ	يِحِسّ: حَسّ بـ ، يِحِسّ	= شعر بـ
	يحِسّ: حاسِس بـ/حاسّة ج. حاسّين	يِحِسّ: حاسِس بـ/حاسّة ج. حاسّين	feeling that...
حِلو: ما أَحلى...!	ماحْلى...!		How beautiful is...!
خَير: اِختارَ ، يَختار ، الاِختِيار	يِختار	يِختار	to choose
خَير: اِختِيار ج. ات			choice
سافَر ، السَّفَر: سِفارة ج. -ات	سَفارة ج. -ات		embassy

الفُصحى	الشامي	المصري	المعنى
طفولة: طِفل/ة ج. أطفال			child
طالب: طَلَـبَ من (أنْ) ، يَطلُب ، الطَّـلَب	يِطلُب (إنّو)	يُطلُب (إنّ)	to ask of (someone to)
طالب: طَلَب ج. -ات			request; application
قَبِلَ ، يَقبَل ، القُبول: قُبِلَ	اِنقَبَل	اِتقَبَل	it was accepted
مُقَدَّس: القُدس			Jerusalem
قادم: قَدَّمَ	قَدَّم ، يقَدِّم	قَدِّم ، يِقَدِّم	to present (e.g., gift, report, application)
كـ ، كَما: كَأَنَّ + جملة اسمية	كَإِنّو	كَإِنّ	as if[1]
مِثل:	مِتلـ(ـه) مِتل ...	زَيُّ(ـه) زَيّ ...	(it) is just like ...
مَرّة ج. -ات: مَرَّ (بِـ) ، يَـمُرّ ، الـمُرور			to pass, pass by
مال: ج. أموال مالِـيّ/ة			financial
أوسَط ، وَسَط: واسِطة	واسطة	واسطة	connections, influential contacts
وَضَعَ ، يَضَع ، الوَضع ، موضوع: وَضْع ج. أَوْضاع			situation

Note on Vocabulary Usage

1. كَأَنَّ *or* وكَأَنَّ *as if* introduces an idea that might seem as if it were true but is not. It must be followed by a جملة اسمية:

مرّت هذه السنة (و)كـأنّها شهر! (= السنة مرّت بسرعة، مثل شهر)

شعرت بسعادة كبيرة (و)كأَنّني أعيش حلماً جميلاً.

تعلموا هذا الفعل

DVD VIDEO

اختارَ

الماضي		
اِختَرتُ	اخترت	اِختَرت
اِختَرتَ	اخترت	اِختَرت
اِختَرتِ	اختَرتي	اِختَرتي
اِختارَ	اختار	اِختار
اِختارَت	اختارِت	اِختارِت
اِختَرنا	اخترنا	اِختَرنا
اِختَرتُم	اختَرتوا	اِختَرتوا
اِختاروا	اختاروا	اِختاروا

المضارع		
أَختار	اِختار	اَختار
تَختار	تِختار	تِختار
تَختارينَ	تِختاري	تِختاري
يَختار	يِختار	يِختار
تَختار	تِختار	تِختار
نَختار	نِختار	نِختار
تَختارونَ	تِختاروا	تِختاروا
يَختارونَ	يِختاروا	يِختاروا

تمرين ٦: أوزان الأفعال الجديدة (في الصف)

Use what you have learned about أوزان الفعل to complete the chart.

الجذر	الوزن	الماضي	المضارع	المصدر	اسم الفاعل
ع ط و	أَفعَلَ IV			الإعطاء	
					مُتَحَدِّث
				التَّصَرُّف	
و ق ف					
		اِحتَـرَمَ			
ح و ج					مُحتاج
خ ي ر					

القواعد ١

الفعل المُضَعَّف بالفصحى والعامية

You have learned several verbs whose root contains a doubled consonant:

تُحِسّ (ح س س) | ظَنَنت (ظ ن ن) | تَستقِرّ (ق ر ر) | الاِستِعداد (ع د د) | يُحِبّ (ح ب ب)

Such verbs belong to the category of الفعل المُضَعَّف *the doubled verb*. You know a number of these verbs, and you know that, in general, they follow the same conjugation patterns as verbs with roots comprised of three different consonants. In أوزان II, III, V, and VI, doubled verbs are regular, as you know from قرّر and تَخَصَّص.

The verb أحَسّ حَسّ حَسّ provides a good model for the conjugation of الفعل المضعّف. Since the conjugation of المضارع is the same as for regular verbs, you can focus on learning الماضي, which is the stem that varies between spoken and formal Arabic [1]:

الماضي		
حَسّيت	حَسّيت	أحسَسْتُ
حَسّيت	حَسّيت	أحسَسْتَ
حَسّيتي	حَسّيتي	أحسَسْتِ
حَسّ	حَسّ	أَحَسَّ
حَسّت	حَسّت	أَحَسَّت
حَسّينا	حَسّينا	أحسَسنا
حَسّيتوا	حَسّيتوا	أحسَستُم
حَسّوا	حَسّوا	أحسّوا

There are two main points that you should be aware of regarding the conjugations and patterns of these verbs:

1. The الماضي conjugation of these verbs differs slightly between الفصحى والعامية. You saw this above in the conjugation charts of أحسّ/حسّ. The important thing to remember is simply to learn both basic stems of الماضي, one for هو هي هم and one for أنا أنت أنتم نحن (just as you do for verbs whose middle radial is و or ي, like كنت كان). Since you know a number of these stems, you can use any one of them as a model.
2. In very formal Arabic, المضارع of these verbs can have a فتحة ending (rather than a sukuun) on المجزوم. Thus, in fully voweled formal Arabic, you may see or hear forms such as لم يُحِبَّ or لم تَمُرَّ. The فتحة serves here to prevent a sukuun from occurring on a shadda, something not permitted by the rules of formal Arabic, because it would result in too many consonants in a row. [2]

For full conjugations of الفعل المضعّف in all persons, see the "الفعل المضعّف *Doubled Verbs*" in the Appendix.

---

[1] The stem of المضارع is regular for all verbs except the forms of the جمع المؤنث السالم, the feminine human plural, which you will learn in Lesson 7.

[2] In Classical Arabic, and, especially in poetry, an alternative form of المجزوم also occurs in which the sukuun is retained but the doubled consonant splits. For example, لم يمرّ would be لم يمرُرْ. You should be aware of this variant so that you can recognize it when you see it.

تمرين ٧: الفعل المضعف (في البيت)

أ. أكملوا الجدول *chart* بالأشكال الصحيحة لفعل "أحبّ".

Write in vowels for الفصحى but not for العامية:

الضمير	الماضي بالفصحى	الماضي بالعامية	المضارع المرفوع	المنصوب والمجزوم
أنا		حَبّيت	أُحِبُّ	أُحِبَّ
أنتَ				
أنتِ			تُحِبّينَ	
هو	أَحَبَّ			
هي		حَبِّت		
نحن				نُحِبَّ
أنتم	أَحبَبتُم			
هم		حَبّوا		يُحِبّوا

ب. اختاروا واحداً من هذه الافعال لكل جملة واكتبوه في الشكل الصحيح:

أعدّ | استعدّ | ظنّ | أحبّ

١. (هي) .... ـه من أول مرة قابلتْه فيها!

٢. أحسّ بأني لم .... للامتحان بشكل كافٍ وأني لم أنجح فيه!

٣. من الصعب علينا أنا وزوجي أن .... وجبة جديدة كل يوم ولذلك نأكل نفس الوجبة مرتين.

٤. أين كنت أمس؟ .... أنك ستساعدينني في العمل!

٥. إذا .... للمقابلة جيداً ، فستكون فرصتك اكبر في الحصول على الوظيفة.

٦. أمي تحب أن تجهّز البيت لعيد الميلاد: أن تضع الشجرة والهدايا و .... الحلويات الخاصة بالعيد.

٧. .... الفيلم الذي شاهدته الأسبوع الماضي ولكني .... أنه أطول من اللازم.

٨. نحن جميعاً .... أن الخلاف بينهما سينتهي بالطلاق، ولكنهما ما زالا متزوجين!

٩. لا أحد .... الظلم، وكلنا نتمنى عالماً أفضل للجميع، أغنياء وفقراء.

١٠. يجب أن .... لرحلتكم من الآن يا شباب! هل حصلتم على جواز سفر؟

تمرين ٨: الفعل المضعّف بالعامية (في الصف)

اسألوا زملاءكم بالعامية وأخبروا الصف بما عرفتم:

١. كم مرّة حبّوا بحياتهن؟

٢. كيف بيستعدّوا للامتحانات عادةً؟ كيف رح يستعدّوا للامتحان الجاي؟

٣. ايمتى آخر مرة حسّوا فيها بفرح كبير؟

٤. أي فيلم حبّوا من الأفلام اللي شافوها هالسنة؟ شو الأفلام اللي بيحبّوها بالعادة؟

٥. ايمتى بيحسّوا بفخر؟ بملل؟ بحُزن (زَعل)؟ بغضب؟

٦. ايمتى بيمرّ الوقت بسرعة بالنسبة لهم وايمتى لأ ؟

١. كم مرّة حبّوا بحياتهم؟

٢. ازاي بيستعدّوا للامتحانات عادةً؟ وازاي حيستعدوّا للامتحان اللي جاي؟

٣. اِمتى آخر مرة حسّوا فيها بفرحة كبيرة؟

٤. أي فيلم حبّوا من الأفلام اللي شافوها السنة دي؟ إيه هي الأفلام اللي بيحبّوها عادة؟

٥. اِمتى بيحسّوا بفخر؟ بملل؟ بحُزن (زَعل)؟ بغضب؟

٦. اِمتى بيمرّ الوقت بسرعة بالنسبة لهم واِمتى لأ ؟

تمرين ٩ : كتابة جمل المفردات (في البيت)

استمعوا الى جمل المفردات من (١) الى (١٢) واكتبوها.

تمرين ١٠ : تمّ (في البيت)

The verb تَمَّ is often used in journalistic Arabic to report that an event took place, with the event being expressed in the form of a مصدر subject.

A. The following examples are from the internet. Read them and then write some of your own for the pictures provided below.

١. **تمّ اختيار** قطر لتكون الدولة المُضيفة لمباريات كأس العالم في كرة القدم "المونديال" لعام ٢٠٢٢.

٢. كيف **تمّ ترتيب** سور وآيات القرآن الكريم ؟

٣. **تـمّت المقابلة** في السفارة الأمريكية في عمان.

٤. **تمّ إرسال** هذه الرسالة بواسطة هاتف نقال من *Sony Ericsson* .

ب. والآن اكتبوا عناوين لهذه الصور تستعملون فيها فعل "تمَّ":

(١)

(٢)

(٣)

(٤)

(٥)

(٦)

تمرين ١١: تصريف اختار، أعطى، أحسّ (في البيت)

اختاروا الفعل المناسب من هذه الأفعال الثلاثة واكتبوه في الشكل الصحيح بالفصحى:

١. بعد تفكير طويل .... جدي أن يبيع المحل الذي يملكه و .... المال لأولاده .

٢. ....ـني أمي دائماً نصائح كثيرة ولكنها مناسبة لجيلها وليس لجيلي!

٣. السنة الماضية ....ـني الشركة إجازة أسبوعين ولكن .... بالملل في إجازتي بسبب عدم وجود أصحابي معي.

٤. رحبوا بالأولاد و _____ هم هدايا كثيرة، ولذلك _____ الأولاد بفرح كبير.

٥. في الحقيقة نحن ما _____ مفروشات الشقة لأن خالتي _____نا كل مفروشات بيتها القديم.

٦. معظم الأطفال _____ بالخوف في يومهم الأول في المدرسة.

٧. هل يمكنكم أن _____نا فكرة عن معاهد اللغة العربية التي يمكن أن _____ها للدراسة في الأردن؟

٨. (نحن) _____ هم عدة اختيارات بالنسبة للألوان، وفي النهاية قرروا أن _____ اللون الفضي.

٩. كيف _____ عندما علمتِ بخبر طلاقها؟

تمرين ١٢: اسألوا زملاءكم (في الصف)

1. Is it important to be able to *choose* one's doctor? Why? Would they *ask for advice* from the internet if they needed help and couldn't see a doctor? Why or why not?

2. Are *gifts* an important part of their life? Should one *present gifts* to one's boss? Why or why not?

3. What would they do if a friend *stopped* talking to them? If someone they know began to *act* strangely? What if your attempts to help are not *accepted*?

4. What are their *motives* for studying? What *motivates* them to work hard?

5. What things do they do to help the *environment*?

6. Do they think that video games and TV shows can change *children's behavior*? Is it *necessary* for parents to set limits to the time children spend with those things?

7. Do they *carry* their *passport* with *pride*? Why?

8. Who is the most important *person* in the *world* for them and why?

9. Do they think that the *financial situation* in the world will improve in the near future? How?

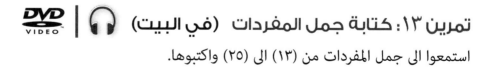

تمرين ١٣: كتابة جمل المفردات (في البيت)

استمعوا الى جمل المفردات من (١٣) الى (٢٥) واكتبوها.

تمرين ١٤: المفردات الجديدة (في البيت)

اكتبوا كلمة مناسبة من المفردات الجديدة ١ أو ٢ في كل جملة.

١. عندما تسافر من مصر إلى السعودية بالطائرة فسوف .... فوق البحر الأحمر.

٢. للحصول على تأشيرة سفر (فيزا) الى السعودية، يجب عليك إرسال .... الفيزا مع .... وصورتين و٢٠ يورو بالبريد الى .... السعودية في مدريد.

٣. يركز هذا الكتاب على الطبيعة و .... في جنوب البرازيل و .... عن التغيّرات والمشاكل الطبيعية التي يسبّبها قطع الأشجار في تلك المنطقة.

٤. في بلدنا لا يستطيع المواطن الحصول على أي شيء في الحكومة إلا اذا كان لدَيْه .... ، أي عنده شخص في الحكومة يعرفه ويمكنه أن يساعده.

٥. بعد أن انتهى من أكل الوجبة .... الحساب من "الغرسون" ولكنه خرج من المطعم دون أن .... الحساب!!

٦. تعتبر الأديان التوحيدية الثلاثة اليَهودِيّة *Judaism* والمَسيحِيّة والإسلام .... مدينة مقدسة.

٧. .... هذه الصورة في حديقة "سنترال بارك" في شهر فبراير، وفيها نشاهد رجلاً .... بدون قميص وبنطلون طويل في الطقس المثلج. هو إما سوبرمان رياضي فعلاً ولا .... بالبرد أو هو مجنون!!

٨. سأعطي كل مجموعة ثلاثة موضوعات وسأطلب من أفرادها أن _____ منها موضوعاً واحداً فقط.

٩. كان آخر موعد لـ _____ طلبات الالتحاق بالجيش هو ١٥ ديسمبر ولكن طلبي وصل يوم ١٦ ديسمبر بسبب تأخير البريد. الحمد لله _____ طلبي بدون أي مشكلة.

١٠. هؤلاء _____ يلعبون ويقولون "ياالله! ما _____ اللعب بالماء في أيام الصيف الحار !!"

١١. عمره ٢٦ سنة ولكنه ما زال يتصرّف _____ـه ولد صغير. أشعر بالخوف على مستقبله.

١٢. _____ السياسي والاقتصادي في اليمن غير مستقِرّ أبداً والحكومة ليس لديها _____ كافية لتدفع رواتب الموظفين، ولذلك يعتقد كثير من الناس أن التغيير السياسي أصبح لازماً و _____ .

١٣. قدمت الطلب وفيه كتبت اسمي وعمري وجنسيتي ومكان و _____ ولادتي وعنواني.

١٤. أؤمن بأن الحرية شيء مهم لكل _____ في الدنيا.

القصة بالعامية

تمرين ١٥: "شو يعني كلمة مناسبة؟" "يعني إيه كلمة مناسبة؟"

(في البيت ثم في الصف)

أ. في البيت: شوفوا القصة واكتبوا الأجوبة:

"شو يعني كلمة مناسبة؟"	"يعني إيه كلمة مناسبة؟"
١. كيف حاسّة نسرين بأميركا؟ وليش؟	١. مها بتحسّ بإيه في أمريكا؟ وليه؟
٢. شو لازم تساوي نسرين قبل ما تسافر؟ عندها وقت كفاية منشان تعمل كل الإشيا اللي ضروري تعملها؟ كيف؟	٢. مها لازم تعمل إيه قبل ما تسافر؟ عندها وقت كفاية عشان تعمل كل الحاجات اللي ضروري تعملها؟ ازاي؟
٣. برأيكن، ليش أبوها وأمها بيعطوها نصايح كتير عن تصرفاتها بالشام؟ شو رأي نسرين بهالنصايح؟	٣. ليه، في رأيكو، أبوها وأمها بيِدّوها نصايح كتير عن تصرفاتها في مصر؟ ومها، رأيها إيه في النصايح دي؟
٤. كيف علاقة نسرين بأهلها؟ هنّ بيطلبوا منها إشيا كتير؟ ليش؟	٤. ازاي علاقة مها بأهلها؟ هم بيطلبوا منها حاجات كتير؟ ليه؟

ب. في الصف: اتناقشوا مع زميل/ة:

١. برأيك نسرين مبسوطة انو رح تسافر ع الشام ولّا لأ؟ ليش؟	١. في رأيك مها مبسوطة انها حتسافر مصر ولّا لأ؟ ليه؟
٢. Role Play في مجموعات من ثلاثة: نسرين وأبوها وأمها بيناقشوا استعداداتهم للسفر وبيحكوا عن الإشيا اللي عملوها أو لسه لازم يعملوها/يشتروها.	٢. Role Play في مجموعات من ثلاثة: مها وباباها ومامتها بيناقشوا استعداداتهم للسفر وبيتكلموا عن الحاجات اللي عملوها أو لسه لازم يعملوها/يشتروها.

تمرين ١٦: نصائح (بالعامية) (في البيت ثم في الصف)

أ. في البيت: في هذه الأيام يستعمل الشباب الإنترنت للبحث عن نصائح في كثير من المواضيع، ومنها:

- اختيار المعهد المناسب للدراسة
- اختيار مكان ممتع لقضاء الإجازة
- اختيار شريك/ـة لعلاقة عاطفية

- الاستعداد للمقابلة في السفارات الأوروبية أو الأمريكية للحصول على فيزا
- شراء الهدايا للأحباب والأصدقاء
- شراء أو بيع مفروشات للبيت
- الشعور بعدم الثقة بالنفس في الدراسة أو العمل

(١) اختاروا ثلاثة من هذه المواضيع واستعدّوا للكلام عنها وإعطاء النصائح فيها بالعامية لزملائكم وزميلاتكم في الصف، وركزوا على استعمال المفردات الجديدة، ثم (٢) فكّروا في موضوع تحتاجون أنتم فيه الى نصيحة وفكروا في كيف ستطلبون هذه النصيحة في الصف.

ب. في الصف:

١. يتبادل الطلاب النصائح التي فكّروا فيها في البيت.

٢. يطلب كل شخص نصيحة من الزميل / ـة حول مشكلته / ـها الخاصة، ويعطي الزميل / ـة نصيحة / نصائح تساعد على حل المشكلة.

الحوار

اللغة والثقافة

"الله يقدّم اللي فيه الخير"	"اللي فيه الخير يقدّمه ربّنا"	*Hopefully it will all work out for the best.*
واسطة	واسطة	*Connections:* The influential people one knows who can help "get things done" (e.g., find a job, get admission to a university despite low grades, complete government paperwork)

تمرين ١٧: "بعرف إنو الهجرة إلها مشاكلها" "عارف إن الهجرة ليها مشاكلها" (في البيت ثم في الصف)

أ. الاستماع في البيت: شوفوا الحوار واكتبوا الأجوبة

"بعرف إنو الهجرة إلها مشاكلها"	"عارف إن الهجرة ليها مشاكلها"
١. مين هو؟ وشو بنعرف عنه وعن حياته؟	١. مين هو؟ وبنعرف إيه عنه وعن حياته؟
٢. ليش هو زعلان؟	٢. هو زعلان ليه؟
٣. لَوين قدّم طلبات هجرة وليش؟	٣. قدّم طلبات هجرة لفين؟ وليه؟
٤. ليش مو قادر يلاقي وظيفة؟ هاي مشكلته هو وبس؟	٤. ليه مش قادر يلاقي وظيفة؟ دي مشكلته هو وبس؟
٥. بيقول إنّو بيعرف إنّو الهجرة إلها مشاكلها. شو المشاكل اللي بيذكرها؟	٥. بيقول إنّه عارف إنّ الهجرة ليها مشاكلها. إيه المشاكل اللي بيذكرها؟

ب. الاستماع في الصف

بعد الكلام عن الحوار مع زميل/ة، اسمعوا كمان مرة وناقشوا الأسئلة.

١. ليش بيحكي عن فكرة "الوطن" في البداية؟ وشو بيقول بهالجزء من المقابلة؟	١. في رأيكو، ليه بيتكلم عن "مفهوم الوطن" في الأول؟ بيقول ايه في الجزء دا من المقابلة؟
٢. شو المشكلة الأكبر اللي بيحكي عنها؟	٢. إيه المشكلة الأكبر اللي بيتكلم عنها؟
٣. برأيكن، إذا إجت فرصة السفر رح يسافر فعلاً؟ وإذا لاقى شغل رح يبقى بالشام؟ ليش؟	٣. في رأيكو، لو جت فرصة السفر حيسافر فعلاً ؟ ولو لاقى شغل حيقرر يقعد في مصر؟ ليه أو ليه لأ؟
٤. شو الحل لهالمشكلة برأيكن؟	٤. في رأيكو، إيه الحل للمشكلة دي؟

ج. الاستماع الدقيق

اسمعوا كمان مرة في الصف، وقبل ما تسمعوا، فكروا في أي أسئلة عندكم عن كلام الشاب، وبعدين جاوبوا على الأسئلة.

١. ركزوا على "اسم الفاعل" من هالأفعال واكتبوا كل أسماء الفاعل اللي بتسمعوها:
حسّ - رفض - لاقى - عرف

٢. اسمعوا ودوّروا على أفعال جديدة من هالكلمات، وفكروا بمعناها:
بعيد - كبير

٣. كيف بيقول "I am just like"...؟

١. ركزوا على "اسم الفاعل" بتاع الأفعال دي واكتبوا كل أسماء الفاعل اللي بتسمعوها:
حسّ - رفض - لاقى - عرف

٢. اسمعوا ودوّروا على أفعال جديدة من الكلمات دي، وفكروا في معناها:
بعيد - كبير

٣. ازاي بيقول "I am just like"...؟

القصة بالفصحى

تمرين ١٨: "يا الله .. ما أحلى القدس" (في البيت ثم في الصف)

As you listen, pay attention to و in the text because it will help you follow the structure of sentences in listening just as it does in reading. You will hear و introducing الجمل الفعلية that constitute the thread of the narrative. You will also hear it connecting pairs and lists of words and phrases.

أ. شاهدوا والدة مها تتكلم واكتبوا فقرة قصيرة عن كل موضوع:

١. الاسم والجنسية والهوية
٢. ذكريات الطفولة
٣. التعليم والدراسة
٤. العائلة
٥. قصة الزواج: الحب والمشاكل

ب. الاستماع الدقيق

1. Write three examples of the use of و to link parallel words and phrases:
2. How does she talk about the past? Does she use only الماضي? Write three examples of verbs or verb phrases from the narrative that show the variation you hear.
3. Write out the dates that Malak gives, first in numbers, then in words, and write what happened on each date.

القواعد ٢

زمن الفعل: الماضي والمضارع

In Malak's narration of her relationship with Mohammad, you noticed that she uses both الماضي and المضارع forms. This is because الماضي refers primarily to actions that happened once in the past, while كان + المضارع describes continuous or repeated events in the past. You have seen many examples of كان being used in combination with مضارع verbs to express a past continuous or habitual action, among them:

١. **كنت أكتب** لها بعض الرسائل.	*I used to write her some letters*
٢. **كانت ترسل** لي بعض الصور.	*She used to send me some pictures*
٣. **كانوا يدرسون** في نفس الكلية.	*They were studying in the same school*

Contrast the above examples with the following:

٤. **كتبت** لها بعض الرسائل.	*I wrote her some letters*
٥. **أرسلت** لي بعض الصور.	*She sent me some pictures*
٦. **درسوا** في نفس الكلية.	*They studied in the same school*

As the English translations show, speakers of both languages have a degree of freedom to express actions the way they perceive them. The difference in meaning between the two sets of examples is one of frequency or duration: Sentences ١-٣ describe events that recurred or took place over a long period of time, whereas sentences ٤-٦ depict the same events as one-time occurrences.

One way to illustrate this distinction between continuous and one-time events is on a timeline. On the timeline that follows, five events in a hypothetical life are depicted. Three are marked as dots, representing one-time events, while two are marked with bars, depicting recurring events or events happening over a period of time. In an English narrative we would most likely use the simple past to express these events: *She was born, she played, she graduated, she entered college,* and *she worked.* In Arabic, these kinds of events and experiences can all be expressed with الماضي too, if the narrator chooses to present them as one-time occurrences seen as a single event (even though some might have lasted for several years). On the other hand, the narrator might choose to distinguish between one-time events that represent key milestones and others that are more descriptive, in which case the description opens up the event to be seen as continuous, and المضارع is used. The narrator chooses the way she or he wants to describe the events.

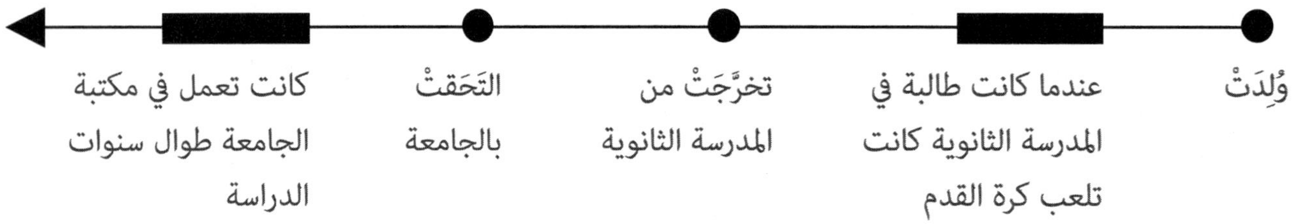

وُلِدَتْ
عندما كانت طالبة في المدرسة الثانوية كانت تلعب كرة القدم
تخرَّجَتْ من المدرسة الثانوية
التَحَقتْ بالجامعة
كانت تعمل في مكتبة الجامعة طوال سنوات الدراسة

The use of المضارع to describe continuous or repeated actions that took place in the past is an important part of its function and occurs often in narrative contexts. There is a strong link between المضارع and description on the one hand and الماضي and narrating a series of events on the other. Since most narratives contain both a series of events and description, it is normal for narrations of past events to contain both الماضي and المضارع. You will develop this narrating skill with practice; تمرين ١٩ will help you get started.

تمرين ١٩: الماضي والمضارع (في البيت)

اكتبوا كل فعل في الشكل الصحيح في الجملة:

طوال الصيف الماضي (١) .... (كان) (٢) .... (أحسّ) بتعب شديد بعد شهور طويلة من العمل في البنك، فـ (٣) .... (قرّر) أنا وزوجتي والأولاد أن (٤) .... (ذهب) و (٥) .... (قضى) اجازتنا في مدينة اللاذقية التي (٦) .... (اشتهر) بطبيعتها الجميلة وطقسها اللطيف. (٧) .... (سافر) بالسيارة و (٨) .... (أخذ) الرحلة بين دمشق واللاذقية حوالي ٤ ساعات و (٩) .... (وصل) إلى اللاذقية في السابعة مساء فـ (١٠) .... (ذهب) الى الفندق أول شيء لأننا (١١) .... (شعر) بتعب كبير و (١٢) .... (نام). (١٣) .... (كان) العطلة جميلة جداً، فـ (١٤) .... (كان) (١٥) .... (قام) من النوم كل يوم متأخرين و (١٦) .... (أكل) الفطور معاً ثم (١٧) .... (نزل) الى البحر و (١٨) .... (سبح) و (١٩) .... (استمتع) بالجلوس في الشمس و (٢٠) .... (جرى). وعند الظهر (٢١) .... (كان) (٢٢) .... عاد الى الفندق لـ (٢٣) .... (أتناول) الغداء و (٢٤) .... (استراح) قليلاً قبل أن (٢٥) .... (رجع) الى البحر و (٢٦) .... (بقي) هناك حتى (٢٧) .... (غاب) الشمس. يا الله، ما أحلى البحر!!

المئات والآلاف وقراءة التواريخ

There exists some variation in the spelling of numbers in the hundreds, starting with the number مئة itself, which has an old (but not obsolete) spelling of مائة. Writing out the numbers in this way is itself uncommon, of course, but if you see them, they are likely to look like those in the table that follows. Listen to the audio as you read.

١٠٠ مِئة (مائة)	مِيّة	مِيّـة
٢٠٠ مِئَتان (مِئَـتَيْن)	مِيّتين	ميتين
٣٠٠ ثَلاثـمِـئة (ثَلاث مائة)	تلاتـمِيّـة	تُلتُمِيّـة
٤٠٠ أَربَعمِئة (أَربع مائة)	أَربَعمِيّـة	رُبعُمِيّـة
٥٠٠ خَمسمِئة (خَمس مائة)	خَمْسمِيّـة	خُمسُمِيّـة
٦٠٠ سِتّمِئة (سِتّ مائة)	سِتّمِيّـة	سُتُّمِيّـة

٧٠٠ سَبعمِئة (سَبع مائة)	سَبعْمِيّـة	سُبعُمِيّـة
٨٠٠ ثَـمانـمِئة (ثَـمان مائة)	تْـمانْـمِيّـة	تُـمنُمِيّـة
٩٠٠ تِسعمِئة (تِسع مائة)	تِسعْمِيّـة	تُسعُمِيّـة
١٠٠٠ أَلف		
٢٠٠٠ أَلفان ، أَلفَيْن	أَلْفين	أَلْفين
٣٠٠٠ ثَلاثة آلاف	تْلَت آلاف	تَلَت آلاف

When giving or reading a date or any number over ١٠٠ in Arabic, the order of the constituent parts differs slightly from that of English: Thousands followed by hundreds, then ones and, finally, tens. Remember to say و between each part of the number, as shown in these examples:

١٨٨٣ | (عام) ألف وثـمانـمئة وثلاثة وثـمانين

١٩١٤ | (عام) ألف وتسعمئة وأربعة عشر

١٩٣٢ | (عام) ألف وتسعمئة واثنين وثلاثين

١٩٦٧ | (عام) ألف وتسعمئة وسبعة وستّين

٢٠٠٩ | (عام) ألفَيْن وتسعة

تمرين ٢٠: قراءة التواريخ (في الصف)

اقرأوا هذه التواريخ مع زميل/ة وتكلموا عمّا حدث في تلك السنوات:

٢٠١٣	١٩٤٥	١٧٧٦	١٢٥٨
٦٣٢	١٤٩٢	١٩٥٢	١٧٩٨
٢٠٠١	١٩٥٦	١٩١٨	١٩٧٣

الاسم المنصوب

الطالبَ | طالباً | طالبةً | (الـ) يومَيْن | (الـ) مصريّين

The third and final case in Arabic is called النَّصب and a noun or adjective in this case is called مَنصوب.[3] A noun that is مَنصوب takes one of the endings shown in the examples above depending on whether it is definite, indefinite, جمع مذكر or مثنى:

المنصوب

Definite	Indefinite	جمع المذكر	المثنى
الرئيسَ	رئيساً	المهاجرين	الوالدَيْن
الصورةَ	صورةً	ليبيّين	مدينتَيْن

You have learned that this case marks adverbs such as عادةً and أحياناً, direct objects, and other information about the action of the sentence, such as when or how.[4] It may be useful to think of المنصوب as signaling the answer to the questions كيف؟, ماذا؟, and متى؟. In the following sentences, the words in red are all منصوب because their function in the sentences is to answer one of these three questions.

ماذا اخترتم؟ ← اخترنا **بيتاً صغيراً قريباً** من مكان العمل.

ماذا أعددت؟ ← أعددت **السمكَ** مع الارز.

كيف تصرف الأطفال؟ ← كانوا **مؤدَّبين!**

متى ستغادرين؟ ← **غداً صباحاً.**

[3] This case is called the accusative in English.

[4] Arabic treats adverbs as belonging to several different grammatical categories, each of which has its own name, although they all share the منصوب case. You will learn the names and types of adverbs later.

However, within this framework, remember that الإضافة and prepositional phrases override these functions, and the مجرور takes precedence over المنصوب. For example, the answer to the final question above has other possible expressions in which صباح is the object of preposition في and is therefore مجرور:

متى ستغادرين؟ ← غداً في الصباحِ.

متى ستغادرين؟ ← في صباحِ الغدِ.

Similarly, in the following sentences the words in red all answer the questions متى, ماذا, or كيف, but they all take الجر endings because they are the objects of prepositions and الجر case of prepositions takes precedence over النصب.

أحسست بفخرٍ عندما نجحت.	دفعت للفندق ببطاقةِ "ماستر كارد".
تناقشوا في مشاكلِ البيئة.	سيعطونني جواز السفر بعدَ شهرٍ واحد.

Finally, we will note that إنّ وأخواتها ("أنّ" و "لأنّ") require their اسم to be منصوب, and that if a pronoun follows, it is attached to the particle.[5] The خبر of the sentence is not affected and remains مرفوع.

- شعرت بالحزن عندما قرأت أنّ **شبابًا كثيرين** يستعملون المخدّرات وأنّ **البعضَ** منهم يموتون بسبب ذلك.
- قالت الصحف إنّ **عددَ** الفقراء يزداد باستمرار بسبب الأوضاع الاقتصادية الصعبة.
- غيّرت الحكومة سياستها لأنّ **المواطنين** طلبوا ذلك.

تمرين ٢١: الإعراب (في البيت)

تجدون هذا التمرين في الوب فقط.

[5] This structure makes sense when we recall that this is the same group of pronouns that act as objects of verbs. This is why, in formal Arabic, we cannot say or write phrases such as لأنّ أنا, but rather must say لأنّي or لأنّني.

تمرين ٢٢: الإعراب (في الصف)

اكتبوا الإعراب على كل الأسماء والصفات. في بعض الكلمات ستكونون بحاجة الى كتابة ألف التنوين في المنصوب. لا تكتبوا الإعراب على الكلمات الملوّنة.

١. الدُّروز مجموعة من المجموعات الدينية الموجودة في شرق العالم العربي وخاصة في لبنان وسوريا وإسرائيل وأيضاً في بعض بلاد المهجر حيث توجد جاليات عربية كبيرة. ويرجع أصلهم إلى الإسلام الشيعي وإلى الاسماعيلية بشكل خاص. وهناك اختلافات في الرأي حول دين الدروز: فهناك رأي يقول إن الدروز هم مسلمون ولٰكِنْ هناك بعض الناس الذين لا يقبلون هذا الرأي ويعتبرون "الدرزية" الآن دين مستقل عن الإسلام. أما الدروز فيعتبرون أنفسهم "مُوحِّدين" يؤمنون بوحدانية الله.

٢. كان جمال عبد الناصر واحد من الرؤساء العرب الذين كانت لهم شُهرة كبيرة في الخمسينيّات والستينيّات. نشأ عبد الناصر في عائلة فقيرة وقضى طفولته في مدينة الإسكندرية، ثم التحق بالجيش المصري وأصبح ضابط فيه. وفي الجيش دخل مجموعة "الضباط الأحرار" التي وصلت الى الحكم عام ١٩٥٢ وأخرجت الملك فاروق من مصر. وفي عام ١٩٥٤ أصبح رئيس لمصر.

٣. تمر الولايات المتحدة اليوم بأوضاع اقتصادية صعبة بسبب ازدياد أعداد الناس الذين يتركون وظائفهم أو لا يجدون أعمال، وأيضاً بسبب عدم ثقة الناس بالسياسيين وبسياسات الحكومة الاقتصادية. وعلى الرغم من عدة محاولات لحل المشكلة الاقتصادية فيبدو أن كثير من المواطنين الأمريكيين يشعرون بالقلق على مستقبلهم لأنهم يشعرون بأنَّ الوضعَ سيبقى كما هو سنة بعد سنة.

تمرين ٢٣: قراءة جهرية بالإعراب (في الصف)

اختاروا اثنتين فقط من الفقرات في تمرين ٢٢ واقرأوها قراءة جهرية. وركّزوا على القراءة في أجزاء *(phrases)* وليس كلمة كلمة، وتذكروا أنه لا يجب أن نقرأ الإعراب عندما نتوقّف.

الاستماع

تمرين ٢٤: "تحدّيات الهجرة" (في البيت ثم في الصف)

أ. الاستماع في البيت

استمعوا إلى البرنامج واكتبوا كل ما فهمتم عن كل شخصية:

	عبد الحي شريف	محسن إبراهيم
الأصل / الجنسية		
البلد / البلاد التي هاجر إليها ورأيه فيها		
الأسرة		
العمل		
اللغة التي يستخدمها		
أهم صعوبات الهجرة في رأيه		

ب. الاستماع في الصف

١. تكلموا مع زميل / زميلة عما فهمتم وكتبتم في البيت.
استمعوا مرة أخرى في الصف ثم أجيبوا على هذه الأسئلة:

٢. ما رأي عبد الحي شريف في البلد التي هاجر إليها ؟ كيف يشعر في حياته هناك؟ ولماذا؟

٣. ماذا كانت صعوبات الهجرة في تجربة عبد الحي شريف؟

٤. ما رأي محسن إبراهيم في الهجرة؟ وما النصيحة التي يقدّمها للشباب؟

٥. ماذا كان السؤال لمحسن إبراهيم عن الهجرة إلى البلاد العربية والاختلاف بينها وبين الهجرة إلى البلاد غير العربية؟ وماذا كانت الإجابة ؟ ما رأيكم في هذه الإجابة؟

٦. في كلام عبد الحي شريف ما معنى هاتين الكلمتين الملوَّنتين بالأحمر؟

أ. النرويج بلد مختلف كلياً عن عاداتنا وتقاليدنا.

ب. كل واحد لحاله، كل واحد مسؤول عن نفسه.

تمرين ٢٥: الاستماع الدقيق (في البيت)

أ. استمعوا الى البرنامج واكتبوا الكلمات التي تقولها مقدِّمة البرنامج في البداية من ٠٠:٢٢ إلى ٠٠:٤٢

يتوجّه (١) .... ومنهم (٢) .... إلى أوروبا و (٣) ....

(٤) .... (٥) .... (٦) .... من (٧) ....

والآمال *hopes* (٨) .... لا (٩) .... (١٠) .... مُستوى

(١١) .... (١٢) .... ولا (١٣) .... (١٤) ....

(١٥) .... و (١٦) .... والعدالة *justice* الاجتماعية.

ما هي (١٧) .... (١٨) .... لـلمهاجرين؟ ما هي (١٩) ....

والتَّحدِّيات *challenges* التي تعترضهم *impede them*؟

ب. استمعوا واكتبوا الكلمات التي يقولها الأستاذ محسن إبراهيم من ٤:١١ إلى ٤:٤٥

(١) .... قبل (٢) .... عن (٣) .... الخاصة

(٤) .... أن أتحدث عن الهجرة في حَدّ ذاتها *in and of itself*. (٥) ....

(٦) .... قِدَم التاريخ ... (٧) .... حقيقة فيه (٨) .... كثيرة

(٩) .... و (١٠) .... (١١) ....

(١٢) .... أيضاً (١٣) .... ، ناجحة بمعنى إنّه لمّا (١٤) ....

(١٥) .... إلى بلد (١٦) .... هو (١٧) .... يصل إلى

(١٨) .... (١٩) .... ، عالم (٢٠) .... تماماً

(٢١) .... تماماً و (٢٢) .... أن يحقق (٢٣) .... من

(٢٤) .... ومن (٢٥) .... التي (٢٦) .... من أجلها.

القراءة

تمرين ٢٦: "دوافع الهجرة" (في البيت وفي الصف)

ينقسم الصف الى مجموعتين، وتقرأ المجموعة الاولى الرسائل من ١ - ٥ والمجموعة الثانية الرسائل من ٦ - ١١ في البيت.

أ. في البيت

١. اقرأوا الجزء الذي اختاره لكم الاستاذ/ة قراءة أولى بدون توقّف وبدون القاموس واكتبوا المعلومات التي فهمتموها في شكل جدول *chart*: الاسم - البلد - دافع أو دوافع الهجرة في رأيه / رأيها - التجربة الشخصية.

٢. اقرأوا مرة ثانية واستخدموا القاموس هذه المرة للبحث عن ٢-٣ كلمات فقط ليس أكثر، واختاروا الكلمات المهمة للمعنى. ثم اكتبوا المعلومات الجديدة التي فهمتموها في نفس الجدول.

ب. في الصف:

تكلموا مع زميل/ة قرأ/ت النصف الآخر من الرسائل عن هذه الأسئلة:

Find specific passages in the text to support your answers.

١. بين كل الرسائل، ما هو الرأي الذي ذُكِرَ أكثر؟ وماذا نفهم من هذا؟

٢. ما هي الأشياء المشتركة بين الرسائل التي قرأتموها؟

٣. ماذا نستطيع ان نقول عن هؤلاء الأشخاص الذين كتبوا للـ "بي بي سي" بالنسبة لحياتهم وأفكارهم؟

أُخِذَ هذا النص من موقع الـ "بي بي سي"، حيث كان هناك سؤال للقُرّاء يقول: "يعتقد بعض الغربيين إن العرب يهاجرون الى الغرب ليس بسبب الظلم أو المشاكل السياسية ولكن لتحسين أوضاعهم الاقتصادية، فما رأيكم؟" وهذه بعض الإجابات التي قدّمها القُرّاء:

BBC ONLINE NETWORK

كيف تتصل بنا | مشاكل تصفح الموقع

BBC بي بي سي أونلاين

تم آخر تحديث في الساعة ١٢:٥٦ بتوقيت جرينتش

ابحث

الأخبار العالمية
أقوال الصحف
من راديو لندن
الصفحة المسموعة
الموجات والمواعيد

أهم الأخبار الحالية

- إسرائيل تعلن وقف الانسحاب من أي مناطق فلسطينية
- مخاوف من فتح "جبهة ثانية" في الشرق الاوسط
- احتمال وجود كواكب مشابهة للأرض
- حريق في مصفاة الشعيبة الكويتية
- اصلاح سفينة فوياجر واحد على مسافة ١٢ مليار كيلومتر

العالم الثالث ودوافع الهجرة

(١) الهجرة للبلاد الغربية أساسها الدافع الاقتصادي والدافع الشخصي لتحقيق حياة أفضل في ظل حكم ديمقراطي وحرية رأي، والرغبة بالشعور بالمواطَنة للمواطن الذي يفقد هذا الشعور في موطنه نظراً للحكومات الظالمة للمواطن فيها. لم أرغب يوماً أن أترك بلادي لكن الحاجة إلى الشعور بإنسانيتي كمواطن لي حقوقي من غير تمييز أو تفريق هي الدافع الذي جعلني أبحث عن موطن يعترف بمواطنيتي فيه، و يؤمن لي حياة أفضل لي و لأولادي من بعدي.

وسام من الأردن

(٢) عشت في دولة خليجية منذ كان عمري خمسة سنوات، وذلك بعد هجرة والدي اليها توقعاً في تحسين الحالة المالية وحباً في ان يكبر أولاده في بيئة إسلامية، وبعد ان بلغت عمر السابعة عشر وأنهيت كامل مراحل الدراسة كنت أتطلع لإكمال مرحلة الجامعة والحصول على درجة تضمن لي مستقبلي، ولكن فوجئت بأن الجامعات لا تقبل إلا المواطنين المقيمين وليس الأجانب، فقلت في نفسي إنه حان وقت الرجوع إلى وطني، ولكن جميع الجامعات والمعاهد لا تدرس إلا باللغة الفرنسية للمجالات التي كنت أطمح للدراسة فيها، فأين المفرّ؟ أعمل هنا منذ أربع سنوات في شركة براتب أقل من متوسط ولا يضمن لي مستقبل عائلتي لأن الحصول على أي وظيفة مناسبة يتطلب مني شهادة جامعية. فلا الدولة التي عشت فيها تقريباً حياتي كلها تقبلني في جامعاتها ولا وطني يؤمن لي دراسة باللغة العربية أو الإنجليزية، فإن كنت مكاني ماذا تفعل؟

مهاجر

كيف تتصل بنا | مشاكل تصفح الموقع

(٣) أنا شاب فلسطيني وأنا لاجىء لا أملك أي حقوق ولا أملك بيتاً ولا عملاً مستقراً ولا استقرار. أريد ان أذهب إلى تلك البلاد التي تعطيني الاستقرار والعمل، وأهم شي هو الكرامة التي لا أجدها في كل الدول العربية. وأنا لا احلم ان أكون غنياً وأفضل أن أكون فقيراً في وطن يحفظ كرامتي ويعتبرني إنساناً فقط لا غير.

محمد

---

(٤) لم يكن للعامل الاقتصادي أي دور في قراري بالهجرة إلى كندا، بل على العكس فإن وضعي الاقتصادي في بلدي الأصلي كان افضل بكثير من وضعي الآن وذلك لتكاليف الحياة المرتفعة والضرائب العالية.. إلخ.
لقد كان الدافع لذلك هو الانتماء إلى وطن، ففي بلدي الجديد شعرت أني مواطن لي كافة الحقوق والواجبات وشعرت بالفخر بالانتماء لهذا البلد وان البيئة تساعد على الإبداع والابتكار والأمل بالمستقبل.
وكما أقول دائماً لمن يسألني: مشكلتي هنا هي الناحية المادية وصعوبة الحياة ولا يعني ذلك أني نسيت بلدي الأصلي، بل على العكس أفخر هنا دائما بأصلي الفلسطيني.

نزار من كندا

---

(٥) أعتقد أن للهجرة أسباباً كثيرة ومتعددة، والسبب الأقوى هو السبب الاقتصادي. فمعظم المهاجرين من الدول الفقيرة إلى الدول الغربية أو الغنية يهاجرون للحصول على الكسب المالي الذي يمكنهم من العيش بطريقة مريحة والحصول على أحسن فرص التعليم لأبنائهم لأن التعليم أصبح الهم الثاني الذي يعيشه الإنسان في البلاد الفقيرة. أضف إلى ذلك العلاج، فالتعليم والعلاج والحياة المريحة كل ذلك مرتبط بالاقتصاد، ولذا أنا أرى أن من أقوى أسباب الهجرة هو العامل الاقتصادي.

الرشيد السّوداني

---

(٦) هناك دوافع كثيرة للهجرة منها ما هو اقتصادي ومنها ما هو ديني ومنها ما هو سياسي ومنها ما هو بسبب الحرب. لكن يظل الدافع الاقتصادي من أهم العوامل على مر العصور.
الهجرة تولد الشعور بالغربة، وهذا في حد ذاته دافع يحفز على النجاح والتفوق. فالفرد قد يكون قادراً على القيام بأعمال في بلاد الغربة لن تمكنه مكانته الأسرية أو الاجتماعية في بلده من القيام بها. ويمكن أن يكون استعداده الفكري والثقافي للإبداع أوسع من أن يتبلور ضمن بيئته الثقافية والجغرافية المحلية لنقص في تقنيات التعليم أو ضيق في أفق الثقافة المحلية، فيجد في البيئة الجديدة مكاناً ارحب ومجالاً أوسع لنمو مهاراته العقلية والفكرية.

سالم باعشن من السعودية

BBC ONLINE NETWORK

كيف تتصل بنا | مشاكل تصفح الموقع

BBC بي بي سي أونلاين

(٧) عشرة أصدقاء من بلد عربي، هاجر سبعة منهم إلى أستراليا، والثلاثة الباقون إلى بلد عربي خليجي وذلك منذ عشرين سنة. السبعة حصلوا على الجنسية الأسترالية وكوّن بعضهم ثروة لا بأس بها مع الاحترام والتقدير وغيرها من الحقوق الإنسانية، أما الثلاثة الباقون فلو بقوا في هذه البلاد الخليجية مئة سنة فسيظلون أجانب، وسيُحرم أبناؤهم من التعليم العالي ومن العلاج، ولن يقبلهم المجتمع إلا بتمييز وظلم، هذا هو السبب الحقيقي لهجرة العرب والمسلمين إلى بلاد الغرب.

أبو محمد العدواني (بحريني متعاطف مع المهاجرين)

- -

(٨) الغربة الفكرية قد تكون السبب، فليس الاقتصاد وحده عاملاً للهجرة، وليس القمع السياسي وحده عاملاً. أعتقد ولاسيّما عند الشباب أمثالي بأن السبب الذي قد يدعونا للهجرة هو اليأس من أي تغيير اجتماعي أو سياسي أو ثقافي او اقتصادي في العالم العربي. والمجتمع العربي هو مجتمع صعب، مطلوب أن نسمع كلام العائلة او القبيلة أو الطائفة حتى وإن خالف كلامهم عقلنا واعتقادنا. ممنوع عليّ أن أكون كما أحب، وهنا تتحول الأوطان الى سجون.

مرام من الخليج

- -

(٩) هناك أكثر من سبب للهجرة من دول العالم الثالث الى الغرب ومن أهمها البحث عن الحرية او الابتعاد عن الظلم الذي يراه المهاجر في بلده الاصلي. فليس بعد كرامة الانسان شيء مهم، الكرامة اولاً وأخيراً. ولا ننكر أن الاسباب الاقتصادية من تحسين الدخل ومستوى المعيشة من ضمن الأسباب ولكن ليس أهمها، فالاغتراب عن بلد المولد وبلد الآباء والاجداد ليس بالسهل ومن الممكن التغلب عليه، ومعظم دول العالم الثالث لا يوجد فيها احترام للانسان وانسانيته. فهو يعامل كأرخص شيء، وعندما تصل الحدود الى هذا فمن الأفضل الهجرة.

من محمد صالح

- -

(١٠) الدول الغنية هي السبب الرئيسي في هجرة أبناء العالم الثالث اليها حينما كانت تحتاج اليهم في الأعمال التي يرفضها مواطنوها. وكان يزعجهم حالات الزواج التى بدأت تنتشر بين المهاجرين وبين مواطنيهم والتي سينتج عنها أبناء مختلفين في الشكل واللون عن النسل الأوروبي، لكن مع انهيار الإتحاد السوفييتي وجدت الدول الغنية غايتها في وجود عمالة أوروبية رخيصة من دول الإتحاد السوفييتي السابق تنتمي لهم في الجنس والشكل واللون، والأهم من ذلك أنها تنتمي الى نفس الديانة.

حسين كامل من مصر

- -

(١١) أسباب الهجرة انعدام الحرية والديمقراطية في البلاد العربية.

عاطف عدلي من مصر

تمرين ٢٧: القراءة الدقيقة (في البيت)

أ. القراءة الدقيقة

١. اكتبوا ٤ كلمات جديدة فهمتم معناها من الجذر أو الجملة.

٢. اختاروا رسالة واحدة من بين الرسائل ١، ٦، ٨، ٩، أو ١٠ واقرأوها باستعمال القاموس لتوسيع فهمكم للآراء، ثم اكتبوا ترجمة لها.

الكتابة

تمرين ٢٨: نشاط كتابة (في البيت)

اكتبوا في واحد من هذين الموضوعين (حوالي ٢٠٠ كلمة):

١. بين هؤلاء الذين كتبوا الى الـ "بي بي سي" أشخاص يتمنون الهجرة الى أمريكا؛ اكتبوا رسالة الى هؤلاء تقولون لهم فيها ماذا سيجدون إذا هاجروا الى أمريكا: هل سيجدون حلاً لمشاكلهم؟ وهل سيجدون ما يحلمون به؟ لماذا/لماذا لا؟

٢. في رسائلهم الى الـ "بي بي سي" ناقش هؤلاء القرّاء آراءهم في دوافع الهجرة وأسبابها؛ اكتبوا مقالة تناقشون فيها رأيكم أنتم في الهجرة وإذا كانت هي الحلّ للمشاكل التي تحدثت عنها هذه الرسائل. لماذا/لماذا لا؟

🎧 تمرين ٢٩: قراءة جهرية (في البيت)

اقرأوا هذه الفقرات (المأخوذة من نص القراءة) وركزوا على القراءة في أجزاء وليس كلمة كلمة. أيضاً اقرأوا حركات الإعراب في أكبر عدد ممكن من الكلمات.

١. أنا شاب فلسطيني لا أملك أيّ حقوق ولا أملك بيتاً ولا عملاً مستقراً ولا استقرار. أريد ان أذهب إلى تلك البلاد التي تعطيني الاستقرار والعمل، وأهم شي هو الكرامة التي لا أجدها في كل الدول العربية. وأنا لا أحلم ان أكون غنياً وأفضّل أن أكون فقيراً في وطن يحفظ كرامتي ويعتبرني إنساناً فقط لا غير.

● ● ● ● ●

٢. هناك أكثر من سبب للهجرة من دول العالم الثالث الى الغرب ومن أهمها البحث عن الحرية او الابتعاد عن الظلم الذي يعيشه المهاجر في بلده الأصلي. فليس بعد كرامة الانسان شيء مهم. صحيح أن الأسباب الاقتصادية هي من بين الأسباب التي تدفع إلى الهجرة ولكنها ليست أهمها، فالاغتراب عن بلد المولد وبلد الآباء والاجداد ليس سهلاً ومن الممكن التغلب عليه، ومعظم دول العالم الثالث لا يوجد فيها احترام للانسان وإنسانيته. فهو يُعامَلُ كأرخص شيء، وعندما تصل الحدود الى هذا فمن الأفضل الهجرة.

◆ ◆ ◆ ◆ ◆

٣. هناك دوافع كثيرة للهجرة منها ما هو اقتصادي ومنها ما هو ديني ومنها ما هو سياسي ومنها ماهو بسبب الحرب. لكن يبقى الدافع الاقتصادي من أهم العوامل.

الهجرة تولّد الشعور بالغربة، وهذا هو دافع يدفع إلى النجاح والتفوق. فالفرد قد يكون قادراً على القيام بأعمال في بلاد الغربة لن تمكّنه مكانته الأسرية أو الاجتماعية من القيام بها في بلده.

You can find two extra practice drills on some of the key concepts in this lesson and previous lessons on the companion website. These drills are optional and allow you another opportunity to practice what you have learned.

درس ٧

رحــلات و أســفــار

المفردات

سنتعلّم مفردات تساعدنا في الكلام عن السفر والرحلات قديماً وحديثاً وعن الرحالين المشهورين في التاريخ العربي الإسلامي وفي العالم ككل.

القواعد

سنوسّع من معرفتنا بأوزان الفعل وخاصة العلاقة بين الأفعال في الوزنين I وVIII، وبمعنى وزن X.
وسنتعرّف على الفعل المجهول *passive verb* وسنتمرّن على استعماله. وبالإضافة الى ذلك سنتعلّم عن جمع المؤنّث في الضمائر والأفعال. وسنستمرّ في العمل على الإعراب مركّزين على إعراب الاسم مع الأعداد.

الثقافة

سنقرأ عن بعض الشخصيات المهمة في التراث العربي مثل ابن بطوطة وابن خلدون وسنتعرف على بعض جوانب التاريخ العربي الإسلامي في القرون الوسطى.

المهارات

سنعمل هنا على القراءة والاستماع بالفصحى عن مواضيع ثقافية تاريخية، وسنتكلم عن التاريخ العربي في القرون الوسطى.

المفردات الجديدة ١: من القاموس 🎧 DVD VIDEO

المعنى	المصري	الشامي	الفُصحى
basis, foundation basic			أساس ج. أُسُس أساسيّ/ة
to reach, attain (a number, place)	وِصِل لـ ، يِوْصَل	وِصِل لـ ، يوصَل	بَلَغَ ، يَبلُغ ، البُلوغ
war			حَرب (مؤنَّث) ج. حُروب
civilization			حَضارة ج. –ات
suitcase, purse, backpack	شَنطة ج. شُنَط	شَنتة ج. شَناتي	حَقيبة ج. حَقائِب
state, condition			حال ج. أحْوال
ocean, environment (physical and abstract)			مُحيط ج. –ات
during, throughout (a period of time)			خِلال
house, abode			دار (مؤنَّث) ج. دور
tie, bond, link link (including internet link)			رابِطة ج. رَوابِط رابِط ج. رَوابِط
to record; to register	سَجِّل ، يِسَجِّل	يسَجِّل	سَجَّلَ
ship		سفينة	سَفينة ج. سُفُن
(a) people[1] (political in connotation, refers to a national group)			شَعْب ج. شُعوب
to comprise, contain			شَمِلَ ، يَشمَل ، الشُّمول
comprehensive			شامِل/ة
desert	صَحرا	صَحرا	صَحراء ج. (الـ) صَحاري ، صَحارٍ
(a) cross Crusader			صَليب صَليبيّ ج. –ون/ين
weakness			ضَعْف

المعنى	المصري	الشامي	الفصحى
weak	ج. ضُعاف، ضُعَفا	ضعيف ج. ضُعَفا، ضعاف	ضَعيف ج. ضُعَفاء، ضِعاف
path, road, way			طَريق ج. طُرُق
by way of			عن طَريق
way (abstract)			طَريقة ج. طُرُق
age, era the Middle Ages			عَصْر ج. عُصور العُصور الوُسْطى
great	ج. عُظام	ج. عُظما	عَظيم ج. عُظَماء ، عِظام
century			قَرْن ج. قُرون
caravan			قافِلة ج. قَوافِل
power, force	قِوّة	قُوّة	قُوّة ج. -ات ، قِوى
strong, powerful	قَوي/ة ج. أَقوِيا	قَوي/ة ج. قَوايا	قَوِيّ/ة ج. أَقوِياء
value			قيمة ج. قِيَم
to explore	اِستَكشِف ، يِستكشِف	يِستَكشِف	اِستَكشَفَ
to notice, remark, observe	لاحِظ ، يِلاحِظ	يلاحِظ	لاحَظَ
to extend, stretch (in space or time)	يِمتَدّ	يِمتَدّ	اِمتَدَّ (إلى) ، يَمتَدّ ، الاِمتِداد
period (of time)		مِدّة	مُدّة ج. مُدَد
copy			نُسخة ج. نُسَخ
to look at			نَظَرَ إلى ، يَنظرُ ، النَّظر
glance, look [2]			نَظْرة ج. نَظَرات
heritage (literary and cultural)			تُراث

Notes on Vocabulary Usage

1. شعب: Arabic has several words for people, each of which refers to people in a different way. الناس means people in general, without any adjectives or other description. If there is an adjective, we do not use الناس. For example, we do not say الناس المصريين, but rather just المصريين. أشخاص is used when counting: ٣ أشخاص، ٤ أشخاص. شعب is a political word that refers to a people in a national or ethnic sense and is a singular noun: الشعب الليبي، الشعب اليمني. The plural, شعوب, refers to different peoples in the national sense, and, thus, the phrase الشعوب العربية implies that Arabs belong to different national identities. Notice the agreement in the phrases الشعب الليبي and الشعوب العربية. Because شعب and شعوب refer to groups, they are not considered to be human nouns and, therefore, do not take human agreement.

2. نَظرة is a single instance of looking that can be either a quick glance or a long, penetrating look at something depending on the adjectives that describe it.

تمرين ١: المفردات الجديدة (في البيت)

اكتبوا كلمة مناسبة من المفردات الجديدة في كل جملة:

١. سلطنة عُمان واحدة من الدول العربية في منطقة الخليج *Gulf* الفارسي/العربي، و .... عدد سكانها حوالي ٤ ملايين ونصف نَسَمة (إنسان). والطبيعة في عمان غنية، ففيها بحر وجبال ومناطق خضراء يسكن فيها معظم السكان، وفيها أيضاً .... لا يسكن فيها إلا القليل من السكان. وفي الزمن القديم كانت عُمان مركزاً تجارياً هاماً، ولذلك جاء اليها البرتغاليون في .... السادس عشر لأنهم كانوا يرغبون في التحكّم في التجارة البحرية في بحر العرب و .... الهندي.

٢. أنا من الناس الذين يؤمنون بفكرة الحب من أول .... لأنني أحببتها من أول مرة شاهدتها فيها.

٣. يمكننا أن نقول إن التغيّرات التي حدثت في تركيا بعد نهاية .... العالمية الأولى في عام ١٩١٨ كانت .... لأنها غيّرت أوضاع و .... الأتراك بشكل كبير سياسياً واقتصادياً واجتماعياً.

٤. صحيح أن العالم العربي يتكون من .... كثيرة ومتعددة ولكن هناك .... كثيرة تجمع بين العرب كالثقافة والتاريخ المُشترك والدين وطبعاً اللغة التي أعتبرها شخصياً .... الهوية العربية.

٥. تخاف خالتي من الطائرات، ولذلك تفضل أن تسافر بـ _____ في البحر. وهي تسافر من أمريكا الى لبنان كل سنة _____ بريطانيا أو ايطاليا. وهي تحب السفر بالبحر أيضاً لأنها تستطيع أن تأخذ معها ثلاث _____ كبيرة لملابسها وأشيائها وليس اثنتين فقط كما يحدث إذا سافرت بالطائرة.

٦. في _____ الوسطى كان "العالم القديم" _____ من القُسطَنطينيّة في الغرب الى الصين في الشرق. ونشأت في هذه المنطقة دول وسلطنات وممالك غنية بأسواقها وآدابها وثقافاتها و_____ـها المختلفة. وكانت _____ التجارية تستعمل الجِمال في ذلك الوقت وتسافر على "_____ الحرير" الذي كان يربط أجزاء هذه المنطقة ببعضها البعض.

٧. هذه صورة لـ _____ التي ولد وعاش فيها الأديب الانكليزي شكسبير، وهو من الشخصيات _____ في الأدب العالمي. وما زالت أعمال وكتابات شكسبير تملك _____ أدبية وفكرية كبيرة في أيامنا، ولذلك يعتبر كثير من الأكاديميين أعمال شكسبير جزءاً مهماً من _____ الأدبي الإنساني.

٨. المفردات جزء _____ من اللغة ومن الضروري التركيز عليها باستمرار. ومن تجربتي الشخصية وجدت أن أحسن طريقة لحفظ المفردات هي أن _____ كل كلمة جديدة على بطاقة صغيرة وأستعملها في جملة أكتبها على الجانب الآخر من البطاقة.

٩. أرسلت الولايات المتحدة والإتحاد السوفييتي رحلات كثيرة الى القمر _____ النصف الثاني من القرن العشرين لـ _____ بعض مناطقه والتعرف الى طبيعته وجَوِّه.

١٠. إذا _____ الإنسان الى هاتين الصورتين بشكل مُرَكَّز فيمكنه أن _____ عدة اختلافات صغيرة بينهما.

١١. الحروب .... هي الحروب التي جرت بين الأوروبيين المسيحيين والمسلمين في الشرق بين عام ١٠٩٥ وعام ١٢٨٩، أي أنها امتدّت لـ .... مِئَتَيْ سنة تقريباً.

١٢. على الرغم من .... الاقتصادي الذي عاشته ألمانيا واليابان بعد الحرب العالمية الثانية فإنهما اليوم تعتبران من أهم مراكز .... الاقتصادية في العالم.

تمرين ٢: كتابة جمل المفردات (في البيت) 🎧 | DVD VIDEO

استمعوا الى جمل المفردات من (١) الى (١٤) واكتبوها.

تمرين ٣: تناقشوا مع زملائكم (في الصف)

تناقشوا مع ٢ من زملائكم في هذه المواضيع مستعملين أكبر عدد ممكن من المفردات الجديدة، ثم اكتبوا ما سمعتم منهم.

1. *Links* for Arabic websites they have used and what they *include*.

2. What ancient *civilizations* they have studied and why they are important.

3. What they know about Africa إفريقيا: *peoples*, history, geography.

4. What they know about the *Crusades*.

المفردات الجديدة ٢: من جذور نعرفها

المعنى	المصري	الشامي	الفصحى
last ones (e.g., days or years)			آخِر: ج. أواخِر
first ones (e.g., days or years)			أوّل: ج. أوائِل
blessing			مبروك! بَرَكة ج. -ات
to translate	تَرجِم ، يِتَرجِم	يِتَرجِم	تَرجَمة ، مُتَرجِم: تَرجَمَ (إلى) ، يُتَرجِم ، التَّرجَمة
was/were translated	اِتَّرجِم لـ	اِتَّرجَم لـ	تَرجَمة ، مُتَرجِم: تُرجِمَ (إلى) / تُرجِمَت
social			علم الاجتماع: اجتِماعيّ
society			علم الاجتماع: مُجتَمَع ج. -ات
depending on, according to		بِحَسَب	حِساب: حَسَب
to preserve ★			حَفِظَ ، يَحْفَظ ، الحِفْظ:
(a) truth, fact	ج. حَقايِق	ج. حَقايِق	في الحقيقة ، حقيقيّ ، حقوق: حَقيقة ج. حَقائِق
you are right!	معاك حَقّ!	معك حَقّ!	في الحقيقة ، حقيقيّ ، حقوق: أنت على حَقّ
truly, rightly so	حَقيقي	عن جَدّ	في الحقيقة ، حقيقيّ ، حقوق: بِحَقّ
to travel, to set out, depart; (also) to pass on, go on to the next life			رِحْلة ج. -ات / رَحَلات: رَحَلَ من/إلى ، يَرحَل ، الرَّحيل/ التَّرحال

المعنى	المصري	الشامي	الفصحى
traveler, explorer			رِحلة ج. - ات / رَحَلات: رَحّالة (مذكر ومؤنث وجمع) ج. رَحّالون / رَحّالين
Orientalist, scholar who studies the Middle East			شَرق، شرقيّ: مُستَشرِق ج. -ون / ين
honeymoon			شهر ج. شهور: شَهر عَسَل
owner, possessor, holder of ★			صاحِب ج. أصحاب
to print, to type	يِطبَع	يطبَع	طَبيعة ، طبعاً: طَبَعَ ، يَطبَع ، الطَّبع
printing, edition			طَبيعة ، طبعاً: طَبْعة ج. -ات / طَبَعات
length, height			طويل ، أطوَل: طول
is considered			اِعتبَرَ: يُعتَبَر / تُعتَبَر
science, knowledge, learning			عَلِمَ ، يعلَم ، العِلم: عِلم ج. عُلوم
learned person, scientist	ج. عُلَما	ج. عُلَما	عَلِمَ ، يعلَم ، العِلم: عالِم ج. عُلَماء
information			عَلِمَ ، يعلَم ، العِلم: مَعلومات
to repeat, re-(do)[1]			عاد ، يَعود ، العَودة: أعادَ ، يُعيد ، الإعادة (+ مصدر)
habit, custom			عادةً: عادة ج. -ات
to make a legal ruling ★ judge			قَضى ، يَقضي ، القَضاء: (الـ) قاضي ، قاضٍ ج. قُضاة

الفصحى	الشامي	المصري	المعنى
اِنقطَعَ ، يَنقطِع: قَطَعَ ، يَقطَع ، القَطع	يِقطع	يِقطع	to cut, cut across (a distance)
قامَ ، يَقوم ، القيام: قامَ بـ ، يَقوم بـ ، القِيام بـ			to undertake, carry out
أكمل: كامِل/ة ج. -ون/ين	كامْلة ج. -ين	كامْلة ج. -ين	entire, whole
لقى ، يلاقي: لِقاء ج. -ات			meeting[2]
اِنتَشَرَ ، مُنتشِر: نَشَرَ ، يَنشُرُ ، النَّشر	يِنشُر	يُنشُر	to publish; to spread (something, e.g., news)
اِنتقَلَ ، يَنتَقِل ، الاِنتِقال: تَنقَّلَ ، يَتَنَقَّل ، التَّـنَقُّل	يِتنَقَّل	يِتنَقَّل	to move around
مُهِم ، أهَمّ: اِهتَمَّ بـ ، يَهتَمّ بـ ، الاِهتِمام بـ	يِهتَمّ بـ	يِهتَمّ بـ	to be interested in
مُهِمّ ، أهَمّ: أَهَمِّيّة			importance
صِفة ج. -ات: وَصَفَ ، يَصِف ، الوَصف (بأنّ)	يوصِف	يوصِف	to describe (as)
صِفة ج. -ات: وَصْف ج. أوصاف			description (of)

Notes on Vocabulary Usage

1. The verb أعادَ literally means *to repeat* as in أعادَ الكلمة مرتين and أعادت السؤال. In universities, a مُعيد is someone who goes back over things with students and repeats (but in smaller sections) the information presented by the professor. أعاد is also used in المضارع, الماضي , and المصدر with any appropriate مصدر to give the meaning re-(do):

- طلبت مني الأستاذة **إعادة** ترجمة هذا الجزء.
- **أعَدنا** ترتيب الكراسي في الغرفة حتى نشاهد بعضنا البعض.
- قررت الشركة أن **تعيد** طباعة الكتاب لأن الطلب عليه ازداد بشكل كبير.

2. لِقاء is different than اجتماع in that an اجتماع is normally prearranged and tends to be a more formal meeting than لقاء, which can be purely social in nature. لقاء can also be used to express abstract meetings such as *"a meeting of the minds"* or *"a meeting of two worlds."*

تمرين ٤: أوزان الأفعال الجديدة (في البيت)

الجذر	الوزن	الماضي	المضارع	المصدر	اسم الفاعل
س ج ل	فَعَّلَ II				
ل ح ظ					
				التَّنَقُّل	
	اِفتَعَلَ VIII		يَمتَدّ		
					مُهتَمّ بـ
ك ش ف					

تمرين ٥ : كتابة جمل المفردات (في البيت)

استمعوا الى جمل المفردات من (١٥) الى (٢٨) واكتبوها.

تمرين ٦ : الفعل الرُّباعي (في الصف)

You may have noticed that the verb تَرجَمَ، يُتَرجِم، التَّرجَمة does not fit any of the أوزان patterns exactly, although the syllable and vowel patterns closely resemble II وزن فَعَّلَ. The root consonants of ترجم are ت-ر-ج-م, which number four instead of the usual three. This verb is one of a small group of words whose جذر contains four consonants instead of three. Such roots are called رُباعي (from أربعة). The وزن of تَرجَمَ is regularly used to coin new verbs, sometimes taking root consonants from words borrowed into Arabic. This exercise will introduce you to this process. Find the four consonants of الجذر of the nouns given below and use the verb ترجم as a model to complete the chart. (Remember that the plural of a noun usually shows the root if it is not clear from the singular.)

الكلمة	الجذر	الماضي	المضارع	المصدر	المعنى
ترجمة	ت ر ج م	تَرجَمَ	يُـتَرجِم	التَّرجَمة	to translate
بَرنامَج ج. بَرامِج					to program
زِلزال ج. زَلازِل *earthquake*				الزَّلزَلة	to shake, rock
أمريكا					to Americanize

تمرين ٧ : السفر في الأزمنة (في الصف)

يحلم الكثير من الناس بالسفر الى الماضي لاستكشافه والتعرّف إليه. وتؤمن/ين أنت وزميلك/زميلتك بأن هذا الحلم سيصبح حقيقة في القريب، ولذلك تريدان أن تبدآ في الاستعداد لفرصة ذهبية: فَتْح مكتب سفر الى الماضي. قدّما وصفاً لرحلة الى الماضي سيقدمها مكتبكما للناس الذين يرغبون في ذلك، وأخبرانا إلى أين ستكون الرحلة، ولماذا اخترتما أن تكون الرحلة بهذا الشكل، وماذا ستشمل الرحلة، وماذا سيفعل المسافرون هناك، و... و... إلخ. استعملا كل المفردات الجديدة الممكنة في وصفكما. وبعد أن تكملا وصف رحلتكما، اذهبا الى "مكتب" آخر في الصف لمقارنة رحلتكما برحلة زميلين آخرين.

تمرين ٨: العلاقة بين وزن "فَعَلَ" و "اِفتَعَلَ" (في البيت)

In Part One you saw that وزن اِفتَعَلَ is usually intransitive, especially in relation to a transitive verb of وزن فَعَلَ. Notice that وزن اِفتعل does not normally take an object except with a preposition.

A. Study the relationship of meaning in the following pairs, then use the correct وزن to complete each sentence in Part B.

وزن فَعَل (transitive)	المعنى ومثال	وزن اِفتَعَل (intransitive)	المعنى ومثال
جَمَعَ ، يجمَع ، الجمع	*to gather, collect* هوايتها أن **تَجمَع** الصور القديمة.	اِجتَمَع مع	*to gather together, meet with* **اِجتَمَعت** مع ثلاثة من زملائي أمس حتى نستعدّ للتقديم.
حَفِظَ ، يَحفَظ ، الحِفظ	*to preserve (something)* **أَحفَظ** في تليفوني كل أرقام التليفون التي تهمّني.	اِحتَفَظ بـ	*to keep or save for oneself* **اِحتَفَظتُ** بكل هذه الصور من أيام طفولتي ولكن ليس عندي مكان لها الآن!
رَبَطَ ، يربـِط ، الرَّبط	*to link, tie* العلاقة التي **تربِط**نا هي علاقة عمل ليس أكثر.	اِرتَبَط بـ	*to be linked to* **ارتَبَط** اسمه **ب**اسمها في كل الجرائد والصحف.
مَدَّ ، يَـمُدّ ، الـمَدّ	*to extend, stretch out (something, e.g., a hand)* كانت المرأة تحمل أشياء كثيرة **فمَدَدْتُ** يدي لأساعدها.	امتَدَّ ، يَـمتَدّ	*to extend, stretch* **يَمتَدّ** تاريخ الحضارة الصينية آلاف السنوات.
نَشَرَ ، ينشُر ، النَّشر	*to spread (something, e.g., news), to publish* **نَشَرَت** الحكومة أخبار الحادث عن طريق الصحف والإنترنت.	اِنتَشَر	*to be widespread, spread out* **اِنتَشَرَت** الأخبار بسرعة عن طريق الصحف والإنترنت.
نَقَلَ ، ينقُل ، النَّقل	*to move (something)* طلبت من أصحابي أن يساعدوني في **نَقل** المفروشات الى الشقة الجديدة.	اِنتَقَل إلى	*to move (oneself)* **انتقلوا** جميعاً **إلى** بناية جديدة بعد أن تمَّ بيع البناية التي كانوا يسكنون فيها.
هَمَّ ، يَهُمّ ، الهَمّ	*to be important for, matter to (someone)* **لا تَهُمّني** آراء الناس في ما أفعله!	اِهتَمَّ بـ ، يَهتَمّ	*take something to be important for oneself, be interested in* **يَهتَمّ** شباب هذا الجيل **ب**البيئة أكثر من أفراد الجيل الذي قبلهم.

ب. اختاروا فعلاً مناسباً من الأفعال التي درسناها في الجدول (فوق) واكتبوه بالشكل المناسب في كل جملة.

١. قررا أن يتزوجا و .... ببعضهما البعض بقية حياتهما.

٢. قناة السُّوَيْس في مصر .... البحر الأحمر والبحر الأبيض المتوسط.

٣. .... الأستاذة كتاباً عن الظلم في المجتمعات الديكتاتورية منذ أكثر من ٣ سنوات ولكن الكتاب لم يجد قبولاً.

٤. .... المخدرات بشكل كبير بين الشباب.

٥. .... الكلب رأسه من شباك السيارة.

٦. .... الولايات المتحدة من المحيط الهادئ (الباسفيكي) غرباً إلى المحيط الأطلسي شرقاً.

٧. أردنا أن .... الى حيّ أقرب من مكان عملنا ولكن ازدياد أسعار البيوت منعنا من ذلك.

٨. هل يمكنكِ أن تساعديني من فضلك؟ أريد أن .... هذه الخزانة الى الغرفة الأخرى.

٩. بدأتُ .... بدراسة علم اللغة الاجتماعي بسبب الاختلافات الكثيرة التي لاحظتها بين كلام الرجال والنساء.

١٠. لا ....ـني إذا كنتم مشغولين! من الضروري أن تتركوا ما في أيديكم وتستمعوا إليّ!

١١. تنوي مديرة المعهد أن .... مع كل الطلاب الجدد غداً صباحاً.

١٢. يحب زوجي أن .... قمصان "تي شيرت" من الجامعات التي يزورها.

١٣. أعتقد أن الثلاجة في مطبخنا أصبحت بحاجة الى تغيير لأنها لا .... الأكل أكثر من يوم أو يومين.

١٤. وصلتني رسالة من الرئيس نفسه! سـ............................ بها طول حياتي!

تمرين ٩: معنى وزن اِسْتَفْعَلَ   (في البيت أو في الصف)

One of the meanings of وزن اِسْتَفْعَلَ is *to seek* X (where X is the meaning of the root). Study the examples below and complete the chart based on this information.

المعنى	وزن اِسْتَفْعَلَ	وزن فعل
to seek to uncover, to explore	اِسْتَكْشَفَ	كَشَف *to uncover*
to seek the orient, be an orientalist orientalist	اِسْتَشْرَقَ ، يَسْتَشْرِق مُسْتَشْرِق	الشرق *east, orient*
(to seek information) information desk	قسم الـ .... ات	عَلِمَ ، مَعلومات
to seek to understand		فَهِمَ
to seek to complete		كامِل
to seek a homeland, settle (a land) settler		وَطَن

تمرين ١٠: وصف الصور   (في الصف)

تحدثوا مع زميل/ة عن هذه الصور من (١ إلى ٤) مستعملين المفردات الجديدة، ثم تبادلوا الوصف مع زميل/ة جديد/ة. وإذا كان لديكم وقت كافٍ، اكتبوا فقرة تصفون فيها إحدى الصور.

(١)

(٢)

(٣)

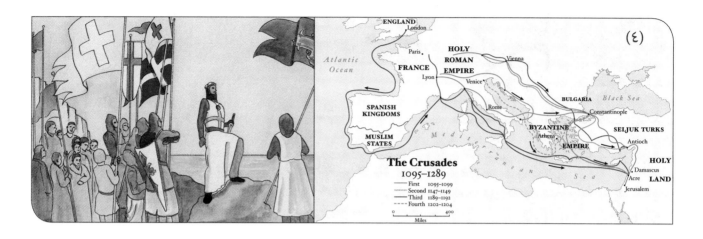

(٤)

تمرين ١١ : "تصريف فعل "اهتمّ" (في البيت)

اكتبوا الشكل الصحيح لفعل "اهتمّ" في كل جملة:

١. الأم .... بأولادها كثيراً وتشجّعهم في كل شيء.

٢. بدأتُ .... بالشرق الأوسط منذ زمن طويل.

٣. مشكلتكِ أنك لا .... أبداً بالناس الذين حولك.

٤. عندما زرت أقارب والدي في لبنان، .... بي كثيراً وأخذوني في جولات سياحية الى الجبال والبحر.

٥. أنا واثقة من نجاحكم لأنكم دائماً .... بأن تقدموا أفضل ما عندكم.

٦. أخي الكبير .... كثيراً بالبيئة ويرغب في نشر هذا .... بين كل أقاربه وأصدقائه.

٧. يبدو أنّ الناس في هذه الأيام .... بأخلاق الشخص الذي سيتزوجونه أكثر من الشكل.

تمرين ١٢: مفردات (في البيت)

اكتبوا كلمة مناسبة من المفردات الجديدة من المفردات (١) و (٢) في كل فراغ:

١. في هذا الصف نستعمل كتاب "الكتاب في تعلّم العربية" ، الجزء الثاني، .... الثالثة الذي .... ـه جامعة جورجتاون، وهو .... عشرة دروس. وهذه .... مستعمَلة من الكتاب اشتريتها من "أمازون" بسعر رخيص.

٢. نَهْر *river* الغانج في الهند نهر طويل يبلغ .... ـه حوالي ٢٥٠٠ كيلومتر. وهو .... نهراً مقدساً عند الهندوس، وكثيرون منهم ينزلون في الغانج ويسبحون فيه للحصول على ....

٣. سنغادر دمشق بعد يومين من حفلة عرسنا وسنسافر الى ماليزيا حيث سنقضي .... هناك، ونريده أن يكون شهراً .... أي ٣٠ يوماً وليس أسبوعاً أو أسبوعين حتى نستمتع بكل دقيقة فيه. والآن نبحث أنا وخطيبتي على الإنترنت عن .... عن المناطق السياحية والفنادق في ماليزيا. أما بالنسبة للفيزا فننوي أن نقدم الطلب الى السفارة الماليزية في .... شهر سبتمبر أو .... أُكتوبر إن شاء الله.

٤. .... هو شخص .... بدراسة الشرق وآدابه وحضاراته وشعوبه و .... ـه.

٥. في الأسبوع الماضي حدث .... مهم في الأمم المتحدة بين الرئيسين الأمريكي والفلسطيني ناقشا فيه مستقبل الدولة الفلسطينية.

٦. في هذا الصف نركز كثيراً على الكتابة و .... الكتابة، فالأستاذة تطلب منا أن .... بكتابة مقالة كل أسبوع ونقدمها اليها، وبعد أن تقرأ المقالة وتعطي رأيها فيها تطلب منا أن نكتب المقالة مرة ثانية ثم مرة ثالثة. هذا الأسبوع أعطتنا صورة وطلبت منا أن نكتب .... اً لكل الناس والأشياء التي نشاهدها فيها.

٧. كان البدو في الصحراء .... من منطقة الى أخرى .... وجود الماء، فاذا وجدوا الماء في مكان جلسوا واستقروا فيه، وإذا انتهى الماء كانوا .... الى مكان آخر.

٨. على الرغم من أنني عادةً أختلف معها في الرأي إلا أنني أعتقد أنها كانت على .... في كل ما ذكرته في الاجتماع أمس.

٩. الدكتورة مريم شديد .... فيزياء متخصصة بعلم النجوم ولها كتاب عن هذا الموضوع. والكتاب كُتِبَ بالفرنسية أصلاً ولكنه .... الى العربية بعد أشهر قليلة.

١٠. نصيحتي اليها كانت أن .... علاقتها به بسبب سلوكه والطريقة التي يتصرف بها معها.

١١. كان من الصعب عليَّ التوقف عن التدخين بعد ١٥ سنة لأنني كنت أشعر بأنه أصبح .... لا أستطيع تغييرها.

١٢. هذه صورة للسيدة خلود الفقيه التي عُيِّنَت أول ....
متخصصة في الشريعة الاسلامية في مدينة رام الله في فلسطين.

تمرين ١٣: الرَّحالون العُظماء (في البيت ثم في الصف)

ابحثوا في الإنترنت أو في مرجع *reference work* آخر عن معلومات عن اثنين من الرحالين المشهورين في العالم وقدّموا للصف كل ما تستطيعون أن تخبرونا عنهم بالعربية وبالمفردات الجديدة.

Do not look up any new words. This is not a translation exercise. The goal is to use as many of the new vocabulary words as possible to say as much as you can about your رحالين. You do not have enough vocabulary to be able to present all, or even most, of the information you find, so focus on the information that you can report using المفردات الجديدة. This exercise is for speaking practice, not reading, so prepare your presentation in the form of notes to refer to rather than a written text to read. Practice out loud before class so that you can pronounce and use the new vocabulary easily.

ويمكنكم أن تختاروا من هؤلاء الرّحّالين:

Ibn Jubayr (ابن جُبَيْر)	Ferdinand Magellan	Sir Richard F. Burton	Lewis and Clark
Ibn Fadlan (ابن فَضلان)	Isabelle Eberhardt	Mary Henrietta Kingsley	Zhang Quian
Marco Polo	James Cook	Walter Raleigh	Hannu

تمرين ١٤: تفعيل مفردات وكلام بالعامية (في البيت ثم في الصف)

أ. في البيت

استعدّوا: اقرأوا الأسئلة وفكروا في الإجابات اللي ممكن تقدموها. اكتبوا الكلمات اللي ممكن تستعملوها في إجاباتكم وتمرنوا بصوت عالي *practice out loud*.

ب. في الصف: اسألوا زمايلكم وزميلاتكم وبعدين خبّرونا / قولولنا عن كل المعلومات اللي عرفتوها من بعض:

١. إيه أخبارهم الدراسية والعائلية والعاطفية اليومين دول؟	١. كيف أحوالهُن الدراسية والعائلية والعاطفية بهالأيام؟
٢. بيهتموا بإيه خارج الحياة الجامعية؟ إيه سبب الاهتمام دا؟	٢. شو الأشيا اللي بيهتموا فيها خارج حياتهُن الجامعية؟ شو سبب هالاهتمام؟
٣. إيه القيم الأساسية اللي بيؤمنوا بيها في حياتهم؟ إيه مصدر القيم دي؟ وإزاي اتعلموها؟	٣. شو هي القيم الأساسية اللي بيآمنوا فيها بحياتهُن؟ من وين أخدوا هالقيم وكيف تعلموها؟
٤. لو كان عندهم فرصة يعملوا رحلة بالسفينة *cruise* لمدة أسبوعين، ممكن يوصفوا لنا يحبوا يروحوا فين؟ وليه؟ يحبوا يعملوا إيه؟ حياخدوا مين معاهم؟ حياخدوا كام شنطة معاهم وفيها إيه؟	٤. لو كان عندهُن فرصة إنّو يعملوا رحلة بالسفينة *cruise* لمدة اسبوعين، ممكن يوصفوا لنا وين بيحبوا يروحوا وليش؟ شو بيحبوا يعملوا؟ مين بيحبوا ياخدوا معهُن؟ وكم شنتة بدّهُن ياخدوا؟
٥. إيه الحاجات اللي بيعتبروها قوية في شخصيتهم؟ وإيه الحاجات اللي بيعتبروها ضعيفة؟ بيحبوا يغيروا إيه في شخصيتهم؟	٥. شو هي، برأيهُن، الأشيا اللي بيعتبروها قوية وضعيفة بشخصيّتهُن؟ شو الأشيا اللي بيحبوا يغيروها وليش؟
٦. بيفتكروا ممكن تحصل حرب عالمية تالتة؟ إيه اللي ممكن يسبِّب الحرب دي؟	٦. بيعتقدوا إنّو ممكن يكون فيه حرب عالمية تالتة؟ شو اللي ممكن يسبِّب هالحرب؟

القصة بالعامية

تمرين ١٥: "الحمد لله ع السلامة!"   "حمد الله ع السلامة!"

(في البيت ثم في الصف)

أ. في البيت: شوفوا الفيديو وجاوبوا على الأسئلة:

"حمد الله ع السلامة!"	"الحمد لله ع السلامة!"
١. إيه اللي بيحصل هنا؟	١. شو عم بيصير هون؟
٢. إيه الترتيبات اللي عملتها عيلة خالد في الشقة عشان محمد وعيلته؟	٢. شو الترتيبات اللي عملتها عيلة طارق بالشقة مشان حسن وعيلته؟
٣. إيه الحاجات الثقافية واللغوية اللي لاحظتوها في الفيديو؟	٣. شو الأشيا الثقافية واللغوية اللي لاحظتوها بالفيديو؟

شوفوا الفيديو كمان وركزوا على بعض عبارات اللغة والثقافة اللي سمعناها في الفيديو. شو/إيه معنى كل واحدة؟

٤. (ألف) الحمد لله ع السلامة! - الله يسلّمك.	(ألف) حمد لله ع السلامة! - الله يسلّمك.
مِشتاق/ة لك	وَحَشتوني
تَعبناكُن معنا. - تعبكُن راحة.	تَعبناكو معانا. - إيه الكلام دا؟ دا بيتك!
تِصبح على خير! - وانت من أهله.	تِصبح على خير! - وانت من أهله.

ب. في الصف: تكلموا مع زملائكم عن العبارات الجديدة ومعناها واستعمالها وبعد ذلك قوموا بـ *role play* مع زميل/ة:

Imagine that an Arab friend (your partner) you met abroad is coming to visit you and arrives after a long trip. Greet her or him and make her or him feel welcome. Then switch roles with a different partner in class.

الحوار

تمرين ١٦: "أحلى شهر عسل بالدنيا!" "أحلى شهر عسل في الدنيا!"

(في البيت ثم في الصف)

أ. الاستماع في البيت

اسمعوا الحوار واكتبوا أجوبة على هالأسئلة:	اسمعوا الحوار واكتبوا أجوبة على الأسئلة دي:
١. وين منى وغسان؟ وشو عم يعملوا هنيك؟	١. منى وابراهيم فين؟ وبيعملوا إيه هناك؟
٢. شو هي المعلومات اللي بدهن يعرفوها؟	٢. إيه المعلومات اللي عايزين يعرفوها؟
٣. شو قالت الموظفة بمكتب السفريات؟	٣. الموظفة في مكتب السفر قالت إيه؟
٤. غسان وين بده يروح وليش؟	٤. ابراهيم عايز يروح فين وليه؟
٥. منى شو بدها وليش؟	٥. منى عايزة إيه وليه؟

ب. الاستماع في الصف

احكوا مع رفقاتكن عن هالأسئلة:	اتكلموا مع زمايلكو عن الأسئلة دي:
١. شو هي الرحلة اللي بتفضّلها الموظفة وليش برأيكن؟	١. إيه الرحلة اللي بتفضلها الموظفة؟ ليه في رأيكو؟
٢. شو هي المشاكل اللي بتشغلهن؟	٢. ايه هي المشاكل اللي بتشغلهم؟
٣. كيف بتختلف منى عن غسان في التفكير؟	٣. ازاي بيختلف ابراهيم ومنى في طريقة التفكير؟
٤. شو رح يقرروا منى وغسان برأيكن ووين رح يسافروا؟ رح يكونوا مبسوطين برأيكن؟ ليش / ليش لأ؟	٤. منى وابراهيم حيقرروا ايه في رأيكو؟ حيسافروا فين؟ تفتكروا حيكونوا مبسوطين ولّا لأ؟ ليه؟

الثقافة

تمرين ١٧: من التراث الإسلامي (في البيت ثم في الصف)

١. استمعوا الى معلومات عن هذه الجوانب من التراث الإسلامي واستعدّوا للكلام عنها في الصف:

زاوِية ج. زَوايا | التصوّف | وَلِيّ ج. أَوْلِياء | الصوفِيّة (م. صوفي) | طَريقة صوفيّة

٢. ماذا نشاهد في هاتَيْن الصورتين؟ استعدوا للكلام عنهما في الصف.

(١)

(٢)

٣. في الإنترنت: ابحثوا عن معلومات عن الطَوارِق *Tuareg people* واستعدّوا للكلام عنهم في الصف.

القراءة

العبارات الجديدة

أ. صاحب/ة (أصحاب) الفَضْل الأوَّل في (+المصدر) *deserves the most credit for*

- والدتي هي صاحبة الفضل الأول في تشجيعي على حب الموسيقى والاهتمام بدراستها منذ أيام الطفولة.
- كان الخليفة المأمون صاحب الفضل الأول في ترجمة العلوم ونقلها من الحضارات واللغات الأخرى إلى العربية في العصر العباسي.

ب. على يَدّ . . . *at the hands of*

- درس الأديب الدكتور طه حسين على يد عدد من المستشرقين الذين كانوا يدرّسون في جامعة القاهرة في اوائل القرن العشرين.
- حفظت القرآن الكريم على يد عمّي الشيخ أحمد، الله يرحمه.

ب. لَوْلا . . .لَـ (+الماضي) *if not for... (then)...*

- أنت قمري وشمسي وحياتي، لولاكِ لَما عرفت معنى الحب الحقيقي!
- لولا احترامي لوالدك وللعلاقة القوية التي تربطني به لكنت تصرفت معك بشكل مختلف.

تمرين ١٨: صاحب الفضل الأول في نجاحي (في البيت ثم في الصف)

من صاحب الفضل الأول في نجاحك؟ تحدث/ـي عن شخص ساعدك كثيراً في الدراسة أو في الحياة.

أ. في البيت:

Prepare a formal presentation بالفصحى to give in class as if you were thinking this person at a ceremony. Write out what you want to say but practice delivering it several times as well so that you can give it in class without reading word-for-word from the page. Use the new عبارات and as many new vocabulary words as you can.

صاحب/ة الفضل الأول في	لولا . . لَـ . .	على يد
وبالإضافة الى ذلك فـ . . .	الشخص الذي . . .	على الرغم من أنّ . . . فـ

ب. في الصف:

قدّموا التقديم الى زميل/ة واستمعوا الى تقديمه/تقديمها.

After you have presented to each other, change partners and present again. Each time you present, make an effort to depend less on your notes.

تمرين ١٩: ابن بطوطة وأطول رحلة في التاريخ (في البيت ثم في الصف)

Starting in this lesson, an authentic reading passage will take the place of القصة بالفصحى. You now have strong reading comprehension skills and a wide enough vocabulary base to read authentic texts closely and accurately. Keep using the strategies that you have developed—scanning, skimming, looking for what you know, and using your background knowledge and grammatical skills to understand as much as you can. Before you read, take a couple of minutes to scan the text, looking for familiar names and words that will help you form expectations of what you are about to read.

أ. القراءة في البيت

اقرأوا بدون توقف وبدون فتح القاموس، وأجيبوا عن هذه الأسئلة في فقرات:

١. ماذا نعرف عن حياة ابن بطوطة؟

٢. لماذا يعتبر ابن بطوطة شخصية مهمة في تاريخ الحضارة الإسلامية؟ ولماذا ما زال كتابه يُعتَبر عملاً مهماً حتى اليوم؟

٣. ما هي بعض المعلومات التي سجلها ابن بطوطة في رحلاته؟

٤. ماذا ستتذكرون عن ابن بطوطة بعد قراءة هذه المقالة؟

٥. خمّنوا guess معاني هذه الأفعال بالعربية أو بالإنكليزية:

المعنى:	الجذر:	الوزن:	اِستَغرَقَت رحلاته ٢٩ عاماً
المعنى:	الجذر:	الوزن:	أنجَبَ سبعين ولداً وبنتاً
المعنى:	الجذر:	الوزن:	ويتبرّك بالأولياء

ب. القراءة في الصف

ناقشوا هذه الأسئلة مع زميل/ة وارجعوا الى النص حتى تجدوا فيه كل المعلومات الموجودة عنها:

١. ما هي المعلومات التي قدمها لنا ابن بطوطة في كتابه عن نساء الطوارق؟ ولماذا تُعتَبر مهمّة؟

٢. كيف استطاع ابن بطوطة أن يقطع أجزاء كبيرة من إفريقيا وآسيا وأن يقضي سنوات من عمره مسافراً؟ وكيف كان يعيش طوال سنوات الرحيل والسفر؟

٣. في رأيكم، لماذا اهتمّ المستشرقون بكتاب ابن بطوطة في القرن التاسع عشر؟ (فكروا في السؤال: ماذا كان يحدث في أوروبا في ذلك الوقت؟)

ابن بطوطة وأطول رحلة في التاريخ

هو أبو عبد الله محمد اللواتي الذي يشتهر باسم ابن بطوطة، ولد سنة ٧٠٣ هـ / ١٣٠٤م، بدأ أطول رحلة قام بها رحالة في العصور الوسطى، يبلغ طولها ٧٥ ألف ميل، أي ثلاثة أضعاف ما قطعه الرحالة الإيطالي ماركو بولو، وتنقل في أفريقيا وآسيا وأطراف اوروبا، زار خلالها ٤٤ بلداً من البلاد القائمة اليوم، واستغرقت رحلاته ٢٩ عاماً، تزوج فيها ٢٣ مرة، وأنجب سبعين ولداً وبنتاً.

خرج ابن بطوطة من بلدته طنجة قاصداً الحج ولكنه يحمل شغفاً لا حدود له للمعرفة، وعاد الى فاس بالمغرب وقد بلغ عمره الخمسين عاماً وعاش حتى الثالثة والسبعين، يعيش خلال رحلته بين الناس، يرحل مع القوافل ويقيم في الزوايا ويزور أهل العلم، ويتبرك بالأولياء، ويجتمع بالصوفية ويقضي أيامه متجولاً في الأسواق. امتدت رحلته من المحيط الأطلسي غرباً الى بحر الصين شرقاً.

والملاحظ أن كُلّاً من ابن بطوطة وماركو بولو قد قاما برحلتيهما في أزمان متقاربة، فماركو بولو ولد سنة ١٢٥٣ م وتُوُفِّي سنة ١٣٢٤ م وابن بطوطة ولد سنة ١٣٠٤ م وعاش حتى سنة ١٣٧٨م، وأملى كل منهما مشاهداته على كاتب محترف. وصدرت رحلات ابن بطوطة في كتاب "تُحفة الأنظار في غَرائِب الأَمصار وعَجائِب الأَسفار".

وحفظ لنا ابن بطوطة في كتابه حقائق ومعارف لولاه لمحاها الزمن، فلم يترك لنا أي رحالة شرقي أو غربي في العصور الوسطى، مثل ذلك التراث الواسع الذي تركه

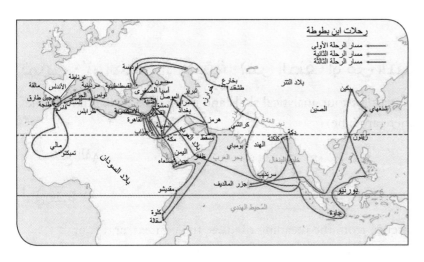

رحلات ابن بطوطة
مسار الرحلة الأولى
مسار الرحلة الثانية
مسار الرحلة الثالثة

لنا ابن بطوطة عن أوصاف وأحوال البلاد التي زارها. ويعتبر ابن بطوطة صاحب الفضل الأول في استكشاف بعض المناطق الأفريقية جنوب غرب الصحراء، وأهمها مالي ومدينة تنبكتو، وهو يقدم معلومات إضافية عن أحوال شعوبها. ولم يستطع الأوروبيون النفاذ إلى تلك المنطقة قبل أواخر القرن الثامن عشر، على يد الرحالة البريطاني منجو بارك والرحالة الفرنسي رينيه كاييه.

ويبدو أن ابن بطوطة راودته فكرة الترحال لأول مرة وهو في مصر، فهذه الزيارة هي التي أشعلت لديه الرغبة في الطواف في أرجاء البلاد الإسلامية التي تشمل إلى جانب الدول العربية أمماً إسلامية أخرى تختلف في عاداتها وطبيعتها، ويتحدث معظمها الفارسية والتركية، فعكف على تعلم هاتين اللغتين. وكان ذلك في زمان دولة إسلامية كبرى تمتد من الهند إلى ساحل الأطلسي ودول وسلطنات تجاور بعضها بعضاً، وتقوم بينها روابط حضارية وإنسانية رموزها الجامع والزاوية والعلماء والفقهاء والقضاة، مما مكّن ابن بطوطة من أن يقطع آلاف الأميال متنقلاً ومقيماً سنوات في بعضها أو زائراً لمدد قصيرة في البعض الآخر.

وفي رحلته هذه يقدم نظرة شاملة للعالم الإسلامي في القرن الرابع عشر الميلادي / الثامن الهجري، ويقدم صورة للقاء العميق بين الحضارتين الهندية والإسلامية خلال زيارته للهند. ويجذب اهتمامه في العالم الذي يتنقل فيه الجانب الاجتماعي، ويهتم بأنواع الطعام الذي يقدم في كل مكان، ويعطي الكثير من اهتمامه للمرأة ويتابع أوضاعها أينما ذهبت.

ولعله أهم من تحدث عن وضع المرأة لدى قبائل الطوارق، وما زالت ملاحظاته هي الأساس لأي باحث حول قيمهم الاجتماعية رغم أنه سجلها منذ ستة قرون. لقد شق طريقه وسط الصحراء، وواصل سيره بين الطوارق خمسة عشر يوماً، والتقطت عيناه الذكيتان طبيعة العلاقة بين الرجل والمرأة، يقول: "المرأة عندهم أعظم شأناً من الرجل... ومن أراد التزوج منهن تزوج، ولكنهن لا يسافرن مع الزوج، لو أرادت إحداهن ذلك منعها أهلها، والنساء يكون لهن أصدقاء وأصحاب من الرجال الأجانب، وكذلك للرجال صواحب من النساء الأجنبيات، ويدخل أحدهم داره فيجد امرأته ومعها صاحبها فلا ينكر ذلك" ....

واهتم المستشرقون منذ أوائل القرن الماضي برحلة ابن بطوطة، فنشرت منها أجزاء، ثم نشرت الرحلة بعدها بالكامل في ترجمة فرنسية سنة ١٨٥٩، وطبعت في القاهرة وبيروت عدة طبعات، ثم ترجمت إلى الألمانية سنة ١٩١١.

العمل الأصيل يبقى على مر الزمن، وتزداد قيمته مع الأيام، وتعيد أجيال جديدة اكتشافه جيلاً وراء آخر، وهذا ما حدث مع رحلة ابن بطوطة.

من مجلة "الهلال"، أكتوبر ١٩٩٣

تمرين ٢٠: القراءة الدقيقة (في الصف أو في البيت)

In this "close reading" exercise you will sharpen your analytical skills and practice الترجمة. Number the paragraphs in the text for easy reference (there are nine).

١. توسيع الفهم

أ. في فقرة ٢ :

Guess the meaning of قاصداً in the first sentence from the meaning of قصد, the context, and your knowledge of المنصوب. To whom does قاصداً refer? In the same paragraph, find a similar word in المنصوب that answers the question كيف؟ and guess its meaning.

ب. في فقرة ٦:

What does the phrase في رحلته هذه mean? Notice that هذه must follow the noun here because the phrase هذه رحلته means something different.

Look at the tense in all the verbs in this paragraph. Why do you think most of them are المضارع? What is the exception? Remember that one of the functions of الماضي is to give a conditional meaning, and this is the case here: أينما ذَهَبَت *wherever she may go*. The meaning of the verb is not past, but rather conditional.

In the second sentence, find the subjects of all the verbs.

٢. الترجمة

In this section you will translate certain sentences from the text that require close attention to structure. Translating is a different skill than comprehension and does not come easily to everyone. Producing a sophisticated translation takes time and excellent writing skills in English. The goal of the ترجمة exercises in this book is more modest: To help you make sure that you are reading closely, with accuracy, when you need to. Your translations should reflect the way you have understood the text and at the same time make sense in English. (If your English translation does not make sense, you probably did not understand the Arabic, so think more about the context and try again.) Remember: If you try to translate by proceeding word by word in linear fashion you will become frustrated very quickly. Look for the overall meaning of each sentence first by identifying its structure and constituent parts (e.g., الفاعل/المبتدأ، الفعل/ الخبر). Then identify the part of speech and sentence role of unfamiliar words before looking them up.

أ. في فقرة ١: "يبلغ طولها ٧٥ ألف ميل، أي ثلاثة أضعاف ما قطعه الرحالة الأيطالي ماركو بولو"

The word أضعاف in this sentence presents a challenge. Before you look it up, think about the context. What kind of meaning are you looking for here? In your dictionary you will find that the root ض ع ف has two entries (marked with superscripts ١ and ٢). Which entry is more appropriate to this context? What kind of word is أضعاف? When you find the right subentry, read all the way through it to see if it lists any expressions that give you a meaning that makes sense.

ب. ترجموا فقرة ٢ إلى الإنكليزية.

Remember the use of المضارع to describe repeated or long-term events in the past.

ج. فقرة ٣: ما معنى اسم كتاب ابن بطوطة: "تُحفة الأنظار في غرائِب الأَمصار وعَجائِب الأَسفار"؟

Rhyming titles were quite fashionable في العصور الوسطى. Look at الجذر of each word of the title here: You should recognize most of them. Translate the title with the help of القاموس.

د. فقرة ٤: "وحفظ لنا بطوطة في كتابه حقائق ومعارف لولاه لمحاها الزمن، فلم يترك لنا أي رحالة شرقي أو غربي في العصور الوسطى مثل ذلك التراث الواسع الذي تركه لنا ابن بطوطة عن أوصاف وأحوال البلاد التي زارها."

To understand this sentence, you must first determine the subject and object of each verb and what each pronoun refers to. Draw arrows showing these references. Notice also the indirect object لَنا, which is repeated three times. Note that it occurs right after a verb, between the verb and the subject. You have heard this use of لِـ in the حوارات بالعامية. In all registers of Arabic, speakers and writers use this لِـ to elicit the empathy of the listener or reader.

هـ. فقرة ٥

(A) Find two examples of جملة الصفة in this paragraph and translate them. Remember to look for an indefinite noun followed by a sentence that describes it and a pronoun that links that sentence back to the indefinite noun.

(B) How is اسم الفاعل used in this paragraph? Find two examples and translate them.

القواعد ١

الفعل المجهول في الوزنين "فُعِلَ" و "فُعِّلَ"

What do the following verbs share in form and meaning?

وُلِدَتْ | عُيِّنْتُ | خُطِبَتْ | طُبِعَ | نُشِرَتْ | تُرجِمَ

In form, these verbs are all in الماضي, and they all share the internal vowel pattern فُعِلَ. In meaning, they are all passive: *She was born, I was appointed, she was engaged, it was printed, it was published, it was translated.* The actions took place but we do not know who or what carried them out. In Arabic, this form of verbs is called المَجهول *the unknown* (the full term is الفعل المَبني للمجهول). The same basic vowel pattern is found in الماضي of all أوزان but for now we will focus on الوزنين فُعِلَ وفُعِّلَ.

A few passive verbs, such as وُلِدَ and عُيِّنَ, take both human and nonhuman subjects, since people "are born" and can "be appointed." But since most passive verbs, like كُتِبَ or تُرجِمَ, normally have inanimate subjects, their range of use is limited to هو and هي forms, making the passive easy to learn in terms of memorizing forms. The challenge that the Arabic passive presents is recognizing it in reading since, as you saw in the Ibn Battuta text, passive verbs are generally not vowelled as such. It is therefore important to make a habit of identifying the subject of each verb as you read because this will help you identify passive verbs. For practice, go back to the Ibn Battuta text, read the next-to-last paragraph closely, identify all passive verbs, vowel them, and then read the passage aloud.

تمرين ٢١: الفعل المجهول (في البيت)

Practice using الفعل المجهول في الماضي by writing the correct form in each blank.

١. .... أول كتاب عن اللغة العربية في القرن الثامن أو التاسع الميلادي. (كتب)

٢. .... هذه الصورة عندما كنت أزور صديقتي في مدينة فاس بالمغرب. (أخذ)

٣. .... أول طبعة من هذا الكتاب منذ سنوات كثيرة ولكن الناس ما زالوا يقرأونه! (نشر)

٤. .... كل الهدايا تحت شجرة الميلاد. (وضع)

٥. .... مدينة عمّان قديماً باسم "فيلادِلفيا". (عرف)

٦. .... أبواب المحلات الى ساعة متأخرة حتى يتمكن الناس من شراء حاجاتهم قبل رأس السنة. (فتح)

٧. الحمد لله! .... الطلب الذي قدمته للجامعة الأمريكية وسأدرس هناك السنة القادمة! (قبل)

٨. .... عمّتي في مدينة تورُنتو ولكن والدي وأعمامي .... في طَرابلُس. (ولد)

٩. .... أرقام عالمية جديدة في السباحة في الألعاب الأولمبية الماضية. (سجّل)

١٠. كانت حفلة جميلة .... فيها أكلات لذيذة! (قدّم)

تمرين ٢٢: الفعل المجهول (في الصف)

مع زميل/ة، اكتبوا وصفاً لهذه الصور مستعملين الفعل المجهول:

(١)

(٢)

(٣)

(٤)

(٥)

جمع المؤنَّث

You know that the جمع المؤنث marker for human nouns and adjectives is ـات. In addition to this marker, formal Arabic has special جمع مؤنث forms for verbs and other pronouns that are used when all of the members of a group are female (if a single member of the group is male, جمع المذكر is used)[1]. Thus, جمع المؤنث agreement appears on all nouns, adjectives, verbs, and pronouns that refer to a female. However, these forms are not frequently used, which is why we did not introduce them earlier. Even though feminine human plural forms are uncommon, they are easy to recognize. The following sections present جمع المؤنث forms you will see and hear in formal Arabic.

[1] In spoken Arabic, feminine pronouns and verb forms are used mostly in Bedouin and some rural dialects in the Arabian Peninsula and the greater Levantine region.

الضمائر

Learn to recognize the جمع مؤنث pronouns:

جمع المؤنّث	جمع المؤنّث	جمع المذكّر	جمع المذكّر
Object + Possessive	Independent	Object + Possessive	Independent
ـكُنَّ	أنْتُنَّ	ـكُم	أنتم
ـهُنَّ (ـهِنَّ)	هُنَّ	ـهُم	هم

أمثلة: هل أنتُنَّ طالبات هنا؟ هل هذا بيتكُنَّ؟

هُنَّ زميلاتي في الجامعة. أنا صديقتهُنَّ.

لم أشاهدْكُنَّ في المحاضرة. أظن أنهُنَّ في بيتِهِنَّ.

The relative pronoun for جمع المؤنث is اللَواتي (other forms exist but are rare, especially in modern Arabic).

جمع المؤنّث	جمع المذكّر
اللَواتي	الذين

مثال: من سيتولّى اختيار اللاعبات اللواتي سيشتركن في المباراة النهائية؟

One demonstrative pronoun serves both male and female human groups:

جمع المذكر والمؤنث	المفرد
هٰؤلاء	هٰذا هٰذه
أولئِكَ	ذٰلك تِلكَ

مثال: هٰؤلاء الرجال جاءوا مع أولئِكَ النساء.

الفعل الماضي

Verbs also have special endings in الفصحى for أنتُنَّ and هُنَّ. You know that الماضي conjugations of all second person forms incorporate the final syllable of the corresponding independent pronoun. أنتُنَّ follows this pattern as well:

أنتَ ← نَظَرتَ | أنتِ ← نَظَرتِ | أنتم ← نَظَرتُم | أنتُنَّ ← نَظَرتُنَّ

In the case of هُنَّ, its الماضي form sounds like that of نحن except that the final vowel is فتحة instead of alif.

نحن ← نظرنا | هنَّ ← نظرنَ

الفعل المضارع

The forms of المضارع are easy to derive if we start from a singular masculine base and simply add the feminine plural suffix نَ. For أنتُنَّ, start with the أنتَ stem, and for هُنَّ, start with the هو stem:

(أنتَ) تَنظُر ← (أنتُنَّ) تَنظُرنَ | (هو) يَنظُر ← (هُنَّ) يَنظُرنَ

You will notice some spelling variations in verbs whose middle root consonant is و or ي since the long vowel shortens because of the نْ suffix[2]. For now, you are only expected to recognize these forms, not produce them[3]. Fortunately, there is no difference between the three مضارع forms of مرفوع ومنصوب ومجزوم. The following chart contains examples of feminine plural verbs for you to practice recognizing the forms you will see.

أفعال في جمع المؤنث

أنتُنَّ

الماضي	المضارع
فَعلْتُنَّ	تَفْعَلْنَ
كُنْتُنَّ	تَكُنَّ
وَصَلْتُنَّ	تَصِلْنَ
أَرَدْتُنَّ	تُرِدْنَ

هُنَّ

الماضي	المضارع
فَعَلْنَ	يَفْعَلْنَ
كُنَّ	يَكُنَّ
وَصَلْنَ	يَصِلْنَ
أَرَدْنَ	يُرِدْنَ

---

[2] This spelling change happens because the suffix begins with a sukuun and not a vowel. Formal Arabic rules do not permit a syllable with a long vowel to end in sukuun in verb conjugations, so the long vowel simply shortens. We will activate these rules in Part Three.

[3] There are several reasons for this: One reason is that it is relatively uncommon to address or talk about groups consisting solely of women. Another reason is that these forms are not part of many speakers' native dialects. And, finally, Arabic speakers often use the singular to talk about a generic category, so that المرأة can refer to women in general, and this circumvents the need for جمع المؤنث in such cases.

أمثلة: ظننتُ أنّـكُنَّ أردتُنَّ أنْ تجلِسْنَ معنا.
الأستاذات تكلّمنَ معنا عن قسم الدراسات النسائية.

الإعراب في الجمع المؤنث

You know that the masculine human plural ending has only two إعراب endings, ـون for المرفوع and ـين for المنصوب and المجرور. Similarly, the feminine human plural ـات has only two endings for definite and two for indefinite forms, and it never takes فتحة or تنوين فتحة as a case ending.

	المنصوب والمجرور	المرفوع
Indefinite	طالباتٍ	طالباتٌ
Definite	الطالباتِ	الطالباتُ

تمرين ٢٣: جمع المؤنث (في البيت)

These sentences are all about or addressed to one female. What if she were joined by two more? Rewrite each sentence, making it about a group of women rather than just one كما في المثال. Write shaddas where they are needed.

مثال: هي امرأة قويّـة. ← هن نساء قويّات.

١. عندي صديقة لبنانية، وهي بنت ذكية ومؤدّبة وأخلاقها عالية.

٢. هل تعتقدين بأنكِ ستتمكنين من الاجتماع بها في المستقبل القريب؟

٣. الشابة التي قابلتها وتحدّثت معها كانت واثقة جداً بنفسها.

٤. لا بدّ من أن تعيدي التفكير في الموضوع خصوصاً وأن هذه ربما تكون فرصتك الأخيرة.

٥. ما لونكِ المفضّل ومن أين تشترين ملابسك عادةً؟

٦. تحاول هذه الوزيرة أن تغيّر وضع التعليم في المناطق الفقيرة عن طريق الزّيارات المستمرّة التي تقوم بها للمدارس في هذه المناطق.

تمرين ٢٤ : جمع المؤنث (في الصف)

Read the following sentences silently and identify all جمع مؤنث forms in them. Then practice your إعراب by writing the endings and reading the sentences aloud with a partner. Practice reading each sentence in chunks and repeat them several times as if you were practicing to record the sentences for your teacher.

١. بنات جيلي ما كان لديهن نفس الحريات التي تتمتّع بها معظم البنات في هذا الجيل، فبنات هذا الجيل يفعلن ما يردن ويخرجن كثيراً ويتأخرن في الرجوع بدون حاجة الى سماح الأهل دائماً.

٢. حنان الشّيخ من الأديبات العربيات المشهورات اللواتي يعتبرن بحقّ أديبات عالميات بفضل القيمة الفكرية والأدبية والإنسانية لأعمالهن التي تُرجمت إلى لغات أجنبية كثيرة.

٣. نصيحتي لكُنّ كانت أن تتوقّفن عن وضع أموالكن في هذا البنك ولكنّكنّ لم تستمعن الى نصيحتي، والآن يجب عليكن أن تقبلن فكرة أن البنك سيتأخر في إرجاع الأموال إليكن.

٤. "نساء بالأسود" *Women in Black* في إسرائيل هن مجموعة من النساء الاسرائيليات والفلسطينيات اللواتي كُنَّ يرفضن الحرب ويلبسن ملابس سوداء ويتجمعن في ساحات بعض المدن الإسرائيلية كل يوم جمعة للمطالبة بالسلام واحترام حقوق الانسان للشعبين الإسرائيلي والفلسطيني في ثمانينات وتسعينات القرن العشرين.

٥. أظن أنهن يشعرن بشيء من القلق لأنهن ما كنّ قادرات على القيام بكل ما طلبناه منهن في الوقت المحدّد.

تمرين ٢٥: جمع المؤنث السالم (في الصف)

تحدّثوا مع زميل/ة عن هذه الصور، عن رحلة إلى تونس:

(١)

(٢)

(٣)

(٤)

كم؟ إعراب الاسم مع الأعداد

In the ابن بطوطة text, you read about the explorer's extensive travels and prolific marital life:

زار خلالها ٤٤ بلداً من البلاد القائمة اليوم، واستغرقت رحلاته ٢٩ عاماً، تزوج فيها ٢٣ مرة، وأنجب سبعين ولداً وبنتاً.

Notice the nouns used with the numbers in this sentence. As expected, they are all singular; but if we look more closely we notice that they are all marked with المنصوب ending (except where we cannot see the case ending on ة in مرة). In vowelled الفصحى texts, nouns used with numbers take إعراب. Here you will learn which case endings are used.

You have learned that المنصوب indicates the answer to questions such as كيف؟ and متى؟. In addition, the interrogative particle كم؟ must be followed by a singular indefinite noun in المنصوب to specify how many what?

كم **شخصاً** دعوت إلى حفلة العرس؟ | كم **قرناً** يمتدّ تاريخ العراق؟ | كم **حقيبةً** ستأخذ معك؟

You also know that Arabic requires the use of a plural noun after the numbers ٣–١٠ and a singular noun after ١٠٠٠, ١٠٠, ١١–٩٩, and multiples thereof. The following table reviews these rules in spoken Arabic:

العدد	الاسم +	مثال	
٣–١٠	جمع	مرته جابت أربَع بنات.	مراته جابت أربَع بنات.
١١–٩٩	مفرد	قضّيت تْلاتين يوم بالمغرب.	قضّيت تَلاتين يوم في المغرب.
مئة - ألف - مليون	مفرد	قلت لك مية مرّة!	قلت لك ميّة مرّة!

In الفصحى, the nouns carry إعراب endings according to the category of number: ١١–٩٩ ,٣–١٠, or multiples of ١٠٠ and ١٠٠٠. (Remember that the number itself will take its إعراب ending according to its place and function in the sentence.)

٣–١٠ + الجمع المجرور (في إضافة)

When counting from three to ten objects, we use an اسم جمع in an إضافة with the number functioning as the first word; thus, the plural noun always takes المجرور ending:

في بيتنا **سبعُ غرفٍ**. | قطعت **ثلاثةَ محيطاتٍ** حتى الآن! | رسمت الصورة **بثلاثةِ أشكالٍ** مختلفة.

١١–٩٩ + المنصوب

Numbers from ١١ to ٩٩ take an اسم مفرد with a منصوب ending:

قامت **بعشرين رحلةً** الى عمان. | زرت **إحدى عشرة كنيسةً** في دمشق. | قدّمت حوالي **خمسة وثلاثين طلباً** للعمل.

You can think of المنصوب here as answering the question ماذا؟, specifying the item being enumerated.[4]

"مئة" و "ألف" و "مليون" + المجرور

Numbers that end in مليون ,ألف ,مئة (مائة) or multiples thereof take an اسم مفرد as well, but with المجرور case ending, since the noun here functions as the second word of an إضافة while the number functions as its first term.

سعر الخزانة **ثلاثُمئةِ دولارٍ** أمريكي. | بلغ عمرُهُ **مئةَ سنةٍ**. | يقولون إن قيمة الصورة **بألفِ كلمةٍ**.

[4] In Arabic grammatical terminology this is called التمييز specification. This use of المنصوب has additional applications as well, which you will learn later.

Finally, note that numbers are usually used in indefinite phrases. For example, the indefinite phrase "nine months" is more common than the definite phrase "the nine months," which is limited to certain specific kinds of contexts. If we want to specify what the quantity refers to, such as "nine months of the year," we cannot put "year" in الإضافة because that would make the phrase "nine months" definite. Rather, مِن is used instead of الإضافة to retain the indefinite meaning, as the examples show:

- تقضي الأسرة تسعة أشهر من العام في لندن حيث يدرس الأولاد والبنات.
- بعد عشرة شهور من السفر والتنقّل عاشوا خمسةً وعشرين عاماً من السعادة والاستقرار.

إعراب الاسم مع الأعداد بالفصحى

This table summarizes the basic rules for using numbers with nouns بالفصحى:

العدد	الاسم وإعرابه +	مثال
٣-١٠	جمع مجرور	قضيت ثلاثةَ شهورٍ في المغرب.
١١-٩٩	مفرد منصوب	له سبعون ولداً وبنتاً.
مئة - ألف - مليون	مفرد مجرور	قلتُ لك ذلك مئةَ مرّةٍ!

تمرين ٢٦: كم؟ (في البيت)

أجيبوا عن هذه الاسئلة مستعملين الأعداد في شكل أرقام *numerals* (مثلاً ١، ١٥، ٤٢ ...) وأكبر عدد ممكن من المفردات الجديدة:

١. كم مرة تنظرون الى ساعتكم كل يوم؟

٢. كم قرناً يمتدّ تاريخ الشرق الأوسط؟

٣. كم كتاباً نُشِرَ في أمريكا عن الإسلام هذه السنة في رأيكم؟

٤. كم يبلغ عدد السكّان في المدينة التي ولدت فيها؟

٥. كم هدية تقدّمون لأهلكم وأصدقائكم في السنة؟

٦. كم مرة في الاسبوع تلعبون الرياضة؟

٧. كم سوقاً قريباً من منطقة سكنكم؟

٨. كم دولاراً تحتاجون في الشهر لحياتكم؟

تمرين ٢٧: ما هذه الأرقام؟ (في الصف)

What could the following numbers mean? Your absentminded teacher wrote them down to remember them but forgot to write what they refer to. Help him or her try to remember by writing down some guesses with a partner.

مثلا: ٥٢ هناك ٥٢ أسبوعاً في السنة | عمر الاستاذة ٥٢ سنة | الأستاذ عنده ٥٢ صديقاً في "فايسبوك"

٩٩ ١٠١ ١٥٠٠ ٢٨ ١٤

٣٣ ٥٠٠ ٦٧ ١٢٧ ٥٥

ثم اكتبوا أرقاماً مهمة لكم وماذا تعني.

الثقافة ٢

أسماء الحكام وماذا كانوا يحكمون في التاريخ الإسلامي:

الحاكم	يحكم
الخَليفة	الخِلافة
الأَمير	الإمارة
السُّلطان	السَّلطَنة
المَلِك	المَملَكة

تمرين ٢٨: من التاريخ الإسلامي (في البيت)

ابحثوا في الإنترنت عن معلومات عن هذه الأسماء التاريخية المهمة في القرنين الثاني عشر والثالث عشر، واكتبوا فقرة عن كل واحد بالعربية:

الأندلس *Andalusia* ومدن "إشبيليا" و "غرناطة"

التَّتار والـمَغول *The Mongols*

صَلاح الدّين الأَيّوبي *Saladin*

الاستماع

"ابن خلدون مؤسّس علم الاجتماع"

تمرين ٢٩: ابن خلدون (في البيت ثم في الصف)

أ. الاستماع في البيت

استمعوا واكتبوا كل ما فهمتم عن:

١. حياته:

٢. عائلته:

٣. تعليمه:

٤. كتابه المشهور:

٥. أسفاره وتنقّلاته:

ب. الاستماع في الصف

١. ما هي المواضيع التي اهتمّ بها ابن خلدون وكتب عنها؟ ولماذا كانت إقامته في القاهرة مهمة بالنسبة لكتابه؟

٢. ما هي الوظائف التي تولّاها وفي أي أماكن؟

٣. لماذا يُعتبر ابن خلدون عالماً مهماً؟

تمرين ٣٠: الاستماع الدقيق (في البيت)

استمعوا واكتبوا الكلمات التي تسمعونها من رقم ٦:٥٦ إلى رقم ٨:٠١

عشر سنوات (١) .... (٢) .... الشيخ السبعينيّ ليخرج للعَلَن *the public* عام (٣) .... و (٤) .... و (٥) .... وتسعين (٦) .... (٧) .... الأولى من كتاب "العِبَر" بعدما أضاف فصل (٨) .... بمؤلّفه، ثم بدأ في (٩) .... نسخ (١٠) .... بعد ذلك (١١) .... لملوك و (١٢) .... فاس و (١٣) .... ، و (١٤) .... النسخة الفارسية (١٥) .... إلى السلطان أبي فارس عبد العزيز بينما أُطلِقت على (١٦) .... السلطان الظاهر برقوق (١٧) .... (١٨) .... وكانت من (١٩) .... (٢٠) .... (٢١) .... ، وما زالت (٢٢) .... بخط (٢٣) .... ابن خلدون في (٢٤) .... (٢٥) .... باسطنبول. (٢٦) .... ابن خلدون إلى الشام لزيارة (٢٧) .... (٢٨) .... حيث (٢٩) .... له الصلاة في (٣٠) .... الأقصى ثم عاد (٣١) .... (٣٢) .... إلى القاهرة.

القراءة ٢

تمرين ٣١: العالم الإسلامي والصليبي في القرن السابع الهجري (في البيت ثم في الصف)

أ. القراءة في البيت

اقرأ النص بدون قاموس للبحث عن إجابات لهذه الأسئلة.

١. من كان يحكم هذه المناطق أو البلاد في القرن السابع الهجري؟

العراق | مصر | المغرب | الأناضول

الهند | أرمينيا | بيروت

٢. ماذا يقول الكاتب عن الخلافة العبّاسية؟

٣. ماذا كانت تشمل دولة الأيّوبيين في القرن السادس الهجري وكيف تغيّر هذا في القرن السابع؟

٤. من هم السَّلاجِقة؟

٥. ماذا عرفنا عن الدولة الخَوارِزمِيّة؟

ب. القراءة في الصف في مجموعات:

١. ما رأي الكاتب في الخلفاء العباسيين وماذا يقول عنهم؟

٢. كيف كان حال الأمّة الإسلامية في أوائل القرن السابع الهجري؟ وكيف كان حال الصليبيين في ذلك الوقت؟

٣. ما كانت مراكز القوة والضعف في العالم في ذلك العصر؟

٤. ماذا نعرف من النص عن الإسماعيلية والشيعة؟

٥. اكتبوا الكلمات الجديدة التي فهمتموها من القراءة:

العالم الإسلامي والصليبي في القرن السابع الهجري

١. الأمة الإسلامية

كانت المساحات الإسلامية في أوائل القرن السابع الهجري تقترب من نصف مساحات الأراضي المعمورة في الدنيا، فكانت حدود البلاد الإسلامية تبدأ من غرب الصين وتمتد عبر آسيا وأفريقيا لتصل إلى غرب أوروبا حيث بلاد الأندلس.

العالم الإسلامي في أوائل القرن السابع الهجري

رحلات وأسفار

الرئيسية رسولنا تاريخنا حضارتنا اعلامنا روائعنا عظماء أسلموا شهادات المنصفين ملفات ساخنة بأقلام العلماء إبداعاتكم فلسطين الأسرة والطفل الأخبار

العالم الإسلامي في أوائل القرن السابع الهجري

الخلافة العباسية

وهي خلافة قديمة جدًا؛ نشأت بعد سقوط الدولة الأموية العظيمة في سنة ١٣٢ هـ ، وفي مطلع القرن السابع الهجري ضعفت الخلافة العباسية جداً، حتى أصبحت لا تسيطر حقيقة إلا على العراق، وتتخذ من بغداد عاصمة لها منذ سنة ١٣٢ هـ ، وكان حول العراق عشرات من الإمارات المستقلة استقلالاً حقيقياً عن الخلافة، وإن كانت لا تعلن نفسها كخلافة منافسة للخلافة العباسية. فتستطيع أن تقول: إن الخلافة العباسية كانت "صورة خلافة" وليست خلافة حقيقية، وكانت كالرمز الذي يحب المسلمون أن يظل موجوداً حتى وإن لم يكن له دور يُذكَر، تمامًا كما يُبقي الإنجليز الآن على ملكة إنجلترا كرمز تاريخي فقط، دون دور يُذكَر لها في الحكم، بخلاف الخليفة العباسي الذي كان يحكم فعلياً منطقة العراق باستثناء الأجزاء الشمالية منها. (انظر الخريطة)

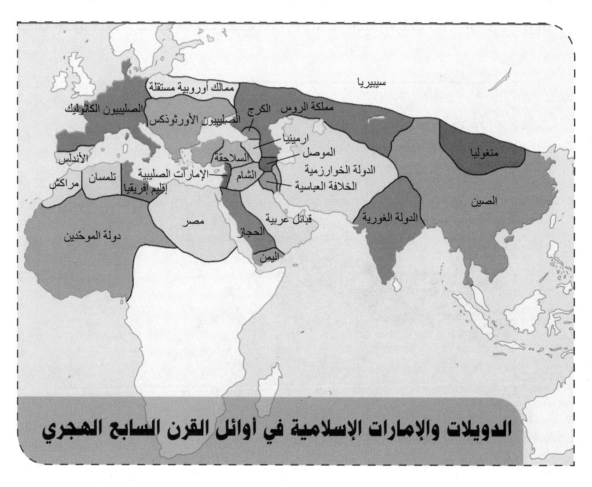

الموصل

الدويلات والإمارات الإسلامية في أوائل القرن السابع الهجري

الرئيسية رسولنا تاريخنا حضارتنا اعلامنا روائعنا عظماء أسلموا شهادات المنصفين ملفات ساخنة بأقلام العلماء إبداعاتكم فلسطين الأسرة والطفل الأخبار

الرئيسية رسولنا تاريخنا حضارتنا اعلامنا روائعنا عظماء أسلموا شهادات المنصفين ملفّات ساخنة بأقلام العلماء إبداعاتكم فلسطين الأسرة والطفل الأخبار

وكان يتعاقب على حكم المسلمين في العراق خلفاء من بني العباس حملوا الاسم العظيم: "الخليفة"، ولكنهم (في هذه الفترة من القرن السابع الهجري) ما اتصفوا بهذا الاسم أبداً، ولا رغبوا أصلاً في الاتصاف به؛ فلم يكن لهم همّ إلا جمع المال، ولم ينظروا نظرة صحيحة أبداً إلى وظيفتهم كحكام، ولم يدركوا أن من مسئولية الحاكم أن يوفر الأمان لدولته، ويقوي جيشها، ويرفع مستوى المعيشة لأفراد شعبه، ويرد الحقوق لأهلها. كل ما كانوا يريدونه فقط هو البقاء أطول فترة ممكنة في كرسي الحكم، وتوريث الحكم لأبنائهم، وكذلك كانوا يحرصون على جمع الأموال الكثيرة، وإقامة الحفلات الساهرة، وسماع الأغاني والموسيقى والإسراف في اللهو والطرب.

مصر والشام والحجاز واليمن

كانت هذه الأقاليم في أوائل القرن السابع الهجري في أيدي الأيوبيين أحفاد صلاح الدين الأيوبي، ولكنهم - للأسف - لم يكونوا على شاكلة ذلك الرجل العظيم، بل تنازعوا الحكم فيما بينهم، وقسَّموا الدولة الأيوبية الموحدة - التي هزمت الصليبيين في معركة حطين - إلى ممالك صغيرة متناحرة. فاستقلت الشام عن مصر، واستقلت كذلك كل من الحجاز واليمن عن الشام ومصر، بل وقسمت الشام إلى إمارات متعددة متحاربة، فانفصلت حمص عن حلب ودمشق، وكذلك انفصلت فلسطين والأردن، وما لبثت الأراضي التي حررها صلاح الدين من أيدي الصليبيين أن وقعت من جديد في أيديهم.

بلاد المغرب والأندلس

كانت تحت إمرة دولة الموحدين. وقد كانت فيما سبق دولة قوية تحكم مساحة تمتدّ من ليبيا شرقاً إلى المغرب غرباً، ومن الأندلس شمالاً إلى وسط أفريقيا جنوباً. ومع ذلك، ففي أوائل القرن السابع الهجري كانت هذه الدولة قد بدأت في الاحتضار.

خوارِزم

كانت الدولة الخوارزمية تضم معظم البلاد الإسلامية في قارة آسيا، تمتد حدودها من غرب الصين شرقاً إلى أجزاء كبيرة من إيران غرباً. وكانت هذه الدولة على خلاف كبير مع الخلافة العباسية. ومالت الدولة الخوارزمية في بعض فترات من زمانها إلى التشيع، وكثرت فيها الفتن والانقلابات، وقامت في عصرها حروب كثيرة مع السلاجقة والغوريين والعباسيين وغيرهم من المسلمين.

الرئيسية رسولنا تاريخنا حضارتنا اعلامنا روائعنا عظماء أسلموا شهادات المنصفين ملفّات ساخنة بأقلام العلماء إبداعاتكم فلسطين الأسرة والطفل الأخبار

رحلات وأسفار

الرئيسية رسولنا تاريخنا حضارتنا اعلامنا روائعنا عظماء أسلموا شهادات المنصفين ملفّات ساخنة بأقلام العلماء إبداعاتكم فلسطين الأسرة والطفل الأخبار

الهند

كانت تحت سلطان الغوريين في ذلك الوقت، وكانت الحروب بينهم وبين دولة خوارزم كثيرة ومتكررة. (انظر الخريطة)

فارس

وهي إيران الحالية، وكانت أجزاء منها تحت سلطان الخوارزميين، وكانت الأجزاء الغربية منها - والملاصقة للخلافة العباسية - تحت سيطرة طائفة الإسماعيلية، وهي طائفة من طوائف الشيعة. خلطت طائفة الإسماعيلية الدين بالفلسفة، وهي إحدى فرق الباطِنيّة الذين يؤمنون بأن لكل أمر ظاهر في الدين أمراً آخر باطناً خفيّاً لا يعلمه إلا بعض الناس.

الأناضول (تركيا)

وهذه المنطقة كانت تحت حكم سلاجقة الروم. وأصول السلاجقة ترجع إلى الأتراك، وكان لهم في السابق تاريخ عظيم وجهاد كبير، وذلك أيام القائد السلجوقي المسلم ألب أرسلان رحمه الله تعالى، ولكن للأسف فإن الأحفاد الذين كانوا يحكمون هذه المنطقة الحساسة والخطيرة والملاصقة للإمبراطورية البيزنطية كانوا على درجة شنيعة من الضعف.

٢. الصليبيون

وكان المركز الرئيس لهم في غرب أوروبا، حيث كان لهم هناك أكثر من معقل، وقد انشغلوا بحروب مستمرة مع المسلمين، فكان نصارى إنجلترا وفرنسا وألمانيا وإيطاليا يقومون بالحملات الصليبية المتتالية على بلاد الشام ومصر، وكان نصارى أسبانيا والبرتغال - وأيضاً فرنسا - في حروب مستمرة مع المسلمين في الأندلس.

وبالإضافة إلى هذا التجمع الصليبي الضخم في غرب أوروبا كانت هناك تجمعات مسيحية أخرى في العالم، وكانت الحروب بينها وبين العالم الإسلامي على أشدها، وكانت أشهر هذه التجمعات كما يلي:

الإمبراطورية البيزنطية

وحروبها مع الأمة الإسلامية شرسة وتاريخية، ولكنها كانت في ذلك الوقت في حالة من الضعف النسبي والتقلص في القوة والحجم؛ فلم يكن يأتي من جانبها خطر كبير، وإن كان الجميع يعلم قدر الإمبراطورية البيزنطية.

الرئيسية رسولنا تاريخنا حضارتنا اعلامنا روائعنا عظماء أسلموا شهادات المنصفين ملفّات ساخنة بأقلام العلماء إبداعاتكم فلسطين الأسرة والطفل الأخبار

مملكة أرمينية

وكانت تقع في شمال فارس وغرب الأناضول، وكانت أيضًا في حروب مستمرة مع المسلمين، وخاصة السَّلاجقة.

مملكة الكُرج

وهي دولة جورجيا حالياً، ولم تتوقف الحروب كذلك بينها وبين أمة الإسلام، وتحديدًا مع الدولة الخوارزمية.

الإمارات الصليبية

وهذه الإمارات كانت تحتل هذه المناطق الإسلامية منذ أواخر القرن الخامس الهجري بدءًا من سنة ٤٩١ هجرية (انظر الخريطة).

وعلى الرغم من انتصارات صلاح الدين الأيوبي رحمه الله تعالى على القوات الصليبية في حطين وبيت المقدس وغيرها إلا أن هذه الإمارات لا زالت باقية، بل ولا زالت من آن إلى آخر تعتدي على الأراضي الإسلامية المجاورة غير المحتلة، وكانت أشهر هذه الإمارات: أنطاكية وعكا وطرابلس وصيدا وبيروت.

وهكذا استمرت الحروب في كل بقاع العالم الإسلامي تقريباً. وشاء الله سبحانه تعالى أن تكون نهاية القرن السادس الهجري سعيدة جداً على المسلمين. فقد انتصر البطل العظيم "صلاح الدين الأيوبي" رحمه الله تعالى على الصليبيين في موقعة "حطين" في الشام، وذلك في عام ٥٨٣هـ ، وبعدها بثماني سنوات فقط انتصر المنصور الموحدي زعيم دولة الموحدين في موقعة الأرك في الأندلس في سنة ٥٩١هـ.

وبالرغم من هذين الانتصارين العظيمين إلا أن المسلمين في أوائل القرن السابع الهجري كانوا في ضعف شديد، غير أن الصليبيين كانوا كذلك في ضعف شديد لم يمكنهم من السيطرة على البلاد المسلمة.

وبينما كان هذا هو حال الأرض في ذلك الوقت، ظهرت قوة جديدة غيرت خريطة العالم، وفرضت نفسها كقوة ثالثة في الأرض، أو تستطيع أن تقول: إنها كانت القوة الأولى في الأرض في النصف الأول من القرن السابع الهجري. هذه القوة هي قوة دولة التتار أو المغول.

د. راغب السرجاني

تمرين ٣٢: القراءة الجهرية (في البيت)

اكتبوا الإعراب على هاتين الفقرتين (المأخوذتين من نص القراءة) واقرأوهما قراءة جهرية *aloud* ثم اذهبوا الى الوب وسجّلوها للأستاذ / ة.

هو أبو عبد الله محمد اللواتي الذي يشتهر باسم ابن بطوطة، ولد سنة ٧٠٣هـ / ١٣٠٤م، بدأ أطول رحلة قام بها رحالة في العصور الوسطى، يبلغ طولها ٧٥ ألف ميل، أي ثلاثة أضعاف ما قطعه الرحالة الإيطالي ماركو بولو، وتنقل في أفريقيا وآسيا وأطراف اوروبا، زار خلالها ٤٤ بلداً من البلاد القائمة اليوم، واستغرقت رحلاته ٢٩ عاماً، تزوج فيها ٢٣ مرة، وأنجب سبعين ولداً وبنتاً.

خرج ابن بطوطة من بلدته طنجة قاصداً الحج ولكنه يحمل شَغَفاً لا حدود له للمعرفة، وعاد الى فاس بالمغرب وقد بلغ عمره الخمسين عاماً وعاش حتى الثالثة والسبعين، يعيش خلال رحلته بين الناس، يرحل مع القوافل ويقيم في الزوايا ويزور أهل العلم، ويتبرك بالأولياء، ويجتمع بالصوفية ويقضي أيامه متجولاً في الأسواق. امتدت رحلته من المحيط الأطلسي غرباً الى بحر الصين شرقاً.

❋ ❋ ❋

You can find two extra practice drills on some of the key concepts in this lesson and previous lessons on the companion website. These drills are optional and allow you another opportunity to practice what you have learned.

درس ٨

أعياد و احتفالات

المفردات

سنتعلم مفردات تساعدنا في وصف الأعياد والمناسبات الدينية والاجتماعية والكلام عن الاحتفالات والممارسات التي يقوم الناس بها في هذه الأعياد والمناسبات.

القواعد

سنتعرف على اسم المفعول ونتمرّن على تكوين واستعمال اسم الفاعل واسم المفعول. وسنتعلم وظيفة جديدة لاسم الفاعل عندما يُستعمل في جملة "الحال". وسنتكلم عن معنى الوزنين فاعَلَ III وتَفاعَلَ VI واستعمالاتهما.

الثقافة

سنتعرف على بعض الأعياد المهمة في العالم العربي عند المسلمين والمسيحيين.
وسنتعرف على الأمازيغ الذين يعيشون في شمال إفريقيا، ونقرأ عن رأس السنة في الثقافة الأمازيغية.
وسنتعرف أيضاً الى الأقباط في مصر وتاريخهم وقضاياهم الاجتماعية والسياسية، كما سنتعلم عن الصيام ومعناه وممارساته عند الأقباط. وسنتعلم عن الاحتفالات المرتبطة بمناسبتين ثقافيتين مهمتين: المولد في مصر وعيد الفصح في الشام.

المهارات

سنعمل على تقوية مهارة الاستماع أكثر إذ يصبح الحوار في هذا الدرس فيلماً وثائقياً *documentary*. وبالإضافة الى ذلك سنعمل على تقوية قدرتنا على الانتقال من الاستماع والكلام بالعامية الى الكتابة بالفصحى، وسنطوّر *develop* مهارة استعمال القاموس والإنترنت لمعرفة معاني المفردات الخاصة جداً.

المفردات الجديدة ١: من القاموس

الفُصحى	الشامي	المصري	المعنى
أرْض (مؤنّث) ج. أراضٍ ، (الـ) أراضي			earth, land, ground
جافّ/ة	ناشِف / ناشْفة	ناشِف / ناشْفة	dry
حَلْقة ج. حَلَقات			circle, ring, episode[1]
حينَ	لَمّا	لَمّا	عندما =
خاتِم ج. خَواتِم			ring (jewelry)
الخَليج (الفارسي/العربي)			the (Persian) Gulf
خَيمة ج. خِيَم	خيمة	خيمة	tent
اِرتَفَعَ	طِلِع ، يِطلَع	طِلِع ، يِطلَع	to rise
زَيَّنَ	يزَيِّن	زَيِّن ، يزَيِّن	to decorate
زينة			decoration
أشبَهَ	يِشبَه	يِشبِه	to resemble
تَشابَهَ			to resemble each other
صَحن ج. صُحون	ج. صحون	طَبَق ج. أطباق	dish, plate[2]
ضَيْف ج. ضُيوف	ضيف ج. ضيوف	ضيف	guest
طَبْلة ج. -ات	طَبْلة		drum
أعلَنَ			to announce
إعلان ج. -ات			advertisement
فَترة ج. فَتَرات			period (of time)
فارِغ/ة ج. -ون/ين	فاضي/ة ج. -ين	فاضي / فاضْية ج. -ين	empty
وقت فَراغ ج. أوقات فراغ			free time (إضافة)

المعنى	المصري	الشامي	الفُصحى
team			فَريق ج. فِرَق
traditional			تَقليدِيّ/ة ج. -ون/ين
palm (of the hand)		ج. كْفوف	كَفّ ج. كُفوف
to practice (a profession, custom, sport, or religion)			مارَسَ
Christian	مِسيحيّ/ة ج. -ين		مَسيحيّ/ة ج. -ون/ين
(dining or banquet) table			مائِدة ج. مَوائِد
activity			نَشاط ج.-ات ، أَنشِطة
type, kind (of), variety[3]	نوع (من)	نوع (من)	نَوْع (من) ج. أَنْواع
to vary			تَنَوَّعَ
various		مِتنَوِّع	مُتَنَوِّع
crescent moon			هِلال
greetings, congratulations[4]			التَّهاني
to fall, be located	وِقِع ، يُقَع	وِقِع ، يوقَع	وَقَعَ ، يَقَع ، الوُقوع
site, website			مَوقِع ج. مَواقِع

Notes on Vocabulary Usage

1. حَلقة is the kind of circle that you sit in. In traditional Islamic education, الشيوخ would teach students in حلقات in a section of a mosque. The term حلقة دراسيّة *seminar* comes from this tradition. (The kind of circle you draw is called a دائِرة).

2. صَحن is used exactly like the words *dish* and *plate* in English to refer both to the physical object and the food or type of food on it, as in صحن لبناني مشهور "التبولة".

3. The word نوع is often indefinite, as in *"a kind of..."* or *"three types of..."* In such cases, نوع cannot be the first term of an إضافة, so we use the phrase نوع من الـ in order to say *"a kind or type of"* (similar to the use of من in quantity phrases such as عدد من ، كثير من).

- "الدَبكة" نوع من الرقص الشعبي المنتشر في لبنان وسوريا وفلسطين والأردن.

- قدموا لنا في الحفلة أنواعاً من المأكولات لم نعرفها!

4. You will see the word التَّهاني written on holiday greetings and congratulations cards.

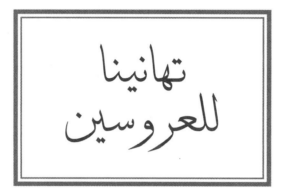

تهانينا
للعروسين

تمرين ١: المفردات الجديدة   (في البيت) 🎧

اكتبوا كلمة مناسبة من المفردات الجديدة في كل فراغ:

١. دولة قطر في منطقة _____

الفارسي/العربي وعاصمتها الدوحة. وهي بلد صغير، وعدد السكان فيها

قليل لأن معظم _____ ـها صحراء تتكون من مناطق

_____ ليس فيها ماء ولا أمطار.

٢. في كل سنة نلاحظ أن أسعار بطاقات السفر بالطائرة الى الشرق الأوسط

حوالي ١٠ - ١٥ % في _____ التي تمتد بين أوائل يونيو وأواخر أغسطس

وذلك بسبب ازدياد السفر خلال هذا الوقت.

٣. ذهبت الى eBay _____ على الإنترنت لشراء حقيبة سفر جديدة، وهناك وجدت

كثيرة عن حقائب للبيع ولكني لم أجد _____ الذي كنت أبحث عنه. وجدت حقيبة

_____ كثيراً الحقيبة التي عندي الآن، ولكني أرغب في واحدة جديدة لها شكل ولون مختلف.

٤. ما زال هناك في صحراء سيناء في مصر بدو يسكنون في

_____ ويعيشون حياة بدوية

_____ تختلف كثيراً عن حياة أهل المدن.

٥. تهتم ابنتي بكل _____ والألعاب الرياضية وخصوصاً كرة السلّة. وفي الشهر الماضي التحقت

بـ _____ كرة السلة في مدرستها وبسبب ذلك فهي الآن _____ هذه الرياضة

بشكل دائم في أوقات _____ ـها.

٦. في هذه الصورة نرى الرجل يلعب _____

والناس واقفون حوله في _____ .

٧. تزوّج ادريس وفاطمة في حفلة عرس مغربية جميلة جداً.

كان هناك عدد كبير من _____ من الأهل

والأقارب والأصدقاء، وكانت _____ والأنوار

والزُّهور *flowers* في كل مكان، وكان هناك _____

كبيرة وُضِعت عليها كل أنواع الأكل المغربي اللذيذ. وفي نهاية

الحفلة ذهبنا الى ادريس وفاطمة وقدّمنا لهما

_____ بالزواج وتمنّينا لهما حياة سعيدة معاً.

٨. تؤمن والدتي بأن بعض الناس يمكنهم معرفة المستقبل عن طريق قراءة فنجان القهوة أو قراءة .... أو قراءة النجوم.

٩. .... زار الملك الأردني الصين في الشهر الماضي قدم له الرئيس الصيني هدية جميلة وهي هذا .... من "البورسلين" الصيني من القرن التاسع عشر، وقدّم الملك للرئيس هذا .... من الذهب من العصر العثماني.

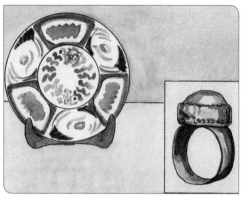

تمرين ٢: كتابة جمل المفردات (في البيت)

استمعوا الى جمل المفردات من (١) الى (١٢) واكتبوها.

تمرين ٣: تناقشوا مع زملاءكم (في الصف)

تناقشوا مع اثنين من زملائكم في هذه المواضيع واكتبوا ما سمعتم منهم ثم استعدوا لتقديم ذلك الى الصف. استعملوا كل المفردات الجديدة الممكنة:

١. المواقع التي يزورونها على الإنترنت باستمرار، وتلك التي يزورونها من فترة الى فترة. ما أسباب اهتمامهم بهذه المواقع؟

٢. النشاطات التي يقومون بها حين يكون لديهم وقت فراغ.

٣. أنواع الرياضة التي يمارسونها والتي يشاهدونها، والفريق الذي يشجعونه.

٤. إعلانات يحبونها والأسباب وراء ذلك.

٥. الصحون التي سيقدمونها على مائدة العشاء حين يجيء بعض الضيوف لزيارتهم في المستقبل القريب.

٦. ممارسات اجتماعية تقليدية يشعرون أنها ستتغير أو ربما ستتوقّف في المستقبل.

المفردات الجديدة ٢: من جذور نعرفها

الفُصحى	الشامي	المصري	المعنى
أكَلَ ، يَأكُل ، الأكل: مَأكولات			foods
أبيَض: بَيْض	بيض	بيض	eggs
حَدّ ، حُدود: مَحدود/ة			limited
حَضَرَ ، يحضُر ، الحضور: حَضَّرَ	يحَضِّر	جَهِّز ، يِجَهِّز	to prepare (something)
حَفلة ج. حَفَلات: اِحتَفَلَ بِـ	يحتِفِل	يِحتِفِل	to celebrate
حال ج. أحوال: تَحَوَّلَ	تحَوَّل ، يِتحَوَّل	اِتحوِّل ، يِتحَوِّل	to change, transform (intransitive)
تَذَكَّرَ: ذِكْرى ج. ذِكرَيات			memory
اسم: يُسَمّى / تُسَمّى			it (he/she) is called
شَرِبَ ، يَشرَب ، الشُّرب: مَشروب ج. -ات			drink
شَرِبَ ، يَشرَب ، الشُّرب: شَراب			sweet drink made from fruit syrup and served on special occasions
اِشتَرَكَ في: شارَكَ في	يشارِك	شارِك ، يِشارِك	to join someone in, share with someone, participate with someone in[1]
اِشتَرَكَ في: تَشارَكَ في	تشارَك ، يِتشارَك	اِتشارِك ، يِتشارِك	to share with each other
ضَمّة: ضَمَّ ، يَضُمّ ، الضَّمّ	يضُمّ	يِضُمّ	to combine, bring together

المعنى	المصري	الشامي	الفُصحى
cooked			مَطبَخ ، طَبَخَ ، يَطبُخ ، الطَبخ: مَطبوخ/ة
plate, dish		صَحن ج. صحون	طابِق: طَبَق ج. أَطباق
rituals			طَقس: ج. طُقوس
sought after, in demand			طَلَبَ ، يَطلُب ، الطَلَب (من): مَطلوب/ة
prepared	جاهِز/ة	مْجَهَّز/ة	أَعَدَّ ، يُعِدّ: مُعَدّ/ة
bride	عَروسة ج. عَرايِس	ج. عَرايِس	عُرس ، أَعراس: عَروس ج. -ات
groom			عُرس ، أَعراس: عَريس ج. عِرسان
customary			عادةً ، اِعتادَ ، تَعَوَّد على (أنْ): مُعتاد
custom, habit			عادةً ، اِعتادَ ، تَعَوَّد على (أنْ): عادة ج. -ات
holiday, feast day, day of celebration			عادةً ، اِعتادَ ، تَعَوَّد على (أنْ): عيد ج. أعياد
birthday Christmas			عادةً ، اِعتادَ ، تَعَوَّد على (أنْ): عيد ميلاد عيد الميلاد
sunset			غَرب ، المغرب: المَغرِب ، الغُروب
possibility; (pl.) means			مُمكِن: إمكانيّة ج. -ات

المعنى	المصري	الشامي	الفصحى
to be distinguished by	اِتميِّز بـ ، يِتميِّز	تميَّز بـ ، يِتمَيَّز	مُمتاز: تَمَيَّزَ بـ
forum (including internet forum)			نادي (نادٍ) ج. نوادي (نوادٍ): مُنتدى ج. مُنتَدَيات
occasion	مُناسْبة ج. -ات	مُناسَبِة ج. -ات	مُناسِب: مُناسَبة ج. -ات
to wait for[2]	اِستَنّى ، يِستَنّى	نَطَر ، يِنطُر	نَظَرَ ، ينظُر ، النَظَر إلى: اِنتَظَرَ
to compete with (someone) in[1]	نافِس ، يِنافِس	ينافِس بـِ	نَفس ، أنفُس: نافَسَ (في)
to compete with each other in	اِتنافِس مَع... ، يِتنافِس	تنافَس مَع...، يِتنافَس	نَفس ، أنفُس: تَنافَسَ مَعَ...
present, found			يوجَد: مَوجود /ة ج. -ون/ين

Notes on Vocabulary Usage

1. نافَسَ and شارَكَ are both typical verbs of III وزن and, as such, take direct objects. As you can see, each has a closely related verb of VI وزن. We will explore this relationship, and the meaning of III and VI, in this lesson. In the meantime, note that شارَكَ works differently than its English counterpart. In English we share *with* someone, but in Arabic we *join someone in*:

أحبّائي، أتمنى أن تشاركوني في الاحتفال بتخرّجي من الجامعة وذلك في حفلة عشاء في بيتنا يوم ١٥ مايو.

2. All verbs in Arabic meaning *to wait for* are transitive verbs that do not take a preposition. Pick out the objects of the verbs in these examples:

- كل أسبوع **أنتظر يوم الجمعة** للخروج مع أصدقائي!
- **وين كنتي؟ نطَرتِك ساعة قدّام المطعم وما إجيتي! شو صار؟**
- ماما حضّرت لَك الغدا **واستنّتَك** ٣ ساعات وحضرتك ما جِتش! ليه؟!

تمرين ٤: أوزان الأفعال الجديدة (في البيت)

أكملوا الجدول بالأفعال الجديدة، ولاحظوا أنّ هناك *column* جديد اسمه "اسم المفعول".

The اسم المفعول (*passive participle* in English) is closely related to اسم الفاعل in form and meaning: Where اسم الفاعل is active, اسم المفعول is passive. Just as اسم الفاعل is named for the pattern of I وزن, فاعِل، اسم المَفعول is also named for the pattern of I وزن : مَفعول. In أوزان II-X, the difference between the two forms is only one short vowel in the final syllable: كسرة for اسم الفاعل and فتحة for اسم المفعول. Notice that the اسم المفعول column has many "null" entries: this is because not all verbs can be given a passive meaning. We will explore this pattern further in the القواعد 1 section below.

اسم المفعول	اسم الفاعل	المصدر	المضارع	الماضي	الوزن	الجذر
مأكول					فَعَلَ I	ء ك ل
	حادّ	الحَدّ	يَحُدّ			
				شَرِبَ		
مَطبوخ					فَعَلَ I	
مَطلوب						
	---	يَجِد				و جـ د
---	واقع					
مُحضَّر	مُحضِّر	التَّحضير				
مُزَيَّن					فَعَّلَ II	ز ي ن
---	مُشارِك					
مُمارَس						
---		المُناسَبة				
---			يُنافِس			
---	---	---			أَفعَلَ IV	ش ب هـ
مُعَدّ	مُعِدّ				أَفعَلَ IV	ع د د
مُعلَن				أَعلَنَ		

الجذر	الوزن	الماضي	المضارع	المصدر	اسم الفاعل	اسم المفعول
		تَحَوَّلَ				---
				التَّنَـوُّع		---
					مُتَمَيِّز	---
ش ب هـ			يَتَشابَه			---
ش ر ك				التَّشارُك		---
ن ف س						---
		اِحتَفَلَ بـ				مُحتَفَل به
ر ف ع	اِفتَعَلَ VIII					---
ن ظ ر	اِفتَعَلَ VIII					مُنتَظَر

تمرين ٥: كتابة جمل المفردات (في البيت)

استمعوا الى جمل المفردات من (١٣) الى (٢٤) واكتبوها.

تمرين ٦: المفردات الجديدة (في البيت)

اكتبوا كلمة من الكلمات الجديدة في الفراغ. في بعض هذه الجمل سيكون من الضروري استعمال كلمات من الجزء الأول للمفردات في هذا الدرس.

١. بالنسبة الى معظم الكنائس .... في العالم، يوم ٢٥ ديسمبر من كل سنة هو .... ، ولكن بالنسبة الى بعض الكنائس الأورثوذوكسية الشرقية كالأقباط في مصر فهو يوم ٧ يناير.

٢. ينوي خطيبي الالتحاق بالمعهد الوطني للتَّمريض *nursing*، ولكن المشكلة هي أن المعهد صغير وعدد الطلاب الجدد الذين يمكن قبولهم في كل سنة .... جداً (٧٠ طالباً فقط)، ولذلك فهناك .... كبيرة بين الطلاب لدخول المعهد. وكما تعرفون، فالتمريض هو من الاختصاصات المرغوبة و .... من الشباب في مجتمعنا.

٣. آسف جداً جداً لتأخري عن الموعد! .... الأوتوبيس أكثر من ٢٠ دقيقة ولكنه لم يحضر. هل هناك .... لتحديد موعد آخر ليوم الخميس القادم؟

٤. تغيّرت هذه المنطقة كثيراً و .... من منطقة سكنية الى مركز اقتصادي كبير يشمل محلات كثيرة تبيع أشياء ....

٥. السعر الذي طلبه صاحب المطعم منّا كان ١٥٠ ديناراً أردنياً، وهذا يشمل سعر الـ ....
والـ .... والحلويات لثلاثين شخصاً.
ما رأيكم ؟

٦. .... الأمريكيون بعيد الشُّكر في أواخر شهر نوفمبر من كل عام. وعيد الشكر، بالنسبة لعائلتي الممتدّة .... خاصة جداً نحبها كثيراً لأننا نتجمع فيها كل سنة في بيت العائلة. وما زال عندي .... كثيرة من أيام طفولتي عن العيد وعن النشاطات العائلية التي كنا نقوم بها خلاله.

٧. أسكن في بيت جامعي صغير .... عشر غرف نوم وغرفة كبيرة للجلوس وأخرى للدراسة. والبيت هو من نوع *co-op* أي أن كل الطلاب الساكنين فيه .... في أعمال البيت وشراء الأكل و .... الوجبات اليومية.

٨. أحس بألَم *pain* في بطني؛ وأعتقد أن الدجاج الذي أكلناه في المطعم لم يكن ....اً بشكل جيد.

٩. هذا النوع من السمك .... في الجزء الشرقي من البحر المتوسط، وهو .... "سمك أبو راس" في غزّة لأن رأسه كبير.

١٠. نشرت كتاباً جديداً قامت فيه بوصف عدد من الاحتفالات و .... الدينية التي تمارسها بعض قبائل الجزء الغربي من افريقيا.

١١. هو ناشِط سياسي معروف بدعواته المستمرة لاحترام حقوق الإنسان في البلدان العربية، وهو يشارك في عدد من .... السياسية العربية في عدد من المواقع على الإنترنت و "فايس بوك".

١٢. بلغت درجة الحرارة في مدينة مَسقَط (عُمان) في الأسبوع الماضي ٤٠ درجة، وهي أعلى بـ ١٣ درجة من درجة الحرارة .... في شهر مارس والتي تكون عادةً في حدود ٣٠ درجة. وعلى الرغم من الحرارة فإننا استمتعنا بالطبيعة وبمشاهدة البحر والسماء وقت ....

١٣. يشتهر هذا المطعم بأكلاته اللذيذة للفطور ولكنه .... ، بشكل خاص، بـ .... العِجّة (الأومليت) بـ .... والجبنة والخضار.

١٤. على الرغم من انتشار الإسلام في أجزاء كثيرة من العالم وفي ثقافات مختلفة فإن الاحتفالات بعيد الفطر وعيد الأضحى .... في كثير من البلدان والمجتمعات الإسلامية.

١٥. بعد حفلة العرس سيذهب العريس و .... الى المطار ليبدأ رحلة شهر العسل. كل شيء .... لسفرهما: الحقائب والفِيَز وجوازات السفر والحب (طبعاً!!).

تمرين ٧: الاحتفال بالعيد (في الصف)

أ. شاهدوا فيديو "فرحة" عن الاستعداد للعيد مع زملائكم واعملوا في مجموعات صغيرة على وصف ما شاهدتم مستعملين أكبر عدد ممكن من المفردات الجديدة.

ب. في مجموعات مختلفة، تبادلوا الوصف الذي قمتم به في "أ"، ثم ناقشوا الاختلافات والتشابُهات في الاحتفال بالأعياد في الثقافات التي تعرفونها. ما أهمّية الأطفال في هذه الاحتفالات؟ المأكولات الخاصة؟ الترتيبات الخاصة؟ الطقوس الدينية؟ شراء الهدايا؟ الملابس؟

القواعد ١: اسم المفعول

You have learned to recognize, form, and use اسم الفاعِل from verbs in X-II أوزان, and you know they usually function as adjectives and occasionally as nouns. As you saw in تمرين ٤, the vocabulary in this lesson includes several words of the "sister" pattern اسم المَفعول. While اسم الفاعِل describes a "doer" of an action, اسم المَفعول refers to the person or thing that the action is "done to."

a (noun or adjective) that is doing or has done فعل	اسم الفاعل
a (noun or adjective) that has had فعل *done to it*	اسم المفعول

Both اسم الفاعل and اسم المفعول follow all of the agreement and الإعراب rules for adjectives and almost always take regular human plurals ون/ين– and feminine ات–. Sometimes both masculine and feminine forms will be used together for rhetorical effect or to emphasize the inclusion of both genders. This happens in the Qur'an, for example, where we find the phrase المُؤمِنين والمُؤمِنات, even though technically المؤمنين can refer to a group that includes both men and women.

Like اسم الفاعل، اسم المفعول is named for the pattern of I وزن. Examples from the new vocabulary include مَحدود، مَطبوخ and مَشروب. The other أوزان are derived from المضارع and follow the pattern of اسم الفاعل except that the كسرة vowel in the final syllable of اسم الفاعل becomes a فتحة in اسم المَفعول. Examples from the vocabulary include مُعَدّ and مُعتاد for IV وزن and VIII وزن respectively. Compare the forms of اسم الفاعل and اسم المَفعول in the following chart:

أ.

اسم المَفعول	اسم الفاعِل	الفعل
مُحَضَّر	مُحَضِّر	يُحَضِّر
مُعلَن	مُعلِن	يُعلِن
مُتَعَلَّم	مُتَعَلِّم	يَتعلَّم
مُشتَرَك	مُشتَرِك	يَشتَرِك
مُستَقبَل	مُستَقبِل	يَستَقبِل

Remember that verbs with doubled roots and medial vowels have slightly modified patterns in I وزن and VIII. The next chart reviews the اسم فاعل patterns and presents اسم المفعول patterns. You will notice that for VIII وزن, the أسماء الفاعل and أسماء المفعول patterns are the same[1].

[1] We have not included examples for X وزن because you do not know many verbs of these two types in this وزن, but the vowel pattern is exactly the same as that of IV وزن.

ب.

الوزن	المضارع	اسم الفاعل	اسم المفعول
فعل	يَقول	قائِل	مَقول
	يَضُمّ	ضامّ	مَضموم
أفعل	يُريد	مُريد	مُراد
	يُعِدّ	مُعِدّ	مُعَدّ
افتعل	يَخْتار	مُخْتار	مُخْتار
	يَهتَمّ	مُهْتَمّ	مُهْتَمّ

Like اسم الفاعل، اسم المفعول describes a state, not an event. Thus مَطبوخ describes something that has been cooked, مُعَدّ and مُحَضَّر something that has been prepared, مُعتاد something that has become accustomed to, مُعلَن something that has been announced, and مُشتَرَك something that is or has been shared. You may have noticed that the chart above does not include all of الأوزان. While all patterns exist in theory, اسم المفعول tends to be less common than اسم الفاعل because not all verbs can be made passive. In particular, intransitive and reflexive verbs that do not have a direct object generally do not use the اسم المفعول.

Finally, the pattern of اسم المفعول also has a secondary usage, which is to serve as اسم المكان for the derived أوزان II-X. You know several examples of this:

مُبتَدَأ | *the place of beginning*

مُستَشفى | *the place where healing is sought*

مُنتَدى | *a place of public discussion*

As you learn more أسماء مفعول, you will come to understand its meanings. For now, focus on recognizing أسماء المفعول that are derived from verbs or roots you know in reading and listening. In reading, practice recognizing both أسماء الفاعل and أسماء المفعول: When you come across a word that looks like one of these patterns, use the context to determine whether the meaning is active or passive and use your knowledge of الأوزان to pronounce it correctly.

Practice forming and using both اسم الفاعل and اسم المفعول in the following تمارين.

تمرين ٨: تكوين اسم الفاعل واسم المفعول (في البيت)

أكملوا الجدول:

الجذر والوزن	الماضي	المضارع	اسم الفاعل	اسم المفعول
ح م ل I				
ر ب ط I				
ط ب ع I				
ق ط ع I				
ن ش ر I				
س ج ل II				
ف ض ل II				
ن ش ر VIII				------
ف و ق V				------
ر س ل IV				
ك ش ف X				

تمرين ٩ : استعمال اسم الفاعل واسم المفعول (في البيت)

Read each sentence for meaning, then complete it by forming اسم الفاعل or اسم المفعول from the verb(s) given. It will be helpful to determine whether the sentence calls for a noun or an adjective first, then whether an active or a passive meaning fits better. Pay attention to agreement and write in all internal vowels. For plural endings, remember to think about الإعراب (whether to use ـون- or ـين-).

١. أختي غير .... ، ولكن أخي .... ، وهو .... مع عائلته في كندا. (يتزوّج) (يتزوّج) (يسكن)

٢. كل الموسيقى التي أحبها .... الآن على هذا الـ "آي بود" الصغير! (يسجّل)

٣. أظنّ أنّ لاعبي كرة القدم في مدرستنا يحتاجون الى .... كثيرين. (يشجّع)

٤. "أهلاً وسهلاً بكل الـ .... الى برنامجنا هذا الصباح!" (يستمع)

٥. هل تعتقدون أنه ما زال هناك على الأرض بلاد وأماكن غير .... حتى الآن؟ (يستكشف)

٦. أخو صديقي يعمل ....اً في صحيفة "أخبار اليوم" المصرية. (يصوّر)

٧. مدينة الخرطوم هي عاصمة السودان وهي من المدن الـ .... على نهر النيل. (يقع)

٨. يجب أن أقابل الأستاذة .... على دراستي لترتيب أوراقي للتخرج. (يشرف)

٩. جاءت الى الاجتماع غير .... ، ولذلك كانت المديرة .... منها. (يستعدّ) (يتضايق)

١٠. كان عيد ميلاد والدتي الأسبوع الماضي، فاشتريت لها حلوياتها الـ .... الـ .... بماء الوَرد *rose*. (يفضّل) (يعمل)

تمرين ١٠: اسم المفعول (في الصف)

Read each sentence with attention to the underlined verb. The context attempts to evoke a passive state. Use اسم المفعول from the underlined verb to describe the passive state and write it in with full vowels:

مثال: أعدّوا لنا برنامج الرحلة، والحقيقة أنه مُعَدّ بشكل ممتاز.

١. الكثير من الناس يعرفون هذا المسلسل، لذلك هو ....

٢. رتّبنا كل الكراسي والطاولات في الغرفة، ولذلك هي ....

٣. لم ندفع كل الحساب، ولذلك ما زال غير ....

٤. أنا وزملائي نشترك في اهتمامنا بالشرق الأوسط، وهذا هو ربّما أهم شيء .... بيننا.

٥. قطعت الشركة الماء في المنطقة، ومازال ....اً حتى الآن.

٦. غسلنا كل الفوط (المناشف) والملايات (الشراشف)، ولذلك - الحمد لله! - هي ....

٧. ظننت أني طبخت اللحم جيداً، ولكني وجدته غير .... !

٨. الناس يحملون التليفون معهم، ولهذا السبب يُسمّى "التليفون الـ .... ".

٩. والله لم أقصد أن أقول هذا، الكلمة كانت غير ....

١٠. نشرت جامعة كاليفورنيا كتاب صديقتي السنة الماضية، ولذلك فهو يُعتبر الآن من كتبها الـ ....

تمرين ١١: استعمال اسم الفاعل واسم المفعول   (في الصف)

في مجموعات من اثنين، اقرأوا كل جملة وقرروا: هل تحتاج الى اسم فاعل أو اسم مفعول؟ ثم اكتبوا الشكل الصحيح واقرأوا الجمل لبعضكم البعض.

١. هل تعتقدون أن أعداد الـ ــــــــــــــــــ في العالم ازدادت في العشرين سنة الماضية؟ (يدخّن)

٢. أرسلنا لهم الدعوة غير ــــــــــــــــــ إذا كانوا سيقبلونها ويحضرون الاجتماع. (يتأكد)

٣. أصبح من الصعب أن يجد الشباب الـ ــــــــــــــــــ وظائف مناسبة بعد التخرج. (يتعلّم)

٤. أرسلت له رسالة ــــــــــــــــــ إنها تركته لأنه غير ــــــــــــــــــ بها. (تقول) (يهتمّ)

٥. سأقابلك أمام المكتبة، وسأكون ــــــــــــــــــةً قميصاً أبيض وأزرق. (يلبس)

٦. هذا المسلسل التليفزيوني ــــــــــــــــــ جداً ويشاهده كل اسبوع أكثر من خمسمائة ألف ــــــــــــــــــ . (يعرف) (يشاهد)

٧. اذا كنتم ــــــــــــــــــ في نشر إعلانكم على موقعنا على الإنترنت فيمكنكم قراءة المعلومات الـ ــــــــــــــــــ على الموقع. (يرغب) (يجد)

٨. هل أنتم ــــــــــــــــــ أن كل شيء في الشقة ــــــــــــــــــ جيداً! (يتأكّد)(يرتّب)

٩. تجمع الناس بأعداد كبيرة في الشوارع ــــــــــــــــــ مرور الرئيس وضيوفه. (ينتظر)

١٠. إذا زرتم مدينتنا في فترة الأعياد فستجدون البنايات والمحلات ــــــــــــــــــ بالأنوار. (يزيّن)

١١. دخل أبي البيت ــــــــــــــــــاً معه قطة صغيرة كهدية لأمي في عيد ميلادها. (يحمل)

القصة بالعامية

تمرين ١٢: "اتفضلوا السحور!" "السحور يا ولاد!"

(في البيت ثم في الصف)

أ. في البيت

شوفوا الفيديو وجاوبوا:

"اتفضلوا السحور!"	"السحور يا ولاد!"
١. مين الشخص اللي كان بأول البرنامج؟ شو بيعمل؟	١. مين الراجل اللي بنشوفه في أول البرنامج؟ بيعمل إيه؟
٢. شو عرفنا عن نسرين وعلاقتها برمضان؟ شو السبب؟	٢. عرفنا إيه عن مها وعلاقتها برمضان؟ إيه السبب في دا؟
٣. أخو طارق الصغير شو كان بده يعرف من نسرين؟ وشو كان جوابها؟	٣. ليه، في رأيكو، مها قالت لخالد: "بس ما تقلش لحد"؟

ب. في الصف

احكوا مع بعض عن اللي فهمتوه من الفيديو من البيت وبعدين شوفوا الفيديو كمان وجاوبوا:

١. شو أنواع الأكل اللي بياكلوه بالسحور؟	١. إيه أنواع الأكل اللي بياكلوها في السحور؟
٢. شو معنى هالعبارات برأيكم؟ وإيمتى ممكن نستعملها؟ - يِسلَمو إيديكي / تِسلَم إيديكي - عن جَدّ - صَحّة وهَنا - على عيني وراسي	٢. إيه معنى العبارة دي؟ وإمتى ممكن نستعملها؟ - ألف هَنا وشِفا
٣. كيف شايفين العلاقة بين نسرين وطارق؟	٣. إزاي شايفين العلاقة بين مها وخالد؟
٤. شو الكلمات اللي بيقولها الشخص اللي شفناه بأول البرنامج؟	

الثقافة ١

كل عام وأنتم بخير!

In the Arab world, the celebration of holidays, including the month-long celebration of Ramadan, takes place in both public and private spheres. Many public celebrations have traditionally been male-dominated (such practices, however, vary a great deal from area to area). Social gatherings can take place in special temporary locations such as الخِيَم الرمضانية in the Levant and Egypt or in permanent locations like المقهى and, in the Gulf, الـمَجلِس or الديوانِيّة, which are structures used year round for male social gatherings of all kinds.

Entertainment in traditional gatherings may include Qur'an recitation as well as المَديح النَّبَوي *praise songs of the prophet*. People generally like to attend صلاة العيد on feast days in the largest and most prominent mosques in the city, such as

جامع الحسين في القاهرة　　الجامع الأموي في دمشق　　المسجد الأقصى في القدس

جامع الملك حسين في عمان　　مسجد محمد الأمين في بيروت　　مسجد الملك الحسن الثاني في الدار البيضاء

مسجد الحسن الثاني في الدار البيضاء في المغرب

جامع الملك حسين في عمان بالأردن

During Ramadan, in particular, old customs live on in memory, if not in practice. In some places, الـمُسَحِّر or الـمُسَحَّراتي still circulates the neighborhood calling out for people to wake up for السُّحور. The المِدفَع *cannon* still plays an important symbolic role in some countries in announcing موعد الإفطار, and toy فَوانيس (م. فانوس) *lanterns* recall the widespread use of real lanterns of old during this month in which everyone stays up late each night to celebrate.

تمرين ١٣: ثقافة رمضان (في البيت ثم في الصف)

Choose three of the things mentioned in الثقافة and get more information about them from the internet. Be prepared to report on them بالعربيّة in class using your new vocabulary.

تمرين ١٤: عيد جديد! (في البيت ثم في الصف)

بمساعدة "غوغل" ابحثوا عن معلومات عن عيد لا تعرفونه، حتى إذا كان عيداً خارج منطقة الشرق الأوسط، وحضّروا تقديماً عنه بأكبر عدد ممكن من المفردات الجديدة. من الأعياد التي يمكن أن تختاروها:

Christmas	عيد الميلاد
Easter; Passover	عيد الفِصح
Eid at the end of Ramadan	عيد الفِطر
Eid of Sacrifice	عيد الأضحى
New Year	رأس السنة الميلاديّة

In preparing this presentation, practice aloud so that you are ready to speak in class using your notes as a reference instead of reading word-for-word from the page. In class, find a partner and present to her/him the information that you have found about your عيد. Listen to your partner and concentrate on remembering what she or he says. When you finish, find a new partner and report on both your and your first partner's عيد جديد.

القراءة ١
العبارات الجديدة

أ. على سَبيل المِثال = مثلاً, *by way of example*

• أعتقد أن الروابط داخل العائلة الممتدة بدأت تضعف في بعض المجتمعات العربية، فنلاحظ، على سبيل المثال، أن أفراد الجيل الجديد في معظم العائلات ليسوا على علاقة قوية بأقاربهم ولا يقومون بزيارة الكبار في العائلة كما كان الحال من قبل.

• أشعر أن المواطن في بلدنا أصبح بدون كرامة لأن "الواسطة" هي الطريق الوحيد أمامه ليحصل على أي شيء من الحكومة، وسأذكر لكم ما حدث لي أنا على سبيل المثال.

ب. غالِباً ، غالِباً ما *mostly, most of the time*

In this and similar adverbial expressions, ما does not add meaning to the phrase, but merely provides a link to a following verb. It is a formal style of writing that you only need to recognize for now.

- تذكر الباحثة في دراستها أنّ الشباب الذين يستعملون المخدرات هم غالباً من أبناء وبنات العائلات الغنية الذين لا يجدون أي صعوبة في شرائها أو دفع أي أسعار للحصول عليها.
- عندما يحدث الطلاق بين الأب والأم فإنه غالباً ما يسبّب شعوراً بالقلق والخوف عند الأطفال.

ج. من المعروف (عن ..) أنّ ... *It is well-known (about ...) that ...*

- من المعروف أنّ القُطن المصري من أغلى وأحسن أنواع القطن في العالم للملابس والفوط والملايات.
- من المعروف عن رئيسة الوزراء الجديدة أنّها يسارية من مجموعة "الخُضْر" ولديها اهتمام كبير بالبيئة.

تمرين ١٥: رمضان في الدول العربية (في البيت ثم في الصف)

أ. القراءة في البيت

اقرأوا النص عن رمضان في الدول العربية وأجيبوا عن الأسئلة.

١. ما هي العادات التي تشترك فيها الدول العربية في رمضان؟

٢. يذكر النص عادة خاصة لكل واحدة من هذه الدول والمناطق، فما هي وماذا فهمتم عنها؟

الخليج :

اليمن:

لبنان وسوريا :

الأردن :

العراق :

٣. ماذا يقول الكاتب عن وضع الفلسطينيين في رمضان؟

٤. ماذا يقول النص عن علاقة المدفع برمضان؟

٥. ابحثوا في الإنترنت عن ٣ أكلات من هذه الأكلات المذكورة في النص واستعدوا لتخبروا زملاءكم في الصف عنها. ما هي؟

الثَّريد الكَبسة الهَريس المَقلوبة الغَبقة الـمَنسَف

اللحوح المَحشي القَطايف عِرق السّوس

ب. القراءة في الصف

ناقشوا هذه الأسئلة مع زميل/ة وابحثوا عن الجمل في النص التي تقدم معلومات عن الموضوع.

١. تحدثوا مع زملائكم عن الأكلات التي بحثتم عنها في الإنترنت.

٢. ما هي العادات الاجتماعية التي يمارسها الناس في رمضان؟

٣. ماذا يفعل الأطفال في رمضان؟

٤. ماذا فهمتم عن اللعبة العراقية؟ هل تشبه لعبة تعرفونها؟ كيف؟

رمضان في الدول العربية ممارسات مختلفة والجوهر واحد

(١) تشترك الدول العربية في بعض العادات والممارسات اليومية في شهر رمضان، أبرزها الخيم والمجالس التي يتم فيها تقديم أناشيد دينية ومدائح نبوية، في وقت تحتفظ كل دولة ببعض الطقوس التي توارثتها من جيل إلى جيل. ومن الملاحظ تكرار بعض الممارسات في الدول المتقاربة والمتجاورة جغرافياً. ففي الخليج، على سبيل المثال، تتشابه العادات الرمضانية إلى حد بعيد، وتنتشر الخيم والمجالس والديوانيات التي يجتمع فيها الصائمون، وتتحول غالباً لمنتديات ثقافية وأدبية. وتجري العادة في الخليج بأن يتبادل الناس التهاني بحلول شهر الصوم. ويتم تسجيل نسبة مرتفعة جداً من الصدقات في هذه الدول، كما تنتشر موائد الإفطار المخصصة للفقراء.

(٢) وتشتهر المائدة الرمضانية باحتوائها على أطباق تقليدية مثل الثَّريد والهَريس والجَريش، إلى جانب بعض الحلويات المعروفة في المنطقة كـ "لقمة القاضي". ويشتهر أيضاً في هذه الفترة طبق خاص يتم تقديمه في ساعة متأخرة من الليل، معروف باسم "الغبقة". هذا فضلاً عن "الكبسة" السعودية في الإفطار والسحور، مع اللبن والفول. ومن المعروف عن المملكة السعودية أنها تضم تسعة مدافع معدة خصيصاً لرمضان، تنتشر مواقعها في مكة المكرمة، وهي تعلن موعد الإفطار.

حلقات إفطار في اليمن

(٣) تتميز اليمن بعاداتها خلال الشهر الكريم، حيث يعمل فيها الصائمون على تحضير الإفطار خلال النهار، ويحملونه معهم إلى المساجد عند المغرب، ويجلسون في حلقات دائرية في أماكن معينة لتناول الأطباق، ويدعون إليها الموجودين والمارة. ومن الأطباق المشهورة في اليمن "اللحوح"، وهو كناية عن خبز ليّن مع الخضار المهروسة واللبن، و"بنت الصحن" وهي عجينة مع العسل.

(٤) ومن العادات المعهودة في اليمن، والتي يتميز بها هذا المجتمع، الاحتفال ليلة العشرين من الشهر بالراغبين في الزواج، وذاك كإعلان بدخولهم القفص الذهبي بعد انتهاء شهر الصوم. ويدخل العرسان الرجال في منافسة معروفة بـ "المدارة"، تقضي بربط حبلين بشجرة، وتثبيت كرسي بهما، يقفز عنها الشباب محاولين تحقيق أعلى ارتفاع ممكن. وتجري المنافسة أمام أعين العروسات اللواتي يطالعن المجريات من مكان بعيد.

المسحراتي أو "أبو طبلة"

(٥) يتشارك اللبنانيون والسوريون في عادة مميزة خلال شهر رمضان، حيث يستيقظون صباحاً على مدفع السحور وصوت المسحراتي المعروف بـ "أبو طبلة"، الذي يتجول في الأحياء الشعبية داعياً الصائمين للعبادة وإعداد السحور. ومن أقوال المسحراتي "يا نايِم وَحِّد الدّايِم!" و "الحمد لله يا كريم، الشكر لله يا رحيم". ومن المأكولات الحاضرة على مائدة السحور في سوريا، الأطباق المؤلفة من الخضار واللحوم، إلى جانب البيض والأجبان والزَّعتَر والـمُربّـى.. وفي لبنان تتألف معظم الأطباق من الألبان والأجبان، ويزداد الإقبال على الزَّبيب والفاكهة المجففة.

(٦) ومن أهم المأكولات الرمضانية على مائدة الفطور في سوريا ولبنان كل من المحاشي واللحوم كالكبة والدجاج والأسماك مع الأرز والسلطات على أنواعها. أما الحلويات، فأشهرها الكُلاّج والكُنافة والقَطايِف. ومن المشروبات، اعتاد اللبنانيون والسوريون على تناول قَمَر الدين والجِلاّب وشَراب الورد.

(٧) ويعيش أهل دمشق صيامهم عملاً بمقولة شهيرة لديهم هي "العشر الأول للمرق والأوسط للخرق والأخير لصرّ الورق"، أي أن الجزء الأول من رمضان مخصص لإعداد وجبات الطعام، والثاني لشراء ثياب العيد، والثالث لتحضير حلويات العيد. ومن العادات المعروفة أيضاً في سوريا إقدام الأطفال بعد الفطور على التجول في الأحياء حاملين صحوناً فارغة، يقرعون أبواب الأغنياء لجمع المأكولات للسحور.

فوانيس وقناديل وزينة ملونة

(٨) وتشتهر الأردن من خلال الزينة التي اعتادت على وضعها في الشوارع وداخل البيوت خلال شهر رمضان، أبرزها الفوانيس والقناديل بألوان وأحجام وأشكال مختلفة، هذا بالإضافة إلى زينة شهيرة هي كناية عن شريط كهربائي على شكل هلال وفي وسطه نجمة. وتتنوع المائدة الرمضانية في الأردن ما بين المنسف، وهو طبق تراثي من اللبن ومرق اللحم والأرز، والفَتّوش الذي يعتبر أساسياً في كل مائدة خلال هذا الشهر، والـمُسَخَّن، وهو خبز مع البصل المقلي والزيت ولحم الدجاج. بالإضافة إلى الحلويات المعتادة كالقطايف والكنافة، والمشروبات مثل قمر الدين وعرق السوس والتمر الهندي.

لعبة المحيبس

(٩) أكثر ما يعرف به العراقيون في الجلسات الجماعية خلال رمضان ممارستهم للعبة "الـمُحَيبِس" الشهيرة التي ينقسم فيها الحضور إلى قسمين، ويقوم عضو من الفريق الأول بإخفاء خاتم في إحدى كفيه، ويمد كل أفراد الفريق كفوفهم، ويعمل كل الفريق الثاني على تخمين الكف التي تخبئ "المحبس" (الخاتم).

(١٠) ومن العادات الأخرى إقدام أهل بعض البلدات العراقية على تبادل أطباق الإفطار كنوع من التعبير عن المودة والصداقة. ومن الأطباق المعروفة خلال هذه الفترة من العام المشاوي والشوربات، خصوصاً شوربة العدس، والكبة على أنواعها.. ومن الحلويات البقلاوة وزنود الست والشُّعَيْرِيَّة.

فلسطين.. والفرحة الخجولة

(١١) في وقت تعم السعادة في المجتمعات العربية والمسلمة مع حلول الشهر الكريم، يعيش الفلسطينيون أجواء رمضان بفرح خجول وسط الأوضاع السيئة التي لا تزال تخيّم عليهم. ويحاول الفلسطينيون الاستعداد للإفطار والسحور بما توفر لديهم من إمكانيات، وبما توفر في السوق من مواد غذائية .. ويحرص أهل القدس رغم الأوضاع الصعبة على ممارسة عاداتهم الرمضانية، ومنها أداء الصلوات في المسجد الأقصى. ومن الأطباق الرمضانية الشائعة في فلسطين المقلوبة والـمُلوخِيَّة والحلويات كالقطايف والعوّامة.

تمرين ١٦: القراءة الدقيقة (في الصف أو في البيت)

١. الجملة الاسمية والجملة الفعلية

Find two examples each of:

أ. جملة اسمية

ب. جملة اسمية فيها خبر مقدم (Hint: Look for sentences whose خبر begins with ... (من الـ

ج. جملة فعلية

٢. اسم الفاعل

A. Look for all the examples you can find of اسم الفاعل and اسم المفعول in the text and vowel them.

B. In paragraphs ٥ and ٧, find a sentence in which اسم الفاعل is منصوب and answers the question كيف؟ in describing how the subject of the sentence has carried out the action of the main verb. Translate the sentences into English.

٣. الربط

This text contains many lists of things such as foods and customs. What do you notice about the structures and expressions used to list things in formal Arabic? Write examples that show your observations.

٤. الترجمة

ترجموا فقرة ٤ ("ومن العادات المعهودة في اليمن...") إلى الإنكليزية.

You will need to look up words in the dictionary, but this should be your last step. First, use all the reading strategies you have learned to construct the overall meaning of the sentences and to guess the general meaning of the words you will look up.

القواعد ٢
اسم الفاعل في الحال

The رمضان text contains several examples of اسم الفاعل being used adverbially to describe the **state** the subject is or was in while carrying out the main action of the sentence.[1] For example, in the sentence "Ibn Battuta left his hometown heading for Mecca," "heading for" describes his **state** when he left. This "state" can be a mental or physical state — here, "heading" can refer to Ibn Battuta's state of mind and also the route he took. The Arabic uses اسم الفاعل to express this:

ترك ابن بطوطة بلدته طنجة **قاصداً** الحج.

The رمضان text contains several examples of this construction, including these two:

- يستيقظون صباحاً على مدفع السحور وصوت المسحراتي المعروف بـ "أبو طبلة"، الذي يتجول في الأحياء الشعبية **داعياً** الصائمين للعبادة وإعداد السحور.

- ومن العادات المعروفة أيضاً في سوريا إقدام الأطفال بعد الفطور على التجول في الأحياء **حاملين** صحوناً فارغة...

As you can see, the اسماء فاعل in these sentences describe the حال state of the subject while carrying out the action of the main verb[2]. It is important to note that اسم الفاعل in this context must refer to the subject of the main verb, and must take المنصوب case in formal Arabic because it answers the question كيف؟. Identify the various subjects in the following examples:

---

[1] We will deal here with اسم الفاعل because it is far more common than اسم المفعول, but the latter can occur in الحال as well. There are other types of الحال as well, which you will learn later.

[2] There are other types of الحال as well, which you will learn later.

دخلت جدتي البيت **حاملةً** الحلويات التي حضّرتها.

سافر أخي إلى أوستراليا **راغباً** في الاستقرار هناك.

أرسلنا لهم الدعوة **متمنّين** أن يحضروا.

Because اسم الفاعل describes states (and not actions), أسماء الفاعل have different kinds of meaning depending on the meaning of the verb, and, specifically, whether it is an action verb (such as *read, drink, or work*), or a verb describing a state or motion *(sleep, sit, or travel)*. We will focus here on the latter group, whose أسماء فاعل are used more frequently than those of action verbs. We do not expect you to know which verbs belong to which group; this is a sense that you will develop gradually with exposure and practice. For now, focus on the verbs you see and hear used this way.

تمرين ١٧: استعمال اسم الفاعل في الحال (في البيت)

Use the verbs given in parentheses to form أسماء فاعل, then use the أسماء الفاعل you formed to complete the sentences and translate them. Write the internal vowels and remember to use the appropriate المنصوب ending for الحال.

١. كتب لي صديقي رسالة "تيكست" بالتّليفون .... لي النجاح في المقابلة! (يتمنّى)

٢. تكلم الصحفي معي .... مني معلومات عن الحادث الذي وقع قرب بيتنا. (طلب)

٣. قضى اللبنانيون سنوات الحرب الأهلية .... على مستقبلهم ومستقبل بلدهم. (خاف)

٤. ذهب أخي إلى اجتماعه مع مدير الشركة .... رسالة تعرّفه به وتصف نوع العمل الذي يطلبه. (حمل)

٥. فتحوا لنا باب بيتهم .... بنا بحرارة، ثم قدموا لنا الشاي والحلويات. (رحّب بـ)

٦. عاش طفولته .... من مدينة إلى مدينة مع والده الضابط في الجيش. (يتنقل)

٧. كل يوم أجلس أمام كتاب الكيمياء والواجب .... أن أفهم ماذا يجب أن أفعل! (حاول)

٨. رحلتْ من بلد إلى بلد .... عن الحب والسعادة. (بحث عن)

تمرين ١٨ : اسم الفاعل في الحال (في الصف)

صفوا كيف حدثت الأفعال في هذه الجمل مستعملين اسم فاعل مناسباً من الأفعال في جمل كاملة كما في المثال.

يفكّر	يحمل	يرحب بـ	يتمنى
يطلب	يتنقل	ينتظر	يحلم بـ
يبحث عن	يحاول	يخاف	يدعو

مثال: قبل لقائي معه يوم أمس جلست في المقهى ساعتين مفكّراً في النصائح التي سأقدمها له.

١. بعد فصلها من الشركة غادرت وطنها وهاجرت الى أُستراليا ....

٢. وقف والدا العروس ووالدا العريس على باب الفندق ....

٣. بسبب عملي في وزارة الخارجية قضيت حياتي ....

٤. تجمع الناس أمام باب المحل لمدة ساعة ....

٥. كان المسحّر يمر بكل الأحياء والشوارع في رمضان ....

٦. خرجت الشعوب العربية الى الشارع خلال فترة "الربيع العربي" ....

٧. كانت القوافل التجارية تقطع الصحراء ....

٨. لا أريد أن أعيش بقية حياتي ....

٩. جاء الصليبيون الى منطقة الشرق الأوسط ....

الوزنان "فاعَلَ" III و "تَفاعَلَ" VI

The vocabulary in this lesson and the رمضان text contain several verbs and أسماء فاعل of وزن "فاعَلَ" and وزن "تَفاعَلَ".

- يتشارك اللبنانيون والسوريون في عادة مميزة خلال شهر رمضان . . .
- يدخل العرسان الرجال في منافسة معروفة بـ "المدارة" . . .
- تبادُل أطباق الإفطار . . .
- من الملاحظ تكرار نفس العادات في الدول المتقاربة و المتجاورة جغرافياً . . .

Notice that all these words express a relationship between two entities: *Sharing with someone, competing with someone, being neighbors with someone/something, being nearby someone/something,* etc. This is the basic meaning of this pair of أوزان. The difference between III وزن and VI وزن is that the former is **unidirectional**, from a subject to an object, whereas the latter is **bidirectional**. You can think of VI وزن as the "each other" وزن. This difference is reflected in the way the verbs are used in sentences: III وزن almost always takes a direct object (usually another human being), while VI وزن often takes the preposition مع. Study the following pairs and examples:

وزن "فاعَلَ" III	
شارَكَ	هي من مشاهير السينما الهندية و شاركت في كثير من المسلسلات والأفلام.
نافَسَ	بدأت السيارات الكورية تنافس السيارات اليابانية في الأسواق العالمية.
قابَلَ	قابلته ولكن لم أحصل منه على أي معلومات.
بادَلَ	كانت تحبه بقوة وكان يبادلها نفس الشعور.
راسَلَ *correspond*	يجب أن تراسل عدة جامعات حتى تكون فرصك في القبول أكبر.
عامَلَ *treat (someone) in a particular way*	هو شخص غير مؤدب لا يعرف كيف يعامل الآخرين.
قاطَعَ *cut (someone) off*	حاولوا أن يقاطعوا الرئيس خلال كلامه ولكن لم ينجحوا في ذلك.
ناقَشَ	أتمنى بأن يسمح لي الوقت بأن أناقش هذه الفكرة معكم.
شابَهَ	ستبحث المحاضرة موضوع ارتفاع الأسعار والمشاكل الاقتصادية وما شابه ذلك.

وزن "تفاعَلَ" VI	
تَشارَكَ	سنتشارك جميعاً في شراء هدية للعروسين.
تَنافَسَ	تتنافس محلات المفروشات في الإعلان عن أسعارها "الرخيصة".
تَقابَلَ	نتقابل في مقهى خاص بأفراد الجالية العربية في مونتريال.
تَبادَلَ	تعرفنا على بعض و تبادلنا عناوين البريد الإلكتروني.
تَراسَلَ	قليل من شباب هذا الجيل يتراسلون بالبريد.
تَعامَلَ	أتعامل معهم على أساس من الصداقة والثقة.
تَقاطَعَ *intersect*	هذان الشارعان الرئيسيان يتقاطعان في شمال المدينة.
تَناقَشَ	يجب أن تتناقش معهم قبل أن تأخذ أي قرار.
تَشابَهَ	ليس غريباً أنّ المأكولات السورية والتركية تتشابه في طريقة تحضيرها.

تمرين ١٩: استعمال الوزنين III و VI (في البيت)

اختاروا واحداً من أفعال الوزنين III وVI التي قدمناها في الجدول واكتبوها بالشكل المناسب في كل جملة واكتبوا الحركات داخل كل كلمة.

١. أشعر بفرح كبير لأن هذه المناسبة السعيدة ضمّتنا جميعاً حتى .... في الاحتفال بالعروسين! ألف مبروك!

٢. سأكون بانتظاركم أمام الفندق عند .... الشارع السادس وشارع برودواي في الساعة الواحدة.

٣. عندما كنا صغيرتين كنا أنا وأختي .... في السباحة والدراسة، ولكنها كانت دائماً تتفوق عليّ في الرِّياضِيّات *mathematics*.

٤. لا أحب الطريقة التي .... بها المدير الموظّفين، فهو يتكلم معهم كأنهم أغبياء وفاشلون.

٥. لا يمكن لأي شركة أن .... "مايكروسوفت" الآن فهي أكبر شركة كمبيوتر في العالم.

٦. تعرفت على بعض الشباب الأردنيين خلال رحلتي الى عمّان الصيف الماضي وبدأنا .... عن طريق الإيـميل بالعربية وبالانكليزية.

٧. كان يحبها من بعيد لسنوات طويلة قبل أن يعلم أنها كانت .... ـه الحب.

٨. لا أفهم تصرفات زميلتي في العمل! عندما أحاول أن أتكلم في الاجتماعات وأقدم حلاً لأي لمشكلة .... ني كأنها لا تريدني أن أتكلم أبداً!

٩. .... أبي وأمي أول مرة عندما كانا يعملان معاً في "بنك الطعام".

١٠. من اللازم أن .... ابنتي في أهمية معرفة نوع مواقع الـ *chat* التي تزورها، إذ أني خائفة من الناس الذين يمكن أن تتعرف عليهم هناك.

١١. طبخت صحناً مغربياً وأحب أن .... ني فيه - تفضلوا!

تمرين ٢٠: فاعَلَ وتَفاعَلَ (في الصف)

في مجموعات من اثنين، اختاروا الوزن المناسب لكل جملة من وزن "فاعَلَ" أو وزن "تَفاعَلَ" بالجذر المعطى بين قوسين ( ). بعض الأفعال التي ستكتبونها ستكون جديدة، ولكن ستستطيعون تخمين معانيها من السياق ومن معرفتكم بمعاني الأوزان والجذور.

مثال: دعونا عدداً من الزملاء الى بيتنا للعشاء ويجب أن أَتَناقَش مع زوجتي في موضوع المأكولات والمشروبات التي سنقدمها لضيوفنا. (ن ق ش)

١. في بعض الدول العربية نسمع أكثر من لغة، وليس غريباً أن .... اللغتان العربية والانكليزية معاً في نفس الحديث. (د خ ل)

٢. سافر الحبيب تاركاً حبيبته وراءه، وبدأ .... ـها حتى يذكّرها بحبه لها. (ر س ل)

٣. نتمنى أن .... الناس مع بعضهم البعض بشكل جميل دائماً وخاصةً في الأعياد. (ع م ل)

٤. قررت أن آخذ وظيفة في الإمارات بعيداً عن عائلتي وأصدقائي، ولكن الحمد لله، بفضل الـ *Skype* والإيميل ليس من الصعب أن .... معهم بشكل مستمرّ. (و ص ل)

٥. من المهمّ لك أن .... مشاكلك يا صاحبي وأنا هنا لأساعدك بأية طريقة ممكنة! (و ج هـ)

٦. إذا كان الطلاب .... مع بعضهم البعض في الصف فسيتذكرون المفردات بشكل أحسن. (ف ع ل)

٧. تعمل هَيئة السلام *Peace Corps* على زيادة .... بين الشعب الأمريكي وبقية شعوب العالم. (ف هـ م)

٨. رغم أن البلدين .... من بعضهما البعض إلا أنهما ما زالا يختلفان في الكثير من العادات والتقاليد. (ق ر ب)

٩. سار عشرات الآلاف من أفراد الشعب في شوارع المدينة .... بخروج الرئيس وقيام حكومة جديدة. (ط ل ب)

١٠. أنا آسف ولكن الموعد الذي اخترتموه لا .... ـني - هل يمكن أن نجتمع في الأسبوع القادم؟ (ن س ب)

الثقافة ٢

الصيام عند المسيحيين الأقباط

تمرين ٢١: ماذا يعني الصيام عند المسيحيين الأقباط؟

(في البيت ثم في الصف)

من المهم أن نتذكر أن الصيام طقس معروف في جميع الأديان السماوية: اليهودية والمسيحية بالإضافة الى الإسلام.

في البيت: شاهدوا الفيديوا عن الصيام عند المسيحيين الأقباط في مصر.

في الصف: تكلموا عما تعلّمتم من الفيديو مع الزملاء.

الاستماع بالفصحى

الأقباط

تمرين ٢٢: الأقباط في مصر (في البيت ثم في الصف)

ستستمعون لبرنامج عن الأقباط في مصر. ماذا تعرفون عن الأقباط؟ وما الموضوعات التي تظنون أن البرنامج سيناقشها؟

أ. الاستماع في البيت

١. ما الموضوعات التي ناقشها البرنامج؟ (اذكروا ثلاثة موضوعات)

٢. قدم لنا البرنامج عائلتين قبطيتين، ماذا عرفنا عنهما؟

٣. من هم رامي وسارة وساندرا؟

٤. ماذا عرفتم من البرنامج عن تاريخ الأقباط في مصر؟ وماذا قال البرنامج عن علاقة الأقباط بالصليبيين؟

ب. الاستماع في الصف

ناقشوا مع زميل/ ـة المعلومات التي فهمتموها بعد الاستماع والإجابة عن الأسئلة في البيت ثم استمعوا مرة ثانية معاً في الصف وأجيبوا عن الأسئلة التالية:

١. كيف يصوّر لنا البرنامج أحوال الأقباط في مصر؟

٢. في أي أشياء يتشابه رامي وسارة وساندرا؟ وفي أي أشياء يختلفون؟

٣. ماذا أخبرنا البرنامج عن البابا "كيريلّوس الرابع"؟

٤. ما كان الرأي الذي قدمته الناشطة الاجتماعية الأستاذة ماري أسعد؟ وما كان جواب رجل الدين عليها؟

٥. ما هي الأشياء المطلوبة في رأي المتحدثين الثلاثة في نهاية البرنامج؟

تمرين ٢٣: الاستماع الدقيق (في البيت)

استمعوا واكتبوا ما تسمعونه كلمة كلمة في هذه الأجزاء من البرنامج. (لاحظوا أن الشخص الذي يتكلم في البرنامج يقرأ كثيراً من الكلمات بالإعراب).

أ. من ١:٤٤ إلى ١:٥٩

كذلك (١) .... (٢) .... (٣) .... (٤) ....

المؤَلَّفة (= التي تتكوّن من) من (٥) .... و (٦) .... ويسوع

(٧) .... (٨) .... إلى مصر رَسَّخَت *cemented* في (٩) ....

(١٠) .... وضمائِرهم *their conscience* معنىً (١١) ....

(١٢) .... و (١٣) .... والالتزام.

ب. من ٢:٤٠ إلى ٣:٠٣

(١) .... الأورثوذوكسية هي (٢) .... (٣) .... الأولى التي

(٤) .... (٥) .... (٦) .... (٧) ....

الرُّسُل (ج. رَسول). نحن (٨) .... (٩) .... إطلاقاً (= أبداً). كثير من

(١٠) .... (١١) .... و (١٢) ....

و (١٣) .... و (١٤) .... (١٥) .... نحن،

(١٦) .... (١٧) .... من (١٨) .... إلى الآن.

ج. من ٩:١٦ إلى ٩:٤٥

المتكلم في البرنامج: (١) .... كيف (٢) .... الأقباط في مصر مع هواجِسهم

(مشاعر القلق والخوف) و (٣) .... إن (٤) .... (٥) ....

guaranteed (٦) .... ؟

د. رفعت السعيد: نحن لا (٧) .... (٨) .... (٩) ....

(١٠) .... (١١) .... ، ولكن (١٢) .... لهم

(١٣) .... المواطَنة. (١٤) .... (١٥) ....

(١٦) .... سواء؛ دا الدُّستور *constitution*. بعض الوظائف (١٧) .... على

(١٨) .... (١٩) .... تقلّدها (العمل فيها).

القراءة ٢: رأس السنة الأمازيغية

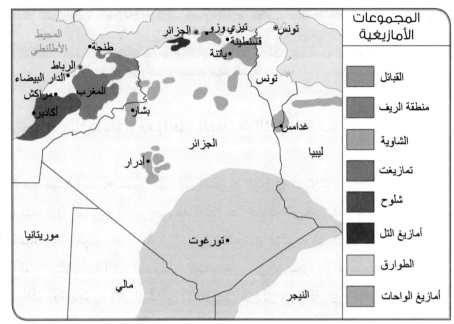

المجموعات الأمازيغية	
	القبائل
	منطقة الريف
	الشاوية
	تمازيغت
	شلوح
	أمازيغ التل
	الطوارق
	أمازيغ الواحات

المناطق الأمازيغية في المغرب

تمرين ٢٤: الامازيغ و طقوس الاحتفال برأس السنة الامازيغية (في البيت ثم في الصف)

أ. القراءة في البيت: اقرأوا المقالة بدون قاموس للفهم العام واكتبوا ما فهمتم عن:

١. ما هي التقاليد التي يمارسها الأمازيغ في الاحتفال برأس السنة الأمازيغية؟

٢. الى متى يعود هذا العيد؟ وما علاقته بالدين؟ وبالتاريخ؟

٣. ماذا نعرف عن الأمازيغ من هذه المقالة (مثلاً، أين وكيف يعيشون؟)

ب. القراءة في الصف

١. ما علاقة هذا العيد بالأرض؟

٢. بالنسبة لهذه المقالة، ماذا أعطت الثقافة الأمازيغية للثقافة المغربية؟

٣. ماذا تطلب الشعوب الأمازيغية؟

٤. ماذا يفعل الأطفال في هذا العيد؟

٥. كيف يختلف هذا الاحتفال عن احتفالكم برأس السنة وكيف يشبهه؟

ج. القراءة الدقيقة

١. في الفقرة ٣: Find an expression meaning *have always considered*

٢. ابحثوا عن كل أسماء الفاعل والمفعول في هذا النص واكتبوا الـ *vowels* عليها، وفكروا معاً في معانيها.

اسم العضو | كلمة المرور | تسجيل الدخول | مساعدة | التسجيل
حفظ البيانات؟

المجلة | المنتدى | ما الجديد؟
التعليمـات | التقويم | تطبيقات عامة | خيارات سريعة | البحث المتقدم

المنتدى ← ||-----[~] الرياض العامة [~]-----|| ← روضة الحوار و النقاش ← الامازيغ و طقوس الاحتفال برأس السنة الامازيغية
الرئيسية | مركز التحميل | مركز الأخبار | صفحة الفيس بوك

الأمازيغ وطقوس الاحتفال برأس السنة الامازيغية

إذا كان التقويم[1] الميلادي قد ابتدأ مع ميلاد المسيح عليه السلام، والتقويم الهجري قد ابتدأ مع هجرة الرسول صلى الله عليه وسلم من مكة إلى المدينة، فإن التقويم الأمازيغي قد ابتدأ مع حدث تاريخي هام يتمثل في انتصار الملك الأمازيغي "شيشونغ" على الفراعنة وذلك قبل ٩٥٠ سنة من بداية استعمال التقويم الميلادي.

يعتبر التقويم الأمازيغي من بين أقدم التقويمات التي استعملها البشر على مر العصور، إذ استعمله الأمازيغ منذ ٢٩٥٩ سنة، وبخلاف التقويمين الميلادي والهجري، فإن التقويم الأمازيغي لم يكن مرتبطاً بأي حدث ديني بل كان مرتبطاً بحدث تاريخي، فبعد انتصارهم على الفراعنة[2] دأب الأمازيغ على الاحتفال كل سنة بذكرى هذا الانتصار التاريخي واعتبروا يوم الانتصار رأس كل سنة جديدة. وتشير بعض الدراسات إلى أن التقويم الأمازيغي مرتبط بالطبيعة، إذ يعتبر بعض الباحثين أن أول يوم في السنة الأمازيغية هو يوم يفصل بين فترتين، فترة البرد القارس وفترة الاعتدال، ويعتبرون أن احتفال الأمازيغ برأس كل سنة يؤكد على ارتباطهم بالأرض ويكرس فهمهم الخاص للحياة، إذ الملاحظ أن القاسم المشترك بين مختلف العادات والطقوس التي تقام خلال رأس السنة الجديدة هو ارتباطها بالأنشطة الفلاحية.

ومهما يكن أصل هذا الاهتمام، فإن الأمازيغ اعتبروا ولا زالوا يعتبرون رأس كل سنة أمازيغية جديدة يوماً متميزاً في حياتهم، فهو يمثل نهاية مرحلة والشروع في مرحلة جديدة يأملون أن تكون أفضل من سابقتها. لذلك دأبوا على الاحتفال بحلول كل سنة جديدة، وذلك في الفاتح من شهر "ين أيور"، الذي يصادف ١٣ يناير من السنة الميلادية. ولا زال العديد من الأمازيغ عبر مختلف بلدان شمال إفريقيا يحتفلون برأس السنة الأمازيغية، وأصبحت المناسبة فرصة للعديد من الهيئات المدنية لتنظيم مختلف أنواع الأنشطة الثقافية والترفيهية وفرصة للتذكير بمواقفها وبمطالبها العادلة والمشروعة، خاصة مطالبها الأساسية المتمثلة في الاعتراف الدستوري بالأمازيغية لغة رسمية والاهتمام بثقافة الأمازيغ وتاريخهم وحضاراتهم، وفي جعل اليوم الأول من كل سنة جديدة (١٣ يناير حسب التقويم الميلادي) يوم عطلة للجميع. وتجدر الإشارة إلى أن هذا العيد لم يسبق له أن نال اعترافاً رسمياً من قبل الدولة، كما هو الشأن بالنسبة لرأس السنة الهجرية ورأس السنة الميلادية.

---

[1] Calendar . . . , بمعنى تاريخي: مثلاً، التقويم الهجري - التقويم الميلادي - التقويم الصيني.

[2] Pharaohs.

اسم العضو | كلمة المرور | تسجيل الدخول | مساعدة | التسجيل
حفظ البيانات؟

الشهر الأول في السنة الأمازيغية يسمى "ين أيور"، وهي كلمة مركبة من "ين" أي واحد و "يور" أي الشهر، أما اليوم الأول فيسمى "ءيخف ن أسكاس" أي رأس السنة، وأما ليلة السنة الجديدة فتسمى "ءيض ن أسكاس" وهي كلمة مركبة من "ءيض" وتعني الليلة "وأسكاس" وتعني السنة، ويطلق عليها كذلك "أذاف أسكاس" أي دخول السنة الجديدة أو "ءيض ن نير" أي ليلة يناير.

تختلف طقوس وعادات وتقاليد الاحتفال بالسنة الأمازيغية داخل بلدان شمال إفريقيا من منطقة إلى أخرى، بل نجد أن هذه العادات والتقاليد تختلف حسب الجهات[3] المكونة لبلد واحد. ففي المغرب ورغم اختلاف الاحتفال من منطقة إلى أخرى نجد هناك تقليداً مشتركاً بين جميع المناطق، ويتمثل في قيام النساء في اليوم الأخير من السنة بإعداد وجبات أكل خاصة تتفاوت مكوناتها من جهة لأخرى.

في الأطلسين الصغير والكبير يتبادل السكان خلال هذا اليوم التهاني والتحيات، وغالباً ما يكون الاحتفال مشتركًا بين الأقارب والجيران الذين يمارسون بشكل جماعي فقرات من الرقص والغناء، وتطبخ النساء شوربة "ؤركيمن"، ويحرصن على الانتهاء من طبخها قبل غروب الشمس، وذلك قصد توزيع جزء منها على أطفال القرية أو الحي، هؤلاء الذين يطوفون على البيوت مرددين بصوت واحد (ؤوركيمن، ؤوركيمن، ؤوركيمن...)، وتعتبر هذه الشوربة من الوجبات الضرورية التي يجب على كل أسرة أن تتناولها في ليلة رأس السنة مع ترك الاختيار طبعاً في أن تضاف إليها وجبات أخرى حسب إمكانيات كل أسرة. ومن الراجح جداً أن هذه الشوربة هي التي تطورت لتصبح شوربة "الحريرة" التي يكثر المغاربة في شربها حالياً خاصة خلال شهر رمضان، كما يستهلك السكان بهذه المناسبة كميات كبيرة من اللحوم خاصة لحوم الدواجن، كما يتم إعداد طعام الكسكس من دقيق الشعير ومن جميع أنواع الحبوب والخضر المعروفة في منطقة الأطلس، كما توضع فوق الموائد أطباق تقليدية "إينوذا" مليئة بالفواكه الجافة من لوز وجوز وتين وزبيب، وتعمل النساء على تنظيف البيوت وتزيينها، ويرتدي الجميع ملابس جديدة، وتحلق رؤوس الصغار.

---

[3] المناطق.

الحوار

تمرين ٢٥: "احتفالات عيد الفصح بسوريا" "الاحتفالات بالمولد في مصر"

(في البيت ثم في الصف)

لطلاب العامية المصرية: تجدون الأسئلة بالعامية المصرية بعد الأسئلة بالعامية الشامية.

احتفالات عيد الفصح بسوريا

أ. الاستماع بالبيت: شوفوا الفيديو عن عيد الفصح بالبيت (مرتين أو تلاتة) وجاوبوا على الأسئلة واستعدوا لمناقشتها مع رفقاتكن بالصف.

١. مين هو الشخص اللي عم يحكي بالبرنامج وشو عرفنا عنه؟

٢. البرنامج بيحكي لنا عن خمسة أجزاء للاحتفالات بعيد الفصح بسوريا؛ شو اسم كل جزء وشو عرفتوا عنه؟

اسم الجزء	شو عرفنا عنه؟ شو الاحتفالات والنشاطات اللي بتصير فيه؟
أ.	
ب. أحد الشَّعانين (الشَّعنينة) *Palm Sunday*	
ج. خميس الأسرار	
د.	
هـ .	

٣. اكتبوا ٤ كلمات جديدة تعلمتوها أو فهمتوا معناها من البرنامج وخبروا رفقاتكن عنها بالصف.

ب. بالصف: ناقشوا مع رفقاتكن الأجوبة اللي كتبتوها بالبيت وبعدين ناقشوا هالأسئلة الجديدة:

١. برأيه ليش هالعيد مهم كتير بالنسبة للمسيحيين بشكل عام؟ وشو معنى هالعيد بالنسبة إلُهن؟

٢. ليش العيد مهم بالنسبة إله شخصياً؟

٣. شو رأيه بالطريقة اللي الناس عم يحتفلوا فيها بالعيد بهالإيام؟

الاحتفالات بالمولد في مصر

أ. الاستماع في البيت

١. ايه الأعياد والمناسبات اللي بيتكلموا عنها؟

٢. يعني إيه المولد؟ الكلمة أصلا جاية منين؟

٣. مين السيد البدوي؟

٤. إيه اللي ممكن نلاقيه في المولد؟

٥. الناس بتروح المولد ليه؟

٦. اكتبوا ٣ كلمات جديدة تعلمتوها أو فهمتوا معناها من البرنامج وقدموها لزمايلكو في الصف.

ب. الاستماع في الصف

ناقشوا مع زمايلكو الأجوبة اللي كتبتوها بالبيت وبعدين اسمعوا كمان مرة وناقشوا الأسئلة دي:

١. مين عم عبد المولى؟ تفتكروا بيشتغل إيه؟ عرفتوا إيه عنه؟

٢. إيه رأي عم عبد المولى في شخصية المصريين؟ وايه رأيكو في الكلام دا؟

٣. تفتكروا يقصد إيه لما بيقول إن المولد "أكّل عيش لناس كتير"؟

٤. مين همّ زوار المولد؟

الكتابة

تمرين ٢٦: نشاط كتابة عن عيد الفصح / المولد (في البيت)

كتابة: طلبت منكم "ويكيبيديا العربية" كتابة مقالة قصيرة بالفصحى (٢٠٠ كلمة) عن عيد الفصح في بلاد المشرق العربي أو المولد في مصر والاحتفالات التي تجري خلاله. اكتبوا هذه المقالة مستعملين المعلومات التي حصلتم عليها من البرنامج الذي شاهدتموه بالعامية الشامية/ المصرية.

تمرين ٢٧: القراءة الجهرية (في البيت)

اكتبوا الإعراب في الكتاب على هاتين الفقرتين (المأخوذة من نص القراءة) واقرأوهما قراءة جهرية وسجّلوهما للأستاذ/ة. تذكروا أنه ليس من الضروري كتابة الإعراب على الكلمة الأخيرة في كل جملة.

تشترك الدول العربية في بعض العادات والممارسات اليومية في شهر رمضان، وأَبرَزُها الخيم والمجالس. وتحتفظ كل دولة ببعض الطقوس التي توارثتها من جيل إلى جيل. ومن الملاحظ تكرار بعض الممارسات في الدول المتقاربة والمتجاورة جغرافياً، ففي الخليج على سبيل المثال، تتشابه العادات الرمضانية إلى حد بعيد، وتنتشر الخيم والمجالس والديوانيات التي يجتمع فيها الصائمون، وتتحول غالباً لمنتديات ثقافية وأدبية. وتجري العادة في الخليج بأن يتبادل الناس التهاني بحلول شهر الصوم. ويتم تسجيل نسبة مرتفعة جداً من الصدقات في هذه الدول، كما تنتشر موائد الإفطار المخصصة للفقراء.

وتشتهر المائدة الرمضانية باحتوائها على أطباق تقليدية مثل الثريد والهريس والجريش، إلى جانب بعض الحلويات المعروفة في المنطقة كـ "لُقمة القاضي". ويشتهر أيضاً في هذه الفترة طبق خاص يتم تقديمه في ساعة متأخرة من الليل، معروف باسم "الغَبقة". هذا فضلاً عن "الكَبسة" السعودية في الإفطار والسحور، مع اللبن والفول. ومن المعروف عن المملكة السعودية أنها تضم تسعة مدافعَ معدة خِصّيصاً لرمضان، تنتشر مواقعها في مكة المكرمة، وهي تعلن موعد الإفطار.

❋ ❋ ❋

You can find two extra practice drills on some of the key concepts in this lesson and previous lessons on the companion website. These drills are optional and allow you another opportunity to practice what you have learned.

درس ٩

صحافة و إعلام

المفردات

سنتعلم مفردات تساعدنا في الكلام عن قضايا الصحافة والإعلام المختلفة وعن وسائل الإعلام والاتّصال الحديثة ودورها في عالمنا المعاصر.

القواعد

سنتعرف على قواعد فعل المِثال، الذي يبدأ جذره بـ "و"، ونتمرن على معرفته واستعماله، كما سنفعّل الفعل المبني للمجهول في الأوزان المختلفة ونتمرّن على تكوينه واستعماله. وأخيراً سنتعرف على معانٍ جديدة لـ "ما" في الجملة الفعلية.

الثقافة

سنستمع الى برنامج عن نشأة وتطور الصحافة العربية في مصر ونقرأ عن شخصية تونسية لعبت دوراً مهماً في الثورة التونسية، وفي الحوار سنسمع آراء لأساتذة من مصر ولبنان حول دور الصحافة في حياتهم وحول الدور الذي تلعبه القنوات الفضائية العربية سياسياً وثقافياً ولغوياً.

المهارات

سنطور مَهارَتَـيْ الاستماع والكتابة بالفصحى في هذا الدرس، وسنركز بشكل خاص على استعمال أدوات الربط ***connectors*** في الكتابة.

المفردات الجديدة ١: من القاموس

الفُصحى	الشامي	المصري	المعنى
أثّـرَ في ، على	يأثّر	يأثّر	to influence, affect
تَأثّـرَ بـ	تأثّر بـ ، يِتأثّر	اِتأثّر بـ ، يِتأثّر	to be influenced by
من أجل			for the sake of, for (cause or goal)[1]
أثارَ ، يُثير ، الإثارة			to stir up, arouse (e.g., emotion)
ثَورة ج. -ات			revolution
حَرَكة ج. -ات			movement (literal and figurative)
حِزب ج. أحزاب			party (political)
خَدَمَ ، يَخدِم ، الخِدمة	يِخدُم	يِخدِم	to serve
خِدمة ج. -ات			service
اِستَخدَمَ	يِستَخدِم	اِستخدِم ، يِستَخدِم	to use
خَلَقَ ، يَخلُق ، الخَلق	يِخلُق	يِخلَق	to create
دُستور ج. دَساتير			constitution
دَوْر ج. أدوار	دور	دور	role
دَوَّنَ			to record, write down
مُدَوَّنة ج. -ات			blog
الرَّقابة			censorship
رَقيب			censor
سَقَطَ ، يَسقُط ، السُّقوط	سَقَط ، يِسقُط	سِقِط ، يِسقَط	to fall, to fail[2]
أسقَطَ			to make (something) fall

الفُصحى	الشامي	المصري	المعنى
ساهَمَ في ، يُساهِم ، الـمُساهَمة	ساهَم بـ ، يساهِم	ساهِم في ، يِساهِم	to contribute to
الشُّرطة			police
صَنَعَ ، يَصنَع ، الصُّنع			to make, produce, manufacture
الصِّناعة			industry, manufacturing
ضَرَبَ ، يَضرِب ، الضَّرب	يُضرُب	يِضرَب	to beat (physically)
طَوَّرَ	يطَـوِّر	يِطَـوَّر	to develop (transitive)
تَطَوَّرَ	تطَوَّر ، يِتطَوَّر	اِتطَوَّر ، يِتطَوَّر	to develop (intransitive)
ظَلَّ ، يَظَلّ	ضَلّ ، يضَلّ	فِضِل ، يِفضَل	to remain, stay, keep (doing)[3]
ظَهَرَ (أنّ) ، يَظهَر ، الظُّهور	يِظهَر	يِظهَر	to appear
تَظاهَرَ			to demonstrate
مُظاهَرة ج. ـات			(a) demonstration
عارَضَ	يعارِض	عارِض ، يِعارِض	to oppose
المُعارَضة			opposition
الإعلام			the media
العُنف			violence
غَطّى ، يُغَطّي ، التَّغطِية	يغَطّي	يِغَطّي	to cover[4]
فَضائيّة ج. ـات			satellite (channel)
فَنّ ج. فُنون			art
قَتَلَ ، يَقتُل ، القَتل	يِقتُل	يِقتِل	to kill
قَناة ج. قَنَوات			channel, canal
نادِر/ة			rare
نَظَّمَ	يِنَظِّم	يِنَظَّم	to organize
نِظام ج. أَنظِمة / نُظُم			system, order
مُنَظَّمة ج. ـات			organization
وَسيلة ج. وَسائِل			means, way
وَسائِل الإعلام			media (pl.)

Notes on Vocabulary Usage

1. من أجل *for the sake of* is a formal expression that usually carries with it a sense of devotion to the cause or person it specifies.

   كثير من الشباب اللبنانيين اشتركوا في الحرب الأهلية اللبنانية وماتوا فيها **من أجل** مستقبل أفضل لوطنهم.

2. سَقَط literally means *to fall* or *to fall out of* (elections or other competition). In spoken Arabic, it can mean *to fail (an exam).*

3. ظَلَّ *to remain, keep (doing)* is a member of the "أخوات كان" group. Study the following examples. You will practice conjugating it in تمرين ١. Note that الفصحى and **الشامي** use a doubled verb while المصري doesn't.

   ظَلَّ المشاهدون ينتظرون خروج اللاعبين إلى الملعب أكثر من نصف ساعة وأخيراً خرجوا.

   كلهن نزلوا من السيارة إلّا إمي ضَلِّت قاعدة لحالها.

   أولادي **فِضلوا** نايمين لحدّ الساعة واحدة بعد الضهر.

4. غطّى ، يُغطّي ، التَّغطِية *to cover* can be used like its English counterpart to mean both *to cover something physically* (بـ *with something)* or, in a journalistic sense, *to cover news.*

   عندما تطبخ الأرز من المهم أن **تغطّيه** جيداً.

   لا أعتقد أن التليفزيونات الأمريكية **تغطّي** الأخبار الدولية بالشكل المطلوب.

تمرين ١: فعل "ظَلّ" (في البيت)

Complete the first chart with the conjugation of ظَلّ. If you are learning **شامي**, fill in the second chart as well. (The مصري verb فِضِل is not included because it is not a **فعل مضعّف**.)

الضمير	الماضي	المضارع المرفوع	المنصوب والمجزوم
أنا			
نحن			
أنتَ	ظَلَلتَ		
أنتِ			
أنتما	ظَلَلتُما	تَظَلّانِ	
أنتم			
أنتنَّ		تَظلَلنَ	تَظلَلنَ
هو			يَظَلَّ
هي	ظَلَّت		
هما (مذكر)	ظَلّا		يظلّا
هما (مؤنث)		تَظَلّانِ	
هم			يَظَلّوا
هنّ			

ضَلّ (بالشامي)

الضمير	الشامي الماضي	الشامي المضارع
أنا	ضَلّيت	ضَلّ
إنتَ		تضَلّ
إنتي		
هو	ضَلّ	يضَلّ
هي	ضَلّت	
نحنا	ضَلّينا	
إنتو		تضَلّوا
هنّ	ضَلّوا	

تمرين ٢: كتابة جمل المفردات (في البيت)

استمعوا الى جمل المفردات من (١) الى (١٤) واكتبوها.

تمرين ٣: تناقشوا مع زملائكم (في الصف)

تناقشوا مع زملائكم في هذه المواضيع:

١. ماذا فعل الوالدان من أجلكم؟

٢. مَن أثّر فيكم وفي حياتكم بشكل كبير؟ وكيف؟

٣. ماذا تعني فكرة "خدمة الوطن" بالنسبة لكم كمواطنين؟

٤. ما هي المدوّنات التي تقرأونها باستمرار؟

٥. ماذا نستطيع أن نفعل للتقليل من العنف الأُسَري (العائلي)؟

٦. كيف تؤثّر الرقابة على الفن؟ أعطوا أمثلة من الفنون التي تعرفونها.

٧. منظمة غير حكومية تهتمّون بها: ما هي نشاطاتها والخدمات التي تقدّمها؟ ومن أين تحصل على التمويل؟

٨. ما هي أحسن قنوات تليفزيونية وأحسن صحف تغطّي الأخبار المحلّية والدولية في رأيكم ولماذا؟

تمرين ٤: أوزان الفعل: "فَعَّلَ" و "تَفَعَّلَ" (في البيت)

اختاروا الوزن المناسب من "فَعَّلَ" و "تَفَعَّلَ" وأكملوا به الجمل التالية:

أ. ط - و - ر

١. .... السُّلطان قابوس حاكم سَلطنة عُمان بلده اقتصادياً وعلمياً منذ تولّى الحكم في عام ١٩٧٠.

٢. ظلّت المناطق الجنوبية فقيرة ولم .... كثيراً بسبب المشاكل السياسية.

٣. .... صناعة السينما في إيران في التسعينيات من القرن الماضي رغم الرقابة الشديدة عليها.

٤. استطاعت الشركة أن .... كمبيوتراً محمولاً جديداً أسرع وأخفّ من قبل.

ب. ء – ث – ر

١. لا بدّ أن كتابات "فرويد" _____ في صديقنا فهو أصبح يتكلم باستمرار عن الـ "أنا" وعن قتل الأب!

٢. _____ كثيراً بالفيلم الذي شاهدته أمس وظللت أفكر فيه طوال الليل.

٣. قال إن تجربته الصعبة في الجيش لم _____ فيه ولكني أشعر بأنه تغيّر كثيراً بعد عودته.

٤. _____ الاقتصاد الياباني بشكل كبير بالـ "تسونامي" التي حدثت في عام ٢٠١١.

🎧 تمرين ٥: المفردات الجديدة (في البيت)

أكملوا الجمل بكلمات مناسبة من المفردات الجديدة.

١. كل دولة لها _____ يحدد طبيعة وشكل _____ السياسي فيها ويحدد أيضاً شكل العلاقة بين المواطن والدولة.

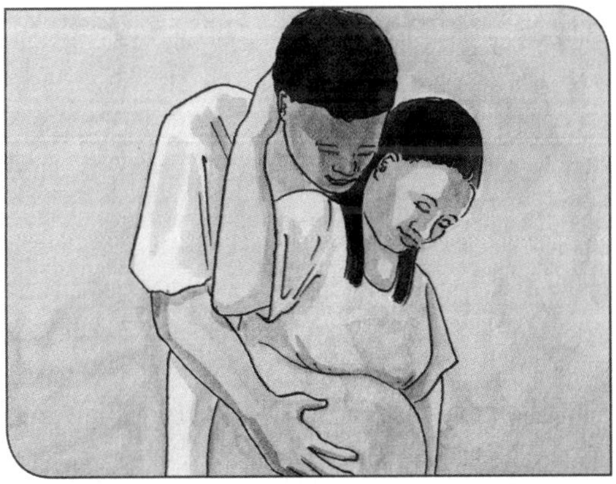

٢. وضع الرجل يده على بطن زوجته الحامل وكان سعيداً جداً عندما أحسّ بـ _____ الولد في بطنها.

٣. في الدول غير الديمقراطية نلاحظ غالباً أن هناك _____ حكومية قوية على الجرائد والمجلات وكل وسائل _____ الأخرى كالتلفزيون والسينما والإنترنت لأن الحكومة لا تريد أن يسمع الشعب رأياً غير رأيها، ولذلك فالجرائد والمجلات موجودة في هذه الدول لـ _____ الحكومة وسياساتها فقط.

٤. في هذه الصورة نشاهد عدداً من أفراد _____ "الأخضر" في الولايات المتحدة يشاركون في _____ كبيرة قاموا بها في مدينة واشنطن الشهر الماضي _____ دفع الكونغرس الأمريكي لإعطاء اهتمام أكبر للبيئة. وهذه فقط واحدة من النشاطات البيئية الكثيرة التي يقوم بها المواطنون "الخُضْر" لـ _____ أنفسهم سياسياً واجتماعياً في الولايات الأمريكية المختلفة.

٥. بدأ "الربيع العربي" في تونس عام ٢٠١١ بـ .... شعبية واسعة شارك فيها معظم أفراد الشعب التونسي وانتهت بخروج الرئيس بن علي. ويبدو أن الذي حدث في تونس .... كثيراً في بلدان عربية أخرى كمصر وليبيا واليمن وسوريا التي بدأت فيها نشاطات شعبية للتغيير السياسي. ويعتقد الكثيرون أن التكنولوجيا (وخصوصاً التلفونات المحمولة و "فايس بوك") لعبت ....اً كبيراً في هذا "الربيع العربي" بالإضافة الى .... الفضائية (الفضائِيات) التلفزيونية التي سمحت للعالم بأن يشاهد كل ما حدث.

٦. "السلام الآن" .... سياسية تعمل للوصول الى حل للمشكلة بين الشعبين الإسرائيلي والفلسطيني، ويشارك فيها مواطنون إسرائيليون وفلسطينيون. وهي ترفض الحرب بين الشعبين و .... استعمال القوة و .... من أي جانب. والحقيقة أنني واحد من الناس الذين .... كثيراً بأفكارها ونشاطاتها.

٧. بعض النساء المسلمات يلبسن النِّقاب الذي .... وجه المرأة بشكل كامل ولا .... فيه من وجه المرأة أي شيء إلا عينيها.

٨. في الفترة الأخيرة ازداد عدد .... الموجودة على الانترنت بشكل كبير وأصبح هناك اليوم أعداد كبيرة منها. وهي تهتم بموضوعات كثيرة ومتنوعة. والحقيقة أنها .... نوعاً وشكلاً جديداً للكتابة والنشر يختلف عن الأشكال التقليدية القديمة.

٩. في مباراة الـ "هوكي" .... واحد من اللاعبين في فريقنا غضب لاعب في الفريق الآخر، وامتد هذا الغضب الى زملاء اللاعب الذين بدأوا .... اللاعبين في فريقنا.

١٠. "اليونسكو" جزء من الأمم المتحدة، وهي .... دولية تضم ١٩٥ دولة وتهتم بموضوعات الثقافة والعلوم والآداب و .... في العالم. وكل دولة من الدول المشتركة .... في ميزانِيّـة *budget* "اليونِسكو" عن طريق مساعدة مالية تدفعها كل سنة.

١١. أمس .... شجرة على سيارتي، وبسبب ذلك
لا أستطيع أن ....ـها أبداً. هذه مشكلة كبيرة
لأننا نسكن في منطقة بعيدة ليس فيها أي ....
انتقال أخرى غير السيارة. السيارة معطلة بشكل كامل وأظن
أنني ســ.................. بدون سيارة حتى نهاية هذا الشهر.

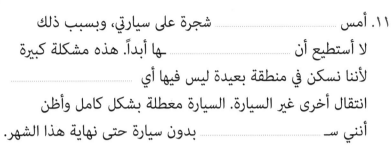

١٢. هذه صورة لسيارة أمريكية قديمة ....ـها
شركة "كرايسلر" الأمريكية عام ١٩٥١. والسيارة سعرها غالٍ جداً
لأنها .... لا يوجد منها في العالم إلا عدد
محدود جداً.

١٣. قامت الوزارة في السنوات العشر الأخيرة بتوسيع المستشفى الحكومي و .... الخدمات الطبية
فيه، وبفضل هذا الاهتمام من الوزارة .... المستشفى كثيراً وأصبح ينافس المستشفيات الخاصة.
وهو الآن .... أكثر من ٣٥ ألف مريض سنوياً.

١٤. قرأت في إحدى الصحف المحلية أن ....
ما زالت تبحث عن الشخص الذي .... الموظف
في مكتبه وأنها ما زالت الى الآن، لا تملك معلومات كافية عن
هذا الشخص.

تمرين ٦: القصة وراء الصور (في الصف)

ما هي القصة وراء هذه الصور؟ اعملوا مع اثنين من زملائكم واخلقوا قصة واحدة تشمل كل الصور واستخدموا فيها أكبر عدد ممكن من المفردات الجديدة ثم استعدوا لتقديم قصتكم الى المجموعات الأخرى.

(١)

(٢)

(٣)

(٤)

(٥)

المفردات الجديدة ٢: من جذور نعرفها

الفصحى	الشامي	المصري	المعنى
بَدَأَ ، يَبدَأ ، البَدء: مَبدَأ ج. مَبادِئ			principle
بَعد: لَم ... بَعدُ	ما ... بَعد ، لِسّه ما ...	لِسّه ما ...	not yet [1]
جَواز سَفَر: جائِزة ج. جَوائِز	جائِزة ، جايْزة ج. جَوايِز	جايْزة ج. جَوايِز	prize
حَدَثَ ، يَحدُث ، حادَث ج. حَوادِث: حَدَث ج. أحداث			event
حَدَثَ ، يَحدُث: حَديث/ة			modern
حَسَب: حاسوب ج. حَواسيب			= كمبيوتر
حكومة ج. -ات: حَكَمَ ، يَحكُم ، الحُكم	يِحكُم	يُحكُم	to govern, rule
حلّ ج. حُلول: اِحتَلَّ	يِحتَلّ	يِحتَلّ	to occupy
دَفَعَ ، يَدفَع ، دافِع ج. دَوافِع: دافَعَ عن ، الدِّفاع	يدافِع	دافِع ، يِدافِع	to defend
سُلطان: سُلْطة ج. سُلُطات			power
شُبّاك ج. شَبابيك: شَبَكة ج. -ات			net, network
شَجَّعَ: شَجاعة			courage
شَجَّعَ: شُجاع/ة ج. شُجعان			brave, courageous

الفُصحى	الشامي	المصري	المعنى
شارع ج. شوارع: مَشروع ج. -ات/مَشاريع			project, plans (abstract)
شَعب ج. شُعوب: شَعبِيّ/ة			popular
شاهَدَ: شَهِدَ ، يَشهَد ، الشَّهادة	شِهِد ، يِشهَد	شِهِد ، يِشهَد	to witness
شاهَدَ: شَهيد ج. شُهَداء	ج. شُهَدا	ج. شُهَدا	martyr
شاهَدَ: مَشهَد ج. مَشاهِد			scene [2]
صَحيفة ج. صُحُف: الصِّحافة	الصَّحافة	الصَّحافة	(the) press; journalism
مَصدر ج. مصادر: صَدَرَ ، يَصدُر ، الصُّدور	يُصدُر	يُصدُر	to come out, be issued or published
مَصدر ج. مصادر: أَصدَرَ			to publish
ضَيف ج. ضُيوف: اِستَضافَ، يَستَضيف، الاِستِضافة	يِستَضيف		to host (someone)
طَبَعَ ، يَطبَع ، الطَّبْع: الطِّباعة			printing
طَبَعَ ، يَطبَع ، الطَّبْع: مَطبَعة ج. مَطابِع			printing press or shop
طَبَعَ ، يَطبَع ، الطَّبْع: اِنطِباع ج. -ات			impression
اِعتَبَرَ ، يُعتَبَر: عَبَّرَ عن	يعَبِّر	يِعَبَّر	to express
اِعتَبَرَ ، يُعتَبَر: عِبارة ج.-ات			expression

المعنى	المصري	الشامي	الفُصحى
= عِبارة			اِعتَبَرَ ، يُعتَبَر: تَعبير ج. -ات
contemporary			عَصر ج. عُصور: مُعاصِر/ة ج. – ون/ين
amount of a large amount of, a great deal of			تَقديـر: قَدر مِن قَدر كَبير مِن
to advance, progress	اِتقَدِّم ، يِتقَدِّم	تقَدَّم ، يِتقَدَّم	قَدَّم ، يُقَدِّم ، التَّقديم (لـ): تَقَدَّم
poem	ج. قَصايِد	ج. قَصايِد	قَصَد ، يَقصِد: قَصيدة ج. قَصائِد
issue[3]			قَضى ، يقضي ، القَضاء ، قاضي(قاضٍ) ج. قُضاة: قَضِيّة ج. قَضايا
to resist	قاوِم ، يقاوِم ، المُقاوْمة	يقاوِم	قامَ ، يَقوم ، القِيام: قاوَم
resistance	المُقاوْمة		قامَ ، يَقوم ، القِيام: المُقاوَمة
to break	يِكسَر	يكسِر	كَسرة: كَسَر ، يَكسِر ، الكَسر
to enjoy, have the benefit of[4]	اِتمَتَّع بـ ، يِتمَتَّع	تمَتَّع بـ ، يِتمَتَّع	اِستَمتَعَ بـ: تَمَتَّع بـ
to continue to continue (doing something)	يِستَمِرّ	يِستَمِرّ	باستِمرار: اِستَمَرّ اِستَمَرّ في (+ المصدر)
to establish, erect, found			نَشَأَ ، يَنشَأ ، النَّشأة ، النُّشوء: أَنشَأ

المعنى	المصري	الشامي	الفُصحى
it was established			نَشَأَ ، يَنشَأ ، النَّشْأة ، النُّشوء: أُنشِئَ/أُنشِئَت
point of view			وَجه ، نَظَرَ ، يَنظُر ، النَّظَر: وِجهة نَظَر ج. وِجهات نَظَر
to bring, deliver, take (something/someone) to	وَصَّل ، يِوَصَّل ، التَّوصيل	وَصَّل ، يوَصِّل ، التَّوصيل	وَصَلَ ، يَصِل ، الوُصول: أَوصَلَ إلى ، يوصِل ، الإيصال
to be in contact (with someone)		يتواصَل	وَصَلَ ، يَصِل ، الوُصول: تَواصَلَ (مع)
to contact (someone, e.g., by telephone)	يِتِّصِل بـ	يِتِّصِل بـ	وَصَلَ ، يَصِل ، الوُصول: اِتَّصَلَ بـ
communication, contact			وَصَلَ ، يَصِل ، الوُصول: اِتِّصال ج. -ات
reality in reality			وَقَعَ ، يَقَع: واقِع في الواقِع
realistic			وَقَعَ ، يَقَع: واقِعِيّ/ة

Notes on Vocabulary Usage

1. (لم) ... بَعد (not) yet and its corresponding spoken expressions لِسّه ما، بعد، ما... بعد and لِسّه ما ... may be used with negative particles in any tense, but a negative particle is always necessary to give the meaning yet.

- لم يتم إصلاح المطبخ **بعد**. | **لا** نستطيع أن نتّصل بهم **بعد** بسبب اختلاف الوقت بين نيويورك والرياض.
- **المطبخ لِسّه/بعد ما تصلّح.** | **لِسّه/بعد ما فينا نتصل فيهن مشان فرق التوقيت بين نيويورك والرياض.**
- المطبخ **لِسّه ما** اتصَلَّحش. | **لِسّه ما** نقدرش نتّصل بيهم عشان فرق التوقيت بين نيويورك والرياض.

The response "not yet" without a verb is ليس بعد **بعد** لِسّه:

أهلك وصلوا؟ | -- ليس بعد. -- **بعد/لِسّه.** -- لِسّه

2. مَشهَد ج. مَشاهِد *scene* refers to literary as well as metaphorical *scenes* (but not idiomatically to make a scene):

المشهد السياسي | المشهد الأول في الفيلم | المشهد الثقافي

3. قَضِيّة ج. قَضايا refers to *political and social causes* and similar large-scale issues. It is not used for small-scale, personal matters, such as in the American expression "I have issues with."

4. The verbs يستمتع بـ and يتمتّع بـ are quite similar in meaning and are often translated the same way. However, يستمتع بـ tends to be used with human subjects and يتمتّع بـ with nonhuman subjects:

كل إنسان **يستمتع بـ**فرصة التعبير عن نفسه.

الآن **تتمتع** الحكومة الجديدة **بـ**ثقة الشعب، ولكن هل سيستمرّ هذا الوضع؟

تمرين ٧: أوزان الأفعال الجديدة (في البيت)

Complete the chart with the new verbs from this lesson, pronouncing the forms aloud as you write them and writing all vowels.

الجذر	الوزن	الماضي	المضارع	المصدر	اسم الفاعل	اسم المفعول
ء ث ر	فَعَّل II					---
		دَوَّن				
				التَّطوير		
						مُعَبَّر عنه[1]
			يُنَظِّم			
	فاعَلَ III			الدِّفاع عن[2]		مُدافَع عنه
س هـ م	فاعَلَ III	ساهَمَ				---
			يُعارِض			
		قاوَمَ				

اسم المفعول	اسم الفاعل	المصدر	المضارع	الماضي	الوزن	الجذر
			يُثير			
				أسقَطَ		
---					أَفعلَ IV	ص د ر
		الإنشاء				
---			يَتَأَثَّر بـ			
---				تَطَوَّرَ		
---			يَتَقَدَّم			
مُتَمَتَّع به		التَّمَتُّع بـ				
---					تَفاعَلَ VI	ظ هـ ر
مُحتَلّ	مُحتَلّ[3]					
	مُتَّصِل					
					اِستَفعَلَ X	خ د م
		الاِستِضافة				
---				اِستَمَرَّ		

Notes on the Verb Table

1. In the form مُعبَّر عنه, we see the preposition used with اسم مفعول. Verbs that take a preposition must keep that preposition in the passive voice. We will return to this point in Lesson 10.

2. الفِعال is regular but less common pattern for المصدر of III وزن.

3. Remember that اسم الفاعل and اسم المفعول derived from وزن افتعل in الفعل المضعّف are identical because of the collapsed consonants; thus, مُحتَلّ serves as both اسم فاعل and اسم مفعول (the meaning will be clear from context).

🎧 تمرين ٨: أوزان الفعل "فَعَلَ" و "أَفعَلَ" (في البيت)

اختاروا الوزن المناسب من "فَعَلَ" و "أَفعَلَ" وأكملوا الجمل:

أ. س - ق - ط

١. الديمقراطية الحقيقية تعني أن الشعب لديه القدرة على _____ الحكومة بالطرق السِّلمية.

٢. ما أحلى هذا المشهد! الثلج _____ منذ الصباح والدنيا كلها بيضاء!

٣. يا لطيف! _____ الطائرة في المحيط وفيها ٢٣٠ شخصاً وأظن أنهم ماتوا جميعاً، رحمهم الله.

٤. كان الولد يحاول مساعدة أمه فحمل بعض الأطباق الى المطبخ إلّا أنه _____ ـها وكسرها!

ب. ن - ش - ء

١. _____ حزب "الإخوان المسلمين" في مصر عام ١٩٢٨ على يد الشيخ حَسَن البنّا.

٢. سـ _____ الحكومة مركزاً جديداً للأبحاث الطبّية خلال العام القادم.

٣. _____ الحزب صحيفة جديدة باسمه لتعبّر عن آرائه ومبادئه السياسية ومشروعاته الاقتصادية.

٤. ولدت الكاتبة اللبنانية هدى بركات و _____ في مدينة بيروت حيث درست في الجامعة اللبنانية.

📀🎧 تمرين ٩: كتابة جمل المفردات (في البيت)

استمعوا الى جمل المفردات من (١٥) الى (٢٩) واكتبوها.

تمرين ١٠: الأنشطة الاجتماعية والسياسية التي تقومون بها أنتم وأصدقاؤكم وأهاليكم (في الصف)

في هذا التمرين تجدون بعض الأنشطة السياسية والاجتماعية التي رُبّما تقومون بها أنتم أو أصدقاؤكم أو أهاليكم. والمطلوب منكم هو أن تكوّنوا عدة أسئلة لها علاقة بكل نشاط ثم تسألوا بعضكم البعض عن هذه الأنشطة لتجمعوا أكبر قدر من المعلومات عنها. تكلموا مع أكبر عدد ممكن من الزملاء وسجّلوا الإجابات بسرعة، وبعد أن تنتهوا، أخبروا الصف بما عرفتم. استخدموا أكبر عدد ممكن من المفردات الجديدة.

مثال: التواصل مع الأصدقاء: كيف تتواصلون مع الأصدقاء عادة؟ ما طرق التواصل التي يستخدمها أهلكم؟ هل ازداد تواصلكم مع أقاربكم بسبب التكنولوجيا؟ كيف؟

١. الاتّصال بالعائلة:

٢. التعبير عن وجهات النظر:

٣. المشاركة في حركة سياسية:

٤. التظاهر في الأماكن العامة:

٥. معارضة قرار لا تقبلونه:

٦. الخدمة الاجتماعية:

٧. تدوين المشاعر والتجارب في "فايس بوك" أو في مدوَّنة:

٨. المساهمة في مشاريع لخدمة الفقراء:

٩. مناقشة القضايا الاجتماعية في البيت أو مع الأصدقاء:

١٠. تنظيم مواعيد ونشاطات مع الأصدقاء:

١١. تأثير وسائل الإعلام في حياتكم وتفكيركم:

القواعد ١

"و" و "ي" في جذور الأفعال

You know a number of verbs whose جذور contain either و or ي, such as:

تقول | نبيع | يقاوم | أريد | تستطيع | نحتاج | يتطوّر

أدعو | نجري | تبقى | توقظ | نجد | كنت | يتّصل بـ

You have been learning these verbs individually so far, but there are patterns that make it possible to predict and produce forms from a جذر containing و or ي. We do not expect you to memorize all these patterns immediately, but do start paying attention to them and to their أوزان. Here we will take a look at what happens to و and ي when they are part of a جذر in the initial or medial position. In general, it is أوزان I, IV, VIII, and X that deserve our attention because these are ones in which و and ي shift from being consonants to being vowels according to the dictates of each وزن. Other أوزان are either rare, as in the case of VII وزن, or retain و or ي as consonants, as the following examples with familiar roots demonstrate:

وَصَّلَ إلى ، يُوَصِّل | واصَلَ ، يُواصِل | تَوَصَّلَ إلى ، يَتَوَصَّل | تَواصَلَ ، يَتَواصَل

كَوَّنَ ، يُكَوِّن | قاوَمَ ، يُقاوِم | تَكَوَّنَ من ، يَتَكَوَّن | تَطايَرَ ، يَتَطايَر

It may also be helpful to note that, of the two letters, و is far more common than ي in roots, especially in the initial position. Therefore, our discussion will focus on و. However, و appears as ي in many المضارع verb stems when the وزن calls for kasra (as happens in أوزان IV and X, for example). This is because الوزن takes precedence over الجذر. As a result, the kasra of الوزن takes precedence over the و of الجذر. Thus, it is often difficult to know for certain whether the underlying root of a given verb is actually و or ي, except in I وزن.

و or ي in Initial Root Position

When و or ي occurs as the first consonant in a جذر, it behaves as a consonant or long vowel most of the time. In addition to the examples above, the root و ص ل also occurs in IV وزن, as the verb أَوصَلَ demonstrates.

المصدر	وزن المصدر	المضارع	وزن المضارع	الماضي	وزن الماضي	الجذر
الإيصال	الإفعال	يوصِل	يُفعِل	أَوصَلَ	أَفعَلَ	و ص ل

Note that the و that is supposed to appear in المصدر changes to a ي because of the effect of the kasra found in وزن إفعال.

It is mainly in I وزن and VIII وزن that initial و "disappears" from view. In I وزن this happens mainly in formal Arabic, wherein و disappears in the stem of المضارع, as you know from the verbs وَجَدَ ، يَجِد and وَصَلَ ، يَصِل. This does not happen in الشامي or المصري, however, as you have seen:

يَصِل | يوصَل | يِوصَل

In VIII وزن, the و disappears entirely because it becomes assimilated into the ت of اِفتَعَلَ. We assume this to occur because formal Arabic avoids the sound combination kasra + و "iw" (think of the sound *eew!*). For example, if we put و ص ل into wazn إفعال , we would get إِوْصال ; but this would result in the sound *"iw"*, so the kasra turns the و into ي : إيصال. We can see the assimilation of و into ت in the verbs اِتَّصَلَ بـ and اِتَّصَفَ بـ *to be described, characterized by:*

المصدر	وزن المصدر	المضارع	وزن المضارع	الماضي	وزن الماضي	الجذر
الاِتِّصال	الاِفتِعال	يَتَّصِل	يَفتَعِل	اِتَّصَلَ	اِفتَعَلَ	و ص ل
الاِتِّصاف		يَتَّصِف		اِتَّصَفَ		و ص ف

و or ي in Medial Root Position

In I وزن, the الماضي stem always contains alif, but المضارع stems vary. Usually, they show الجذر:

ك و ن: كانَ ، يَكون ، الكَوْن | ب ي ع: باعَ ، يَبيع ، البَيع

ق و م: قامَ ، يَقوم ، القِيام | ج ي ء: جاءَ ، يَجيء ، المَجيء

A small number of verbs, of which you know نام, retain alif in the مضارع stem:

ن و م: نامَ ، ينام ، النَّوْم

As always, the مضارع stem of I وزن, must be memorized.

In أوزان II-X, the و or ي of the root follows the short vowel of الوزن very closely. If الوزن has kasra in the final stem syllable, the kasra will dominate, and the vowel will appear as ي, as in the following:

الجذر	وزن الماضي	الماضي	وزن المضارع	المضارع	وزن المصدر	المصدر
ر و د	أَفعَلَ	أرادَ	يُفعِل	يُريد	الإفعال	الإرادة
ط و ع	اِستَفعَلَ	اِستَطاعَ	يَستَفعِل	يَستَطيع	الاِستِفعال	الاِستِطاعة

Finally, note that the مضارع stem of VIII retains the alif[1]. Notice the presence of alif in the مضارع stem in these examples:

الجذر	وزن الماضي	الماضي	وزن المضارع	المضارع	وزن المصدر	المصدر
ح و ج	اِفتَعَلَ	اِحتاجَ	يَفتَعِل	يَحتاج	الاِفتِعال	الاِحتِياج
ع و د	اِفتَعَلَ	اِعتادَ	يَفتَعِل	يَعتاد	الاِفتِعال	الاِعتِياد

Recognizing the ways in which root letters و and ي interact with أوزان الفعل will make it easier for you to identify and learn these kinds of verbs in all أوزان. Practice what you have learned in تمرين ١١.

[1] In this, its behavior parallels that of the مضارع stem of الفعل المضعّف, in that both of them lose a syllable. Usually, this wazn has three syllables: يَفتَعِل. However, roots that are doubled or have a و or ي in medial position cause one syllable to be lost. In both cases, the third syllable, with kasra (عِـ), is lost, so that instead of يَحتَلِل we have يَحتَلّ and in place of يَحتَوِج we have يَحتاج.

يَفتَعِل | يَفتَـ ـل | يَحتَلّ | يَحتاج

تمرين ١١: "و" في جذور الأفعال (في البيت)

كوّنوا فعلاً جديداً من الجذر المُعطى لكم ثم استخدموا الفعل الجديد (بالشكل المناسب) في الجملة التي بعده كما في المثال، واكتبوا الحركات، إلا السكون.

You will be creating new verbs from familiar جذور. Their meanings will be clear from the context, but you can look them up for practice if you want to be sure.

مثال: ط ل ب (فاعَلَ): ___طالَبَ___

الدستور أعطاكم حريات سياسية ويجب أن ___تطالِبوا___ بها.

١. و ج د (تَفاعَلَ): ....

.... رجال الشرطة باستمرار في هذا الحي بسبب انتشار تجارة المخدرات فيه.

٢. ع و د (أَفعَلَ): ....

ع و د (اِستَفعَلَ): ....

كان يجب عليَّ أن .... الكتاب الى المكتبة في نهاية هذا الشهر ولكن المكتبة .... الكتاب مني قبل الموعد المحدد لأن مستخدماً آخر طلبه.

٣. و ص ف (افتَعَلَ): ....

.... أستاذتي بكل الصفات المهمة في الأستاذ فهي ذكية ومنظمة ومشجّعة وأهمّ من هذا كله أنها تؤمن بطلابها.

٤. م و ت (أَفعَلَ): ....

حوادث السيارات التي تقع على الطريق السريع بين القاهرة والإسكندرية .... المئات من المواطنين سنوياً.

٥. و ح د (اِفتَعَلَ): ....

كان اليمن يضم دولتين هما اليمن الشمالي واليمن الجنوبي، ولكن في عام ١٩٩٠ .... الدولتان وكوّنتا دولة واحدة تسمّى اليوم بـ "الجمهورية اليمنية".

٦. و ج هـ (فاعَلَ): ....

ح و ج (اِفتَعَلَ): ....

.... البلاد في هذه الفترة مشاكل اقتصادية عديدة، وحل هذه المشاكل، في رأيي، .... الى قرارات حكومية شجاعة.

٧. ع و د (اِفتَعَل): ....

في البداية شعرت بأن باريس كانت تمثل بيئة غريبة بالنسبة لي ولغيري من المهاجرين الجدد ولكننا، بمرور الوقت، .... عليها وبدأنا نستمتع بالحياة فيها.

٨. خ و ف (أَفعَلَ): ....

لا أعتقد أن هذا الفيلم مناسب للأولاد لأنه يضم بعض مشاهد العنف التي يمكن أن ....ـهم.

٩. و ج هـ (اِفتَعَل): ....

غيرت القافلة طريقها وبدأت .... جنوباً بعد أن قطعت نصف الصحراء تقريباً.

تمرين ١٢: المفردات الجديدة (في البيت)

أكملوا كل جملة بمفردات جديدة من هذا الدرس.

في بعض هذه الجمل سيكون من اللازم استعمال كلمات من الجزء الأول للمفردات "من القاموس" في هذا الدرس.

١. اعتدت، في دراستي للغات الأجنبية، عندما أتعلم كلمة أو .... جديدة أن ....ـها على بطاقة واستخدمها في جملة حتى أتذكرها.

٢. تركز الكاتبة في مقالتها على .... استخدام اللغة العربية للتعبير عن مفردات التكنولوجيا الـ.................. ، وهي تدعو، على سبيل المثال، الى استخدام كلمة هاتِف في مكان كلمة "تليفون" الأجنبية و .... في مكان "كومبيوتر" و "الـ.................. الدولية للمعلومات" في مكان "الإنترنت".

٣. يُعتَبر "أدونيس" واحداً من كبار الأدباء والمفكرين العرب. وهو .... بشهرة عالمية كبيرة بفضل الكتب الكثيرة التي ....ها والتي تُرجمت الى عدة لغات. وأدونيس، في الأصل، شاعِر *poet* كتب كثيراً من .... التي كان لها تأثير كبير في تطور الأدب العربي .... وذُكِر اسمه عدة مرات بين الأسماء الممكنة للحصول على .... "نوبل" للآداب. التقيت بأدونيس وتحدثت معه لأول مرة عام ٢٠٠٩ وكان ....ـي الأول عنه هو أنه مفكر متميِّز بحق.

٤. من المعروف أن بريطانيا مملكة ولكن الملكة فيها ليس لديها .... سياسية كبيرة لأن هناك حكومة وهي التي .... البلد فعلاً، ورئيس الحكومة هو الذي يتولى إدارة الحكومة ويشرف عليها و .... عن آرائها في مختلف الموضوعات.

٥. هذه صورة لمسرح "فوكس" في مدينة أتلانتا الذي .... عام ١٩٢٩ على يد "ويليام فوكس" الذي كان من مشاهير صناعة السينما في أمريكا. ونلاحظ أن هناك ....اً كبيراً من التشابه بين الشكل الخارجي للمسرح وشكل المسجد.

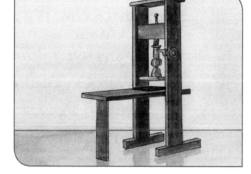

٦. يرجع تاريخ .... في لبنان الى عام ١٨٥٨ حين ظهرت أول صحيفة وكان اسمها "حديقة الأخبار"، وكانت .... في بيروت أسبوعياً باللغة العربية.

٧. جاء نابوليون بونابرت بجيشه وسفنه الى مصر عام ١٧٨٩، وجاء معه في إحدى السفن الفرنسية بـ.................. ليستخدمها الفرنسيون في .... الإعلانات السياسية للمصريين باللغات العربية والفرنسية والتركية.

٨. تجري الألعاب الأولمبية كل ٤ سنوات، وهذه الألعاب هي .... عالمي كبير يهتم به الناس في كل مكان، ولذلك نجد كثيراً من بلدان العالم تتنافس على .... الألعاب الأولمبية فيها.

٩. طلبوا مني أن أصف رئيس حزبنا فقلت لهم إنه شخص .... يفهم أوضاع الناس والسياسة جيداً ولا يعيش في عالم من الأحلام، وهو إنسان .... لا يخاف من أحد ولا يخاف أن يعبّر عن ....ـه بصراحة، وإنسان عنده .... وقيم أخلاقية يؤمن بـها ويمارسها في حياته.

١٠. بدأت الحكومة المصرية ....اً كبيراً في الصحراء الغربية لإصلاح جزء من الأراضي الصحراوية عن طريق نقل الماء اليها، وتعتقد الحكومة أن هذا سيساهم بشكل كبير في تطور المناطق الصحراوية و..................ـها.

١١. وقعت و.................. رجلي ودخلت المستشفى منذ عدة أيام ولا أعرف متى سأخرج لأن الدكتور لم يحدد .... موعد خروجي من المستشفى.

١٢. حسب هذه الدراسة فإن الدافع الأساسي وراء اهتمام الأمريكيين بدراسة اللغة العربية هو الرغبة في .... مع العرب وفهم ثقافتهم.

١٣. بعد الحرب العالمية الأولى قامت فرنسا بـالدخول الى سوريا و ....ـها عام ١٩٢٠. وحاول السوريون أن .... عن بلدهم وأن ينظّموا حركات شعبية لـ .... الفرنسيين ومنعهم من دخول سوريا ولكنهم لم ينجحوا في ذلك. وكان من بين الذين قُتلوا في الحرب مع الفرنسيين وزير الدفاع السوري يوسف العظمة الذي يعتبره السوريون ....اً لأنه مات من أجل وطنه. و .... الوجود الفرنسي في سوريا فترة من الزمن امتدت من ١٩٢٠ حتى ١٩٤٣.

١٤. يا الله ما كان أحلى .... ابنتنا بفستان عرسها الأبيض! سأظل أتذكره طوال حياتي.

تمرين ١٣: أنظمة الحكم في الدول العربية (في البيت ثم في الصف)

أ. في البيت: اختاروا دولتين من الدول العربية وابحثوا عن معلومات عن كل واحدة منهما:
التاريخ المعاصر- شكل نظام الحكم - الدستور - مراكز السلطة - الأحزاب السياسية - الثورة / الثورات التي قامت فيها التطور التكنولوجي - الإعلام والرقابة - الأهمية الاقتصادية - التنظيم الاجتماعي - التراث الثقافي .... إلخ.

ب. في الصف: تبادلوا المعلومات التي وجدتـموها مع زميل/ة مستخدمين أكبر عدد ممكن من المفردات الجديدة، واكتبوا المعلومات التي تسمعونها من زملائكم.

تمرين ١٤: شخصية مؤثرة (في الصف)

ما هي الصفات التي تبحثون عنها في أي شخصية سياسية ناجحة ومؤثّرة؟ رتِّبوا هذه الصفات على أساس درجة أهميتها وأعطوا أسبابكم وراء ذلك:

القدرة على التأثير في الآخرين
الشجاعة
التنظيم
الإيمان الديني
الشعبية
رفض الظلم ومقاومته
احترام وجهات نظر الآخرين
التواصل مع الناس
الواقعية في التفكير
القدرة على إثارة اهتمام الآخرين بأفكاره/ها

تمرين ١٥: نشاط استماع (في البيت)

استمعوا واكتبوا الكلمات التي تسمعونها:

قناة الجزيرة: "الرأي ... والرأي الآخر"

(١) .... (٢) .... الجزيرة في (٣) .... قطر في شهر نوفمبر عام

١٩٩٦. وكان الشيخ حمد بن خليفة آل ثاني (٤) .... دولة قطر (٥) ....

(٦) .... (٧) .... في (٨) .... ـها و (٩) ....

(١٠) .... (١١) .... لها. و (١٢) ....

(١٣) .... من هذه العلاقة بحاكم قطر (١٤) .... الجزيرة

(١٥) .... (١٦) .... مؤسسة (١٧) ....

(١٨) .... ولا تهدف إلى (١٩) .... عن (٢٠) ....

(٢١) .... القطرية الرسمية.

(٢٢) .... (٢٣) .... الجزيرة في مدينة الدوحة في قطر،

و (٢٤) .... (٢٥) .... (٢٦) .... أنّ بناياتها

و (٢٧) .... مُتَواضِعة *modest* جداً (٢٨) .... (٢٩) ....

(٣٠) .... الكبرى كالـ "بي بي سي" أو "سي ان ان" أو بـ (٣١) .... التليفزيون

القطري الرسمية؛ و (٣٢) .... (٣٣) .... فقد (٣٤) ....

الجزيرة (٣٥) .... (٣٦) .... و (٣٧) .... ،

(٣٨) .... تأسيسها، أن (٣٩) .... (٤٠) ....

(٤١) .... بين (٤٢) .... الأخبار العالمية و (٤٣) .... أكبر قناة

(٤٤) .... (٤٥) .... عربية من حيثُ *with regard to*

(٤٦) .... وعدد (٤٧) ....

(٤٨) .... (٤٩) .... الجزيرة في الأخبار وهي (٥٠) .... الأخبار

(٥١) .... ساعة أربعاً وعشرين ساعة كل يوم (٥٢) .... على آخر

(٥٣) .... العربية و (٥٤) .... (٥٥) ....

(٥٦) .... (٥٧) .... (٥٨) .... (٥٩) ....

كالاقتصاد والثقافة و (٦٠) .... والصِّحّة *health* و (٦١) ....

(٦٢) .... (٦٣) .... على (٦٤) .... الديمقراطية

و (٦٥) .... و (٦٦) .... (٦٧) .... في العالم العربي.

ويأتي صحافيو الجزيرة و (٦٨) .... و (٦٩) .... فيها من كل البلدان العربية، ولها مكاتب في ٣٠ عاصمة عربية وعالمية.

ساعدت قناة الجزيرة على إدخال مَظاهِر (= أشكال) جديدة (٧٠) .... الى العالم العربي من خلال
(٧١) .... تقدّم (٧٢) .... (٧٣) ....
(٧٤) .... و (٧٥) .... وتسمح للناس (٧٦) ....
في (٧٧) .... بالتليفون أو الفاكس أو (٧٨) .... الإلكتروني
و (٧٩) .... عن آرائهم (٨٠) .... -- وهذا شيء (٨١) .... جداً
(٨٢) .... (٨٣) .... العربية التي لم تكن لها (٨٤) .... كبيرة
في (٨٥) .... السياسية.

الثقافة

عن التاريخ المصري الحديث

تمرين ١٦ : شخصيات وأحداث في تاريخ مصر الحديث (في البيت ثم في الصف)

A. The Egyptian Revolution of January ٢٠١١ that ended thirty years of Husni Mubarak's rule came nearly sixty years after the first Egyptian revolution in ١٩٥٢, which was in turn preceded by the ᶜUrabi Revolt seventy years earlier. Find information about the following شخصيات وأحداث from the web and prepare to report on them in class using as many مفردات جديدة as you can:

محمد علي باشا ١٧٦٩ - ١٨٤٩	الثورة العُرابية ᶜUrabi Revolt ١٨٧٩ - ١٨٨٢
مُصطَفى كامِل ١٨٧٤ - ١٩٠٨	الثورة المصرية ١٩٥٢

B. النَهضة: The (Arab) Enlightenment (literally, *awakening*), refers to the period of intellectual production in the nineteenth and early twentieth centuries that followed intensive contact with European thought. Find information on the following شخصيات مهمة and prepare to present in class using المفردات الجديدة:

مُحمّد عَبدُه ١٨٤٩ - ١٩٠٥	رِفاعة رافِع الطَّهطاوي ١٨٠١ - ١٨٧٣
قاسِم أمين ١٨٦٣ - ١٩٠٨	أحمد لُطفي السَّيِّد ١٨٧٢ - ١٩٦٤

الاستماع

تمرين ١٧: "من تاريخ الصحافة في مصر" (في البيت ثم في الصف)

أ. الاستماع في البيت

استمعوا الى النص وأجيبوا عن هذه الأسئلة:

١. ما موضوع هذا البرنامج وما المعلومات التي يقدّمها لنا؟

٢. ماذا يقول البرنامج عن فترات هذا التاريخ وكيف يصفها؟

٣. كيف بدأت الصحافة العربية وكيف أثّرت هذه البداية عليها في رأيك؟

٤. ما هي العلاقة التاريخية بين القاهرة والاسكندرية بالنسبة للصحافة؟ وكيف صارت الاسكندرية مركزاً للصحافة العربية؟

٥. ارسموا جدولًا مثل هذا وأكملوه بمعلومات من النص:

التاريخ	الحدث	أسماء صحف ومجلات مذكورة

ب. الاستماع في الصف

تناقشوا مع زملائكم في هذه الأسئلة:

٦. لماذا، في رأيكم، أعدّ التليفزيون المصري هذا البرنامج عن تاريخ الصحافة؟

٧. يذكر البرنامج عدداً من الشخصيات المشهورة: مَن هي هذه الشخصيات؟ وما علاقتها بالصحافة؟

٨. ما هو "العصر الذهبي" في تاريخ هذه الصحافة حسب ما فهمتم من البرنامج؟

تمرين ١٨: الاستماع الدقيق للنص (في الصف أو في البيت)

١. اكتبوا (كلمة كلمة) ما تقوله المتحدثة من بداية البرنامج حتى ١:٢٢، ثم ابحثوا فيما كتبتم عن:

اسم الفاعل في الحال

فعل مجهول

المثنى في شكلين مختلفين

"لقد كانت مصر ______________________________

____

____

____

____

٢. تستخدم المتحدثة الفعل الماضي والمضارع. لماذا؟ استمعوا مرة أخرى ولاحظوا العلاقة بين التواريخ التي تذكرها واستخدام الفعل الماضي — ما هي هذه العلاقة؟ ومتى تستخدم الفعل المضارع؟

٣. اكتبوا كل الكلمات في الجملة من ٤:٠٧ إلى ٤:١٤ "وقد ______________________________

______________________________ الوطنية."

After writing this sentence, listen again to the video, paying close attention to the surrounding text to recall the context. Next, go back and listen to the very first sentence of the text and notice the use of قد there (in this case you also hear the very formal لَـ that adds a rhetorical embellishment). What do both of these contexts share? Both talk about the key role Egypt has played in the history of the Arab press; the text employs قد to underscore that importance. قد occurs in such contexts to point to the significance of the event that it introduces to the discourse. Sentences with قد are often translated into English in the perfect tense, *has done*, because the English perfect shares the function of signaling a topic's importance to the discourse. However, قد is sometimes used in contexts where English does not use the perfect tense and vice versa. For now, recognize this use of قد with الماضي.

القواعد ٢

كان وأخواتها: توسيع

We have seen previously the use of الماضي and المضارع to narrate and describe stories. Historical narratives follow the same pattern, with الماضي reporting the events that constitute the chronology and المضارع in combination كان وأخواتها providing descriptive depth. In the program تاريخ الصحافة في مصر, you heard كان and another of its sisters, ظلّ. As you know, these verbs give temporal depth to narratives by specifying when long term or repeated events begin and end, or whether they continue or no longer take place. To this list we may add the verb لم يَعُد *no longer* and its equivalents ما عاد and ما عادش.[2] Learn this verb in formal Arabic and your dialect and practice telling stories using كان وأخواتها to describe the time frame of the actions.

أ. لم يَعُدْ

الجمع	المثنّى	المفرد
لم نَعُدْ		لم أَعُدْ
لم تعودوا	لم تَعودا	لم تعُدْ
لم تَعُدْنَ	لم تَعودا	لم تَعودي
لم يَعودوا	لم يَعودا	لم يَعُدْ
لم يَعُدْنَ	لم تَعودا	لم تَعُدْ

ب. ما عاد ، ما عادش

المصري	الشامي
ما عُدتِش	ما عِدت
ما عُدتِش	ما عِدت
ما عُدتيش	ما عِدتي
ما عادش	ما عاد
ما عادِتش	ما عادِت
ما عُدناش	ما عِدنا
ما عُدتوش	ما عِدتوا
ما عادوش	ما عادوا

[2] The و of المضارع shortens here due to a formal Arabic rule that prevents syllables ending in a sukuun (due to لم requiring المجزوم) to take a long vowel. For now, learn the forms of the verb لم يعد and learn to recognize other verbs when you see them following لم.

• لا أعرف ماذا حدث - تصرفاتهم معنا تغيرت كثيراً و**لم يعودوا** يهتمون بالكلام معنا أبداً.

• في الماضي كان من المسموح لكل مسافر بأن يأخذ معه حقيبتين بدون أن يدفع شيئاً ولكن هذا **لم يعد** ممكناً الآن.

• كنت اطلع مع رفقاتي كل جمعة بس هلق **ما عاد** عندي مصاري منشان اطلع معهن.

• ليش **ما عدنا** نشوف أفلام واقعية بالسينما؟

• الرقابة **ما عادتش** تأثّر على الناس بفضل القنوات الفضائية.

• زعلت منهم أوي **وما عدتش** عايزة اشوف وِش حد فيهم!!

تمرين ١٩: كان وأخواتها (في البيت)

استخدموا واحدة من أخوات كان في كل فراغ بالشكل المناسب:

كان | صار | أصبح | ما زال | لم يعد | ظلّ

١. أمس .... نريد أن نشتري بعض المأكولات العربية فـ .... نبحث عن محل يبيع الأكل الشرق أوسطي. وظننا أننا نعرف العنوان، إلّا أننا .... نبحث عن المحل حوالي ساعة، وعندما وجدناه أخيراً، .... نرغب في المأكولات وذهبنا الى مطعم تايلاندي بجانبه وأكلنا هناك!

٢. في الفصل الدراسي الماضي قرر زملائي في الصف أن يدرسوا ويستعدوا للامتحان معاً فـ .... يناقشون الأوقات الممكنة للقاء، ولكن .... كل واحد يختار وقتاً لا يناسب الآخرين، و .... يعارض المواعيد التي يقدمها الآخرون، واستمرّت المناقشة أياماً و .... هناك وقت للدراسة لأنه .... يوم الامتحان!! وعلى الرغم من أن الامتحانات انتهت فـ .... زملائي يتناقشون في هذه القضية حتى الآن!

٣. خرج الشباب الى الشوارع ليتظاهروا ولكن رجال الشرطة .... في انتظارهم و .... يضربونهم، ولكن الشباب لم يخافوا و .... يتظاهرون، و .... يقولون للشرطة "الشعب يريد إسقاط النظام." وبعد قليل حدث شيء غريب فعلاً: .... رجال الشرطة يتراجعون و .... يضربون المتظاهرين. يا ترى هل .... رجال الشرطة يريدون إسقاط النظام أيضاً؟ هذا سؤال .... يبحث عن جواب.

تمرين ٢٠: قصة بـ "كان وأخواتها" (في الصف)

في مجموعات صغيرة: تختار كل مجموعة من الطلاب موضوعين من الموضوعات الأربعة وتخلق من كل موضوع قصة تستخدم فيها كان وأخواتها وأكبر قدر ممكن من المفردات الجديدة.

١. قصة مدوَّنة

٢. قصة عن العنف الأسري

٣. قصة شخصية شجاعة

٤. قصة شابّة لم تحب النشاط السياسي أبداً حتى ...

القراءة

العبارات الجديدة

أ. إنّما *(preceded by a negative statement, which it seeks to correct) but rather*

- ليس المهم في الإنسان شكله وماله **إنّما** المهم هو أخلاقه وسلوكه وتصرفاته مع الآخرين.
- قال لرجال الشرطة إنه لم يكن ينوي قتل صاحب المحل **إنّما** كان يحاول إثارة الخوف في نفسه من أجل أن يأخذ ماله.

ب. سَواءٌ كان ... أو .... *whether ... or ...*

- يمكن لكل المشاهدين أن يشاركوا في البرنامج **سواءٌ كان** ذلك عن طريق الاتصال بنا بالتليفون **أو** الكتابة الينا بالبريد الإلكتروني.
- كثير من الناس في العالم **سواءٌ كانوا** مسيحيين **أو** يهوداً **أو** مسلمين أو مؤمنين بأديان أخرى يعتبرون القدس مدينة مقدسة.

ج. إلّا أنَّ = ولٰكِنَّ *except that, however*

- صحيح أنه فخور جداً بأولاده **إلّا أنّه** لا يثق بهم ويتصرف معهم كأنهم ما زالوا أطفالاً صغاراً.
- تنوي الحكومة القيام بإدخال تغييرات شاملة على النظام الاقتصادي **إلّا أنّ** هناك معارضة قوية لهذا المشروع من عدد من الأحزاب الليبرالية واليسارية.

تمرين ٢١: "بنية تونسية" مدونة الحرية (في البيت ثم في الصف)

أ. القراءة في البيت

اقرأوا المقالة عن لينا بن مهني ثم أجيبوا عن الأسئلة في فقرات:

١. ما بعض المعلومات الشخصية التي عرفناها من المقالة عن لينا بن مهني (العمر والعمل والهوايات والاهتمامات والنشاطات واللغات والسفر)؟

٢. ما هي قصة لينا و "بنَـيّـة تونسية"؟

٣. كيف وصفت المقالة جيل الشباب التونسي الذي تُعتبر لينا مهني جزءاً منه؟

٤. ما وجهات النظر التي عبرت عنها لينا بالنسبة للثورة التونسية؟ والصحافة التونسية؟ ومشاريعها هي للمستقبل؟

ب. القراءة في الصف

ناقشوا هذه الأسئلة مع زميل/ة:

١. كيف يظهر لكم الدور الذي لعبته التكنولوجيا في الثورة التونسية؟ وما كانت الأسباب وراء ذلك؟

٢. ما هي الأسباب التي دفعت كاتبة هذه المقالة الى التركيز على "بنـيّة تونسية"؟ (اذكروا ٣ أسباب)

٣. تتحدث المقالة عن تجربة عاشتها لينا شخصياً مع الحكومة التونسية، ما كانت هذه التجربة؟ وكيف أثرت في تفكير لينا ونشاطاتها؟

٤. ما سبب ذكر الصحافة الألمانية في المقالة؟ ما رأيكم في اهتمام الصحافة الألمانية بلينا؟

لينا بن مهني و "بنيّة تونسية" من أجل الحرية – مدوّنة الثورة التونسية

هي واحدة من أشهر المدونين التونسيين الذين تحدوا الخوف خلال الثورة من أجل إيصال صوت الشباب الثائر إلى خارج حدود تونس. تسلمت المدونة التونسية والأستاذة الجامعية لينا بن مهني جائزة البوبز التي تمنحها مؤسسة دويتشه فيله سنوياً على هامش منتداها الإعلامي الدولي. ومنذ سنوات تعكف المدونة البالغة من العمر ٢٨ عاماً على الكتابة في مدونتها "بنيّة تونسية" عن التطورات الاجتماعية والسياسية في بلدها باللغات الفرنسية والانجليزية والعربية.

لينا بن مهني - وجه من جيل ثورة الياسمين

نادرة تلك الأوقات التي تتخلى فيها لينا بن مهني عن حاسوبها، الذي يرافقها في كل مكان، سواء كانت في قاعات التدريس في جامعة "٩ أبريل ١٩٣٨" في تونس، حيث تعمل كأستاذة مساعدة في مادة الانجليزية، أو كانت برفقة أصدقائها في مقاهي تونس العاصمة. وأينما كانت، تحرص المدونة لينا على أخذ كاميرتها وجهاز الحاسوب المزود بخدمة الإنترنت الجوال، حتى تتمكن دائماً من الدخول إلى شبكة الإنترنت خاصة وأنها أصبحت كثيرة الأسفار، بعد سقوط نظام الرئيس بن علي، في عدد من العواصم الأوروبية والعربية، حيث تستضيفها الصحافة ومختلف المنظمات الحكومية وغير الحكومية لكي تتحدث عن تجربتها كمدونة كسرت جدار الخوف، حين اندلعت الثورة التونسية في منتصف شهر ديسمبر/ كانون الأول ٢٠١١ ، إذ قامت بنشر صور المتظاهرين الذين قتلوا على يد رجال الشرطة.

ومكنتها شجاعتها وعملها خلال الثورة التونسية من الحصول على جائزة "دويتشه فيله" لأفضل مدونة في العالم بعد أن قامت بإيصال صورة حية وواقعية عن الأحداث وكسر التعتيم الإعلامي الذي فرضه بن علي آنذاك على الأحداث. وقد تسلمت الجائزة شخصياً في مدينة بون الألمانية، وخلال تسلمها الجائزة قالت بن مهني: "حينما رأيت كم من الناس قد قُتلوا، اتضح لي انه لم يعد هناك من طريق للعودة". وأضافت قائلة: "كان يجب عليَّ إسماع أصوات هؤلاء الأشخاص وعائلاتهم، حتى لا تذهب دماؤهم هدراً". وأشارت إلى أن دموية النظام التونسي كانت بالنسبة لها سبباً مهماً لدعم الثورة من خلال الإنترنت. لكنها تؤكد أن الثورة ليست ثورة إنترنت إذ تقول: "التونسيون هم الذين صنعوا الثورة، هم الذين نزلوا إلى الشوارع مخاطرين بحياتهم وتعرضوا للضرب على يد رجال الشرطة. أولئك الأشخاص الذين ضحوا بدمائهم وسقطوا شهداء هم من صنع الثورة".

"صوت الثورة الشجاع" ودور الإنترنت في ثورة تونس

الصحافة الناطقة بالألمانية وصفت لينا بن مهني تارة بـ "صوت الثورة الشجاع" وتارة بـ "أحد أهم شخصيات الثورة التونسية" وتارة أخرى بـ "مدونة الحرية"، لكن الأكيد أنها واحدة من جيل تونسي لم يعرف سوى بن علي رئيساً، لكنه جيل لم يلجأ إلى العنف لإسقاط نظام امتد لـ٢٣ عاماً، وإنما إلى وسائل الاتصال الحديثة وشبكات التواصل الاجتماعية. في الواقع لعبت الإنترنت دوراً مهماً جداً في تسريع الأحداث في تونس، حيث انتشرت صور الأحداث والقتلى ومقاطع الفيديو بسرعة فائقة.

وتؤكد المدونة التونسية على أن الإنترنت شكلت وسيلة "للحصول على المعلومات وللتعبئة الشعبية". ذلك أنه وفي الوقت الذي تم فيه منع وسائل الإعلام التقليدية من تغطية الأحداث ومنع المراسلين الأجانب من الوصول إلى المناطق الداخلية استعان الشباب في تونس بالمواقع الاجتماعية مثل فيسبوك وتويتر والمدونات الشخصية لنشر المعلومات والدعوة إلى التظاهر.

"بنية تونسية" - من خواطر إلى مطالب ثورية

ولعل مدونة "بنيّة تونسية" (أو: بنت تونسية) من أشهر المدونات وأهمها، حيث، وبعكس ما يُعطي الاسم من انطباع من أنها مدونة للبنات حول آخر صيحات الموضة أو التجميل وغيره، ساهمت ومنذ بداية الثورة التونسية في كسر التعتيم الإعلامي على الأحداث. "بنيّة تونسية" تتضمن إلى جانب قصائد ومقالات وخواطر الكثير من الصور ومقاطع الفيديو التي توثق الأحداث في تونس قبل سقوط بن علي وبعده.

DW

"مواصلة الكفاح عبر الإنترنت وعلى الأرض" - من أجل "تونس الغد"

بدأت رحلة لينا بن مهني مع التدوين قبل بضعة أعوام، حينما قرأت وبالصدفة خلال فترة إقامة قصيرة في الولايات المتحدة مقالاً في أحد المجلات عن المدونات وكيفية إنشاء مدونة. وبحكم أنها كانت تهوى الكتابة والتواصل مع أصدقائها، أنشأت لينا مدونة "بنية تونسية" عام ٢٠٠٧. وكانت في البداية تنشر قصائد وخواطر كتبتها أو صوراً التقطتها، وأحيانا تكتب عن بعض المشاكل الاجتماعية اليومية، تارة بالعربية وتارة بالفرنسية وتارة أخرى باللغة الانجليزية. ولكن يبدو أن بعض ما نشرته بن مهني لم يرق للرقيب التونسي، الذي قام بحجب مدونتها في أحد الأيام عام ٢٠٠٨، الأمر الذي أثار غضبها خاصة وأنها لم تكتب عن السياسة ولم تكن "مدونتها سياسية بأي شكل من الأشكال"، حسب وصفها.

ولم تكن هي الوحيدة التي عانت من الرقيب الإلكتروني، بل إن الكثير من المواقع كانت محجوبة مثل "يوتيوب" و "دايليموشن" وعدداً من الجرائد الإلكترونية ومواقع الأحزاب المعارضة والكثير من المدونات الشخصية. وفشلت محاولة تنظيم مظاهرة في تونس في أيار/ مايو عام ٢٠١٠ دعا إليها عدد من المدونين التونسيين، ومن ضمنهم لينا بن مهني، للتنديد بالرقابة الصارمة التي كان نظام بن علي يفرضها على الإنترنت. وشاءت الأقدار أن يسقط الرقيب ومن وضعه بعد بضعة أشهر من ذلك الحدث على يد شباب تسلحوا بالإنترنت.

لكن على الرغم من رفع الرقابة المفروضة على الإنترنت والصحافة، إلا أن لينا بن مهني ترى أن "المشهد الإعلامي لم يتغير بعد، وأن الصحافة التونسية لا تزال بعيدة من أن تكون مستقلة"، على حد قولها كما تفتقد إشراكاً فعلياً للشباب، صانع ثورة تونس، في الحكومة الانتقالية، وتضيف أنها تفضل العمل من وراء شاشة حاسوبها وأنها "لن تنقطع عن التدوين وعن نشر الحقائق" من أجل مستقبل أفضل في تونس الغد.

الكاتبة: شمس العياري

تمرين ٢٢: قراءة دقيقة (في البيت أو في الصف)

١. اقرأوا الجمل التالية قراءة جهرية واعطوا معنى الكلمات الملونة بالأحمر فيها:

أ. "كان يجب علي إسماع أصوات هؤلاء الأشخاص وعائلاتهم، حتى لا تذهب دماؤهم هدراً".

ب. "... وأحياناً تكتب عن بعض المشاكل الاجتماعية اليومية تارةً بـالعربية وتارةً بـالفرنسية وتارةً أخرى بـاللغة الانكليزية."

ج. "لعبت الإنترنت دوراً مهماً جداً في تسريع الأحداث في تونس."

د. "و تؤكّد المدونة التونسية على أن الإنترنت شكّلت وسيلة للحصول على المعلومات..."

هـ . "... ولكن يبدو أن بعض ما نشرته بن مهني لم يَرُق للرقيب التونسي الذي قام بحجب مدونتها في أحد الأيام عام ٢٠٠٨..."

و. هناك كلمة أخرى من الجذر (ح - ج - ب) في الفقرة قبل الأخيرة في المقالة، ما هي؟ وما معناها؟

٢. ابحثوا عن "قد" في الفقرة التي تبدأ بـ ("ومكّنتها شجاعتها...") وترجموا الجملة التي تجدونها فيها الى الانكليزية.

٣. اختاروا جملة أخرى من المقالة تريدون قراءتها بشكل دقيق واستخدموا القاموس بالطريقة التي تعرفونها (*guessing* قبل فتح القاموس) وترجموها الى الانكليزية.

القواعد ٣

الإضافة: مراجعة وتوسيع

The article on لينا بن مهني contains the following إضافات. Study them, translate them, and think about their word order, considering the placement and function of the adjective in each one. Why do these إضافات look the way they do?

صوت الثورة الشجاع

وسائل الاتّصال الحديثة

شبكة التواصل الاجتماعية

Since the nouns that constitute an إضافة cannot be separated by anything, any adjective that modifies one of those nouns must follow الإضافة, even if they modify the first noun in it. While ambiguity is theoretically possible if both nouns are of the same gender, the context will normally clarify the meaning of the phrase. Read each of the following sentences, decide for each إضافة which noun the adjective modifies, then translate الإضافة. Are any of the cases ambiguous? If so, does the ambiguity affect your understanding of the sentence? Why or why not?

صوّر رجال الشرطة مشهد القتل الدامي.	نعرف أهمية دور الشباب المسلم والمسيحي في الثورة.
حصل حزب الرئيس الجديد على الأكثرية.	يُعتبر نظام الحكم الديمقراطي أفضل نظام نعرفه.

You know that the first noun in an إضافة is definite by definition, and therefore cannot take الـ. For the same reason, it also cannot be preceded by هذا / هذه / هؤلاء. This means that, like adjectives, demonstrative pronouns must also follow الإضافة. Compare the complete sentences on the right below with the إضافة phrases on the left, and notice the placement of هذا وهذه وهؤلاء in each column:

this project of ours …	مشروعنا هذا	*this is our project*	هذا (هو) مشروعنا
this issue of identity …	قضية الهوية هذه	*this is the identity issue*	هذه (هي) قضية الهوية
these youth of the revolution …	شباب الثورة هؤلاء	*these are the youth of the revolution*	هؤلاء (هم) شباب الثورة

In the sentences on the right, the pronouns in parentheses are required in formal written Arabic to separate a definite مبتدأ from a definite خبر. In spoken Arabic, this separation can be expressed with intonation.

Possessive Relationships Outside الإضافة

There are two cases in which الإضافة is not normally used to express a possessive relationship. The first is one in which the first word needs to be indefinite in order to express the correct meaning. In the تاريخ الصحافة text, you heard the phrase:

a newspaper publishing center (a center of newspaper publishing)   مركزاً لإصدار الصحف

Notice that the use of لِ here instead of an إضافة makes a small but important difference in meaning between "*a publishing center*" and "*the* publishing center." The phrase "the publishing center" implies that it is the only one, which is a claim that the speaker does not want to make. The way to avoid this is to use لِ to retain the indefinite status of the first noun. Contrast the following examples:

my new blog مدوَّنتي الجديدة	*a new blog of mine* مدوَّنة جديدة لي

This is one reason why it is important to pay attention to the difference between الـ and لـلـ when reading.

The second kind of possessive relationship in which الإضافة is not usually used is one in which both nouns are modified by an adjective. In this case, the preposition لِ is normally used instead of الإضافة:

التطور السريع لـلاقتصاد الهندي

وجهات النظر المختلفة لـلجاليات الأجنبية

In addition to لِ, other prepositions also allow us to link two nouns or noun phrases without الإضافة. These prepositions include مِن, when enumerating or identifying part of a group, and prepositions that accompany verbs:

a case of domestic violence	كانت هذه حالة جديدة من العنف الأسري
a great deal of respect	يتمتع هذا القاضي بقدر كبير من الاحترام
a true expression of love	هذا تعبير حقيقي عن الحب
the strong influence of Western civilization on him	يبدو من كلامه تأثّره القوي بـالحضارة الغربية
the annual celebration of the establishment of the organization	حضر الرئيس الاحتفال السنوي بـإنشاء المنظّمة

تمرين ٢٣: إضافة أم لا؟   (في البيت)

ترجموا العبارات الى العربية ثم اكتبوا العبارات في جمل من عندكم:

1. the quick fall of the regime (نظام)
2. the many types of political movements
3. these blogs of yours
4. the widespread use of this technology
5. a popular expression of opposition to the government
6. a close friend of mine

7. the excellent progress of all the students
8. a center of continuing education
9. the failing systems of government
10. the shared heritage of Middle Eastern peoples

With a partner, use words from the list below to create headlines for أخبار واقعية أو غير واقعية. Think about the use of الإضافة and/or prepositions and add مفردات جديدة وقديمة as necessary. Write as many headlines as you can in the time allotted, then switch partners and read to each other.

إنشاء	منظمة	إيصال	تأثير في	خوف	غضب	مبادئ
واقعي	شجاع	حديث	متطور	قتل	خدمة	صناعة
مقاومة	خلق	تنظيم	إثارة	استخدام	احتلال	شبكة
تقدّم	مساهمة	إسقاط	سقوط	الرقابة	مظاهرة	تعبير عن

من معاني "ما"

You know that **ما** has several meanings and uses. In formal Arabic, **ما** means *what* in both interrogative and relative senses, just like its English counterpart:

ما هي أهم قضية من وجهة نظرك؟

سينتهي المشروع قريباً حين نكمل **ما** بقي منه إن شاء الله.

It can also negate **الفعل الماضي**, and negates all verb forms in spoken Arabic:

والله **ما** كنا هناك و**ما** شهدنا الأحداث. **ما كسرت الصحن!** **ما** اعرفش أعبّر عن مشاعري.

It is easy to distinguish these meanings and uses of **ما** because of what follows it in each case: A question, a **جملة فعلية**, or a verb, respectively.

In addition to these meanings, you know several expressions that contain **ما** and are followed by verbs:

عندما كما **قبل ما** قبل ما **بعد ما** بعد ما

In the **لينا بن مهني** text, you saw a new expression in this set, **حينَما**, a synonym of **حين** and **عندما**. Notice the relationship in meaning and form between these expressions and their sister prepositions, which are followed by a **مصدر** or other noun:

فرح كثيراً **عندما قامت** الثورة = فرح كثيراً **عند قيام** الثورة

تأثر بالفن الانطباعي **كما تأثر** بالفنّ الواقعي = كان تأثّره بالفن الانطباعي **كتأثُّره** بالفن الواقعي

You have also seen ما used in a similar way in the expression غالباً ما; ما likewise occurs regularly with adverbs كثيراً, قليلاً and نادراً:

- **كثيراً ما** نجد أن هذه المنظمات غير قادرة على خلق جو يشجع على المشاركة الحقيقية.
- **قليلاً ما** يحاول التواصل مع إخوته لأنهم إما مشغولون أو لا يشاركونه الرغبة في التواصل.
- **نادرًا ما** أنظّم حفلات عندي في الشقة لأنها صغيرة.

In all these uses, ما essentially functions as a link between an adverb or preposition and a following جملة فعلية.

We will examine here one final use of ما in verbal contexts. You saw ما in the reading text in an expression that has a conditional meaning:

"**وأينما كانت**، تحرص المدونة لينا على أخذ كاميرتها وجهاز الحاسوب المزود بخدمة الانترنت الجوّال."

Here, the ما in أينما has a double function: It turns أين from an interrogative into an adverb, and it adds a conditional sense, which we see in its translation as *wherever*. Notice that the verb that follows أينما is الماضي. However, the sentence does not mean, "Wherever she *was*" but, rather, "Wherever she *is*," and الماضي here is not a past tense but rather a conditional tense, just as it is with إذا. الماضي functions this way with all particles that carry conditional meaning. In very formal Arabic, إذا often occurs with ما, which in this case is not a negation but merely reinforces the conditional if:

إذا ما استمرّت حركة طالبان في قتل النساء فإن الرأي العام سيعارضها. *If the Taliban movement continues to . . .*

Similar expressions with ما include:

مَهما *Whatever*

كُلَّما *Whenever, every time*

أمثلة: **مهما كانت** سلطة الحكومة قوية فإنّ سلطة الشعب أقوى! | **مهما حاولتم** فلن تستطيعوا منافستنا!

كلّما زرنا أقاربنا في الأردن يستضيفوننا كأننا ملوك!

تمرين ٢٥: "ما" مع الأفعال (في البيت ثم في الصف)

أ. في البيت: أكملوا الجمل مجيبين عن أسئلة "أين؟" و "كيف؟" و "متى؟" باستخدام هذه العبارات في جمل طويلة.

كثيراً ما | غالباً ما | قليلاً ما | نادراً ما

عندما | كلما | مهما | أينما

ب. في مجموعات صغيرة في الصف: اسألوا زملاءكم عما كتبوا.

مثال: أستضيف أقاربي وأصدقائي في بيتي:

كثيراً ما أستضيف أقاربي وأصدقائي في بيتي لأني أسكن في نيويورك...

أو   أينما سكنت، ومهما كان البيت صغيراً، أحب أن أستضيف أقاربي وأصدقائي في بيتي...

١. أدوّن أفكاري وشعوري وأحاسيسي

٢. أدافع عن أفكاري ومبادئي

٣. أساهم في نشاطات اجتماعية

٤. أعبّر عن شعوري بالغضب

٥. أتأثّر بما أشاهده في الأفلام والبرامج التليفزيونية

٦. أتكلم مع رجال الشرطة

٧. أستخدم تليفوني للبحث في الانترنت

٨. أشعر أني أتقدّم في دراستي

٩. أوصِل أصدقائي وزملائي الى بيوتهم في المساء

١٠. أستمتع بالفنون الجميلة

تمرين ٢٦: "ما" في جمل شرطية   (في الصف)

Which repeated experiences do you find frustrating, enjoyable, frightening, satisfying, encouraging, or otherwise special in some way?

مع زميل/ة، اكتبوا جملاً عن تجاربكم الخاصة مستخدمين العبارات الجديدة (مهما – أينما – إذا – كلما) وتذكروا أن تستعملوا الماضي بعدها.

أمثلة: كلما أكلت في مطعم "القمر الأزرق"، أمرَض.

أينما سافرت، أحاول أن أشتري شيئاً خاصاً من البلاد التي أزورها.

مهما درست، فأنا دائماً أشعر بالقلق والخوف قبل أي امتحان!

اكتبوا ١٠ جمل بعبارات وأفعال مختلفة.

الحوار

تمرين ٢٧: مقابلات حول الإعلام والتكنولوجيا

(في البيت ثم في الصف)

يتكوّن الحوار في هذا الدرس من مقابلات مع ثلاثة أساتذة جامعيين عرب، واحد منهم مصري والآخران لبنانيان، وهم يتكلمون بما يسمى "عامية المُثقَّفين" أو عامية قريبة من الفصحى نسمعها في المقابلات الرسمية. ولذلك ستستطيعون أن تفهموا كل المتكلمين، ويمكنكم أن تشاهدوا مقابلة واحدة، أو مقابلتين أو المقابلات الثلاث كلها حسب الوقت وما يطلبه منكم أساتذتكم.

أ. الحوار مع الأستاذ عباس التونسي

عبارة ثقافية مهمة: لِوَجهِ الله

لِوَجه الله is an expression meaning *with no ulterior motive* or *out of the goodness of one's heart,* i.e., with no expectation of something in return.

أجيبوا في البيت:

١. ناقش الأستاذ عباس في حديثه عدة موضوعات (مثلاً: تحديد معنى الصحافة، الأشكال المختلفة للصحافة، ...إلخ). اكتبوا هذه الموضوعات على شكل رؤوس أقلام *bullet points* تحدد كل موضوع وتقدم لنا وجهة نظر الأستاذ التونسي فيه.

٢. ما المشكلة الرئيسية بالنسبة للصحافة التقليدية في رأيه؟ والى أي درجة تؤثر هذه المشكلة في الأشكال الأخرى للصحافة؟ ما سبب ذلك؟

٣. ماذا يقصد المتحدث بـ "الصحافة التقليدية" وماذا يقصد بـ "صحافة المواطن"؟

٤. في رأيك، ما علاقة "ربيع الثورات العربية" بموضوع الحديث؟

أجيبوا في الصف:

٥. ناقشوا مع زملائكم وزميلاتكم في الصف الإجابات التي كتبتموها بعد الاستماع في البيت.

٦. لماذا يذكر المتحدث الثورة الإيرانية؟ ما وجهة النظر التي يريد أن يقدمها لنا هنا؟

٧. ما وجهة نظر الأستاذ عباس في الدور الذي تلعبه الفضائيات بالنسبة للغة؟

٨. استخدم المتحدث في حديثه عبارة "ما فيش إعلام لوجه الله"، ما الذي تفهمونه من هذه العبارة؟

٩. ناقشوا ملاحظاتكم بالنسبة لكيفية استخدام الأستاذ عباس للعامية والفصحى في كلامه.

ب. الحوار مع الدكتورة زينة حلبي

أجيبوا في البيت:

١. ناقشت د. زينة في حديثها عدة موضوعات (مثلاً: علاقتها هي بالصحافة، الصحافة الإلكترونية،... إلخ). اكتبوا هذه الموضوعات على شكل رؤوس أقلام *bullet points* تحدد كل موضوع وتقدم لنا وجهة نظر د. زينة فيه.

٢. ما رأي د. زينة في دور الصحافة الورقية بالمقارنة بالصحافة الإلكترونية؟

٣. ذكرت د. زينة الحياة الثقافية في المغرب، ما علاقة هذا بموضوع حديثها؟

٤. ماذا تعني د. زينة بعبارة "الرقابة الذاتية" وما سببها؟

٥. ما الكلمة التي استخدمتها د. زينة لتصف العرب الذين يسكنون خارج العالم العربي؟ لماذا ذكرتهم في حديثها؟

أجيبوا في الصف:

٦. ناقشوا مع زملائكم وزميلاتكم في الصف الإجابات التي كتبتموها بعد الاستماع في البيت.

٧. بالنسبة للدكتورة زينة، كيف تغيرت الثقافة السياسية ما قبل الفضائيات وما بعدها؟

٨. ماذا قالت عن مواقع التواصل الاجتماعي ودورها في الحياة العربية اليوم؟

٩. خلال حديثها ذكرت د. زينة ظهور "قضية عربية مشتركة"، ماذا فهمتم منها عن هذه القضية؟

١٠. ناقشوا ملاحظاتكم بالنسبة لكيفية استخدام د. زينة للعامية والفصحى في كلامها.

ج. الحوار مع الدكتور طارق العريس

أجيبوا في البيت:

١. ناقش د. طارق في حديثه عدة موضوعات (مثلاً: دور الصحافة، الإعلام الجديد،..إلخ). اكتبوا هذه الموضوعات على شكل رؤوس أقلام *bullet points* تحدد كل موضوع وتقدم لنا وجهة نظر د. طارق فيه.

٢. ما المعلومات الشخصية التي عرفناها عن د. طارق من حديثه؟ وما أهمية الصحافة العربية بالنسبة له؟

٣. استخدم د. طارق عبارة "الإعلام الجديد"، ما الذي يقصده بهذا؟ وكيف يختلف هذا الإعلام عن الإعلام التقليدي؟

٤. استخدم د. طارق كلمة "مؤسَّسات"، ماذا تعني هذه الكلمة في رأيك (بالعربية أو الانكليزية ولكن بدون القاموس)؟

أجيبوا في الصف:

٥. ناقشوا مع زملائكم وزميلاتكم في الصف الإجابات التي كتبتموها بعد الاستماع في البيت.

٦. كيف ينظر د. طارق الى تأثير الإنترنت على اللغة العربية؟ هل هو تأثير إيجابِـيّ (+) أم سَلبـيّ (–) ولماذا؟

٧. يذكر د. طارق إن الصحافة العربية كانت "مُسيَّسة"، ماذا يقصد بهذا؟ وما كان تأثير ذلك على القارئ العربي؟

٨. يناقش د. طارق قضية "الهوية" و "العروبة"، ما علاقة هذا بموضوع الحديث؟

٩. ما هو الشكل الجديد للثقافة العربية وللمثقف العربي من وجهة نظر د. العريس؟

١٠. ناقشوا ملاحظاتكم بالنسبة لكيفية استخدام د. طارق للعامية والفصحى في كلامه.

القراءة ٢

بدايات الصحافة العربية

تمرين ٢٨: نشاط قراءة دقيقة (في البيت)

أ. اقرأوا المقالة للفهم ثم أجيبوا على الأسئلة كتابةً بفقرة لكل سؤال:

١. لماذا يُعتبَر محمد علي شخصية مهمة في تاريخ الصحافة العربية؟

٢. كيف تختلف الصحافة الرسمية عن الصحافة الشعبية؟

٣. ماذا تقول المقالة عن العلاقة بين السلطة والصحافة والشعب؟

ب. دراسة القواعد في النص:

٤. اكتبوا كل أسماء الفاعل والمفعول التي تجدونها في المقالة.

٥. فعل : "أنشأ"

Find all instances of the verb أنشأ in the text and identify الفاعل والمفعول به. Why is the hamza sometimes written on kursi ي (أنشئ) ? What does this spelling indicate grammatically?

٦. القاموس والترجمة

أ. **في فقرة ١:** انشئت أول مطبعة عربية في مدينة حلب السورية في مطلع القرن الثامن عشر، في حين ظهرت أول صحيفة عربية بمدينة القاهرة في مطلع القرن التالي.

Use your knowledge of grammar to read and translate the underlined word. Looking it up in the dictionary without considering its context will not help since the dictionary contains several words with the consonant shape مطلع.

Translate this phrase and explain the word order

ب. **في فقرة ١:** صحيفة التنبيه هذه

ج. **في فقرة ٣:** كانت هذه الصحف جميعاً تُحَرَّر باللغتين العربية والتركية.

This verb has two different meanings, one of which you know from الحرّية. Does that meaning fit this context? What kind of meaning would fit here? Where else in the paragraph do we see this وزن وجذر, and how does this help us pinpoint the meaning? Look up the verb and read all the way through the entry to find the best meaning.

٧. في فقرة ٤:

Find the phrase that means "one of the names of Baghdad:" ______________________
Using this as a model, write two more phrases containing "one of the …":

٨. دراسة جمل "كان" في فقرات ١ و ٤ و ٥:

Find all examples of جمل "كان", identify the main parts of each, and write الإعراب endings on them.

٩. "قد" في الفقرتين ١ و ٢:

Find three occurrences of قد and give a possible reason why the writer chose to use it in each case.

بدايات الصحافة العربية

من مجلة "الشرق الأوسط"
١٩٩٠/٥/٢٢

كان ظهور الطباعة في البلاد العربية اسبق من ظهور الصحف المطبوعة. فقد انشئت أول مطبعة عربية في مدينة حلب السورية في مطلع القرن الثامن عشر، في حين ظهرت أول صحيفة عربية بمدينة القاهرة في مطلع القرن التالي. وكانت هذه الصحيفة تسمى "التنبيه"، وكان ظهورها على أيدي الفرنسيين الذين احتلوا مصر في ذلك الوقت، وجاءوا معهم بمطبعة كاملة. ولكن صحيفة "التنبيه" هذه لم تستمر طويلا. فقد توقفت بعد أشهر قليلة حين اضطر الفرنسيون الى الجلاء عن مصر.

ومع أن البلدان العربية كانت في ذلك الوقت تابعة للامبراطورية العثمانية فقد عرفت الطباعة والصحافة قبل أن تعرفها الآستانة او استنبول، عاصمة الامبراطورية.

ولما تولى محمد علي حكم مصر عام ١٨٠٥ قام بتأسيس دولة عصرية في البلاد، وكانت الصحافة احد مظاهر هذه الدولة. ففي عام ١٨٢٢ انشأ محمد علي صحيفة رسمية باسم "جرنال الخديوي"، ثم طورها بعد ست سنوات، وغير اسمها إلى "الوقائع المصرية"، وانشأ بعدها جريدة عسكرية واخرى تجارية وزراعية. وكانت هذه الصحف جميعها تحرر باللغتين العربية والتركية، وتركز على اخبار الدولة ومشروعاتها. وكانت فوق هذا كله صحفا رسمية حكومية لا دخل للشعب في تحريرها أو وجهة نظرها.

اما في البلاد العربية الأخرى فكانت الصحافة الرسمية ايضا اسبق في الظهور من الصحافة الشعبية. ففي الجزائر انشأ الفرنسيون صحيفة "المبشر" عام ١٨٤٧. وكانت تحرر بالعربية والفرنسية، وتهدف لخدمة اهداف الاحتلال. وفي تونس انشئت اول صحيفة عربية عام ١٨٦٠ باسم "الرائد التونسي"، وكانت رسمية ايضا، وفي العراق انشأ الوالي التركي مدحت باشا عام ١٨٦٩ أول صحيفة عربية باسم "الزوراء"، وهو اسم من اسماء مدينة بغداد.

وهكذا كانت بداية الصحافة العربية رسمية حكومية تعبر عن اهداف السلطة الحاكمة اجنبية أو وطنية.

ومع ذلك لم تتأخر الصحافة الشعبية العربية طويلا عن الظهور. ففي مصر ظهرت صحيفة "السلطنة" عام ١٨٥٧. وفي العام التالي ظهرت أول صحيفة شعبية في الشام، وهي "حديقة الأخبار" التي صدرت في بيروت. وبعد عامين آخرين، اي في عام ١٨٦٠، ظهرت صحيفة "الجوائب" اول صحيفة شعبية في عاصمة الخلافة العثمانية. وبعدها توالى ظهور الصحف الشعبية في الأقطار العربية الأخرى.

ومن الطبيعي ان نجد هذه الصحافة الرسمية والشعبية على السواء في صورة متواضعة من حيث المظهر والاخراج والتحرير وانتظام الصدور. ولكن الأهم من هذا كله ان البداية الرسمية والحكومية ما زالت – حتى اليوم – سمة غالبة في الصحافة العربية، وان الصحافة الشعبية – بالرغم من تقدمها وانتشارها – ما زالت تأتي في الدرجة الثانية بعد الصحافة الرسمية.

تمرين ٢٩: القراءة الجهرية (في البيت)

حضّروا هاتين الفقرتين (المأخوذتين من نص القراءة) للقراءة الجهرية بالإعراب ولكن لا تكتبوا الإعراب على أسماء الأشخاص والبلاد والمدن. تمرّنوا على القراءة، ثم سجّلوا الفقرتين وأرسلوهما للأستاذ/ة:

كان ظهور الطباعة في البلاد العربية أسبقَ من ظهور الصحف المطبوعة. فقد أنشئت أول مطبعة عربية في مدينة حلب السورية في مطلع القرن الثامن عشر، في حين ظهرت أول صحيفة عربية بمدينة القاهرة في مطلع القرن التالي. وكانت هذه الصحيفة تسمّى "التنبيه"، وكان ظهورها على أيدي الفرنسيين الذين احتلوا مصر في ذلك الوقت، وجاءوا معهم بمطبعة كاملة. ولكن صحيفة "التنبيه" هذه لم تستمر طويلاً. فقد توقفت بعد أشهر قليلة حين أُضطُرَّ الفرنسيون الى الجَلاء عن مصر.

ولما تولّى محمد علي حكم مصر عام ١٨٠٥ قام بتأسيس دولة عصرية في البلاد، وكانت الصحافة احد مَظاهِر هذه الدولة. ففي عام ١٨٢٢ انشأ محمد علي صحيفة رسمية باسم "جُرنال الخِديوي"، ثم طوّرها بعد ستّ سنوات، وغيّر اسمها إلى "الوقائع المصرية"، وأنشأ بعدها جريدة عَسكَرية وأخرى تجارية وزِراعية. وكانت هذه الصحف جميعاً تُحَرَّر باللغتين العربية والتركية، وتركّز على أخبار الدولة ومشروعاتها. وكانت فوق هذا كلّه صحفاً رسمية حكومية لا دَخلَ للشعب في تحريرها أو وجهة نظرها.

الكتابة

تمرين ٣٠: دراسة أدوات الربط في نص "بدايات الصحافة العربية" (في الصف)

Writing well in any language entails paying attention to paragraph structure and the ways in which ideas and sentences are connected. In Arabic, أَدَوات الرَّبط *connectors* such as و ، فـ ، ثم ، بالإضافة إلى ذلك ، لذلك and رغم are small in size but extremely important because they function both as punctuation markers and as guides to the logical structure of ideas. Connectors signal to the reader how the writer's thoughts are structured: In a list (و), as supporting evidence (فـ), as chronological events (ثم), giving reasons and causes, as contradictory or opposing ideas, as conclusions, and so forth.

With a partner, read through the بدايات الصحافة العربية text again to find all أدوات الربط and discuss بالعربية how they are used.

تمرين ٣١: نشاط كتابة: استخدام أدَوات الرَبط *connectors*

(في الصف أو في البيت)

This exercise will help you practice using some of أدَوات الرَّبط *connectors* that you have learned so far. The "text" you see below consists of sentences containing information about an important figure in modern Arab history. The sentences are quite repetitive and thus do not constitute a coherent text. Your task is to correct this problem.

1. Read through the sentences as they are for content and note their repetition and choppiness. Underline all the nouns that are repeated within each paragraph: You will replace most of them with pronouns. Nouns may be repeated at the beginning of a new paragraph or if there has been a change in subject, but keep in mind that Arabic tends to use pronouns to replace nouns more frequently than English.
2. Decide how you will link the ideas together using the some of the connectors given below.
3. Rewrite the text and read through it after you have finished to check for smoothness.

و | فـ | ثمّ | حيث (وهناك) | كما

وعلى الرغم من أنّ ...... فـ ... | ولذلك فـ ... | وبالإضافة إلى ذلك فـ ... | وهٰكذا

رِفاعة رافِع الطَّهطاوي
(١٨٠١ - ١٨٧٣)

❮ يعتبر رفاعة رافع الطهطاوي من رجال النهضة العلمية الحديثة في مصر.

❮ يعتبر رفاعة رافع الطهطاوي من الاوائل الذين شاركوا في تطوير الصحافة العربية.

❮ ولد الطهطاوي في بلدة طهطا.

❮ نشأ الطهطاوي في أسرة فقيرة في طهطا.

❮ تعلم الطهطاوي القراءة والكتابة في طهطا.

❮ انتقل الطهطاوي إلى القاهرة. التحق الطهطاوي بالجامع الأزهر.

❮ درس الطهطاوي اللغة العربية والدين الإسلامي في الأزهر.

❮ عُيِّنَ الطهطاوي إماماً للطلاب المصريين الذين أرسلهم محمد علي إلى فرنسا للدراسة هناك.

❮ أقام الطهطاوي في فرنسا عشر سنوات من ١٨٢٦ حتى ١٨٣٦.

❮ درس الطهطاوي على يد كبار المستشرقين في فرنسا.

- كان الطهطاوي رجل دين.
- اهتمّ الطهطاوي بالعلوم والآداب الغربية.
- لما رجع الطهطاوي إلى مصر بدأ يعمل في الصحافة.
- عمل الطهطاوي محرراً في صحيفة "الوقائع المصرية".
- حين رجع الطهطاوي إلى مصر كتب كتاباً بعنوان "تخليص الإبريز في تلخيص باريز".
- وصف الطهطاوي في كتاب "تلخيص الإبريز" حال النساء في فرنسا والدور الذي يلعبنه في الحياة العامة.
- تحدث الطهطاوي في كتاب "تلخيص الإبريز" عن مختلف أنواع النشاطات التي تقوم بها المرأة الفرنسية.
- ركز الطهطاوي في كتاب "تلخيص الإبريز" على أهمية تعليم البنات.
- ركز الطهطاوي في كتاب "تلخيص الإبريز" على ضرورة مشاركة النساء في الحياة العامة.
- ترجم الطهطاوي عدداً كبيراً من الكتب العلمية من الفرنسية إلى العربية.
- يعتبر الطهطاوي واحداً من المفكرين الذين شاركوا في تطوير الفكر العربي في بداية القرن الماضي.

You can find two extra practice drills on some of the key concepts in this lesson and previous lessons on the companion website. These drills are optional and allow you another opportunity to practice what you have learned.

درس ١٠

تعليم و جامعات في عالم متغير

المفردات

سنتعلّم مفردات جديدة تتعلق بالتعليم الجامعي والتحديات التي تواجهه، وتعطينا إمكانيات أكبر لمناقشة قضايا وموضوعات مجرّدة *abstract*.

القواعد

سنعمل على الفعل الناقص الذي ينتهي جذره بـ "و" أو "ي"، كما سنوسّع معرفتنا بالفعل المبني للمجهول، وأخيراً سنتعرف على "إنّ وأخواتها" ودور "إنّ" في الكلام والكتابة في المواقف الرسمية.

الثقافة

سنقرأ عن مشاكل التعليم الجامعي العربي من وجهة نظر أستاذ متخصص، وسنستمع إلى بعض الشباب العرب من سوريا والأردن ومصر والمغرب والسودان يناقشون تجاربهم في الجامعات ونتعرّف منهم إلى جوانب من الحياة والثقافة الجامعية في العالم العربي.

المهارات

سنعمل على قراءة نص تَفسيري *expository* وفهم تركيب الأفكار والحُجَج *arguments* فيه، كما سنستمرّ في تنمية مهارتيْ الاستماع والكتابة في مواضيع محسوسة ومجرَّدة *abstract* وفي تطوير قدرتنا على الاستماع الى وفهم اللغة التي يستخدمها المتعلمون في الكلام.

المفردات الجديدة ١: من القاموس

المعنى	المصري	الشامي	الفُصحى
to lead to			أدّى إلى ، يُؤَدّي ، التَّأدِية
hope			أَمَل ج. آمال
machine; (pl.) equipment, machinery			آلة ج. -ات
mankind, human beings human (adj.)			البَشَر بَشَرِيّ
unemployment			البِطالة ، البَطالة
to follow[1]			اِتَّبَعَ
to make[2]	خَلّى ، يِخَلّي	خَلّى ، يخَلّي	جَعَلَ ، يَجعَل ، الجَعل
public; audience; (pl.) masses, crowds			جُمهور ج. جَماهير
challenge			(الـ) تَحَدّي، تَحَدٍّ ج. تَحَدِّيات
statistic			إحصاء ج. -ات
to plan	يِخَطَّط	يخَطِّط	خَطَّطَ
plan			خِطّة ج. خِطَط
to become lower, reduced (e.g., price, voice)	نِزِل ، يِنزِل	نِزِل ، يِنزِل	اِنخَفَضَ
possessing[3]			ذو/ذات ج. ذَوو
self = نفسه	بِنَفسُه	بذاتُه	ذات ذاتُهُ ، بِذاتِه
profit for-profit			رِبح ج. أرباح رِبحِيّ
rural area, countryside			ريف ج. أرياف
condition			شَرط ج. شُروط

الفصحى	الشامي	المصري	المعنى
أشارَ إلى ، يُشير ، الإشارة	أشَّر ، يأشِّر	شاوِر ، يِشاوِر	to point to, indicate
اِعتَمَدَ على ، يَعتَمِد ، الاِعتِماد	يعتِمِد عَ	يِعتِمِد على	to rely, depend on
عانى من ، يُعاني ، المُعاناة			to suffer from
فَرع ج. فُروع			branch
فَسَّرَ	يفَسِّر	يِفَسَّر	to explain
قانون ج. قَوانين			law
قادَ ، يَقود ، القِيادة قادَ ، يَقود ، القِيادة	ساق ، يسوق ، السّواقة	ساق ، يِسوق ، السِّواقة	to lead to drive
تَكلِفة ج. تكاليف	كِلفة	تَكاليف	expense
مِهنة ج. مِهَن			occupation, profession
نَتيجة ج. نَتائِج	نَتايِـج	نَتايِـج	result
أنفَقَ	صَرَف ، يِصرُف	صَرَف ، يِصرِف	to spend
نَفى ، يَنفي ، النَّفي			to negate; to deny (the truth of)
نَمَط ج. أنماط نَمَطِيّ/ة			type, pattern typical, patterned
صورة نَمَطِيّة ج. صُوَر نَمَطِيّة			stereotype
التَّنمِية			development
مَنهَج ج. مَناهِج			method
مَنهَج التَّعليم			curriculum
هَدَفَ إلى ، يَهدِف			to aim at
هَدَف ج. أهداف			goal
وَزَّعَ	يوَزِّع	يِوَزَّع	to distribute
وافَقَ على	يوافِق	وافِق ، يِوافِق	to be in agreement (with someone) on, approve[4]

Notes on Vocabulary Usage

1. اِتَّبَع and other أوزان of the root ت ب ع mean *to follow* in various kinds of contexts. Whereas I وزن (تَبِـعَ، يَتبَع) tends to indicate physically following (B follows A), VIII وزن tends to be more abstract:

كلبها **يَتبَعها** أينما ذهبت!

يتّبِعون طقوساً دينية قديمة في صلواتهم.

2. جَعَل and its spoken counterpart خَلّى mean to make *(someone/something) (be or become) something else*. As a result, it often has two objects or one object and a فعل مضارع:

مناظر العنف **تجعلني** أحس بالخوف! — مهما حاولتم، فلن **تجعلوني** أغيّر رأيي!

جعلته تجربة العيش في الخارج إنساناً مختلفاً.

مناظر العنف بـتخلّيني حسّ بالخوف. — **مهما عملتوا ما رح تخلّوني غيّر رأيي!**

تجربة العيش بره خلّتْه إنسان مختلف.

تصرفاتك حـتخلّيني ازعل منك! — مهما عملتوا مش حـتخلّوني أغيّر رأيي!

تجربة الحياة بره **خلّتْه** إنسان مختلف.

3. ذو See القواعد ١ for further explanation of the word ذو.

4. Like most verbs of III وزن، وافق على can take a direct object that is usually human. The preposition على points to the thing which is agreed upon or approved:

معظم الأحزاب **وافقت** الإخوان المسلمين **على** دعوتهم لإسقاط النظام.

However, the direct object is often implied rather than explicitly stated. In the following example the implied object is the people who put forth مشروع القانون الجديد:

لم **توافق** المعارضة **على** قانون الرقابة الجديد.

تمرين ١: كتابة جمل المفردات (في البيت)

استمعوا الى جمل المفردات من (١) الى (١٤) واكتبوها.

تمرين ٢: أوزان الأفعال الجديدة (في البيت)

أ. أكملوا الجدول بالأفعال الجديدة:

As you work with the chart, notice that اسم الفاعل of أدّى and عانى have two forms, the one in parentheses being an indefinite form used only in formal Arabic. You have seen this variation before in a few other words, such as (عالٍ) عالي and (ثانٍ) ثاني. All these words are derived from roots that end in و or ي, and we will learn the rules for their use soon. For now, just recognize that both forms exist, keeping in mind that the تنوين الكسر does not normally appear in unvowelled texts.

الجذر	الوزن	الماضي	المضارع	المصدر	اسم الفاعل	اسم المفعول
			يُؤَدّي إلى		مُؤَدّي (مُؤَدٍّ)	مُؤَدّى
					مُخَطِّط	
ف س ر	فَعَّلَ II					
		وَزَّعَ				
ع ن ي			يُعاني من		مُعاني (مُعانٍ)	مُعانى منه
و ف ق	فاعَلَ III					مُوافَق عليه
		أَنفَقَ				
ش و ر		إلى	يُشير			مُشار إليه
		اِنخَفَضَ				---
		على				مُعتَمَد عليه
			يَتَّبِع			

ب. اختاروا فعلاً مناسباً من الأفعال الجديدة في الجدول لكل جملة وضعوه في الشكل المناسب. ولاحظوا أنكم ستستخدمون بعض الأفعال أكثر من مرة.

١. قررت أن أقضي هذا العيد في "بنك الطعام" لأساعد في .... المأكولات والهدايا على الفقراء والمحتاجين.

٢. سمعت أن أسعار البنزين بدأت .... في الأسابيع الأخيرة ولا أعرف ماذا الذي .... إلى هذا، ولكن أظن أنها سترتفع مرة ثانية في بداية الصيف!

٣. .... الإحصاءات الجديدة إلى أن البطالة بدأت .... ، وهذا يعني أن الاقتصاد بدأ يتحسن.

٤. .... "الأم تيريسا" حياتها في مساعدة الذين .... من الفقر والمرض.

٥. .... ـك على رأيك ولكني أيضاً أفهم وجهة النظر الأخرى.

٦. يجب أن .... الطريقة التي وصفتها لنا الأستاذة إذا أردنا أن يكون تقدمنا ناجحاً.

٧. سمعت عبارة تقول إن "كل الطرق .... إلى روما" ولكني لا أفهم معناها!

٨. كبرت والدتي وصارت .... من أمراض كثيرة مع الأسف.

٩. هل أنتِ .... على الشروط التي وضعتها لاستئجار البيت؟

١٠. بعد وفاة الوالد، ترك الابن الكبير الدراسة وبدأ يعمل في محلّ لأن والدته وإخوته الصغار .... عليه.

١١. .... المعيد ساعات طويلة محاولاً .... معاني القصيدة للطلاب ولكن بدون نتيجة.

١٢. أمس قضينا اليوم كله في .... لرحلتنا، وترتيب الحقائب، وإعداد السيارة ... ثم بدأ الثلج يسقط!

تمرين ٣: استخدام المفردات الجديدة (في الصف)

مع زميل/ة: اختاروا من المجموعة الأولى عبارة مناسبة لعبارة أخرى في المجموعة الثانية ثم استخدموا العبارتين معاً في جملة طويلة من عندكم
(notice that the prepositions help you identify possible matches):

المجموعة الأولى	المجموعة الثانية
١. قررت وزارة التعليم وضع منهج جديد	أ. إلى مشاكل في التفاهم بين البشر
٢. تشير الإحصاءات	ب. من الجفاف والطقس الحار
٣. ما زال عندها أمل بالنجاح في مهنة التصوير	ج. للمدارس التي تعاني من انخفاض مستمرّ في نتائج طلابها
٤. تعاني المناطق الريفية	د. تهدف إلى تنمية الخدمات الطبّية
٥. وافق العريس	هـ. لإنشاء فروع جديدة للجامعة
٦. يعتمد الفقراء	و. إلى زيادة البطالة

٧. تهدف القناة الفضائية	ز. على الوجبات التي توزّع في "مطابخ الشوربة"
٨. نفت الشركة أنها لم تتبع	ح. على شرط العروس بفتح حساب خاصّ بها في البنك
٩. هذه المنظمات غير الحكومية وغير الربحية	ط. من قيادة سياسية فاشلة
١٠. يا ابني، كيف تفسّر إنفاق كل هذه الأموال	ي. وتكاليف حياتك بسيطة جداً؟!
١١. تخطط الدولة	ك. إلى إيصال رسالتها إلى الجمهور
١٢. تؤدّي الصور النمطية	ل. القوانين الخاصة باستخدام الآلات الثقيلة
١٣. عانت ليبيا لمدة أربعة قرون	م. رغم التحديات الكثيرة أمامها

القواعد ١

ذو

The formal Arabic word ذو has several different forms:

	المرفوع	المنصوب	المجرور
مذكّر	ذو	ذا	ذي
مؤنّث	ذاتُ	ذاتَ	ذاتِ
جمع مذكر	ذَوو	ذَوي	ذَوي
جمع مؤنّث	ذَواتُ	ذَواتِ	ذَواتِ

ذو in its various forms links a noun to two kinds of "possessive" relationships: Physical attributes or abstract concepts such as المصدر. Study the following examples and think about how you would express them in English. What attributes are being "possessed"?

هل رأيت البنت **ذاتَ** الشعر القصير؟ هي أختي.

عيّنوا رجلاً **ذا** تجربة إدارية طويلة مديراً للمنظمة.

قناة الجزيرة **ذاتُ** انتشار واسع.

أحترمه لأنه إنسان **ذو** مبادئ.

In مصري and شامي dialects, the words أبو، إم / أم and أصحاب are often used to express this kind of relationship:

شفت البنت إم الشعر القصير؟ هاي اختي.	شفت البنت أم شعر قصير؟ دي أختي.
اشتريت القميص من أبو العيون الزرق بأول السوق.	اشتريت القميص من أبو العيون الزرق في أول السوق.
الكتّاب صحاب المدونات الأدبية عارضوا قرارات الرقابة.	الكتّاب أصحاب المدونات الأدبية عارضوا قرارات الرقابة.

As you see in the chart above, ذو has several forms. You know that أبو and أخو show their case endings in long vowels (أبو، أبا، أبي، أخو، أخا، أخي) when they occur in الإضافة in formal Arabic; ذو is another noun that belongs to this small group (there are five altogether). The case of ذو matches that of the noun it follows and modifies. Since ذو itself serves as the first term of an إضافة, it does not take تنوين. The noun that follows ذو is مجرور because of الإضافة:

الرسم فنٌّ **ذو** طرق ومناهج متنوّعة.

كان تراثاً **ذا** تأثير كبير في الحضارة الإسلامية.

هذه أول مرة أسافر فيها في أوتوبيس **ذي** طابقين.

Like the formal masculine plural endings ون/ين-، ذوو shows case as well :

هم موسيقيون **ذَوو** تأثير كبير على شباب هذا الجيل من الشباب.

يُعتبر واحداً من المفكرين **ذَوي** الشهرة العالمية.

ذَوو also serves as a formal synonym for أهل:

مات ولم يترك <u>لِذَويهِ</u> شيئاً.

Since ذو belongs to a sophisticated level of Arabic, you will not see it often. It is more important for you to recognize it than to use it.

تمرين ٤: ذو (في البيت)

Practice your إعراب and recognition of ذو in its various forms by choosing the correct form for each blank.

١. تعاني الدولة من اقتصاد .... نسبة بطالة مرتفعة.

٢. كان جمال عبد الناصر رئيساً .... شعبية واسعة.

٣. طبعاً، تجارة المخدّرات هي تجارة .... أرباح عالية.

٤. سوني شركة .... عدد كبير من الفروع في آسيا وأميركا الجنوبية.

٥. هذا البرنامج لا يشتغل إلاّ إذا كان الحاسوب .... ذاكرة كبيرة.

٦. "هيومان رايتس واتش" منظمة _____ شبكة واسعة من المكاتب في مناطق كثيرة من العالم.

٧. يقول الإعلان: "النساء _____ التعليم العالي يجدن وظائف لدينا".

٨. يدرسون إمكانية وضع منهج _____ نظام متطور.

٩. بشكل عام، يمكن القول إنّها ثورات _____ تأثير كبير في العالم العربي.

١٠. هذا القانون يؤثّر بشكل خاص على المواطنين _____ المهن الحرة كالتجار وأصحاب الشركات الصغيرة.

تمرين ٥: المفردات الجديدة 🎧 (في البيت)

استخدموا كلمة مناسبة من الكلمات الجديدة في الفراغ:

١. أخذنا ولدنا الصغير الى المستشفى بعد منتصف الليل لأن درجة حرارته ارتفعت بشكل كبير، وهذا _____ نا أنا ووالدته نشعر بقلق كبير عليه. ولكن، والحمد لله، _____ حرارته بعد ساعة وهو الآن بخير.

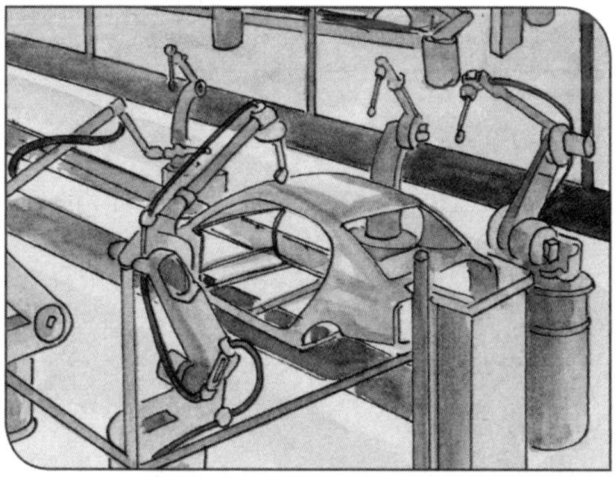

٢. في عصرنا الحديث، لم تعد صناعة السيارات _____ على الأيدي العاملة كما كان الحال من قبل ولكن على التكنولوجيا و _____ الكبيرة كتلك التي تظهر في هذه الصورة.

٣. في السنوات الأخيرة شهد العالم ارتفاعاً ملحوظاً في أسعار البترول وكانت _____ هذا الارتفاع أن شركات البترول العالمية حصلت على _____ مالية كبيرة وأصبحت غنية أكثر.

٤. أخي وزوجته مختلفان في طبيعتَيْهما وشخصيتَيْهما: فهي شخصية قوية وهو _____ شخصية ضعيفة. ربما كان السبب هو أن زوجته عندها شخصية من النوع "أ"!!

٥. بدأنا نلاحظ في السنوات الأخيرة ازدياداً كبيراً في الهجرة الداخلية من مناطق _____ الى المدن بسبب عدم وجود الخدمات الأساسية كالمدارس والطرق والمستشفيات. وفي محاولة لحل هذه المشكلة أعلن رئيس الوزراء أن الحكومة تفكّر و _____ الآن لعدد من المشاريع المستقبلية الكبيرة التي _____ الى تطوير و _____ هذه المناطق اقتصادياً واجتماعياً. وأعلن أيضاً أن الحكومة سوف _____ ملايين الدولارات على هذه _____ والمشاريع.

٦. وقف الرجل أمام القاضية التي سألته اذا كان هو الذي قتل الموظف في السفارة الهندية -- كما تقول الشرطة -- ولكن الرجل .... ذلك بقوة وقال إنه لم يقتل الموظف. وعندما سألته القاضية اذا كان يعرف القاتل الحقيقي .... بيده الى امرأة كانت تجلس في آخر الغرفة وذكر للقاضية أن الإمرأة هي التي أخبرته بـ........ـها بأنها قتلت الموظف.

٧. العنف ليس جزءاً من الطبيعة الـ........ والإنسان لا يُخلق عنيفاً -- كما يعتقد صاحب هذه المدوّنة -- ، إنّما هو، من وجهة نظري، سلوك تحكمه دوافع اجتماعية أو سياسية.

٨. أعلنت منظمة الهلال الأحمر الفلسطيني أنها ستقوم خلال شهر رمضان بـ........ مساعدات مالية على العائلات الفلسطينية المحتاجة في لبنان وأنه يمكن الحصول على هذه المساعدات من مركزها الرئيسي في بيروت أو من .... المنظمة في مدينتَيْ طرابلُس وصَيْدا.

٩. وضع والد البنت ....أً صعبة جداً على الشاب الذي جاء ليطلب يدها: إذا اراد أن يتزوجها فيجب أن يعطيها شقة ويسجلها باسمها، وأن يشتري لها سيارة جديدة (على الرغم من أنها لا تعرف كيف .... سيارة)، وأن يغطي كل .... حفلة العرس (حوالي ١٠ آلاف دولار)، وأن يقدم لها ساعة من الذهب هدية لزواجها!! لا أعتقد أن عائلة الشاب سـ........ على كل هذه الطلبات.

١٠. من القضايا التي تؤثر في إمكانيات نشوء تواصل ثقافي حقيقي بين الشعوب العربية وأمريكا الصور .... التي تقدمها بعض وسائل الإعلام الأمريكية عن العرب وثقافتهم، وهي غالباً صور غير واقعية ولكنها منتشرة بشكل واسع ولها تأثير كبير في .... الأمريكي. و........ أمامنا هو: كيف نتمكن من مقاومة هذه الصور وكسرها؟

١١. حسب .... الهجرة والجوازات في الصين فإنه ممنوع على أي مواطن سواء كان مولوداً داخل البلد أو خارجه بأن يحمل جنسيتين أو جوازَيْ سفر.

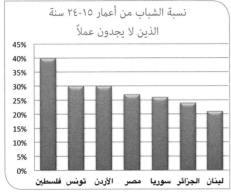

١٢. من أهم المشكلات التي .... منها الشباب في المجتمعات العربية مشكلة .... فالشباب الذين هم في عمر ١٥- ٢٤ سنة لا يجدون أمامهم فرصاً كافية للعمل وتكوين مستقبل مناسب. ويظهر من .... الذي نشاهده هنا أن نسبة هؤلاء الشباب تبلغ أكثر من ٢٠٪ في معظم الدول.

نسبة الشباب من أعمار ١٥-٢٤ سنة
الذين لا يجدون عملاً
15%
5%

ومن المعروف أن عدم وجود فرص للعمل _____ الى مشاكل اقتصادية واجتماعية أكبر ويدفع

بالشباب الى الهجرة لأنهم يشعرون بأنه ليس لهم أي _____ بمستقبل أفضل في مجتمعاتهم.

ومن أجل إيجاد حل جذريّ وشامل لهذه المشكلة فلا بد أن نبدأ بنظام التعليم ونفكر في تطوير طرق

و _____ حديثة للتدريس تركز على حاجات البلد وتساهم في إعداد الشباب للوظائف

و _____ التي يحتاج اليها البلد في المستقبل.

١٣. على الرغم من أنني _____ كل النصائح التي قدمها لي الدكتور فإنني لم ألاحظ أي تغير في حالتي.

لست متأكدة من سبب ذلك ولكني سأطلب من الدكتور أن _____ لي السبب في عدم التحسّن.

تمرين ٦: إضافة أم لا؟ (في الصف)

مع زميل/ة، ترجموا العبارات من الانكليزية الى العربية وفكروا في معانيها والقواعد التي تحتاج اليها: هل نريد
إضافة أو اسم + صفة أو اسم + حرف جرّ؟ وبعد أن تترجموها استخدموها في جمل من عندكم.

In trying to decide how best to translate noun phrases from English to Arabic, one helpful technique is to rephrase the English using the word "of" to see if an إضافة would work in Arabic. For example, compare economic development to the development of the economy: When would you use one as opposed to the other? Arabic shows the same kind of distinctions. Experiment with these kinds of nuances in Arabic using the grammar you know and add adjectives or other descriptors to be as specific as you can.

1. test results

2. grade distribution

3. self-reliance

4. television audience

5. human suffering

6. the President's challenge

7. declining profits

8. rural unemployment

9. The Communicative Method (in language teaching)

تمرين ٧: اسألوا زملاءكم (في الصف)

اسألوا بعضكم البعض عن هذه المواضيع مستخدمين أكبر عدد ممكن من المفردات الجديدة:

١. مقارنة السكن في الريف بالسكن في المدينة

٢. رأيكم في امتحانات قيادة السيارات وشروطها؛ قيادة السيارة والكلام بالتليفون

٣. حلول لمشكلة البطالة؛ تحديات التنمية بشكل عام

٤. شروط العمل التي لا يمكن لكم أن تقبلوها ولماذا

٥. التحدّيات التي تواجهكم وتواجه بلدكم

٦. المنظّمات غير الربحية التي تحترمونها وتشجّعون نشاطاتها

٧. رغبتكم في تخطيط حياتكم وآمالكم للمستقبل

٨. الإحصاءات التي تهتمّون بها ولماذا

المفردات الجديدة ٢: من جذور نعرفها 🎧 | DVD VIDEO

المعنى	المصري	الشامي	الفُصحى
establishment, foundation			أَساس ، أَساسيّ: مُؤَسَّسة ج. -ات
amount			بَلَغَ ، يَبْلُغ: مَبلَغ ج. مَبالغ
to build	يِبني ، البُنا	يِبني ، البِنا	بِناية: بَنى ، يَبني ، البِناء
to adopt	اِتبَنّى ، يِتبَنّى	تبَنّى ، يِتبَنّى	بِناية: تَبَنّى ، يَتَبَنّى ، التَّبَنّي
infrastructure			بِناية: بُنية تَحتيّة ج. بُنى تَحتيّة

المعنى	المصري	الشامي	الفُصحى
to show clearly, demonstrate	بَيِّن ، يِبَيِّن	يبيِّن	بَيَّنَ: بَيَّنَ
to conduct, carry out[1]			جرى ، يجري ، الجري: أجرى ، يُجري ، الإجراء
gender, sex			جِنسيّة: جِنس
even[2]★			حَتّى:
to bear (a burden or unpleasantness)	اِتحَمَّل ، يِتحَمَّل	تحَمَّل ، يِتحَمَّل	حَمَلَ ، يَحمِل ، الحَمل: تَحَمَّل
to test by experiment or trial	يِختَبِر	يِختَبِر	خبر ج. أخبار: اِختَبَر
test, trial			خبر ج. أخبار: اِختِبار ج. –ات
laboratory	مَعمَل ج. مَعامِل	مَخبَر ج. مَخابِر	خبر ج. أخبار: مُختَبَر ج. –ات
to designate (e.g., funds) for	يِخَصَّص	يخَصِّص	خاصّ ، متخصِّص: خَصَّص لِـ
income			دَخَلَ ، يَدخُل ، الدُّخول: دَخْل
capital capitalist			رَأس ، مال: رَأسمال ج. رُؤوس أموال رَأسمالِيّ
to see	شاف ، يِشوف	شاف ، يشوف	رَأي ج. آراء: رَأى ، يَرى ، الرُّؤية
to have the opinion that			رَأي ج. آراء: رَأى ، يَرى ، الرَّأي أنّ
stage, phase			رَحَلَ ، يَرحَل ، رِحلة ج. رِحَلات: مَرحَلة ج. مَراحِل

المعنى	المصري	الشامي	الفُصحى
responsibility (for)			سَأَلَ ، يَسأَل ، السُّؤال: مَسؤوليّة (عن)
level			سَواءٌ كان: مُستَوى ج. مُستَوَيات
semi, pseudo-, nearly [2]			أَشبَهَ ، تَشابَهَ: شِبه
tax	ج. ضَرايِب	ج. ضَرايِب	ضَرب ، يضرب ، الضَّرب: ضَريبة ج. ضَرائِب
to add	ضاف ، يِضيف	ضاف ، يضيف	إضافة: أضافَ إلى ، يُضيف
arbitrary, random			عَشاء: عَشوائِيّ/ة
to deal with	اِتعامِل مع، يِتعامِل	تعامَل مع، يِتعامَل	عَمِلَ ، يَعمَل ، العَمَل: تَعامَلَ مَع
practical			عَمِلَ ، يَعمَل ، العَمَل: عَمَلِيّ/ة
process, operation			عَمِلَ ، يَعمَل ، العَمَل: عَمَلِيّة ج. -ات
certain, specific			عَيَّن ، عُيِّنَ: مُعَيَّن/ة ج. -ون/ين
to interact with	اِتفاعِل مع ، يِتفاعِل	تفاعَل مع ، يِتفاعَل	فَعَلَ ، يَفعَل ، الفِعل: تَفاعَلَ مَع
effective			فَعَلَ ، يَفعَل ، الفِعل: فاعِل/ة ، فَعّال/ة
poverty			فَقير ، فُقَراء: الفَقر
to lack			فَقير ، فُقَراء: اِفتَقَرَ الى

المعنى	المصري	الشامي	الفصحى
report[3]			قَرَّرَ ، القَرار: تَقرير ج. تَقارير
required			قَرَّرَ ، القَرار: مُقَرَّر/ة
sector (e.g., public, private)			قَطَعَ ، يَقطَع ، اِنقَطَعَ: قِطاع ج. ـات
list			قام ، يقوم ، القِيام: قائِمة ج. قَوائِم
to evaluate			قيمة ج. قِيَم: قَيَّمَ
quantity			كَم: كَمِّيّة ج. ـات
civil, civilian			مَدينة ج. مُدُن: مَدَنِيّ/ة ج. ـون/ين
to finance, fund	مَوِّل ، يِمَوِّل	يمَوِّل	مال ج. أموال: مَوَّلَ
percentage			نِسبة: ج. نِسَب
theory			نَظَرَ ، يَنظُر ، النَّظَر: نَظَرِيّة ج. ـات
to copy (by hand, especially in an exam)	نَقَل ، يِنقِل	نَقَل ، ينقُل	نَقَل ، يَنقُل ، النَّقل:
quality			نَوع ج. أنواع: نَوعِيّة ج. ـات
budget			وزن ج. أوزان: ميزانِيّة ج. ـات

Notes on Vocabulary Usage

1. You may guess from **الوزن والجذر** that **أجرى ، يُجري** to conduct means literally *to make (something) run*. It is most often used with abstract nouns.

تريد المديرة أن **تُجري مقابلات** مع كل الموظفين واحداً واحداً.

أجرتْ الدكتورة غادة سمعان **عملية "القلب المفتوح"** لوالدي ونجحت الحمد لله.

2. In addition to its other meanings (in order to, until), **حتّى** is used in formal and spoken Arabic to mean even in an emphatic sense: Even I know that!

نحن ندفع ضرائب على كل شيء - **حتّى** على الأكل الذي نأكله!

كل الناس - حتّى مرته - متضايقين منه! كلنا نزلنا ميدان "التحرير" - **حتّى** الولاد!

3. The noun **شِبه** can be followed by a noun or adjective. When it is used with adjectives it gives the sense of "almost, nearly":

The Arabian Peninsula	شِبه الجزيرة العربية
phrase	شِبه جملة
nearly complete	صارت العملية شِبه منتهية
almost certain	أصبح سقوط الحُكومة شِبه مؤَكَّد

4. **تقرير** is the expected **مصدر** of the verb **قرّر** according to **الوزن**. However, **تقرير** has taken on the specialized meaning of *report*. This kind of specialized meaning develops occasionally, and in such cases an alternate **مصدر** sometimes comes into use, as in this case with **القرار**.

تعلّموا هذا الفعل: رأى

DVD VIDEO

الماضي

رَأيتُ		رَأينا
رَأيتَ رَأيتِ	رَأيتُما	رَأيتُم رَأيتُنَّ
رَأى رَأت	رَأيا رَأتا	رَأوْا رَأيْنَ

المضارع المرفوع

أرى		نرى
ترى تَرَيْنَ	تَرَيانِ	تَرَوْنَ تَرَيْنَ
يَرى ترى	يَرَيانِ تَرَيانِ	يَرَوْنَ يَرَيْنَ

تمرين ٨: فعل "رأى" (في البيت)

اكتبوا الشكل الصحيح لفعل "رأى" في كل جملة:

١. هل .... مشهداً أجمل من هذا في حياتكم؟!

٢. العالم كله سـ........................ انخفاضاً كبيراً في كميات ماء الشرب، والدول الفقيرة بدأت تعاني من هذه المشكلة.

٣. ماذا .... حين زرت أرياف تونس يا نادية؟

٤. أتمنى أن .... كل أقاربي في حفلة عيد الميلاد.

٥. أمل كل فروع الشركة هو أن .... أرباحاً أعلى هذه السنة.

٦. ما الذي يجعلهم .... أنفسهم أشخاصاً بدون أي قيمة في مجتمعاتهم؟

٧. متى سيجيء اليوم الذي (نحن) .... فيه البشر يعيشون معاً بدون حروب؟

٨. أمس، .... الجماهير مشهداً مفرحاً: أفراد من الجيش يشاركون في المظاهرة!

٩. لم أكن أتمنّى أن .... مثل هذه الصور النمطية في صحيفتنا.

١٠. وأنتم، كيف .... الجنس الآخر؟ هل ....ـه أضعف منكم أو أقلّ مستوى؟

تمرين ٩: أوزان الأفعال الجديدة (في البيت)

أكملوا الجدول بالأفعال الجديدة:

الجذر	الوزن	الماضي	المضارع	المصدر	اسم الفاعل	اسم المفعول
ب ي ن				التَّبيين		
		خَصَّصَ				
ق ر ر	فَعَّلَ II			التقرير/القَرار		
			يُقَيِّم			
					مُمَوِّل	
			يُجري		مُجري (مُجرٍ)	مُجرى

الجذر	الوزن	الماضي	المضارع	المصدر	اسم الفاعل	اسم المفعول
ض ي ف	أَفعَلَ IV	إلى				مُضاف إليه
					مُتَبَنّي (مُتَبَنٍّ)	مُتَبَنّى
				التَّحَمُّل		
		تَفاعَلَ				---
ع م ل	تَفاعَلَ VI					معه
						مُختَبَر
ف ق ر	اِفتَعَلَ VIII	إلى				مُفتَقَر إليهِ

تمرين ١٠: جمل المفردات (في البيت)

استمعوا الى جمل المفردات من (١٥) الى (٣٠) واكتبوها.

تمرين ١١ : اسم فاعل أم مصدر؟ (في الصف)

كيف نقول هذا بالعربية؟ ترجموا هذه التعبيرات الانكليزية وكوّنوا بها جملًا بالعربية مستخدمين القواعد التي تعرفونها.

Think specifically about what you can say with the phrase using new vocabulary and grammar you have studied. The phrases can be used in several ways, so be creative.

1. funding top students
2. running experiments
3. adding new taxes
4. reaching a specific level
5. indicating the beginning of a new phase
6. building the private sector
7. interacting with others
8. lacking basic equipment
9. evaluating the results
10. distributing income
11. bearing the responsibility of …
12. designating a portion of (my/your) income
13. adopting new curricula
14. determining the gender of . . .

القواعد ٢

الفعل الناقص: الذي في آخر جذره "و" و "ي"

In Lesson 9, we looked at verbs whose roots contain و or ي in initial or medial position. Here, we examine verbs whose roots end in و or ي and identify patterns of their interaction with أوزان الفعل. The principle that الوزن is stronger than الجذر applies here as well.

You know the following verbs whose roots end in و or ي:

قضى ، يَقضي | بَقِيَ ، يَبقى | دَعا ، يَدعو

These three verbs represent all the possible stem patterns of verbs with final و or ي. As you can see, the long vowel that represents the final root letter is normally alif in الماضي (قَضى، دعا), with an occasional verb that ends in ي like بَقِيَ. Verbs like دعا يدعو are rare. As with all I وزن verbs, you must memorize both stems.

Verbs in X-II أوزان whose roots end in و or ي follow regular patterns: الماضي follows the pattern of قضى, and المضارع is either ـى or ـي depending on whether the الوزن has fatHa or kasra in the stem. The following table shows the patterns you have seen:

الجذر	وزن الماضي	الماضي	وزن المضارع	المضارع	وزن المصدر	المصدر
ء د ي	فَعَّل	أدّى	يُفَعِّل	يُؤَدّي	التَّفعيل	التَّأْدية
ج ر ي	أَفعَل	أجرى	يُفعِل	يُجري	الإفعال	الإجراء
ب ن ي	تَفَعَّل	تَبَنّى	يَتَفَعَّل	يَتَبَنّى	التَّفَعُّل	التَّبَنّي
ن هـ ي	اِفتَعَل	اِنتَهى	يَفتَعِل	يَنتَهي	الافتِعال	الانتِهاء

The مصدر forms have slightly different endings according to الوزن, but you are not expected to learn these patterns actively now.

The important thing to remember in conjugating these verbs is what happens when adding a suffix onto a stem. Since you have learned individual verbs for all the patterns, use those as models. For stems ending in ى, you can use the model stem اِنتَهى for الماضي and يَبقى for المضارع. The next chart shows the full conjugations for these stems, including المثنى and جمع المؤنث forms. As you listen and read through them aloud, notice that the fatHa of الوزن remains part of the stem for all forms, sometimes resulting in ـَيْـ or ـَوْ before a suffix.

الماضي		
اِنتَهَيتُ		اِنتَهَينا
اِنتَهَيتَ	اِنتَهَيتُما	اِنتَهَيتُم
اِنتَهَيتِ	اِنتَهَيتُما	اِنتَهَيتُنَّ
اِنتَهى	اِنتَهَيا	اِنتَهَوْا
اِنتَهَت	اِنتَهَتا	اِنتَهَيْنَ

المضارع		
أَبقى		نَبقى
تَبقى	تَبقَيانِ	تَبقَوْنَ
تَبقَيْنَ	تَبقَيانِ	تَبقَيْنَ
يَبقى	يَبقَيانِ	يَبقَوْنَ
تَبقى	تَبقَيانِ	يَبقَيْنَ

تمرين ١٢: الفعل الناقص (في البيت)

أكملوا كل جملة بالشكل المناسب للفعل المعطى:

١. قرر الزوجان أن .... طفلاً يحتاج الى بيت وأسرة. (تبنّى)

٢. يا شباب، هل .... المقابلات التي طلبتها منكم؟ من الضروري أن .... ها قبل نهاية الأسبوع. (أجرى)

٣. كل هذه المحاولات لا بدّ أن .... إلى نتيجة ممتازة! (أدّى إلى)

٤. بنتي وصديقاتها .... من تزيين شجرة الميلاد. (انتهى)

٥. كلنا .... من المرض أحياناً ولكن صديقي .... من أمراض مختلفة بشكل مستمرّ ولا أعرف لماذا. (عانى)

٦. قال المتحدث باسم الحزب إن الحزب قد .... مبادئ الديمقراطية أساساً لبرنامجه السياسي. (تبنّى)

٧. هل صحيح أن الإسلاميين يريدون من النساء أن .... في البيت؟ (بقي)

٨. يريد أهالي المناطق الريفية أن .... مدارس ابتدائية جديدة تخدم حاجات أولادهم التعليمية. (بنى)

٩. ما زال الأطبّاء ينتظرون نتيجة العملية الصعبة والطويلة التي .... ها للمريض. (أجرى)

١٠. كل الناس .... أن تنخفض البطالة في أقرب وقت. (تمنّى)

تمرين ١٣: المفردات الجديدة: من جذور نعرفها (في البيت)

استخدموا كلمة مناسبة من الكلمات الجديدة في قائمة "من جذور نعرفها" في الفراغ:

١. والده يعاني من مشكلة في النظر منذ فترة طويلة ولم يعد يستطيع أن .... أي شيء بعينه اليمنى، والعين اليسرى تعمل ولكن بشكل ضعيف. وقد أخبره الأطباء أنه يحتاج الى .... في تلك العين، ولكنها غالية جداً وتحتاج الى ١٥ ألف جنيه. أهله فقراء ولا أعرف من أين يمكنهم أن يجيئوا بهذا الـ............ الكبير من المال!!

٢. ليس عندنا أولاد لأن كل المحاولات التي قمنا بها للحَمل لم تكن .... ولم نحصل منها على أي نتيجة ، وأخيراً قررنا أن .... طفلاً، ولكننا حتى الآن لم نحدد .... الطفل الذي نريده: ولد أم بنت؟ ما رأيكم؟

٣. منذ نهاية الحرب عام ١٩٩٠ اعتادت الحكومة اللبنانية أن تنفق سنوياً أكثر بكثير من .... الذي تحصل عليه، وبسبب ذلك نجد أن .... الدولة هي في حالة عَجْز *deficit* مستمر. وما ساهم في خلق هذه المشكلة في رأيـي، هو أن .... التي يدفعها المواطنون للدولة قليلة بالمقارنة بالدول الأخرى في المنطقة.

٤. من الصفات التي تميزه عن غيره من السياسيين أنه شخص براغماتي لا يهتم بالكلام والآراء و .... التي لا علاقة لها بالواقع، ولكنه دائماً يبحث عن حلول .... يمكن للناس أن يشعروا بوجودها على أرض الواقع.

٥. صحيح أن جنوب السودان غني بالبترول ولكن معظم مناطقه .... إلى الماء والطرق ووسائل الاتصال الحديثة. والآن بعد الاستقلال هناك مشاريع كثيرة للتطوير وإنشاء .... تحتية تشمل كل المناطق، إلا أن الحكومة لا تستطيع .... كل هذه المشاريع لأنه ليست لديها إمكانيات مالية كافية، ولذلك، فمن من الضروري ان يلعب الـ............ الخاص دوراً ويشارك الحكومة في القيام بهذه المشاريع.

٦. .... ويبقى السؤال: إلى متى سنظل ننتظر اليوم الذي تتحول فيه دولنا الى دول ديمقراطية حقيقية تعتمد على .... لا على الأشخاص، وتتحول مجتمعاتنا الى مجتمعات .... تحكمها مبادئ الحرية وكرامة المواطن واحترام القانون لا الظلم والسُّلطة والرقابة والواسطة؟!

٧. اكتشفت موقعاً جديداً على الإنترنت وهو متخصص بـ .... المطاعم في مدينة عمان، وهو يعطي لكل مطعم درجة من "A" الى "D"، وهذه الدرجة تعتمد على .... المأكولات التي يقدمها (ممتازة، جيدة، وسط،تحت الوسط) و .... الخدمة فيه (★ أو ★★ أو ★★★). والشيء الذي يتميز به الموقع هو أنه يقدم نسخة من .... الطعام تشمل كل الأطباق التي يقدمها المطعم وأسعارها.

٨. زوجي متضايق جداً من أوضاع العمل في شركته، فقد قررت مديرته أن تعطيه .... إدارية ومالية إضافية ولكن بدون أي زيادة في المرتب. وهذا القرار قتل فيه أي نية للاستمرار بالعمل، فهو لم يعد يستطيع أن .... الساعات الطويلة في المكتب ولم يعد يرغب في .... مع مديرته وطلباتها.

٩. البنك الأهلي الأردني واحد من البنوك ذات الانتشار القوي في الأردن، ويبلغ .... ـه ١٥٠ مليون دينار أردني وله شبكة واسعة من الفروع في كل المناطق الأردنية. ويصدر البنك في نهاية شهر ديسمبر من كل سنة ....اً سنوياً عن نشاطاته ومشاريعه وأرباحه.

١٠. في البحث الذي ينوي معهدنا القيام به لدراسة تأثير التكنولوجيا الحديثة على الروابط العائلية سـ............ فريق البحث لقاءات ومقابلات مع مجموعة كبيرة من الناس، وسيتم اختيار المشتركين في هذه المقابلات بشكل .... بدون النظر الى أعمارهم أو درجة تعليمهم أو مستواهم الاجتماعي، وقد تم اختيار ١١٠٠ شخص للمشاركة حتى الآن ولكن أعتقد أننا سـ............ الى المجموعة ٢٥٠ شخصاً آخر.

١١. كأستاذة للغة، أؤمن بأهمية أن يكون للطلاب دور فاعل في الصف، ولذلك .... نصف ساعة من وقت الصف يومياً لنشاط يشترك فيه كل الطلاب ويقومون فيه بـ............ مع بعضهم البعض. وهناك نشاطات وألعاب .... يستمتع بها الطلاب بشكل خاص ويطلبون مني استخدامها باستمرار.

١٢. في كل .... الدراسة: الابتدائية والمتوسطة والثانوية هناك مناهج محددة وكتب .... تطلب الوزارة من كل المدارس سواء كانت حكومية أو خاصة استخدامها.

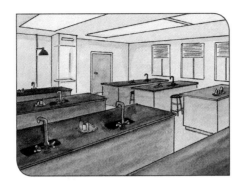

١٣. هذا هو .... الكيمياء الجديد الذي أنشأته كلية العلوم بهدف خدمة الطلاب والباحثين فيها.

١٤. تطلب معظم الجامعات الأمريكية من الذين يقدمون طلبات للقبول في برامج الدراسات العليا فيها أن يأخذوا الـ *GRE* لأنها تؤمن بأن نتيجة الـ *GRE* .... قدرات الطلاب وإمكانياتهم الأكاديمية. شخصياً أخذت الـ *GRE* مرتين ووجدته على قدر كبير من الصعوبة .... بالنسبة الى طالبة متفوقة مثلي.

١٥. كانت الشرطة تظن أن المخدرات وُضِعت في الحقيبة ولكنهم عندما فتحوها وجدوها .... فارغة: كان فيها فستان وحذاء فقط!

تمرين ١٤: وصف الصور بالمفردات الجديدة (في الصف)

في مجموعات صغيرة: استخدموا أكبر عدد ممكن من المفردات الجديدة في وصف هذه الصور:

(١)

(٢)

MONTHLY HOUSEHOLD BUDGET

INCOME	PROJECTED	ACTUAL	DIFFERENCE
Salaries	5,000.00	5,000.00	--
Misc. Income	--	325.00	325.00
EXPENSES	**PROJECTED**	**ACTUAL**	**DIFFERENCE**
Rent	2,000.00	2000.00	--
Local Taxes	185.00	185.00	--
Electricity/Water/	130.00	175.00	(45.00)
Cell phone	90.00	90.00	--
Satellite TV	45.00	45.00	--
Internet	45.00	45.00	--
Furnishings	250.00	1000.00	(750.00)
Lawn/Garden	125.00	150.00	(25.00)
Gas	175.00	200.00	(25.00)
Car Repairs	--	870.00	(870.00)
Groceries	450.00	515.00	(65.00)
Clothing	400.00	960.00	(560.00)
Eating out	400.00	675.00	(275.00)
MONTHLY BUDGET SUMMARY			
TOTAL INCOME	5,000.00	5,325.00	500.00
TOTAL EXPENSES	4,295.00	6,910.00	(2,615.00)
NET			(1,585.00)

(٣)

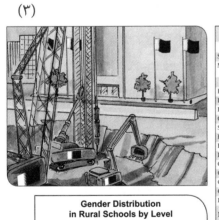

(٤)

(٥)

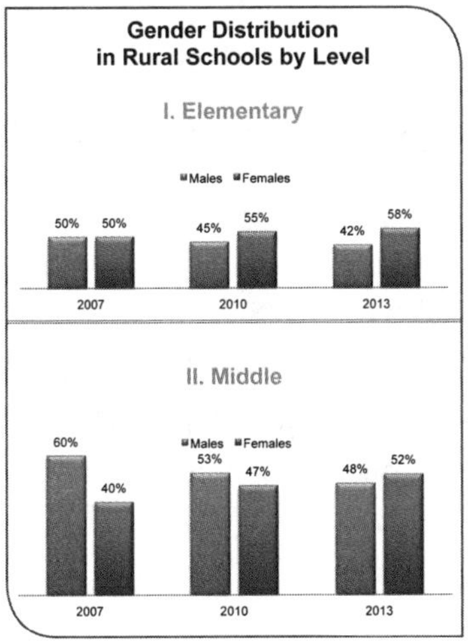

(٦)

القراءة

العبارات الجديدة

أ. من حَيثُ *with respect to*

- تعتبر النظرية الماركسية من أهم النظريات الفكرية في القرن العشرين **مِن حيثُ** الدور الذي لعبته في تشكيل الفكر الإنساني في القرن العشرين.
- **مِن حيثُ** النوعية أنا واثق أنك لن تجد خاتماً ذهبياً أفضل من هذا، أما **مِن حيثُ** السعر فهناك أنواع مصنوعة محلّياً وربما تكون أرخص.

ب. في حين (أنّ) *whereas*

- لا أفهم لماذا يمنع القانون استخدام التلفون المحمول لكتابة الرسائل (تِكست) خلال قيادة السيارات **في حين أنَّه** يسمح باستخدامه للكلام خلال القيادة!
- كالمعتاد، وافقت أحزاب اليمين على قرار الرئيس ودافعت عنه بقوة **في حين** عارضته أحزاب الوسط واليسار.

ج. عَلى العَكس (من) ، بالعَكس *to the contrary, quite the opposite*

- تتكون المناطق الجنوبية في ليبيا من أراضٍ صحراوية تتميز بالجفاف **على العَكس** من المناطق الشمالية التي تقع بجانب البحر الأبيض المتوسط والتي تتميز بطبيعتها الخضراء.
- وجهة نظري هي أن استخدام العنف لن يؤدي الى إنهاء المظاهرات وإنما سيؤدي، **بالعَكس**، الى امتداد الغضب الشعبي وانتشاره.

تمرين ١٥: التعليم الجامعي في الدول العربية (في البيت ثم في الصفّ)

أ. في البيت

١. اقرأوا المقالة قراءة أولى بحثاً عن الأفكار التي تفهمونها، واكتبوا الموضوعات التي تظنّون أنها مهمّة.

٢. اقرأوا مرة ثانية مركّزين هذه المرة على ترتيب الأفكار، واكتبوا مُخَطَّطاً *outline* للأفكار المهمة.

Your goal is to compose an outline that shows the major arguments of the article and the evidence the author uses to support them. Look for the author's stated goal or plan, helpful subtitles, organizing words such as الأول، الثاني, and other أدوات ربط connecting particles such as ولكن ,بالإضافة إلى, explanatory فـ, and of course و. These connectors will help you see how the arguments and pieces of evidence relate to each other. Work on two levels: The micro level, to identify discrete pieces of evidence, the macro level, to look for main arguments. Organize your outline around the main arguments, and list for each one the evidence cited in support of them. If you find points that are tangential and do not contribute to the main argument, you do not have to include them in the outline.

In Arabic, outlines and lists are numbered according to the following (ancient Semitic) ترتيب rather than according to alphabetical order. You may have noticed these letters used in many drills in this book.

أ ب جـ د هـ و ز حـ ط ي ك ل م ن

س ع ف ص ق ر ش ت

ب. في الصف

١. في مجموعات صغيرة، قارنوا الـمخطّطات التي كتبتموها في البيت: ما هي التشابهات والاختلافات بين ما كتبتموه وما كتبه زملاؤكم؟

٢. في فقرة ٣ (إن الأرقام ..)، ماذا يقصد الكاتب بـ "مؤسسة تدريس نمطية" في رأيكم؟

٣. ما رأي كاتب المقالة في دور الجامعات الخاصة والربحية في التعليم الجامعي ولماذا؟ وماذا يقول عن دور الدولة؟

٤. كيف تختلف أو تتشابه مشاكل الجامعات العربية مع مشاكل الجامعات في بلدكم؟

الأوان
من أجل ثقافة عقلانية علمانية تنويرية

البحث

الجمعة ١٨ كانون الثاني (يناير) ٢٠١٣

الرئيسية | اتصل بنا | الكتاب | من نحن

مدونات | أسبوعية | ملاحق | رياضة | تكنولوجيا | فن وإعلام | ثقافة | بريد | قضايا وتحقيقات | رأي | اقتصاد | سياسة | الرئيسية

التعليم الجامعي في الدول العربية
واقع ومقارنات

بقلم: شادي فاروق الشّوفي

(١) في آخر إحصاء عالمي أجرته "جامعة شايو تونغ-شنغهاي الصينية" حول واقع الجامعات العالمية: إن من بين الـ ٥٠٠ جامعة الأولى والأهم في العالم هناك جامعة عربية واحدة فقط، هي جامعة الملك سعود في المملكة العربية السعودية، في حين أنّ في إيران جامعة واحدة، بينما هناك سبع جامعات في اسرائيل من ضمن القائمة المذكورة. هذا وتبين الإحصاءات التي تضمنتها بعض التقارير العربية والعالمية الأخرى أن متوسط تخصيص الدول العربية للتعليم بكل مراحله هو ١٦ إلى ٢٠ % من أصل الميزانية العامة للدولة في حين تكون حصة التعليم الجامعي والعالي من نفس النسبة من ١ إلى ٢ %. ويبلغ الإنفاق على البحث العلمي ٠٫٠١ % من مجمل الدخل القومي في الدول العربية، في حين أنه يصل إلى٧٫٤ % في اسرائيل مثلاً.

(٢) والسؤال هنا: هل حقق التعليم الجامعي العربي أهدافه من حيث مساهمته في عملية التغيير الاجتماعي ككل، ومن حيث رفع الدرجة المعرفية والعلمية، مقارنة مع نظيره بالعالم من جهة، ومع الإمكانات المتاحة من جهة أخرى؟

(٣) إن الأرقام التي تؤكدها الإحصاءات تقول: إنه تم تحويل الجامعة العربية الى مؤسسة تدريس نمطية وليس إلى مؤسسة تعليمية توفر المعرفة اللازمة لمواجهة تحديات العلم المعاصرة، من خلال اتباع الشكل التقليدي للمناهج، والوسائل التقليدية المعتمدة في طريقة التعليم، والاختبارات والتقييم. إن الاعتماد على الوسيلة الحفظية، كوسيلة وحيدة للتعلم، وعدم الاهتمام بالوسائل البصرية والسمعية والتكنولوجية الحديثة، وغياب تفاعل الطلاب، من خلال المشاركة الواسعة والنقاش والنقد أدى إلى تحويل معظم عملية التعليم إلى واجب

مدونات | أسبوعية | ملاحق | رياضة | تكنولوجيا | فن وإعلام | ثقافة | بريد | قضايا وتحقيقات | رأي | اقتصاد | سياسة | الرئيسية

٤١٨

الرئيسية | سياسة | اقتصاد | رأي | قضايا وتحقيقات | بريد | ثقافة | فن وإعلام | تكنولوجيا | رياضة | ملاحق | أسبوعية | مدونات

حفظي (كمّ) من المعلومات تسمح للطلاب بالحصول على الشهادة الجامعية لا أكثر، وأدى إلى اكتفاء جزء كبير من جمهور المدرسين بجمع كمية من المعلومات وإعطائها للطالب بطريقة لاتتوافق مع مستوى التعليم الحديث. فالمحاضرات الجامعية في الكثير من الجامعات العربية (الخاصة والعامة) تطبع وتنسخ وتكتب بطريقة عشوائية في كثير من الأحيان، وتوزع للطلاب في المكتبات (التجارية) بدون رقابة ومسؤولية. هذا عدا عن عدم توحيد المنهج التعليمي لكل مادة، فكل دورة فصلية مختلفة عن ما قبلها ومابعدها - كمّاً ونوعاً - بحسب طريقة الأستاذ المحاضر.

(٤) يضاف إلى ذلك غياب القوانين الجامعية الضابطة سواء للمعلم أو المتعلم، كضرورة وجود أبحاث دورية لكل أستاذ جامعي كشرط من شروط التعيين، وإنشاء مجلات مختصة، تخضع لنظام التعليم الجامعي، تسمح بنشر تقارير ودراسات دورية. كل ذلك عمل على تحويل مهنة الدكتور الجامعي إلى شبه عمل إداري لا أكثر، وجعل الطالب آلة حفظية لجمع المعلومات، التي تنقل في الامتحان المقرر، وتنتهي العملية التعليمية.

(٥) وهنا لابد من الإشارة إلى ضرورة البحث العلمي المتطور، كجزء مهم من عملية التعليم الجامعي والعالي، فكل الجامعات المعروفة في العالم تولي البحث العلمي أهمية كبيرة وضرورية في عملية التعليم ككل. هذه الأبحاث ذات مستوى متطور وخاصة في المجال العلمي، وتنشر نتائجها، وقد ساهمت في اكتشاف الكثير من القوانين والتفسيرات العلمية الحديثة. إن الكثير من جامعاتنا تفتقر لهذا النوع المخبري البحثي، وهذا مرتبط بفقرها في الكثير من اختصاصات التعليم العالي، سواء في الجهاز التدريسي أو البنى التحتية من مخابر ومراكز أبحاث.

كل هذا لا ينفي حقيقة مساهمة العديد من الجامعات العربية في تخريج طلاب أصبحوا علماء وباحثين وأساتذة متميزين، سواء عربياً أو عالمياً. ولكن هذا لا يكفي بالنظر للمشاكل التي تعاني منها العملية التعليمية ككل، وخاصة التعليم الجامعي والعالي، ومقارنتها بمثيلاتها الأكثر تطوراً في المستوى العلمي والمعرفي.

الدولة

(٦) في الحديث عن دور الدولة، وأهمية الدور الذي تلعبه في تطوير التعليم ونشره ووصوله إلى المناطق الريفية والنائية، والموازنة بين الجنسين في عملية الالتحاق والقبول، وتحسين نوعية التعليم، والاهتمام بالبحث العلمي نجد ان الدولة العربية لا تقوم بهذا الدور رغم أنه قد تختلف النسب كثيراً بين دولة وأخرى. بل على العكس، عملت بعض الدول على وضع العراقيل في وجه تطوير التعليم الجامعي والعالي، كفرض شروط الولاءات السياسية لعملية القبول الجامعي، والقبول الوظيفي.

(٧) وتشير الإحصاءات إلى ارتفاع نسبة البطالة بين الخريجين الجامعيين العرب لتصل من ١١ ٪ إلى ٣٠ ٪، وهذا يعني أن الطالب الجامعي العربي، يدفع ضريبة التحاقه بالجامعة بانخفاض فرصته في العمل، وهو واقع مقلوب مقارنة مع نظيره في الدول المتقدمة، ومع ما يجب أن يكون.

الرئيسية | سياسة | اقتصاد | رأي | قضايا وتحقيقات | بريد | ثقافة | فن وإعلام | تكنولوجيا | رياضة | ملاحق | أسبوعية | مدونات

الجامعات الخاصة

(٨) شكّل افتتاح العديد من الجامعات الخاصة في الدول العربية فرصاً جديدة تتيح لبعض الطلبة إكمال تعليمهم، وخاصة لهؤلاء الذين لم يتمكنوا من الالتحاق بالجامعات الحكومية، وأعطت الأمل بالحصول على تعليم نوعي متميز، بالرغم من التكلفة العالية التي يتحملها الطالب، حيث يحتاج إلى مبالغ مالية كبيرة، مقارنة مع دخل الفرد في بعض الدول العربية، ففي الأردن مثلاً، ينفق الطالب ٩٨ ٪ من دخل الفرد العام لإنهاء تعليمه الجامعي فقط. والسؤال هنا: هل استطاع التعليم الجامعي الخاص تقديم تعليم ذي مستوى معرفي متميز؟

(٩) إن قطاع التعليم لايمكن أن يكون قطاعاً ربحياً يشبه الشركات التجارية والبِزنِس، وعملية تحويل التعليم في الجامعات الخاصة إلى نشاط ربحي يهدف إلى جني المال بالدرجة الأولى عملت على تحويل عملية التعليم الجامعي إلى عملية ربحية واستثمار اقتصادي لا يكترث بأساسيات ودور التعليم في بناء بنية تحتية بشرية وصنع طاقات وقيادات اجتماعية قادرة على المساهمة الإجتماعية الفاعلة، بالرغم من الدور المهم الذي قد تساهم فيه الجامعات الخاصة، والذي لن يتم بالضرورة إلا بإخضاع التعليم ككل (الخاص والعام)، إلى مشروع وطني عام تحت إشراف الدولة العصرية المؤمنة بأهمية التعليم كأساس مهم وضروري في عملية البناء والتنمية، ووجود مجلس أعلى للتعليم العالي يخطط ويضع شروطاً لمستوى التعليم وافتتاح الجامعات، وضرورة استثمار جزء من ربحيتها في مشاريع البحث العلمي، وافتتاح الفروع الجامعية التي تتناسب مع حاجة سوق العمل وخطط الدولة - إن وجدت.

(١٠) وهنا لا بد من التأكيد على أنه حتى في الدول الرأسمالية التي تعتمد بشكل أساسي على القطاع الخاص، وتتبنى سياسات اقتصادية ليبرالية، لايزال التعليم الجامعي والعالي تحت إشراف ودعم الدولة، مضافاً إليه طبعاً مساهمات الأفراد والمؤسسات المدنية والجمعيات الأهلية ووفق شروط معينة.

تمرين ١٦: القراءة الدقيقة   (في البيت ثم في الصف)

أ. في البيت

١. الجملة الاسمية والجملة الفعلية

(a) In paragraphs **1, 3** and **4**, determine whether each main sentence is اسمية or فعلية and identify its parts (الفعل والفاعل or المبتدأ والخبر).

(b) Which kind (اسمية أو فعلية) are the sentences that begin with إنّ? We will talk about this particle in more depth in القواعد ٣. For now, think of إنّ as marking the noun that follows it as a topic that الخبر will say something important about, and identify the important خبر in each case.

(c) In paragraph **3**, in the sentence beginning فالمحاضرات الجامعية, think about the meanings of the verbs تطبع وتنسخ وتكتب. How does the context help you determine their meaning? What following and parallel verb in this paragraph has this kind of meaning and relationship to its subject? Look for one more example in each of paragraphs **4** and **5**.

٢. اقرأوا الفقرات ٥ و ٧ و ١٠ بمساعدة القاموس وترجموها الى الإنكليزية.

Notice that Arab writers do not necessarily use punctuation markers like commas according to English conventions: Sometimes, as in paragraph 7, a comma separates "أنّ" إسم from its خبر. For this reason, it is important to rely on your analysis of sentence structure rather than punctuation marks. Also, remember to think about الوزن and to check the dictionary for idioms containing the word you are looking for.

ب. في الصف (في مجموعات من اثنين):

١. فقرات ٣ و ٦ و ٩: "و" والقوائم

These paragraphs contain long sentences with lists, and rely on و to organize those lists. Find these lists connected by و and bracket each one (some will be embedded in larger lists). Remember that lists contain the same kind of word, such as a list of plurals, or a list of maSdars, and use this pattern to help you identify embedded lists.

٢. الربط: انظروا إلى أدوات الربط *connectors* في النص وتكلموا عن معانيها في النص.

Pay special attention to the beginning of paragraphs, the use of فـ and other connectors to signal explanation, and connectors that indicate support of an argument, present a contradiction, or link items in a list. Most writers tend to develop their own style with a particular set of connectors they like to use— can you find any repeated connectors that mark this writer's style?

٣. القراءة الجهرية: اقرأوا هذه الفقرات والجمل قراءة جهرية بالإعراب

Reread silently first, and decide where the natural breaks for pauses are within each sentence. Remember to leave off the إعراب endings when you pause. There will be a couple of new words whose internal vowels you have not learned. Your knowledge of noun and verb أوزان will help you work out what those vowels should be.

أ. فقرة ٤ (يضاف إلى ذلك .. إلى نهاية الفقرة)

ب. فقرة ٥ من (كل هذا لا ينفي .. إلى نهاية الفقرة)

ج. فقرة ٨ (شكّل افتتاح العديد من .. إلى نهاية الفقرة)

القواعد ٣

إنّ وأخواتها

In the text التعليم الجامعي, you saw the particle إنّ introduce sentences like the following:

إنّ من بين الـ ٥٠٠ جامعة الأولى والأهم في العالم جامعة عربية واحدة فقط.

إنّ only occurs in two places: (١) after قال, where it marks indirect speech, and (٢) at the beginning of a جملة اسمية. In both cases, it points to the following noun as the topic of the sentence. In highlighting the topic in this way, إنّ also draws the reader's attention to the importance of what الخبر is saying about it. Hence, إنّ plays an important role in expository writing, which focuses on topics and arguments (as opposed to narrative, which focuses on actions and events).

Grammatically, إنّ belongs to a group of particles called إنّ وأخواتها. The members of this group that you know include the following:

إنّ وأخواتها: إنَّ | أنَّ | لأنَّ | لٰكنَّ | كأنَّ

You have learned that these particles must be followed by جملة اسمية. In addition, we noted in Lesson 6 that the nouns following them must take المنصوب ending, and that pronouns must be attached (إنّها، لأنّهم، أنّني..).

Sentences that begin with one of إنّ وأخواتها are considered to be a subset of الجملة الاسمية. You know that the parts of a regular جملة اسمية are called المبتدأ والخبر. The parts of جملة إنّ وأخواتها correspond to those of الجملة الاسمية except for a terminological difference: While the predicates of both kinds of جملة اسمية are called الخبر, the subject of إنّ وأخواتها sentences is called ... اسم إنَّ، اسم لأنَّ، اسم لكنَّ (instead of مبتدأ). The difference in names helps us remember that there is a difference in الإعراب as well, in that اسم إنّ وأخواتها is منصوب (rather than مرفوع like المبتدأ). Comparing the two types of sentences, we see that the name and الإعراب of الخبر match, whereas the subjects have different names and different إعراب:

جملة إنّ وأخواتها	
اسم إنّ (وأخواتها)	منصوب
خبر إنّ (وأخواتها)	مرفوع

الجملة الاسمية	
المُبتدأ	مرفوع
الخبر	مرفوع

This المنصوب ending on اسم إنّ shows clearly in the following examples:

قرأنا أنّ عدداً من الجامعات الحكومية تخطط لإنشاء فروع جديدة في السنوات الخمس القادمة.

Occasionally, Arabic speakers and writers find themselves wanting to use a verb following إنّ or one of its "sisters." In the following example from the text, the author needs to use إنّ because of تقول, but cannot write تقول إنّ تمّ because تمّ is a verb (which itself requires a جملة فعلية). The solution to this problem is to use the so-called "dummy pronoun" ـه to hold the place of اسم إنّ while the جملة فعلية stands in for الخبر:

(الأرقام) تقول: إنّـه تمّ تحويل الجامعة العربية الى مؤسسة تدريس نمطية.

Watch and listen for إنّ وأخواتها in formal Arabic to help you keep track of topics and what is being said about them, especially in the long sentences that characterize formal Arabic prose.

تمرين ١٧: إنّ وأخواتها (في البيت)

The following sentences are taken from the التعليم الجامعي text. Identify الاسم والخبر in each إنّ وأخواتها sentence and write الإعراب on all nouns and adjectives in each sentence (ignore proper nouns). Note that some sentences may contain more than one جملة إنّ وأخواتها. Remember that the order of الاسم والخبر in these sentences can also be reversed, just like the order of المبتدأ والخبر in regular جمل اسمية and especially when الاسم is indefinite.

١. إن من بين الـ ٥٠٠ جامعة الأولى والأهم في العالم جامعة عربية واحدة فقط، هي جامعة الملك سعود في المملكة العربية السعودية، في حين أن في إيران جامعة واحدة.
٢. هذا وتبين الإحصاءات ... أن متوسط تخصيص الدول العربية للتعليم بكل مراحله هو ١٦ إلى ٢٠ ٪ من أصل الميزانية العامة للدولة.
٣. إن الأرقام التي تؤكدها الإحصاءات تقول: إنه تم تحويل الجامعة العربية الى مؤسسة تدريس نمطية.
٤. إن الكثير من جامعاتنا تفتقر لهذا النوع المخبريّ البحثيّ.
٥. نجد أن الدولة العربية لا تقوم بهذا الدور رغم أنه قد تختلف النسب كثيراً بين دولة وأخرى.
٦. هذا يعني أن الطالب الجامعيّ العربيّ يدفع ضريبة التحاقه بالجامعة بانخفاض فرصته في العمل.
٧. إن قطاع التعليم لايمكن أن يكون قطاعاً ربحياً يشبه الشركات التجارية.
٨. إن الاعتماد على الوسيلة الحفظية، كوسيلة وحيدة للتعلم، وعدم الاهتمام بالوسائل البصرية والسمعية والتكنولوجية الحديثة، وغياب تفاعل الطلاب أدى إلى تحويل معظم عملية التعليم إلى واجب حفظيّ.

تمرين ١٨: استخدام إنّ (في الصف)

You and a partner are designated speakers at an activist rally. Together, prepare a short speech to rouse the crowd using إنّ وأخواتها and الإعراب endings for powerful rhetorical effect.

عبارات يمكن استخدامها:

إنّ..!	يقولون إنّ ..	على الرغمَ من أنّ .. فَـ	صحيح أنّ ..
إلّا أنّ ..	خصوصاً وأنّ ..	في حين أنّ ..	نؤمن بأنّ ..

مواضيع يمكن أن تساعدكم على التفكير:

معارضة زيادة تكاليف الدراسة	ضرورة الإنفاق على خدمات مهمة	عدم تحمل السياسيين مسؤولياتهم
رفض قانون يعارض مبادئكم	دعوة لتغيير نظام سياسي أو اقتصادي	دعوة لمقاومة قرار معيّن

الفعل المجهول في الماضي والمضارع

In Lesson 7, we introduced passive verbs (الفعل المجهول or الفعل المَبني للمجهول) in formal Arabic in الماضي, and by now you are well acquainted with the vowel patterns of I وزن and II وزن : طُبِعَت، وُلِدتُ، عُيِّنَ. You also know one passive verb in المضارع : يُعتَـبَر. In the article on التعليم الجامعي, you were able to identify several passive verbs in المضارع by meaning, even without knowing the internal voweling. The ability to identify unvoweled passive verbs from context is the most important aspect of understanding المجهول. Paying attention to the context and the subjects and objects of verbs will allow you to identify passive verbs when they occur.

Here we will fill in the conjugation paradigm of الفعل المجهول in both الماضي and المضارع in formal Arabic, and we will introduce the basic مجهول patterns in الشامي والمصري. Using the verbs you know as models, you will be able to derive any stem you need.

While each وزن has its own vowel pattern for المجهول, two things are constant: (1) Both الماضي and المضارع conjugations have **Damma** on the first syllable in all أوزان, and (2) the last syllable of the stem always has **kasra** in الماضي and **fatHa** in المضارع.

Some unvoweled verbs can be identified as passive from their shape. Compare the following pairs of verbs and identify which verb is passive and which is active. How does the form of the verb indicate which is which? Recall that المجهول verbs have "kasra in الماضي, fatHa in المضارع" in their last stem syllable. Which of the following can you identify as following that pattern?

يقول الكاتب إنّ ...	يقال إنّ ...
تغطّي السيارة جيداً ...	تغطّى السيارة جيداً ...
يضيف إلى ذلك أنّ ...	يضاف إلى ذلك أنّ ...
أنشأت المؤسسة قناة فضائية جديدة ...	أنشئت قناة فضائية جديدة ...

The alif in يقال (instead of و), the ى in تغطّى (instead of ي), the alif in يضاف (instead of ي), and the ـئـ in أنشئت (instead of أ) that reveals a kasra vowel all indicate the left-hand column as the one containing المجهول verbs. Now, recalling that the first syllable of each stem in both الماضي and المضارع has Damma, we can easily vowel all four verbs:

يُقال إنَّ ...

يُضاف إلى ذلك أَنَّ ...

تُغَطّى السيارة جيداً ...

أُنشِئَت قناة فضائية جديدة

We noted above that the internal vowels follow set patterns for each وزن. In practice, there are only two patterns, one shared by أوزان that have two syllable stems, and another shared by أوزان that have more than two syllable stems. In the two following diagrams, each vowel represents a syllable, and the vowels in parentheses apply to longer أوزان that have three internal syllables.

المضارع: ـُـ (ـَـ) ـَـ | الماضي: ـُـ (ـُـ) ـِـ

Matching the internal vowels of these patterns with actual verbs, we get:

المضارع: يُطبَع | يُعتَبَـر   الماضي: نُشِـر | أُعتُبِـر

The patterns are summarized in the chart by وزن. Focus on the vowels and pick out the vowel patterns:

	المضارع	الماضي
Two-syllable stems	يُفعَل (I و IV)	فُعِل(I) فُعِّل (II) فوعِل (III) أُفعِل (IV)
Three-syllable stems	يُفَعَّل (II) يُفاعَل (III) يُتَفَعَّل (V) (rare) يُتَفاعَل (VI) (rare) يُفتَعَل (VIII) يُستَفعَل (X)	تُفُعِّل (V) (rare) تُفوعِل (rare) (VI) أُفتُعِل (VIII) أُستُفعِل (X)

These patterns apply to all verbs. Even verbs whose roots contain و or ي or a doubled consonant show only slight, predictable modifications. If you prefer to learn the passive by memorizing models for each وزن, the following charts provide some commonly used passive verbs. We have included model verbs for those with roots containing ي, و, or a doubled consonant. The verb ترجم, like all verbs with four root consonants, follows the pattern of II وزن. Notice the Damma in the first syllable and the kasra-fatHa patterns of الماضي and المضارع in the final stem syllable.

الفعل المجهول

المضارع	الماضي
يُوجَد	وُجِدَ
يوضَع	وُضِعَ
يُقال	قيلَ
يُخَصَّص	خُصِّصَ
يُدَوَّن	دُوِّنَ
يُتَرجَم	تُرجِمَ
يُشاهَد	شوهِدَ
يُرسَل	أُرسِلَ
يُثار	أُثيرَ
يُنشَأ	أُنشِئَ
يُعتَبَر	أُعتُبِرَ
يُعتَمَد عليه	أُعتُمِدَ عليه
يُحتَلّ	أُحتُلَّ
يُستَخدَم	أُستُخدِمَ

Notice that the verb اعتمد على must keep its preposition in المجهول. All verbs that require a preposition to express their meaning retain the preposition in the passive. We will return to this kind of construction later.

To give you an example of what a full conjugation of الفعل المجهول looks like, we present here the familiar verbs وُلِدَ for الماضي and يُعتَبَر for المضارع. وُلِد is one of the few verbs that occur regularly in various persons. In practice, you will rarely need to conjugate passive verbs beyond هو and هي since passive verbs tend to have inanimate subjects.

تصريف الفعل المجهول

المضارع			الماضي		
الجمع	المثنّى	المفرد	الجمع	المثنّى	المفرد
نُعتَبَر		أُعتَبَر	وُلِدنا		وُلِدتُ
تُعتَبَرونَ تُعتَبَرنَ	تُعتَبَرانِ تُعتَبَرانِ	تُعتَبَر تُعتَبَرينَ	وُلِدتُم وُلِدتُنَّ	وُلِدتُما وُلِدتُما	وُلِدتَ وُلِدتِ
يُعتَبَرونَ	يُعتَبَرانِ	يُعتَبَر	وُلِدوا	وُلِدا	وُلِدَ
يُعتَبَرنَ	تُعتَبَرانِ	تُعتَبَر	وُلِدنَ	وُلِدَتا	وُلِدَت

One final thing to keep in mind about **المجهول** in Arabic is that its usage does not always parallel that of the English passive voice. This is because Arabic has several means available to express the functions that the English passive does alone. The most important difference between the passive voice in these two languages is that the Arabic passive is not generally used to express a human agent, that is, to say (it) was (done) by someone. In modern usage, certain expressions can indicate an agent, such as **على يد**:

قُتِلوا على يد رجال الشرطة.

However, this kind of construction occurs much less frequently in Arabic than in English.

In English, passive verbs are often used to put special focus on the agent of the action. Think about the difference between these two sentences:

Huda Barakat wrote this story. | *This story was written by Huda Barakat.*

The first sentence merely states a fact, while the second sentence focuses on the fact that Huda Barakat, as opposed to someone else, wrote the story. English must use the passive voice to express this contrast because its word order is fixed. In Arabic, however, this difference is expressed through a different word order, rather than a passive construction. The functional difference between the English active and passive voices in the examples above is parallel to the functional difference in word order in these Arabic translations:

كَتَبَت هدى بركات هذه القصة. هذه القصة **كَتَبَتها** هدى بركات.

English also tends to use the passive voice in indefinite relative clauses (**جملة صفة** in Arabic):
The Syrian writer Colette Khoury studied at a school founded by Jesuits.

Here, too, Arabic prefers the active voice and uses its flexible word order to express the same meaning:

درست الكاتبة السورية كوليت خوري في مدرسة **أنشأها الآباء اليسوعيون.**

In addition to المجهول, you have seen other ways of expressing a passive meaning in Arabic. One of these is the impersonal construction تمّ + المصدر. This construction occurs most often in journalistic contexts, where it reports the completion of an action without reference to people or agents involved, as these examples show:

تمّ **إنشاء** هذه المؤسسة سنة ١٩٩٠.	This foundation was established in 1990
تمّت **المقابلة** بين وزيرَيْ الخارجية.	The meeting between … took place

This construction has the advantage of clearly expressing in writing a passive meaning without resorting to an unvoweled verb.

Arabic also expresses actions that occur without explicit actors or agents through وزن اِنفَعَل, which is related in meaning to transitive verbs of I وزن:

قَطَعَ	*to cut*	**اِنقَطَعَ**	*to be cut*
شَغَلَ	*to preoccupy*	**اِنشَغَلَ**	*to be preoccupied with*
خَفَضَ	*to lower or lessen something*	**اِنخَفَضَ**	*to be lowered, lessoned*

Remember that, in formal Arabic, وزن اِنفَعَل relates only to I وزن (not to any other أوزان), and that only a small percentage of I وزن verbs have a corresponding verb of VII وزن. While اِنفَعَل is often translated as a passive, it is not a passive that is derived from I وزن like the internal passive is, at least in formal Arabic. However, in spoken Arabic, the pattern of اِنفَعَل is used instead of internal vowels to express a true passive in a number of spoken Arabic dialects, including الشامي. In المصري the ن is replaced with ت, resulting in اِتفَعَل. You saw this pattern in Lesson 6 in اِتقَبَل اِنقَبَل. The following chart shows the patterns of الماضي and المضارع so that you can learn to recognize them in your dialect:

المجهول في العامية

بالفصحى	بالشامي	بالمصري
قُبِلَ ، يُقبَل	اِنقَبَل ، يِنقِبِل	اِتقَبَل ، يِتقِبِل
ضُرِبَ ، يُضرَب	اِنضَرَب ، يِنضِرِب	اِتْضَرَب ، يِتْضِرِب

تمرين ١٩: المبني للمجهول (في البيت)

أ. أكملوا الجدول بـأشكال الفعل المجهول:

Fill in the chart as much as possible using the patterns you have learned without looking back at the previous charts. Remember to write in all vowels to show الوزن.

الفعل المعلوم	الفعل المجهول	
	الماضي	المضارع
عَرَفَ		
قَتَلَ		
كَسَرَ		
قَدَّمَ		
وَزَّعَ		
لاحَظَ		
أَكمَلَ		
أَنفَقَ		
اِحتَرَمَ		
اِتَّبَعَ		
اِستَخدَمَ		
اِستَقبَلَ		

ب. استخدم/ـي الماضي أو المضارع من كل فعل في جملة من عندك.

تمرين ٢٠: من فعل هذا؟ استخدام المجهول (في الصف)

These sentences all identify the subject of the action. But what if that subject were unknown? Working in small groups, rephrase each sentence so that it omits the subject and expresses a passive action:

١. توزّع شركة "نيو يورك تايمز" صحيفتها اليومية المشهورة على القرّاء في كل مكان عن طريق الطباعة باللّيزر.

٢. سيناقش العلماء المتخصصون نتائج الأبحاث التي أجروها.

٣. استكشف الأوروبيون معظم مناطق إفريقيا في القرن التاسع عشر.

٤. أنفقت الوزارة أكثر من مليون دولار على إنشاء فروع جديدة للجامعة في المناطق الريفية.

٥. لا يستخدم المصريون العامية في الكلام فقط ولكن في عدد كبير من المدونات ومواقع الـ "تشات" ايضاً.

٦. أنشأ الفاطميون مدينة القاهرة في عام ٩٦٩ ميلادية.

٧. أرسل إليّ شخص لا أعرفه رسالة إليكترونية فيها "فايروس" كان السبب في تعطّل الحاسوب عن العمل.

٨. لا نجد هذا النوع من الشجر إلّا في المناطق الجبلية.

٩. احتلّ الأمريكيون العراق عام ٢٠٠٣ بعد أن أسقطوا حكومة صدام حسين.

١٠. ستعيد إدارة الجامعة النظر في قرار رفع تكاليف الدراسة بسبب المظاهرات التي أقامها الطلاب.

تمرين ٢١: جمل بدون فاعل (في الصف)

اقرأوا كل جملة وفكروا في أحسن طريقة للتعبير عنها بالعربية. لا تترجموا كلمة كلمة من الانكليزية ولكن فكروا في وظيفة الفعل في كل جملة. ويمكن أن تجدوا أكثر من طريقة واحدة للتعبير.

Remember that naming human agents directly is not preferred in Arabic, although the expression على يد permits a human agent to be expressed.

1. All the information that was recorded on the website was copied onto your computer.
2. The Mellon Foundation was established more than forty years ago by Andrew Mellon's two children.
3. All the churches in the city have been decorated for Christmas.
4. More than 1,000 books on the Middle East have been published this year.
5. Political relations between the two countries were severed years ago.
6. Two hundred employees will be moved to a different branch.
7. The new building that had been planned by the company will be built next year.

الاستماع بالفصحى

تمرين ٢٢: "التعليم الجامعي في العالم العربي"

(في البيت ثم في الصف)

أ. في البيت

١. ما التقرير الذي يذكره البرنامج؟ من الذي أعده؟ وماذا كانت نتيجته؟

٢. ما هي الأُسس التي اعتمد عليها التقرير؟ (اذكروا أربعة منها على الأقل)

٣. أجرى البرنامج مقابلات مع بعض الطلاب والأساتذة حول أسباب المشاكل التي يواجهها التعليم الجامعي في البلدان العربية، ما بعض الأسباب التي ذُكِرت؟ (اكتبوا ستة أسباب)

٤. ما رأي الأمين العام للجامعة *League* العربية في التعليم العربي؟

ب. في الصف

١. تناقشوا مع زملائكم (في مجموعات صغيرة) في الأشياء التي فهمتموها وكتبتموها بعد الاستماع في البيت.

٢. ماذا قالت المتكلمة في بداية البرنامج؟ وما علاقة كلامها بالقضية التي يركز عليها البرنامج؟

٣. في أجزاء مختلفة من البرنامج كان هناك مقارنات بين الجامعات العربية وجامعات أخرى في العالم، ما هي الجامعات التي تمت المقارنة بها؟ وما كانت نتيجة هذه المقارنات؟

٤. في نهاية الفيديو تقول مقدّمة البرنامج: "هناك وَعْي *awareness* سياسي على أعلى المستويات في الوطن العربي بأن هناك فعلاً مشكلة في التعليم الجامعي، ولكن ما هو المطلوب عملياً؟"؛ ما هي، في رأيكم أنتم كدارسين للعالم العربي، بعض الحلول العملية الممكن اتباعها لمواجهة مشاكل التعليم؟

تمرين ٢٣: الاستماع الدقيق (في البيت)

أ. اكتبوا الأفعال التي سمعتموها من بداية البرنامج حتى ١:٠١ . **اكتبوا كل فعل جديد مرة واحدة فقط.**

(١) .... (٢) .... (٣) .... (٤) ....

(٥) .... (٦) .... (٧) .... (٨) ....

(٩) ....

ب. استمعوا للجزء من ٤:٥٢ إلى ٥:٥٢ واكتبوا الكلمات في الفراغات:

أولاً (١) .... ، (٢) .... الجامعات في (٣) ....

(٤) .... وهنا في السودان لاتلقى (٥) .... (٦) ....

لـ (٧) .... (٨) .... (٩) .... الثاني هو

(١٠) .... توفُّر (١١) .... (١٢) ....

لـ (١٣) .... العلمي. لو (١٤) .... بعض هذه الـمَعايـير *standards*

(١٥) .... بتتمثل في (١٦) .... عدد الطلبة للأستاذ، بتتمثل في حَجم *volume*

(١٧) .... والبحث العلمي الذي (١٨) .... (١٩) .... الأستاذ،

بتتمثل في (٢٠) .... (٢١) .... (٢٢) .... من مكتبات تحصل

على (٢٣) .... *periodicals* وكتب حديثة على مدار اليوم (٢٤) ....

(٢٥) .... (٢٦) .... على مدار الساعة، (٢٧) ....

(٢٨) .... تحديثها (٢٩) .... تتوفر فيها كل (٣٠) .... ، طالب

يجد مكانه في (٣١) .... ولا (٣٢) .... من (٣٣) .... ،

طالب (٣٤) .... عمله في المعمل بيده، (٣٥) .... بتاعة

(٣٦) .... أيضاً (٣٧) .... (٣٨) ....

(٣٩) .... وبيئة (٤٠) .... في (٤١) .... العلمي.

الحوار

تجربتي في الدراسة الجامعية

تمرين ٢٤: تجربتي الجامعية (في البيت و في الصف)

في هذا الجزء سنشاهد مقابلات مع أربعة طلاب مصريين أو طالبين سوريين وطالب أردني يناقشون واقع التعليم الجامعي في بلدانهم ويتحدثون عن تجاربهم الجامعية الخاصة. سيحدد لكم الأستاذ/ة المقابلات التي يجب أن تستمعوا اليها في البيت. استمعوا الى المقابلات في البيت حسب ما طلبه منكم الأستاذ/ة وأجيبوا عن الأسئلة واستعدوا لإعطاء تقرير عن المقابلة/المقابلات التي استمعتم اليها لزملائكم في الصف. في مناقشتكم مع زملائكم في الصف ركّزوا على التشابهات والاختلافات التي تلاحظونها في كلام هؤلاء الطلاب عن تجاربهم وناقشوا ملاحظاتكم مع الصف ككل.

أ. الأستاذ شريف رمزي

١. عرفنا إيه عن سبب اختياره لجامعته وتخصصه؟

٢. إيه مشكلة التعليم الأساسية في مصر؟ وإيه اللي بيسبّب المشكلة دي في رأيه؟

٣. إيه رأيه في شكل العلاقة بين الأستاذ والطالب؟

٤. إيه رأيه في الجامعات الخاصة؟ وليه؟

٥. بالنسبة له، إيه كان تأثير التجربة الجامعية في تطوير شخصيته؟ وليه؟

٦. هو بيقول إن الطالب في مصر مظلوم، ليه؟

٧. ليه ذكر جايزة نوبل وأسماء بعض العلماء المصريين المشهورين في العالم؟

ب. الآنسة اِنجِل

١. عرفنا إيه عن سبب اختيارها للجامعة والتخصص؟

٢. ناوية تعمل إيه بعد التخرج؟

٣. هي اتكلمت عن مشكلتين في حياتها الجامعية، إيه همَّ؟

٤. علاقتها إزاي مع الأساتذة؟ ومع زمايلها؟

٥. قالت لنا إيه عن إمكانات الجامعة واستخدامها ليها؟

٦. إيه رأيكو في تجربة انجل في الجامعة بشكل عام؟

ج. الآنسة هَناء نور الدين

١. عرفنا إيه عن سبب اختيارها لجامعتها وتخصصها؟

٢. إيه أهدافها للمستقبل؟

٣. عرفنا إيه عن مشروع التخرج بتاعها؟

٤. إيه كان تأثير التجربة الجامعية في حياتها؟

٥. في رأيها، إيه الاختلافات بين الجامعات الحكومية والجامعات الخاصة؟

٦. إيه النشاطات الطلابية اللي كانوا بيعملوها في الجامعة؟

٧. إيه مشاكل التعليم في رأيها؟ وايه اللي تقصده بـ "الظلم" في التعليم؟

د. الأستاذ رفيق مدحت

١. عرفنا إيه عن سبب اختياره لجامعته وتخصصه؟

٢. إيه السبب اللي خلّاه يتنقل من جامعته لجامعة تانية؟

٣. إيه مشاكل الجامعة في رأيه؟

٤. قال لنا إيه عن إمكانيات الكلية اللي بيدرس فيها؟ وعن النشاطات الطلابية فيها؟

٥. إيه رأيه في مشاكل النظام التعليمي في مصر؟

٦. إيه وجهة نظره بالنسبة للجامعات الحكومية والخاصة في مصر؟

٧. إيه الموضوعات التانية اللي اتكلم عنها؟ وقال إيه؟

أ. الأستاذة لمى ناصيف

١. شو عرفنا عن تخصصها وجامعتها وأسباب اختيارها إلهُن؟

٢. كيف كانت تجربتها الجامعية؟ وليش؟

٣. هي ناقشت عدد من المشاكل اللي شافتها لمّا كانت طالبة بالجامعة، شو كانت هالمشاكل؟ وشو أسبابها؟

٤. شو رأيها بإمكانيات البحث بالجامعة؟ والنشاطات الجامعية؟

٥. كيف كان نظام التقييم بالجامعة؟ وشو رأيها فيه؟

٦. شو المشاكل التانية اللي حكيت عنها بالنسبة للدراسة الجامعية؟

٧. شو رأيها بالجامعات الخاصة بالمقارنة بالجامعات الحكومية؟ وشو التأثير اللي عم تشوفه؟

ب. الأستاذ نبيل زهدي

١. شو عرفنا عن تخصصه وجامعته وأسباب اختياره إلهُن؟

٢. شو الاختيارات الموجودة قُدّام الطلاب بسوريا لمّا بيفكروا يدخلوا الجامعة؟ شو السبب بهادا؟

٣. شو مشكلة المختبرات والمكتبات بالجامعة؟

٤. هو حكي عن تلات مشاكل للتعليم الجامعي بسوريا، شو هيّ؟

٥. شو وجهة نظره بالنسبة لوضع الجامعات الخاصة بسوريا؟ وشو اللي بيميّز هالجامعات؟

٦. شو الشي اللي ذكره واللي ممكن يساعد الطالب على إنو ينتقل لجامعة تانية؟

٧. شو ذكرياته عن تجربته الجامعية بشكل عام؟

٨. بيقول إنو الطالب "هو اللي بيصنع نفسه مو الجامعة"، شو بيقصد بهاد؟ وشو رأيكم إنتو بهالفكرة؟

ج. الأستاذ أحمد

١. شو عرفنا عن تخصصه؟ على أي أساس اختار تخصصه وجامعة اليرموك؟

٢. هو حكي عن شيئين شجعوه على اختيار التخصص اللي اختاره، شو هنّ؟

٣. كيف كانت علاقته بأساتذته بالأول؟ شو اللي خلّاها تتغيّر بعدين؟

٤. شو رأيه بتجربته بالجامعة؟ وليش؟

٥. شو مشاكل الجامعة اللي حكي عنها؟

٦. شو قال عن المشاكل اللي بيواجهها طلاب الجامعات بالأردن؟

٧. شو وجهة نظره بالاختلافات بين الجامعات الخاصة والجامعات الحكومية بالأردن؟ ليش؟

الثقافة

الجامعة والصداقة بين الجنسين

كيف أثّرت الحياة الجامعية الحديثة على الثقافة العربية؟ تناقش هذه المقالة آراء مختلفة في هذا الموضوع. اقرأوها ثم ناقشوا الآراء مع زملائكم في الصف.

تمرين ٢٥: الصداقة بين الجنسين (في البيت ثم في الصف)

أ. في البيت

اقرأوا المقالة عن الآراء المختلفة في الصداقة بين الشاب والشابة في المجتمع السوري وأجيبوا:

١. ما هي العلاقة بين الجامعة وموضوع العلاقة بين الجنسين؟

٢. هل نرى اختلافًا بين آراء الشباب وآراء الشابات هنا؟ كيف تفسّر/ين ذلك؟

٣. اختاروا ٣ كلمات مهمة تلعب دوراً مهماً في معنى النص وابحثوا عن معانيها في القاموس، ثم اكتبو كل كلمة مع الجملة التي تضمّها في النص لتبيّنوا معناها.

ب. في الصف

١. في مجموعات صغيرة، ناقشوا ما كتبتم مع زملائكم ثم أخبروا الصف بنتيجة المناقشة.

٢. مناقشة عامة: هل هناك اختلاف في الرأي حول موضوع الصداقة بين الجنسين في مجتمعكم؟ كيف؟ هل تلعب الجامعة دوراً في ذلك؟ لماذا؟

الجمعة ١٨ يناير ٢٠١٣ | إذهب إلى الطبعة السعودية

الحياة AL HAYAT

لإعلاناتكم التواصل على البريد الإلكتروني dms@choueirigroup.com
أو زيارة موقعنا www.dms-cg.com

الحياة

الصداقة بين الجنسين ... حاجة ترفضها الأسرة وتحطّمها الغيرة

لا تزال الصداقة بين الجنسين من جيل الشباب، التي بدأت تظهر في المجتمع السوري، غريبة بعض الشيء. وإذا كانت الاسر السورية تتفاوت في تمسكها ببعض التقاليد التي تجعل نشوء هذه العلاقة صعباً جداً تبعاً لدرجة الوعي، فإن هذه العلاقات تظل في التجمع الذي نشأت فيه وتندثر مع خروج أيّ من طرفي الصداقة من اطار هذا التجمع او بارتباط احد الطرفين بعلاقة حب او زواج.

الاختلاط الدراسي

وتبدو السنة الجامعية الاولى عالماً جديداً بعد مغادرة مقاعد الدراسة الثانوية وتشكل ارضاً واسعة للتعارف والزمالة، لتبرز قضية الاختلاط الدراسي وتتسع مساحة العلاقات الجامعية تدريجيّاً وتتشكل نظرة جديدة للعلاقات بين الطلاب تتطور الى ابعد من حدود الزمالة.

"دخولي الى الجامعة منذ ثلاث سنوات واختلاطي بزملاء لي من اماكن مختلفة جعلني ارتاح لبعضهم وتطورت علاقتنا من حدود الزمالة الى الصداقة، الأمر الذي جعلني اوطد علاقتي بهم الى حد الاعتماد عليهم في حل مشكلاتي او المساعدة في الدراسة على رغم انني مخطوبة منذ سنتين"، تقول راميا، وتضيف: "حاولت اكثر من مرة مع اهلي ان اعرفهم على صديقين لي عبر دعوتهما لزيارتنا في البيت، وكان ذلك قبل خطبتي إلا ان اهلي رفضوا معللين ذلك بأنه إن لم يكن هناك اي مشروع خطبة او زواج فلا حاجة لذلك على رغم ان هذين الصديقين هما مثل اخوتي لا يتوانون عن تقديم اي مساعدة لي او اي مشورة".

ويبدو استمرار مشروع صداقة راميا مستحيلاً بسبب غيرة خطيبها عليها "عندما زارني خطيبي في الجامعة، لم يرتح لهما ولمّح الى ضرورة قطع علاقتي بهما او ابقائها في حدود زمالة الدراسة لا اكثر".

الحياة

الرئيسية | سياسة | اقتصاد | رأي | قضايا وتحقيقات | بريد | ثقافة | فن وإعلام | تكنولوجيا | رياضة | ملاحق | أسبوعية | مدونات | Translations

الحياة

وتلعب الغيرة دوراً كبيراً في تحطيم هذا النوع من الصداقة. هذا ما يذكره عماد المتزوج منذ اربع سنوات والموظف في احدى المؤسسات الحكومية: "بحكم العمل والبقاء في غرفة واحدة نحن وزميلاتنا الموظفات نبقى معاً طوال وقت الدوام الرسمي، فنشأ نوع من الارتياح بيني وبين احدى زميلاتي. وتوطدت علاقتنا الى حدود الصداقة، الا ان زوجتي رفضت في شكل قاطع ان ادعو صديقتي الى المنزل لأنها من النوع الغيور، مع انها تحاول ان تخفي ذلك. وعندما احدثها عن مشكلات صديقتي تبدي عدم اهتمامها بذلك او تحاول تغيير الحديث".

المستوى العلمي

ويلعب المستوى التعليمي والثقافي دوراً مهماً في استمرار الصداقة بين الجنسين، بحسب عامر المهندس: "تعرفت الى احدى زميلاتي خلال عملي في احد مشاريع الشركة وتوطدت علاقتي بها بحكم عملنا المشترك لأنها كانت مساعدتي في المشروع وعرفتني الى زوجها الطبيب وتتالت الزيارات بين الاسرتين حتى انها صارت صديقة لزوجتي". ويشير عامر الى أهمية عامل الثقة بين اطراف الصداقة في توطيدها واستمرارها اضافة الى عامل الوعي والمستوى الثقافي الذي يتمتع به الاصدقاء.

صداقة اقوى

ويرى بعضهم ان الصداقة بين الجنسين تكون اكثر متانة منها في الجنس الواحد. تعتبر سهام ان "استمرار علاقتي بصديقي على رغم مرور سنوات طوال على بدئها يعود الى عدم وجود اي مصالح من الجانبين، بل الصراحة والصدق في التعامل".

ويبدأ بعض الصداقات من اعجاب احد الطرفين بالآخر، كما يقول فادي: "لدي صديقة ارتاح للحديث معها كثيراً، حتى انها تعرف جميع اسراري التي يمكن ان اقولها لصديقي الشاب، وأنا لا انكر انني كنت معجباً بها في البداية، ولكن تحددت علاقتنا في ما بعد ضمن اطار الصداقة، ونحن لا نستطيع ان نتخيل نفسينا اكثر من ذلك... ويظل تعاملي مع صديقتي ألطف طبعاً لكونها فتاة".

ولا تزال كثرة من الناس ترفض هذا النوع من الصداقة. ويقول حسان: "العلاقة المفترض ان تربط اي رجل بامرأة هي العلاقة الشرعية المعروفة، ولا اعتقد بوجود صداقة بين الرجل والمرأة. ولا اسمح لأختي ان يكون لها صديق وإن تعرفت على احدهم فإما ان يتقدم لخطبتها ويتزوجها واما ان تنتهي هذه العلاقة التي لا تجلب الا وجع الرأس".

الحياة

الكتابة

تمرين ٢٦: نشاط كتابة (في البيت)

بعد مناقشة "الصداقة بين الجنسين" مع زملائكم، اكتبوا مقالة (حواليّ ٢٠٠ كلمة) حول الآراء المختلفة في هذا الموضوع، مستخدمين فيها أدوات ربط *connectors* مناسبة لتنظموا أفكاركم.

You can find two extra practice drills on some of the key concepts in this lesson and previous lessons on the companion website. These drills are optional and allow you another opportunity to practice what you have learned.

Grammar Appendices

١. الضمائر وأسماء الإشارة وأسماء الموصول *Pronouns*

الضَّمائر *Pronouns* في الفصحى				
ضمائر النَّصب Object Pronouns	الضَّمائر المُتَّصلة مع الفعل المضارع	الضَّمائر المُتَّصلة مع الفعل الماضي	ضمائر الملكيّة Possessive	الضَّمائر المُنفَصلة Independent
فَهِمَـ ـني	أَفْهَم	فَهِمْـ ـتُ	كِتابـ ـي	أنا
فَهِمَـ ـنا	نَـ ـفْهَم	فَهِمْـ ـنا	كِتابـ نا	نَحنُ
فَهِمَـ ـكَ	تَـ ـفْهَم	فَهِمْـ ـتَ	كِتابـ ـكَ	أَنتَ
فَهِمَـ ـكُما	تَـ ـفْهَمـ ـانِ	فَهِمْـ ـتُما	كِتابـ ـكُما	أَنـتُما
فَهِمَـ ـكُم	تَـ ـفْهَمـ ـونَ	فَهِمْـ ـتُم	كِتابـ ـكُم	أَنـتُم
فَهِمَـ ـكِ	تَـ ـفْهَمـ ـينَ	فَهِمْـ ـتِ	كِتابـ ـكِ	أَنتِ
فَهِمَـ ـكُما	تَـ ـفْهَمـ ـانِ	فَهِمْـ ـتُما	كِتابـ ـكُما	أَنـتُما
فَهِمَـ ـكُنَّ	تَـ ـفْهَمْـ ـنَ	فَهِمْـ ـتُنَّ	كِتابـ ـكُنَّ	أَنـتُنَّ
فَهِمَـ ـهُ*	يَـ ـفْهَم	فَهِمَ	كِتابـ ـهُ*	هُوَ
فَهِمَـ ـهُما*	يَـ ـفْهَمـ ـانِ	فَهِمـ ـا	كِتابـ ـهُما*	هُما
فَهِمَـ ـهُم*	يَـ ـفْهَمـ ـونَ	فَهِمـ ـوا	كِتابـ ـهُم*	هُم
فَهِمَـ ـها	تَـ ـفْهَم	فَهِمَـ ـتْ	كِتابـ ـها	هِيَ
فَهِمَـ ـهُما*	تَـ ـفْهَمـ ـانِ	فَهِمَـ ـتا	كِتابـ ـهُما*	هُما
فَهِمَـ ـهُنَّ*	يَـ ـفْهَمْـ ـنَ	فَهِمْـ ـنَ	كِتابـ ـهُنَّ*	هُنَّ

* Remember that attached pronouns beginning with ـهُـ undergo a shift to ـهِـ when the immediately preceding vowel is kasra or ي as in كتابِهِ، فَهِمْتِهِم, and كَراسيهِنَّ.

الضَّمائر *Pronouns* في العاميتين **الشامية** و **المصرية**								
ضمائر النَّصب Object Pronouns		الضَّمائر المُتَّصلة مع الفعل المضارع		الضَّمائر المُتَّصلة مع الفعل الماضي		ضمائر الملكيّة Possessive		الضَّمائر المُنفَصلة Independent
فِهِمْـ ـني	فِهِمْـ ـني	اَفْهَم	اِفْهَم	فِهِمْـ ـتْ	فهمْـ ـتْ	كِتابـ ـي	كتابـ ـي	آنا	أنا
فِهِمْـ ـنا	فِهِمْـ ـنا	نِـ ـفْهَم	نِـ ـفْهَم	فِهِمْـ ـنا	فهمْـ ـنا	كِتابـ نا	كتابـ نا	اِحنا	نِحنا
فِهِمْـ ـَك	فِهِمْـ ـك	تِـ ـفْهَم	تِـ ـفْهَم	فِهِمْـ ـتْ	فهمْـ ـتْ	كِتابـ ـَك	كتابـ ـَك	اِنتَ	إنتَ
فِهِمْـ ـِك	فِهِمْـ ـِك	تِـ ـفْهَمـ ـي	تِـ ـفْهَمـ ـي	فِهِمْـ ـتي	فهمْـ ـتي	كِتابـ ـِك	كتابـ ـِك	اِنتي	إنتي
فِهِمْـ ـكو	فِهِمْـ ـكُن	تِـ ـفْهَمـ ـوا	تِـ ـفْهَمـ ـوا	فِهِمْـ ـتوا	فهمْـ توا	كِتابـ ـكُو	كتابـ ـكُن	اِنتو	إنتو

الضَّمائر *Pronouns* في العاميتين **الشامية** و **المصرية**									
الضَّمائر المُنفَصلة Independent		ضَمائِر المِلكيّة Possessive		الضَّمائر المُتَّصلة مع الفعل الماضي		الضَّمائر المُتَّصلة مع الفعل المضارع		ضمائر النَّصب Object Pronouns	
هُوّ	هُوَّ	كتابـُه (ـو)	كِتابـُه	فِهِمْ	فِهِمْ	يِـفْهَم	يِـفْهَم	فِهمـُه	فِهمـُه
هِيّ	هِيَّ	كتابـ(ـهـ)ـا*	كِتابـها	فِهِمـِتْ	فِهْمِـتْ	تِـفْهَم	تِـفْهَم	فِهِمـ(ـهـ)ـا*	فِهِمـها
هِنّ/هِنّي	هُمَّ	كتابـ(ـهـ)ـُن*	كِتابـهُم	فِهْمـوا	فِهْمـوا	يِـفْهَمـوا	يِـفْهَمـوا	فِهِمـ(ـهـ)ـُن*	فِهِمـهُم

* The consonant ـهـ is silent in these pronouns.

الإسم المَوْصول *Relative Pronouns* في **الفصحى** و **العامية**						
	في المفرد		المُثنّى: مرفوع	المُثنّى: منصوب و مجرور	في الجمع	
مذكَّر	الَّذي	اللي	اللَّذانِ	اللَّذَيْنِ	الّذينَ	اللي
مؤنَّث	الَّتي	اللي	اللَّتانِ	اللَّتَيْنِ	اللَّواتي	اللي

اسم الإشارة *Demonstrative Pronouns* **في الفصحى و العاميتين الشّامية و المصرية**									
	في المفرد			المُثنّى: مرفوع	المُثنّى: منصوب و مجرور	في الجمع			
مذكَّر قريب	هٰذا	هادا	دا	هٰذانِ	هٰذَيْنِ	هٰؤُلاءِ	هول، هادول، هَيْدول	دول	
مؤنَّث قريب	هٰذِهِ	هَي	دي	هاتانِ	هاتَيْنِ	هٰؤُلاءِ	هول، هادول، هَيْدول	دول	
مذكَّر بعيد	ذٰلِكَ	هَداك	دا	(rare)	(rare)	أولٰئِكَ	هَدوك	دول	
مؤنَّث بعيد	تِلكَ	هَديك	دي	(rare)	(rare)	أولٰئِكَ	هَديك	دول	

٢. حروف الجر مع الضمائر في الفصحى

الضَّمير	بـ	في	على	إلى	لَدى
أنا	بي	فيَّ	عَلَيَّ	إلَيَّ	لَدَيَّ
نَحنُ	بِنا	فينا	عَلَيْنا	إلَيْنا	لَدَيْنا
أَنتَ	بِكَ	فيكَ	عَلَيْكَ	إلَيْكَ	لَدَيْكَ
أَنتُما	بِكُما	فيكُما	عَلَيْكُما	إلَيْكُما	لَدَيْكُما
أَنتُم	بِكُم	فيكُم	عَلَيْكُم	إلَيْكُم	لَدَيْكُم
أَنتِ	بِكِ	فيكِ	عَلَيْكِ	إلَيْكِ	لَدَيْكِ
أَنتُما	بِكُما	فيكُما	عَلَيْكُما	إلَيْكُما	لَدَيْكُما
أَنتُنَّ	بِكُنَّ	فيكُنَّ	عَلَيْكُنَّ	إلَيْكُنَّ	لَدَيْكُنَّ
هُوَ	بِهِ	فيهِ	عَلَيْهِ	إلَيْهِ	لَدَيْهِ
هما	بِهِما	فيهِما	عَلَيْهِما	إلَيْهِما	لَدَيْهِما
هُم	بِهِم	فيهِم	عَلَيْهِم	إلَيْهِم	لَدَيْهِم
هِيَ	بِها	فيها	عَلَيْها	إلَيْها	لَدَيْها
هُما	بِهِما	فيهِما	عَلَيْهِما	إلَيْهِما	لَدَيْهِما
هُنَّ	بِهِنَّ	فيهِنَّ	عَلَيْهِنَّ	إلَيْهِنَّ	لَدَيْهِنَّ

"في" مع الضمائر بالعامية الشامية

فِيَّ ، فيني	فينا
فيك	فيكُن
فيكي	
فيّو ، فيـ(ـهـ)ـو	فيـ(ـهُـ)ـن
فيـ(ـهـ)ـا	

٣. النَّفي

حروف النَّفي *Negation*					
الحرف			ماذا ينفي؟		المعنى
لَم	--	--	المضارع المجزوم		**نفي الماضي**
ما	**ما**	ما ...ـِش	**الفعل الماضي**		**نفي الماضي**
لا	**ما**	ما ...ـِش	المضارع المرفوع	**بـ + المضارع**	**نفي المضارع**
لَن	**ما**	مِش	المضارع المنصوب	**رح ، حـ + المضارع**	**نفي المستقبل**
لَيْسَ	**مو**	مِش	**الجملة الاسميّة**		am/is/are not
غَيْر	**مو**	مِش	**الصفة** (غير + المصدر = إضافة)		not, non-, un-
عَدَم			المصدر (عدم + المصدر = إضافة)		non-; lack of..

٤. إنَّ وأخواتها و "كانَ" وأخواتها

إنَّ و أخواتها					
إنَّ	أنَّ	لِأنَّ	لٰكِنَّ	كَأنَّ	لَعَلَّ

إعراب جمل "إنَّ و أخواتها"	
الاسم: منصوب	الخبر: مرفوع

كانَ و أخواتها*					
كانَ	أَصبَحَ	ما زالَ	صارَ	لَيسَ	ما عادَ / لم يَعُدْ

* This list includes only those sisters of كانَ that are familiar to you.

إعراب جمل "كان و أخواتها"	
الاسم: مرفوع	الخبر: منصوب

٥. الإعراب

This chart shows you the case endings for nouns according to their number, gender, and definiteness.

	المرفوع		المنصوب		المجرور	
	معرفة definite	نكرة indefinite	معرفة definite	نكرة indefinite	معرفة definite	نكرة indefinite
طالب	(الـ) طالبُ	طالبٌ	(الـ) طالبَ	طالباً	(الـ) طالبِ	طالبٍ
طالبة	(الـ) طالبةُ	طالبةٌ	(الـ) طالبةَ	طالبةً	(الـ) طالبةِ	طالبةٍ
طالبانِ	(الـ) طالبانِ	طالبانِ	(الـ) طالبَيْنِ	طالبَيْنِ	(الـ) طالبَيْنِ	طالبَيْنِ
مترجمونَ	(الـ) مترجمونَ	مترجمونَ	(الـ) مترجمينَ	مترجمينَ	(الـ) مترجمينَ	مترجمينَ
مترجمات	(الـ) مترجماتُ	مترجماتٌ	(الـ) مترجماتِ	مترجماتٍ	(الـ) مترجماتِ	مترجماتٍ

Summary of إعراب Rules		
أي أسماء تأخذ المرفوع؟	أي أسماء تأخذ المنصوب؟	أي أسماء تأخذ المجرور؟
• المبتدأ • الخبر • الفاعل • الاسم الذي يجيء بعد "كانَ وأخواتها"	• المفعول به: *direct object* • الجواب عن "متى؟" و "كيف؟" • الاسم الذي يجيء بعد "إنَّ وأخواتها"	الاسم الذي يجيء بعد: • حرف جرّ • أول كلمة في الإضافة

إعراب الجملة الاسمية	
المبتدأ: مرفوع	الخبر: مرفوع

إعراب الجملة الفعلية		
الفعل: (varies)	الفاعل: مرفوع	المفعول به: منصوب

This table summarizes the basic rules for using numbers with nouns بالفصحى:

العدد	+ الاسم و إعرابه	مثال
٣ - ١٠	جمع مجرور	قضيت ثلاثةَ شهورٍ في المغرب
١١ - ٩٩	مفرد منصوب	له سبعونَ ولداً وبنتاً
مئة، ألف، مليون	مفرد مجرور	قلتُ لك مئةَ مرّةٍ!

٦. المثنّى وجمع المذكّر في الإضافة

This chart shows how المثنّى and جمع المذكّر endings lose ن when in an إضافة or followed by a pronoun.

العبارة	في المرفوع	في المنصوب و المجرور
والدان + أنا	والدايَ	والدَيَّ
والدان + هو	والِداهُ	والِدَيْـهِ
والدان + صديقي	والِدا صديقي	والِدَيْ صديقي
مُدَرِّسون + أنا	مُدَرِّسِيَّ	مُدَرِّسِـيَّ
مُدَرِّسون + هو	مُدَرِّسوهُ	مُدَرِّسيهِ
مُدرِّسون + اللغة العربية	مُدَرِّسو اللغة العربية	مُدَرِّسـي اللغة العربية

٧. الألوان

المفرد المذكر		المثنى المذكر	جمع المذكر		المفرد المؤنث		المثنى المؤنث	جمع المؤنث	المعنى
أَزرَق		أَزرَقان	زُرق	زِرق	زَرقاء	زَرقا	زَرقاوان	زَرقاوات	
أَحمَر		أَحمَران	حُمر	حِمر	حَمراء	حَمرا	حمراوان	حمراوات	
أَبيَض		أَبيَضان	بيض		بَيضاء	بيضا	بَيضاوان	بَيضاوات	
أَسوَد		أَسودان	سود		سَوداء	سَودا	سَوداوان	سَوداوات	
أَخضَر		أَخضران	خُضر	خِضِر	خَضراء	خَضرا	خَضراوان	خَضراوات	
أَصفَر		أَصفَران	صُفر	صِفِر	صَفراء	صَفرا	صَفراوان	صَفراوات	
أَسمَر		أَسمَران	سُمر	سِمِر	سَمراء	سَمرا	سمراوان	سَمراوات	dark-complexioned
أَشقَر		أَشقَران	شُقر	شِقِر	شَقراء	شَقرا	شَقراوان	شَقراوات	blond, fair-complexioned
بُنّيّ	بِنّي	بُنّيّان	--		بُنّيّة	بِنّيّة	--	--	
رَمادِيّ	رمادي	رَمادِيّان	--		رَمادِيّة	رمادِيّة	--	--	
بَنَفسَجِيّ		بَنَفسَجِيّان	--		بَنَفسَجِيّة		--	--	
ذَهَبِيّ	دَهبي	ذَهَبِيّان	--		ذَهَبِيّة	دَهِبيّة	--	--	
فِضّيّ		فِضّيّان	--		فِضّيّة		--	--	

أَزرَق — أحمَر

أَبيَض — أسوَد

أخضَر — أَصفَر

بُنّي — رَمادي

بَنفسَجيّ — ذَهَبي

فِضّيّ

٨. أوزان الفعل وأوزان اسم الفاعل والمفعول

الوزن	الماضي	المضارع	المصدر	اسم الفاعل	اسم المفعول
I	فَعَلَ / فَعُلَ / فَعِلَ	يَفْعَل / يَفْعُل / يَفْعِل	(varies)	فاعِل	مَفعول
II	فَعَّلَ	يُفَعِّل	تَفعيل	مُفَعِّل	مُفَعَّل
III	فاعَلَ	يُفاعِل	مُفاعَلة	مُفاعِل	مُفاعَل
IV	أَفعَلَ	يُفعِل	إفعال	مُفعِل	مُفعَل
V	تَفَعَّلَ	يَتَفَعَّل	تَفَعُّل	مُتَفَعِّل	مُتَفَعَّل
VI	تَفاعَلَ	يَتَفاعَل	تَفاعُل	مُتَفاعِل	مُتَفاعَل
VII	اِنفَعَلَ	يَنفَعِل	اِنفِعال	مُنفَعِل	مُنفَعَل
VIII	اِفتَعَلَ	يَفتَعِل	اِفتِعال	مُفتَعِل	مُفتَعَل
IX	اِفعَلَّ	يَفعَلّ	اِفعِلال	مُفعَلّ	مُفعَلّ
X	اِستَفعَلَ	يَستَفعِل	اِستِفعال	مُستَفعِل	مُستَفعَل

٩. تصريف الفعل *Verb Conjugation*

This chart gives you the full set of verb conjugations for a model verb (كَتَبَ). You can use this model to conjugate any verb that does not have a doubled consonant, و , or ي in its root.

تصريف فعل "كَتَبَ"

الوزن: فَعَلَ | المصدر: الكِتابة

الضَّمير	الماضي	المضارع المرفوع	المضارع المنصوب	المضارع المجزوم	الماضي بالشامي	المضارع بالشامي	الماضي بالمصري	المضارع بالمصري
أنا	كَتَبْتُ	أَكْتُبُ	أَكْتُبَ	أَكْتُبْ	كَتَبْت	اِكتُب	كَتَبْت	اَكتِب
نَحنُ	كَتَبْنا	نَكْتُبُ	نَكْتُبَ	نَكْتُبْ	كَتَبْنا	نِكتُب	كَتَبْنا	نِكتِب
أنتَ	كَتَبْتَ	تَكْتُبُ	تَكْتُبَ	تَكْتُبْ	كَتَبْت	تِكتُب	كَتَبْت	تِكتِب
أنتُما	كَتَبْتُما	تَكْتُبانِ	تَكْتُبا	تَكْتُبا	--	--	--	--
أنتُم	كَتَبْتُم	تَكْتُبونَ	تَكْتُبوا	تَكْتُبوا	كَتَبْتوا	تِكْتْبوا	كَتَبْتوا	تِكتِبوا
أنتِ	كَتَبْتِ	تَكْتُبينَ	تَكْتُبي	تَكْتُبي	كَتَبْتي	تِكْتْبي	كَتَبْتي	تِكتِبي
أنتُما	كَتَبْتُما	تَكْتُبانِ	تَكْتُبا	تَكْتُبا	--	--	--	--
أنتُنَّ	كَتَبْتُنَّ	تَكْتُبْنَ	تَكْتُبْنَ	تَكْتُبْنَ	--	--	--	--

الضّمير	الماضي	المضارع المرفوع	المضارع المنصوب	المضارع المجزوم	الماضي بالشامي	المضارع بالشامي	الماضي بالمصري	المضارع بالمصري
هو	كَتَبَ	يَكْتُبُ	يَكْتُبَ	يَكْتُبْ	كَتَب	يِكتُب	كَتَب	يِكتِب
هما	كَتَبا	يَكْتُبانِ	يَكْتُبا	يَكْتُبا	– –	– –	– –	– –
هم	كَتَبوا	يَكْتُبونَ	يَكْتُبوا	يَكْتُبوا	كَتَبوا	يِكتْبوا	كَتَبوا	يِكتِبوا
هي	كَتَبَتْ	تَكْتُبُ	تَكْتُبَ	تَكْتُبْ	كَتَبِتْ	تِكتُب	كَتَبِتْ	تِكتِب
هما	كَتَبَتا	تَكْتُبانِ	تَكْتُبا	تَكْتُبا	– –	– –	– –	– –
هُنَّ	كَتَبْنَ	يَكْتُبْنَ	يَكْتُبْنَ	يَكْتُبْنَ	– –	– –	– –	– –

تصريف فعل "بَدَأَ"

الوزن: فَعَلَ | المَصدر: البَدء، البِداية

الضّمير	الماضي	المضارع المرفوع	المضارع المنصوب	المضارع المجزوم	الماضي بالشامي	المضارع بالشامي	الماضي بالمصري	المضارع بالمصري
أنا	بَدَأْتُ	أَبْدَأُ	أَبْدَأَ	أَبْدَأْ	بَديتْ	اِبْدا	بَدَأْتْ	أبْدَأ
نحن	بَدَأْنا	نَبْدَأُ	نَبْدَأَ	نَبْدَأْ	بَدينا	نِبْدا	بَدَأْنا	نِبْدَأ
أنتَ	بَدَأْتَ	تَبْدَأُ	تَبْدَأَ	تَبْدَأْ	بَديتْ	تِبْدا	بَدَأْتْ	تِبْدَأ
أنتما	بَدَأْتُما	تَبْدآنِ	تَبْدَآ	تَبْدَآ	– –	– –	– –	– –
أنتم	بَدَأْتُم	تَبْدَأونَ	تَبْدَأوا	تَبْدَأوا	بَديتوا	تِبْدوا	بَدَأْتوا	تِبْدَأوا
أنتِ	بَدَأْتِ	تَبْدأينَ	تَبْدَأي	تَبْدَأي	بَديتي	تِبْدي	بَدَأْتي	تِبْدَأي
أنتما	بَدَأْتُما	تَبْدآنِ	تَبْدَآ	تَبْدَآ	– –	– –	– –	– –
أنتنَّ	بَدَأْتُنَّ	تَبْدَأْنَ	تَبْدَأْنَ	تَبْدَأْنَ	– –	– –	– –	– –
هو	بَدَأَ	يَبْدَأُ	يَبْدَأَ	يَبْدَأْ	بَدا	يِبْدا	بَدَأ	يِبْدَأ
هما	بَدَآ	يَبْدَآنِ	يَبْدَآ	يَبْدَآ	– –	– –	– –	– –
هم	بَدَأوا	يَبْدَأونَ	يَبْدَأوا	يَبْدَأوا	بَدوا	يِبْدوا	بَدَأوا	يِبْدَأوا
هي	بَدَأَتْ	تَبْدَأُ	تَبْدَأَ	تَبْدَأْ	بَدِتْ	تِبْدا	بَدَئِت	تِبْدَأ
هما	بَدَأَتا	تَبْدَآنِ	تَبْدَآ	تَبْدَآ	– –	– –	– –	– –
هُنَّ	بَدَأْنَ	يَبْدَأْنَ	يَبْدَأْنَ	يَبْدَأْنَ	– –	– –	– –	– –

تصريف فعل "وَصَلَ"

الوزن: فَعَلَ | المصدر: الوُصول

الضَّمير	الماضي	المضارع المرفوع	المضارع المنصوب	المضارع المجزوم	الماضي بالشامي	المضارع بالشامي	الماضي بالمصري	المضارع بالمصري
أنا	وَصَلْتُ	أَصِلُ	أَصِلَ	أَصِلْ	وصِلت	اوصَل	وِصِلْتْ	اَوْصَل
نحن	وَصَلْنا	نَصِلُ	نَصِلَ	نَصِلْ	وصِلْنا	نوصَل	وِصِلْنا	نِوْصَل
أنتَ	وَصَلْتَ	تَصِلُ	تَصِلَ	تَصِلْ	وصِلْتْ	توصَل	وِصِلْتْ	تِوْصَل
أنتما	وَصَلْتُما	تَصِلانِ	تَصِلا	تَصِلا	--	--	--	--
أنتم	وَصَلْتُم	تَصِلونَ	تَصِلوا	تَصِلوا	وصِلْتوا	توصَلوا	وِصِلْتوا	تِوْصَلوا
أنتِ	وَصَلْتِ	تَصِلينَ	تَصِلي	تَصِلي	وصِلْتي	توصَلي	وِصِلْتي	تِوْصَلي
أنتما	وَصَلْتُما	تَصِلانِ	تَصِلا	تَصِلا	--	--	--	--
أنتنَّ	وَصَلْتُنَّ	تَصِلنَ	تَصِلنَ	تَصِلنَ	--	--	--	--
هو	وَصَلَ	يَصِلُ	يَصِلَ	يَصِلْ	وِصِل	يوصَل	وِصِل	يِوْصَل
هما	وَصَلا	يَصِلانِ	يَصِلا	يَصِلا	--	--	--	--
هم	وَصَلوا	يَصِلونَ	يَصِلوا	يَصِلوا	وِصْلوا	يوصَلوا	وِصْلوا	يِوْصَلوا
هي	وَصَلَتْ	تَصِلُ	تَصِلَ	تَصِلْ	وِصْلِتْ	توصَل	وِصْلِتْ	تِوْصَل
هما	وَصَلَتا	تَصِلانِ	تَصِلا	تَصِلا	--	--	--	--
هُنَّ	وَصَلْنَ	يَصِلْنَ	يَصِلْنَ	يَصِلْنَ	--	--	--	--

تصريف فعل "زارَ"

الوزن: فَعَلَ | المصدر: الزِّيارة، **الزّيارة**

الضَّمير	الماضي	المضارع المرفوع	المضارع المنصوب	المضارع المجزوم	الماضي بالشامي	المضارع بالشامي	الماضي بالمصري	المضارع بالمصري
أنا	زُرْتُ	أَزورُ	أَزورَ	أَزُرْ	زِرْتْ	زور	زُرْتْ	اَزور
نحن	زُرْنا	نَزورُ	نَزورَ	نَزُرْ	زِرْنا	نْزور	زُرْنا	نِزور
أنتَ	زُرْتَ	تَزورُ	تَزورَ	تَزُرْ	زِرْتْ	تْزور	زُرْتْ	تِزور
أنتما	زُرْتُما	تَزورانِ	تَزورا	تَزورا	--	--	--	--
أنتم	زُرْتُم	تَزورونَ	تَزوروا	تَزوروا	زِرْتوا	تْزوروا	زُرْتوا	تِزوروا

الضَّمير	الماضي	المضارع المرفوع	المضارع المنصوب	المضارع المجزوم	الماضي بالشامي	المضارع بالشامي	الماضي بالمصري	المضارع بالمصري
أنتِ	زُرْتِ	تَزورينَ	تَزوري	تَزوري	زِرْتي	تْزوري	زُرْتي	تِزوري
أنتما	زُرْتُما	تَزورانِ	تَزورا	تَزورا	--	--	--	--
أنتنَّ	زُرْتُنَّ	تَزُرْنَ	تَزُرْنَ	تَزُرْنَ	--	--	--	--
هو	زارَ	يَزورُ	يَزورَ	يَزُرْ	زار	يْزور	زار	يِزور
هما	زارا	يَزورانِ	يَزورا	يَزورا	--	--	--	--
هم	زاروا	يَزورونَ	يَزوروا	يَزوروا	زاروا	يْزوروا	زاروا	يِزوروا
هي	زارَتْ	تَزورُ	تَزورَ	تَزُرْ	زارِت	تْزور	زارِتْ	تِزور
هما	زارَتا	تَزورانِ	تَزورا	تَزورا	--	--	--	--
هُنَّ	زُرْنَ	يَزُرْنَ	يَزُرْنَ	يَزُرْنَ	--	--	--	--

تصريف فعل "جاءَ"

الوزن: فَعَلَ | المصدر: المَجيء / المَجْيِة / المَجِيّ

الضَّمير	الماضي	المضارع المرفوع	المضارع المنصوب	المضارع المجزوم	الماضي بالشامي	المضارع بالشامي	الماضي بالمصري	المضارع بالمصري
أنا	جِئْتُ	أَجيءُ	أَجيءَ	أَجِيءْ	إجيت	اِجي	جيت	آجي
نحن	جِئْنا	نَجيءُ	نَجيءَ	نَجِيءْ	إجينا	نِجي	جينا	نيجي
أنتَ	جِئْتَ	تَجيءُ	تَجيءَ	تَجِيءْ	إجيت	تِجي	جيت	تيجي
أنتما	جِئْتُما	تَجيئانِ	تَجيئا	تَجيئا	--	--	--	--
أنتم	جِئْتُم	تَجيئونَ	تَجيئوا	تَجيئوا	إجيتوا	تِجوا	جيتوا	تيجوا
أنتِ	جِئْتِ	تَجيئينَ	تَجيئي	تَجيئي	إجيتي	تِجي	جيتي	تيجي
أنتما	جِئْتُما	تَجيئانِ	تَجيئا	تَجيئا	--	--	--	--
أنتنَّ	جِئْتُنَّ	تَجِئْنَ	تَجِئْنَ	تَجِئْنَ	--	--	--	--
هو	جاءَ	يَجيءُ	يَجيءَ	يَجِيءْ	إجا	يِجي	جا (جَه)	ييجي
هما	جاءا	يَجيئانِ	يَجيئا	يَجيئا	--	--	--	--
هم	جاءوا	يَجيئونَ	يَجيئوا	يَجيئوا	إجوا	يِجوا	جُم	ييجوا

الضَّمير	الماضي	المضارع المرفوع	المضارع المنصوب	المضارع المجزوم	الماضي بالشامي	المضارع بالشامي	الماضي بالمصري	المضارع بالمصري
هي	جاءَتْ	تَجيءُ	تَجيءَ	تَجِيءْ	إجِتْ	تِجي	جَتْ	تيجي
هما	جاءَتا	تَجيئانِ	تَجيئا	تَجيئا	--	--	--	--
هُنَّ	جِئْنَ	يَجِئْنَ	يَجِئْنَ	يَجِئْنَ	--	--	--	--

تصريف فعل "نامَ"

الوزن: فَعَلَ | المصدر: النَّوْم / النّوم

الضَّمير	الماضي	المضارع المرفوع	المضارع المنصوب	المضارع المجزوم	الماضي بالشامي	المضارع بالشامي	الماضي بالمصري	المضارع بالمصري
أنا	نِـمْتُ	أنامُ	أنامَ	أنَمْ	نِـمْتْ	نام	نِـمْتْ	انام
نحن	نِـمْنا	نَنامُ	نَنامَ	نَنَمْ	نِـمْنا	نْنام	نِـمْنا	نِنام
أنتَ	نِـمْتَ	تَنامُ	تَنامَ	تَنَمْ	نِـمْتْ	تْنام	نِـمْتْ	تِنام
أنتما	نِـمْتُما	تَنامانِ	تَناما	تَناما	--	--	--	--
أنتم	نِـمْتُم	تَنامونَ	تَناموا	تَناموا	نِـمْتوا	تْناموا	نِـمْتوا	تِناموا
أنتِ	نِـمْتِ	تَنامينَ	تَنامي	تَنامي	نِـمتي	تْنامي	نِـمتي	تِنامي
أنتما	نِـمْتُما	تَنامانِ	تَناما	تَناما	--	--	--	--
أنتنَّ	نِـمْتُنَّ	تَنَمْنَ	تَنَمْنَ	تَنَمْنَ	--	--	--	--
هو	نامَ	يَنامُ	يَنامَ	يَنَمْ	نام	يْنام	نام	يِنام
هما	ناما	يَنامانِ	يَناما	يَناما	--	--	--	--
هم	ناموا	يَنامونَ	يَناموا	يَناموا	ناموا	يْناموا	ناموا	يِناموا
هي	نامَتْ	تَنامُ	تَنامَ	تَنَمْ	نامِتْ	تْنام	نامِتْ	تِنام
هما	نامَتا	تَنامانِ	تَناما	تَناما	--	--	--	--
هُنَّ	نِـمْنَ	يَنَمْنَ	يَنَمْنَ	يَنَمْنَ	--	--	--	--

تصريف فعل "قَضى"

الوزن: فَعَلَ | المصدر: القَضاء

الضَّمير	الماضي	المضارع المرفوع	المضارع المنصوب	المضارع المجزوم	الماضي بالشامي	المضارع بالشامي	الماضي بالمصري	المضارع بالمصري
أنا	قَضَيْتُ	أَقْضي	أَقْضيَ	أَقْضِ	قضّيتْ	اقضّي	قضّيتْ	اقضّي
نحن	قَضَينا	نَقْضي	نَقْضيَ	نَقْضِ	قضّينا	نقضّي	قضّينا	نِقضّي
أنتَ	قَضَيْتَ	تَقْضي	تَقْضِيَ	تَقْضِ	قضّيتْ	تقضّي	قضّيتْ	تِقضّي
أنتما	قَضَيْتُما	تَقْضيانِ	تَقْضِيا	تَقْضِيا	– –	– –	– –	– –
أنتم	قَضَيْتُم	تَقْضونَ	تَقْضوا	تَقْضوا	قضّيتوا	تقضوا	قضّيتوا	تِقضوا
أنتِ	قَضَيْتِ	تَقْضينَ	تَقْضي	تَقْضي	قضّيتي	تقضّي	قضّيتي	تِقضّي
أنتما	قَضَيْتُما	تَقْضِيانِ	تَقْضِيا	تَقْضِيا	– –	– –	– –	– –
أنتنَّ	قَضَيْتُنَّ	تَقْضينَ	تَقْضينَ	تَقْضينَ	– –	– –	– –	– –
هو	قَضى	يَقْضي	يَقْضِيَ	يَقْضِ	قضّى	يقضّي	قضّى	يِقضّي
هما	قَضَيا	يَقْضِيانِ	يَقْضِيا	يَقْضِيا	– –	– –	– –	– –
هم	قَضَوْا	يَقْضونَ	يَقْضوا	يَقْضوا	قضّوا	يقضّوا	قضّوا	يِقضّوا
هي	قَضَتْ	تَقْضي	تَقْضِيَ	تَقْضِ	قضّتْ	تقضّي	قضّتْ	تِقضّي
هما	قَضَتا	تَقْضِيانِ	تَقْضِيا	تَقْضِيا	– –	– –	– –	– –
هُنَّ	قَضَيْنَ	يَقْضينَ	يَقْضينَ	يَقْضينَ	– –	– –	– –	– –

تصريف فعل "بَقِيَ"

الوزن: فَعِلَ | المصدر: البَقاء

الضَّمير	الماضي	المضارع المرفوع	المضارع المنصوب	المضارع المجزوم	الماضي بالشامي	المضارع بالشامي	الماضي بالمصري	المضارع بالمصري
أنا	بَقيتُ	أَبْقى	أَبْقى	أَبْقَ	بقيتْ	إبقى	بقيتْ	اَبقى
نحن	بَقينا	نَبْقى	نَبْقى	نَبْقَ	بقينا	نِبقى	بَقينا	نِبقى
أنتَ	بَقيتَ	تَبْقى	تَبْقى	تَبْقَ	بقيتْ	تِبقى	بَقيتْ	تِبقى
أنتما	بَقيتُما	تَبْقَيانِ	تَبْقَيا	تَبْقَيا	– –	– –	– –	– –
أنتم	بَقَيْتُم	تَبْقَوْنَ	تَبْقَوْا	تَبْقَوْا	بقيتوا	تِبقوا	بَقيتوا	تِبقوا

الضَّمير	الماضي	المضارع المرفوع	المضارع المنصوب	المضارع المجزوم	الماضي بالشامي	المضارع بالشامي	الماضي بالمصري*	المضارع بالمصري*
أنتِ	بَقيتِ	تَبْقَيْنَ	تَبْقَيْ	تَبْقي	بقيتي	تِبقي	بَقيتي	تِبقي
أنتما	بَقيتُما	تَبْقَيانِ	تَبْقَيا	تَبْقَيا	--	--	--	--
أنتنَّ	بَقيتُنَّ	تَبْقَيْنَ	تَبْقَيْنَ	تَبْقَيْنَ	--	--	--	--
هو	بَقِيَ	يَبْقى	يَبْقى	يَبْقَ	بِقي	يِبقى	بَقى	يِبقى
هما	بَقِيا	يَبْقَيانِ	يَبْقَيا	يَبْقَيا	--	--	--	--
هم	بَقوا	يَبْقَوْنَ	يَبْقَوْا	يَبْقَوْا	بِقوا	يِبقوا	بَقوا	يِبقوا
هي	بَقِيَتْ	تَبْقى	تَبْقى	تَبْقَ	بِقِتْ	تِبقى	بَقِتْ	تِبقى
هما	بَقِيَتا	تَبْقَيانِ	تَبْقَيا	تَبْقَيا	--	--	--	--
هُنَّ	بَقينَ	يَبْقَيْنَ	يَبْقَيْنَ	يَبْقَيْنَ	--	--	--	--

* Note that in Egyptian Arabic the verb بَقى يِبقى gives the meaning "become," not "stay, remain" as it does in الفصحى and الشامي.

تصريف فعل "ظَنَّ"

الوزن: فَعَلَ | المصدر: الظَّنّ

الضَّمير	الماضي	المضارع المرفوع	المضارع المنصوب	المضارع المجزوم	الماضي بالشامي	المضارع بالشامي	الماضي بالمصري*	المضارع بالمصري*
أنا	ظَنَنْتُ	أَظُنُّ	أَظُنَّ	أَظُنَّ	ظَـنّيتْ	ظُنّ	--	--
نحن	ظَنَنّا	نَظُنُّ	نَظُنَّ	نَظُنَّ	ظَـنّينا	نظُـنّ	--	--
أنتَ	ظَنَنْتَ	تَظُنُّ	تَظُنَّ	تَظُنَّ	ظَـنّيتْ	تظُنّي	--	--
أنتما	ظَنَنْتُما	تَظُنّانِ	تَظُنّا	تَظُنّا	--	--	--	--
أنتم	ظَنَنْتُم	تَظُنّونَ	تَظُنّوا	تَظُنّوا	ظَـنّيتوا	تظُنّوا	--	--
أنتِ	ظَنَنْتِ	تَظُنّينَ	تَظُنّي	تَظُنّي	ظَـنّيتي	تظُنّي	--	--
أنتما	ظَنَنْتُما	تَظُنّانِ	تَظُنّا	تَظُنّا	--	--	--	--
أنتنَّ	ظَنَنْتُنَّ	تَظْنُنَّ	تَظْنُنَّ	تَظْنُنَّ	--	--	--	--
هو	ظَنَّ	يَظُنُّ	يَظُنَّ	يَظُنَّ	ظَنّ	يظُنّ	--	--
هما	ظَنّا	يَظُنّانِ	يَظُنّا	يَظُنّا	--	--	--	--

الضَّمير	الماضي	المضارع المرفوع	المضارع المنصوب	المضارع المجزوم	الماضي بالشامي	المضارع بالشامي	الماضي بالمصري*	المضارع بالمصري*
هم	ظَنّوا	يَظُنّونَ	يَظُنّوا	يَظُنّوا	ظَنّوا	يظُنّوا	--	--
هي	ظَنَّتْ	تَظُنُّ	تَظُنَّ	تَظُنَّ	ظَنِّت	تظُنّ	--	--
هما	ظَنَّتا	تَظُنّانِ	تَظُنّا	تَظُنّا	--	--	--	--
هُنَّ	ظَنَنَّ	يَظْنُنَّ	يَظْنُنَّ	يَظْنُنَّ	--	--	--	--

* Note that Egyptian Arabic rarely uses this verb.

تصريف الفعل "وُلِدَ" "وِلِد" "اِتوَلَد"

الوزن: فُعِلَ | المصدر: الوِلادة

الضَّمير	الماضي	المضارع المرفوع	المضارع المنصوب	المضارع المجزوم	الماضي بالشامي	المضارع بالشامي	الماضي بالمصري	المضارع بالمصري
أنا	وُلِدْتُ	أولَدُ	أولَدَ	أولَدْ	ولِدِتْ	أُولَد	اِتوَلَدْتْ	اَتولِد
نحن	وُلِدْنا	نولَدُ	نولَدَ	نولَدْ	ولِدْنا	نولَد	اِتوَلَدْنا	نِتولِد
أنتَ	وُلِدْتَ	تولَدُ	تولَدَ	تَولَدْ	ولِدِتْ	تولَد	اِتوَلَدْتْ	تِتولِد
أنتما	وُلِدْتُما	تولَدانِ	تولَدا	تولَدا	--	--	--	--
أنتم	وُلِدْتُم	تولَدونَ	تولَدوا	تولَدوا	ولِدْتوا	تولَدوا	اِتوَلَدْتوا	تِتولْدوا
أنتِ	وُلِدْتِ	تولَدينَ	تولَدي	تولَدي	ولِدْتي	تولَدي	اِتوَلَدْتي	تِتولْدي
أنتما	وُلِدْتُما	تولَدانِ	تولَدا	تولَدا	--	--	--	--
أنتنَّ	وُلِدْتُنَّ	تولَدْنَ	تولَدْنَ	تولَدْنَ	--	--	--	--
هو	وُلِدَ	يولَدُ	يولَدَ	يولَدْ	وِلِد	يولَد	اِتوَلَد	يِتولِد
هما	وُلِدا	يولَدانِ	يولَدا	يولَدا	--	—	--	--
هم	وُلِدوا	يولَدونَ	يولَدوا	يولَدوا	وِلْدوا	يولَدوا	اِتوَلَدوا	يِتولْدوا
هي	وُلِدَتْ	تولَدُ	تولَدَ	تولَدْ	وِلْدِت	تولَد	اِتوَلَدِتْ	تِتولِد
هما	وُلِدَتا	تولَدانِ	تولَدا	تولَدا	--	--	--	--
هُنَّ	وُلِدْنَ	يولَدْنَ	يولَدْنَ	يولَدْنَ	--	--	--	--

تصريف فعل "أرادَ"

الوزن: أَفْعَلَ | المصدر: الإرادة

الضّمير	الماضي	المضارع المرفوع	المضارع المنصوب	المضارع المجزوم
أنا	أَرَدْتُ	أُريدُ	أُريدَ	أُرِدْ
نَحنُ	أَرَدْنا	نُريدُ	نُريدَ	نُرِدْ
أَنْتَ	أَرَدْتَ	تُريدُ	تُريدَ	تُرِدْ
أَنْتُما	أَرَدْتُما	تُريدانِ	تُريدا	تُريدا
أَنْتُم	أَرَدْتُم	تُريدونَ	تُريدوا	تُريدوا
أَنْتِ	أَرَدْتِ	تُريدينَ	تُريدي	تُريدي
أَنْتُما	أَرَدْتُما	تُريدانِ	تُريدا	تُريدا
أَنْتُنَّ	أَرَدْتُنَّ	تُرِدْنَ	تُرِدْنَ	تُرِدْنَ
هُوَ	أرادَ	يُريدُ	يُريدَ	يُرِدْ
هما	أرادا	يُريدانِ	يُريدا	يُريدا
هُمْ	أرادوا	يُريدونَ	يُريدوا	يُريدوا
هِيَ	أرادَتْ	تُريدُ	تُريدَ	تُرِدْ
هُما	أرادَتا	تُريدانِ	تُريدا	تُريدا
هُنَّ	أَرَدْنَ	يُرِدْنَ	يُرِدْنَ	يُرِدْنَ

تصريف فعل "اِهتَمَّ بِـ"

الوزن: اِفتَعَلَ | المصدر: الاِهتِمام بِـ

الضّمير	الماضي	المضارع المرفوع	المضارع المنصوب	المضارع المجزوم	الماضي بالشامي	المضارع بالشامي	الماضي بالمصري	المضارع بالمصري
أنا	اِهتَمَمْتُ بِـ	أَهتَمُّ بِـ	أَهتَمَّ بِـ	أَهتَمَّ بِـ	اهتَمّيتْ بـ	اِهتَمّ بـ	اهتَمّيتْ بـ	اَهتَمّ بـ
نحن	اِهتَمَمْنا بِـ	نَهتَمُّ بِـ	نَهتَمَّ بِـ	نَهتَمَّ بِـ	اهتَمّينا بـ	نِهتَمّ بـ	اهتَمّينا بـ	نِهتَمّ بـ
أنتَ	اِهتَمَمْتَ بِـ	تَهتَمُّ بِـ	تَهتَمَّ بِـ	تَهتَمَّ بِـ	اهتَمّيتْ بـ	تِهتَمّ بـ	اهتَمّيتْ بـ	تِهتَمّ بـ
أنتما	اِهتَمَمْتُما بِـ	تَهتَمّانِ بِـ	تَهتَمّا بِـ	تَهتَمّا بِـ	--	--	--	--
أنتم	اِهتَمَمْتُم بِـ	تَهتَمّونَ بِـ	تَهتَمّوا بِـ	تَهتَمّوا بِـ	اهتَمّيتوا بـ	تِهتَمّوا بـ	اهتَمّيتوا بـ	تِهتَمّوا بـ

الضّمير	الماضي	المضارع المرفوع	المضارع المنصوب	المضارع المجزوم	الماضي بالشامي	المضارع بالشامي	الماضي بالمصري	المضارع بالمصري
أنتِ	اِهتَمَمْتِ بِـ	تَهتمّينَ بِـ	تَهتمّي بِـ	تَهتمّي بِـ	اهتَمّيتي بـ	تِهتَمّي بـ	اهتَمّيتي بـ	تِهتَمّي بـ
أنتما	اِهتَمَمْتُما بِـ	تَهتمّانِ بِـ	تَهتمّا بِـ	تَهتمّا بِـ	— —	— —	— —	— —
أنتنَّ	اِهتَمَمْتُنَّ بِـ	تَهتمِمْنَ بِـ	تَهتمِمْنَ بِـ	تَهتمِمْنَ بِـ	— —	— —	— —	— —
هو	اِهتمَّ بِـ	يَهتمُّ بِـ	يَهتمَّ بِـ	يَهتمَّ بِـ	اهتَمّ بـ	يِهتَمّ بـ	اهتمّ بـ	يِهتَمّ بـ
هما	اِهتمّا بِـ	يَهتمّانِ بِـ	يَهتمّا بِـ	يَهتمّا بِـ	— —	— —	— —	— —
هم	اِهتمّوا بِـ	يَهتمّونَ بِـ	يَهتمّوا بِـ	يَهتمّوا بِـ	اهتَمّوا بـ	يِهتمّوا بـ	اهتمّوا بـ	يِهتمّوا بـ
هي	اِهتمَّتْ بِـ	تَهتمُّ بِـ	تَهتمَّ بِـ	تَهتمَّ بِـ	اهتَمّتْ بـ	تِهتَمّ بـ	اهتَمّتْ بـ	تِهتَمّ بـ
هما	اِهتمّتا بِـ	تَهتمّانِ بِـ	تَهتمّا بِـ	تَهتمّا بِـ	— —	— —	— —	— —
هُنَّ	اِهتَمَمْنَ بِـ	يَهتمِمْنَ بِـ	يَهتمِمْنَ بِـ	يَهتمِمْنَ بِـ	— —	— —	— —	— —

تصريف الفعل "اِعتادَ" "تعوَّد" "اِتعوِّد"

الوزن: اِفْتَعَلَ | **المصدر:** الاِعتِياد، التعوُّد

الضّمير	الماضي	المضارع المرفوع	المضارع المنصوب	المضارع المجزوم	الماضي بالشامي	المضارع بالشامي	الماضي بالمصري	المضارع بالمصري
أنا	اِعتَدْتُ	أَعتادُ	أَعتادَ	أَعتَدْ	تعوَّدتْ	اِتعوَّد	اِتعَوِّدْتْ	اَتْعَوِّد
نحن	اِعتَدْنا	نَعتادُ	نَعتادَ	نَعتَدْ	تعوَّدْنا	نِتعوَّد	اِتعَوِّدْنا	نِتْعَوِّد
أنتَ	اِعتَدْتَ	تَعتادُ	تَعتادَ	تَعتَدْ	تعوَّدتْ	تِتعوَّد	اِتعوِّدْتْ	تِتْعَوِّد
أنتما	اِعتَدْتُما	تَعتادانِ	تَعتادا	تَعتادا	— —	— —	— —	— —
أنتم	اِعتَدْتُم	تَعتادونَ	تَعتادوا	تَعتادوا	تعوَّدْتوا	تِتعوَّدوا	اِتعوِّدْتوا	تِتْعَوِّدوا
أنتِ	اِعتَدْتِ	تَعتادينَ	تَعتادي	تَعتادي	تعوَّدْتي	تِتعوَّدي	اِتعوِّدْتي	تِتْعَوِّدي
أنتما	اِعتَدْتُما	تَعتادانِ	تَعتادا	تَعتادا	— —	— —	— —	— —
أنتنَّ	اِعتَدْتُنَّ	تَعْتَدْنَ	تَعْتَدْنَ	تَعتَدْنَ	—	—	— —	— —
هو	اِعتادَ	يَعتادُ	يَعتادَ	يَعتَدْ	تعوَّد	يِتعوَّد	اِتعوِّد	يِتْعَوِّد
هما	اِعتادا	يَعتادانِ	يَعتادا	يَعتادا	—	—	— —	— —
هم	اِعتادوا	يَعتادونَ	يَعتادوا	يَعتادوا	تعوَّدوا	يِتعوَّدوا	اِتعوِّدوا	يِتْعَوِّدوا

الضَّمير	الماضي	المضارع المرفوع	المضارع المنصوب	المضارع المجزوم	الماضي بالشامي	المضارع بالشامي	الماضي بالمصري	المضارع بالمصري
هي	اِعتادَتْ	تَعتادُ	تَعتادَ	تَعتَدْ	تعوَّدت	تتعوَّد	اِتعوِّدتْ	تِتْعَوِّد
هما	اِعتادَتا	تَعتادانِ	تَعتادا	تَعتادا	– –	– –	– –	– –
هنَّ	اِعتَدْنَ	يَعتَدْنَ	يَعتَدْنَ	يَعتَدْنَ	– –	– –	– –	– –

تصريف الفعل المجهول "أُعتُبِرَ"

الوزن: أُفتُعِلَ | المصدر: الاِعتِبار

الضَّمير	الماضي	المضارع المرفوع	المضارع المنصوب	المضارع المجزوم
أنا	أُعتُبِرتُ	أُعتَبَرُ	أُعتَبَرَ	أُعتَبَرْ
نَحنُ	أُعتُبِرنا	نُعتَبَرُ	نُعتَبَرَ	نُعتَبَرْ
أَنتَ	أُعتُبِرتَ	تُعتَبَرُ	تُعتَبَرَ	تُعتَبَرْ
أَنتُما	أُعتُبِرتُما	تُعتَبَرانِ	تُعتَبَرا	تُعتَبَرا
أَنتُم	أُعتُبِرتُم	تُعتَبَرونَ	تُعتَبَروا	تُعتَبَروا
أَنتِ	أُعتُبِرتِ	تُعتَبَرينَ	تُعتَبَري	تُعتَبَري
أَنتُما	أُعتُبِرتُما	تُعتَبَرانِ	تُعتَبَرا	تُعتَبَرا
أَنتُنَّ	أُعتُبِرتُنَّ	تُعتَبَرْنَ	تُعتَبَرْنَ	تُعتَبَرْنَ
هُوَ	أُعتُبِرَ	يُعتَبَرُ	يُعتَبَرَ	يُعتَبَرْ
هما	أُعتُبِرا	يُعتَبَرانِ	يُعتَبَرا	يُعتَبَرا
هُم	أُعتُبِروا	يُعتَبَرونَ	يُعتَبَروا	يُعتَبَروا
هِيَ	أُعتُبِرَتْ	تُعتَبَرُ	تُعتَبَرَ	تُعتَبَرْ
هُما	أُعتُبِرتا	تُعتَبَرانِ	تُعتَبَرا	تُعتَبَرا
هُنَّ	أُعتُبِرنَ	يُعتَبَرْنَ	يُعتَبَرْنَ	يُعتَبَرْنَ

تصريف فعل "اِستَطاعَ"

الوزن: اِسْتَفْعَلَ | المصدر: الاِسْتِطاعة

الضَّمير	الماضي	المضارع المرفوع	المضارع المنصوب	المضارع المجزوم
أنا	اِسْتَطَعْتُ	أَسْتَطيعُ	أَسْتَطيعَ	أَسْتَطِعْ
نَحنُ	اِسْتَطَعْنا	نَسْتَطيعُ	نَسْتَطيعَ	نَسْتَطِعْ
أَنتَ	اِسْتَطَعْتَ	تَسْتَطيعُ	تَسْتَطيعَ	تَسْتَطِعْ
أَنـتُما	اِسْتَطَعْتُما	تَسْتَطيعانِ	تَسْتَطيعا	تَسْتَطيعا
أَنـتُم	اِسْتَطَعْتُم	تَسْتَطيعونَ	تَسْتَطيعوا	تَسْتَطيعوا
أَنتِ	اِسْتَطَعْتِ	تَسْتَطيعينَ	تَسْتَطيعي	تَسْتَطيعي
أَنـتُما	اِسْتَطَعْتُما	تَسْتَطيعانِ	تَسْتَطيعا	تَسْتَطيعا
أَنـتُنَّ	اِسْتَطَعْتُنَّ	تَسْتَطِعْنَ	تَسْتَطِعْنَ	تَسْتَطِعْنَ
هُوَ	اِسْتَطاعَ	يَسْتَطيعُ	يَسْتَطيعَ	يَسْتَطِعْ
هما	اِسْتَطاعا	يَسْتَطيعانِ	يَسْتَطيعا	يَسْتَطيعا
هُم	اِسْتَطاعوا	يَسْتَطيعونَ	يَسْتَطيعوا	يَسْتَطيعوا
هِيَ	اِسْتَطاعَت	تَسْتَطيعُ	تَسْتَطيعَ	تَسْتَطِعْ
هُما	اِسْتَطاعَتا	تَسْتَطيعانِ	تَسْتَطيعا	تَسْتَطيعا
هُنَّ	اِسْتَطَعْنَ	يَسْتَطِعْنَ	يَسْتَطِعْنَ	يَسْتَطِعْنَ

قاموس
عربي - إنجليزي

Arabic-English
Glossary

Arabic – English Glossary | قاموس عربي - إنجليزي

Below is a glossary containing the words you have learned in *Alif Baa* (AB), *Al-Kitaab: Part One* (AK1), and *Al-Kitaab: Part Two*. The numbers following the English definitions indicate the chapter in which the term is first introduced. To find a word in المصري or الشامي, look up the word in الفصحى first; you will see the colloquial equivalent(s) after it. Words in black indicate they are common in at least two varieties. Although only the past tense form of predictable verbs is given in the vocabulary list in each lesson, the present tense and المصدر of all verbs are given here for your reference.

أ

see ب – ن	اِبن
father 4	أَب ج. آباء
at all 5	أَبَداً خالِص
to influence, affect 9	أَثَّـرَ في/ على، يُؤَثِّر، التَّأثير يأثِّر يِأثَّر
to be influenced by 9	تَأَثَّـرَ بـ ، يَتَأَثَّر ، التَّأَثُر تأَثَّر بـ ، يِتْأَثَّر اِتأَثَّر بِـ ، يِتأَثَّر
to rent 1	اِستَأجَرَ ، يَستَأجِر ، الاِستِئجار يِستَأجِر أَجَّر ، يِأَجَّر
rent 1	الإيجار
for the sake of, for (cause or goal) 9	من أَجل
one of (m.) 11 AK1	أَحَد
no one, none (of) 11 AK1	لا أَحَد (مِن) ما حَدا ما حَدِّش
Sunday 6 AK1	الأَحَد الحَدّ الحَدّ
eleven 8 AK1	أَحَدَ عَشَر إدَعش حِداشَر
to take 12 AK1	أَخَذَ ، يأخُذ ، الأَخْذ أَخَد ، ياخُد خَد ، ياخُد
it was/is taken 6	أُخِذَ ، يُؤْخَذ
to be late, fall behind 8 AK1	تَأَخَّرَ ، يَتَأَخَّر ، التَّأَخُّر تأَخَّر ، يِتأَخَّر اِتأَخَّر ، يِتأخَر
late 10 AK1	مُتَأَخِّر ج. -ون/ين مِتأَخِّر ج. -ين مِتأَخَّر ج. -ين
finally, at last 13 AK1	أَخيراً
other (m.) 9 AK1	آخَر ج. -ون/ين تاني ج. -ين تاني ج. -ين
other (f.) 9 AK1	أُخرى ج. أُخرَيات تانية تانية
last 12 AK1, last ones (e.g., days or years) 7	آخِر ج. أَواخِر
etc. (used in writing) 6	إلخ. (إلى آخِرِه)
brother AB	أَخ ج. إخْوَة ج. إخْوِة ج. إخْوات

Arabic-English Glossary

sister AB	أُخْت ج. أَخَوات
literature 1 AK1	أَدَب ج. آداب
polite, well-mannered 5	مُؤَدَّب/ة ج. ـون/ين مأدَّب/ة ج. ـين
to lead to 10	أَدَّى إلى ، يُؤَدّي ، التَّأدِية
because, since 13 AK1	إذ
if 10 AK1	إذا (+ الفعل الماضي) لَوْ (+ الفعل الماضي)
history 2 AK1	التّاريخ
date 6	تاريخ ج. تَواريخ
Jordan AB	الأُردُن (مذكَّر)
rice 6 AK1	أَرُزّ
earth, land, ground 8	أرْض (مؤنّث) ج. (الـ) أراضي ، أراضٍ
basis, foundation 7	أَساس ج. أُسُس
basic 7	أَساسِيّ/ة
establishment, foundation 10	مُؤَسَّسة ج. ـات
professor (m) AB	أُستاذ ج. أَساتِذة
professor (f) AB	أُستاذة ج. ـات
family (i.e. immediate ____) 2 AK1	أُسرَة ج. أُسَر عيلة ج. عِيَل
Israel AB	إسرائيل (مؤنّث)
sorry! (adj) AB	آسِف/ة مَعلِش
descent, origin 5 AK1	أَصل ج. أُصول
of __ descent, origin 5 AK1	مِن أَصل...
certain, sure (of/that) 5	مُتَأَكِّد/ة ج. ـون/ين (مِن/أنّ) مِتأَكِّد/ة ج. ـين (مِن/إنّو) (/إنّ)
to eat 4 AK1	أَكَل ، يأكُل ، الأَكْل ياكُل ياكُل
foods 8	مَأكولات
see أنْ	ألّا
less, except 9 AK1	إلّا
thousand 6	أَلف ج. آلاف
God (sometimes used alone as expression of delight) AB	اللّه
really?! 1 AK1	واللهِ؟! والله؟!
Thanks be to God AB	الحَمدُ لِلّه
May God have mercy on her (=Rest her soul) 7 AK1	رَحِمَها الله/ يَرحَمُها الله الله يِرحَمها الله يِرحَمها
In the name of God (said when beginning something) AB	بِسمِ الله

Arabic-English Glossary

God willing AB	إنْ شاءَ اللّه
There is no God but God (said when hearing bad news) AB	لا إلهَ إلا اللّه
Whatever God intends; wow! (said when praising someone) AB	ما شاءَ اللّه
to, toward AB	إلى عَ ، لَـ لـ
mother 8 AK1	أم ج. أُمّهات إمّ ج. إمّات
United Nations 1 AK1	الأُمَم الـمُـتَّـحِـدة
in front of, before (spatial) 13 AK1	أمامَ قُدّام قُدّام
or 1	أَم
either ... or 1	إمّا ... أو
as for... 9 AK1	أمّا ... فـَ ...
United Arab Emirates AB	الإمارات العَرَبيّة الـمُـتَّـحِـدة (مؤنّث)
yesterday 9 AK1	أمسِ امْبارِح اِمْبارِح
hope 10	أمَل ج. آمال
to believe in 4	آمَنَ بِـ ، يُـؤمِن ، الإيمان
to (marks nonfinite verb) 10 AK1	أنْ (+ المضارع المنصوب)
not to 13 AK1	ألّا (=أنْ + لا)
that (introduces sentence complement) 13 AK1	أنّ
I AB	أنا
you (m.) AB	أنتَ إنتَ اِنتَ
you (f.) AB	أنتِ إنتي اِنتي
you (pl.) 2 AK1	أنتُم اِنتو اِنتو
feminine 1 AK1	المُؤَنَّث
English 1 AK1	إنجليزي (إنكليزي) ج. إنجليز (إنكليز)
Miss AB	آنِسة ج. -ات
human being, (pl.) people 6	إنسان ج. ناس
folks, family 1	الأهل
welcome AB	أهلاً وسَهلاً
or 9 AK1	أو
bus AB	أوتوبيس ج. -ات
Europe	أوروبا (مؤنّث)
first (m.) 4 AK1, first ones (e.g., days or years) 7	أوَّل ج. أُوَل/أوائل أوّل

Arabic-English Glossary

first (f.) 4 AK1	أولى		
machine; (plural) equipment, machinery 10	آلة ج. -ات		
now 3 AK1	الآن	هَلَّق	دِلْوَقتي
i.e. 3	أيْ		
which...? 1 AK1	أيّ...؟		
any 2	أيّ ، أيَّة		
Iran AB	إيران (مؤنَّث)		
also 2 AK1	أيضاً	كمان	كمان
where? AB	أينَ؟	وين؟	فين؟

ب

with, by (things) AB	بِـ		
to look for, search for 2	بَحَثَ عن ، يَبحَث ، البَحث	دَوَّر على ، يدَوِّر ، التّدوير	دَوَّر على ، يِدَوَّر ، التّدوير
sea 11 AK1	بَحر ج. بِحار ، بُحور	ج. بْحور	
the Mediterranean Sea 2	البَحر الأبيَض المُتَوَسِّط		
Bahrain AB	البَحريْن (مؤنَّث)		
to begin 9 AK1	بَدَأَ ، يَبدَأ ، البَدْء	بَدا ، يِبدا	بَدَأ ، يِبْدأ
principle 9	مَبدَأ ج. مَبادِئ		
beginning 1	بِداية ج. -ات		
primary, elementary 4 AK1	اِبتِدائي/ة		
subject of a nominal sentence 2 AK1	المُبتَدَأ		
to exchange 11 AK1	تَبادَلَ ، يَتَبادَل ، التَّبادُل	تبادَل ، يِتْبادَل	اِتْبادِل ، يِتْبادِل
see د - و - ن	بِدون		
it appears, seems that 4	يَبدو أنَّ		
cold (e.g.: I have a __)	بَرد		
cold (e.g.: __weather) 5 AK1	بارِد/ة	بَرد	بَرد
cold (e.g: I feel ___) AB	بَردان/ة ج. -ين		
refrigerator 3	بَرّاد ج. -ات	بَرّاد ج. -ات	تَلّاجة ج. -ات
mail, post 5	بَريد		
blessing 7	بَرَكة ج. -ات		
congratulations 3 AK1	مَبروك		

(response to) congratulations 3 AK1	الله يبارِك فيك	الله يبارِك فيك	بارَكَ اللّهُ فيك
program 9 AK1			بَرنامَج ج. بَرامِج
game, match 10 AK1		ماتْش ج. ماتْشات	مُباراة ج. مُباريات
simple 1	ج. بُسَطا	ج. بُسَطا	بَسيط/ة ج. بُسَطاء
mankind, human beings 10			البَشَر
human (adjective) 10			بَشَرِيّ
card (business, invitation)		كَرْت ج. كُروت	بِطاقة ج. -ات
unemployment 10			البِطالة ، البَطالة
belly, stomach 5		ج. بْطون	بَطن ج. بُطون
after 8 AK1	بَعد ما	بَعد ما	بَعدَ أنْ (+ فعل)
not yet 9	لِسّه ما ...	ما ... بَعد ، لِسّه ما ...	لَم ... بَعدُ
afternoon 9 AK1	بَعد الضُّهر	بَعد الضُّهر	بَعدَ الظُّهْر
far, distant (from) AB	بِعيد ج بُعاد	بْعيد ج بْعاد	بَعيد/ة (عن) ج. -ون/ين
some of 9 AK1			بَعض (+ اسم جمع في اضافة)
each other 3	بَعض	بَعض	بَعضـ ..(+ ضمير) البَعض
to remain, stay 2	قَعَد ، يُقعُد	بِقي ، يِبقى	بَقِيَ ، يَبقى ، البَقاء
(the) rest, remainder of 4			بَقِيّة
bachelor's degree 2 AK1			بَكالوريوس
country 2 AK1			بَلَد ج. بِلاد ، بُلدان
to reach, attain (a number, place) 7	وِصِل لـ ، يِوْصَل	وِصِل لـ ، يوصَل	بَلَغَ ، يَبلُغ ، البُلوغ
amount 10			مَبلَغ ج. مَبالِغ
son 3 AK1	ج. وِلاد	ج. وْلاد	اِبن ج. أَبناء
cousin (m., maternal) 3 AK1	ج. وِلاد خال/ة	ج. وْلاد خال/ة	اِبن خال/ة ج. أَبناء خال/ة
cousin (m., paternal) 3 AK1	ج. وِلاد عَـمّ/ة	ج. وْلاد عَـمّ/ة	اِبن عَمّ/ة ج. أَبناء عَمّ/ة
daughter, girl AB			بِنت ج. بَنات
cousin (f., maternal) 3 AK1			بِنت خال/ة ج بَنات خال/ة
cousin (f., paternal) 3 AK1			بِنت عَمّ/ة ج. بَنات عَمّ/ة
(a pair of) pants 2			بَنطَلون ج. -ات
to build 10	يِبني ، البُنا	يِبني ، البِنا	بَنى ، يَبني ، البِناء
to adopt 10	اِتبَنّى ، يِتبَنّى	تبَنّى ، يِتبَنّى	تَبَنّى ، يَتَبَنّى ، التَّبَنّي
infrastructure 10			بُنية تَحتِيّة ج. بُنى تَحتِيّة
building AB	عِمارة ج. -ات	بِناية ج.-ات	بِناية ج. -ات
door AB		ج. بْواب	باب ج. أَبواب

بيئة ج. -ات			environment 6
بَيْت ج. بُيوت	بيت ج. بْيوت	بيت	house AB
باعَ ، يَبيع ، البَيع	يبيع	يِبيع	to sell 3
أبيَض (مؤنّث) بَيضاء ج. بيض	(مؤنّث) بَيضا	(مؤنّث) بيضا	white AB
بَيْض	بـيض	بـيض	eggs 8
بَيَّنَ ، يُبَيِّن ، التَّبيين	يبَيِّن	يِبَيِّن	to show clearly, demonstrate 10
بَيْنَ	بين	بين	between, among 11 AK1

ت

اِتَّبَعَ ، يَتَّبِع ، الاِتِّبَاع			to follow 10
التِّجارة			commerce, trade 6 AK1
تَحت			beneath, below 1
تَرجَمَ (إلى) ، يُتَرجِم ، التَّرجَمة	يترجم	تَرجِم ، يِترجِم	to translate 7
تُرجِمَ (إلى) / تُرجِمَت	اِتَّرجَم لـ	اِتَّرجِم لـ	was/were translated 7
تَرجَمَة (مِـن ... إلـى)			translation (from...to) 2 AK1
مُـتَرجِم/ة ج. -ون/ين	مْـتَـرْجِـم ج. -ين		translator 2 AK1
تَرَكَ ، يَترُك ، التَّرك	يِترُك	ساب، يِسيب	to leave (someone or something) 1
تُركيا (مؤنَّث)			Turkey AB
يا تُرى..؟! (+ سؤال)	يا تَرى..؟! (+ سؤال)	يا تَرى..؟! (+ سؤال)	I wonder (fixed expression) 3
تِسعَة			nine AB
تِسعون ، تِسعين			ninety 5 AK1
تَعبان/ة ج. -ون/ين			tired AB
تِلكَ			that (demonstrative pronoun) (f.) 6 AK1
تليفون ، هاتِف			telephone AB
تَمَّ ، يَـتِمّ + المصدر			to be completed 6
تَمام			great! AB
تَنّورة ج. تَنانير	جيب ج. -ات		skirt 2
تونِس (مؤنَّث)			Tunisia or the city of Tunis AB

ث

culture 1 AK1	**الثَّقافة**		
heavy (in weight or substance) 5	ثَقيل/ة	**تقيل/ة**	تِقيل/ة
one third 9 AK1	ثُـلث	**تِلت**	تِـلت
three AB	ثَلاثة	**تْلاتة**	تَلاتة
third 9 AK1	ثالِث	**تالِت**	تالِت
thirty 5 AK1	ثَلاثون ، ثَلاثين	**تلاتين**	تَلاتين
Tuesday 6 AK1	الثُّلاثاء	**التَّلاتا**	التَّلات
snow, ice 5 AK1	ثَلج	**تَلج**	تَلج
refrigerator 3	ثَلّاجة ج. -ات		تَلّاجة ج. -ات
then 9 AK1	ثُمَّ	**بَعدين**	بَعدين
eight AB	ثَمانِية	**تْمانِة**	تَمانْـية
eighty 5 AK1	ثَمانون ، ثَمانين	**تْمانين**	تَمانين
two AB	اِثنان ، اِثنَيْن	**تْنين**	اِتْنين
Monday 6 AK1	الإثنَيْن	**التَّنين**	الاِتْنين
second 4 AK1	ثانٍ ، الثاني/ة	**تاني ، التاني**	تاني ، التاني
secondary 7 AK1	ثانَوِيّ/ة	**ثانَوي**	ثانَوي
Baccalaureate 7 AK1	**الثّانَوِيّة العامّة**		
the dual 6 AK1	**الـمُثَنّى**		
to stir up, arouse (e.g., emotion) 9	أَثارَ ، يُثير ، الإثارة		
revolution 9	**ثَورة ج. -ات**		

ج

mountain 11 AK1	**جَبَل** ج. جِبال	**ج. جْبال**	
grandfather 3 AK1	**جَدّ** ج. **جُدود** ، أَجْداد	**ج. جْدود**	
grandmother 3 AK1	جَدّة ج. -ات	**سِتّ ، تيتة**	جِدَّة ، ستّ
very 5 AK1	جِدّاً	**كْتير**	قَوي
new AB	جَديد/ة ج. جُدُد	**جْديد ج. جْداد**	جِديد ج جُداد
root 6 AK1	**جَذر ج. جُذور**		
an experience (life___) 11 AK1	**تَجرِبة ج. تَجارِب**		تَجْرُبة ج. تَجارُب

newspaper 9 AK1	جَريدة ج. جَرائِد ج. جَرايد ج. جَرايد
to run 6	جَرى ، يَجري ، الجَري رَكَض ، يركُض جِري ، يِجري
to conduct, carry out 10	أجرى ، يُجري ، الإجراء
part of 5	جُزء (من) ج. أجزاء
Algeria AB	الجَزائِر (مؤنَّث)
jussive mood (verbs) 13 AK1	المَجزوم
body 5	جِسم ج. أجسام
to make 10	جَعَلَ ، يَجعَل ، الجَعل خَلّى ، يخَلّي خَلّى ، يِخَلّي
dry 8	جافّ/ة ناشِف ، ناشْفة ناشِف ، ناشْفة
magazine, journal 13 AK1	مَجَلّة ج. -ات
to sit 9 AK1	جَلَسَ ، يَجلِس ، الجُلوس قَعَد ، يُقعُد ، القَعدة قَعَد ، يُقعُد ، القُعاد
gathering, gather 10 AK1	جَلسة ج. -ات
community of immigrants, expatriate community 2	جالية ج. -ات
(to) gather (together) 11 AK1	تَجَمَّع ، يَتَجَمَّع ، التَّجَمُّع تجمَّع ، يِتْجَمَّع اِتْجَمَّع ، يِتْجَمَّع
to meet, gather (with) 4	اِجتَمَعَ بـ / مع ، يَجتَمِع ، الاِجتِماع يِجتِمِع يِجتِمِع
meeting 4	اِجتِماع ج. -ات
social 7	اجتِماعِيّ
plural 2 AK1	الجَمع
Friday 6 AK1	الجُمعة
together (i.e.: altogether, all of them) 12 AK1	جَميعاً مع بَعض ، كِلّنا سَوا مع بَعض
university AB	جامِعة ج. -ات جامْعة ج. -ات جامْعة ج. -ات
(a) group of 2	مَجموعة (من) ج. -ات
society 7	مُجتَمَع ج. -ات
sentence AB	جُملة ج. جُمَل
beautiful, pretty AB	جَميل/ة ج. -ون/ين حِلو/ة ج. -ين حِلو/ة ج. -ين
public; audience; (plural) masses, crowds 10	جُمهور ج. جَماهير
crazy 7 AK1	مَجنون/ة ج مَجانين
side 1	جانِب ج. جَوانِب جَنب (جَمب) جَنب (جَمب)
next to, beside 1	بِجانِب جَنب (جَمب) جَنب (جَمب)
south 2	جَنوب جنوب
foreign, foreigner 2	أجنَبِيّ ج. أجانِب
nationality 1 AK1	الجِنسيّة

gender, sex 10			جِنس
ready AB	جاهْزة ج. جاهْزين	جاهْزة ج. جاهْزين	جاهِز/ة ج. -ون/ين
weather 5 AK1		الطَّقس	الجَوّ
good AB	كوَيِّس/ة ج. -ين	مْنيح/ة ج. مْناح	جَيِّد/ة ج. -ون/ين
well (adv.) 5 AK1	كوَيِّس	مْنيح	جَيِّداً
neighbor AB			جار/ة ج. جيران
passport 6			جَواز سَفَر ج. جَوازات سفر
vacation, leave (of absence) 12 AK1		أجازة ج. -ات	إجازة ج. -ات
prize 9	جايْزة ج. جَوايِز	جايزة ج. جَوايِز	جائِزة ج. جَوائِز
tour 11 AK1			جَولة ج. -ات
hungry AB	جَعان ج. جَعانين	جوعان/ة ج. جوعانين ، جيعان/ة ج. جيعانين	جَوْعان/ة ج. -ون/ين
to come 10 AK1	جا (جيت) لـ ، ييجي	إجا ع (إجيت) ، يِجي	جاءَ (إلى) ، يَجيء ، المَجيء
to bring 4	جاب ، يِجيب	جاب ، يجيب	جاءَ بـِ ، يَجيء بـِ ، المَجيء بـِ
army 3 AK1			جَيش ج. جُيوش
generation 1			جيل ج. أجيال

ح

to love AB	حَبّ ، يِحِبّ	حَبّ ، يْحِبّ	أَحَبَّ ، يُحِبّ ، الحُبّ
darling, dear (m.) AB	ج حَبايِب	ج حَبايِب	حَبيب ج. أَحِبّاء
darling, dear (f.) AB			حَبيبة ج. -ات
until; in order to 4 even 10			حَتّى
veil, head covering AB			حِجاب
to determine, set (e.g., a time, topic) 2	يِحَدِّد	يحَدِّد	حَدَّدَ ، يُحَدِّد ، التَّحديد
border, limit 2		ج. حدود	حَدّ ج. حُدود
limited 8			مَحدود/ة
to happen 1	حَصَل ، يِحصَل	صار ، يصير	حَدَثَ ، يَحدُث ، الحُدوث
to talk about 6	اِتكَلِّم عن ، يِتكَلِّم	حِكي عن ، يحكي	تَحَدَّثَ عن ، يَتَحَدَّث ، التَحَدُّث
accident 7 AK1		حادْثة	حادِث ج. حَوادِث
event 9			حَدَث ج. أحداث
modern 9			حَديث/ة
conversation 1 AK1			مُحادَثة

garden, yard, park 1	جِنينة ج. جَنايِن	**جنيْنة ج. جَنايِن**	حَديقة ج. حَدائق
public park 1			**حَديقة عامّة**
(a) challenge 10			**(الـ) تَحَدّي ، تَحَدٍّ ، ج. تَحَدِّيات**
(a pair of) shoes 2	جَزمة ج. جِزَم	**(للرجال) صُبّاط ج. صَبابيط** **(للنساء) كِندَرة ج. كَنادِر**	حِذاء ج. أحذِية
hot (e.g.: __ weather) 5 AK1	حَرّ	**شوب**	حارّ
hot (e.g.: I feel __) AB		**مشوَّب ج. -ين**	**حَرّان/ة ج. -ات**
freedom 2			**الحُرِّية**
silk 3			**حَرير**
war 7			**حَرب (مؤنَّث) ج. حُروب**
movement (literal and figurative) 9			**حَرَكة ج. ات**
to respect 6	يِحتِرِم	**يحتِرِم**	**اِحترَمَ** ، يَحترِم ، **الاِحتِرام**
wife 7 AK1			**حَرَم**
shame (on you; lit.: not legal) 12 AK1			**حَرام**
party (political) 9			**حِزب ج. أحزاب**
saddening, distressing 7 AK1	بيزَعَّل	**بيزَعِّل**	مُحزِن/ة
to feel (6) شَعَرَ بـ	حَسّ بـ ، يِحِسّ	**حَسّ بـ ، يِحِسّ**	أَحَسَّ بـ ، يُحِسُّ ، **الإحساس**
feeling that... 6	حاسِس بـ/حاسّة ج. حاسّين	**حاسِس بـ/حاسّة ج. حاسّين**	
account, bill (in a bank, shop, or restaurant) 3		حْساب ج. -ات	**حِساب ج. -ات**
depending on, according to 7		**بحَسَب**	**حَسَب**
computer (9) كُمبيوتَر			**حاسوب ج. حَواسيب**
the best... 5 AK1			**أحسَن ...**
to get, obtain 6, 8 AK1	خَد ، ياخُد	**أخَد ، ياخُد**	حَصَلَ على ، يَحصُل ، الحُصول
statistic 10			**إحصاء ج. -ات**
to prepare (something) 8	جَهِّز ، يجَهِّز	**يحضِّر**	**حَضَّرَ** ، يُحَضِّر، **التَّحضير**
you (formal, m.) AB	حَضْرِتَك	**حَضرتك**	حَضرَتُكَ
you (formal, f.) AB	حَضْرِتِك	**حَضرتِك**	حَضرَتُكِ
civilization 7			**حَضارة ج. -ات**
lecture 6 AK1		مُحاضْرة ج. -ات	مُحاضَرة ج.-ات
to memorize; to preserve 4 AK1 , 7	حِفِظ ، يِحفَظ	**حِفِظ ، يحفَظ**	حَفِظَ ، يَحفَظ ، الحِفظ
to celebrate 8	يِحتِفِل	**يحتِفِل**	**اِحتَفَلَ** بِـ ، يَحتَفِل، **الاِحتِفال**
party 4			**حَفلة ج. حَفَلات**

law 3 AK1			الحُقوق
(a) truth, fact 7	ج. حَقايِق	**ج. حَقايِق**	**حَقيقة** ج. حَقائِق
you are right! 7	معاك حَقّ!	**معك حَقّ!**	أنت على حَق
truly, rightly so 7	حَقيقي	**عن جَدّ**	بِحَق
actually 3 AK1	في الحَقيقة	**بِالحَقيقة**	في الحَقيقة
suitcase, purse, backpack 7	شَنطة ج. شُنَط	**شَنتة ج. شَناتي**	حَقيبة ج. حَقائِب
to govern, rule 9	يُحكُم	**يحكُم**	**حَكَمَ** ، يَحكُم ، **الحُكم**
government 8 AK1			**حُكومة ج. -ات**
to occupy 9	يِحتَلّ	**يحتلّ**	**اِحتَلَّ** ، يَحتَلّ، **الاِحتِلال**
solution 1			**حَلّ ج. حُلول**
shop, store, location, place 2			**مَحَلّ ج. -ات**
local 4			**مَحَلّيّ/ة ج.** -ون/ين
milk AB	لَبَن	**حَليب**	حَليب / لَبَن
circle, ring, episode 8			**حَلْقة ج. حَلَقات**
dream 13 AK1	حِلْم	**حِلِم**	حُلْم ج. **أَحْلام**
sweets, desserts 4 AK1	الحَلَوِيّات	**الحِلو**	الحَلَوِيّات ، الحُلو
how beautiful is...! 6		**ماحْلى...!**	ما أَحلى...!
bathroom, bath, bathhouse 1			**حَمّام ج. -ات**
red 3	(مؤنّث) حَمرا	**(مؤنّث) حَمرا ج. حِمِر**	**أَحمَر** (مؤنّث) حَمراء **ج. حُمْر**
to carry 6	شال ، يِشيل	**حِمِل ، يحمِل**	حَمَلَ ، يَحمِل ، **الحَمل**
to bear (a burden or unpleasantness) 10	اِتحَمَّل ، يِتحَمَّل	**تحمَّل ، يِتحمَّل**	تَحَمَّلَ، يَتَحَمَّل، **التَّحَمُّل**
mother-in-law 1			**حَماة ج. حَمَوات**
to need 6	يحتاج	**يحتاج**	**اِحتاجَ إلى**، يَحتاج، الاِحتِياج
(a) need 6			**حاجة ج. -ات**
in need of 6			بِحاجة إلى
to try to, attempt 5	حاوِل ، يحاوِل	**يحاوِل**	**حاوَلَ** (أنْ) ، يُحاوِل ، **المُحاوَلة**
to change, transform (intransitive) 8	اِتحوِّل ، يِتحَوَّل	**تحوَّل ، يِتحَوَّل**	تَحَوَّلَ، يَتَحَوَّل، التَّحوُّل
state, condition 7			**حال ج. أَحوال**
roughly, around 9 AK1	حَوالي	**حَوالي**	حَوالَيْ
neighborhood 4			**حَيّ ج. أَحياء**
life 6 AK1			**الحَياة**
where (not a question) 2 AK1			**حَيْثُ**

ocean, environment (physical and abstract) 7		مُحيط ج. -ات
wall 3	حيطة	حيط	حائِط ج. حيطان
when (8) عندما	لَمّا	لَمّا	حينَ
sometimes 5 AK1		أحياناً

خ

to test by experiment or trial 10	يختبِر	يختبِر	اِختبَرَ، يَختبِر، الاِختبار
news AB		خَبَر ج. أخبار
predicate of a nominal sentence 2 AK1		الخَبَر
test, trial 10		اِختِبار ج. -ات
laboratory 10	مَعمَل ج. مَعامِل	مَخبَر ج. مَخابِر	مُختبَر ج. -ات
bread AB	عيش	خِبز	خُبز
pita bread AB	عيش شامي	خِبز عَرَبي	خُبْز عَرَبي
ring (jewelry) 8		خاتِم ج. خَواتِم
shyness, abashment 11 AK1		الخَجَل
drugs 5	مُخَدَّرات	مُخَدَّرات	مُخَدِّرات
to serve 9	يخدِم	يِخدُم	خَدَمَ ، يَخدِم ، الخِدمة
service 9		خِدمة ج. -ات
to use 9	يستَخدِم	يِستخدِم	اِستَخدَمَ ، يَستَخدِم ، الاِستِخدام
to go out 9 AK1	يُخرُج	طِلع (من) ، يِطلَع	خَرَجَ (من) ، يَخرُج ، الخُروج
to graduate 6 AK1	اِتْخَرَّج (من) ، يِتْخَرَّج	تْخَرَّج (من) ، يِتْخَرَّج	تَخَرَّجَ (من) ، يَتَخَرَّج ، التَّخَرُّج
outside 5	بَرّه	بَرّه ، (في إضافة): بَرّات	خارِج
foreign affairs 7 AK1	الخارْجِيّة	الخارْجِيّة	الخارِجيّة
fall, autumn 5 AK1		الخَريف
closet 3	دولاب ج. دَواليب	خزانة ج. خَزاين	خِزانة ج. خَزائِن
to designate (e.g., funds) for 10	يِخَصِّص	يخَصِّص	خَصَّصَ لِـ ، يُخَصِّص ، التَّخصيص
special; (its) own, private 9 AK1		خاصّ/ة
especially since ... 5	خُصوصاً إنّ	خُصوصاً إنّو	خُصوصاً أنَّ ، خُصوصاً وأنَّ
privacy 1		خُصوصِيّة
specializing, specialist in 2 AK1		مُتَخَصِّص/ة في ج.-ون/ين مِتخَصِّص/ة بـ ج. -ين
green AB	(مؤنّث) خَضرا	(مؤنّث) خَضرا ج. خِضر	أخضَر (مؤنّث) خَضراء ج. خُضْر

vegetables 4 AK1	خُضار		
to plan 10	خَطَّطَ لـ ، يُخَطِّط، التَّخطيط	يخَطَّط	يخَطِّط
(a) plan 10	خِطّة ج. خِطَط		
she got engaged to 11 AK1	خُطِبَت لِـ	اِنخَطَبِت لَـ	اِتخَطَبِت لِـ
fiancé / fiancée 1	خَطيب/ة		
engaged (of a woman or couple) 1	مَخطوبة ج. – ون/ين		
light (in weight or substance) 5	خَفيف/ة		
to become lower, reduced (e.g., price, voice) 10	اِنخَفَضَ ، يَنخَفِض، الاِنخِفاض	نِزِل ، يِنزِل	نِزِل ، يِنزِل
during, throughout (a period of time) 7	خِلال		
the (Persian) Gulf 8	الخَليج (الفارسي/العربي)		
behind, beyond 5 AK1	خَلف		
caliph, successor (note: m) 4 AK1	خَليفة ج. خُلَفاء		
to have a disagreement, dispute with 4	اِختَلَفَ مع ، يَختَلِف ، الاِختِلاف	يِختِلِف مع	يِختِلِف مع
to differ from 4	اِختَلَفَ عن ، يَختَلِف ، الاِختِلاف	يِختِلِف عن	يِختِلِف عن
different from 5	مُختَلِف/ة عن ج. – ون/ين	مِختِلِف / مِختِلْفة ج. -ين	
disagreement, dispute 1	خِلاف ج. -ات		
to create 9	خَلَقَ ، يَخلُق ، الخَلق	يِخلُق	يِخلَق
morals 5	أَخلاق (جمع)		
five AB	خَمسة	خَمسة	
fifty 5 AK1	خَمسون ، خَمسين		
Thursday 6 AK1	الخَميس		
to be afraid for (someone) 5	خافَ على، يَخاف ، الخَوْف	يخاف على ، الخوف	يِخاف على ، الخوف
to be afraid of 5	خافَ من ، يَخاف ، الخَوْف	يخاف من ، الخوف	يِخاف من ، الخوف
afraid 5	خائِف/ة ج. -ون/ين	خايِف/خايْفة ج. خايْفين	خايِف/خايْفة ج. خايْفين
uncle (maternal) 2 AK1	خال ج. أَخوال		
aunt (maternal) 2 AK1	خالة ج. -ات		
to choose 6	اِختارَ ، يَختار ، الاِختِيار	يِختار	يِختار
choice 6	اِختِيار ج. -ات		
well, fine (said of people) AB	بِخَير	مْنيح	كوَيِّس
tent 8	خَيمة ج. خِيَم	خيمة	خيمة

د

chicken (collective) AB	دَجاج	دْجاج	فِراخ
to enter 8 AK1	دَخَلَ ، يَدخُل ، الدُّخول	يدخُل	يُدخُل
income 10	دَخْل		
to smoke 9 AK1	دَخَّنَ ، يُدَخِّن ، التَّدخين	يْدَخِّن	يِدَخِّن
degree (e.g.: of temperature) 5 AK1	دَرَجة ج. -ات		
temperature 5 AK1	دَرَجة الحَرارة		
to study 1 AK1	دَرَسَ ، يَدرُس ، الدِّراسة	يِدرُس	يِدرِس
to teach 3 AK1	دَرَّسَ ، يُدَرِّس ، التَّدريس	عَلَّم ، يْعَلِّم	يِدَرِّس
lesson AB	دَرس ج. دُروس	ج. دْروس	
study (of), studies 3 AK1	دِراسة ج. -ات		
school 4 AK1	مَدرَسة ج. مَدارِس		
constitution 9	دُستور ج. دَساتير		
to invite 4	دعا ، يَدعو ، الدَّعوة	عَزَم ، يِعزِم	عَزَم ، يعزِم
invitation (card) 4	بِطاقة دَعوة ج. بِطاقات دَعوة	كَرت دعوة ج. كروت دعوة	
copybook, notebook AB	دَفتَر ج. دَفاتِر		
to push; to pay 6	دَفَعَ ، يَدفَع ، الدَّفع	يِدفَع	يِدفَع
to defend 9	دافَعَ عن ، يُدافِع ، الدِّفاع	يدافِع	دافِع ، يِدافِع
impetus, motive 6	دافِع ج. دَوافِع		
minute 9 AK1	دَقيقة ج. دَقائِق	دْقيقة ج دَقايِق	دِقيقة ج دقايِق
doctor (m.) AB	دُكتور ج. دَكاتِرة	ج. دَكاتْرة	ج. دَكاتْرة
doctor (f.) AB	دُكتورة ج. -ات		
Ph.D. 2 AK1	الدُّكْتوراه		
blood 5	دَم ج. دِماء	دَمّ	دَمّ
the world, this world 6	الدُّنيا	الدِّنيا	
house, abode 7	دار (مؤنّث) ج. دور		
role 9	دَوْر ج. أدوار	دور	دور
business administration 6 AK1	إدارة الأَعمال		
director 12 AK1	مُدير ج. -ون/ين ، مُدَراء		
(nation-) state 8 AK1	دَولة ج. دُوَل		

دُوَلِـيّ/ة ، دَولِـيّ			international 8 AK1
دائماً	دايماً	دايماً	always 2 AK1
دَوَّنَ، يُدَوِّن، التَّدوين			to record, write down 9
مُدَوَّنة ج. -ات			blog 9
بِدون ، دونَ ، بِلا	بَلا	مِن غير	without 5
دين ج. أديان			religion 3 AK1

ذ

ذو/ذات ج. ذَوو			possessing 10
ذات			self 10
ذاته ، بِذاتِه	بذاتُه	بِنَفسُه	himself (10) نفسه
ذلِك (مؤنّث: تِلْك)			that (demonstrative pronoun) 6 AK1
كَذلِك	كَمان	كَمان	also, likewise 13 AK1
لِذلِك	مِنْشان هيك	عَشان كدا	so, thus 6 AK1
ذَكَرَ ، يَذكُر ، الذِّكر	تذَكَّر ، يِتذَكَّر	فاكِر/ة ج. -ين ، اِفتَكَر ، يِفتِكِر	to recall 1
ذَكَرَ ، يَذكُر ، الذِّكر	ذَكَر ، يِذكُر	ذَكَر ، يِذكُر	to mention 1
ذاكَرَ ، يُذاكِر ، المُذاكَرة	دَرَس ، يِدرُس	ذاكِر ، يِذاكِر ، المُذاكرة	to study (i.e.: review lessons, do homework) 8 AK1
تَذَكَّرَ ، يَتَذَكَّر ، التَّذَكُّر	تذَكَّر ، يِتذَكَّر	اِفتَكَر ، يِفتِكِر ؛ فاكِر/ة ج. فاكرين	to remember 4 AK1
ذِكرى ج. ذِكرَيات			memory 8
المُذَكَّر			masculine 1 AK1
ذَكِيّ/ة ج. أذكِياء	زَكي/ زَكِيّة ج. أزكِيا	زَكي/ زَكِيّة ج. أزكِيا	smart, intelligent 5
ذَهَبَ ، يَذهَب ، الذَّهاب	راح ع ، يْروح	راح ، يِروح	to go 6 AK1
ذَهَب	دَهَب	دَهَب	gold 3
ذَهَبِـيّ/ة	دَهَبي/ة	دَهَبي/ة	golden, gold (in color) 3

ر

رَأس ج. رُؤوس	راس ج. روس	راس ج. روس	head 5
رَأسمال ج. رُؤوس أَموال			capital 10
رَأسماليّ			capitalist 10
رَئيس ج. رُؤَساء			president 8 AK1

to see 10	رأى ، يَرى ، الرُّؤية	شاف ، يشوف	شاف ، يِشوف
to have the opinion that 10	رَأى ، يَرى ، الرَّأي أنّ		
opinion 8 AK1	رَأْي ج. آراء		
God, (our) Lord 1	الرَّبّ، رَبُّنا		
perhaps, maybe 5	رُبَّما	يِمكِن	يِمكِن
profit 10	رِبح ج. أرباح		
for-profit 10	رِبحِيّ		
tie, bond, link 7	رابِطة ج. رَوابِط		
link (including internet link) 7	رابِط ج. رَوابِط		
one quarter 9 AK1	رُبع ج. أرباع		
spring (season) 5 AK1	الرَّبيع		
four AB	أَرْبَعة	أربْعة	
forty 5 AK1	أَرْبَعون ، أَرْبَعين	أربْعين	أربِعين
Wednesday 6 AK1	الأَرْبِعاء	الأَرْبعا	الأربَع
fourth 4 AK1	رابِع/ة		
to arrange 3	رَتَّب ، يُرَتِّب ، التَّرتيب	يرتِّب	رَتَّب ، يرَتِّب
arrangement 3	تَرتيب ج. -ات		
to return 13 AK1	رَجَعَ ، يَرجِع ، الرُّجوع	رِجِع ع ، يرجَع	رِجِع ، يرجَع
to travel, to set out, depart; (also) to pass on, go on to the next life 7	رَحَلَ من/إلى ، يَرحَل ، الرَّحيل/التَّرحال		
traveller, explorer 7	رَحّالة (مذكر ومؤنث وجمع) ج. رَحّالون/رَحّالين		
stage, phase 10	مَرحَلة ج. مَراحِل		
man AB	رَجُل ج. رِجال	رِجّال ج. رْجال	راجِل ج رِجّالة
leg 5	رِجل (مؤنث) ج. أَرجُل	ج. رِجلين	ج. رِجلين
to welcome 5	رَحَّبَ بِـ ، يُرحِّب ، التَّرحيب	يرحَّب في	يِرَحِّب بـ
welcome (formal) AB	مَرحَباً (بِـ)		
trip, flight 4	رِحْلة ج. رَحَلات	ج. رِحلات	
deceased 7 AK1	مَرْحوم/ة ج. -ون/ين		
cheap 3	رَخيص/ة	رخيص/ة	رِخيص/ة
to correspond, exchange letters 8 AK1	راسَلَ ، يُراسِل ، المُراسَلة	يْراسِل	راسِل ، يراسِل
to send 3	أَرسَلَ، يُرسِل، الإرسال	بَعَت ، يبعَت	بَعَت ، يِبْعَت
letter 3 AK1	رِسالة ج. رَسائِل	مَكتوب ج. مَكاتيب	جَواب ج. -ات
to draw 3	رَسَمَ ، يَرْسُم ، الرَّسم	يِرسُم	يِرسِم

رَسم ج. رُسوم	رَسمة ج. -ات	رَسمة ج. رسومات ، لَوحة ج. -ات ، لُوَح	drawing 3
رُطوبة			humidity 5 AK1
رَغِبَ في ، يَرغَب ، الرَّغبة	كان بِدُّه	كان عايِز	to want to, have a desire to 13 AK1
رَفَضَ ، يَرفُض ، الرَّفض	يِرفُض	يُرفُض	to refuse 8 AK1
اِرتَفَعَ ، يَرتَفِع ، الاِرتِفاع	طِلع ، يِطلَع	طِلِع ، يِطلَع	to rise 8
الرَّقابة			censorship 9
رَقيب			censor 9
رَقَصَ ، يَرقُص ، الرَّقص	يُرقُص	يِرقُص	dance, dancing 6 AK1
رَقْم ج. أَرْقام	نِمرة ج. نِمَر	نِمرة ج. نِمَر	number AB
رَكَّزَ على ، يُرَكِّز ، التَّركيز	يرَكِّز ع	رَكِّز على ، يِرَكِّز	to focus, concentrate on 5
مَركَز ج. مَراكِز			center 2 AK1
رَمادِيّ/ة	رمادي/ة		grey 3
راحة			comfort, ease 1
اِستِراحة ج. -ات			break, rest period 10 AK1
أَرادَ أَنْ ، يُريد ، الإرادة	كان بِدُّه	كان عايِز	to want to 8 AK1
الرِّياضة			sports 6 AK1
ريف ج. أَرياف			rural area, countryside 10

ز

الاِزدِحام	الزَّحمِة	الزَّحمة	(over) crowdedness 5 AK1
أَزرَق (مؤنّث) زَرقاء ج. زُرق	أَزرَق (مؤنّث) زَرقا ج. زِرِق	أَزرَق (مؤنّث) زَرقا ج. زُرق	blue 3
زَعلان ج. -ين			upset; annoyed, angry AB
زَميل ج. زُمَلاء	ج. زَمايِل	زِميل ج. زَمايِل ، زُمَلا	classmate; colleague (m.) 4 AK1
زَميلة ج. -ات	زِميلة ج. -ات		classmate; colleague (f.) 4 AK1
زَمَن			time, times (abstract) 5
زَوج ج. أَزواج	جوز ج. جْواز	جوز ج. اِجواز	husband 3 AK1
زَوجة ج. -ات	مَرة	مِراة	wife 3 AK1
مُتَزَوِّج/ة ج. -ون/ين	مِتْجَوِّز/ة ج. -ين	مِتْجَوِّز/ة ج. -ين	married (adj.) 3 AK1
اِزدادَ ، يَزداد ، الاِزدِياد	زاد ، يزيد ، الزِّيادة	زاد ، يِزيد ، الزِّيادة	to increase, become larger (of a number) 2
زارَ ، يَزور ، الزِّيارة	يزور	يِزور	to visit 12 AK1
ما زالَ ، لا يَزال + المضارع المرفوع/اسم	بَعد (+ pronoun)	لِسّه	still, continue to (lit.: do not cease) 13 AK1

to decorate 8	زَيَّنَ ، يُزَيِّن ، التَّزيين يزَيِّن زَيِّن ، يِزَيِّن
decoration 8	زينة

س

(future marker) 7 AK1	سَـ ، سَوفَ رَح ، حَـ حَـ
question AB	سُؤال ج. أَسْئِلة
responsibility (for) 10	مَسؤوليّة (عن)
because of, on account of 5 AK1	بِسَبَب + اسم في إضافة
Saturday 6 AK1	السَّبْت
swimming 6 AK1	السِّباحة السّباحة
swimming pool 1	مَسبَح ج. مَسابِح حَمّام سِباحة
seven AB	سَبعة
seventy 5 AK1	سَبعون ، سَبعين
week 6 AK1	أُسبوع ج. أَسابيع إِسْبوع
six AB	سِتّة
sixty 5 AK1	سِتّون ، سِتّين
mosque 10 AK1	مَسْجِد ج. مَساجِد
to record; to register 7	سَجَّلَ ، يُسَجِّل ، التَّسجيل يسَجِّل سَجِّل ، يِسَجِّل
meal eaten before dawn during Ramadan 4	السُّحور
theater 13 AK1	مَسرَح ج. مَسارِح
quickly 10 AK1	بِسُرعة بْسِرعة
to help 8 AK1	ساعَدَ في ، يُساعِد ، المُساعَدة يساعِد بـ ، المُساعَدة ساعِد في ، يِساعِد ، المُساعْدة
happy AB	سَعيد ج. سُعَداء مَبسوط ج. -ين مَبسوط ج. -ين
Saudi Arabia AB	السَّعوديّة
price 3	سِعر ج. أَسعار
to travel 4 AK1	سافَرَ (إلى) ، يُسافِر ، السَّفَر يْسافِر (ع) سافِر ، يِـسافِر
embassy 6	سِفارة ج. -ات سَفارة ج. -ات
dining (room) 1	السُّفرة
ship 7	سَفينة ج. سُفُن سفينة
to fall, to fail 9	سَقَطَ ، يَسقُط ، السُّقوط سَقَطَ ، يِسقُط سِقِط ، يِسقَط
to make (something) fall 9	أَسقَطَ ، يُسقِط ، الإسقاط

sugar AB		**سِكَّر**	سُكَّر
sugar, medium AB	سُكَّر مَظبوط	**سِكَّر وَسَط**	سُكَّر وَسَط
to live, reside 1 AK1	ساكِن/ساكْنة	**ساكِن/ساكْنة**	سَكَنَ ، يَسكُن ، **السَّكَن**
television series or serial 4			**مُسَلْسَل ج. -ات**
power 9			**سُلْطة ج. سُلُطات**
salad 4 AK1			**سَلَطة ج. -ات**
behavior (in general) 6			**سُلوك**
hello, greetings! (Islamic greeting) AB			**السَّلامُ عَلَيْكُم**
get well soon! I hope you feel better! AB			**سَلامتَك**
get well soon (reply)! AB			**الله يسَلِّمك**
name, noun AB	ج. أسامي	**ج. أسامي**	**إِسْم** ج. أسماء
it (he/she) is called 8			يُسَمّى / تُسَمّى
to permit (لِـ someone) بِـ to (do) 2	يِسمَح لَـ (حَدّ)	**يِسمَح لـَ (حَدا)**	**سَمَحَ لِـ** (أحد) بِـ (+ أنْ/المصدر) ، يَسمَح ، **السَّماح**
to listen to 4 AK1	سِمِع ، يِسمَع	**سِمِع ، يِسمَع**	اِستَمَعَ إلى ، يَستَمِع ، الاِستِماع
fish (collective) 4 AK1			**سَمَك**
sky, heavens 4	السَّما	**السَّما**	السَّماء
year 1 AK1		سِنة ج. سنين	**سَنة ج. سَنَوات ، سِنين**
(two) years 6 AK1	سَنتين	**سِنْتين**	سَنَتَيْن
last year 8 AK1		السنة اللي فاتت	السَّنة الماضية
to stay up late 10 AK1	سِهِر ، يِسهَر	**سِهِر ، يِسهَر**	سَهِرَ ، يَسهَر ، **السَّهَر**
easy AB			**سَهل/ة**
to contribute to 9	ساهِم في ، يِساهِم	**ساهَم بـ ، يساهِم**	ساهَمَ في ، يُساهِم ، **المُساهَمة**
black AB	اِسوِد (مؤنّث) سودا	**(مؤنّث) سودا**	**أسوَد** (مؤنّث) سَوداء ج. **سود**
Sudan AB			**السّودان (مذكّر)**
Syria AB			**سوريّا (مؤنّث)**
hour; o'clock; clock; watch AB			**ساعة ج. -ات**
market 11 AK1			**سوق ج. -ات**
level 10			**مُستوى ج. مُستَوَيات**
tourism 11 AK1			**السِّياحة**
Mr.; Sir AB			**سَيِّد ج. سادة**
Mrs.; Lady AB			**سَيِّدة ج. -ات**
car, automobile AB		عَرَبيّة ج. -ات	سَيّارة ج. -ات
cinema, the movies AB			**السّينما**

ش

tea AB	شاي
youth (stage of life) 5	الشَّباب
window AB	شُبّاك ج. شَبابيك شِبّاك شِبّاك
net, network 9	شَبَكة ج. -ات
to resemble 8	أشبَهَ ، يُشبِه يِشبَه يِشبِه
to resemble each other 8	تَشابَهَ ، يَتَشابَه ، التَّشابُه
semi, pseudo-, nearly 10	شِبه
winter 5 AK1	الشِّتاء الشِّتويّة الشِّتا
tree AB	شَجَرة ج. -ات ، شَجَر
to encourage (to), cheer (on) 13 AK1	شَجَّعَ (على) ، يُشَجِّع ، التَّشجيع يشَجِّع ع يِشَجَّع
courage 9	شَجاعة
brave, courageous 9	شُجاع/ة ج. شُجعان
person 2	شَخص ج. أشخاص
personality, character 2	شَخصِيّة ج. -ات
to drink AB	شَرِبَ ، يَشرَب ، الشُّرب شِرِب ، يِشرَب شِرِب ، يِشرَب
drink 8	مَشروب ج. -ات
sweet drink made from fruit syrup and served on special occasions 8	شَراب
soup 4 AK1	شوربة
(bed) sheet 3	شَرشَف ج. شَراشِف
condition 10	شَرط ج. شُروط
police 9	الشُّرطة
street AB	شارِع ج. شَوارِع
project, plans (abstract) 9	مَشروع ج. -ات / مَشاريع
to supervise 4	أشرَفَ على ، يُشرِف ، الإشراف
Nice to meet you! AB	تَشَرَّفنا! تْشَرَّفنا اِتْشَرَّفنا
east 2 AK1	الشَّرق
oriental, Middle Eastern 4	شَرقِيّ
Middle East 2 AK1	الشَّرق الأوسَط
Orientalist, scholar who studies the Middle East 7	مُستَشرِق ج. -ون/ين

to join someone in, share with someone, participate with someone in 8	شارك في ، يشارك	شارك بـ	يشارك	شارَكَ في ، يُشارِك ، المُشارَكَة
to share with each other 8	اِتشارِك ، يِتشارِك	تشارك ، يِتشارَك		تَشارَكَ في ، يَتَشارَك ، التَّشارُك
to share, have in common, participate in 2	يِشتِرِك في	اشتَرَك بـ ، يِشتِرِك		اِشتَرَكَ في ، يَشتَرِك، الاِشتِراك
company 6 AK1			شِركة ج. -ات	شَرِكة ج. -ات
to buy, purchase 3	يِشتِري ، الشِّرا	يِشتِري ، الشَّراية		اِشترى ، يَشتَري ، الشِّراء
chess 9 AK1				الشَّطَرَنْج
(a) people (political in connotation, refers to a national group) 7				شَعب ج. شُعوب
popular 9				شَعبيّ/ة
to feel (i.e.: an emotion) 5 AK1	حَسّ بـ ، يِحِسّ	حَسّ بـ ، يْحِسّ		شَعَرَ بِـ ، يَشعُر ، الشُّعور
hair 5				شَعْر
to occupy, preoccupy 5				شَغَلَ ، يَشْغَل ، الشُّغل
work 2 AK1	الـشُّغل	الـشِّغل		الـشُّغْـل ، الـعَمَل
to be / become (pre)occupied with 4	يِنشِغِل	يِنشِغِل		اِنشَغَلَ بِـ ، يَنشَغِل ، الاِنشِغال
busy with 2 AK1				مَشغول/ة بِـ ج. -ون/ين
too busy (to have time) for 2				مَشغول/ة عن ج. -ون/ين
hospital 7 AK1				مُسْتَشْفى ج مُسْتَشْفَيات
apartment 1	شَقّة ج. شُقَق	شَقّة ج. شِقَق		شَقَّة ج. شُقَق ، شِقَق
to praise (a person) 5	شَكَر في ، يِشكُر			شَكَر في ، يِشكُر
thank you AB				شُكراً
form, shape 5				شَكل ج. أَشكال
you look ... 5	شَكلك ...			شَكلك ...
problem AB	مِشكْلة			مُشكِلة ج. مَشاكِل ، -ات
sun 5 AK1				شَمس (مؤنّث)
sunny 5 AK1	شَمس	مِشمِس		مُشمِس
north 2	شِمال	شْمال		شَمال
to comprise, contain 7				شَمِلَ ، يَشمَل ، الشُّمول
comprehensive 7				شامِل/ة
to witness 9	شِهِد ، يِشهَد	شِهِد ، يِشهَد		شَهِدَ ، يَشهَد ، الشَّهادة
to watch AB, 4	شاف ، يِشوف ، اِتفَرَّج على ، يِتفَرَّج	شاف ، يشوف ، تفَرَّج على/عَ ، يِتفَرَّج		شاهَدَ ، يُشاهِد ، المُشاهَدة
martyr 9	ج. شُهَدا	ج. شُهَدا		شَهيد ج. شُهَداء
scene 9				مَشهَد ج. مَشاهِد
degree, diploma 12 AK1				شَهادة ج. -ات

شَهْر ج. شُهور ، أَشهُر **ج. شْهور**	month 3
شَهر عَسَل	honeymoon 7
مَشهور/ة ج. -ون/ين	famous 3
(ج.) مَشاهير	famous personalities 3
أَشارَ إلى ، يُشير ، الإشارة **أشَّر ، يأشَّر** شاوِر ، يِشاوِر	to point to, indicate 10
شَيء ج. أَشياء **شي ج. إشيا** حاجة ج. -ات	thing, something AB
لا شَيء **ولا شي** ولا حَاجة	nothing AB
شَيء آخَر؟ **شي تاني؟** حَاجة تاني؟	something else? AB

ص

أَصبَحَ ، يُصبِح **صار ، يصير** بَقى ، يِبقى	to become 10 AK1
صَباح	morning AB
صَحيح	really?! 1 AK1
صاحِب ج. أَصحاب ج. صْحاب	friend (m.), boyfriend; owner, possessor, holder of something AB, 7
صاحِبة ج. -ات **صاحْبة ج. -ات** صاحْبة ج. -ات	friend (f.), girlfriend AB
صَحراء ج. **(الـ) صَحاري** ، صَحارٍ **صَحرا** صَحرا	desert 7
صَحيفة ج. صُحُف	newspaper (جريدة) 4
الصِّحافة **الصَّحافة** الصَّحافة	(the) press; journalism 9
صَحْن ج. صُحون **ج. صحون** طَبَق ج. أطباق	dish, plate 8
صَحا ، يَصحو ، الصَّحْو **فاق (فِقت) ، يفيق** صِحي (صِحيت) ، يِصحى	to wake up 10 AK1
صَدَرَ ، يَصدُر ، الصُّدور **يُصدُر** يُصدُر	to come out, be issued or published 9
أَصدَرَ ، يُصدِر ، الإصدار	to publish 9
صَديق ج. أَصدِقاء **رْفيق ج. رِفقات** صاحِب ج. أصحاب	friend (m.) 4 AK1
صَديقة ج. -ات **رْفيقة ج. -ات** صاحْبة ج. -ات	friend (f.) 4 AK1
صَداقَة ج. -ات	friendship 5
بِصَراحة	honestly, frankly 10 AK1
تَصَرَّفَ ،يَتَصَرَّف، **التَّصرُّف تْصَرَّف ، يِتصَرَّف** اِتصَرَّف ، يِتصَرَّف	to act, behave 6
تَصَرُّف ج -ات	act (of behavior), action 6
صَعب/ة	hard, difficult AB
صَغير/ة ج. صِغار **زْغير ج. زْغار** صُغَيَّر ج. -ين	small, little; young AB
صَفّ ج. صُفوف **ج. صْفوف** فَصْل ج. فُصول	class, classroom AB

صِفة				see و - ص - ف
صَفحَة ج. صَفَحات	**ج. صَفْحات**			page AB
أصفَر (مؤنّث) صَفراء ج. صُفْر	**(مؤنّث) صَفرا ج. صِفِر**	(مؤنّث) صَفرا		yellow 3
صَليب				(a) cross 7
صَليبِيّ ج. -ون/ين				Crusader 7
أصلَحَ ، يُصلِح ، الإصلاح	**صَلَّح ، يصَلِّح**	صَلَّح ، يِصَلِّح		to repair, repairing 3
تَصليحات				repairs 3
صَلّى (صَلَّيتُ) ، يُصَلّي ، الصَّلاة	**(صَلّيت) ، يصَلّي**	(صَلّيت) ، يِصَلّي		(to) pray, do ritual prayers 10 AK1
صَلاة ج. صَلَوات				prayer 10 AK1
صَنَعَ ، يَصنَع ، الصُّنع				to make, produce, manufacture 9
الصِّناعة				industry, manufacturing 9
صورة ج. صُوَر	ج. صِوَر			picture 3 AK1
التَّصوير				photography 6 AK1
صامَ ، يَصوم ، الصَّوم ، **الصِّيام**	**يصوم**	يِصوم		to fast 4
الصَّيدَلة				pharmacology 11 AK1
صَيدَلِيّة ج. -ات				pharmacy 11 AK1
الصَّيْف	**الصّيف**	الصّيف		summer 5 AK1
الصّين (مؤنّث)				China 1 AK1

ض

ضابِط ج. ضُبّاط	**ظابِط ج. ظُبّاط**	ظابِط ج. ظُبّاط		officer 3 AK1
ضَروريّ/ة				necessary 6
ضَرَبَ ، يَضرِب ، **الضَّرب**	**يُضرُب**	يِضرَب		to beat (physically) 9
ضَريبة ج. ضَرائِب	**ج. ضَرايِب**	ج. ضَرايِب		tax 10
المُضارِع				present / incomplete tense 4 AK1
ضَعف				weakness 7
ضَعيف ج. ضُعَفاء ، ضِعاف	**ضعيف ج. ضُعَفا ، ضعاف**	ضِعيف ج. ضُعاف ، ضُعَفا		weak 7
ضَمَّ ، يَضُمّ ، الضَّمّ	**يضُمّ**	يِضُمّ		to combine, bring together 8
ضَمير ج. ضَمائر				pronoun 2 AK1
أضافَ إلى ، يُضيف ، **الإضافة**	**ضاف ، يضيف**	ضاف ، يِضيف		to add 10

iDaafa, possessive construction 3 AK1	الإضافة
in addition to 12 AK1	بالإضافة إلى **بالإضافة لـ** بالإضافة لـ
to host (someone) 9	اِستَضافَ ، يَستَضيف ، الاِستِضافة **يِستَضيف**
guest 8	ضَيْف ج. ضُيوف **ضيف ج. ضيوف** ضيف
upset, bothered (by) 5	مُتَضايِق/ة (من) ج. -ون/ين **مِتضايِق/مِتضايْقة (من) ج. -ين** مِتضايِق/مِتضايْقة (من) ج. -ين

ط

medicine 3 AK1	الطِّبّ
to cook 1	طَبَخَ ، يَطبُخ ، الطَّبخ **يِطبُخ** يُطبُخ
cooked 8	مَطبوخ/ة
cook, chef 4	طَبّاخ/ة ج. -ون/ين
kitchen 1	مَطبَخ ج. مَطابِخ
to print, to type 7	طَبَعَ ، يَطبَع ، الطَّبع **يِطبَع** يِطبَع
printing 9	الطِّباعة
printing press or shop 9	مَطبَعة ج. مَطابِع
impression 9	اِنطِباع ج. -ات
printing, edition 7	طَبعة ج. -ات/طَبَعات
of course, naturally AB	طَبعاً
nature 2	طَبيعة
plate, dish 8	طَبَق ج. أَطباق **صَحن ج. صحون**
floor, story 1	طابِق ج. طَوابِق دور ج. أَدوار
drum 8	طَبلة ج. -ات **طَبلة**
path, road, way 7	طَريق ج. طُرُق
by way of 7	عن طَريق
way (abstract) 7	طريقة ج. طُرُق
restaurant 4 AK1	مَطعَم ج. مَطاعِم
flavor 4	طَعْم
child 6	طِفل/ة ج. أَطفال
childhood 4 AK1	الطُّفولة
weather 5 AK1	الطَّقس ، الجَوّ
ritual 8	طَقس ج. طُقوس

to ask of (someone to) 6	طَلَبَ من (أنْ) ، يَطلُب ، الطَّلَب	**يطلب (إنّو)**	يطلب (إنّو)
sought after, in demand 8	مَطلوب/ة		
request; application 6	طَلَب ج. -ات		
student (m.) AB	طالِب ج. طُلّاب		
student (f.) AB	طالِبة ج. -ات	طالْبة ج. -ات	
to turn out (to be) 5	**طِلِع ، يِطلَع (إنّو)**	طِلع ، يِطلَع (إنْ)	
divorce 1	الطَّلاق		
to develop (transitive) 9	طَوَّرَ ، يُطَوِّر ، التَّطوير	**يطوِّر**	يِطَوِّر
to develop (intransitive) 9	تَطَوَّرَ ، يَتَطوَّر ، التَّطوُّر	**تطوَّر ، يِتطَوَّر**	اِتطَوَّر ، يِتطوَّر
to be able to 9 AK1	اِستَطاعَ (أنْ / المصدر) ، يَستَطيع ، الاِستِطاعة	**قِدِر ، يِقدِر**	قِدِر ، يِقدَر
during, throughout 8 AK1	طِوالَ	**طول**	طول
(he) has always ... 5	**طول عُمر(ه)**	طول عُمر(ه)	
long, tall AB	**طَويل** ج. طِوال	**ج. طْوال**	ج. طُوال
length, height 7	طول		
table AB	طاوِلة ج. -ات	**طاوْلة ج. -ات**	طَرابيزة ج. -ات
delicious (food); good-hearted (people) AB	طَيِّب/ة ج. -ون/ين		
airplane AB	طائِرة ج. -ات	**طيّارة ج. -ات**	طيّارة ج. -ات

ظ

to remain, stay, keep (doing) 9	ظَلَّ ، يَظَلّ	**ضَلّ ، يضَلّ**	فِضِل ، يِفضَل
injustice 6	ظُلم		
to think that, consider 13 AK1	ظَنَّ أنَّ (ظَنَنْتُ أنَّ) ، يَظُنّ ، الظَنّ	**ظَنّ (ظَنّيت) ، يظُنّ انُّه (إنّو)**	اِفتَكَر ، يِفتِكِر إنّ
to appear 9	ظَهَرَ (أنّ) ، يَظهَر ، الظُّهور	**يِظهَر**	يِظهَر
to demonstrate 9	تَظاهَرَ ، يَتَظاهَر ، التَّظاهُر		
(a) demonstration 9	مُظاهَرة ج. -ات		
noon 9 AK1	الظُّهر	**الضُّهُر**	الضُّهر
afternoon 9 AK1	بَعدَ الظُّهر	**بَعد الضُّهر**	بَعد الضُّهر

ع

عَـبَّـرَ عن ، يُعَبِّر ، التَّعبير	**يعَبِّر**	يِعَبِّر	to express 9
اِعتَـبَـرَ ، يَعتَـبِـر ، الاِعتِبار	**يِعتِـبِـر**	يعتِبِر	to consider (someone or something to be) 5
يُعتَـبَـر / تُعتَـبَـر			is considered 7
عِبارة ج.-ات			expression 9
تَعبير ج. -ات			expression 9
عَجيب/ة ج. -ون/ين			astonishing, strange AB
عِدّة + جمع نكرة	**كم + مفرد**	كَم + مفرد	several 11 AK1
عَدَد ج. أعداد			number 9 AK1
أعَدَّ ، يُعِدّ ، الإعداد	**جَهِّز ، يجَهِّز**	جَهِّز ، يِجَهِّز	to prepare, get (something) ready 1
مُعَدّ/ة	**مْجَهِّز/ة**	جاهِز/ة	prepared , ready (for things) 8
إعداديّ/ة			preparatory (___school = junior high) 7 AK1
اِستَعَدَّ لـ ، يَستَعِدّ ، الاِستِعداد	**يِسْتِعِدّ**	يِسْتَعِدّ	to get ready for, prepare oneself for 3
مُستَعِدّ/ة لـ ج. -ون/ين	**مِستَعِدّ/ة لـ ج. -ين**		ready, prepared for (for people) 3
عَدَم + مصدر			non- (negates a مصدر) 1
عَرَبِيّ/ة ج. عَرَب			Arab, Arabic (m.) AB
عُرس ج. أعراس	**عِرس**	فَرَح ج. أفراح	wedding 4
عَروس ج. -ات	**ج. عَرايِس**	عَروسة ج. عَرايِس	bride 8
عَريس ج. عِرسان			groom 8
عارَضَ ، يُعارِض ، المُعارَضة	**يعارِض**	عارِض ، يِعارِض	to oppose 9
المُعارَضة			opposition 9
عَرَفَ ، يَعرِف ، المَعرِفة	**عِرِف ، يَعرِف**	عِرِف ، يِعرَف	to know 3 AK1
تَعَرَّفَ على ، يَتَعَرَّف ، التَعَرُّف	**تْعَرَّف على ، يِتعَرَّف**	اِتعَرَّف على ، يِتعَرَّف	to get to know, meet 11 AK1
تَعارُف			getting to know one another 1 AK1
العِراق (مذكَّر)			Iraq AB
عَشَرة			ten AB
عِشرون ، عِشرين			twenty 5 AK1
العَشاء	**العَشا**	العَشا	dinner 9 AK1
عَشوائِـيّ/ة			arbitrary, random 10
عَصر ج. عُصور			age, era 7

العُصور الوُسطى	the Middle Ages 7
مُعاصِر/ة ج. -ون/ين	contemporary 9
عَصير	juice AB
عاصِمة ج. عَواصِم **عاصْمة**	capital 4
عَطشان/ة ج. -ون/ين	thirsty AB
عاطِفِيّ/ة	emotional, romantic 11 AK1
عُطلة ج. -ات ، عُطَل **عُطلة** أجازة ج. -ات	vacation 12 AK1
مُعَطَّل/ة **عَطلان/ة** عَطلان/ة ، بايِظ/بايْظة	broken 3
أعطى ، يُعطي ، الإعطاء **عَطى ، يَعطي** اِدّى ، يِدّي	to give 6
عَظيم ج. عُظَماء ، عِظام **ج. عُظما** ج. عُظام	great 7
مُعظَم	most of 11 AK1
عَفواً العَفو	you're welcome AB
أعتَقِد أنَّ **بعْـتِـقِد إنّو** باعتَـقِد إنّ	I believe that 4
عَلاقة ج. -ات	relationship (pl.: relations) 11 AK1
عَلِمَ بِـ ، يَعلَم ، العِلْم **عِرِف بـ ، يَعرِف** عِرِف ، يِعرَف	to learn of, find out about 12 AK1
عَلَّمَ ، يُعَلِّم ، التَّعليم **يعَلِّم** عَلِّم ، يِعَلِّم	to teach, educate (someone) 2
تَعَلَّمَ ، يَتَعَلَّم ، التَّعَلُّم **تْعَلَّم ، يِتْعَلَّم** اِتْعَلِّم ، يِتْعَلِّم	to learn (e.g.: _ a language, a new word) 2
عِلم ج. عُلوم	science, knowledge, learning, 7
عِلم الإنسان	anthropology 3 AK1
عِلم الاِجتِماع	sociology 3 AK1
عِلم النَّفس	psychology 3 AK1
العُلوم السِّياسِيّة	political science 3 AK1
التَّعليم	education 2
عالِم ج. عُلَماء **ج. عُلَما** ج. عُلَما	learned person, scientist 7
مَعلومات	information 7
العالَم	the world 9 AK1
الإعلام	the media 9
أعلَنَ ، يُعلِن ، الإعلان	to announce 8
إعلان ج. -ات	advertisement 8
عَلى	on, on top of AB
عالٍ ، (الـ) عالي/ة	high 5 AK1
عَمّ ج. أعمام **ج. عْمام**	uncle (paternal) 3 AK1

aunt (paternal) 3 AK1	عَمَّة ج. -ات
general, public 7 AK1	عامّ
to rely, depend on 10	اِعتَمَدَ على ، يَعتَمِد ، الاِعتِماد **يعتِمِد عَ** يِعتِمِد على
age 2 AK1	عُمْر ج. أعمار
to work 1 AK1	عَمِلَ ، يَعمَل ، العَمَل **اِشتَغَل ، يِشتِغِل ، الشُّغِل** اِشتَغَل ، يِشتَغَل ، الشُّغُل
worker 13 AK1	عامِل ج. عُمّال
to deal with 10	تَعامَلَ مع ، يَتَعامَل ، **التَّعامُل تعامَل مَع ، يتعامَل** اِتعامِل مَع ، يِتعامِل
to use 3	اِستَعمَلَ ، يَستَعمِل ، **الاِستِعمال يستَعمِل** اِستَعمِل ، يِستَعمِل
practical 10	عَمَلِيّ/ة
process, operation 10	عَمَلِيّة ج. -ات
Oman AB	عُمان (مؤنّث)
Amman (capital of Jordan) AB	عَمّان (مؤنّث)
on, about 7 AK1	عَنْ
on, about what...? 7 AK1	عَمَّ (عَنْ ماذا)...؟
about whom...? 8 AK1	عَمَّن (عَنْ+مَن)...؟
have (lit.: at; see عندي) AB, 7 AK1	عِند **عَند** عَند
I have (lit.: at me) AB	عِندي **عَندي** عَندي
when (not a question; e.g.:___ I was young) 11 AK1	عِندَما + فعل **لَمّا** لَمّا
violence 9	العُنف
address 1 AK1	عُنوان ج. عَناوين **عِنوان**
it means 13 AK1	يَعني
to suffer from 10	عانى من ، يُعاني ، المُعاناة
meaning 8 AK1	مَعنى ج. مَعانٍ ، الـ (معاني)
institute 4	مَعهَد ج. مَعاهِد
to return 9 AK1	عادَ ، يَعود ، العَودة **رِجِع ع ، يرجَع** رِجِع ، يِرجَع
to get (someone) accustomed to 5	عَوَّدَ ... (على) أنْ ، يُعَوِّد ، **التَّعويد يعَوِّد** عَوِّد ، يِعَوِّد
to repeat, re-(do) 7	أعادَ ، يُعيد ، الإعادة (+ مصدر)
to get used to, accustomed to 4	اِعتادَ (على) + أنْ/المصدر ، يَعتاد (على) ، الاِعتِياد **تعَوَّد عَ/على ، يتعَوَّد** اِتعَوِّد على ، يِتعَوِّد
customary 8	مُعتاد
habit , custom 7	عادة ج. -ات
usually 10 AK1	عادةً **غالباً** عادةً
holiday, feast day, day of celebration 8	عيد ج. أعياد

birthday 8			عيد ميلاد
Christmas 8			عيد الميلاد
graduate fellow, teaching assistant 6 AK1			مُعيد/ة ج. -ون/ين
(extended) family 3 AK1	عيلة ج. عائِلات	**عيلة ج. عِيَل**	عائِلة ج. -ات
year [سنة] 2			عام ج. أعوام
to live, be alive 7 AK1	يِعيش	**يْعيش**	**عاشَ** ، يَعيش ، العَيْش / المَعيشة
I was appointed (passive) 12 AK1	اِتْعَيِّنت	**تْعَيَّنت**	عُيِّنْتُ
(a) certain, specific 10			**مُعَيَّن/ة ج.** -ون/ين
eye 5 AK1	عين	**عين ج. عْيون**	عَيْن (مؤنّث) ج. **عُيون**/أَعْيُن

غ

to leave (a place) 5			غادَرَ ، يُغادِر ، المُغادَرة
tomorrow 2 AK1	بُكرة	**بُكرة**	غَداً
lunch 9 AK1	الغَدا	**الغَدا**	الغَداء
west 2			**غَرب**
longing for one's native land, feeling like a stranger in a strange place 13 AK1			**الغُربة**
strange, odd; foreign AB	ج. غُربا	**ج. غُربا**	**غَريب**/ة ج. غُرَباء
sunset 8			**المَغرِب ، الغُروب**
Morocco AB			**المَغرِب**
room AB	أوضة ج. إوَض	**غِرفة ، أوضة ج. أُوَض**	غُرفة ج. غُرَف
to wash (something) 3	يِغسِل	**يِغسِل**	**غَسَلَ** ، يَغسِل ، **الغَسل**
to get angry 2	زِعِل ، يِزعَل ، الزَّعَل؛ غِضِب ، يِغضَب	**زِعِل ، يِزعَل ، الزَّعَل**	غَضِبَ من ، يَغضَب ، **الغَضَب**
angry 2	زَعلان/ة ج. ين	**زَعلان/ة ج. ين**	غاضِب/ة ج. -ون/ين
to cover 9	يِغَطّي	**يغَطّي**	**غَطّى** ، يُغَطّي ، التَّغطِية
wrong, mistake AB			**غَلَط**
expensive 11 AK1			غالٍ ، **(الـ) غالي/ة**
dark (in color) 3	غامِق/ة	**غامِق/ة**	غامِق/ة
rich 6	ج. أَغنِيا	**ج. أَغنِيا**	**غَنيّ** ج. أَغنِياء
to be absent from, miss (e.g.: __ school) 12 AK1	غاب (غِبت) ، يِغيب	**غاب (غِبت) ، يْغيب**	تَغَيَّبَ عن ، يَتَغَيَّب ، التَّغَيُّب
to change (something) 3	يِغَيِّر	**يغَيِّر**	**غَيَّرَ** ، يُغَيِّر ، **التَّغيير**

تَغَيَّرَ ، يَتَغَيَّر ، التَّغَيُّر تغَيّر ، يِتغَيّر اِتغَيَّر ، يِتغَيَّر	to change (intransitive) 3
غَيْر (+ صفة)	un-, in- 4
غائِم مْغَيِّم مِغَيِّم	cloudy, overcast 5 AK1

ف

فَـ ...	thus, so 5 AK1
فَتَحَ ، يَفتَح ، الفَتح يِفتَح يِفتَح	to open 5
فاتِح/ة فاتِح / فاتْحة فاتِح / فاتْحة	light (in color) 3
فَترة ج. فَتَرات	period (of time) 8
فَخر	pride 6
فَخور/ة بـ ج. -ون/ين	proud of 6
فَرَح ج. أفراح	happiness, happy occasion (such as wedding, graduation) 4
فَرد ج. أفراد	individual (person) 4 AK1
المُفرَد	singular 2 AK1
مَفروشات فَرش عَفش	furniture 3
فُرصة ج. فُرَص	opportunity 13 AK1
فُرصة سَعيدة!	Nice to have met you! 13 AK1
فَرع ج. فُروع	branch 10
فارِغ/ة ج. -ون/ين فاضي/ة ج. -ين فاضي/ فاضْية ج. -ين	empty 8
وَقت فَراغ ج. أوقات فَراغ	free time [إضافة] 8
فَريق ج. فِرَق	team 8
فَرَنسِيّ/ة ج. -ون/ين فَرَنساوي ج. فَرَنساوِيّين	French, French person 2 AK1
فُستان ج. فَساتين ج. فَساتين	(a) dress 2
فَسَّرَ ، يُفَسِّر ، التَّفسير يِفَسَّر يِفَسَّر	to explain 10
فَشِلَ (في) ، يَفشَل ، الفَشَل فِشِل (بـ) ، يِفْشَل فَشَل (في) ، يِفشَل	to fail 13 AK1
فَصَلَ ، يَفصِل ، الفَصْل يِفصِل يِفصِل	to dismiss, fire (e.g.: from a job) 13 AK1
فَصل ج. فُصول	class, classroom; season (e.g.:spring _) 5 AK1
فَصل دِراسِيّ	semester 5 AK1
فَضائِيّة ج. -ات	satellite (channel) 9
فِضّة فَضّة	silver 3
فِضِّيّ/ة فَضّي	silver (color) 3

come in! please! (e.g., have a seat) AB	تَفَضَّل! / تَفَضَّلي!	**تْفَضَّل! / تْفَضَّلي!**	اِتفَضَّل!/ اِتفَضَّلي!
thanks to 8 AK1	**بِفَضل+ اسم**		
please (addressing a male) AB	**مِن فَضلَك**		
please (addressing a female) AB	**مِن فَضلِك**		
favorite 9 AK1	**المُفَضَّل**		
unoccupied, not busy 1	**فاضي/ة ج. -ين**	فاضي/ فاضْية ج. -ين	
to eat breakfast 9 AK1	فَطَرَ ، يَفطُر ، الفُطور	**فِطِر ، يِفطَر ، الفطور**	فِطِر ، يِفطَر ، الفِطار
to break one's fast, especially in Ramadan; to have breakfast 4	أفطَرَ ، يُفطِر ، **الإفطار**		
breakfast 9 AK1	الفُطور	**الفْطور**	الفِطار
to do (something) 8 AK1, 4	فَعَلَ ، يَفعَل ، الفِعل	**ساوى ، يْساوي**	عَمَل ، يعمِل
to interact with 10	تَفاعَلَ مع ، يَتَفاعَل ، التَّفاعُل	**تفاعَل مع ، يِتفاعَل**	اِتفاعِل مع ، يِتفاعِل
verb 5 AK1	**فِعل ج. أفعال**		
really!, indeed 2 AK1	**فِعلاً**		
effective 10	**فاعِل/ة ، فَعّال/ة ج. -ون/ين**		
to lack 10	اِفتَقَرَ الى، يَفتَقِر، الاِفتِقار		
poverty 10	**الفَقر**		
poor 6	**فَقير** ج. فُقَراء	**ج. فُقَرا**	ج. فُقَرا
paragraph 9 AK1	فِقْرة ج. فِقْرات ،	**فَقرة ج. فَقَرات**	
only 5 AK1	فَقَط	**بَسّ**	بَسّ
to think (about doing something) 13 AK1	فَكَّرَ (في) (أنْ + المضارع المنصوب) ، يُفَكِّر ، **التَّفكير**	**يْفَكِّر + المضارع (بـ no)**	يفَكِّر + المضارع (بـ no)
idea 1	**فِكرة ج. أفكار**		
fruits 4 AK1	**فَواكِه**		
Palestine AB	**فِلَسْطين (مؤنّث)**		
Palestinian 1 AK1	**فِلِسْطينيّ/ة ج. -ون/ين**		
movie AB	**فِلْم ج. أفلام**		
art 9	**فَنّ ج. فُنون**		
hotel 11 AK1	**فُندق ج. فَنادِق**		
to understand 10 AK1	فَهِمَ ، يَفْهَم ، **الفَهْم**	**فِهِم ، يِفهَم**	فِهِم ، يِفهَم
towel 3	**فوطة ج. فُوَط**	**مَنْشَفة ج. مناشِف**	فوطة ج. فُوَط
above; upstairs 1	فَوق	**فوق**	فوق
superior 5	**مُتَفَوِّق/ة ج. -ون/ين**		
in 1 AK1	**في**		

ق

to accept 3	قِبِل ، يِقبَل	قِبِل ، يِقبَل	قَبِلَ ، يَقبَل، القُبول
it was accepted 6	اِتقبَل	اِنقبَل	قُبِلَ
to meet 10 AK1	قابِل ، يِقابِل	يْقابِل	قابَلَ ، يُقابِل ، المُقابَلة
to receive, to welcome someone 1	يِستَقبِل	يِستَقبِل	اِستَقبَلَ ، يَستَقبِل ، الاِستِقبال
before 4 AK1	قَبل + اسم ، قبل ما + فعل	قَبل + اسم ، قبل ما + فعل	قَبلَ + اسم
previously, before 1	قبل كِده	قبل هيك	مِن قَبل
admissions 2 AK1			القُبول
interview 10 AK1			مُقابَلة ج. -ات
acceptable, passing 8 AK1			مَقبول
future 8 AK1			المُستَقبَل
to kill 9	يِقتِل	يِقتُل	قَتَلَ ، يَقتُل ، القَتل
(comprehensive) evaluation, grade 8 AK1			تَقدير
amount of 9			قَدْر من
a large amount of, a great deal of 9			قدر كَبير مِن
holy 4			مُقَدَّس/ة
Jerusalem 6			القُدس
to present (e.g., gift, report, application) 6	قَدِّم ، يِقَدِّم	قَدَّم ،يقَدِّم	قَدَّمَ ، يُقَدِّم، التَّـقديم
to advance, progress 9	اِتقَدِّم ، يِـتقَدِّم	تقَدَّم ، يِـتقَدَّم	تَقَدَّمَ ، يَتَقَدَّم ، التَّقَدُّم
old, ancient (for things, not for people) AB			قَديم/ة
coming, next 12 AK1	جايّ/ة ج. جايين	جايي/ة ج. جايين	قادِم/ة ج. -ون/ين
to decide 12 AK1	يقَرَّر	يْقَرِّر	قَرَّرَ ، يُقَرِّر ، التَّقرير
to stabilize, become settled 13 AK1	يِستَقِرّ	يِستَقِرّ	اِسْتَقَرَّ ، يَسْتَقِرّ ، الاِستِقرار
report 10			تَقرير ج. تَقارير
required (e.g., curriculum) 10			مُقَرَّر/ة
decision 12 AK1			قَرار ج. -ات
to read 4 AK1	قَرا ، يِقرا ، القِراية	قَرا ، يِقْرا ، القراية	قَرَأَ ، يَقرَأ ، القِراءة
the Qur'an AB			القُرآن
close AB	قُرَيِّب/ة (من) ج -ين	ج. قُراب	قَريب/ة (من) ج. -ون/ين
family relative 3 AK1	ج. قَرايِب	ج. قَرايبين	قَريب/ة ج. أَقارِب ، أَقرِباء

century 7	قَرن ج. قُرون		
comparative 12 AK1	المُقارَن		
section, department 3	قِسم ج. أقسام		
story AB	قِصّة ج. قِصَص		
to mean, intend, aim at 6	قَصَدَ ، يَقصِد ، القَصد	يُقصُد	يُقصُد
economics, economy 7 AK1	الاِقتِصاد		
poem 9	قَصيدة ج. قَصائِد	ج. قَصايِد	ج. قَصايِد
short AB	قَصير/ة ج. قِصار	ج. قُصار	قُصَيِّر ج. -ين
to spend, pass (time); to make a legal ruling 12 AK1, 7	قَضى ، يَقضي ، القَضاء	قَضّى ، يْقَضّي	قَضّى ، يِقَضّي
judge 7	قاضٍ ، (الـ) قاضي ج. قُضاة		
issue 9	قَضِيّة ج. قَضايا		
cat AB	قِطّة ج. قِطَط	بِسّة ج. بِسَس	قُطّة ج. قُطَط
Qatar AB	قَطَر (مؤنّث)		
to cut, cut across(a distance) 7	قَطَعَ ، يَقطَع ، القَطع	يِقطَع	يِقطَع
to be cut off 11 AK1	اِنقَطَعَ ، يَنقَطِع ، الاِنقِطاع	يِنقِطِع	يِنقِطِع ؛ اِتقَطَع ، يِتقِطِع
sector (e.g., public, private) 10	قِطاع ج. -ات		
grammar 1 AK1	القَواعِد		
caravan 7	قافِلة ج. قَوافِل		
a little (adv.) AB	قَليلاً	شوَيّ	شِوَيّة
independence 1	الاِستِقلال		
heart 5	قَلب ج. قُلوب	قَلب ج. قُلوب	قَلب ج. قُلوب
traditional 8	تَقليدِيّ/ة ج. -ون/ين		
nervousness, anxiety 4	قَلَق	قَلَق	قَلَق
pen; pencil AB	قَلَم ج. أقلام		
dictionary 8 AK1	قاموس ج. قَواميس		
shirt 2	قَميص ج. قُمصان		
law 10	قانون ج. قَوانين		
channel, canal 9	قَناة ج. قَنَوات		
coffee AB	قَهْوة		
café 4	مَقهًى ج. مقاهٍ ، (الـ) مَقاهي	قَهوة ج. قَهاوي	قَهوة ج. قَهاوي
to lead 10	قادَ ، يَقود ، القِيادة		
to drive 10	قادَ ، يَقود ، القِيادة	ساق ، يسوق ، السِّواقة	ساق ، يِسوق ، السِّواقة

to say 4 AK1	قالَ ، يَقول ، القَوْل	**يْقول**	يِقول
article (e.g.: newspaper _) 13 AK1	**مَقالة ج. -ات**		
to get up 4	قامَ ، يَقوم ، القِيام	**قام ، يقوم**	قام ، يِقوم
to undertake, carry out 7	قامَ بـ ، يَقوم بـ ، القِيام بـ		
to evaluate 10	قَيَّمَ ، يُقَيِّم ، التَّقييم		
to resist 9	**قاوَمَ** ، يُقاوِم ، **المُقاوَمة**	**يقاوِم**	قاوِم ، يِقاوِم ، المُقاوْمة
to reside, stay 10 AK1	أَقامَ ، يُقيم ، **الإقامة**		
resistance 9	المُقاوَمة	المُقاوْمة	
list 10	**قائِمة ج. قَوائِم**		
value 7	**قيمة ج. قِيَم**		
power, force 7	قُوّة ج. -ات ، قِوى	**قُوّة**	قِوّة
strong, powerful 7	قَوِيّ/ة ج. أَقوِياء	**قَوي/ة ج. قَوايا**	قَوي/ة ج. أقوِيا

ك

as if 6	كَأَنَّ + جملة اسمية	**كَإنّو**	كَإنّ
also, likewise 13 AK1	كَذٰلِكَ	**كَمان**	كَمان
like, as 8 AK1	كَما + فعل	**مِتِل ما**	زَيّ ما
like, as ... 2	كَـ + اسم	**مِتل**	زَيّ
important, powerful; big; old (of people) AB	كَبير/ة ج. كِبار	**كْبير ج. كْبار**	كِبير ج. كُبار
the biggest or oldest 7 AK1	**أَكبَر (+ اسم نكرة)**		
to write 4 AK1	كَتَبَ ، يَكتُب ، الكِتابة	**يِكتُب**	يِكتِب
book AB	**كِتاب ج. كُتُب**	**كْتاب**	
office; desk AB	**مَكتَب ج. مَكاتِب**		
library; bookstore AB	**مَكتَبة ج. -ات**		
much, many 5 AK1	كَثيراً	**كْتير**	كِتير
more 10 AK1	أَكثَر	**أَكتَر**	أَكتَر
basketball 6 AK1	**كُرة السَّلّة**		
soccer, European football 6 AK1	**كُرة القَدَم**		
chair AB	**كُرسي ج. (الـ) كَراسي** ، كَراسٍ	**كِـرْسي**	
dignity 6	**كَرامة**		
to break 9	**كَسَرَ** ، يَكسِر ، **الكَسر**	**يِكسِر**	يِكسَر

اِستَكشَفَ ، يَستَكشِف، الاِستِكشاف	يِستَكشِف	اِستَكشِف ، يِستكشِف	to explore 7
كَفّ ج. كُفوف	ج. كْفوف		palm (of the hand) 8
كافٍ/كافية ، (الـ) كافي/ة	كْفاية	كِفاية	enough 4
كُلّ + الجمع	كِلّ		all 4 AK1
كُلّ + المفرد			each, every 11 AK1
كُلّيّة ج. -ات	كِلّيّة ج. -ات		college, school (in a university) 3 AK1
كَلب ج. كِلاب	كَلِب ج. كْلاب		dog AB
تَكلِفة ج. تكاليف	كِلفة	تَكاليف	expense 10
تَكَلَّمَ (عن) ، يَتَكَلَّم ، الكَلام	حَكى عن ، يِحكي ، الحَكي	اِتْكَلِّم (عن) ، يِتكلِّم	to speak 4 AK1
كَلِمة ج. -ات	كِلمة ج. -ات	كِلمَة ج. -ات	word AB
كَم؟	كام؟		how many/much? 3 AK1
بِكَم؟	بْقَدّيش؟	بِكام؟	how much? (price) 7 AK1
كَمّية ج. -ات			quantity 10
كَما (+ فعل)	مِتِل ما	زَيّ ما	as 8 AK1
أكمَلَ ، يُكمِل ، الإكمال	خَلَّص ، يخَلِّص / كَمَّل ، يكَمِّل	خَلَّص ، يِخَلَّص / كَمِّل ، يِكَمِّل	to complete, finish (something) 2
كامِل/ة ج. -ون/ين	كامْلة ج. -ين	كامْلة ج. -ين	entire, whole 7
كَنيسة ج. كَنائس	كنيسة ج. كَنايِس	كِنيسة ج. كَنايِس	church 1
كانَ ، يَكون ، الكَوْن	يْكون	يِكون	to be 4, 10 AK1
تَكَوَّن من ، يَتَكَوَّن	تكَوَّن من ، يِتْكَوَّن	اِتكَوِّن من ، يِتكَوِّن	to consist of, to be made up of 1
مَكان ج. أماكِن			place 1
الكُوَيْت (مؤنّث)			Kuwait AB
كْوَيِّس/ة ج. -ين			fine, good, OK AB
كَيفَ؟	كيف؟	إزَيّ؟	how? 1 AK1
كَيف الحال؟	كيفَك؟	إزَيَّك؟	How are you? 1 AK1

ل

لِـ + مصدر/مضارع	مِنْشان	عَشان ، عَلَشان	in order to 6 AK1
لِأنَّ (+ جملة اسمية)	لَأنُّه	لِإنّ ، عَشان ، عَلَشان	because 6 AK1
لِماذا؟	ليش؟	ليه؟	why? 6 AK1
لِـ + اسم/ضمير	إلـ		for, belonging to 7 AK1
لا			no AB

to wear, put on (clothes) 2	لِبِس ، يِلبِس ، اللِّبس	**لِبِس ، يِلبِس ، اللِّبس**	لَبِسَ ، يَلبَس ، اللُّبس
clothes 2	هِدوم	**تياب**	مَلابِس ، ثِياب
milk AB	لَبَن	**حَليب**	**لَبَن/حَليب**
Lebanon AB			**لُبنان (مذكّر)**
to notice, remark, observe 7	لاحِظ ، يلاحِظ	**يلاحِظ**	**لاحَظَ** ، يُلاحِظ ، **المُلاحظة**
to enter, join (e.g.: school or army) 8 AK1			اِلتَحَقَ بِـ ، يَلتَحِق ، الاِلتِحاق
meat 4 AK1			**لحم ج. لُحوم**
must, have to, need to AB			**لازِم**
nice, kind, pleasant AB	ج لُطاف	**ج. لُطَفا**	**لَطيف/ة** ج. لِطاف ، لُطَفاء
to play 6 AK1	لِعِب ، يِلعَب ، اللِّعب	**لِعِب ، يِلعَب ، اللِّعب**	لَعِبَ ، يَلعَب ، اللَّعِب
language 2 AK1			**لُغة ج. -ات**
meeting 7			**لِقاء ج. -ات**
but AB	بَسّ	**بَسّ**	لـٰكِن
past negation particle 12 AK1	ما (+ الفعل الماضي) ـش	**ما (+ الفعل الماضي)**	لم (+ المضارع المجزوم)
to hint to (someone) that 5	يِلَمَّح إنّ	**يلمِّح إنّو**	لَمَّحَ (إلى) أنّ ، يُلَمِّح ، التَّلميح
future negation particle 12 AK1			لَن (+ المضارع المنصوب)
if (hypothetical) 10 AK1			**لَو (+ الفعل الماضي)**
color 3	لون	**لون**	لَوْن ج. ألوان
Libya AB			**ليبيا (مؤنّث)**
is not, are not 7 AK1	مِش	**مو ، ما**	لَيسَ
I am not 2	(أنا) مش	**(أنا) مو**	لَستُ
night 10 AK1	ليلة	**ليلة**	لَيلة ج. **(الـ) ليالي** ، لَيالٍ
tonight 10 AK1			**الليلة**

م

what? (in questions without verbs) AB	إيه؟	**شو؟**	ما؟
past negation particle 8 AK1	ما (+ الفعل الماضي) ـش		ما + الفعل الماضي
what's wrong? AB	ما لَك/ما لِك؟	**شو بـك/بِك؟**	ما بِكَ/بِكِ ؟
what? (in questions using verbs) 1 AK1	فعل+ إيه؟	**شو؟ + فعل**	ماذا؟ + فعل
why? 6 AK1	ليه؟	**ليش؟**	لِماذا؟
still, continue to (lit.: do not cease) 13 AK1	لِسّه	**بَعد (+ pronoun)**	ما زالَ ، لا يَزال + المضارع المرفوع / اسم
master's degree 2 AK1			**الماجِسْتير**

hundred 5 AK1	مِيّة ج. مِيّات	مِيّة ج. مِيّات	مِئة (مائة) ج. مِئات
to enjoy, have the benefit of (non-human subject) 9	اِتمَتَّع بـ ، يِتمَتَّع	تمَتَّع بـ ، يِتمَتَّع	تَمَتَّعَ بـ ، يَتَمَتَّع ، التَّمَـتُّع
to enjoy 10 AK1	يِستَمتع	يِستَمتع	اِستَمتَعَ بـِ ، يَستَمتِع ، الاِستِمتاع
when? 6 AK1	إمتى؟	إمتى؟	مَتى؟
like, similar to 8 AK1	زَيّ	مِتل	مِثل + اسم
(it) is just like ... 6		زَيُّ(ـه) زَيّ ...	مِتلـ (ـه) مِتل ...
example 1 AK1			مِثال ج. أمثِلة
test, examination AB			اِمتِحان ج. -ات
to extend, stretch (in space or time) 7	يِمتَدّ	يِمتَدّ	اِمتَدَّ (إلى) ، يَمْتَدّ ، الاِمتِداد
period (of time) 7		مِدّة	مُدّة ج. مُدَد
madam AB			مَدام
city AB		مِدينة	مَدينة ج. مُدُن
civil, civilian 10			مَدَنِيّ/ة ج. -ون/ين
to pass, pass by 6			مَرَّ (بـِ) ، يَمُرّ ، المُرور
to continue 9	يِستَمِرّ	يِستَمِرّ	اِستَمَرَّ ، يَستَمِرّ ، الاِستِمرار
to continue (doing something) 9			اِسْتَمَرَّ في (+ المصدر) ، يَستَمِرّ ، الاِستِمرار
continuously 2			باستِمرار
once, (one) time 11 AK1			مَرّة ج. مَرّات
woman AB	سِتّ ج. سِتّات	مَرة ج. نِسوان	اِمرَأة ج. نِساء
to practice (a profession, custom, sport, or religion) 8			مارَسَ ، يُمارِس ، المُمارَسة
sick, ill AB		عَيّان ج. -ين	مَريض/ة ج. مَرْضى
drill, exercise AB			تَـمرين ج. تَمارين
evening 2 AK1	المِسا	المَسا	المَساء
Christian 8	مِسيحي/ة ج. -ين		مَسيحِيّ/ة ج. -ون/ين
OK, alright 3		ماشي	ماشي
Egypt AB	مَصْر	مَصر	مِصر (مؤنّث)
Egyptian 1 AK1	مَصري	مَصري	مِـصـرِيّ/ة
the past tense 8 AK1			الماضي
rain 5 AK1		شِتي	مَطَر ج. أمطار
rainy, raining 5 AK1	مَطَر	شِتي	مُمطِر ، ماطِر
with (people) AB			مَع
good-bye AB			مَع السَّلامة

together (i.e.: with one another) 11 AK1	مع بَعض	مع بَعض	مَعاً
never mind! Don't worry about it! AB		مَعلِهش/ مَعليش	مَعليش
it is possible to (impersonal, does not conjugate) 10 AK1	مُمكِن ؛ قِدِر ، يِقدَر	مُمكِن ؛ قِدِر ، يِقدَر	يُمكِن أنْ
(it is) possible, can AB			مُمكِن
to be able to 3	قِدِر ، يِقدَر	قِدِر ، يِقدِر	تَمَكَّنَ من، يَتَمَكَّن، التَّمَكُّن
possibility; (pl.) means 8			إمكانيّة ج. -ات
boredom 4			المَلَل
to own, possess 2			مَلَكَ ، يَمْلِك ، المِلك
king 10 AK1			مَلِك ج. مُلوك
(bed) sheet 3		شَرشَف ج. شراشِف	مِلاية ج. -ات
who?, whom; whoever 1 AK1	مين؟	مين؟	مَنْ؟
from AB			مِن
scholarship, grant 12 AK1			مِنحة ج. مِنَح
since, ago 6, 10 AK1	مِن ، من ساعة ما	مِن ، مِن وَقت ما	مُنذُ
forbidden 1			مَمنوع
to hope, wish (for someone to) 1	اِتمَنّى (إنّ) ، يِتْمَنّى	تمَنّى (إنو)، يِتْمَنّى	تَمَنّى(أنْ) ، يَتَمَنّى ، التَّمَنّي
occupation 10			مِهنة ج. مِهَن
to die 7 AK1	يِموت ، الموت	يِموت ، الموت	ماتَ ، يَموت ، المَوْت
(dining or banquet) table 8			مائدة ج. مَوائد
Mauritania AB			موريتانيا (مؤنّث)
music 4 AK1			الموسيقى
to finance, fund 10	مَوِّل ، يِمَوِّل	يمَوِّل	مَوَّلَ ، يُمَوِّل ، التَّمويل
money 7 AK1, 6	فِلوس	مَصاري	مال ج. أَموال
financial 6			مالِيّ
water AB	مَيّة	مَيّ	ماء
to be distinguished by 8	اِتمَيِّز بـ ، يِتمَيِّز	تميَّز بـ ، يِتمَيَّز	تَمَيَّزَ بـ ، يَتَمَيَّز، التَّمَيُّز
excellent 8 AK1			مُمتاز/ة ج. -ون/ين

ن

prophet 3 AK1			نَبِيّ ج. أَنْبِياء
result 10	نَتايِج	نَتايِج	نَتيجة ج. نَتائج
to succeed, pass 8 AK1	يِنجَح	نِجِح بـ ، يِنجَح	نَجَحَ في ، يَنجَح ، النَّجاح

star 4	نِجم/ة	نِجم/ة ج. نُجوم	نَجم/ة ج. نُجوم
we 2 AK1	إحنا	نِحنا	نَحنُ
rare 9			نادِر/ة
club (e.g.: sports _) 9 AK1			نادٍ ، (الـ) نادي ج. نوادٍ ، (الـ) نوادي
forum (including internet forum) 8			مُنتَدى ج. مُنتَدَيات
to descend, to leave the house; to stay in a hotel 9 AK1	نِزِل ، يِنزِل	طِلِع من ، يِطلَع	نَزَلَ ، يَنزِل ، النُّزول
the nisba adjective 7 AK1			النِّسبة
percentage 10			نِسبَة ج. نِسَب
as far as ___ is concerned 5 AK1		بالنِّسبة إلـ	بِالنِّسبة لِـ
appropriate, suitable 13 AK1			مُناسِب/ة
occasion 8	مُناسْبة ج. -ات	مناسبة ج. -ات	مُناسَبة ج. -ات
copy 7			نُسخة ج. نُسَخ
women AB	سِتّات (م. سِتّ)	نِسوان (م. مَرة)	نساء (م. اِمرَأة ، المَرأة)
to grow up; to arise 6			نَشَأَ ، يَنشَأ ، النَّشأة
to establish, erect, found 9			أنشَأَ ، يُنشِئ ، الإنشاء
it was established 9			أُنشِئَ / أُنشِئَت
to publish; to spread (something, e.g., news) 7	يُنشُر	يِنشُر	نَشَرَ ، يَنشُر ، النَّشر
to be spread out, to spread (intransitive) 2	يِنتِشِر	يِنتِشِر	اِنتَشَرَ ، يَنتَشِر ، الاِنتِشار
spread out, widespread 2		مِنتِشِر ج. -ين	مُنتَشِر/ة ج. -ون/ين
activity 8			نَشاط ج. -ات ، أنشِطة
towel 3		فوطة ج. فُوَط	مَنشَفة ج. مَناشِف
(piece of) advice 6	ج. نَصايِح	ج. نصايِح	نَصيحة ج. نَصائِح
half 9 AK1	نُص	نُص	نِصف
mid-, middle of (time period) 3	نُص	نُص	مُنتَصَف
area, region 1 AK1	مَنطِقة	مَنْطِقة	مِنطَقة ج. مَناطِق
to look at 7			نَظَرَ إلى ، يَنظُرُ ، النَّظر
to wait for 8	اِستَنّى ، يِستَنّى	نَطَر ، يِنطُر	اِنتَظَرَ ، يَنتَظِر ، الاِنتِظار
glance, look 7			نَظرة ج. نَظَرات
theory 10			نَظَرِيّة ج. -ات
to organize 9	بِنَظِّم	يِنَظَّم	نَظَّمَ ، يُنَظِّم، التَّنظيم
system, order 9			نِظام ج. أنظِمة ، نُظُم
organization 9			مُنَظَّمة ج. -ات

yes AB	نَعَم	إيه	أيوه
to compete with (someone) in 8	نافَسَ (في) ، يُنافِس ، المُنافَسة	ينافِس بـِ	نافِس ، يِنافِس
to compete with each other in 8	تَنافَسَ مَعَ... في ، يَتَنافَس ، التَّنافُس	تنافس مَع... ، يِتنافس	اِتنافِس مَع... ، يِتنافِس
the same... 1 AK1	نَفس الـ		
(him, her ..)-self 2	نَفسـ(ـه، ـها...) ج. أنفُسـ(ـهم...)	حالـ(ـه، ـها ...) ج. حالهُن	نَفسـ(ـه، ـها...) ج. نفسُهُم
to spend 10	أنفَقَ ، يُنفِق ، الإنفاق	صَرَف ، يِصرُف	صَرَف ، يِصرِف
to negate; to deny (the truth of) 10	نَفى ، يَنفي ، النَّفي		
negation 8 AK1	النَّفي		
to discuss (something) 5	ناقَشَ ، يُناقِش ، المُناقَشة	يناقِش	يِناقِش
to discuss with (someone) 5	تَناقَشَ مع ، يَتَناقَش ، التَّناقُش	تناقَش مع ، يِتناقِش	اِتناقِش مع ، يِتناقش
to copy (by hand, especially in an exam) 10	نَقَلَ ، يَنقُل ، النَّقل	نَقَل ، ينقُل	نَقَل ، يِنقِل
to move around 7	تَنَقَّلَ ، يَتَنَقَّل ، التَّـنَقُّل	يِتنَقَّل	يِتنَقَّل
to move to 1	اِنتَقَلَ إلى، يَنتَقِل، الاِنتِقال	ينتِقِل لـَ	اِتنَقَّل لـِ ، يِتنِقِل لـِ
type, pattern 10	نَمَط ج. أنماط		
typical, patterned 10	نَمَطِيّ/ة		
stereotype 10	صورة نَمَطِيّة ج. صُوَر نَمَطِيّة		
development 10	التَّنمية		
method 10	مَنهَج ج. مَناهِج		
curriculum 10	مَنهَج التَّعليم		
daytime 2 AK1	الـنَّهار	النُّهار	
to finish 13 AK1	اِنتَهى من ، يَنتَهي ، الاِنتِهاء	خَلَّص من ، يِخَلَّص	خَلَّص من ، يِخَلِّص ، يِنتِهي
end, ending 1	نِهاية ج. -ات		
type, kind (of), variety 8	نَوْع (من) ج. أنواع	نوع (من)	نوع (من)
to vary 8	تَنَوَّعَ ، يَتَنَوَّع ، التَّنَوُّع		
various 8	مُتَنَوِّع/ة	متنَوَّع	
quality 10	نَوعِيّة ج. -ات		
to take, have (a meal) 9 AK1	تَناوَلَ ، يَتَناوَل ، التَّناوُل		
to sleep, go to sleep 10 AK1	نامَ (نِمْتُ) ، يَنام ، النَّوم	نام (نِمت) ، يْنام ، النّوم	نام (نِمْت) ، يِنام ، النّوم
to intend to 2	نَوى (+ أنْ / المصدر) ، يَنوي ، النِّيّة	ناوي/ة ج. -ين	ناوي/ة ج. -ين

ه

this (m.) AB	هـٰذا	هادا ، هَيدا	دا
this (f.) AB	هـٰذِهِ	هادي ، هَيدي	دي
these (human pl.) 2	هـٰؤُلاء	هول ، هادول ، هيَدول	دول
thus, so, in this way, that way 7 AK1	هـٰكَذا	هيك	كِدا
telephone AB	هاتِف ، تليفون		
to emigrate, immigrate 2	هاجَرَ ، يُهاجِر ، الهِجرة	يهاجِر	يِهاجِر
immigrant 2	مُهاجِر/ة ج. -ون/ين	مْهاجِر/ مْهاجْرة ج. مْهاجْرين	مُهاجْرة ج. مُهاجْرين
to aim at 10	هَدَفَ إلى ، يَهدِف		
goal 10	هَدَف ج. أهداف		
gift, present 6	هَدِيّـة ج. هَدايا	هدِيّـة	هِدِيّة
interrogative (yes/no?) particle 1 AK1	هَل؟		
crescent moon 8	هِلال		
they 2 AK1	هُم	هِنّي/هِنّ	هُمَّ
to be interested in 7	اِهتَمَّ بـ ، يَهتَمّ بـ ، الاِهتِمام بـ	يِهتَمّ بـ	يِهتَمّ بـ
important 5	مُهِمّ/ة ج. -ون/ين		
most/more important 5	أَهَمّ		
importance 7	أَهَمِّيّة		
here 12 AK1	هُنا	هون	هِنا
there; there is/are 7, 12 AK1	هُناكَ	هونيك ، فيه	هِناك ، فيه
engineering 3 AK1	الهَندَسَة		
engineer 11 AK1	مُهَندِس/ة ج. -ون/ين		
greetings, congratulations 8	التَّهاني		
he AB	هُوَ	هُوِّ	هُوَّ
identity 2	هُوِيّـة ج. -ات		
hobby 6 AK1	هِوايَة ج. -ات		
she AB	هِيَ	هِيّ	هِيَّ

و

and AB			و
to trust, have confidence in 5	وَثَق في ، يَـثِـق	**وِثِق بـِ ، في ، يوثَق**	وَثِقَ بـ ، في ، يَثِق ، الثِّقة
trust, confidence 5	ثِقة في	**ثِقة بـِ ، في**	ثِقة بـِ ، في
trusting, confident in 5	واثِق/ة في ، ج. واثْـقين	**واثِق/ة بـِ ، ج. واثْـقين**	واثِق/ة بـِ ، في ج. -ون/ين
it is necessary 3			يَجِب (على) + أنْ / المصدر
homework AB	ج. واجْبات	**وَظيفة ج. وَظايِف**	واجِب ج. -ات
meal 4		**ج. وَجْبات**	**وَجْبة ج. وَجَبات**
to find 13 AK1	لَقى (لَقيت) ، يِلاقي	**لَقى (لْقيت) ، يْلاقي**	وَجَدَ ، يَجِد ، الوُجود
is found, exists 1			يوجَد / توجَد
present, found 8			مَوجود/ة ج. -ون/ين
existence 1			الوُجود
face 5	وِشّ ج. وُشوش	**وِشّ ج. وْشوش**	وَجه ج. وُجوه
point of view 9			وِجهة نَظَر ج. وِجهات نَظَر
one AB			واحِد
someone 11 AK1	حَدّ	**حَدا**	أَحَد
loneliness 5 AK1			الوِحدة
only; lonely 2 AK1			وَحيد/ة ج.-ون/ين
heritage (literary and cultural) 7			تُراث
piece of paper AB			وَرَقة ج. أَوراق
behind, in back of 1	ورا	**ورا**	وَراء
ministry 7 AK1			وِزارة ج. -ات
prime minister 8 AK1			رَئيس الوُزَراء
to distribute 10	يِوَزِّع	**يوَزِّع**	وَزَّعَ ، يُوَزِّع ، التَّوزيع
pattern 8 AK1			وَزن ج. أوزان
budget 10			ميزانِيّة ج. -ات
middle, center (location) 3		وِسْط	وَسَط
connections, influential contacts 6	واسطة	**واسطة**	واسِطة
wide, spacious AB			واسِع/ة
means, way 9			وَسيلة ج. وَسائِل

وَسائِل الإعلام	media (pl.) 9
وَصَفَ ، يَصِف ، الوَصف (بأنّ) **يوصِف** يوصِف	to describe (as) 7
وَصف ج. أوصاف	description (of) 7
صِفة ج. صِفات	adjective 5 AK1
وَصَلَ إلى ، يَصِل ، **الوُصول** **وِصِل، يوصَل** وِصِل ، يوصَل	to arrive 3
أوصَلَ إلى ، يوصِل ، الإيصال **وَصَّل ، يوَصِّل ، التَّوصيل** وَصَّل ، يِوَصِّل ، التَّوصيل	to bring, deliver, take (something / someone) to 9
تَواصَلَ (مع) ، يَتَواصَل ، التَّواصُل **يِتواصَل**	to be in contact (with someone) 9
اِتَّصَلَ بـ ، يَتَّصِل ، الاِتِّصال **يِتِّصِل بـ** يِتِّصِل بـ	to contact (someone, e.g., by telephone) 9
اِتِّصال ج. -ات	communication, contact 9
وَضَعَ ، يَضَع، الوَضع **حَطّ ، يحُطّ** حَطّ ، يِحُطّ	to put, place (something) 4
وَضع ج. أوضاع	situation 6
مَوضوع ج. مَواضيع ج. -ات	subject, topic 9 AK1
وَطَن ج. أوطان	homeland 6
مُواطِن ج. -ون/ين	citizen 6
وَظيفة ج. وَظائف **ج. وَظايِف** ج. وَظايِف	work, position 13 AK1
مُوَظَّف ج.-ون/ين **مْوظَّف ج. -ين**	employee (white collar; m.) 2 AK1
مُوَظَّفة ج. -ات **مْوظَّفة ج. -ات**	employee (white collar; f.) 2 AK1
مَوْعِد ج. مَواعيد مَعاد	appointment 10 AK1
وافَقَ على ، يُوافِق ، **المُوافَقة** **يوافِق** وافِق ، يِوافِق	to be in agreement (with someone) on, approve 10
وَفاة	death 12 AK1
وَقت ج. أوقات	time (general) 10 AK1
مُؤَقَّت **مْوَقَّت**	temporary 1
وَقَعَ ، يَقَع ، الوُقوع **وِقِع ، يوقَع** وِقِع ، يُقَع	to fall, be located 8
واقِع	reality 9
في الواقِع	in reality 9
واقِعِيّ/ة	realistic 9
مَوقِع ج. مَواقِع	site, website 8
تَوَقَّفَ ، يَتَوَقَّف ، التَّوَقُّف **وِقِف ، يوقَف** وِقِف ، يُقَف	to stop (intransitive) 6
وُلِدَتْ **وِلِدِتْ** اِتوَلَدِتْ	she was born 2
وُلِدتُ **وِلِدِتْ** اِتْوَلَدْتْ	I was born 2
وَلَد ج. أولاد **ج. وْلاد** ج. وِلاد	son, boy, child AB
والِد ج. -ون/ين	father 1 AK1

mother 1 AK1	والْدة ، ماما	**والْدِة ، ماما**	والِدة ج. -ات
to undertake, assume (a task or position) 4	اِتوَلّى ، يِتوَلّى	**توَلّى ، يِتوَلّى**	تَوَلّى ، يَتَوَلّى ، التَّوَلّي
state, province 2 AK1			وِلاية ج. -ات
United States of America 1 AK1			الوِلايات المُتَّحِدة الأمريكِيّة

ي

signal that you are addressing someone directly AB			يا
Japan AB			اليابان (مؤنّث)
hand 5	إيد ج. إيدين	**إيد ج. إيدين**	يَد ج. (الـ) أَيدي ، أَيدٍ ، (الـ) أَيادي ، أَيادٍ
left 3	شِمال	**شْمال**	يَسار
to wake (someone) up 9 AK1	صَحّى (صَحّيت) ، يِصَحّي	**فَيَّق ، يْفَيِّق**	أَيقَظَ ، يوقِظ ، الإيقاظ
right 3		يِمين	يَمين
Yemen AB			اليَمَن (مذكّر)
day 6 AK1	يوم	**يوم ج. إِيّام**	يَوم ج. أَيّام
today 2 AK1		النَّهاردا	**اليوم** اليَوم

❊ ❊ ❊

Credits

All illustrations created by Lucinda Levine. All audio and video created by authors, unless otherwise noted.

◆ Lesson 1

◆ ***Reading Text:*** (تحقيق: محمد حنفي) "الزواج في بيت العائلة . . حل أم مشكلة؟" *Marriage in the Family Home: Solution or Problem?* by Mohammad Hanafi. Excerpted from the forum on **http://www.manaar.com/vb/showthread.php?t=4915** (posted 4/30/2005). All names have been changed.

◆ Lesson 2

◆ ***Reading Text:*** عرب في أميركا أم أميركيون عرب؟ (بقلم عماد الكُلّ) *Arabs in America or Arab-Americans?* by Emaad Al-Kull. Excerpted from forum posts on **http://www.gulflobby.com/lobby/%D8%B9%D8%B1%D8%A8-%D9%81%D9%8A-%D8%A3%D9%85%D9%8A%D8%B1%D9%83%D8%A7-%D8%A3%D9%85-%D8%A3%D9%85%D9%8A%D8%B1%D9%83%D9%8A%D9%88%D9%86-%D8%B9%D8%B1%D8%A8%D8%9F-26323.html** (posted 2/4/2005). All names have been changed.

◆ ***Drill 23 video:*** Episode of قريب جداً *Very Close* titled "لقاء مع الدكتورة مي يماني" showing an interview with the Saudi writer Dr. Mayy Yamani from al-Hurra Television. Used by permission.

◆ Lesson 3

◆ ***Reading Text:*** أسواق دمشق القديمة.. متعة للسائح وابن البلد (بقلم هشام عدرة) *Old Markets of Damascus..Enjoyment for Tourists and Residents* by Hisham ᶜAdra. Excerpted from the forum **http://travel.maktoob.com/vb/travel153744/** (posted 10/30/2007). Reproduced with permission.

◆ ***Drill 21 video:*** "ملامح عربية:صنعاء" *Arab Features: San'aa* from Al-Jazeera Television. Used by permission.

◆ Lesson 4

◆ ***Reading Text:*** من يوميات طالب في الغربة (بقلم محمد ولد محمد الأمين) *From the Diaries of a Student Abroad* by Mohammad Wild Mohammad Al-Amin, Mauritania. Excerpted from **http://www.alhassad.net/spip.php?article4121 (posted 12/18/2010); http://www.elhourriya.net/index.php/kouttab/45-articles/1716----1------.html (posted 7/9/2011)**; and **http://anbaatlas.com/article/2942-----15--.html** (posted 8/17/2011). Reproduced with permission.

◆ ***Drill 20 video:*** رائدات عربيات: الدكتورة مريم شديد أول عالمة فلك عربية *Arab Female Pioneers: Dr. Maryam Shdiid: The First Female Arab Astrologist,* from Al-Jazeera Television (2008). Used by permission.

◆ Lesson 5

◆ ***Reading Text:*** Selection of personal ads from the magazine الوطن العربي *The Arab World*, issue 1371 (6/13/2003).

◆ ***Reading Text:*** تساؤلات (بقلم الدكتورة كافية رمضان) *Questions* by Dr. Kaafiya RamaDaan from the magazine أسرتي *My Family* (1/11/1986). Used by permission.

◆ ***Drill 22 video:*** Interview with the Syrian writer Colette Khoury on حوار العمر *Dialogue of a Lifetime* from LBC Television. Used by permission.

◆ Lesson 6

◆ ***Reading Text:*** "العالم الثالث ودوافع الهجرة" *The Third World and Motives for Immigration*, selection of reader responses to question about the motivations of immigration. Excerpted from BBC Arabic **http://news.bbc.co.uk/hi/arabic/news/newsid_1438000/1438742.stm** (accessed 7/9/2012). All names have been changed. Reproduced with permission of BBC News bbc.co.uk/news.

◆ ***Drill 24 video:*** "تحدّيات الهجرة" *Challenges of Immigration* from Al-Jazeera Television (2010). Used by permission.

◆ **Lesson 7**

◆ *Reading Text:* "ابن بطوطة وأطول رحلة في التاريخ" *Ibn Battuta and the Longest Trip in History* from the magazine الهلال *The Crescent* (10/2003).

◆ *Reading Text:* العالم الإسلامي والصليبي في القرن السابع الهجري (بقلم الدكتور راغب السرجاني) *The Islamic World and the Crusaders in the Seventh Century Hijri* by Dr. Raghib Al-Serjani. Excerpted from the website قصة الإسلام الإخباري *Story of Islam* at http://www.islamstory.com/%D8%A7%D9%84%D8%B9%D8%A7%D9%84%D9%85-%D8%A7%D9%84%D8%A5%D8%B3%D9%84%D8%A7%D9%85%D9%8A-%D9%88%D8%A7%D9%84%D8%B5%D9%84%D9%8A%D8%A8%D9%8A-%D9%82%D8%A8%D9%84-%D8%A7%D9%84%D8%AA%D8%AA%D8%A7%D8%B1 (posted 12/22/2010). Reproduced with permission.

◆ *Drill 29 video:* "ابن خلدون: مؤسّس علم الاجتماع" *Ibn Kholdoun: The Founder of Sociology* from Al-Jazeera Television (2010). Used by permission.

◆ **Lesson 8**

◆ *Reading Text:* "رمضان في الدول العربية: ممارسات مختلفة والجوهر واحد" *Ramadan in Arab Countries: Different Practices, One Essence* from the Qatari newspaper العرب *Al-Arab*. Excerpted from http://www.alarab.com.qa/details.php?docId=55354&issueNo=386&secId=15# (published 9/11/2008).

◆ *Reading Text:* "الأمازيغ وطقوس الاحتفال برأس السنة الأمازيغية" *The Amazigh and Ritual Celebrations of The Amazigh New Year*. Excerpted from the forum http://www.alfaiha.net/vip/showthread.php?t=75556 (posted 1/14/2010).

◆ *Drill 22 video:* "الأقباط" *Copts* from Al-Jazeera Television (2009). Used by permission.

◆ **Lesson 9**

◆ *Reading Text:* لينا بن مهني و "بنية تونسية" من أجل الحرية: مدونة الثورة التونسية (بقلم شمس العياري) *Lina bin Mahni and 'A Tunisian Girl' for the Sake of Freedom: Blog of the Tunisian Revolution* by Shams Al-ᶜAyyari, edited by Ahmad Ghanem, in Deutche-Welle Arabic. From http://www.dw-world.de/dw/article/0,,15125052,00.html (published 6/20/2011). Used by permission.

◆ *Reading Text:* "بدايات الصحافة العربية" *The Beginnings of the Arab Press* from the magazine الشرق الأوسط *The Middle East* (5/22/1990).

◆ *Drill 17 video:* "بداية الصحافة العربية" *The Beginning of the Arab Press* from the program صاحبة الجلالة *Her Majesty* from The Arab Republic of Egypt Television. Used by permission.

◆ **Lesson 10**

◆ *Reading Text:* التعليم الجامعي في الدول العربية: واقع ومقارنات (بقلم شادي فاروق الشّوفي) *Higher Education in Arab Countries: Reality and Comparisons* by Shadi Farouq Al-Shuufi. Excerpted from: http://www.alawan.org/%D8%A7%D9%84%D8%AA%D8%B9%D9%84%D9%8A%D9%85-%D8%A7%D9%84%D8%AC%D8%A7%D9%85%D8%B9%D9%8A-%D9%81%D9%8A.html (posted 2/7/2010).

◆ *Reading Text:* "الصداقة بين الجنسين...حاجة ترفضها الأسرة وتحطمها الغيرة" *Friendship Between Genders . . . A Need Denied by Families and Ruined by Jealousy* from the newspaper الحياة *al-Hayat*, issue 15086 (7/17/2004), p. 19. Used by permission.

◆ *Drill 22 video:* "التعليم الجامعي في العالم العربي" *University Education in the Arab World* from Al-Jazeera Television (2010). Used by permission.

COMPONENTS OF THE *AL-KITAAB* ARABIC LANGUAGE PROGRAM
Georgetown University Press

Alif Baa: Introduction to Arabic Letters and Sounds, Third Edition

Student's Edition
ISBN 978-1-58901-632-3, paperback with DVD bound in
ISBN 978-1-58901-644-6, hardcover with DVD bound in
(DVD includes audio and video files; no interactive exercises)

Teacher's Edition
ISBN 978-1-58901-705-4, paperback with DVD and answer key bound in

Answer Key to Alif Baa, Third Edition (included in teacher edition; needed if not using website)
ISBN 978-1-58901-634-7, paperback

DVD for Alif Baa, Third Edition (replacement)
ISBN 978-1-58901-633-0, DVD-ROM

Companion website at alkitaabtextbook.com
Integrated interactive, self-correcting exercises, all audio and video materials, and online course management and grading options for teachers
....
Part One
Al-Kitaab fii Ta^callum al-^cArabiyya: A Textbook for Beginning Arabic, Part One, Third Edition

Student's Edition
ISBN 978-1-58901-736-8, paperback with DVD bound in
ISBN 978-1-58901-737-5, hardcover with DVD bound in
(DVD includes audio and video files; no interactive exercises)

Teacher's Edition
ISBN 978-1-58901-747-4, paperback with DVD and answer key bound in

Answer Key to Al-Kitaab Part One, Third Edition (included in teacher edition; needed if not using website)
ISBN 978-1-58901-738-2, paperback

DVD for Al-Kitaab Part One, Third Edition (replacement)
ISBN 978-1-58901-746-7, DVD-ROM

Companion website at alkitaabtextbook.com
Integrated interactive, self-correcting exercises, all audio and video materials,
and online course management and grading options for teachers

....

Part Two
Al-Kitaab fii Tacallum al-cArabiyya: A Textbook for Intermediate Arabic,
Part Two, Third Edition
ISBN 978-1-58901-962-1, paperback with DVD bound in
(DVD includes audio and video files; no interactive exercises)

Teacher's Edition
ISBN 978-1-58901-966-9, paperback with DVD and answer key bound in

Answer Key to Al-Kitaab Part Two, Third Edition (included in teacher edition; needed if
not using website)
ISBN 978-1-58901-965-2, paperback

DVD for Al-Kitaab Part Two, Third Edition (replacement)
ISBN 978-1-58901-964-5, DVD-ROM

Companion website at alkitaabtextbook.com
Integrated interactive, self-correcting exercises, all audio and video materials,
and online course management and grading options for teachers

....

Part Three
Al-Kitaab fii Tacallum al-cArabiyya: A Textbook for Intermediate Arabic, Part Three,
(First Edition)
ISBN 978-1-58901-149-6, paperback with 1 DVD and 1 CD bound in

---

For price and ordering information, visit our website at http://press.georgetown.
edu/arabic.html or call 800-537-5487. For bulk quantity purchases please contact
Georgetown University Press's Marketing and Sales Director at 202-687-9856.

GEORGETOWN
UNIVERSITY PRESS
LANGUAGES

الجزء الثّاني
PART TWO

الطبعة الثالثة
3rd Edition

برنامج الكتاب للغة العربية
Al-Kitaab Arabic Language Program

دليل الإجابات
Answer Key for

الكتاب في تعلُّم العربية
Al-Kitaab fii Taᶜallum al-ᶜArabiyya

كتاب للمستوى المتوسط
A Textbook for Intermediate Arabic

Kristen Brustad كرستن بروستاد
Mahmoud Al-Batal محمود البطل
Abbas Al-Tonsi عباس التونسي

In this answer key you will find the answers to most of the drills. Those for which the answers are more open ended are not provided. When there are multiple blanks within a question, the answers for each blank are separated by a comma. When there is more than one possible answer within a blank, the possible answers are separated by a slash.

درس ١

تمرين ١: تصريف فعل يتمنّى

١. يتمنّى
٢. كنت أتمنّى ، كان يتمنّى ، كانت تتمنّى ، كنا نتمنّى
٣. يتمنّون
٤. تتمنّون
٥. تتمنّى
٦. تتمنّين

تمرين ٢: المفردات الجديدة

١. أعدّ / أطبخ
٢. تتمنّى ، إمّا ، أو
٣. عدم ، حلّ
٤. الطابق ، شقّة ، سفرة ، مطبخ ، غرفة ، نوم ، الإيجار
٥. الكنائس
٦. تترك ، الخلافات
٧. وراء ، فوق ، تحت ، بجانب
٨. الطلاق
٩. ربّ
١٠. الجيل ، بسيطة
١١. ممنوع

تمرين ٤: الوزن والجذر

الجذر	الوزن	الماضي	المضارع	المصدر
ء ج ر	اِستَفعَلَ X	اِستَأجَرَ	يَستَأجِر	الاِستِئجار
ع د د	أفعَلَ IV	أعَدَّ	يُعِدّ	الإعداد
ق ب ل	اِستَفعَلَ X	اِستَقبَلَ	يَستَقبِل	الاِستِقبال
ك و ن	تَفَعَّلَ V	تَكَوَّنَ	يتكَوَّن	التَّكَوُّن
م ن ي	تَفَعَّلَ V	تَمَنّى	يَتَمَنّى	التَّمَنّي
ن ق ل	اِفتَعَلَ VIII	اِنتَقَلَ	يَنتَقِل	الاِنتِقال

تمرين ٥: كتابة جمل المفردات

١. حديقة عامة: كثير من العائلات العربية تذهب الى الحدائق العامة يوم الجمعة وتأخذ معها طعامها وشرابها.
٢. حماة ، طابق: هذا فيلم كوميدي عن تجربة زوج مع حماته التي تعيش معهم في نفس البناية ونفس الطابق. وهي تريد ان تقرر كل شيء في حياته وحياة ابنتها.
٣. فوق ، تحت: لا أعرف أين أكتب رقم الصفحة في هذه الورقة. هل أكتبه فوق في أعلى الصفحة؟ أم أكتبه تحت في آخر الصفحة؟
٤. كنيسة ، وراء ، بجانب: هل تعرفين كنيسة ماري جرجس؟ وراء الكنيسة شارع صغير اسمه شارع بيروت وفيه صيدلية، نحن نسكن في البناية التي بجانب الصيدلية.
٥. يتمنّى ، انتقل: ليس سعيداً في حياته في هذه الولاية ويتمنّى أن يجد وظيفة في ولاية أخرى وينتقل مع أسرته اليها.
٦. استأجر ، شقة ، إيجار: أرادت ان تستأجر شقة قريبة من عملها بـإيجار مناسب، ولكن الإيجارات في هذه المنطقة غالية جداً.
٧. سفرة ، مطبخ: عندنا غرفة سفرة في بيتنا ولكننا لا نأكل فيها كثيراً ولكن نأكل على الطاولة الصغيرة في المطبخ لأن والدتي ترفض ان نأكل في السفرة.
٨. أعدّ ، أم؟: صاحبها يسألها نفس السؤال كل صباح: هل ستعدّين الفطور أم تريدين أن أعدّه أنا؟
٩. خلاف ، بسيط: لا توجد أي مشكلة في علاقتنا! طبعاً هناك خلافات لكنها دائماً بسيطة.
١٠. ترك ، حمّام: الغرفة في الفندق كانت ممتازة ولكن مشكلتها الوحيدة أنها كانت غرفة بدون حمّام، ولذلك تركتها وانتقلت الى غرفة أخرى بجانبها: أصغر ولكن بـحمام خاص.
١١. ممنوع ، إمّا .... أو: ممنوع التدخين في هذه البناية؛ إمّا أن تنزل وتدخن خارج البناية أو تشرب القهوة هذه المرة بدون سيجارة.
١٢. طلاق ، حلّ: كانت العلاقة قبل الزواج عاطفية رومانسية جميلة لكن تجربة الزواج كانت فاشلة فأصبح الطلاق هو الحلّ.

تمرين ٦: المفردات الجديدة

١. حدث	٢. خصوصيّة ، ننتقل	٣. مسبح	٤. راحة
٥. بداية ، نهاية	٦. تتكوّن ، حديقة ، مكان	٧. استقبل	٨. مؤقّتة
٩. من ، قبل ، أذكر	١٠. أهل ، حماة	١١. مخطوبة ، فكرة	١٢. استقلال

تمرين ٩: كتابة جمل المفردات

١٣. جانب: نريد الاستماع الى رأي المتخصصين لنفهم كل جوانب هذه المشكلة قبل أن نأخذ أي قرار.

١٤. ربّ: كانت جدتي، الله يرحمها، عندما تتمنّى أي شيء تقول "يا ربّ!" ، وعندما تريد أن تشكر أي شخص تقول له "ربّنا يسعدك!".

١٥. عدم: هي تعبانة كثيراً هذه الأيام بسبب عدم النوم.

١٦. ذكر ، مؤقّت: ذكرت لهم رأيي بصراحة وهو أن هذا الحل هو حل مؤقّت وسيفشل إذا لم يجدوا حلاً آخر بسرعة.

١٧. تكوّن من ، مكان: هذا الامتحان الكبير يتكوّن من ثلاثة امتحانات صغيرة: واحد للاستماع، وواحد للقراءة، وواحدللكتابة، ويمكنكم أن تأخذوا هذا الامتحان في أي وقت وفي أي مكان لأنه موجود على الإنترنت.

١٨. ذكر ، من قبل: لا أذكر أني قابلته من قبل ولكني أتذكر ما كان طلابه يقولونه عنه وعن تشجيعه لهم.

١٩. استقبل ، جدد: استقبل المدير الموظفين الجدد في مكتبه اليوم وتبادل معهم الرأي حول جو العمل في الشركة.

٢٠. راحة ، مسبح: بعد يوم طويل من المحاضرات أشعر براحة وسعادة عندما أذهب الى المسبح وأقضي ساعة أو ساعتين هناك.

٢١. مخطوبة ، السنة الماضية ، خطيب: أعرف أنها كانت مخطوبة السنة الماضية وكان خطيبها يجيئ معها كل يوم في الصباح لكنه ترك العمل هذه السنة ولا أعرف هل ما زالت مخطوبة أم لا.

٢٢. حدث ، استقلال: لا أفهم ما حدث في البلاد العربية بعد الاستقلال! كانت بعض هذه الدول تعيش تجارب ديموقراطية قبل الاستقلال ولكنها بعد الاستقلال أصبحت دولاً ديكتاتورية.

٢٣. أفكار ، وجود: لا أعرف الكثير عن أفكار الفلسفة الوجوديّة ولكني قرأت أشياء عن الفيلسوف جان بول سارتر وكتابه "الوجود والعدم".

٢٤. بداية ، نهاية: يقولون إن لكل شيء بداية و نهاية ولكن الحب الحقيقي في رأيها له بداية وليس له نهاية.

٢٥. خصوصيّة: من الصعب أن تفهم عائلتي رغبتنا أنا وإخوتي في أن تكون لنا حياتنا الخاصة وعالمنا الخاص لأن فكرة الخصوصية لا تزال فكرة غربية وغريبة بالنسبة لهم.

تمرين ١٠: أوزان الفعل

الجملة	المعنى	المضارع	الماضي	
	to simplify (make simple)	يُبَسِّط	بَسَّطَ	بسيط
	to rent	يُؤَجِّر	أَجَّرَ	إيجار
	to cause	يُسَبِّب	سَبَّبَ	سبب
	to renew	يُجَدِّد	جَدَّدَ	جديد
	to bathe	يُحَمِّم	حَمَّمَ	حمّام
	to divorce	يُطَلِّق	طَلَّقَ	طلاق

تمرين ١٣: اسم المكان

المعنى	الجمع	المفرد	الجذر
residence	مَساكِن	مَسكَن	س ك ن
playing field, playground	مَلاعِب	مَلعَب	ل ع ب
kingdom	مَمالك	مَملَكة	م ل ك (مَفْعَلة)
laboratory, factory	مَعامِل	مَعمَل	ع م ل
entrance	مَداخِل	مَدخَل	د خ ل
exit	مَخارِج	مَخرَج	خ ر ج
path (refers especially to legal or scholarly orientation or school of law in Islam)	مَذاهِب	مَذهَب	ذ ه ب

تمرين ١٦: الإضافة

١. طاولة سفرة ٢. بنت حلال ٣. أماكن العمل ٤. غرف النوم
٥. حمام سباحة ٦. كليّة طبّ ٧. رجال الأعمال ٨. جولة عمل
٩. مباريات كرة القدم ١٠. قصة حب

تمرين ١٨: "أتمنّى ألّا نترك هذا البيت"

مصر... لا (١) أذكر الكثير (٢) عنها. (٣) عندما (٤) جئنا إلى أمريكا (٥) كان (٦) عمري عشر (٧) سنوات، (٨) لا (٩) أتذكّر كيف (١٠) كانت (١١) شقتنا في مصر. في (١٢) السنة (١٣) الماضية (١٤) استأجرنا (١٥) شقة صغيرة في بروكلين، هذه (١٦) السنة (١٧) استأجرنا (١٨) بيتاً في (١٩) نفس (٢٠) المنطقة، (٢١) يتكوّن من (٢٢) طابقين (٢٣) و أمامه (٢٤) حديقة صغيرة، (٢٥) ليس (٢٦) كبيراً (٢٧) و ليس (٢٨) به (٢٩) حمام (٣٠) سباحة (٣١) مثل بيت ليلى، لكنه جميل (٣٢) و أشعر (٣٣) فيه (٣٤) براحة كبيرة.
في (٣٥) الطابق (٣٦) الأول (٣٧) غرفة (٣٨) المعيشة و (٣٩) السفرة و(٤٠) المطبخ و(٤١) حمام صغير و(٤٢) غرفة (٤٣) الاستقبال. في (٤٤) الطابق الثاني غرفة (٤٥) النوم وغرفة أعدّها والدي مكتباً له، وغرفتي وحمّام.
(٤٦) أتمنّى ألّا (٤٧) نترك هذا البيت بعد (٤٨) سنتين أو ثلاث (٤٩) لـننتقل إلى (٥٠) مكان آخر (٥١) كما (٥٢) حدث من (٥٣) قبل.

تمرين ٢٢: الاستماع الدقيق *close*

أ. من ١:٠٤ إلى ١:٣٣ في الفيديو
وأنا (١) الآن (٢) أعمل في (٣) صيدلية (٤) خالي من (٥) الرابعة (٦) مساءً حَتّى (٧) الثانية أو (٨) الثالثة بعد منتصف (٩) الليل، (١٠) لذلك لا ألتقي *meet with* بخالد (١١) كثيراً (١٢) إلا في (١٣) الإجازات أو الأعياد عندما تلتقي الأسرتان (١٤) معاً أو (١٥) أحياناً في (١٦) يوم (١٧) الأحد بعد (١٨) الكنيسة، (١٩) فهو (٢٠) موعد (٢١) الإجازة (٢٢) الأسبوعية للصيدلية.

ب. من ٢:٠٠ إلى ٢:٢٣ في الفيديو
والتي (١) أفضلها في (٢) الحقيقة على (٣) لعب (٤) الشطرنج أو (٥) الاستماع (٦) لتجارب سامي (٧) العاطفية أو (٨) أحلام طارق في (٩) السفر (١٠) للعمل في (١١) الخارج، (١٢) فأنا لا أحب (١٣) فكرة السفر للعمل في (١٤) الخارج (١٥) مثل (١٦) معظم (١٧) الشباب هنا.

تمرين ٢٣: القراءة والقاموس

١. cut off
٢. interrupt me
٣. object
٤. refrained from
٥. review
٦. return
٧. mark
٨. caused
٩. my hope
١٠. I will dictate

درس ٢

تمرين ١: أوزان الأفعال الجديدة

الجذر	الوزن	الماضي	المضارع	المصدر	Transitive or intransitive
ح د د	فَعَّلَ II	حَدَّدَ	يُحَدِّد	التَّحديد	Transitive
هـ ج ر	فاعَلَ III	هاجَرَ	يُهاجِر	الهِجرة	Intransitive
ك م ل	أَفعَلَ IV	أكمَلَ	يُكمِل	الإكمال	Transitive
ز ي د	اِفتَعَلَ VIII	اِزدادَ	يَزداد	الازدِياد	Intransitive
ن ش ر	اِفتَعَلَ VIII	اِنتَشَرَ	يِنتَشِر	الاِنتِشار	Intransitive

تمرين ٢: كلمات تبدأ بـ "مُـ"

المضارع	الاسم	المعنى
يُدَرِّس	مُدَرِّس	teacher
يُدَخِّن	مُدَخِّن	smoker
يُسافِر	مُسافِر	traveler, passenger
يُساعِد	مُساعِد	helper, assistant
يَتَكَلَّم	مُتَكَلِّم	speaker
يَستَمِع	مُستَمِع	listener

تمرين ٣: المفردات الجديدة

١. أشخاص ٢. باستمرار ٣. الحرّية ٤. ينوي ، يبحثون

٥. الشخصيات ٦. جالية ، مهاجرين ٧. تلبس ، بنطلون ، قميص ، حذاء ، فستان ، تنّورة

٨. تبقي ٩. المحلات ، الملابس/الثياب

تمرين ٥: ليس

١. لَيسَ ٢. لَيسَت ٣. لَستَ ٤. لَيسوا ٥. لَسنا

٦. لَستِ ٧. لَيسَت ٨. لَستُم ٩. لَيسَ ١٠. لَستُ

تمرين ٦: أوزان الأفعال الجديدة

الجذر	الوزن	الماضي	المضارع	المصدر	Transitive or intransitive
ع ل م	فَعَّلَ II	عَلَّمَ	يُعَلِّم	التَّعليم	Transitive
ع ل م	تَفَعَّلَ V	تَعَلَّمَ	يَتَعَلَّم	التَّعَلُّم	Intransitive
ش ر ك	اِفتَعَلَ VIII	اِشتَرَكَ	يَشتَرِك	الاِشتِراك	Intransitive

تمرين ٧: كتابة جمل المفردات

١. عام: كان عام ٢٠١١ بداية تاريخ جديد في العالم العربي لأنه كان عام "الربيع العربي".

٢. فستان ، بنطلونات، تنّورة: في الأسبوع القادم ستكون هناك حفلة كبيرة في الجامعة فهل عندكِ فستان مناسب؟ ألبس البنطلونات دائماً وليس عندي أي فساتين. عندي تنّورة ولكن لا أظن أنها مناسبة.

٣. لبس ، قميص ، حذاء: شاهدته في المسرح أمس وكان يلبس قميصاً غريباً وحذاءً أغرب!

٤. بقي ، بحث عن: بَقِيتْ في مكتبة الجامعة حتى الساعة الواحدة لأنها كانت تبحث عن مقالات ودراسات عن انتشار الإسلام في افريقيا.

٥. حرّيّة ، حدود: هناك خلاف بينهم حول معنى الحريّة وهل هناك حدود للحريّة الشخصية أم لا؟

٦. هجرة ، جالية: موضوع هذا الكتاب هو تاريخ الهجرات العربية الى أوستراليا والجاليات العربية الموجودة فيها.

٧. نوى ، أكمل: قال للأستاذة أنه كان ينوي أن يكمل كل الواجبات لكن بعض أقاربه زاروه في عطلة نهاية الأسبوع ولذلك تأخّر.

٨. مهاجِر ، شمال: كثير من المهاجرين المكسيكيين يتركون بلادهم وينتقلون الى الولايات المتحدة في الشمال ليبحثوا عن فرص أفضل للعمل والحياة.

٩. أشخاص ، ازداد: ذكرت هذه المجلة الطبية أن عدد الأشخاص الذين يموتون في الشرق الأوسط بسبب التدخين يزداد سنة بعد أخرى.

١٠. انتشر ، محلات ، ملابس: هذه منطقة تجارية تنتشر فيها محلات الملابس المختلفة لكن معظم هذه المحلات متخصصة بالملابس النسائية.

١١. غضب ، باستمرار ، سمح لـ : تغضب من زوجها باستمرار لأنه يتركها وحيدة في البيت ويخرج مع أصدقائه ليسهر. وأخيراً قررت أنها لن تسمح له بالخروج الى أي مكان بدون أن تكون معه.

تمرين ٨: المفردات الجديدة

١. وُلِدَ ، عام	٢. تحدّد ، مجموعة	٣. حدود ، الشمال ، الجنوب ، الأبيض ، المتوسّط ، الغرب	
٤. الهويـّة ، أنفس	٥. غضبت ، تكمل ، تسمح	٦. اشترك	
٧. ازداد ، منتشرة ، أجنبية ، التعليم ، تعلّمنا		٨. مشغولة ، عن ، كـَ	
٩. يملك	١٠. إلّا	١١. هؤلاء	١٢. الطبيعة

تمرين ١٤: كتابة جمل المفردات

١٢. شخصيّة: يدرس علم النفس شخصيّة الفرد وكيف تتكوّن.

١٣. البحر الأبيض المتوسّط: مدينة الاسكندرية ومدينة أثينا من مدن البحر الأبيض المتوسّط وكانت بينهما هجرات تاريخية كثيرة .

١٤. وُلِدَ: وُلِدتُ في نفس العام الذي وُلِدت فيه خالتي الصغيرة. أنا وهي من نفس الجيل.

١٥. مشغول بـ ، مشغول عن: طلبت الطلاق منه لأنه مشغول بأعماله عنها وعن أسرته ولا يقضي معهم أكثر من نصف ساعة كل يوم.

١٦. هؤلاء: لا أعرف من هم هؤلاء الأشخاص؟ وبصراحة، لا أريد أن أتعرف عليهم لأن ما سمعته عنهم لا يشجّع.

١٧. ليس ... إلا: ليس معي إلا عشر دولارات، ولذلك سآكل اليوم في مطعم "ماكدونالدز" أو "ملك البرغر".

١٨. ملك ، يشترك: يملك الأب شركة تجارية ناجحة ويشترك معه فى إدارتها ابنه وابنته بعد أن تخرّجا من الجامعة.

١٩. علّم ، نفس: يمكن أن نقول إنها علّمت نفسها بـنفسها واستطاعت النجاح في حياتها بدون أي مساعدة من أهلها.

٢٠. تعليم ، مجموعة من: اشتركتْ وزارة التعليم القطرية مع مجموعة من رجال الأعمال في عمل عدّة حدائق عامة للأولاد.

٢١. جالية ، أجنبي ، جنوب ، غرب: يسكن معظم أفراد الجاليات الأجنبية في جنوب المدينة وغربـها.

٢٢. شمال ، جنوب: كان اليمن يتكون من دولتين: واحدة في الشمال وعاصمتها صنعاء والثانية في الجنوب وعاصمتها عدن، ولكن اليمن أصبح دولة واحدة عام ١٩٩٠.

٢٣. طبيعة ، هويّة: صحيح أن كل مجموعة من العرب لهم طبيعة ثقافية خاصة ولكن أظن أن الذي يحدد الهويّة العربية أكثر من أي شيء آخر هو اللغة.

تمرين ١٩: "لست مصرية ولست أمريكية"

أ. والدتي (١) تسمح (٢) لي (٣) بأن (٤) ألبس (٥) ما (٦) أريد (٧) كأية (٨) بنت (٩) أمريكية، ولكنها لا (١٠) تسمح (١١) لي (١٢) بالخروج (١٣) إلا لزيارة ليلى أو مع (١٤) مجموعة (١٥) من (١٦) الزملاء، (١٧) وتحدّد (١٨) لي (١٩) موعد (٢٠) الرجوع إلى البيت و (٢١) تغضب (٢٢) إذا (٢٣)تأخّرت. (٢٤) ليس (٢٥) لي (٢٦) صاحب مثل (٢٧) زميلاتي (٢٨) أو (٢٩) مثل ليلى.

ب. صديقتي ليلى (١) هي (٢) الشخص (٣) الوحيد الذي (٤) أتكلم (٥) معه (٦) عن (٧) كل (٨) شيء، و(٩) هي التي (١٠) تفهم (١١) ما (١٢) أشعر (١٣) به.

ج. والد ليلى (١) تونسي و(٢) والدتها (٣) أمريكية، وهما (٤) يملكان شركة (٥) تجارية (٦) يعملان (٧) بها. هما (٨) أيضاً (٩) مشغولان (١٠) عنها، (١١) لكنها (١٢) تملك (١٣) حريتها.

تمرين ٢٠: الذي / التي / الذين

١. الذي	٢. التي ، Ø	٣. الذين ، الذي	٤. التي	٥. الذين	٦. Ø
٧. الذين	٨. التي ، Ø	٩. Ø	١٠. التي	١١. الذين	

تمرين ٢٤: الاستماع الدقيق *close*

أ. من ١:٣١ إلى ١:٣٨

لها (١) أبحاث (٢) كثيرة في (٣) الثقافة (٤) والسياسة و(٥) تحضّر (٦) كتاباً (٧) جديداً عن (٨) السياسة (٩) الخارجية (١٠) السعودية.

ب. من ٦:٤٠ إلى نهاية الفيديو

وعندنا في (١) الدين (٢) الإسلامي (٣) الطلاق مَكروه *reprehensible* (٤) ولكنه (٥) مسموح و(٦) هذا (٧) أحياناً هو (٨) الحل (٩) الوحيد.

أنا (١٠) أتمنّى (١١) أتمنّى (١٢) اليوم في هذا السِّن (=العمر) (١٣) إنّو (١٤) أشوف (١٥) بناتي لَمّن (=عندما) (١٦) يتزوّجوا و(١٧) يصير (١٨) عندهم (١٩) حياة (٢٠) زوجية (٢١) سعيدة، و(٢٢) أتمنّى انّي (٢٣) أصبح (٢٤) جدّة.

تمرين ٢٥: النفي بالفصحى والعامية

١. لَم يَستَقبِلوا ٢. لَن يَبحَثَ ٣. لَم يَجِدوا ٤. لَن يَنتَهِيَ ، لَيسَ
٥. لَم تُحَدِّدوا / لم تُحَدِّدْ / لم تُحَدِّدي ٦. لا يَغضَبُ ، لَن يَغضَبَ ، لَيسَ / ليست ٧. لَن يَزدادَ
٨. لَيسَ ٩. لا يَلبَسُ

درس ٣

تمرين ١: تصريف

١. تَشتَري ٢. يَصِل ٣. اشتَرَيتُم ٤. نَشتَري ٥. أَصِل ؛ وَصَلتُ
٦. اشتَرَت ، تَصِل ٧. أشتَري ٨. وَصَلوا ، يَصِلوا ٩. اشتَرَينا ، وَصَلنا ١٠. يَشتَرون
١١. اشتَرَت ، اشتَرَيتُ

تمرين ٢: المفردات الجديدة

١. الألون، أزرق / أحمر، أحمر / أزرق، أصفر، أسود / أبيض، أبيض / أسود
٢. شهر ، اشترى ، إصلاح / أصلح ٣. رمادي ، فاتح ، رمادي ، غامق ، حرير ٤. سعر ، رخيص
٥. حساب ، أيّ ٦. رسمت ، حائط ٧. أرتّب ، أغسل ، الفوط
٨. اليمين ، اليسار / الشمال ٩. قسم ١٠. المفروشات

تمرين ٣: كتابة جمل المفردات

١. شهر ، يا ترى: عندنا امتحان في آخر شهر نوفمبر والطلاب الآن يسألون أنفسهم: يا تُرى هل سيكون الامتحان صعباً أم سهلاً؟
٢. غسل ، رتّب: الحمد لله، أخيراً غسلت كل الملابس ورتّبتها في الخزانة قبل أن ترجع أمي من السفر.
٣. لون ، أحمر: يا ترى، هل اللون الأحمر مناسب هنا أم أنه سيكون أكثر من اللازم؟ ما رأيكِ؟
٤. اشترى ، ذهب: أرادت أن تشتري له في عيد ميلاده شيئاً غالياً من الذهب لكنه لا يحب الذهب فاشترت له ساعة رولكس.
٥. أزرق ، قسم: هل تعرف تلك البنت التي تلبس تنورة زرقاء وبلوزة حمراء؟ إنها السكرتيرة الجديدة في قسم التاريخ.
٦. وصل ، وصول ، اتصل: وصلت طائرتي متأخرة ساعتين عن الموعد المحدّد للوصول بسبب الطقس الغريب اليوم، وطبعاً ما تمكنت من الاتصال بأهلي لأني كنت على الطائرة.
٧. اشترى ، باع: يريد أن يشتري سيارة جديدة ويبيع سيارته القديمة ولكن، يا ترى، هل سيجد من يريد أن يشتريها؟!
٨. إصلاحات ، مفروشات: الشقة جميلة فعلاً ومناسبة ولا تحتاج إلّا إلى إصلاحات بسيطة جداً ولكن المفروشات فيها كلاسيكية جداً. ما رأيِك؟ هل نبحث عن شقة أخرى؟

٩. حرير ، رخيص: أرغب أن اشتري لزوجتي فستاناً من الحرير الطبيعي ، في رأيي الحرير الطبيعي جميل جداً ولكنه ليس رخيصاً.

١٠. سعر ، حساب: أسعار الطعام في هذا الفندق غالية جداً! أكلنا مرة واحدة في المطعم الإيطالي فيه وكان الحساب أكثر من مئة دولار.

١١. خزانة ، حائط: أظن أنه من الأحسن أن تكون خزانة الملابس في هذا الجانب من الغرفة على هذا الحائط، ما رأيكم؟

١٢. فاتح ، غامق: كان مهندس الديكور يفضل الألوان الفاتحة لغرفة النوم والألوان الغامقة لغرفة المعيشة ولكن زوجتي لا تحب الألوان الغامقة.

١٣. ملاية ، فوطة: أفكر في شراء ملايات وفوط جديدة قبل زيارة أسرتي لي لأنهم سيقيمون عندي أسبوعين.

١٤. يمين ، يسار: إذا دخلت هذا الشارع فستجد مستشفى السلام على يمينك ...بعد المستشفى هناك شارع على اليسار ومحلنا في أول الشارع.

تمرين ٥: أوزان الأفعال الجديدة

Transitive or intransitive	كلمة تبدأ بـ "مـ"	المصدر	المضارع	الماضي	الوزن	الجذر
Transitive	مُرَتِّب	التَّرتيب	يُرتِّب	رَتَّبَ	فَعَّلَ II	ر ت ب
Transitive	مُغَيِّر	التَّغيير	يُغَيِّر	غَيَّرَ	فَعَّلَ II	غ ي ر
Transitive	مُرسِل	الإرسال	يُرسِل	أرسَلَ	أفعَلَ IV	ر س ل
Transitive	مُصلِح	الإصلاح	يُصلِح	أصلَحَ	أفعَلَ IV	ص ل ح
Transitive	مُكمِل	الإكمال	يُكمِل	أكمَلَ	أفعَلَ IV	ك م ل
Intransitive	مُتَمَكِّن	التَّمَكُّن	يَتَمَكَّن	تَمَكَّنَ	تَفَعَّلَ V	م ك ن
Intransitive	مُتَغَيِّر	التَّغَيُّر	يَتَغَيَّر	تَغَيَّرَ	تَفَعَّلَ V	غ ي ر
Transitive	مُشتَرٍ (ي)	الشِّراء	يَشتَري	اِشتَرى	اِفتَعَلَ VIII	ش ر ي
Intransitive	مُستَعِدّ	الاِستِعداد	يَستَعِدّ	اِستَعَدَّ	اِستَفعَلَ X	ع د د
Transitive Intransitive	مُستَعمِل	الاِستِعمال	يَستَعمِل	اِستَعمَلَ	اِستَفعَلَ X	ع م ل

تمرين ٦: فَعَّل وتَفَعَّل

١. أُغَيِّر ، تَغَيَّرَ ٢. أَخَّرَ ، تَأَخَّرْتُ ٣. تُكَوِّنوا ، تَتَكَوَّن ٤. أَتَذَكَّر ، يُذَكِّر
٥. تَسْويق ، التَّسَوُّق ٦. تَعَرَّفَتْ ، أُعَرِّف ٧. عَلَّمَتْ ، تَعَلَّمَتْ

تمرين ٧: وزن أَفْعَلَ

١. تُكْمِلي ٢. يُرْسِلوا ٣. يُعِدّوا
٤. أَصْبَحَتْ ٥. نُصْلِح ٦. أَغْضَبَتْ

تمرين ٨: المفردات الجديدة

١. تستعدّ ، قسم ٢. تتغيّر ، تغيّر
٣. زرقاء ، حمراء / بيضاء / سوداء ، سوداء / بيضاء / حمراء ، بيضاء / حمراء / سوداء ، خضراء
٤. أتمكّن ، أرسل ، تصل ٥. ثلّاجة ، خزائن
٦. استعمل ، معطّلة ، يجب ، أبيع ٧. بعضهم
٨. تُرى ، تقبل ٩. منتصف ، وسط ، مشهورة ، مستعدّ

تمرين ١١: كتابة جمل المفردات

١٥. أي: لا يمكن لمها أن يكون لها صاحب أي "بوي فرند" لأن أسرتها لا تسمح لها بذلك.
١٦. مشهور ، منتصف: هذا الأستاذ مشهور بأنه يحب الامتحانات كثيراً، هناك امتحان كل أسبوعين بالإضافة إلى امتحان منتصف الفصل والامتحان النهائي.
١٧. رسم ، رسوم: لا تعرف ماذا تفعل مع ابنها: يترك كل واجباته ويقضي كل وقته يرسم رسوماً جميلة ، لا تعرف هل تشجّعه على الرسم أم لا؟
١٨. فضّي ، رمادي: هل تظنين أن الحذاء الفضي سيكون مناسباً مع الفستان الرمادي لحفلة الاستقبال اليوم أم لا؟
١٩. بعض...البعض: كان جدي، الله يرحمه، دائماً يقول لوالدي وأعمامي إنه يريدهم دائماً أن يساعدوا بعضهم البعض.
٢٠. أخضر: تريد الانتقال إلى بيت كبير أمامه ووراءه حديقة لأنها لا تشعر بجمال الحياة إلا بمشاهدة اللون الأخضر.
٢١. يجب أن: إذا أردتَ أن تلتحق بهذا القسم فيجب عليك أن تنجح في امتحان لغة شرق أوسطية أخرى كالفارسية أو العبرية أو التركية.
٢٢. أرسل ، قَبِلَ: أرسل مكتب القبول في الجامعة هذا الشهر رسائل إلى كل الطلاب الذين قررت الجامعة أن تقبلهم .

٢٣. معطّل ، ثلّاجة ، غسّالة: لا أعرف ما المشكلة في هذه الشقة؟ كل شيء معطّل: الثلّاجة والغسّالة والتليفزيون، وصاحب الشقة يرفض أن يصلح أي شيء...لا أعرف كيف أغسل ملابسي بدون غسّالة وكيف أحفظ الأكل بدون ثلّاجة؟؟!!

٢٤. استعدّ ، مستعِدّ: عندما سألت الأستاذة الطلاب هل استعدّوا للامتحان قالوا إنهم ليسوا مستعدّين ويريدون يوماً أو يومين أكثر للاستعداد جيداً.

٢٥. تمكّن من ، وسط: أراد أن يتّصل بأفراد أسرته قبل سفرهم ولكنه لم يتمكّن من ذلك فترك لهم رسالة تليفونية وقال إنه سيتصل بهم في وسط الأسبوع القادم.

٢٦. أبيض ، أسود: كانت العلاقة بين البيض والسود في التاريخ الأمريكي موضوعاً لكثير من رسائل الماجستير والدكتوراه.

٢٧. غيّر: بعض الناس يرفضون فكرة التغيير ويفضّلون الاستقرار، ولكن من قال إن التغيير يعني عدم الاستقرار؟

تمرين ١٥: بالألوان

١. الأبيض
٢. (إجابات مفتوحة): أي لون في النكرة سيكون مناسباً هنا
٣. أسود / أبيض ، أبيض / أسود
٤. (إجابة مفتوحة): أي لون في المعرفة وبصيغة المذكر سيكون مناسباً هنا
٥. (إجابة مفتوحة): أي لون في المعرفة وبصيغة المؤنث سيكون مناسباً هنا
٦. الأحمر / الأبيض / الأزرق ، الأزرق / الأحمر / الأبيض ، الأبيض / الأزرق / الأحمر
٧. السود
٨. (إجابة مفتوحة): أي لون في المعرفة وبصيغة المذكر سيكون مناسباً هنا
٩. (إجابة مفتوحة): أي لون في المعرفة وبصيغة المذكر سيكون مناسباً هنا
١٠. الأحمر ، الأبيض ، الأسود
١١. (إجابة مفتوحة): أي لون في النكرة وبصيغة المؤنث سيكون مناسباً هنا
١٢. (إجابة مفتوحة): أي لون في المعرفة وبصيغة المذكر سيكون مناسباً هنا

تمرين ١٧: "رسالة من عمّي"

(١) وصلت أمس (٢) رسالة من عمي محمد (٣) تقول (٤) إنهم (٥) سيصلون في (٦) منتصف (٧) الشهر القادم، أي (٨) بعد (٩) أقل (١٠) من ثلاثة (١١) أسابيع. (١٢) يجب أن (١٣) نبدأ من الآن في (١٤) الاستعداد لزيارتهم و(١٥) ترتيب (١٦) الشقة. يجب (١٧) شراء (١٨) بعض الملايات و (١٩) الفوط (٢٠) الجديدة، و(٢١) إصلاح (٢٢) الحمام الثاني. و (٢٣) سيكون من (٢٤) اللازم أن (٢٥) أنتقل إلى (٢٦) غرفة عادل (٢٧) لـيأخذ عمي وزوجته

(٢٨) غرفتي (٢٩) لأنها (٣٠) أكبر. (٣١) أما مها (٣٢) فستنام مع جدتي في (٣٣) غرفتها. كانت (٣٤) ما (٣٥) تزال صغيرة (٣٦) عندما (٣٧) جاءت آخر مرة... (٣٨) أظن (٣٩) أنها (٤٠) كانت في الثالثة عشرة من (٤١) عمرها. هل ما (٤٢) زالت (٤٣) تتذكرني؟ كنت (٤٤) أكتب لها بعض (٤٥) الرسائل وكانت (٤٦) ترسل (٤٧) لي بعض (٤٨) الصور التي (٤٩) رسمتها، يا تُرى (٥٠) هل (٥١) غيّرتها (٥٢) الحياة في أمريكا؟

تمرين ١٨: اسم وخبر كان وأخواتها

١. كانت أختي تريد شيئاً من الخصوصية في حياتها ولذلك تركت بيت الطلاب.
٢. شخصيّاً، ما زلتُ مع فكرة بيع الصيدلية وشراء صيدلية أخرى.
٣. ما زال كثير من الموظفين يشعرون بعدم الراحة مع المدير الجديد.
٤. كانت منطقة البحر الأبيض المتوسط مركزاً تجارياً عالمياً لوقت طويل.
٥. صارت أسعار الخضار والفواكه غالية بسبب الطقس البارد.
٦. أصبح الناس في شمال افريقيا يهاجرون الى أوروبا بأعداد كبيرة .
٧. كان الأزرق الفاتح لوني المفضل لأنه يذكّرني بلون عَينَيْها.
٨. ما زالتْ ترسل له رسالة كل أسبوع متمنيةً أن يصلها شيء منه.
٩. صار أهلي يشجعوننا على الزواج بسرعة بعد أن عرفوا أنها فعلاً امرأة أحلامي.
١٠. لا أفهم لماذا ما زالوا يستعملون هذا الكتاب الممل!!

تمرين ٢٢: الاستماع الدقيق *close*

أ. من ٢:٠٠ إلى ٢:٠٦ في الفيديو

(١) عددها ثلاثون (٢) سوقاً (٣) يجمعها (٤) اسم (٥) واحد (٦) سوق المِلح *salt*.

ب. من٢:٢٤ إلى ٢:٣٩ في الفيديو

(١) منها (٢) تسعة تُستعمَل في صِناعة *making* (٣) الخبز. منها ما (٤) يستعمل (٥) طعاماً كالفول والحُلبة (٦) أشهر الحُبوب *grains* (٧) اليمنية و(٨) أكثرها (٩) استعمالاً في (١٠) المأكولات المَحَلِّية *local*.

جـ . من٥:٢٧ إلى ٥:٣٤ في الفيديو

فهو (١) يحفظ (٢) أسماء (٣) الكتب و(٤) عناوين المَخطوطات و (٥) يعرف (٦) أماكنها و(٧) يعود إليها.....

درس ٤

تمرين ١: الأفعال الجديدة

١. تضع
٢. تصوم
٣. قُمتُ
٤. يُشرفوا
٥. تدعو
٦. أعتقد/يبدو
٧. يؤمن
٨. أعتقد / أؤمن

تمرين ٢: المفردات الجديدة

١. رحلة ، النجوم ، السَّماء
٢. آباء ، دعت/تدعو ، حفلة
٣. قلق ، يبدو ، كافية
٤. الفرح ، عرس ، أشرف
٥. الحيّ
٦. معهد
٧. تضع
٨. مقدّس ، يصوم ، حتّى ، المسلسلات

تمرين ٥: أوزان الأفعال الجديدة

الجذر	الوزن	الماضي	المضارع	المصدر	كلمة تبدأ بـ "مُـ"	Transitive or intransitive
ء م ن	أَفعَلَ IV	آمَنَ بـِ	يُؤمِن	الإيمان	مُؤمِن	Intransitive
ف ط ر	أَفعَلَ IV	أَفطَرَ	يُفطِر	الإفطار	---	Intransitive
ش ر ف	أَفعَلَ IV	أَشرَفَ على	يُشرِف	الإشراف	مُشرِف	Intransitive
و ل ي	تَفَعَّلَ V	تَوَلّى	يَتَوَلّى	التَّوَلّي	---	Transitive
ش غ ل	اِنفَعَلَ VII	اِنشَغَلَ	يَنشَغِل	الاِنشِغال	مُنشَغِل	Intransitive
ج م ع	اِفتَعَلَ VIII	اِجتَمَعَ	يَجتَمِع	الاِجتِماع	مُجتَمِع	Intransitive
خ ل ف	اِفتَعَلَ VIII	اِختَلَفَ عن	يَختَلِف	الاِختِلاف	مُختَلِف	Intransitive
ع ق د	اِفتَعَلَ VIII	اِعتَقَدَ	يَعتَقِد	الاِعتِقاد	مُعتَقِد	Intransitive
ع و د	اِفتَعَلَ VIII	اِعتادَ	يَعتاد	الاِعتِياد على	مُعتاد	Intransitive

تمرين ٦: المصدر كاسم

١. التغييرات ٢. الاستعدادات ٣. الإصلاحات

٤. الاختلافات ٥. الدعوات ٦. الاجتماعات

تمرين ٧: تصريف الأفعال التي تنتهي بـ "و" أو "ي"

١. دعت ، أقضي ، أنوي ، أبقى ، اشتريت ، قضينا ، بقينا ، أدعو ، انتهى ، أبقى

٢. تنتهي ، تدعو ، تقضوا ، تبقوا

٣. تقضين ، تنوين ، تبقي ، تنتهي

٤. يشترون ، يبقون ، قضوا ، دعونا ، ينوون

تمرين ٨: كتابة جمل المفردات

١. أب ، صحيفة: كان أبي يملك محلاً لبيع الصحف والمجلات ولكن عدد الناس الذين يشترون الصحف أصبح قليلاً فقرر التغيير وأصبح المحل متخصصاً ببيع الأحذية.

٢. عرس ، بطاقة دعوة: عرس أختي سيكون بعد ثلاثة أشهُر؛ انتهينا من إرسال كل بطاقات الدعوة للعرس، والآن جاء وقت شراء فستان العرس.

٣. حيّ ، يبدو أن: كان هذا الحي واحداً من الأحياء السكنية ولكن يبدو أنه في السنوات الخمس الأخيرة بدأ يصبح حياً تجارياً بسبب ازدياد عدد المحلات فيه.

٤. آمن ، فعل: أنا شخصيّاً أؤمن بأن شباب هذا الجيل سينجحون في التغيير السياسي وفي أن يفعلوا كل ما لم يتمكن جيلنا من فعله.

٥. حتّى ، حفلة: بعد نهاية الحفلة جلسنا معهم في النادي نتكلم عن الماضي وأيام الطفولة وبقينا نتكلم حتّى منتصف الليل.

٦. دعا إلى ، كافٍ: دعونا أكثر من خمسين شخصاً إلى الحفلة. هل تظنين أن هذا الطعام سيكون كافياً؟

٧. صام ، سحور: الصيام عن الطعام ليس صعباً بالنسبة لي ولكن الصعب هو أن أصوم عن التدخين وشرب القهوة من السحور إلى وقت الإفطار.

٨. سماء ، نجم: يا سلام .. الليلة السماء جميلة جداً. عندما كنت صغيرة كنت أحب أن أجلس وحدي أتكلم مع النجوم في السماء وأسافر معها إلى كل مكان.

٩. قام ، معهد: قمت من النوم اليوم متأخرةً ولم يكن عندي وقت لتناول الفطور وشرب القهوة فذهبت إلى صفوفي في المعهد وأنا نصف نائمة.

١٠. قلق ، أشرف على: بدأت ليلى تشعر بـالقلق لأن الأستاذة التي تشرف على رسالتها للدكتوراه قرّرت الانتقال إلى جامعة أخرى في العام القادم.

١١. عاصمة ، مقدس: الفاتيكان مدينة صغيرة في إيطاليا وهي ، في نفس الوقت، عاصمة لدولة الفاتيكان. وهي، بالنسبة الى المسيحيين الكاثوليك، مكان مقدّس لأنها مركز إقامة البابا.

١٢. رحلة ، أعتقد أن: رحلتنـا إلى ماليزيا كانت فعلاً جميلة؛ لا أعتقد أنـنا سنستمتع بأي رحلة أخرى في المستقبل كما استمتعنا بتلك الرحلة.

تمرين ١٠: حروف الجر

١. عن	٢. على ، لـ بـ ، عن	٣. من ، لـ ، في
٤. مع، في ، مع ، عن/في ، من	٥. على، في/بـ بـ ، بـ	٦. على ، لـ
٧. من ، عن ، عن	٨. بـ ، بـ ، إلى	٩. من ، مع ، عن ، بـ
١٠. بـ ، في ، لـ ، بـ	١١. إلى ، بـ ، على	

تمرين ١١: كتابة جمل المفردات

١٣. مسلسل ، فرح: عنوان هذا المسلسل التليفزيوني هو "الفرح" وقصته ليست جديدة، فهي قصة فيلم مصري قديم بنفس الاسم وهو عن فرح أو عرس بنت اسمها "فرح" أيضاً.

١٤. طعم ، وضع: إيو! هذه السلطة طعمهـا غريب قليلاً على الرغم من أني وضعتـهـا في الثلاجة!!

١٥. جاء بـ : كل يوم تجيء بـسيارة مختلفة، يا ترى، هل عندها أكثر من سيارة أم أنها تستأجر سيارة مختلفة كل يوم؟

١٦. عادة: تنوي أن تكتب كتاباً عن عادات الأعراس والأفراح المختلفة في العالم العربي وعن الموسيقى التي يستعملها الناس للرقص في الأعراس.

١٧. شاهد ، ملل: نفضل مشاهدة الأخبار في التليفزيون لأننا نشعر بـالملل عند قراءة الصحف بالإضافة إلى أننا نفهم من الصورة أكثر.

١٨. اعتاد ، أفطر: اعتاد أبي في رمضان أن يُفطِر على الفاكهة والحليب ثم يصلّي ويعود لتناول الإفطار ويشاهد المسلسلات معنا حتى صلاة العشاء.

١٩. اختلف عن ، بقية: يختلف برنامج يوم الجمعة عن بقية أيام الأسبوع لأننا، والحمد لله، لا نقوم من النوم قبل العاشرة صباحاً.

٢٠. اجتمع ، وجبة: في الماضي، كان كل أفراد أسرتنا يجتمعون معاً لتناول وجبة الغداء كل يوم جمعة، أما الآن فهذه الاجتماعات لا تحدث إلا مرة كل شهر أو شهرين بسبب انشغالاتنا الكثيرة.

٢١. مقهى ، غير: يعتقد كثير من الناس أن المقهى مكان غير مناسب للدراسة، لكن زميلتي اعتادت أن تدرس في المقهى القريب من الجامعة بين المحاضرات.

٢٢. طبّاخ ، شرقي: الشيف عماد هو أقدم طبّاخ في هذا المطعم وهو متخصص في إعداد الطعام الشرقي وخصوصاً المأكولات العربية، لذلك تشاهد كثيراً من أفراد الجاليات العربية هنا.

٢٣. تولّى ، انشغل بـ : بعد وفاة زوجها، أصبحت خالتي تتولّى إدارة المحل بنفسها وتنشغل بالإشراف على كل شيء من ترتيب المكان والديكور حتى الشراء والبيع.

تمرين ١٢: المفردات الجديدة

١. عاصمة ، محلّية
٢. وجبتين ، الإفطار ، السّحور
٣. يعتقدون ، طعم
٤. غير، يؤمن ، اختلف
٥. طبّاخة ، يجيء
٦. الاجتماع
٧. أقوم، مقهى ، صحيفة ، بقيّة ، اعتدت
٨. الملل
٩. انشغلتُ / انشغلنا ، تولّت

تمرين ١٨: "كل عام وأنتم بخير"

ب.

كل (١) عام وأنتم (٢) بخير! (٣) أمس كان (٤) أوّل (٥) أيّام (٦) شهر رمضان الذي (٧) بدأنا (٨) الاستعداد له (٩) منذ أكثر من أسبوع. (١٠) اجتمعت كل العائلة على (١١) الإفطار كما (١٢) اعتادت أن (١٣) تفعل كل سنة. (١٤) أشرفت (١٥) جدّتي على (١٦) إعداد كل شيء. (١٧) انشغلت (١٨) عمّتي فاطمة وزوجة (١٩) عمّي عادل (٢٠) منذ (٢١) الصباح (٢٢) بالطبخ، (٢٣) أمّا (٢٤) زوجة (٢٥) عمّي أحمد (٢٦) الذي (٢٧) وصل من أبو ظبي (٢٨) منذ ثلاثة (٢٩) أيّام، فَـقَد (٣٠) تولّت (٣١) إعداد قمر الدين والكنافة. (٣٢) برنامجي في رمضان (٣٣) يختلف (٣٤) عن (٣٥) بقية (٣٦) شهور السنة، إذ (٣٧) أقوم (٣٨) متأخّراً من النّوم و(٣٩) أنام (٤٠) قليلاً (٤١) بعد (٤٢) الظّهر. بعد (٤٣) الإفطار نشاهد (٤٤) المسلسل التليفزيوني، (٤٥) ثم (٤٦) أنزل (٤٧) لأسهر مع أصدقائي في الحسين أو على (٤٨) المقهى (٤٩) حتّى (٥٠) السحور. بعد (٥١) السحور (٥٢) أقرأ (٥٣) الصحف و(٥٤) أنام. لكن (٥٥) يبدو (٥٦) أنّي لن (٥٧) أستطيع هذا (٥٨) العام (٥٩) الخروج و(٦٠) السهر مع أصدقائي.

تمرين ٢٢: الاستماع الدّقيق

أ. من ١:٤٧ الى٢:٠١

إلى (١) أختي (٢) العزيزة مريم، (٣) عيد (٤) ميلاد (٥) سعيد و(٦) كل (٧) عام و(٨) أنت فلكيّة. (٩) أتمنّى (١٠) لك (١١) كل (١٢) ليلة (١٣) سماء مَليئة *full of* (١٤) بالنجوم. (١٥) أخوك مُصطفى.

ب. من٧:٠١ الى٧:٢٢

(١) أشرفت (٢) على الجانب التَّطبيقِيّ *applied* (٣) لدراستها (٤) الماجستير وفيه (٥) حصلت على (٦) أعلى (٧) علامة (= درجة). (٨) كانت في (٩) الفلك التطبيقي هي (١٠) الأفضل، (١١) لكن (١٢) لأنها (١٣) لم (١٤) تحصل على (١٥) أعلى (١٦) علامة في (١٧) المجموعة، (١٨) لم (١٩)تستطِع (٢٠) الحصول على (٢١) منحة (٢٢) لدراسة الدكتوراه، و(٢٣) كان (٢٤) صعباً (٢٥) عليها أن (٢٦) تكمل (٢٧) دراستها.

تمرين ٢٣: الاسم المجرور

١. ذهبت الى قسمِ العلاقاتِ العامةِ في الوزارةِ وتكلمت مع أحدِ الموظفين هناك عن أوراقِ المنحةِ التي أرسلتها لهم وقال لي إن أوراقي هي في مكتبِ الوزيرةِ الآن وأنني سأسمع شيئاً منهم في أقربِ وقتٍ ممكنٍ.
٢. تغيبت عن العملِ طوال الأسبوعِ الماضي بسببِ إجازتي السنويةِ ولكنني علمت بقرارِ فصلهِ من زملائي في القسمِ.
٣. بعد انتقالِها من العملِ الحكوميِّ الى أحدِ البنوكِ الخاصةِ تمكنت بعد وقتٍ قصيرٍ من الحصولِ على وظيفةِ مديرةٍ وأصبحت من الشخصياتِ المشهورةِ في عالمِ الاقتصادِ و الأسواقِ الماليةِ.
٤. ذكر رئيس الوزراءِ الإيراني في اجتماعٍ مع مجموعةٍ من الصحفيين الأجانبِ أنه مستعدّ للقبولِ بأيِّ حلٍ تقرره الأمم المتحدة لإنهاءِ الخلافِ على الحدودِ مع دولةِ الإماراتِ.

درس ٥

تمرين ١: المفردات الجديدة

١. متأكّد
٢. أبداً ، أعتبر
٣. ثقيلة ، خفيفة
٤. المهمّ / الأهمّ ، أخلاق
٥. تناقش
٦. الخوف ، المخدّرات ، يناقشوا ، ثقة
٧. متضايقة ، حاولت
٨. لمّح ، ربّما
٩. بريد ، زمن
١٠. الدم ، نغادر
١١. تخاف

تمرين ٤: أوزان الأفعال الجديدة

الجذر	الوزن	الماضي	المضارع	المصدر	كلمة تبدأ بـ "مـُ"	Transitive or intransitive
خ د ر	فَعَّلَ II	خَدَّرَ	يُخَدِّر	التَّخدير	مُخَدِّرات	Transitive
ر ح ب	فَعَّلَ II	رَحَّبَ بـ	يُرَحِّب	التَّرحيب	مُرَحِّب	Intransitive
ل م ح	فَعَّلَ II	لَمَّحَ (أنّ)	يُلَمِّح	التَّلميح	--	Intransitive
ع و د	فَعَّلَ II	عَوَّدَ	يُعَوِّد	التَّعويد على	مُعَوِّد	Intransitive
ح و ل	فاعَلَ III	حاوَلَ	يُحاوِل	المُحاوَلة	مُحاوِل	Transitive
غ د ر	فاعَلَ III	غادَرَ	يُغادِر	المُغادَرة	مُغادِر	Transitive
ن ق ش	فاعَلَ III	ناقَشَ	يُناقِش	المُناقَشة	مُناقِش	Transitive
ف و ق	تَفَعَّلَ V	تَفَوَّقَ	يَتَفَوَّق	التَّفَوُّق	مُتَفَوِّق	Intransitive
ء ك د	تَفَعَّلَ V	تَأكَّدَ	يَتَأكَّد	التَّأَكُّد	مُتَأكِّد (أنّ)	Intransitive
ض ي ق	تَفاعَلَ VI	تَضايَقَ	يَتَضايَق	التَّضايُق	مُتَضايِق	Intransitive
ن ق ش	تَفاعَلَ VI	تَناقَشَ مع	يَتَناقَش	التَّناقُش	--	Intransitive
خ ل ف	اِفتَعَلَ VIII	اِختَلَفَ	يَختَلِف	الاِختِلاف	مُختَلِف	Intransitive
ع ب ر	اِفتَعَلَ VIII	اِعتَبَرَ	يَعتَبِر	الاِعتِبار	مُعتَبِر	Transitive

تمرين ٥: كتابة جمل المفردات

١. يد ، وجه: وضعت البنت الصغيرة يدها على وجهها لأنها شعرت بالخجل أمام كل الناس الذين جاءوا ليشاهدوها ترقص في الحفلة.

٢. متأكّد ، بدون: بصراحة، أشعر بشيء من القلق لأنني وصلت إلى الحدود التركية - السورية ولست متأكّدة إذا كان يمكنني أن أدخل الى سورية/سوريا بدون فيزا.

٣. اعتبر ، أخلاق: تعتبر كل الأديان الأخلاق شيئاً مهمّاً في تكوين شخصية الفرد وتشترك في دعوة الناس إلى أن يعيشوا حياة أخلاقية.

٤. بريد ، ثقيل: سيكون من الأحسن أن أرسل كل الكتب بالبريد لأنها ثقيلة ومن الصعب أن أسافر بها لكن المشكلة هي أنها لن تصل قبل شهر.

٥. ثقة ، أبداً: عندي ثقة: كبيرة بالآخرين، ولكني، معه، أشعر بأني لا أستطيع أن أثق به أو بكلامه أبداً.

٦. بطن ، حاول: عندما يشاهد بطنه كل صباح يقول لنفسه إنه يجب أن يحاول الذهاب إلى النادي كل يوم، لكن انشغاله المستمرّ بعمله يمنعه من ذلك.

٧. جزء ، ربّما: انتهينا من مشاهدة الجزأَيْن الأول والثاني من هذا المسلسل وربّما نكمل الجزء الثالث والأخير غداً.

٨. مخدِّرات ، خفيف: ما هذا الكلام الغريب؟! لا توجد مخدِّرات خفيفة ومخدِّرات ثقيلة . . . المخدِّرات مخدِّرات!! ألا تعرف أن كثيراً من الناس يموتون كل يوم بسبب المخدِّرات؟!

٩. خائف ، دم: كانت خائفة جداً لأنها شاهدت فوطة كلها دم أمام باب شقتها، فاتصلت بسرعة بالبوليس.

١٠. ذكيّ ، مهم: لا أختلف معك في أنها طالبة ذكيّة جداً في دراستها، ولكن السؤال المهمّ بالنسبة لي هو: هل هي ذكيّة أيضاً في القرارات التي تأخذها في حياتها الشخصية؟

١١. شعر ، متضايق: غيّرت لون شعرها ولكنها كانت متضايقة جداً لأن اللون الجديد لم يكن كما أرادت. ستحاول مرة أخرى لكنها هذه المرة ستذهب إلى صالون آخر.

١٢. قلب ، زمن: جدي يشعر أن قلبه ما زال شاباً ويقول دائماً إن قلب الإنسان أكبر من الزمن. هل تعتقدون أن رأيه صحيح؟

تمرين ٦: المفردات الجديدة

١. ذكيّة ، متفوّقة ، مؤدّبة ، قلب
٢. صداقة ، الشّباب
٣. رأس ، شعر ، وجه ، جسم
٤. الشكل ، مختلف
٥. يشغل ، خصوصاً
٦. رحّبوا
٧. تفتح
٨. عوّدت
٩. خارج
١٠. نركّز ، جزء ، دون / بدون
١١. يد ، بطن ، رجل ، رجل

تمرين ٩: كتابة جمل المفردات

١٣. غادر ، فتح: بعد تجربته الفاشلة في محل الأحذية قرّر أن يغادر المدينة ويحاول أن يفتح صفحة جديدة في حياته في مكان آخر.

١٤. جسم ، حاول: هي الآن نجمة تليفزيونية مشهورة ولذلك تفكر كثيراً في جمال جسمها وتحاول أن تحافظ على شبابها.

١٥. تناقش ، لمّح: تناقش معها في موضوعات كثيرة لكنه لم يستطع أن يقول لها إنه يحبها، لكنه لمّح لها إلى ذلك. يا ترى هل فهمت أم لا؟

١٦. رأس ، رجل: عندما نقول عن شخص إنه "لا يعرف رأسه من رجلَيه" فهذا يعني أنه لا يعرف مكانه أو أنه لا يعرف ماذا يجب أن يفعل.

١٧. رحّب بـِ: كان بيني وبينه مشاكل وخلافات كثيرة. إذا زرته معك هذه المرة فربما لن يرحّب بي؛ من الأحسن أن تذهب وحدك.

١٨. مؤدّب ، مختلف: صاحبها الجديد يبدو شاباً خجولاً ومؤدّباً ، والأهمّ أنه مختلف كثيراً عن صاحبها القديم الذي ما شعرتُ معه بالراحة أبداً.

١٩. شغل ، طوال: عندما شغلت هذه الوظيفة في البداية لم تفكر أبدًا أنها ستبقى فيها طوال سنواتها في الجامعة.

٢٠. متفوّق ، يركّز على: كان كل أساتذته وزملائه يعتبرونه طالباً متفوّقاً لأنه كان دائماً يركز على دراسته ويحصل على أعلى التقديرات.

٢١. شكر ، عوّد: شكرت أستاذتها كثيراً لأنها عودتها على القراءة بدون قاموس، لذلك فهي تشعر بالراحة والثقة الآن عندما تقرأ أيّ مقالة باللغة العربية.

٢٢. صداقة ، شكل: في هذا الزمن تغير معنى الصداقة وتغيرت أشكالها بسبب الإنترنت، فأنا اليوم مثلاً عندي كثير من الأصدقاء الذين لم أقابلهم وجهاً لوجه ولكني أعرفهم فقط على الـ "فيس بوك" و "توِتر".

٢٣. فتح ، خارج: هل تعرفون متى بدأت المطاعم الأمريكية مثل "ماكدونالدز" و "كنتاكي فرايد تشيكن" تفتح مطاعم لها خارج الولايات المتحدة؟ وهل بدأت في أوربا أولاً أم في العالم الثالث؟

٢٤. خصوصاً ، الشباب: يركز الكاتب في مقالته على مشكلة الهوية وخصوصاً عند الشباب وكيف يشعرون بهويتهم، ويسأل "هل هناك فعلاً شكل من أشكال "الهوية العالمية للشباب" كما يقول البعض؟"

تمرين ١٧: "المهم هو رأي خالد ومها"

لي كثير من (١) الأصدقاء هنا، ولكن من (٢) الصعب أن (٣) أعتبر علاقتي بهم (٤) صداقة (٥) حقيقية كما كانت (٦) صداقاتي في مصر، ربما لأن (٧) معنى الصداقة هنا (٨) مختلف، (٩) فـ (١٠) العلاقات هنا (١١) تأخذ (١٢) شكل (١٣) المكالمات التليفونية أو (١٤) البطاقات (١٥) البريدية، أو (١٦) الرسائل الإلكترونية، الـ "إيميل"، (١٧) ربما لأن (١٨) صداقاتي في مصر (١٩) جزء (٢٠) من حياتي و (٢١) شبابي و(٢٢) أحلامي. (٢٣) أشعر أحياناً (٢٤) أنني أريد (٢٥) أن (٢٦) أترك كل (٢٧) شيء هنا و(٢٨) أرجع (٢٩) إلى مصر. (٣٠) يشغلني (٣١) مستقبل مها بعد

(٣٢) التخرج، (٣٣) لـمّح محمود في إحدى (٣٤) رسائله أنّه يريد أن (٣٥) يخطبها لخالد. خالد (٣٦) شاب (٣٧) ذكي و(٣٨) متفوق (٣٩) وأخلاقه ممتازة، ولكن ملك لا (٤٠) ترحب (٤١) بـ (٤٢) الفكرة. (٤٣) قلت (٤٤) لها نفس (٤٥) ما (٤٦) قلته لمحمود وهو (٤٧) أن (٤٨) المهم هو (٤٩) رأي خالد ومها اللذين لا (٥٠) يعرفان (٥١) أي شيء (٥٢) عن (٥٣) الموضوع.

تمرين ٢٠: ماذا فعلا/يفعلان؟

١. تخرّجا
٢. تخرجا
٣. يشتركان
٤. عاد
٥. تبادل/يتبادل ، يناقشا
٦. تحضرا
٧. تريدان ، تستمعا
٨. ينتهي ، ينزلان ، يذهبان ، يأكلان

تمرين ٢١: تساؤلات

ج. دراسة القواعد في النص

الكلمة	الجذر	الوزن	المعنى في النص
تساؤلات	س ـ ء ـ ل	تَفاعُلات	questions
يَزيد عن	ز ـ ي ـ د	يَفعِل	exceeds
أستيقظ في الصباح	ي ـ ق ـ ظ	أَستَفعِل	I wake up
ما يتبقّى من الوقت	ب ـ ق ـ ي	يَتَفَعَّل	remains
في الاقتراب من أحبّائنا وأقاربنا	ق ـ ر ـ ب	الاِفتِعال	being close or near to
الاقتراب من أحبّائنا وأقاربنا	ح ـ ب ـ ب	--	our loved ones, dear ones

تمرين ٢٣: الاستماع الدقيق

أ. من ٠٠:٣٤ إلى ٠٠:٤١

(١) شخصية غنيةٌ *rich* (٢) متعدّدة الجَوانِب: (٣) شاعرة و(٤) كاتبة و(٥) قاصّة

ب. ومن ٠٠:٤٧ إلى ٠٠:٥٣

و(١) صحافية / صحفية حازَت (=حصلت) على (٢) تقدير عَميق (=كبير) من (٣) كل (٤) أدباء و(٥) مفكّري العالم العربي.

ج. من ٢:٥١ إلى ٢:٥٧

و(١) كان (٢) والدها و(٣) جدّها (٤) أول (٥) من (٦) شجّعها في اِنطِلاقتها *her start* (٦) الأدبية والاجتماعية.

د. من٣:٥٣ إلى ٤:٠٦

ولكوليت خوري (١) علاقات مع (٢) رجال (٣) الفكر و(٤) الأدب و(٥) المعرفة و(٦) الصحافة في سوريا و(٧) العالم (٨) العربي (٩) إضافة إلى (١٠) صداقات (١١) كثيرة (١٢) مع (١٣) رجال (١٤) السياسة و(١٥) القرار والمُجتَمَع *society*.

تمرين ٢٤: الجملة الاسمية

١. البيتُ الذي أقام فيه هو وزوجتُه وأولادُهما بعد مغادرتِهم بغداد صغيرٌ وبسيطٌ.
- المبتدأ: البيت
- الخبر: صغير

٢. من المشاكلِ الأخرى التي عشتها في الحيِّ الجامعيِّ الشعورُ بالمللِ والغربةِ التامةِ.
- المبتدأ: الشعور
- الخبر: من المشاكلِ الأخرى

٣. السكنُ بعد الزواجِ مع الأهلِ في بيتِ العائلةِ حلٌّ لمشكلةِ الإسكانِ التي يعيشها الكثيرُ من الشبابِ الراغبين في الزواجِ.
- المبتدأ: السكن
- الخبر: حلّ

٤. في سوقِ مدحت باشا العديدُ من الأماكنِ والمواقعِ والبيوتِ القديمةِ التي يمكن زيارتُها.
- المبتدأ: العديد
- الخبر: في سوق مدحت باشا

٥. نسبةُ الهجرةِ إلى المدنِ أو الولاياتِ الأخرى بين الشبابِ الذين يكملون دراساتهم محدودةٌ.
- المبتدأ: نسبة
- الخبر: محدودة

٦. هناك أيضاً سوقُ الحريرِ والمسمى "سوق النسوان" وهو متخصصٌ ببيعِ اللوازمِ النسائيةِ.
- المبتدأ: سوق
- الخبر: هناك
- المبتدأ: هو
- الخبر: متخصّص

٧. من الأمورِ الغريبةِ التي وجدت أيضاً صعوبة في التعاملِ معها الجوُ الماطرُ ليل نهار.
- المبتدأ: الجو
- الخبر: من الأمور الغريبة

تمرين ٢٥: الاسم المرفوع والمجرور

Identify بالعربية the structure and parts of these sentences, then mark all of the appropriate مجرور and مرفوع endings in them:

١. بعد أسبوعٍ من الاجتماعاتِ الماراثونيّـةِ انتهت أعمالُ المجموعةِ الوزاريةِ الخاصةِ التي شكّلها مجلسُ الوزراءِ لحلِّ مشكلةِ الإسكانِ ولكن بدونِ الوصولِ الى أيِّ حلولٍ حقيقيةٍ.

٢. جاء في صحفِ الصباحِ خبرٌ يقول إن الرئيس دخل المستشفى بعد ساعاتٍ قليلةٍ من عودتِه من جولتِه الأوروبيةِ. وهذه هي المرةُ الثانيةُ التي يدخل فيها الرئيسُ المستشفى، ولم تذكر الصحف أي معلوماتٍ عن سببِ مرضِ الرئيسِ أو عن الوقتِ الذي سيقضيه في المستشفى.

٣. العربيةُ الفصحى هي لغةُ الكتبِ الدينيةِ المقدسةِ ولغةُ الأدبِ والجرائدِ والمجلاتِ، وهي أيضاً لغةُ التعليمِ في كلِّ المدارسِ والمعاهدِ والجامعاتِ في العالمِ العربي. وتاريخُ الفصحى قديمٌ يرجع الى زمنٍ طويلٍ قبل بدايةِ التاريخِ الإسلاميِّ، والإسلامُ ساعد العربية على الانتشارِ في البلادِ والمناطقِ التي دخلها المسلمون.

٤. انقطعت العلاقاتُ الدبلوماسيةُ بين البلدين بسببِ الخلافِ على الحدودِ. وجاء القرارُ بقطعِ العلاقاتِ بعد فشلِ كلِّ محاولاتِ الأممِ المتحدةِ للبحثِ عن حلٍ لهذه المشكلةِ.

٥. مدينةُ فاس في المغربِ واحدة من أهمِّ وأجملِ المدنِ الإسلاميةِ، وهي مشهورةٌ بتاريخِها وشخصيتِها الخاصةِ بين بقيّةِ المدنِ الإسلاميةِ. وتتكون المدينةُ من قسمين لكلِّ واحدٍ منهما هوية مختلفة : المدينةُ القديمةُ وهي إسلاميةُ الأصلِ والشكلِ، والمدينةُ الجديدةُ التي بناها الفرنسيون.

درس ٦

تمرين ١: المفردات الجديدة

١. يحمل ، يحتاج / محتاج / بحاجة
٢. مواطنون ، الظلم
٣. نشأ ، فقيرة ، الأغنياء ، فخور
٤. الدوافع ، وطن
٥. قصد ، احترم
٦. هديّة ، نصيحة
٧. كرامة
٨. الدّنيا ، أتوقّف
٩. سلوك / تصرّف ، تصرّفوا ، تعطي
١٠. ألف

تمرين ٦: أوزان الأفعال الجديدة

الجذر	الوزن	الماضي	المضارع	المصدر	اسم الفاعل
ع ط و	أَفعَلَ IV	أعطَى	يُعطِي	الإعطاء	مُعطي ؛ مُعطٍ
ح د ث	تَفَعَّلَ V	تَحَدَّثَ	يَتَحَدَّث	التَّحَدُّث	مُتَحَدِّث
ص ر ف	تَفَعَّلَ V	تَصَرَّفَ	يَتَصَرَّف	التَّصَرُّف	مُتَصَرِّف
و ق ف	تَفَعَّلَ V	تَوَقَّفَ	يَتَوَقَّف	التَّوَقُّف	مُتَوَقِّف
ح ر م	اِفتَعَلَ VIII	اِحتَرَمَ	يَحتَرِم	الاِحتِرام	مُحتَرِم
ح و ج	اِفتَعَلَ VIII	اِحتاجَ	يَحتاج	الاِحتِياج	مُحتاج
خ ي ر	اِفتَعَلَ VIII	اِختارَ	يَختار	الاِختِيار	مُختار

تمرين ٧: الفعل المضعف

أ. أكملوا الجدول.

الضمير	الماضي بالفصحى	الماضي بالعامية	المضارع المرفوع	المنصوب والمجزوم
أنا	أَحبَبتُ	حَبّيت	أُحِبُّ	أُحِبَّ
أنتَ	أَحبَبتَ	حَبّيت	تُحِبُّ	تُحِبَّ
أنتِ	أَحبَبتِ	حَبّيتي	تُحِبّينَ	تُحِبّي
هو	أَحَبَّ	حَبّ	يُحِبُّ	يُحِبَّ
هي	أَحَبَّت	حَبِّت	تُحِبُّ	تُحِبَّ
نحن	أَحبَبنا	حَبّينا	نُحِبُّ	نُحِبَّ
أنتم	أَحبَبتُم	حَبّيتوا	تُحِبّونَ	تُحِبّوا
هم	أَحَبّوا	حَبّوا	يُحِبّونَ	يُحِبّوا

ب. أكملوا الجمل.

١. أَحَبَّت ٢. أَستَعِدُّ ٣. نُعِدُّ ٤. ظَنَنتُ ٥. اِستَعدَدتَ / اِستَعدَدتِ

٦. تُعِدُّ ٧. أَحبَبتُ ، أَظُنُّ / ظَنَنتُ ٨. نَظُنُّ/ ظَنَنّا ٩. يُحِبُّ ١٠. تَستَعِدّوا

تمرين ٩: كتابة جمل المفردات

١. ضروري ، دفع ، ألف: يبدو لي أنه من الضروري أن أدفع ألف دولار إيجاراً لهذه الشقة الصغيرة لأنها قريبة جداً من مكان عملي.

٢. بحاجة إلى ، دافع: يظن أنه ليس بحاجة إلى الدراسة ولذلك فليس لديه أي دافع للمحاولة.

٣. نصيحة ، سلوك: سبب الخلاف المستمرّ بينه وبينها هو أنه لا يحب نصائحها اليومية عن سلوكه مع زملائه وأصدقائه.

٤. حمل ، جواز سفر: كثير من اللبنانيين الذين يعيشون خارج لبنان يحملون جنسيات أخرى، والحكومة اللبنانية تسمح لهم بأن يحملوا جوازات سفر أجنبية إضافة إلى جوازات سفرهم اللبنانية.

٥. غنيّ ، فقير: عندما قابلَتْه أول مرة ظنّت أنه شاب فقير لأن سيارته قديمة جداً ولم تعرف أنه في الحقيقة غني جداً ولكن هوايته السيارات القديمة.

٦. هديـّة ، أعطى: الحمد لله أعددت كل شيء للسفر وغداً إن شاء الله سأذهب لشراء بعض الهدايا للأهل والأصدقاء؛ عندما تعطي هدية للشخص فهذا يعني أنك تتذكره.

٧. تصرّف ، قصد: في كل مرة يشاهدني والدي أتكلم مع والدتي والهيدفون على رأسي يقول لي: هذا تصّرف غريب!! ماذا تقصدين بهذا التصرّف؟؟ ثم يعطيني محاضرة طويلة عن الاختلاف بين شباب جيلي وجيله.

٨. وطن ، نشأ: الوطن، بالنسبة لنا، هو المكان الذي ولدنا ونشأنا فيه والذي نشعر بالغربة بعيداً عنه. ويبدو لي أن فكرة الوطن هي فكرة قديمة تاريخياً.

٩. مواطن ، احترم ، كرامة: المواطن في الدول الديكتاتورية لا يشعر بأن الحكومة تحترم كرامته، ويشعر بأنه غريب في وطنه؛ ولذلك نجده يشعر بعدم الاستقرار ودائماً يبحث عن أي فرصة للهجرة.

١٠. توقّف ، الدنيا: لن تتوقّف الحياة إذا مات من تحب، أعرف أنها تجربة صعبة ولكن لا بدّ أن تخرج منها وتعود لحياتك لأن الدنيا لا تتوقف وهي مستمرة بنا أو بدوننا.

١١. بيئة: لماذا تستعملون كل هذه الأوراق ؟! والله هذا حرام!! يجب أن نفكر في البيئة والطبيعة والأشجار ونخاف عليها كما نخاف على أنفسنا وأولادنا.

١٢. فخور بـ ، ظُلم : في الربيع العربي خرج كثير من الشباب العرب إلى الشوارع ولم يشعروا بالخوف أبداً؛ كانوا فخورين بأنهم رفضوا الظلم وفتحوا صفحة جديدة في تاريخ بلادهم.

تمرين ١١: تصريف اختار أعطى أحسّ

١. اختار ، يعطي ٢. تعطي ٣. أعطت ، أحسستُ ٤. أعطوا ، أحسّ

٥. اخترنا ، أعطت ٦. يحسّون ٧. تعطوا ، نختار ٨. أعطينا ، يختاروا

٩. أحسستِ

تمرين ١٣: كتابة جمل المفردات

١٣. مرّ ، وضع ، مالي: كنت أفكر في الانتقال الى هذه الشركة ولكني غيّرت رأيي بعد سماع نصيحة ابن عمي سامر الذي قال لي إن الشركة تمرّ بأوقات صعبة وإن الوضع المالي فيها ليس مستقراً أبداً.

١٤. تحدث عن ، إلى آخره: كانت مقابلة مملة جداً، تحدّث المدير عن شعوره بالوحدة وعن صعوبات الإدارة ومشاكل الحياة إلى آخره ... يبدو لي أنه كان يبحث عمن يسمعه فقط فلم يعطني أي فرصة للكلام.

١٥. إحساس ، طفل: يالله! هذه قصة جميلة جداً يجب أن تقرأيها، ستعطيكِ الإحساس بأن الكاتب طفلٌ يرسم كل شيء في الدنيا بعينيه.

١٦. تاريخ : كيف تستطيعين أن تحفظي كل هذه الأرقام والتواريخ؟! أنا لا أتذكّر حتى التواريخ المهمّة في حياتي دون الرجوع إلى الأوراق أو الكمبيوتر.

١٧. أُخذ : بعد الزواج، يقول كثير من الرجال إنهم يشعرون أن حريتهم أُخذت منهم؛ لا أعرف، هل المرأة لديها نفس الشعور؟

١٨. ما أحلى ، طفولة: ما أحلى أيام الطفولة! كانت كل العائلة تجتمع في بيت جدي وجدتي حيث كنا جميعاً نأكل ونلعب طوال اليوم ثم نستمع إلى قصص جدتي وننام.

١٩. إنسان ، اختيار: شخصياً أؤمن بأن الإنسان يملك دائماً حرية الاختيار وأنه عندما ينوي التغيير فإن التغيير لا بد أن يحدث.

٢٠. سفارة ، قدّم ، طلب: في البلاد العربية، نشاهد ازدحاماً كبيراً أمام السفارات الأمريكية والكندية والأُسترالية بسبب ازدياد أعداد الشباب الذين يقدّمون طلبات للهجرة الى هذه البلدان.

٢١. مثل ، كأنّ: الحمد لله لم يكن هذا الامتحان مثل الامتحان الماضي. هذه المرة شعرت كأنّـي وضعت كل المفردات في "ميموري فلاش كارد" في رأسي واستطعت أن أتذكرها كلها .

٢٢. تمَّ: ذكرت الوزيرة أنه سيتمّ فتح مستشفى جديد للأطفال في منطقة الرمادي في جنوب العاصمة في العام القادم.

٢٣. واسطة ، قُبِلَ: حصل على وظيفة ممتازة لا بفضل علمه ودراسته ولكن بفضل الواسطة، وابنه قُبِل في أحسن المدارس لا بفضل تفوقه وذكائه ولكن بفضل الواسطة. الواسطة هي فعلاً فيتامين "واو" كما يقولون في بلادنا.

٢٤. يجري: الحمد لله تحسّنت صحته بعد أن وضعوا له قلباً جديداً وأصبح الدم يجري في جسمه بشكل طبيعي.

٢٥. القُدس: يختلف وضع مدينة القدس عن وضع أية مدينة أخرى في العالم لأن المؤمنين بالأديان الثلاثة يعتبرونها مدينة مقدّسة بالنسبة لهم.

تمرين ١٤: المفردات الجديدة

١. تمرّ
٢. طلب ، جواز ، سفر / السّفر / سفرك ، السّفارة
٣. البيئة ، يتحدّث
٤. واسطة
٥. طلب ، يدفع
٦. القدس
٧. أُخِذَت ، يجري ، يحسّ
٨. يختاروا
٩. تقديم ، قُبِلَ
١٠. الأطفال ، أحلى
١١. كأنّه
١٢. الوضع ، أموال ، ضرورياً
١٣. تاريخ
١٤. إنسان

تمرين ١٩: الماضي والمضارع

طوال الصيف الماضي (١) كنتُ (٢) أُحسّ بتعب شديد بعد شهور طويلة من العمل في البنك، (٣) فقرّرنا أنا وزوجتي والأولاد أن (٤) نذهب و (٥) نقضي اجازتنا في مدينة اللاذقية التي (٦) تَشتَهِر بطبيعتها الجميلة وطقسها اللطيف. (٧) سافرنا بالسيارة و (٨) أخذت الرحلة بين دمشق واللاذقية حوالي ٤ ساعات و (٩) وصلنا إلى اللاذقية في السابعة مساء فـ (١٠) ذهبنا الى الفندق أول شيء لأننا (١١) كنا (١٢) نشعر بتعب كبير و (١٣) نمنا. (١٤) كانت العطلة جميلة جداً، فـ (١٥) كنا (١٦) نقوم من النوم كل يوم متأخرين و (١٧) نأكل الفطور معاً ثم (١٨) ننزل الى البحر و (١٩) نسبح و (٢٠) نستمتع بالجلوس في الشمس و (٢١) نجري. وعند الظّهر (٢٢) كنا (٢٣) نعود الى الفندق لـ (٢٤) نتناول الغداء و (٢٥) نستريح قليلاً قبل أن (٢٦) نرجع الى البحر و (٢٧) نبقى هناك حتى (٢٨) تغيب الشمس. يا الله، ما أحلى البحر!!

تمرين ٢٢: الإعراب

اكتبوا الإعراب على كل الأسماء والصفات. في بعض الكلمات ستكونون بحاجة الى كتابة ألف التنوين في المنصوب. لا تكتبوا الإعراب على الكلمات الملوّنة.

١. الدُّروزُ مجموعةٌ من المجموعاتِ الدينيةِ الموجودةِ في شرقِ العالمِ العربيِّ وخاصة في لبنان وسوريا وإسرائيل وأيضاً في بعضِ بلادِ المهجرِ حيث توجد جالياتٌ عربيةٌ كبيرةٌ. ويرجع أصلُهم إلى الإسلامِ الشيعيِّ وإلى الاسماعيليةِ بشكلٍ خاصٍ. وهناك اختلافاتٌ في الرأيِ حول دينِ الدروزِ: فهناك رأيٌ يقول إن الدروزَ هم مسلمون ولكِنْ هناك بعضُ النّاسِ الذين لا يقبلون هذا الرأيَ ويعتبرون "الدرزيةَ" الآن ديناً مستقلاً عن الإسلام. أما الدروزُ فيعتبرون أنفسَهم "موحِّدين" يؤمنون بوحدانيةِ اللّهِ.

٢. كان جمال عبد الناصر واحداً مِن الرؤساءِ العربِ الذين كانت لهم شُهرةٌ كبيرةٌ في الخمسينيّاتِ والسِّتينيّاتِ. نشأ عبد الناصر في عائلةٍ فقيرةٍ وقضى طفولتَه في مدينةِ الإسكندريةِ، ثم التحق بالجيشِ المصريِّ وأصبح ضابطاً فيه. وفي الجيشِ دخل مجموعةَ "الضبّاطِ الأحرارِ" التي وصلت الى الحكمِ عام ١٩٥٢ وأخرجت الملكَ فاروق من مصر. وفي عام ١٩٥٤ أصبح رئيساً لمصر.

٣. تمر الولاياتُ المتحدةُ اليومَ بأوضاعٍ اقتصاديةٍ صعبةٍ بسببِ ازديادِ أعدادِ الناسِ الذين يتركون وظائفَهم أو لا يجدون أعمالاً، وأيضاً بسببِ عدمِ ثقةِ الناسِ بالسياسيين وبسياساتِ الحكومةِ الاقتصاديةِ. وعلى الرغمِ من عدةِ محاولاتٍ لحلِّ المشكلةِ الاقتصاديةِ فيبدو أنّ كثيراً من المواطنين الأمريكيين يشعرون بالقلقِ على مستقبلِهم لأنهم يشعرون بأنّ الوضعَ سيبقى كما هو سنةً بعد سنةٍ.

تمرين ٢٥: الاستماع الدقيق

أ. من ٠٠:٢٢ إلى ٠٠:٤٢

يتوجّه (١) المهاجرون ومنهم (٢) العرب إلى أوروبا و(٣) الدول (٤) الغنية (٥) حاملين (٦) الكثير من (٧) الأحلام والآمال *hopes* (٨) التي لا (٩) تبدأ (١٠) بتحسين مُستوى (١١) حياتهم (١٢) المعيشي ولا (١٣) تنتهي (١٤) بأحلام (١٥) الحرية و(١٦) الديموقراطية والعدالة *justice* الاجتماعية. ما هي (١٧) الصورة (١٨) الحقيقية لـلمهاجرين؟ ما هي (١٩) المشكلات والتَّحدِّيات *challenges* التي تعترضهم *impede them* ؟

ب. من ٤:١١ إلى ٤:٤٥

(١) الحقيقة قبل (٢) الحديث عن (٣) تجربتي الخاصة (٤) أستطيع أن أتحدث عن الهجرة في حَدّ ذاتها *in and of itself*. (٥) الهجرة (٦) قديمة قِدَم التاريخ... (٧) هناك حقيقة فيه (٨) هجرات كثيرة (٩) ناجحة و(١٠) هناك (١١) هجرات (١٢) فاشلة أيضاً (١٣) يعني، ناجحة بمعنى إنو لمّا (١٤) يصل (١٥) الإنسان إلى بلد (١٦) الغرب، هو (١٧) حقيقة يصل إلى (١٨) عالم (١٩) غريب، عالم (٢٠) آخر تماماً (٢١) مختلف تماماً و(٢٢) يريد أن يحقق (٢٣) جزء من (٢٤) أحلامه ومن (٢٥) أهدافه التي (٢٦) هاجر من أجلها.

درس ٧

تمرين ١: المفردات الجديدة

١. يبلغ، صحراء ، القرن ، المحيط
٢. نظرة
٣. الحرب ، شاملة ، أحوال
٤. شعوب ، روابط ، أساس
٥. السفينة / سفينة ، عن طريق ، حقائب
٦. العصور ، يمتدّ ، حضارات / شعوب ، القوافل ، طريق
٧. الدار ، العظيمة ، قيمة ، التراث
٨. أساسي ، أسجّل
٩. خلال ، اكتشاف
١٠. نظر ، يلاحظ
١١. الصليبيّـة ، مدّة
١٢. الضعف ، القوّة

تمرين ٢: كتابة جمل المفردات

١. خلال ، دار: أذكر خلال طفولتي أن كل الأسرة كانت تعيش في دار واحدة، وعندما كان كل ابن يتزوج كان جدي يبني له داراً صغيرة بجانب الدار الكبيرة.

٢. أساس ، حضارة: يقول بعض الدارسين إن العلم هو أساس الحضارة الإسلامية، بينما يذكر آخرون أن القرآن هو الأساس، لا أعتقد أن للحضارة أساساً واحداً لأن لكل حضارة إنسانية مجموعة من الأسس المختلفة.

٣. نسخة ، حقيبة: اشتريت نسخة من الكتاب ووضعتها في حقيبة ملابسي قبل السفر، ولكن عندما فتحت الحقيبة بعد وصولي لم أجدها! أعتقد أنها أُخذت من الحقيبة في المطار.

٤. امتدّ ، العصور الوسطى ، قرن: تمتد العصور الوسطى في أوروبا من القرن الخامس حتى القرن الخامس عشر الميلادي، وبعض الباحثين يعتقدون أنها تتكون من ثلاثة أجزاء: العصور الوسطى المبكّرة والمتوسّطة والمتأخّرة.

٥. حرب ، صليبية: الحروب الصليبية هي مجموعة الحروب التي حدثت بين المسلمين والأوربيين من نهاية القرن الحادي عشر حتى الثلث الأخير من القرن الثالث عشر.

٦. سفينة: لا نعرف السبب وراء قرار روسيا إرسال بعض سفنها الحربية إلى البحر الأبيض المتوسط، ولكن من المعروف أن هناك كثيراً من السفن الحربية البريطانية والفرنسية في البحر المتوسط.

٧. حال ، شعب: في كتب الرحلات نقرأ عادةً عن أحوال الشعوب المختلفة في البلاد التي زارها الكُتّاب وعاشوا فيها ، لكن بعض هذه الكتب يركّز أكثر على قصص غريبة وعجيبة من تلك البلاد.

٨. بلغ ، محيط: حضرت محاضرة ذكر فيها المحاضر شيئاً لم أسمعه من قبل وهو أن المسلمين بلغوا أمريكا قبل كولومبوس وأنهم رسموا صوراً لـلمحيط الهادي أو الباسفيكي الذي كانوا يسمونه "البحر المحيط".

٩. لاحظ ، طريقة: لاحظوا خلال إقامتهم في العالم العربي أن طريقة الكتابة في الجرائد العربية تختلف باختلاف كل بلد وأحياناً باختلاف كل كاتب.

١٠. طريق ، قافلة: موضوع البحث الذي يكتبه هو الطرق التي كانت القوافل التجارية تسافر عليها من مكة إلى اليمن والشام قبل الإسلام والتي ذكرها القرآن عندما قال "رحلة الشتاء والصيف".

١١. استكشف ، صحراء: يستمتع صديقي، مثل كثير من الشباب، برحلات استكشاف الطبيعة والصحارى ويحلم برحلة يستكشف فيها الصحراء الشرقية التي تمتد من مصر شمالاً حتى اريتريا جنوباً.

١٢. سجّل ، شامل: التحق المستكشف البريطاني تشارلز داوتي بقافلة للحجّاج كانت ذاهبة الى مكة عام ١٨٧٦ وكتب كتاباً بعنوان "رحلات إلى الصحراء العربية" سجّل فيه ملاحظات جغرافية وتاريخية شاملة عن المنطقة .

١٣. رابط ، قيمة: صحيح أننا نلاحظ أن هناك روابط كثيرة بين عدد من النصوص الدينية المقدسة والقيم الأخلاقية ولكن هذا لا يعني أن الدين هو المصدر الوحيد للأخلاق.

١٤. تراث ، نظرة ، عظيم: كان عنوان المحاضرة هو "التراث السرياني القديم وعلاقته بالفكر الإسلامي". وبدأت الأستاذة حديثها بنظرة سريعة الى تاريخ السريان وحضارتهم ثم انتقلت الى مناقشة تراثهم العلمي وركّزت بشكل خاص على شخصية سريانية عظيمة ومشهورة هي حُنين بن/ابن اسحق الذي عمل في الترجمة في العصر العباسي.

تمرين ٤: أوزان الأفعال الجديدة

الجذر	الوزن	الماضي	المضارع	المصدر	اسم الفاعل
س ج ل	فَعَّلَ II	سَجَّلَ	يُسَجِّل	التّسجيل	مُسَجِّل
ل ح ظ	فاعَلَ III	لاحَظَ	يُلاحِظ	المُلاحَظة	مُلاحِظ
ن ق ل	تَفعَّلَ V	تَنقَّلَ	يَتَنَقَّل	التَّـنَقُّل	مُتَنَـقِّل
م د د	اِفتَعَلَ VIII	اِمتَدَّ	يَمتَدّ	الاِمتِداد	مُمتَدّ
هـ م م	اِفتَعَلَ VIII	اِهتَمَّ	يَهتَمّ	الاِهتِمام	مُهتَمّ بـ
ك ش ف	اِستَفعَلَ X	اِستَكشَفَ	يَستَكشِف	الاِستِكشاف	مُستَكشِف

تمرين ٥: كتابة جمل المفردات

١٥. ضعيف ، قويّ: هل صحيح أن عالم اليوم لا مكان فيه للضعفاء وأنه عالم الأقوياء فقط؟ يبدو أن هذه هي الحقيقة خاصة بالنسبة إلى السياسة الدولية اليوم.

١٦. يُعتبر ، أوائل: يُعتبر قاسم أمين من أوائل المفكرين العرب في العصر الحديث الذين دعوا إلى حرية المرأة وطالبوا بتعليمها.

١٧. تُرجِمَ ، رحّالة: تعرفت الى الأوضاع السياسية والدينية في الجزيرة العربية في بدايات القرن العشرين عن طريق كتب بعض الرحّالة الأوروبيين الذين كتبوا عن أسفارهم ورحلاتهم للمنطقة والذين تُرجِمَت كتبهم إلى العربية.

١٨. مستشرق ، أواخر: يذكر المستشرق مكسيم رودنسون أن كلمة "مستشرق" ظهرت في اللغة الانجليزية عام ١٧٧٩ تقريباً، ومنذ أواخر القرن السابع عشر الميلادي أصبحت مدينتا لندن وباريس من أهمّ المراكز الرئيسية للاستشراق في الغرب.

١٩. بركة ، حسب: فكرة البركة فكرة منتشرة في كل الأديان والثقافات ولكن أشكال البركة تختلف حسب كل ثقافة وكل عصر.

٢٠. قَطَعَ ، عالِم ، معلومات: في العصر العباسي قطع بعض عُلماء اللغة العرب الصحارى لدراسة لغات البدو وجمع معلومات عن اختلافاتها وتحديد درجة صحتها وما الذي يمكن أن يدخل تحت اسم "اللغة الفصحى".

٢١. قام بـ ، وصف: قام العلماء الفرنسيون الذين جاءوا مع نابليون بونابرت بـدراسة أحوال مصر ، ووصفوا كل شيء شاهدوه فيها في كتاب مشهور يتكوّن من عدّة أجزاء اسمه "وصف مصر".

٢٢. طبعة ، نشر: يعتقد الكاتب أن أهمّ طبعة لقصص ألف ليلة وليلة هي طبعة بولاق في مصر في عام ١٨٣٥ من نسخة هندية أصلها مصري، ومن هذه الطبعة خرجت معظم الطبعات التي نشرتها دور نَشر مختلفة في القاهرة وبغداد وبيروت.

٢٣. مجتمع ، عادات: كتب الكاتب البريطاني إدوارد لين كتاباً يصف فيه المجتمع المصري بكل جوانبه ، وهو يقدّم لنا الكثير من المعلومات عن أخلاق المصريين وعن عاداتـهم في الاحتفال بالمناسبات المختلفة.

٢٤. اهتمَّ بـ ، حفظ: تهتمّ مكتبة جامعة ليدن في هولندا بحفظ النسخ الأصلية للطبعات الأولى من ترجمات الكتب العربية في أوروبا، وهي تحفظها في خزائن خاصة. ويمكن للباحثين قراءة نسخة مصوّرة فقط لكل ترجمة.

٢٥. اجتماعيّ ، شهر العسل: من العادات الاجتماعيّة المنتشرة في معظم المجتمعات الآن أن يسافر الزوجان وحدهما بعد الزواج إلى مكان جميل ليقضيا شهر العسل، ولكن، في معظم الحالات، لا يستطيعان أن يقضيا إلا أسبوعاً أو أسبوعين بسبب المال أو العمل.

٢٦. أعاد ، لقاء: كانت حفلة الـ "reunion" في الجامعة بعد سنوات طويلة من التخرج يوماً تاريخياً في حياته إذ قابل بعد كل هذه السنوات حبيبته الأولى. وأعاد هذا اللقاء إلى قلبه كل أحاسيس الحب الجميلة، فبدأ يعيد التفكير في قراره بعدم الزواج.

٢٧. بحقّ ، قاضٍ: يُعتبر القاضي شريح بن/ابن الحارث بحقّ من أعظم القُضاة في التاريخ الإسلامي، فمن المعروف عنه أنه وقف إلى جانب بائع يعمل في السوق ضد الخليفة عمر بن/ابن الخطاب، ووقف إلى جانب رجل يهودي ضد الخليفة علي بن/ابن أبي طالب.

٢٨. تَـنَقّلَ ، كامل: تنقّل بين كثير من الوظائف والأماكن ولكن دون أن يشعر بالسعادة، وأخيراً قرّر أن يغيّر حياته تغييراً كاملاً ويعيش بقية حياته كما كان يعيش أبوه وجده وسط الطبيعة الجميلة فترك المدينة وانتقل الى المنطقة الجبلية التي ولد فيها.

تمرين ٦: الفعل الرُّباعي

الكلمة	الجذر	الماضي	المضارع	المصدر	المعنى
ترجمة	ت ر ج م	تَرجَمَ	يُتَرجِم	التَّرجَمة	to translate
بَرنامَج ج. بَرامِج	ب ر م ج	بَرمَجَ	يُبَرمِج	البَرمَجة	to program
زِلزال ج. زَلازِل *earthquake*	ز ل ز ل	زَلزَلَ	يُزَلزِل	الزَّلزَلة	to shake, rock
أمريكا	أ م ر ك	أَمرَكَ	يُؤَمرِك	الأَمرَكَة	to Americanize

تمرين ٨: العلاقة بين وزن "فَعَلَ" و "اِفتَعَلَ"

١. يرتبطا
٢. تربط
٣. نشرت
٤. انتشرت / تنتشر
٥. مدّ / يمدّ
٦. تمتدّ
٧. ننتقل
٨. أنقل
٩. أهتمّ
١٠. يهمّ
١١. تجتمع
١٢. يجمع
١٣. تحفظ
١٤. أحتفظ

تمرين ٩: معنى وزن اِستَفعَلَ

وزن فعل	وزن اِستَفعَلَ	المعنى
كَشَف to uncover	اِستَكشَفَ	to seek to uncover, to explore
الشَّرق east, orient	مُستَشرِق (اِستَشرَقَ، يَستَشرِق)	to seek the orient, be an orientalist
عَلِمَ ، مَعلومات	قسم الاستعلامات	(to seek information) information desk
فَهِمَ	اِستَفهَمَ	to seek to understand
كامِل	اِستَكمَلَ	to seek to complete
وَطَن	اِستَوطَنَ	to seek a homeland, settle (a land) settler

تمرين ١١: تصريف فعل "اهتمّ"

١. تهتمّ ٢. أهتمّ ٣. تهتمّين ٤. اهتمّوا
٥. تهتمّون ٦. يهتمّ ، الاهتمام ٧. يهتمّون

تمرين ١٢: مفردات

١. الطبعة ، نشرت ، يشمل ، نسخة
٢. طول ، يُعتَبَر ، البركة / بركة
٣. شهر ، العسل ، كاملاً ، معلومات ، أوائل ، أواخر
٤. المستشرق ، يهتمّ ، مجتمعات
٥. لقاء
٦. طرق / طريقة / إعادة ، نقوم ، وصفاً / أوصاف
٧. يتنقّلون ، حسب ، يرحلون
٨. حقّ
٩. عالمة ، تُرجِمَ
١٠. تقطع
١١. عادة
١٢. قاضية

تمرين ٢١: الفعل المجهول

١. كُتِبَ ٢. أُخِذَتْ ٣. نُشِرَتْ ٤. وُضِعَتْ ٥. عُرِفَتْ
٦. فُتِحَتْ ٧. قُبِلَ ٨. وُلِدَتْ ؛ وُلِدوا ٩. سُجِّلَتْ ١٠. قُدِّمَتْ

تمرين ٢٣: جمع المؤنث

١. عندي صديقات لبنانيّات، وهنّ بنات ذكيّات ومؤدّبات وأخلاقهنّ عالية.
٢. هل تعتقدن بأنكنّ ستتمكنّ من الاجتماع بها/بهنّ في المستقبل القريب؟
٣. الشابات اللواتي قابلتهنّ وتحدّثت معهنّ كنّ واثقات جداً بأنفسهنّ.
٤. لا بدّ من أن تعدن التفكير في الموضوع خصوصاً وأن هذه ربما تكون فرصتكنّ الأخيرة.
٥. ما لونكنّ المفضّل/ألوانكنّ المفضّلة ومن أين تشترين ملابسكنّ عادة؟
٦. تحاول هؤلاء الوزيرات أن يغيرن وضع التعليم في المناطق الفقيرة عن طريق الزّيارات المستمرّة التي يقمن بها للمدارس في هذه المناطق.

تمرين ٣٠: الاستماع الدقيق

من ٦:٥٦ إلى ٨:٠١

عشر سنوات (١) كاملة (٢) قضاها الشيخ السبعينيّ ليخرج للعَلَن *the public* عام (٣) ألف و(٤) ثلاثمئة/ثلاثمائة و(٥) أربعة وتسعين (٦) ميلادية (٧) النسخة الأولى من كتاب "العِبَر" بعدما أضاف فصل (٨) التعريف بمؤلّفه،

ثم بدأ في (٩) استنساخ نسخ (١٠) كاملة بعد ذلك (١١) أهداها لملوك و(١٢) أمراء فاس و(١٣) المغرب، و(١٤) أشهرها النسخة الفارسية (١٥) نسبة إلى السلطان أبي فارس عبد العزيز بينما أُطلِقت على (١٦) نسخة السلطان الظاهر برقوق (١٧) النسخة (١٨) الظاهرية وكانت من (١٩) أربعة (٢٠) عشر (٢١) جزءاً، وما زالت (٢٢) محفوظة بخط (٢٣) يد ابن خلدون في (٢٤) المكتبة (٢٥) السليمانية باسطنبول. (٢٦) توجه ابن خلدون إلى الشام لزيارة (٢٧) بيت (٢٨) المقدس حيث (٢٩) كتبت له الصلاة في (٣٠) المسجد الأقصى ثم عاد (٣١) مرة (٣٢) أخرى إلى القاهرة.

درس ٨

تمرين ١: المفردات الجديدة

١. تقع ، الخليج ، أراضي ، جافّة
٢. ترتفع ، الفترة
٣. موقع ، إعلانات ، النوع ، تشبه
٤. خيم / الخيم ، تقليدية
٥. الأنشطة/النشاطات ، فريق ، تمارس ، فراغ
٦. الطبلة ، حلقة
٧. الضيوف ، الزينة ، مائدة ، التّهاني
٨. الكفّ
٩. حين ، الصحن ، الخاتم

تمرين ٢: كتابة جمل المفردات

١. فترة ، وقت فراغ: طوال فترة الامتحانات تنشغل صديقتي بالمذاكرة ولا تجد أي وقت فراغ لنخرج معاً أو حتى لنتبادل الحديث إلا في نهاية الأسبوع؛ أما أنا فعندي الكثير من وقت الفراغ.
٢. زينة ، نوع: من عادات المصريين في شهر رمضان أن يقوموا بـتزيين الشوارع بـأنواع مختلفة من الزينة مثل الأنوار أو النجوم الملونة أو غيرها من الأشكال.
٣. حين ، حلقة: حين زرت جامعة القاهرة في شهر يناير الماضي حضرت حلقة دراسية عن انتشار التعليم الغربي في البلاد العربية منذ أوائل القرن العشرين وحتى اليوم وكانت معظم المناقشات تركّز على موضوع التعليم والهوية.
٤. فريق ، طبلة: في الحلقة الأخيرة من برنامج "عالم الموسيقى" قدّم فريق البرنامج فيلماً جميلاً عن تاريخ الطبلة وناقش كيف ترتبط الطبلة بالرقص الشعبي في افريقيا وناقش كذلك الاختلاف بين الطبلة الشرقية والطبلة الغربية.
٥. ضيوف ، صحن ، مائدة: بلغ عدد الضيوف الذين جاءوا الى الحفلة ليلة أمس أكثر من سبعين شخصاً ولذلك قضينا معظم اليوم في إعادة ترتيب البيت وغسل الصحون الكثيرة التي كانت على الموائد.
٦. خاتم ، تشابه: نلاحظ أن قصة خاتم الملك سليمان وقصة مصباح علاء الدين في ألف ليلة وليلة تتشابهان بشكل كبير. فالخاتم له جني والمصباح له جني كذلك، ومن يملك الخاتم أو المصباح يحصل من الجني على أي شيء يريده ويتمنّاه.

٧. موقع ، الخليج: إذا بحثت في "جوجل" فستلاحظ أن معظم مواقع الإنترنت المكتوبة بالإنجليزية تستعمل كلمة "الخليج الفارسي" وليس "الخليج العربي"، أما معظم المواقع المكتوبة بالعربية فتتحدّث عن "الخليج العربي"، فما هي الحقيقة التاريخية هنا؟

٨. يقع ، أرض ، جافّ ، ارتفع: يقع الأردن في الشمال الغربي من السعودية ومعظم الأراضي فيه هي أراضٍ صحراوية والطقس فيها صحراوي جافّ، وهذا يعني أن الرطوبة فيها ليست عالية وأن المطر فيها قليل كما يعني أيضاً أن درجة الحرارة ترتفع خلال النهار وتنزل خلال الليل.

٩. خيمة ، تقليديّ: في شهر رمضان تقيم معظم الفنادق الكبيرة خيمة رمضانية، وهذه الخيمة تكون على شكل الخيمة العربية التقليديّة ويقدم فيها الإفطار والسحور والموسيقى، والخيمة الرمضانية يمكن أن تكون إما داخل الفندق نفسه أو خارجه.

١٠. مسيحي ، كفّ: لاحظتِ أن بعض المسيحيين في العالم العربي وخاصة في مصر يرسمون صليباً على يدهم تحت الكفّ؟ هل تعرفين السبب وَراء هذا؟

١١. نشاط ، متنوّع ، مارس: في جامعتنا مركز رياضي كبير وأنشطة رياضية متنوّعة يمكن للطلاب أن يمارسوها أو يشتركوا فيها ولكن مشكلتي الكبيرة هي عدم وجود وقت فراغ كافٍ يسمح لي بممارسة أي نشاط رياضي.

١٢. أعلن ، هلال: في كل بلد إسلامي يقوم المفتي عادةً بإعلان موعد بدء شهر رمضان وبدء العيد الصغير حين تتم مشاهدة الهلال في السماء، وهذا يعني بداية الشهر الهجري الجديد، ولذلك نلاحظ اختلافاً في بداية رمضان والعيد من بلد إسلامي إلى آخر حسب مشاهدة الهلال.

تمرين ٤: أوزان الأفعال الجديدة

الجذر	الوزن	الماضي	المضارع	المصدر	اسم الفاعل	اسم المفعول
ء ك ل	فَعَلَ I	أَكَلَ	يَأكُل	الأكل	آكِل	مَأكول
ح د د	فَعَلَ I	حَدَّ	يَحُدّ	الحَدّ	حادّ	مَحدود
ش ر ب	فَعِلَ I	شَرِبَ	يَشرَب	الشُّرب	شارِب	مَشروب
ط ب خ	فَعَلَ I	طَبَخَ	يَطبُخ	الطَّبخ	طابِخ	مَطبوخ
ط ل ب	فَعَلَ I	طَلَبَ	يَطلُب	الطَّلَب	طالِب	مَطلوب
و ج د	فَعَلَ I	وَجَدَ	يَجِد	الوُجود	----	مَوجود
و ق ع	فَعَلَ I	وَقَعَ	يَقَع	الوُقوع	واقِع	---
ح ض ر	فَعَّلَ II	حَضَّرَ	يُحَضِّر	التَّحضير	مُحَضِّر	مُحَضَّر

اسم المفعول	اسم الفاعل	المصدر	المضارع	الماضي	الوزن	الجذر
مُزَيَّن	مُزَيِّن	التَّزيين	يُزَيِّن	زَيَّنَ	فَعَّلَ II	ز ي ن
---	مُشارِك	المُشارَكة	يُشارِك	شارَكَ	فاعَلَ III	ش ر ك
مُمارَس	مُمارِس	المُمارَسة	يُمارِس	مارَسَ	فاعَلَ III	م ر س
---	مُناسِب	المُناسَبة	يُناسِب	ناسَبَ	فاعَلَ III	ن س ب
---	مُنافِس	المُنافَسة	يُنافِس	نافَسَ	فاعَلَ III	ن ف س
---	---	---	يُشبِه	أشبَهَ	أفعَلَ IV	ش ب هـ
مُعَدّ	مُعِدّ	الإعداد	يُعِدّ	أعَدَّ	أفعَلَ IV	ع د د
مُعلَن	مُعلِن	الإعلان	يُعلِن	أعلَنَ	أفعَلَ IV	ع ل ن
---	مُتَحوِّل	التَّحوُّل	يَتَحوَّل	تَحوَّلَ	تَفَعَّلَ V	ح و ل
---	مُتَنوِّع	التَّنوُّع	يَتَنوَّع	تَنوَّعَ	تَفَعَّلَ V	ن و ع
---	مُتَمَيِّز	التَّمَيُّز	يَتَمَيَّز	تَمَيَّزَ	تَفَعَّلَ V	م ي ز
---	مُتَشابِه	التَّشابُه	يَتَشابَه	تَشابَهَ	تَفاعَلَ VI	ش بـ هـ
---	مُتَشارِك	التَّشارُك	يَتَشارَك	تَشارَكَ	تَفاعَلَ VI	ش ر ك
---	مُتَنافِس	التَّنافُس	يَتَنافَس	تَنافَسَ	تَفاعَلَ VI	ن ف س
مُحتَفَل به	مُحتَفِل	الاحتِفال	يَحتَفِل	اِحتَفَلَ بـ	اِفتَعَلَ VIII	ح ف ل
---	مُرتَفِع	الاِرتِفاع	يَرتَفِع	اِرتَفَعَ	اِفتَعَلَ VIII	ر ف ع
مُنتَظَر	مُنتَظِر	الاِنتِظار	يَنتَظِر	اِنتَظَرَ	اِفتَعَلَ VIII	ن ظ ر

تمرين ٥: كتابة جمل المفردات

١٣. تهاني ، بمناسبة: بفضل الإنترنت، أصبح من السهل الآن أن نجد بطاقات مختلفة للتهاني في المناسبات المختلفة مثل الأعياد أو الزواج أو النجاح في الامتحان، ويمكنك أن تختار بطاقة تهنئة مناسبة وترسلها للشخص الذي تريده في دقائق.

١٤. طقس ، عيد: من الطبيعي أن تنتقل الطقوس الدينية والاجتماعية مع المهاجرين إلى أوطانهم الجديدة ولكنهم أيضا بعد الاستقرار قد يبدأون في الاحتفال بـأعياد جديدة كما حدث مع المهاجرين الأوائل وعيد الشكر الذي أصبح جزءاً من التراث الأمريكي.

١٥. بيض: ارتبطت عادة تزيين البيض بعيد الفصح لدى المسيحيين في مختلف بلدان العالم. ولكن هذه العادة في الحقيقة قديمة جداً ترجع إلى الفينيقيين الذين كانوا يسكنون في شرق البحر الأبيض المتوسط والذين ربطوا بين فكرة البيضة وفكرة الولادة.

١٦. تشارَكَ ، مأكولات ، مشروبات: تشاركنا جميعاً في إعداد المأكولات والمشروبات العربية لحفلة نهاية السنة الدراسية ودعونا الأساتذة وكذلك بعض أفراد الجالية العربية في المدينة واحتفلنا جميعاً وامتدت الحفلة إلى ما بعد منتصف الليل.

١٧. عيد الميلاد ، مناسبة: عيد الميلاد هو مناسبة دينية واجتماعية مهمّة بالنسبة لكثيرين من الناس وخصوصاً الأطفال. وتجري في عيد الميلاد احتفالات دينية وصلوات خاصة واحتفالات اجتماعية مثل وضع شجرة الميلاد وتزيينها وتبادل الهدايا واستقبال بابا نويل وتناول عشاء الميلاد.

١٨. انتظر ، غروب: ما زالت تنتظر حضور صاحبها ليذهبا معاً إلى عيد ميلاد والدها، طلبت منه أن يجيء مبكّراً ليتركا البيت قبل الغروب ولكنه تأخّر كعادته.

١٩. تنافس ، تحوّل: في كرة القدم تتحوّل بعض المنافسات أحياناً إلى حرب بين مشجعي الفريقين وهذا غريب لأن التنافس الرياضي يجب ألا ينتهي إلى هذا السلوك المرفوض، فالرياضة، كما يقولون، هي أخلاق.

٢٠. ذكرى ، سمّى: تحتفل بعض الدول الإسلامية بـذكرى ميلاد الرسول وتسميّه بـ "عيد مولد النبي". وعلى الرّغم من أن الاحتفال ديني بسيط فإن الوهابيين في السعودية يعتبرونه حراماً لأنهم يؤمنون بأن المسلم يجب ألّا يحتفل إلا بعيدين فقط هما عيد الفطر وعيد الأضحى.

٢١. منتدى ، ضمّ: في مدينة دافوس بسويسرا تشارك الشركات الدولية في منتدى سنوي هو منتدى دافوس الاقتصادي، ويناقش المجتمعون في هذا المنتدى الأوضاع الاقتصادية العالمية. ويضمّ المنتدى في كل سنة عدداً كبيراً من رجال الأعمال بالإضافة إلى سياسيين ومتخصصين في الاقتصاد.

٢٢. حضّر ، محدود ، مطبوخ: أفضل أن أحضّر طعامي بنفسي ولكن عندما أكون مشغولاً ويكون وقتي محدوداً أشتري بعض الوجبات المطبوخة وأضعها في الميكروويف، صحيح أنها ليست لذيذة جداً ولكن لا يوجد حل آخر.

٢٣. مطلوب ، عروس ، عريس: في بعض الصحف أو مواقع الإنترنت نجد إعلانات من بعض الشباب الذين يبحثون عن زوجات أو بعض النساء اللواتي يبحثن عن أزواج تحت عنوان "مطلوب عروس" أو "مطلوب عريس" وهم لا يكتبون أسماءهم عادةً ربما بسبب الخجل ولكن يمكن الاتصال بهم عن طريق الجريدة أو البريد الإلكتروني.

٢٤. طبق ، موجود ، تميز بـ ، نوع ، مأكولات: يتميّز كل مطبخ ببعض الأطباق المشهورة، فالمطبخ التركي يتميّز بالكباب والكفتة وهما من الأطباق الموجودة في المنطقة العربية أيضاً، أما المطبخ المصري فيتميّز بالطبق المشهور "الكشري" وهو، ربما، أرخص أنواع المأكولات في الشرق الأوسط.

تمرين ٦: المفردات الجديدة

١. المسيحيّة ، عيد ، الميلاد
٢. محدود ، تنافس ، المطلوبة
٣. انتظرت ، إمكانيّة
٤. تحوّلت ، متنوّعة
٥. المأكولات / المشروبات ، المأكولات / المشروبات
٦. يحتفل ، مناسبة ، ذكريات
٧. يضمّ ، يتشاركون ، تحضير
٨. مطبوخ / معدّ
٩. موجود ، يُسَمّى
١٠. الطقوس
١١. المنتديات
١٢. المعتادة ، المغرب / الغروب
١٣. يتميَّز ، طبق ، البيض
١٤. تتشابه
١٥. العروس ، معدّ

تمرين ٨: تكوين اسم الفاعل واسم المفعول

الجذر والوزن	الماضي	المضارع	اسم الفاعل	اسم المفعول
ح م ل I	حَمَلَ	يَحمِل	حامِل	مَحمول
ر ب ط I	رَبَطَ	يَربُط	رابِط	مَربوط
ط ب ع I	طَبَعَ	يَطبَع	طابِع	مَطبوع
ق ط ع I	قَطَعَ	يَقطَع	قاطِع	مَقطوع
ن ش ر I	نَشَرَ	يَنشُر	ناشِر	مَنشور
س ج ل II	سَجَّلَ	يُسَجِّل	مُسَجِّل	مُسَجَّل
ف ض ل II	فَضَّلَ	يُفَضِّل	مُفَضِّل	مُفَضَّل
ن ش ر VIII	اِنتَشَرَ	يَنتَشِر	مُنتَشِر	---
ف و ق V	تَفَوَّقَ	يَتَفَوَّق	مُتَفَوِّق	---
ر س ل IV	أَرسَلَ	يُرسِل	مُرسِل	مُرسَل
ك ش ف X	اِستَكشَفَ ؛ استَكشَفَ	يَستَكشِف	مُستَكشِف	مُستَكشَف

تمرين ٩: استعمال اسم الفاعل واسم المفعول

١. مُتزَوِّجة ، مُتزَوِّج ، ساكِن	٢. مُسَجَّلة	٣. مُشَجِّعين
٤. المُستَمِعين	٥. مُستَكشَفة	٦. مُصَوِّر
٧. واقِعة	٨. المُشرِفة	٩. مُستَعِدّة ، مُتَضايِقة
١٠. مُفَضَّلة ، مَعمولة

تمرين ١٠: اسم المفعول

١. مَعروف	٢. مُرَتَّبَة	٣. مَدفوع	٤. مُشتَرَك	٥. مَقطوع
٦. مَغسولة	٧. مَطبوخ	٨. مَحمول	٩. مَقصودة	١٠. مَنشورة

تمرين ١١: استعمال اسم الفاعل واسم المفعول

١. مُدَخِّنين	٢. مُتَأَكِّدين	٣. مُتَعَلِّمين	٤. قائِلة ، مُهتَمّ
٥. لابِس / لابِسة	٦. مَعروف ، مُشاهِد	٧. راغِبين ، مَوجودة	٨. مُتَأَكِّدون ، مُرَتَّب
٩. مُنتَظِرين	١٠. مُزَيَّنة	١١. حامِل

تمرين ١٧: استعمال اسم الفاعل في الحال

١. مُتَمَنِّياً	٢. طالِباً	٣. خائِفين	٤. حامِلاً
٥. مُرَحِّبين	٦. مُتَنَقِّلاً	٧. مُحاوِلاً / مُحاوِلةً	٨. باحِثةً

1. My friend wrote me a text message wishing me luck / success in the interview.
2. The journalist spoke with me, asking for / demanding information on the accident that took place near our house.
3. The Lebanese people spent the civil war years fearful for their future and the future of their country.
4. My brother went to his meeting with the company director, carrying a letter that introduced him and described the kind of work he was applying for / seeking.
5. They opened their house door for us, welcoming us warmly, then presented us with tea and sweets.
6. He spent/lived his childhood moving from city to city with his father, an officer in the army / an army officer.
7. Every day I sit in front of my chemistry book and my homework trying to understand what I'm supposed to do!
8. She traveled from country to country searching for love and happiness.

تمرين ١٩: استعمال الوزنين III وVI

١. نُشارِك / نَتَشارَك ٢. تَقاطُع ٣. نَتَنافَس ٤. يُعامِل
٥. تُنافِس ٦. نَتَراسَل ٧. تُبادِل ٨. تُقاطِع
٩. تَقابَل ١٠. أُناقِش ١١. تُشارِكوا

تمرين ٢٠: فاعَلَ وتَفاعَلَ

١. تَتَداخَل ٢. يُراسِل ٣. يَتَعامَل ٤. أَتَواصَل ٥. تُواجِه
٦. يَتَفاعَلون ٧. التَّفاهُم ٨. يَتَقارَبان ٩. مُطالِبين ١٠. يُناسِب

تمرين ٢٣: الاستماع الدقيق

أ. من ١:٤٤ إلى ١:٥٩

كذلك (١) فإنّ (٢) العائلة (٣) المسيحية (٤) الأولى المؤَلَّفة (=التي تتكوّن من) من (٥) يوسف و (٦) مريم ويسوع (٧) الطفل (٨) برحلتها إلى مصر رَسَّخَت *cemented* في (٩) قلوب (١٠) المصريين وضمائِرهم *their conscience* معنىً (١١) جديداً (١٢) للقيم و(١٣) الإيمان والالتزام *commitment*.

ب. من ٢:٤٠ إلى ٣:٠٣

(١) العقيدة الأورثوذوكسية هي (٢) العقيدة (٣) المسيحية الأولى التي (٤) عرفت (٥)منذ (٦) أيام (٧) آبائنا الرُّسُل (ج. رَسول). نحن (٨) لم (٩) نتغيّر إطلاقاً (=أبداً). كثير من (١٠) الكنائس (١١) تغيّرت و(١٢) أضافت و(١٣) بدّلت و(١٤) لكننا (١٥) كما نحن، (١٦) كما (١٧) أخذنا من (١٨) الآباء إلى الآن.

ج. من ٩:١٦ إلى ٩:٤٥

المتكلم في البرنامج: (١) ترى كيف (٢) يتعايش الأقباط في مصر مع هواجِسهم (مشاعر القلق والخوف) و(٣) هل إن (٤) حقوقهم (٥) مضمونة *guaranteed* (٦) فعلاً؟

د. رفعت السعيد: نحن لا (٧) نطلب (٨) للأقباط (٩) أي (١٠) شيء (١١) إضافي، ولكن (١٢) نطلب لهم (١٣) حقوق المواطَنة. (١٤) المصريون (١٥) أمام (١٦) القانون سواء؛ دا الدُّستور *constitution*. بعض الوظائف (١٧) يصعب على (١٨) الإخوة (١٩) الأقباط تقلّدها (العمل فيها).

درس ٩

تمرين ١: تصريف الفعل

ظَلَّ (بالفصحى)

الضمير	الماضي	المضارع المرفوع	المنصوب والمجزوم
أنا	ظَلَلتُ	أَظَلُّ	أَظَلَّ
نحن	ظَلَلنا	نَظَلُّ	نَظَلَّ
أنتَ	ظَلَلتَ	تَظَلُّ	تَظَلَّ
أنتِ	ظَلَلتِ	تَظَلّينَ	تَظَلّي
أنتما	ظَلَلتُما	تَظَلّانِ	تَظَلّا
أنتم	ظَلَلتُم	تَظَلّونَ	تَظَلّوا
أنتنَّ	ظَلَلتُنَّ	تَظلَلنَ	تَظلَلنَ
هو	ظَلَّ	يَظَلُّ	يَظَلَّ
هي	ظَلَّت	تَظَلُّ	تَظَلَّ
هما (مذكر)	ظَلّا	يَظَلّانِ	يَظَلّا
هما (مؤنث)	ظَلَّتا	تَظَلّانِ	تَظَلّا
هم	ظَلّوا	يَظَلّونَ	يَظَلّوا
هنّ	ظَلَلنَ	يَظلَلنَ	يَظلَلنَ

ضَلّ (بالشامي)

الضمير	الشامي الماضي	الشامي المضارع
أنا	ضَلّيت	ضَلّ
إنتَ	ضَلّيت	تضَلّ
إنتي	ضَلّيتي	تضَلّي
هو	ضَلّ	يضَلّ
هي	ضَلِّت	تضَلّ
نحنا	ضَلّينا	نضَلّ
إنتو	ضَلّيتوا	تضَلّوا
هنّ	ضَلّوا	يضَلّوا

تمرين ٢: كتابة جمل المفردات

١. ثورة ، أثار: يختلف الدارسون حول أسباب الثورات العربية، ولكني أعتقد أن الشعور بالظلم وبعدم احترام كرامة المواطن أثار غضب بعض المجموعات الشبابية ضد الحكومات فبدأت في دعوة الشعب للثورة.

٢. حركة ، تأثّر بـ : يمكننا القول إنّ كثيراً من الحركات الشعبية في العالم العربي تأثّرت إلى حد بعيد بالأفكار الديمقراطية التي انتشرت في العالم كله بفضل التكنولوجيا، ولكن الدافع الأول كان فشل الدولة في حل المشاكل الاقتصادية والاجتماعية.

٣. حزب ، من أجل: نشر حزب "الخُضر" على موقعه على الإنترنت برنامجه من أجل المحافظة على البيئة، ويركّز برنامج الحزب على أهمية مشاركة الجميع في العمل من أجل هذا الهدف.

٤. نادر ، استخدم: العلاقة بين الدين والسياسة في الشرق الأوسط ليست حالة نادرة، فحقائق التاريخ تذكر لنا أن كثيراً من القوى استخدمت الدين من أجل أهداف سياسية.

٥. صناعة ، خلق: لم تكن الثورة الصّناعية حدثاً اقتصادياً أو تكنولوجياً فقط، ولكن تأثيرها امتدّ إلى خلق مجتمع جديد وخلق قيم فردية واجتماعية تختلف اختلافاً أساسياً عن قيم المجتمع السابق.

٦. دستور ، دَوْر: يجري نقاش واسع بين الأحزاب والحركات السياسية من أجل إعداد دستور جديد للبلاد يحدّد دور الرئيس ودور البرلمان في الحياة السياسية.

٧. مدوّنة ، رقابة: تُعتبر المدونات شكلاً من أشكال الصحافة الجديدة ويسميها البعض "صحافة المواطن" لأن أي مواطن يستطيع المشاركة فيها بكل حرية وبدون أيّ رقابة حكومية أو غير حكومية.

٨. مظاهرة ، أسقط ، ظلّ: كانت الثورة الإيرانية ثم ثورات أوروبا الشرقية في القرن العشرين حدثاً تاريخياً مهماً، إذ خرج أفراد الشعب إلى الشوارع مطالبين بالتغيير، ونجحت المظاهرات التي ضمّت معظم الحركات والجمعيات والأحزاب السياسية في أن تُسقط ديكتاتوريات ظلّت في الحكم فترات طويلة.

٩. ساهم في ، تطوّر: ساهم تطوّر التكنولوجيا في نشر التعليم والثقافة، فعن طريق الإنترنت يمكنك بسهولة البحث عن أية معلومة تريدها، كما يمكنك الالتحاق ببرامج دراسية في تخصّصات مختلفة وتعلّم ما تريد أن تتعلّمه.

١٠. الإعلام ، وسائل الإعلام: كان للإعلام دائماً دَوْر كبير في المجتمعات الإنسانية، ولكن هذا الدور لم يكن على نفس الدرجة من الأهمية التي نلاحظها في هذه الأيام، فوسائل الإعلام الآن قوية جداً ولديها قدرة كبيرة على التأثير في الرأي العام.

١١. الشرطة ، عنف ، ضرب: استخدمت الشُّرطة العنف ضد المتظاهرين الذين كانوا يتظاهرون من أجل رفع الظلم، وذكرت الشرطة أنها لم تضرب المتظاهرين ولكنها كانت تحاول فقط الدفاع عن نفسها وأن المتظاهرين هم الذين بدأوا العنف.

١٢. قناة ، فضائيّة ، غطّى: كانت قناة الجزيرة أول قناة فضائية إخبارية عربية، وبعدها ظهرت كثير من القنوات العربية الأخرى التي تركّز على الأخبار مثل "العربية" و "الإخبارية" و "النيل للأخبار" والتي تتنافس الآن على تغطية كل الأحداث في العالم.

١٣. نظّم ، فنّ: نظّمت الجامعة حفلاً فنّياً كبيراً بمناسبة استقبال الخريجين المشهورين من طلاب الجامعة وشمل هذا الحفل برامج موسيقية وأعمالاً فنيّة قدمها الخرّيجون أنفسهم.

١٤. منظّمة ، نظام: دعت بعض المنظّمات والروابط الطلابية إلى تنظيم مظاهرة أمام إدارة الجامعة للتعبير عن رفض الطلاب لـنظام القبول الجديد الذي أعلنته الجامعة لأنه في رأيهم يشجع الواسطة ويسمح لها بأن تؤثّر في قبول الطلاب الجدد.

تمرين ٤: أوزان الفعل: "فَعَّلَ" و "تَفَعَّلَ"

أ. ١. طَوَّرَ ٢. تَتَطَوَّر ٣. تَطَوَّرَت ٤. تُطَوِّر

ب. ١. أَثَّرَت ٢. تأَثَّرتُ ٣. تُؤَثِّر ٤. تأَثَّرَ

تمرين ٥: المفردات الجديدة

١. دستور ، النظام

٢. حركة

٣. رقابة ، الإعلام ، خدمة / تخدم

٤. الحزب ، مظاهرة ، من ، أجل ، ينظّموا

٥. حركة / مظاهرات ، أثَّر ، دور ، القنوات

٦. حركة / منظّمة ، تعارض ، العنف ، تأثَّروا / يتأثَّرون

٧. يغطّي ، يظهر

٨. المدوّنات ، تستخدم / خلقت / طوّرت / تخلق / تطوّر

٩. أثار ، يضربون

١٠. منظّمة ، الفنون ، تساهم

١١. سقطت ، أستخدم ، وسيلة / وسائل ، أظلّ

١٢. صنعت ، نادرة

١٣. تطوير ، تطوّر ، يخدم

١٤. الشرطة ، قتل

تمرين ٧: أوزان الأفعال الجديدة

الجذر	الوزن	الماضي	المضارع	المصدر	اسم الفاعل	اسم المفعول
ء ث ر	فَعَّلَ II	أَثَّرَ	يُؤَثِّر	التّأثير	مُؤَثِّر	---
د و ن	فَعَّلَ II	دَوَّنَ	يُدَوِّن	التّدوين	مُدَوِّن	مُدَوَّن
ط و ر	فَعَّلَ II	طَوَّرَ	يُطَوِّر	التّطوير	مُطَوِّر	مُطَوَّر
ع ب ر	فَعَّلَ II	عَبَّرَ	يُعَبِّر	التّعبير	مُعَبِّر	مُعَبَّر عنه

الجذر	الوزن	الماضي	المضارع	المصدر	اسم الفاعل	اسم المفعول
ن ظ م	فَعَّلَ II	نَظَّمَ	يُنظِّم	التّنظيم	مُنظِّم	مُنظَّم
د ف ع	فاعَلَ III	دافَعَ	يُدافِع	الدِّفاع عن	مُدافِع	مُدافَع عنه
س هـ م	فاعَلَ III	ساهَمَ	يُساهِم	المُساهَمة	مُساهِم	---
ع ر ض	فاعَلَ III	عارَضَ	يُعارِض	المُعارَضة	مُعارِض	مُعارَض
ق و م	فاعَلَ III	قاوَمَ	يُقاوِم	المُقاوَمة	مُقاوِم	مُقاوَم
ء ث ر	أَفعَلَ IV	أثارَ	يُـثير	الإثارة	مُثير	مُثار
س ق ط	أَفعَلَ IV	أَسقَطَ	يُسقِط	الإسقاط	مُسقِط	مُسقَط
ص د ر	أَفعَلَIV	أَصدَرَ	يُصدِر	الإصدار	مُصدِر	---
ن ش ء	أَفعَلَ IV	أَنشَأَ	يُنشِيء	الإنشاء	مُنشِيء	مُنشَأ
ء ث ر	تَفَعَّلَ V	تَأَثَّرَ	يَتَأَثَّر بـ	التَّأَثُّر	مُتَأَثِّر	---
ط و ر	تَفَعَّلَ V	تَطوَّرَ	يَتَطوَّر	التَّطوُّر	مُتَطوِّر	---
ق د م	تَفَعَّلَ V	تَقَدَّمَ	يَتَقَدَّم	التَّقَدُّم	مُتَقَدِّم	---
م ت ع	تَفَعَّلَ V	تَمَتَّعَ	يَتَمَتَّع	التَّمَتُّع بـ	مُتَمَتِّع	مُتَمَتَّع به
ظ هـ ر	تَفاعَلَ VI	تَظاهَرَ	يَتَظاهَر	التَّظاهُر	مُتَظاهِر	---
ح ل ل	اِفتَعَلَ VIII	اِحتَلَّ	يَحتَلّ	الاِحتِلال	مُحتَلّ	مُحتَلّ
و ص ل	اِفتَعَلَ VIII	اِتَّصَلَ	يَتَّصِل	الاِتِّصال	مُتَّصِل	مُتَّصَل
خ د م	اِستَفعَلَ X	اِستَخدَمَ	يَستَخدِم	الاِستِخدام	مُستَخدِم	مُستَخدَم
ض ي ف	اِستَفعَلَ X	اِستَضافَ	يَستَضيف	الاِستِضافة	مُستَضيف	مُستَضاف
م ر ر	اِستَفعَلَ X	اِستَمَرَّ	يَستَمِرّ	الاِستِمرار	مُستَمِرّ	---

تمرين ٨: أوزان الفعل "فَعَلَ" و "أَفعَلَ"

١. إسقاط ٢. يَسقُط ٣. سَقَطَت ٤. أسقَطَ

٥. أُنشِيءَ ٦. تُنشِيء ٧. أنشَأَ ٨. نَشَأَت

تمرين ٩: كتابة جمل المفردات

١٥. قتل ، معارضة: طوال التاريخ استخدمت كثير من الحكومات العنف ضد كل من يعارضها وقامت أحياناً بقتل أفراد المعارضة بدم بارد، ولكن مثل هذه الممارسات الديكتاتورية أصبحت أقلّ بفضل تأثير وسائل الإعلام المختلفة.

١٦. دافع عن ، مبدأ: عاش مارتن لوثر كينغ حياته يدافع عن مبدأ المساواة بين البيض والسود، ولا يزال الكثيرون يتذكرون كلمته عام ١٩٦٣ والتي كان عنوانها "لديَّ حلم!"، فهل أصبح حلمه حقيقة ؟

١٧. جائزة ، قاوم: حصلت الكاتبة الصحفية والناشطة اليمنية توكُّل كَرمان على جائزة نوبل للسلام عام ٢٠١١ لشجاعتها في مقاومة النظام الديكتاتوري ولدورها في حركة المعارضة اليمنية.

١٨. حاسوب ، شبكة ، لم...بعد: اكتشفت أن المشكلة ما كانت في حاسوبي ولكن في شبكة الجامعة التي تعطلت بسبب بعض المشاكل التقنية. والشبكة ما زالت معطّلة حتى الآن، ويبدو أنهم لم ينجحوا في إصلاحها بعد.

١٩. حكم ، سلطة: من أهم مبادىء الديمقراطية البرلمانية أن يقوم الشعب باختيار نظام الحكم الذي يريده وأن يتم تحديد نوع وشكل العلاقة بين كل السلطات في نظام الحكم.

٢٠. قضيّة ، احتلّ: كانت قضيّة العلاقة بين الإسلام والسياسة وما زالت تشغل اهتمام المفكرين في العالم العربي، وفي الفترة الأخيرة بدأنا نلاحظ أن أخبار الأحزاب والجماعات الإسلامية تحتلّ الصفحات الأولى في معظم الصحف العربية.

٢١. مشروع ، دافع عن: هناك مشروع لإنشاء طريق بحري يربط بين دولَتَيْ قطر والبحرين، ويعارض بعض الكتاب القطريين هذا المشروع خوفاً من تأثيره على الهوية الثقافية للمجتمع القطري ولكن هناك عدد من رجال الأعمال الذين يدافعون عن المشروع بشكل قوي.

٢٢. شهد ، مطبعة ، صدور: شهدت نهاية القرن الثامن عشر وبداية القرن التاسع عشر ظهور المطبعة في العالم العربي وصدور الصحف الرسمية والشعبية مما أثّر تأثيراً كبيراً على التطوّر الفكري والثقافي والسياسي فيه.

٢٣. مشهد ، واقع: لا يزال المشهد السياسي في البلاد غائماً جداً، أقصد أنه من الصعب أن نقرأ صورة المستقبل السياسي للقوى الجديدة لأن الواقع السياسي يتحوّل ويتغيّر بسرعة كبيرة لم نعتد عليها من قبل.

٢٤. عبّر عن ، انطباع: من حق كل إنسان أن يعبّر عن ملاحظاته وانطباعاتـه حول هذه القضية ولكن ليس من حق أحد أن يقول إن رأيه وحده هو الصحيح وأن الرأي الآخر خطأ.

٢٥. شهيد ، شجاع ، وجهة نظر: هناك خلاف شديد حول من هو الشهيد. صحيح أن الإسلام يعلمنا أن الشهيد هو الإنسان الشجاع الذي يموت دفاعاً عن حقه أو أرضه أو دينه إلى آخره ولكن هناك وجهات نظر متعددة ومتنوعة عن معنى الدفاع عن الحق أو الدين أو الأرض.

٢٦. معاصر ، قصيدة: على الرغم من أن كثيراً من المتخصّصين في الادب العربي المعاصر يعتقدون أن زمن الشعر انتهى فإننا نشهد أن قصيدة "إرادة الحياة" للشّاعر التّونسي أبي القاسم الشابي التي نُشرت في ثلاثينات القرن الماضي مازالت تعيش في قلوبنا ولذلك كانت أغنية الثورات العربية في كل مكان.

٢٧. قدر من ، تقدّم ، استمرار: مازال عندها بعض المشاكل في الحديث والكتابة ولكنها حققت قدراً كبيراً من التقدّم في القراءة والاستماع. أتمنى لها الاستمرار في هذا التقدّم.

٢٨. كسر ، تواصل: بعض الناس يملكون القدرة على كسر الخجل والتواصل بسرعة مع الآخرين، ولكن بعضهم الآخر الناس لا يملكون هذه القدرة على التواصل بسهولة ربما بسبب اختلاف الشخصيات أو اختلاف البيئات الاجتماعية.

٢٩. استضاف ، تمتّع بـ : استضاف منتدى الصحافة في تونس لقاءً ضمّ بعض المدونين العرب الذين لعبوا دوراً هاماً في تغيير الوضع السياسي والإعلامي العربي في السنوات الأخيرة. وكنت شخصياً واحداً من أولئك الذين حضروا المنتدى وتمتّعوا بالآراء الشابة الشُجاعة التي قُدّمت فيه.

تمرين ١١: "و" في جذور الأفعال

١. (تَواجَدَ) ، يتواجد	٢. (أَعادَ) ، (اِستَعادَ) ، أُعيد ، استعادَت	٣. (اِتَّصَفَ) ، تتَّصِف
٤. (أَماتَ) ، تُميت	٥. (اِتَّحَدَ) ، اِتَّحَدَت	٦. (واجَهَ) ، (اِحتاجَ) ، تُواجِه ، يَحتاج
٧. (اِعتادَ) ، اِعتَدنا	٨. (أَخافَ) ، تُخيف	٩. (اِتَّجَهَ) ، تَتَّجِه

تمرين ١٢: المفردات الجديدة

١. عبارة ، أدوّن	٢. قضية ، حديثة ، حاسوب ، شبكة
٣. يتمتّع ، أصدر ، القصائد ، المعاصر / الحديث ، جائزة ، انطباع	٤. سلطة ، تحكم ، يعبّر
٥. أُنشِئَ ، قدر	٦. الصّحافة ، تصدر
٧. مطبعة ، طباعة/ طَبْع	٨. حدث ، استضافة
٩. واقعيّ ، شجاع ، وجهة ، نظر ، مبادئ	١٠. مشروع ، تقدّم
١١. كسرت ، بعد	١٢. التواصل
١٣. احتلال ، يدافعوا ، مقاومة ، شهيد ، استمرّ / ظلّ	١٤. مشهد

تمرين ١٥: نشاط استماع

(١) أُنشئت (٢) قناة الجزيرة في (٣) دولة قطر في شهر نوفمبر عام ١٩٩٦. وكان الشيخ حمد بن خليفة آل ثاني (٤) حاكم دولة قطر (٥) صاحب (٦) الفضل (٧) الأول في (٨) تأسيسـها و(٩) تقديم (١٠) المساعدات (١١) المالية لها. و(١٢) على (١٣) الرّغم من هذه العلاقة بحاكم قطر (١٤) فإنّ الجزيرة (١٥) تعتبر (١٦) نفسها مؤسسة (١٧) غير (١٨) حكومية ولا تهدف إلى (١٩) التعبير عن (٢٠) وجهة (٢١) النظر القطرية الرسمية.

(٢٢) تقع (٢٣) مكاتب الجزيرة في مدينة الدوحة في قطر، و(٢٤) الزّائر (٢٥) إليها (٢٦) يجد أنّ بناياتها

و(٢٧) مكاتبها مُتَواضِعة *modest* جداً (٢٨) مقارنةً (٢٩) بالقنوات (٣٠) العالمية الكبرى كالـ "بي بي سي" أو "سي ان ان" أو (٣١) بـقناة التليفزيون القطري الرسمية؛ و(٣٢) مع (٣٣) ذلك فقد (٣٤) نجحت الجزيرة (٣٥) بصورة (٣٦) كبيرة و(٣٧) استطاعت، (٣٨) منذ تأسيسها، أن (٣٩) تحتلّ (٤٠) مكاناً (٤١) مهمّاً بين (٤٢) قنوات الأخبار العالمية و(٤٣) تصبح أكبر قناة (٤٤) فضائية (٤٥) إخبارية عربية من حيثُ *with regard to* (٤٦) الانتشار وعدد (٤٧) المشاهدين. (٤٨) تتخصّص (٤٩) قناة الجزيرة في الأخبار وهي (٥٠) تقدّم الأخبار (٥١) كلّ ساعة أربعاً وعشرين ساعة كل يوم (٥٢) مركّزةً على آخر (٥٣) التطوّرات العربية و(٥٤) العالمية. (٥٥) كما (٥٦) أنّها (٥٧) تهتمّ (٥٨) بمواضيع (٥٩) متنوّعة كالاقتصاد والثقافة و(٦٠) الرّياضة والصِّحّة *health* و(٦١) تركّز (٦٢) بصورة (٦٣) خاصّة على (٦٤) مواضيع الديمقراطية و(٦٥) الحرّيات و(٦٦) حقوق (٦٧) الإنسان في العالم العربي. ويأتي صحافيو الجزيرة و(٦٨) موظّفوها و(٦٩) العاملون فيها من كل البلدان العربية، ولها مكاتب في ٣٠ عاصمة عربية وعالمية.
ساعدت قناة الجزيرة على إدخال مَظاهِر (=أشكال) جديدة (٧٠) للديمقراطية الى العالم العربي من خلال (٧١) برامج تقدّم (٧٢) وجهات (٧٣) نظر (٧٤) متنوّعة و(٧٥) مختلفة وتسمح للناس (٧٦) بالمشاركة في (٧٧) المناقشة بالتليفون أو الفاكس أو (٧٨) البريد الالكتروني و(٧٩) التعبير عن آرائهم (٨٠) بحريّة - وهذا شيء (٨١) مهمّ جداً (٨٢) لمعظم (٨٣) الشعوب العربية التي لم تكن لها (٨٤) تجربة كبيرة في (٨٥) المشاركة السياسية.

تمرين ١٨: الاستماع الدقيق للنص

١. من بداية البرنامج حتى ١:٢٢

لقد كانت مصر أول من عرف الصحافة في الوطن العربي والشرق الأوسط عندما جاء بونابرت إلى مصر غازياً ومحتلاً سنة ١٧٩٨، وكانت معه المطبعة وكان معه المدفع. وأصدر الفرنسيون صحيفتين باللغة الفرنسية وهما: *Le Courier De L'Egypte* أي "بريد مصر" والثانية *La Décade Egyptienne* أي "العاشرية المصرية". وقد توقفت الصحيفتان بعد فشل الحملة الفرنسية ورحيلها عن مصر عام ١٨٠١ حاملةً مدافعها ومطبعتها . وتولّى محمد علي باشا حكم مصر عام ١٨٠٥، وفي عام ١٨١٩ أُرسِلَ نيكولا مسابكي إلى ايطاليا لتعلّم فن الطباعة وإحضار مطبعة جديدة. وفي عام ١٨٢٨صدرت أول جريدة مصرية وهي جريدة "وقائع مصرية".

٣. اكتبوا كل الكلمات في الجملة من ٤:٠٧ إلى ٤:١٤

"وقد لعبت الصحافة المصرية في هذه الفترة دوراً حاسماً في إحياء الحركة الوطنية."

تمرين ١٩: كان وأخواتها

١. كنّا ، صرنا، ظللنا ، لم نعد

٢. صاروا / أصبحوا ، صار / أصبح / كان ، ظلّ / صار / كان / أصبح ، لم يعد ، أصبح / صار ، ما زال

٣. كانوا ، صاروا / أصبحوا ، ظلّوا ، كانوا / صاروا / أصبحوا ، صار / أصبح ، لم يعودوا ، كان / صار / أصبح ، ما زال

تمرين ٢٣: إضافة أم لا؟

١. السقوط السريع للنظام أو سقوط النظام السريع
٢. الأنواع الكثيرة من الحركات السياسية
٣. مدوّناتكم هذه
٤. الاستخدام الواسع لهذه التكنولوجيا
٥. تعبير شعبي عن المعارضة للحكومة
٦. صديق قريب لي
٧. التقدّم الممتاز لكل الطلاب
٨. مركز للتعليم المستمرّ
٩. أنظمة الحكم الفاشلة
١٠. التراث المشترك لشعوب الشرق الأوسط

درس ١٠

تمرين ١: كتابة جمل المفردات

١. أدّى ، ريف: أدّت الهجرة من الريف إلى المدينة إلى العديد من المشاكل الاجتماعية لأن الهجرة، كما تعرفون، لا تعني فقط انتقال الناس من مكان إلى آخر ولكنها أيضاً تعني انتقال القيم والمبادىء التي يؤمنون بها.

٢. خطّط ، أمل: كثير من الآباء يقولون إنّ الجيل الجديد بحاجة إلى أن يفكر في المستقبل و يخطّط له بشكل أفضل وإنّه لا يكفي أن يحلم الإنسان بالمستقبل، فـالأمل بدون عمل، في رأيهم، نوع من الجنون.

٣. انخفض ، تكاليف: أي متخصص في الاقتصاد يعرف أنه إذا انخفضت التكاليف انخفضت الأسعار وإذا ارتفعت التكاليف ارتفعت الأسعار، فلماذا ترتفع أسعار الحواسيب رغم أنها كلها تقريباً تُصنع في الصين حيث الأيدي العاملة رخيصة؟

٤. اتّبَع ، جماهير: هو سياسي ناجح يعرف كيف يتّبِع سياسة الحزب ويعبّر عن أفكاره ومبادئه، وهو أيضاً يفهم ما تريده الجماهير، ويعرف أنه يجب عليه أن يتبَعها، ولكنه، في الوقت نفسه، يعرف كيف يؤثّر عليها ويحصل على ثقتها.

٥. تحدٍّ ، التنمية ، نتيجة: تجد المجتمعات العربية نفسها بعد الثورة أمام عدة تحدّيات أهمها تحدّي إعادة تنظيم الدولة وتحدّي التنمية الاقتصادية، فبدون النجاح في عملية التنمية لن يشعر المواطن بأي تغيير حقيقي في حياته ولن يشعر بأي نتائج حقيقية للثورة.

٦. إحصاء ، أشار: لا أثق بالأرقام والإحصاءات وحدها لأنها لا تعطينا الصورة كاملة، فالأرقام والإحصاءات تشير مثلاً إلى ازدياد كبير في أعداد المتعلّمين ولكن يبقى السؤال الأهم: ما نوع ذلك التعليم الذي حصلوا عليه؟ وما تأثيره في نظرتهم الى العالم؟

٧. خطّة ، ربح: اجتمع مجلس إدارة الشركة وقرّر خطّة جديدة للأعوام الخمسة القادمة تركز على عودة الشركة إلى المنافسة بعد نجاحها في إصلاح أوضاعها المالية وعلى زيادة الأرباح السنوية لتصل إلى ٢٠٪ .

٨. آلة ، بشر: هل قرأتم عن "آلة الزمن"؟ إنها آلة تسمح للبشر بأن يرحلوا بين الأزمنة ويتنقلوا بين القرون والعصور المختلفة. يا ترى، هل ستصبح هذه الآلة حقيقة أم أنها ستظلّ قصة من قصص الخيال العلمي؟

٩. قانون ، ذاته: يجب على الدول الكبرى أن تفهم أنها لا تستطيع أن تطالب الدول الصغيرة باحترام قوانين حقوق الإنسان إذا لم تتبّع هي ذاتها مبادئ القانون الدولي في حلّ الخلافات وتتوقّف عن استخدام القوة العسكرية.

١٠. منهج ، عانى من: ما زالت بعض مناهج التعليم في الدول العربية تعاني من مشاكل عديدة بسبب تركيزها على الطرق التقليدية وعدم وجود فلسفة تعليمية شاملة تحدد نوع وشكل التفكير الذي نريد تطويره في الأجيال الجديدة.

١١. اعتمد على ، صورة نمطية: أشعر بشيء من القلق عندما ألاحظ أن بعض المتخصصين الشباب في دراسات الشرق الأوسط يعتمدون في دراساتهم وأبحاثهم على الصورة النمطية التي رسمها المستشرقون الأوائل والتي يمكن القول بحق إنها انطباعات شخصية وليست حقائق علمية.

١٢. جعل ، شرط: على الرغم من أن اللغة الإنجليزية هي اللغة الأكثر انتشاراً في العالم فإنّ كثيراً من برامج الدكتوراه في الجامعات الأمريكية جعلت معرفة لغة أجنبية شرطاً من شروط القبول بها وذلك من أجل توسيع نظرة الطالب للعالم.

١٣. وافق على ، بطالة: وافقت الحكومة على مشروع جديد لحل مشكلة البطالة ولكن كثيراً من المعارضين يرون أن هذا المشروع هو حل مؤقّت للمشكلة وأن المطلوب هو خطة شاملة للتنمية الاقتصادية والاجتماعية.

١٤. قاد ، فسّر: يعلّمنا التاريخ أن الخلاف حول تفسير بعض النصوص الدينية قد يقود إلى حروب بين الناس. وفي رأيي أن المشكلة ليست في اعتبار النص الديني نصاً مقدساً ولكن في اعتبار تراث التفسير تراثاً مقدساً.

تمرين ٢: أوزان الأفعال الجديدة

أ. أكملوا الجدول

اسم المفعول	اسم الفاعل	المصدر	المضارع	الماضي	الوزن	الجذر
مُؤَدّى	مُؤَدّي (مُؤَدٍّ)	التَّأدية	يُؤَدّي إلى	أدّى	فَعَّلَ II	ء د ي
مُخَطَّط	مُخَطِّط	التَّخطيط	يُخَطِّط	خَطَّطَ	فَعَّلَ II	خ ط ط
مُفَسَّر	مُفَسِّر	التَّفسير	يُفَسِّر	فَسَّرَ	فَعَّلَ II	ف س ر
مُوَزَّع	مُوَزِّع	التَّوزيع	يُوَزِّع	وَزَّعَ	فَعَّلَ II	و ز ع
مُعانى منه	مُعاني (مُعانٍ)	المُعاناة	يُعاني من	عانى	فاعَلَ III	ع ن ي
مُوافَق عليه	مُوافِق	المُوافَقة	يُوافِق	وافَقَ	فاعَلَ III	و ف ق

الجذر	الوزن	الماضي	المضارع	المصدر	اسم الفاعل	اسم المفعول
ن ف ق	أفعَلَ IV	أنفَقَ	يُنفِق	الإنفاق	مُنفِق	مُنفَق
ش و ر	أفعَلَ IV	أشارَ إلى	يُشير	الإشارة	مُشير	مُشار إليه
خ ف ض	اِنفَعَلَ VII	اِنخَفَضَ	يَنخَفِض	الاِنخِفاض	مُنخَفِض	---
ع م د	اِفتَعَلَ VIII	اِعتَمَدَ على	يَعتَمِد	الاِعتِماد	مُعتَمِد	مُعتَمَد عليه
ت ب ع	اِفتَعَلَ VIII	اِتَّبَعَ	يَتَّبِع	الاِتِّباع	مُتَّبِع	مُتَّبَع

ب. أكملوا الجمل

١. توزيع
٢. تنخفض ، أدّى
٣. تشير ، تنخفض
٤. أنفقت ، يعانون / عانوا / كانوا يعانون
٥. أوافق
٦. نتبع
٧. تقود
٨. تعاني
٩. موافقة / توافقين
١٠. اعتمدوا / كانوا يعتمدون
١١. أنفق ، تفسير/ أن يفسّر
١٢. التخطيط

تمرين ٤: ذو

١. ذي
٢. ذا
٣. ذات
٤. ذات
٥. ذا
٦. ذات
٧. ذوات
٨. ذي
٩. ذات
١٠. ذوي

تمرين ٥: المفردات الجديدة

١. جعل ، انخفضت
٢. تعتمد ، الآلات
٣. نتيجة / نتائج ، أرباح
٤. ذات ، ذو
٥. الأرياف / الريف ، تخطّط ، تهدف ، تنمية ، تنفق ، الخطط
٦. نفى ، أشار ، ذات
٧. بشريّة
٨. توزيع ، فروع / فرع / فرعَيْ
٩. شروط ، تقود ، تكاليف / تكلفة ، توافق
١٠. النمطيّة ، المجتمع ، التحدّي
١١. قوانين
١٢. يعاني ، البطالة ، الإحصاء ، يؤدّي / يقود ، أمل ، مناهج ، المهن
١٣. اتبّعتُ / أتّبع ، يفسّر

تمرين ٨: فعل "رأى"

١. رأيتم ٢. يرى ٣. رأيتِ ٤. أرى ٥. ترى

٦. يرون ٧. نرى ٨. رأت ٩. أرى ١٠. ترون ، ترون

تمرين ٩: أوزان الأفعال الجديدة

الجذر	الوزن	الماضي	المضارع	المصدر	اسم الفاعل	اسم المفعول
ب ي ن	فَعَّلَ II	بَيَّنَ	يُبَيِّن	التَّبيين	مُبَيِّن	مُبَيَّن
خ ص ص	فَعَّلَ II	خَصَّصَ	يُخَصِّص	التَّخصيص	مُخَصِّص	مُخَصَّص
ق ر ر	فَعَّلَ II	قَرَّرَ	يُقَرِّر	التَّقرير/القَرار	مُقَرِّر	مُقَرَّر
ق ي م	فَعَّلَ II	قَيَّمَ	يُقَيِّم	التَّقييم	مُقَيِّم	مُقَيَّم
م و ل	فَعَّلَ II	مَوَّلَ	يُمَوِّل	التَّمويل	مُمَوِّل	مُمَوَّل
ج ر ي	أَفعَلَ IV	أجرى	يُجري	الإجراء	مُجري (مُجرٍ)	مُجرى
ض ي ف	أَفعَلَ IV	أضافَ (إلى)	يُضيف	الإضافة	مُضيف	مُضاف إليه
ب ن ي	تَفَعَّلَ V	تَبَنّى	يَتَبَنّى	التَّبَنّي	مُتَبَنّي (مُتَبَنٍّ)	مُتَبَنّى
ح م ل	تَفَعَّلَ V	تَحَمَّلَ	يَتَحَمَّل	التَّحَمُّل	مُتَحَمِّل	مُتَحَمَّل
ف ع ل	تَفاعَلَ VI	تَفاعَلَ	يَتَفاعَل	التَّفاعُل	مُتَفاعِل	---
ع م ل	تَفاعَلَ VI	تَعامَلَ	يَتَعامَل	التَّعامُل	مُتَعامِل	مُتَعامَل معه
خ ب ر	اِفتَعَلَ VIII	اِختَبَرَ	يَختَبِر	الاِختِبار	مُختَبِر	مُختَبَـر
ف ق ر	اِفتَعَلَ VIII	اِفتَقَرَ إلى	يَفتَقِر	الاِفتِقار	مُفتَقِر	مُفتَقَر إليه

تمرين ١٠: كتابة جمل المفردات

١٥. نفى ، هدف: نفى رئيس الجامعة أن يكون هدفه هو تحويل الجامعة إلى شركة تجارية كما نشر الطلاب في مجلتهم التي صدرت مؤخّراً ولكن هدفه الحقيقي هو زيادة قدرة الجامعة على تقديم مساعدات مالية للطلاب المتفوقين.

١٦. فرع ، مستوى: تتنافس كثير من الجامعات الأجنبية عموماً والأمريكية خصوصاً على إنشاء فروع لها في دول الخليج. ويعتقد البعض أن مستوى التدريس في هذه الفروع ليس على المستوى المناسب والمطلوب لأن معظم الأساتذة فيها أساتذة مؤقّتون.

١٧. بَيَّنَ ، مؤَسَّسة: يحدّد الدستور نظام الحكم ومبادئه في الدولة كما يبيّن حدود كل سلطة ويحدد دور كل مؤسّسة من مؤسّسات الدولة والطريقة التي يجب أن تتعامل بها السلطات والمؤسّسات المختلفة مع بعضها البعض.

١٨. أجرى ، اختبار: في بعض دول العالم لا بدّ أن تجري اختباراً للكشف عن المخدّرات في الدم من أجل أن يُسمح لك بقيادة سيارة لأن كثيراً من الحوادث سببها تأثير المخدّرات على قائد السيارة.

١٩. أنفق ، مبلغ ، تمويل ، البنية التحتيّة: تنوي الحكومة الجديدة إنفاق مبالغ كبيرة في السنة المالية الجديدة لتمويل عدد من المشروعات تهدف إلى تطوير البنية التحتية وخاصة شبكات الطرق التي تربط بين العاصمة والمناطق الريفية المختلفة.

٢٠. مسؤولية ، تحمّل ، مرحلة: نحن فخوران جداً بابنتنا فهي تعرف معنى المسؤولية واعتادت منذ طفولتها الاعتماد على نفسها وتحمُّل المسؤولية في كل مرحلة من مراحل حياتها.

٢١. مهنة ، دخل ، ضريبة: صديقتي تعمل في مهنة حرة وهي تسجل كل مصادر دخلها وتحتفظ بحسابات لكل ما تنفقه وتقدم هذه الحسابات لمؤسّسة الضرائب ولذلك تدفع ضريبة أقلّ مني رغم أن دخلها السنوي أكبر من دخلي.

٢٢. تبنّى ، مختبر ، عمليّ: لا أفهم لماذا ما زالت بعض أقسام اللغات في الجامعات تتبنّى فكرة "مختبر اللغة" لأنها في رأيي فكرة غير عمليّة، فبفضل تطوّر التكنولوجيا والانترنت أصبح ممكناً للمتعلّمين أن يسمعوا ويسجّلوا ويلاحظوا أخطاءهم في أي وقت وفي أي مكان.

٢٣. رأسمال ، نظرية: يعتمد النظام الرأسمالي بشكل أساسي على عدد من النظريات الاقتصادية التي تركّز على مبدأ حرية السوق وعلى أن قوانين السوق، وليس الدولة، هي التي يجب أن تحدّد الأسعار.

٢٤. خَصَّص لـ ، ميزانيّة ، قطاع ، افتقر إلى ، رؤية: تطالب المعارضة بأن تخصّص الحكومة ميزانيّة كافية لتطوير قطاعات الخدمات مثل التعليم والصحة وبأن لا تترك هذه المسؤولية للقطاع الخاص كما فعلت في السنوات الأخيرة. وتقول المعارضة إن الحكومة تفتقر الى رؤية مستقبلية شاملة لهذه القطاعات.

٢٥. قيّم ، نسب: السؤال الذي تثيره الباحثة هنا هو: كيف يمكننا أن نقيّم نظامنا التعليمي؟ هل نقيّمه حسب نسب نجاح الطلاب في الامتحانات، أم نقيّمه على أساس نجاحهم في سوق العمل؟

٢٦. كميّة ، نوعيّة: إذا أردت أن تحافظ على صحتك فلا بدّ أن تعيد النظر ليس فقط في كميّة الطعام الذي تأكله ولكن، وهذا هو الأهم، في نوعيّة الطعام، ومن الضروري أن تتذكر دائماً أن وجبات الطعام السريع غير صحية أبداً.

٢٧. مقرّر ، جنس: ما زال كثير من المقرّرات المدرسية وخاصة مقرّر اللغة العربية يقدّم صورة نمطيّة عن الدور الذي يلعبه كل جنس، فتجعل وظيفة المرأة الأساسية البقاء في البيت للاهتمام بأطفالها وتجعل وظيفة الرجل العمل خارج البيت.

٢٨. فعّال ، عشوائيّ ، شِبه: تقوم الجاليات العربية في أمريكا بنشاطات مختلفة بهدف التأثير على صناعة القرار في الإدارة الأمريكية ولكن هذه النشاطات ما زالت غير فعّالة لأنها في معظمها عشوائيّة أو شِبه عشوائيّة أي لا تعتمد على تخطيط مُنظّم.

٢٩. تقرير ، معيّن: أشارت الصحيفة إلى تقرير صدر عن إحدى منظّمات حقوق الإنسان المحلية حول إمكانية منع شخصيات معيّنة من أحزاب المعارضة من السفر إلى الخارج، ولكن الصحيفة لم تقدم أي معلومات أخرى حول هذه القضية.

٣٠. قائمة ، فقر: من الغريب أن نجد بين قائمة أغنى الأغنياء في العالم أسماء أشخاص من دول تبلغ نسبة الفقر فيها أكثر من ٥٠٪. ويرى البعض أن هذا ليس غريباً في النظام الرأسمالي الذي ترتبط فيه السلطة بالمال في تلك الدول الفقيرة.

تمرين ١٢: الفعل الناقص

١. يتبنّيا
٢. أجريتم ، تجروا
٣. تؤدّي
٤. انتهين
٥. نعاني ، يعاني
٦. تبنّى
٧. يبقين
٨. يبنوا
٩. أجروا
١٠. يتمنّون

تمرين ١٣: المفردات الجديدة: من جذور نعرفها

١. يرى ، عمليّة ، مبلغ
٢. فاعلة / فعّالة ، نتبنّى ، جنس
٣. الدخل ، ميزانيّة ، الضرائب
٤. النظريّات ، عمليّة
٥. تفتقر ، بنية / بنى ، تمويل ، قطاع
٦. المؤسّسات ، مدنيّة
٧. تقييم ، نوعيّة ، مستوى ، قائمة
٨. مسؤوليات / مسؤولية ، يتحمّل ، التعامل
٩. رأسمال ، تقرير
١٠. يجري ، عشوائي ، نضيف
١١. أخصّص ، التفاعل ، معيّنة
١٢. مراحل ، مقرّرة
١٣. مختبر
١٤. اختبار ، تبيّن / تقيّم ، حتّى
١٥. شبه

تمرين ١٧: إنّ وأخواتها

١. اسم إنّ: **جامعة عربية واحدة** خبر إنّ: **من بين الـ ٥٠٠ جامعة الأولى**
اسم أنّ: **جامعة واحدة** خبر أنّ: **في إيران**
إن من بينِ الـ ٥٠٠ جامعةٍ الأولى والأهمِ في العالمِ جامعةً عربيةً واحدةً فقط، هي جامعةُ الملكِ سعود في المملكةِ العربيةِ السعوديةِ، في حينِ أنّ في إيران جامعةً واحدةً.

٢. اسم أنّ: **متوسط** تخصيص الدول العربية خبر أنّ: **هو ١٦ إلى ٢٠٪**
هذا وتبين الإحصاءاتُ ... أنَّ متوسطَ تخصيصِ الدولِ العربيةِ للتعليمِ بكلِ مراحلِه هو ١٦ إلى ٢٠ ٪ من أصلِ الميزانيةِ العامةِ للدولةِ.

٣. اسم إنّ: **الأرقام** خبر إنّ: **تقول**
اسم إنّ: **ـهُ** خبر إنّ: **تمّ تحويل الجامعة.....**
إنَّ الأرقامَ التي تؤكّدها الإحصاءاتُ تقول: إنَّهُ تمّ تحويلُ الجامعةِ العربيةِ الى مؤسسةِ تدريسٍ نمطيةٍ.

٤. اسم إنّ: **الكثير** خبر إنّ: **تفتقر**
إنَّ الكثيرَ من جامعاتِنا تفتقر لهذا النوعِ المخبريِّ البحثيِّ.

٥. اسم أنّ: **الدولة العربية** خبر أنّ: **لا تقوم بهذا الدور**
اسم أنّ: **ـه** خبر أنّ: **قد تختلف النسب كثيراً**
نجدُ أنَّ الدولةَ العربيةَ لا تقوم بهذا الدورِ رغم أنَّه قد تختلف النسبُ كثيراً بين دولةٍ وأخرى.

٦. اسم أنّ: **الطالب** الجامعي العربي خبر أنّ: **يدفع ضريبة التحاقه**
هذا يعني أن الطالبَ الجامعيَّ العربيَّ، يدفع ضريبةَ التحاقِه بالجامعةِ بانخفاضِ فرصتِه في العملِ.

٧. اسم إنّ: **قطاع** التعليم خبر إنّ: **لا يمكن أن يكون...**
إنَّ قطاعَ التعليمِ لا يمكن أن يكون قطاعاً ربحياً يشبه الشركاتِ التجاريةَ.

٨. اسم إنّ: **الاعتماد** على الوسيلةِ الحفظيةِ خبر إنّ: **أدى إلى تحويلِ...**
إنَّ الاعتمادَ على الوسيلةِ الحفظيةِ، كوسيلةٍ وحيدةٍ للتعلمِ، وعدمَ الاهتمامِ بالوسائلِ البصريةِ والسمعيةِ والتكنولوجيةِ الحديثةِ، وغيابَ تفاعلِ الطلابِ، من خلالِ المشاركةِ الواسعةِ والنقاشِ والنقدِ أدّى إلى تحويلِ معظمِ عمليةِ التعليمِ إلى واجبٍ حفظيٍّ.

تمرين ١٩: المبني للمجهول

الفعل المعلوم	الفعل المجهول	
	الماضي	المضارع
عَرَفَ	عُرِفَ	يُعرَف
قَتَلَ	قُتِلَ	يُقتَل
كَسَرَ	كُسِرَ	يُكسَر
قَدَّمَ	قُدِّمَ	يُقَدَّم
وَزَّعَ	وُزِّعَ	يُوَزَّع
لاحَظَ	لوحِظَ	يُلاحَظ
أَكمَلَ	أُكمِلَ	يُكمَل
أَنفَقَ	أُنفِقَ	يُنفَق
اِحترَمَ	اُحترِمَ	يُحترَم
اِتَّبَعَ	اُتُّبِعَ	يُتَّبَع
اِستَخدَمَ	اُستُخدِمَ	يُستَخدَم
اِستَقبَلَ	اُستُقبِلَ	يُستَقبَل

تمرين ٢٣: الاستماع الدقيق

أ. اكتبوا الأفعال التي سمعتموها من بداية البرنامج حتى ١:٠١

١. قيل ٢. أردتَ ٣. تبني ٤. ابنِ ٥. تنظر

٦. ترنو ٧. نستحضر ٨. يضع ٩. تظهر

ب. من ٤:٥٦ إلى ٥:٥٦

أولاً (١) التمويل، (٢) أغلب الجامعات في (٣) الدول (٤) العربية وهنا في السودان لاتلقى (٥) التمويل (٦) الكافي لـ (٧) القيام (٨) بدورها. (٩) السبب الثاني هو (١٠) ضرورة توفُّر (١١) جو (١٢) الحريات لـ (١٣) البحث العلمي. لو (١٤) ذكرنا بعض هذه المَعايير *standards* (١٥) الهامة بتتمثل في (١٦) نسبة عدد الطلبة للأستاذ، بتتمثل في حَجم

volume (١٧) النشر والبحث العلمي الذي (١٨) يقوم (١٩) به الأستاذ، بتتمثل في (٢٠) وجود (٢١) البنية

(٢٢) التحتية من مكتبات تحصل على (٢٣) دوريات *periodicals* وكتب حديثة على مدار اليوم (٢٤) لو

(٢٥) لم (٢٦) يكن على مدار الساعة، (٢٧) معامل (٢٨) يتم تحديثها (٢٩) باستمرار تتوفر فيها كل (٣٠) المطلوبات،

طالب يجد مكانه في (٣١) المعمل ولا (٣٢) ينظر من (٣٣) بعد، طالب (٣٤) يمارس عمله في المعمل بيده، (٣٥) البيئة

بتاعة (٣٦) الحريات أيضاً (٣٧) بيئة (٣٨) يعني (٣٩) هامة وبيئة (٤٠) ضرورية في (٤١) البحث العلمي.